广东农村统计年鉴

AGRICULTURAL STATISTICAL YEARBOOK OF GUANGDONG

2014

广东农村统计年鉴编辑委员会编纂

图书在版编目（CIP）数据

广东农村统计年鉴. 2014 / 广东农村统计年鉴编辑委员会编. -- 北京 : 中国统计出版社, 2014.9
ISBN 978-7-5037-7289-4

Ⅰ. ①广… Ⅱ. ①广… Ⅲ. ①农业统计－统计资料－广东省－2014－年鉴 Ⅳ. ①F327.65-66

中国版本图书馆 CIP 数据核字(2014)第 214054 号

广东农村统计年鉴-2014

作　　者/ 广东农村统计年鉴编辑委员会
责任编辑/ 佘竞雄
装帧设计/
出版发行/ 中国统计出版社
地　　址/ 北京市丰台区西三环南路甲 6 号　邮政编码/100073
电　　话/ 邮购（010）63376909　书店（010）68783171
网　　址/ http://csp.stats.gov.cn
印　　刷/ 广州市汇杰印务发展有限公司
经　　销/ 新华书店
开　　本/ 890mm×1240mm　1/16
字　　数/ 1640 千字
印　　张/ 34
版　　别/ 2014 年 9 月第 1 版
版　　次/ 2014 年 9 月第 1 次印刷
定　　价/ 230.0 元

如有印装差错，由本社发行部调换。

《广东农村统计年鉴—2014》编委会和编辑出版人员名单

编 者 说 明

《广东农村统计年鉴》是广东省农业厅、广东省统计局、国家统计局广东调查总队、广东省林业厅、广东省水利厅、广东省国土资源厅、广东省海洋与渔业局、广东省农垦总局联合编辑出版的大型统计资料工具书。其宗旨是力求全面、系统、客观、翔实地向广大读者提供广东农村经济和社会发展的基本统计资料信息。

《广东农村统计年鉴—2014》（简称年鉴），主要收录2013年全省、各市、县（区）的大量统计数据和建国以来各个主要时期的主要统计数据。全书共分十八个专题：行政区划与劳动力、国土资源、气候与自然灾害、农业技术装备、水利建设、国民经济概况、农村经济综合、种植业、林业、畜牧业与饲料工业、水产业、农垦系统生产情况、乡镇企业、农产品进出口贸易、农村经济收入分配与效益、农村居民收入与消费、农村科技与教育、分区域主要经济指标等。

《年鉴》资料来源于政府统计部门、农业部门和各有关部门的年报表，部分资料采自抽样调查。由于有关业务部门的统计范围、口径不完全相同，资料中少数指标数字不完全一致，使用时请读者注意。

《年鉴》中计算的平均每年增长速度使用“水平法”。统计表中的符号说明：“…”或“0.00”表示数据不足本表最小单位数；“#”表示其中主要项；空格或“—”表示该项统计指标数据不详或无该项数据。

目　　录

六、国民经济概况

七、农村经济综合

八、种植业

九、林　　业

十、畜牧业与饲料工业

十一、水产业

十二、农　　垦

十三、乡镇企业

十四、农产品进出口贸易

十五、农村经济收入分配与效益

十六、农村居民收入与消费

十七、农村科技与教育

十八、分区域主要经济指标

农业农村经济发展综述

一、农林牧渔业保持稳定增长

2013 年全省农林牧渔业总产值 4946.81 亿元，增加值 3047.52 亿元，分别比上年同期增长 2.2%和 2.5%；农产品进出口总额 227.8 亿美元，增长 6.8%。由于受到超强台风、暴雨洪涝影响，加上粮食种植意愿下降，粮食总产量 1316 万吨，比上年减少 80 万吨。蔬菜、花生、甘蔗、水果等大宗农作物全面增产，产量分别为 3144 万吨、100 万吨、1553 万吨和 1369 万吨，分别增长 5.4%、4.5%、5.7%和 7.0%。家禽养殖业经受了人感染 H7N9 禽流感疫情的严重冲击，经过多番努力，保持了生产的稳定性和延续性，全年肉类总产量 435 万吨，下降 1.8%，其中禽肉产量 143 万吨，下降 6.8%。

二、重点农产品生产基地建设稳步推进

认定和扶持建立起 300 个省级“菜篮子”生产基地，省政府兑现了办好民生实事的承诺。40 个产粮大县和 300 家重点生猪养殖场建设扎实推进。全省开展粮食高产创建面积 330 万亩，创建了 50 个园艺作物、20 个南亚热带作物标准园。畜牧业规模化、标准化程度领先全国，新创建畜禽标准化示范场 15 个，累计 168 个；生猪、奶牛规模养殖比例达 84%和 93%，分别高出全国 18 个和 42 个百分点；年出栏万头以上猪场 450 家，数量全国最多。

三、农业基础设施和科技装备水平稳步提升

2013 年新开工建设 400 万亩高标准农田，农业机械化加快发展，新增农机动力 40 万千瓦，累计总动力 2540 万千瓦，水稻生产耕种收综合机械化水平提高到 63%。重点完善水稻、蔬菜、水果、花卉、生猪五个现代农业产业技术体系，完成了 116 个县（市、区）985 个乡镇（区域）农技站“三有”条件建设和能力提升建设，实现基层农技推广体系全覆盖。

四、农产品质量安全保障水平稳步提高

农业标准化生产加快推进，“三品一标”认证工作有序拓展，全省有效期内广东省名牌产品（农业类）731 个、无公害农产品 1638 个、绿色食品 675 个、有机农产品 50 个、地理标志农产品 5 个。农产品质量安全监管力度加大，基层农产品检测水平全国领先，全省 80%的乡镇开展了农产品质量安全监管服务，农产品质量安全检测综合合格率达到 97.8%，没有发生重大农产品质量安全事件。动植物疫情形势平稳，未发生区域性

重大动植物疫情。

五、新型农业经营主体蓬勃发展

新型农业经营主体培育力度之大、发展速度之快、建设效果前所未有。2013 年全省新增省级农业龙头企业 99 家，总数达 453 家，有 300 多家龙头企业年销售收入超亿元；新增农民合作社 11677 家，总数达 26540 家；具备一定经营规模的种养大户和家庭农场累计 170657 户。

六、政策性涉农保险作用显著

政策性涉农保险在提高农民生产积极性和帮助农民救灾复产中发挥了重要作用。水稻种植保险全面铺开，承保面积 1675 万亩，覆盖率 57%，理赔金额 1.6 亿元，增长 176%；能繁母猪保险承保母猪 149.2 万头，保险保额 14.9 亿元，有效帮助和促进了农民救灾复产、化解风险。

七、农村综合改革纵深拓展

新增 5 个国务院农村综合改革试点县。土地承包经营权确权登记试点从 2 个县 3 个村扩大到 5 个县 15 个村；全省建立农村土地承包经营权流转服务中心 437 个。珠三角地区 81.2%的镇街建立农村集体财务监管平台，51.9%的镇街建立集体资产管理交易平台，39.4%的集体经济组织实行股份合作制改革。山区县建立了县镇村三级社会综合服务平台 3262 个、村级便民金融服务点 5964 个、村民理事会 26948 个。

八、美丽乡村建设广泛推动

完成了第一批名镇名村示范村（42 个名镇、378 个名村、726 个示范村）创建工作，启动了第二批 33 个名镇、489 个名村、933 个示范村和幸福村居、美丽乡村示范试点创建活动。

九、新一轮扶贫“双到”开局良好

按照帮扶人员、方案、资金、项目“四到位”的要求，对全省 2571 个相对贫困村、20.9 万贫困户的帮扶工作扎实有效推进，落实驻村干部 3765 名，到位帮扶资金 30.8 亿元，实施扶贫项目 17620 个。基本完成了 10 万户农村低收入困难户住房改造和 1.5 万户“两不具备”村庄搬迁移民安置建房工作。

一、行政区划与劳动力

1-1 全省行政区划

2013 年　　　　单位：个

市别	地级市	县级市	县	自治县	市辖区	市辖镇	乡	#民族乡	街道
全省	21	23	37	3	58	1128	11	7	446
广州	1	2			10	34			136
深圳	1				6				57
珠海	1				3	15			9
汕头	1		1		6	32			37
佛山	1				5	21			11
#顺德						6			4
韶关	1	2	4	1	3	93	1	1	10
河源	1		5		1	94	1	1	5
梅州	1	1	5		2	104			6
惠州	1		3		2	52	1	1	16
汕尾	1	1	2		1	44			10
东莞	1					28			4
中山	1					18			6
江门	1	4			3	61			17
阳江	1	1	2		1	38			9
湛江	1	3	2		4	82	2		37
茂名	1	3	1		2	87			22
肇庆	1	2	4		2	91	1	1	12
清远	1	2	2	2	2	77	3	3	5
潮州	1		1		2	41			9
揭阳	1	1	2		2	61	2		20
云浮	1	1	3		1	55			8

注：本行政区划截止 2013 年底。

1-2 主要年份农村基本情况

年份	乡镇个数（个）	乡镇户数（万户）	乡镇人口（万人）	乡镇劳动力（万人）	第一产业劳动力（万人）
1949		461.5	2206.0	974.0	925.3
1952		619.1	2426.4	1040.8	983.6
1957		659.3	2679.4	1285.6	1215.0
1962	1920	714.0	2909.6	1355.3	1280.8
1965	1310	719.2	3137.6	1317.5	1246.2
1970	1351	804.2	3811.3	1527.7	1489.3
1975	1459	833.6	4154.6	1718.2	1655.3
1978	1577	873.0	4305.9	1774.5	1662.5
1980	1629	889.2	4419.8	1817.6	1625.9
1985	1673	988.5	4778.3	2090.6	1597.6
1990	1654	1141.7	5241.9	2363.4	1600.8
1995	1655	1283.7	5622.3	2519.2	1432.0
2000	1708	1419.9	6046.6	2789.9	1572.1
2005	1311	1540.8	6451.5	3089.5	1533.5
2012	1292	1720.3	6937.0	3507.5	1376.8
2013	1281	1722.0	6973.0	3561.0	1364.0

1-3 各市农村基本情况

2013

市别	一、乡镇政府个数（个）	镇政府（个）	二、乡镇户数（户）	三、乡镇人口（人）	四、乡镇劳动力资源总数（人）	五、乡镇劳动力（人）	第一产业劳动力（人）
全省	1281	1121	17219561	69730298	39120322	35609741	13639476
广州市	53	36	1472407	5122171	3544694	3192836	646758
深圳市							
珠海市	14	14	164431	594853	353568	329465	86469
汕头市	51	32	939807	4477679	1987387	1840443	646326
佛山市	32	21	902654	3420604	2163261	2188839	239288
韶关市	96	94	631052	2307963	1301959	1099519	592448
河源市	90	89	696836	3196507	1615089	1465954	688806
梅州市	103	99	1139902	3949642	2114520	1829159	784223
惠州市	52	51	828230	3644847	2285997	2126785	516160
汕尾市	66	47	698152	3401866	1530133	1410150	515232
东莞市	31	28	509541	1701705	1054272	951610	59340
中山市	23	18	664617	2556739	1788138	1735165	98965
江门市	66	61	856331	3023481	1918080	1772199	789502
阳江市	38	38	674457	2573035	1479555	1285008	477151
湛江市	96	84	1485952	6646985	3637130	3246284	1973960
茂名市	115	88	1279226	5241761	2836732	2529365	1406976
肇庆市	89	88	896641	3420936	1953009	1669367	1144690
清远市	80	77	864264	3565497	1993452	1823686	1011053
潮州市	40	40	561097	2338691	1196697	1121326	392277
揭阳市	83	61	1236260	5797681	2805172	2555211	824309
云浮市	63	55	717704	2747655	1561477	1437370	745543

1-4 各县（区）农村基本情况

2013

县（市）区别	一、乡镇政府个数（个）	镇政府（个）	二、乡镇户数（户）	三、乡镇人口（人）	四、乡镇劳动力资源总数（人）	五、乡镇劳动力（人）	第一产业劳动力（人）
广 州 市	**53**	**36**	**1472407**	**5122171**	**3544694**	**3192836**	**646758**
海 珠 区							
天 河 区							
白 云 区	4	4	190973	748975	510785	450755	79990
黄 埔 区							
荔 湾 区							
罗 岗 区	1	1	25398	99278	66013	61137	24783
花 都 区	8	7	177370	772647	516462	495520	121403
从 化 市	8	5	132415	498958	312896	273010	121448
增 城 市	11	7	225016	884888	602362	538342	160664
番 禺 区	14	6	490282	1453803	1065576	942717	56525
南 沙 区	7	6	230953	663622	470600	431355	81945
深 圳 市							
罗 湖 区							
南 山 区							
宝 安 区							
龙 岗 区							
珠 海 市	**14**	**14**	**164431**	**594853**	**353568**	**329465**	**86469**
香 洲 区	6	6	23268	82998	52808	48243	4330
金 湾 区	4	4	81499	285767	146921	145186	37149
斗 门 区	4	4	59664	226088	153839	136036	44990
汕 头 市	**51**	**32**	**939807**	**4477679**	**1987387**	**1840443**	**646326**
金 平 区	4		31783	129773	66742	62033	24775
龙 湖 区	2	2	56148	240081	129770	125959	35877
澄 海 区	11	8	185204	758779	373941	359345	141506
濠 江 区	7		50303	228163	103565	90185	25717
潮 阳 区	13	9	343806	1691393	661670	614475	205484
潮 南 区	11	10	256533	1372172	616423	563777	198430
南 澳 县	3	3	16030	57318	35276	24669	14537
佛 山 市	**32**	**21**	**902654**	**3420604**	**2163261**	**2188839**	**239288**
禅 城 区	4	1	56682	178146	95344	88749	3901
南 海 区	7	6	406124	1574303	1019147	1121428	82028
顺 德 区	10	6	281953	1012661	630914	580035	56735
高 明 区	4	3	55046	194847	115903	114184	33276
三 水 区	7	5	102849	460647	301953	284443	63348
韶 关 市	**96**	**94**	**631052**	**2307963**	**1301959**	**1099519**	**592448**
浈 江 区	5	5	29876	122492	73494	63334	20890
武 江 区	5	5	24070	97728	55771	52771	20375
曲 江 区	9	9	45519	188337	106631	95928	53532
南 雄 市	18	17	104113	283699	237420	158429	96093
始 兴 县	10	9	67288	239506	124387	110935	59340
翁 源 县	7	7	85399	347224	179755	152415	86391
仁 化 县	11	11	58556	226691	108908	96836	53807
新 丰 县	7	7	86007	260494	120257	94957	42237
乳源自治县	8	8	41944	166931	95168	87318	47200
乐 昌 市	16	16	88280	374861	200168	186596	112583
河 源 市	**90**	**89**	**696836**	**3196507**	**1615089**	**1465954**	**688806**

1-4 续表 1

县（市）区别	一、乡镇政府个数（个）	镇政府	二、乡镇户数（户）	三、乡镇人口（人）	四、乡镇劳动力资源总数（人）	五、乡镇劳动力（人）	第一产业劳动力（人）
源城区	2	2	24430	111077	59922	51638	9954
东源县	20	19	124934	566725	288570	269692	108477
和平县	16	16	112577	495502	289407	257307	108855
龙川县	23	23	183696	864147	369574	362183	181119
紫金县	17	17	166611	778532	390892	336697	190418
连平县	12	12	84588	380524	216724	188437	89983
梅州市	**103**	**99**	**1139902**	**3949642**	**2114520**	**1829159**	**784223**
梅江区	4	4	40205	141285	78687	56277	10301
梅县区	17	17	121738	402854	215258	206347	117072
蕉岭县	7	7	62139	195463	93008	86279	41327
大埔县	14	13	103838	378165	232377	203448	83508
丰顺县	16	15	125671	439851	307895	255407	118336
五华县	15	15	292295	938956	546743	476901	223233
兴宁市	19	17	316447	1189900	491340	440037	135853
平远县	11	11	77569	263168	149212	104463	54593
惠州市	**52**	**51**	**828230**	**3644847**	**2285997**	**2126785**	**516160**
惠城区	8	8	165225	779645	560665	522674	83920
惠东县	13	13	211853	926755	444454	406453	136917
惠阳区	6	6	146385	671585	497582	458063	42618
博罗县	16	16	218582	965669	600227	579128	160094
龙门县	9	8	86185	301193	183069	160467	92611
汕尾市	**66**	**47**	**698152**	**3401866**	**1530133**	**1410150**	**515232**
汕尾城区	7	3	79416	395465	178911	170679	42641
红海湾区	3		23507	113484	54954	49553	10520
海丰县	18	16	160965	693998	425364	407052	134898
陆河县	9	8	80521	347070	135910	132545	45100
陆丰市	29	20	353743	1851849	734994	650321	282073
东莞市	**31**	**28**	**509541**	**1701705**	**1054272**	**951610**	**59340**
中山市	**23**	**18**	**664617**	**2556739**	**1788138**	**1735165**	**98965**
江门市	**66**	**61**	**856331**	**3023481**	**1918080**	**1772199**	**789502**
蓬江区	4	3	50822	171448	103497	98573	20062
江海区	3		38742	140132	86020	74446	15090
新会区	10	10	166721	562706	346632	334928	121856
台山市	16	16	240225	851141	570264	514497	280665
开平市	13	13	175755	611099	404756	353987	181415
恩平市	11	10	98132	318272	197547	188140	99583
鹤山市	9	9	85934	368683	209364	207628	70831
阳江市	**38**	**38**	**674457**	**2573035**	**1479555**	**1285008**	**477151**
江城区	3	3	98159	359283	205896	198711	79095
阳东县	11	11	127305	468093	301782	255817	92748
阳西县	8	8	130399	522355	311037	256893	97772
阳春市	15	15	291606	1126626	598969	513507	183253
海陵区	1	1	26988	96678	61871	60080	24283
湛江市	**96**	**84**	**1485952**	**6646985**	**3637130**	**3246284**	**1973960**
赤坎区							
霞山区							
坡头区	7	5	98507	376614	199283	186246	107787
麻章区	3	3	68002	273513	161610	143274	100447
东海区	4	4	57109	240548	140219	130968	78084
吴川市	14	10	221205	1036701	635956	554547	296574

1-4 续表 2

县（市）区别	一、乡镇政府个数（个）	镇政府	二、乡镇户数（户）	三、乡镇人口（人）	四、乡镇劳动力资源总数（人）	五、乡镇劳动力（人）	第一产业劳动力（人）
徐闻县	14	12	134096	599184	349536	321007	257123
雷州市	20	18	334654	1611218	825769	727989	476915
遂溪县	14	14	217273	932564	498441	461766	341638
廉江市	20	18	355106	1576643	826316	720487	315392
茂名市	**115**	**88**	**1279226**	**5241761**	**2836732**	**2529365**	**1406976**
茂南区	9	8	105528	438078	221029	184182	77993
茂港区	7	5	95671	408367	199227	191163	78636
信宜市	20	18	262677	898492	528218	483347	279294
高州市	31	23	285332	1206590	652892	589796	349976
电白县	19	17	270856	1146531	582082	544836	308390
化州市	29	17	259162	1143703	653284	536041	312687
肇庆市	**89**	**88**	**896641**	**3420936**	**1953009**	**1669367**	**1144690**
端州区			20654	65477	33231	21405	1195
鼎湖区	4	4	45731	141766	85649	64078	41658
高要市	16	16	196204	724792	502422	431549	279883
广宁县	14	14	136893	454201	293966	211802	156188
四会市	10	10	98884	332118	178104	220047	88335
德庆县	12	12	97572	327397	201850	158601	147608
封开县	15	15	113935	461614	276405	233358	148101
怀集县	18	17	186768	913571	381382	328527	281722
清远市	**80**	**77**	**864264**	**3565497**	**1993452**	**1823686**	**1011053**
清城区	4	4	124866	503457	272805	252072	121658
英德市	23	23	228461	986907	526391	484087	316166
佛冈县	6	6	69788	284547	164624	142393	78556
连山自治县	7	7	25020	100732	57592	50173	33951
连南自治县	7	7	46179	167811	87018	78791	46883
连州市	12	10	106432	448555	246691	199114	123598
阳山县	13	12	115407	490287	280029	261166	115438
清新区	8	8	148111	583201	358302	355890	174803
潮州市	**40**	**40**	**561097**	**2338691**	**1196697**	**1121326**	**392277**
湘桥区	1	1	57330	177543	95737	90770	10200
饶平县	20	20	196576	848685	458358	435829	212749
潮安区	19	19	307191	1312463	642602	594727	169328
揭阳市	**83**	**61**	**1236260**	**5797681**	**2805172**	**2555211**	**824309**
榕城区	14	4	135199	619035	401061	391334	100506
揭东区	13	11	219789	992363	500072	480401	160902
惠来县	14	14	258915	1369781	479876	431706	169571
普宁市	25	17	370862	1829961	964183	818983	287214
揭西县	17	15	251495	986541	459980	432787	106116
云浮市	**63**	**55**	**717704**	**2747655**	**1561477**	**1437370**	**745543**
云城区	7	3	81146	300032	138592	124737	59580
新兴县	12	12	118300	484370	269442	245140	109324
郁南县	15	15	130128	469901	258507	224660	140587
罗定市	21	17	301572	1150375	689729	652585	329775
云安县	8	8	86558	342977	205207	190248	106277

二、国土资源

2013 年 6 月 17 日，国土资源部和广东省政府在广州市召开推进节约集约用地示范省建设会议

2013 年 6 月 15 日，国土资源部部长姜大明在深圳宝安区石岩街道基本农田建设现场调研

2013 年 9 月 3 日，邓海光副省长出席高标准基本农田建设督导会议江门第二片区会议并讲话

2013 年 11 月 24 日下午，国土资源部党组成员、副部长胡存智一行对江门市蓬江区棠下铜井村集体建设用地流转项目现场，以及蓬江区环市街道白石村“三旧”改造项目现场调研

2013 年 7 月，省国土资源厅厅长邬公权在南海区平沙岛调研基本农田经济补偿制度落实情况

2012 年广东省高标准基本农田建设任务 468 万亩，图为建设中的高标准基本农田

国土资源所的工作人员正在对村民咨询申报宅基地建房事宜进行现场核实

南雄市珠玑镇塘东村将土地宅基地复垦复绿，重新开垦为良田和绿地。图为拆除“空心村”危房和土地整理现场

国土资源管理

2013 年，广东省国土资源系统紧紧围绕“三个定位、两个率先”总目标，认真贯彻落实省委、省政府的决策部署，积极争取国土资源部的支持，以《中共广东省委、广东省人民政府关于加强和改进我省国土资源工作的意见》和节约集约用地示范省建设为统领，以加快转变土地利用方式为主线，深入开展党的群众路线教育实践活动，坚持保发展、保资源、保权益并重，积极构建保障和促进科学发展新机制，各项工作取得了明显成效。

一、坚持先行先试，节约集约用地示范省建设开辟新局面

一是《广东省深入推进节约集约用地示范省建设工作方案》获得国土资源部批准，正式启动实施，我省将从更大范围、更宽领域和更深层次来推进节约集约用地。二是多措并举促进节约集约用地。加快推进“三旧”改造进度，截至 2013 年底，完成“三旧”改造面积 15.75 万亩，正在改造面积 21.6 万亩；开展批而未供和闲置土地的专项清理督查工作，全年处置闲置土地 1 万亩，清理出批而未供土地 47.4 万亩；单位建设用地 GDP 产出率由 2012 年的 3.03 亿元/平方公里提高到 3.27 亿元/平方公里，升幅为 7.9%；单位建设用地二、三产业增加值由 2012 年的 2.88 亿元/平方公里提高到 3.12 亿元/平方公里，升幅为 8.3%。三是积极开展土地管理制度改革试点。广州、深圳的功能片区规划试点取得了实质性进展，广州城市生态用地差别化管理试点取得明显成效，深圳成功实施了首宗原农村集体经济组织工业用地挂牌出让；中山、东莞、汕头市和顺德区的土地生态利用制度综合改革试点有序推进。

二、坚持发展为先，国土资源服务保障能力不断增强

一是创新规划管理。印发实施了《广东省国土规划（2006-2020 年）》、《广东省土地利用总体规划实施管理规定》和《广东省土地利用总体规划修改管理规定》，简化规划调整手续，大大加快了重大基础设施项目的建设进程；稳步推进重点地区的土地利用总体规划评估修订工作，完成全省及十个报国务院审批地级以上市土地利用总体规划中期评估报告的编制工作，基本完成土地总体规划评估修改试点。二是继续实施计划指标精细化、差别化管理。争取国土资源部下达我省新增建设用地指标 27.15 万亩，其中农转用指标 22.5 万亩；专项安排给粤东西北地级市扩容提质 1.87 万亩建设用地规模，下达粤东西北地区新增建设用地指标 9.84 万亩（其中扩容提质专项指标 1.2 万亩），比去年同期增加 37%；全力支持中心城区扩容提质、产业园区扩能增效和交通大会战，为重点区域、重大发展平台、轨道交通 TOD 站场等项目提供用地支撑，专项安排 1.5 万亩用地指标用于省产业转移工业园建设。三是不断改进用地报批工作，有效保障重大项目用地需求。全年办理用地面积 38 万亩，批准面积 35.4 万亩，同比上升 12.46%和 4.56%；供地 37.6 万亩，有效保障了重大基础设施、战略性新兴产业、民生工程、保障性住房等项目的用地需求。四是积极推进找矿突破战略行动。地质找矿突破工作取得重大进展，圆满完成找矿突破战略行动三年阶段性目标；4 个国家级整装勘查区的勘查实施方案获国土资源部批准实施；新增矿产地 7 处，其中大型 3 处；发现罕见巨型铷矿产地，估算资源量达 360 万吨以上，是全国已查明铷矿储量总和的两倍；全面完成矿产资源潜力评价工作，总体成果通过国家验收，验收分数列华东、中南省区第一名。

三、坚持保护为重，资源保护力度进一步加大

一是严格落实耕地保护目标责任制。顺利完成 2012 年度耕地保护责任目标考核，签订了 2013 年度耕地保护责任目标责任书。二是大力推进基本农田建设，加强和改进基本农田保护。编制印发了《广东省土地整治规划（2011-2015 年）》，下达 2013-2015 年各市高标准基本农田建设任务；完成高标准基本农田建设项目立项 963 个，建设规模 550 万亩；全省初步划定基本农田 3966 万亩，超过国家下达的 3834 万亩任务；在全国率先建立全省范围的基本农田保护经济补偿制度，各地均出台了相关的实施细则。三是大力推进矿产资源节约集约与综合利用工作。开展大宝山资源综合利用示范基地五个重点项目建设，全省有 6 家矿山企业成为国家级绿色矿山试点单位，铁、铜、铅、锌等 13 个矿种 63 家矿山的“三率”水平调查评价工作基本完成。四是大力推进矿山地质环境保护工作。印发实施《广东省“矿山复绿”行动实施方案》，组织编制了全省矿山地质环境保护与治理规划；新设广州增城、广东南雄恐龙和广东连平陂头等等 3 处省级地质公园，正式授予清远市、阳江市、恩平市、和平县和新兴县等 5 个市、县“中国温泉之乡（城）”称号。目前全省已建立 8 个国家地质公园（含 2 个世界地质公园）、6 个省级地质公园和 6 个“中国温泉之乡（城）”。

四、坚持以民为本，有力维护群众合法权益

一是落实房地产调控要求，加大普通住宅用地供应。2013 年我省住房用地供应计划 7.91 万亩，其中保障性安居工程（保障性住房、各类棚户区改造用地、公共租赁房、限价商品房）和中小套型商品房用地 6.01 万亩，占住房用地供应计划的 76%，超过国家指标 6 个百分点，保障性住房用地实现应保尽保。二是积极推动城乡建设用地增减挂钩与泥砖房改造、新农村建设相结合，有效解决泥砖房改造资金、住户安置和持续发展等问题，促进农民增收和农村发展。开展了 143 个增减挂钩试点项目区，实际建新面积 3.14 万亩，完成拆旧复垦面积 4.17 万亩；统筹推进泥砖房改造工作，落实改造资金 9.07 亿元，共改造农村泥砖房 2.79 万户、16.44 万间。三是认真开展地质灾害防治和灾后重建工作。成功预报地质灾害 133 起，避免人员伤亡 6339 人，避免直接经济损失 7875 万元；治理消除地质灾害隐患点 1211 处；迅速安排地质灾害防治资金和灾毁农田垦复补助资金 3.48 亿元，及时落实灾后重建用地计划指标 5100 亩。四是不断加强国土资源执法监察力度。2012 年全省违法用地面积和违法占用耕地面积比 2011 年分别下降了 29.2%和 38.7%。开展维护被征地农民合法权益专项督察，纠正一批存在的突出问题。切实做好信访维稳工作，共受理群众来信来访 1854 件，同比下降 1.3%，全年未发生群体性事件和极端恶性事件。

五、坚持夯实基础，国土资源监管水平不断提升

一是不断强化测绘地理信息服务。组织启动广东省全国第一次地理国情普查工作；全面完成广东省地理信息公共平台和 21 个地级市数字城市地理空间框架建设；大力推进数字县（区）、“一村一镇一地图”建设和市县政府机关工作用图编制工作。基本完成全省测量标志普查工作；全年提供使用省级各种比例尺地理信息成果 3.4 万幅、控制点 1.4 万个，卫星定位应用服务系统用户超过 2600 个；开展测绘地理信息统一监管平台建设试点。二是全面完成农村集体土地确权登记发证工作并通过国家验收。农村集体土地村民小组（经济社）一级所有权确权登记发证率为 99.5%，约占全国发证总数的 23%，集体建设用地使用权发证率 96.6%，宅基地使用权发证率为 94%，全省发证宗数排名全国第一。三是强化科技支撑作用。扎实推进国土资源在线巡查系统建设，不断完善省、市、县、镇四级的违法线索发现、反馈和处置机制；科技项目立项申报取得重大突破，“村镇建设用地再开发关键技术研究与示范”项目列入“十二五”国家科技支撑计划；开展电子政务系统优化升级，各类业务系统和数据库已建成，为网上审批、并联审批打下坚实基础；土地和矿业权网上交易系统和监管平台建成投入使用，有力推进耕地储备指标网上交易系统以及网上办事大厅的建设和应用。四是深入推进行政审批制度改革。做好取消、下放、转移的 21 项审批事项的配套实施，提出行政审批制度改革先行先试的建议方案。深化建设用地审批制度改革，研究起草了《报省政府审批建设用地呈报方式改革方案》和《关于大力推进简政放权提高用地审批效率的工作方案》，优化呈批流程、调整报批方式，提高审批效率。开展地热矿泉水采矿权审批权限下放、采矿权协议出让权限下放工作。

六、坚持强化内功，党风廉政建设进一步加强

一是深入开展党的群众路线教育实践活动。聚焦“四风”查找问题，畅通渠道广泛征求意见建议，厅机关上下立行立改，落实整改任务 18 项，完成建章立制 14 项，机关干部队伍作风得到有效锤炼，整体素质明显提高。二是大力推进干部队伍和党风廉政建设。严格落实党风廉政建设责任制，创建“大地清风”网上廉政教育大厅，继续强化廉政风险防控，加强党风廉政建设责任制落实情况的检查考核；初步制定完成全省国土资源行政服务标准体系，在全国率先形成省、市、县、镇四级统一规范的国土资源系统服务标准。

2-1 人口与自然资源

项　　目	单　位	2013 年	项　　目	单　位	2013 年
一、人口			年平均降雨量	毫米	2124.5
年末户籍人口	万人	8759.46	年平均气温	摄氏度	21.9
人口密度	人/平方公里	487.47	年日照时数	小时	1715.1
二、土地资源和海洋			**四、森林**		
土地面积	平方公里	179692.69	活立木蓄积量	亿立方米	5.24
耕　地	万公顷	261.44	森林覆盖率	%	58.2
林　地	万公顷	1006.66	**五、水力水产**		
园　地	万公顷	130.17	水力资源理论蕴藏量	万千瓦	1137.2
草　地	万公顷	0.32	#可开发装机容量		824.5
海域总面积	万平方公里	41.9	海水养殖可养面积	万公顷	77.6
海洋滩涂面积	万公顷	20.4	淡水可养面积	万公顷	49.46
海岛面积	平方公里	1592.7	**六、矿产**		
大陆海岸线长度	公里	4144.4	煤保有资源储量	万吨	59858.99
岛屿岸线长度	公里	2428.7	铁矿石保有资源储量	万吨	65956.88
岛屿个数	个	1431	硫铁矿保有资源储量	万吨	39469.13
三、气候					

注：1. 海岛面积、岛岸线长度、岛屿个数是 1994 年调查数据，大陆海岸线为 2008 年调查数据。
　　2. 海域总面积包括 200 海里专属经济区面积。
　　3. 土地资源数据是 2012 年土地变更调整数据。

2-2 各市耕地面积情况

2012 年　　单位：公顷

市　别	年初实有耕地面　积	年末耕地保有量面积	实有耕地面积	水　田	水浇地	旱　地	可调整地类面积	年内增加耕地面积	年内减少耕地面积
广东省	2601315.96	3166454.95	2614436.73	1671020.77	120217.87	823198.09	552018.22	19685.46	6564.69
广州市	85447.57	135973.25	84567.32	53222.29	29419.85	1925.18	51405.93	17.38	897.63
深圳市	3021.54	3018.60	3018.60	9.12	2845.06	164.42		51.87	54.81
珠海市	18177.96	33656.18	18103.35	11786.77	2068.55	4248.03	15552.83		74.61
汕头市	37845.88	60807.92	37986.60	28401.53	4965.97	4619.10	22821.32	314.83	174.11
佛山市	36505.53	54280.36	36555.70	22851.44	8697.59	5006.67	17724.66	382.12	331.95
顺德区	1236.32	12544.65	1223.93	1.00	1155.81	67.12	11320.72		12.39
韶关市	219656.28	228093.08	219192.08	146828.48	4449.44	67914.16	8901.00	44.71	508.91
河源市	141220.16	142306.16	141930.12	109946.83	862.91	31120.38	376.04	780.57	70.61
梅州市	164066.42	178084.41	164120.72	127637.84	4397.85	32085.03	13963.69	212.12	157.82
惠州市	141294.46	151695.52	141074.80	83487.08	12547.98	45039.74	10620.72	382.73	602.39
汕尾市	95472.27	110160.63	97879.05	69673.50	2665.38	25540.17	12281.58	2498.93	92.15
东莞市	15496.18	37618.02	14188.07	978.09	11788.48	1421.50	23429.95	19.6	1327.71
中山市	12565.16	50384.83	12431.64	6587.92	5554.66	289.06	37953.19	0.03	133.55
江门市	155324.84	211834.55	156914.52	126341.61	3804.17	26768.74	54920.03	1867.1	277.42
阳江市	145827.48	214069.37	150740.05	103034.57	304.43	47401.05	63329.32	5179.96	267.39
湛江市	456104.40	501906.15	460356.24	191476.46	12107.99	256771.79	41549.91	4605.48	353.64
茂名市	226492.65	252232.23	226747.98	162860.96	871.94	63015.08	25484.25	507.53	252.20
肇庆市	148938.34	189622.43	149370.02	103647.46	4885.49	40837.07	40252.41	628.93	197.25
清远市	269012.43	298826.09	270286.43	158615.93	4059.19	107611.31	28539.66	1660.51	386.51
潮州市	36053.37	49709.28	35992.81	26217.94	1370.53	8404.34	13716.47		60.56
揭阳市	87907.47	124110.40	88239.76	68530.36	1293.09	18416.31	35870.64	531.06	198.77
云浮市	103649.25	125520.81	103516.94	68883.59	101.51	34531.84	22003.87		132.31

注：可调整地类是指因农业结构调整原因，将耕地改为园地、林地、草地和坑塘水面等，且耕作层未被破坏的土地。包括：可调整果园、可调整茶园、可调整其他园地、可调整有林地、可调整人工牧草地和可调整坑塘水面等地类。

2-3 各市当年建设占用耕地情况

2012 年　　单位：公顷

市别	合 计	城镇村及工矿用地	交通运输用地	水利设施用地
广东省	5105.04	4385.81	683.12	36.11
广州市	869.41	671.13	198.14	0.14
深圳市	48.45	41.63	3.03	3.79
珠海市	73.44	67.53	5.91	
汕头市	170.88	157.94	12.94	
佛山市	322.80	268.73	54.07	
顺德区	11.46	6.1	5.36	
韶关市	318.88	287.44	0.16	31.28
河源市	52.37	50.44	1.93	
梅州市	152.93	151.45	1.48	
惠州市	564.05	418.59	145.00	0.46
汕尾市	88.27	88.27		
东莞市	353.05	284.34	68.71	
中山市	127.57	121.58	5.99	
江门市	264.82	230.37	34.45	
阳江市	238.23	229.38	8.85	
湛江市	336.07	258.98	77.07	0.02
茂名市	242.93	240.96	1.97	
肇庆市	178.88	151.03	27.85	
清远市	331.65	316.52	14.71	0.42
潮州市	60.56	49.94	10.62	
揭阳市	179.90	179.41	0.49	
云浮市	118.44	114.05	4.39	

2-4 各县（区）耕地面积情况

2012 年　　　　单位：公顷

县（市）区	年初实有耕地面积	年末耕地保有量面积						年内增加耕地面积	年内减少耕地面积
			实有耕地面积	水田	水浇地	旱地	可调整地类面积		
广东省	**2601315.96**	**3166454.95**	**2614436.73**	**1671020.7**	**120217.87**	**823198.09**	**552018.22**	**19685.4**	**6564.69**
广州市	**85447.57**	**135973.25**	**84567.32**	**53222.29**	**29419.85**	**1925.18**	**51405.93**	**17.38**	**897.63**
荔湾区	478.69	585.96	458.23	11.90	421.42	24.91	127.73		20.46
越秀区	1.55	1.55	1.55		0.72	0.83			
海珠区	352.23	683.79	335.80	60.38	225.17	50.25	347.99		16.43
天河区	594.24	566.80	566.80	61.64	459.49	45.67			27.44
白云区	9693.16	17968.15	9539.78	3389.27	6060.36	90.15	8428.37		153.38
黄埔区	592.82	554.27	554.27	2.80	542.90	8.57			38.55
番禺区	17630.14	22549.72	17465.85	13419.01	3852.14	194.70	5083.87		164.29
花都区	10529.00	17591.61	10461.76	7428.93	2918.28	114.55	7129.85		67.24
南沙区	6242.36	8386.45	6148.32	933.78	5212.79	1.75	2238.13		94.04
萝岗区	2996.74	4719.42	2816.93	1732.60	1029.95	54.38	1902.49	17.37	197.18
增城市	22668.01	39104.75	22597.30	14210.70	7637.35	749.25	16507.45		70.71
从化市	13668.63	23260.78	13620.73	11971.28	1059.28	590.17	9640.05	0.01	47.91
深圳市	**3021.54**	**3018.60**	**3018.60**	**9.12**	**2845.06**	**164.42**		**51.87**	**54.81**
罗湖区	23.60	23.03	23.03		17.35	5.68			0.57
福田区	7.80	7.80	7.80		7.80				
南山区	100.96	99.78	99.78		96.09	3.69			1.18
宝安区	1588.96	1569.48	1569.48	1.65	1491.57	76.26		13.26	32.74
龙岗区	1289.80	1308.23	1308.23	7.47	1223.48	77.28		38.61	20.18
盐田区	10.42	10.28	10.28		8.77	1.51			0.14
珠海市	**18177.96**	**33656.18**	**18103.35**	**11786.77**	**2068.55**	**4248.03**	**15552.83**		**74.61**
香洲区	691.17	669.81	669.81	122.10	237.56	310.15			21.36
斗门区	9664.04	21162.24	9615.59	7135.67	1219.76	1260.16	11546.65		48.45
金湾区	7822.75	11824.13	7817.95	4529.00	611.23	2677.72	4006.18		4.80
汕头市	**37845.88**	**60807.92**	**37986.60**	**28401.53**	**4965.97**	**4619.10**	**22821.32**	**314.83**	**174.11**
龙湖区	2266.82	2520.93	2253.36	1048.81	1051.69	152.86	267.57		13.46
金平区	988.95	1875.70	988.95	728.32	213.69	46.94	886.75		
濠江区	2019.03	2441.40	2014.87	570.16	615.75	828.96	426.53		4.16
潮阳区	13811.73	22329.35	13822.52	12638.11	145.66	1038.75	8506.83	67.42	56.63
潮南区	11807.92	17768.94	11885.85	9961.06	150.92	1773.87	5883.09	147.75	69.82
澄海区	6500.86	13202.71	6570.64	3452.95	2693.32	424.37	6632.07	99.66	29.88
南澳县	450.57	668.89	450.41	2.12	94.94	353.35	218.48		0.16
佛山市	**36505.53**	**54280.36**	**36555.70**	**22851.44**	**8697.59**	**5006.67**	**17724.66**	**382.12**	**331.95**
禅城区	271.33	712.66	264.54		231.52	33.02	448.12		6.79
南海区	12656.53	18959.03	12488.53	4260.45	7189.25	1038.83	6470.50		168.00

2-4 续表 1　　单位：公顷

县（市）区	年初实有耕地面积	年末耕地保有量面积	实有耕地面积				可调整地类面积	年内增加耕地面积	年内减少耕地面积
				水田	水浇地	旱地			
三水区	11534.58	20049.37	11465.27	8010.51	1162.56	2292.20	8584.10	13.83	83.14
高明区	12043.09	14559.30	12337.36	10580.48	114.26	1642.62	2221.94	368.29	74.02
顺德区	1236.32	12544.65	1223.93	1.00	1155.81	67.12	11320.72		12.39
韶关市	**219656.28**	**228093.08**	**219192.08**	**146828.48**	**4449.44**	**67914.16**	**8901.00**	**44.71**	**508.91**
武江区	7005.73	7441.30	6965.50	4062.27	548.69	2354.54	475.80		40.23
浈江区	6621.41	7972.12	6569.24	4461.86	646.37	1461.01	1402.88	12.93	65.10
曲江区	18934.06	20238.23	18923.91	13078.52	408.85	5436.54	1314.32	25.21	35.36
始兴县	20297.58	20897.07	20245.07	15477.46	455.93	4311.68	652.00		52.51
仁化县	21391.03	21992.13	21353.11	17743.41	216.17	3393.53	639.02		37.92
翁源县	31122.69	32707.58	31105.89	19507.29	397.47	11201.13	1601.69		16.80
乳源县	19740.42	19689.76	19672.79	12856.20	664.56	6152.03	16.97		67.63
新丰县	16305.32	17446.16	16251.25	8195.10	685.03	7371.12	1194.91		54.07
乐昌市	34742.15	36201.84	34682.47	22076.74	350.20	12255.53	1519.37	6.57	66.25
南雄市	43495.89	43506.89	43422.85	29369.63	76.17	13977.05	84.04		73.04
河源市	**141220.16**	**142306.16**	**141930.12**	**109946.83**	**862.91**	**31120.38**	**376.04**	**780.57**	**70.61**
源城区	2646.40	2699.24	2626.38	1406.95	524.85	694.58	72.86		20.02
紫金县	30675.30	30706.59	30694.60	27119.53	100.49	3474.58	11.99	21.63	2.33
龙川县	39500.44	39685.70	39484.42	32107.75	59.09	7317.58	201.28		16.02
连平县	19871.47	20266.15	20240.72	12583.34	141.02	7516.36	25.43	369.37	0.12
和平县	22473.27	22487.42	22473.27	16610.53	25.69	5837.05	14.15		
东源县	26053.28	26461.06	26410.73	20118.73	11.77	6280.23	50.33	389.57	32.12
梅州市	**164066.42**	**178084.41**	**164120.72**	**127637.84**	**4397.85**	**32085.03**	**13963.69**	**212.12**	**157.82**
梅江区	2958.09	3752.28	3011.89	1842.42	243.32	926.15	740.39	77.86	24.06
梅县区	22393.43	25949.13	22359.74	17705.08	206.18	4448.48	3589.39		33.69
大埔县	17078.56	17191.31	17076.58	13888.60	56.10	3131.88	114.73		1.98
丰顺县	21962.51	25195.07	21952.88	15453.65	727.77	5771.46	3242.19		9.63
五华县	41539.89	42328.92	41650.46	31976.11	173.86	9500.49	678.46	134.26	23.69
平远县	16747.24	17308.06	16740.97	11739.06	2975.23	2026.68	567.09		6.27
蕉岭县	9005.70	10035.67	8998.63	7372.15	1.40	1625.08	1037.04		7.07
兴宁市	32381.00	36323.97	32329.57	27660.77	13.99	4654.81	3994.40		51.43
惠州市	**141294.46**	**151695.52**	**141074.80**	**83487.08**	**12547.98**	**45039.74**	**10620.72**	**382.73**	**602.39**
惠城区	22312.30	24657.19	22311.76	11350.80	6505.62	4455.34	2345.43	141.17	141.71
惠阳区	14841.07	16716.09	14782.35	6317.51	1495.20	6969.64	1933.74	34.30	93.02
博罗县	50590.70	52685.20	50456.25	28090.17	3706.73	18659.35	2228.95	67.77	202.22
惠东县	34145.96	34945.66	34042.17	26286.48	347.13	7408.56	903.49	51.27	155.06
龙门县	19404.43	22691.38	19482.27	11442.12	493.30	7546.85	3209.11	88.22	10.38

2-4 续表 2 单位：公顷

县（市）区	年初实有耕地面积	年末耕地保有量面积	实有耕地面积				可调整地类面积	年内增加耕地面积	年内减少耕地面积
				水田	水浇地	旱地			
汕尾市	**95472.27**	**110160.63**	**97879.05**	**69673.50**	**2665.38**	**25540.17**	**12281.58**	**2498.93**	**92.15**
城　区	5209.12	5222.87	5191.58	3520.73	617.12	1053.73	31.29	0.01	17.55
海丰县	34207.79	38995.06	34528.83	27847.60	365.92	6315.31	4466.23	372.26	51.22
陆河县	11012.06	12520.52	12104.59	6042.91	622.11	5439.57	415.93	1102.89	10.36
陆丰市	45043.30	53422.18	46054.05	32262.26	1060.23	12731.56	7368.13	1023.77	13.02
东莞市	**15496.18**	**37618.02**	**14188.07**	**978.09**	**11788.48**	**1421.50**	**23429.95**	**19.60**	**1327.71**
中山市	**12565.16**	**50384.83**	**12431.64**	**6587.92**	**5554.66**	**289.06**	**37953.19**	**0.03**	**133.55**
江门市	**155324.84**	**211834.55**	**156914.52**	**126341.61**	**3804.17**	**26768.74**	**54920.03**	**1867.10**	**277.42**
蓬江区	1308.33	2359.07	1295.58	957.22	168.72	169.64	1063.49		12.75
江海区	2002.31	2795.50	1981.70	1589.32	392.08	0.30	813.80		20.61
新会区	17690.79	30005.86	17661.36	16358.74	229.91	1072.71	12344.50	43.11	72.54
台山市	55654.41	71924.76	56781.22	50121.37	28.12	6631.73	15143.54	1154.33	27.52
开平市	30710.28	43790.96	31157.42	24904.62	184.72	6068.08	12633.54	460.67	13.53
鹤山市	12788.01	21461.88	12894.46	10012.65	125.76	2756.05	8567.42	135.40	28.95
恩平市	35170.71	39496.52	35142.78	22397.69	2674.86	10070.23	4353.74	73.59	101.52
阳江市	**145827.48**	**214069.37**	**150740.05**	**103034.57**	**304.43**	**47401.05**	**63329.32**	**5179.96**	**267.39**
江城区	22295.92	25716.56	22503.81	15237.85	150.99	7114.97	3212.75	329.88	121.99
阳西县	32383.36	48114.51	34532.60	21150.86	2.29	13379.45	13581.91	2162.70	13.46
阳东县	33308.31	51898.68	34156.34	25108.53	133.34	8914.47	17742.34	884.92	36.89
阳春市	57839.89	88339.62	59547.30	41537.33	17.81	17992.16	28792.32	1802.46	95.05
湛江市	**456104.40**	**501906.15**	**460356.24**	**191476.46**	**12107.99**	**256771.79**	**41549.91**	**4605.48**	**353.64**
赤坎区	564.05	558.63	558.63	272.33	0.72	285.58			5.42
霞山区	1489.73	1453.01	1453.01	985.36		467.65			36.72
坡头区	15172.73	15083.11	15083.11	8135.88	21.43	6925.80			89.62
麻章区	23195.87	23093.90	23093.90	12180.36	29.21	10884.33			101.97
遂溪县	99752.42	101061.73	99690.72	24919.20	3923.18	70848.34	1371.01		61.70
徐闻县	65316.50	75403.47	69481.50	14201.03	7276.83	48003.64	5921.97	4182.52	17.52
廉江市	82281.43	91086.37	82266.74	53068.02	350.50	28848.22	8819.63		14.69
雷州市	138857.06	158832.24	139258.70	55411.18	438.96	83408.56	19573.54	422.94	21.30
吴川市	29474.61	35333.69	29469.93	22303.10	67.16	7099.67	5863.76	0.02	4.70
茂名市	**226492.65**	**252232.23**	**226747.98**	**162860.96**	**871.94**	**63015.08**	**25484.25**	**507.53**	**252.20**
茂南区	15643.32	17149.45	15645.18	13750.06	653.22	1241.90	1504.27	16.14	14.28
茂港区	12233.68	13089.60	12216.58	8839.83	127.20	3249.55	873.02		17.10
电白县	39030.48	52473.70	38992.09	29779.02	66.98	9146.09	13481.61		38.39
高州市	59950.85	60291.07	59885.28	33018.63	10.27	26856.38	405.79		65.57
化州市	59036.91	68648.56	59446.75	46120.87	2.16	13323.72	9201.81	491.28	81.44
信宜市	40597.41	40579.85	40562.10	31352.55	12.11	9197.44	17.75	0.11	35.42

2-4 续表 3 单位：公顷

县（市）区	年初实有耕地面积	年末耕地保有量面积						年内增加耕地面积	年内减少耕地面积
			实有耕地面积				可调整地类面积		
				水田	水浇地	旱地			
肇庆市	**148938.34**	**189622.43**	**149370.02**	**103647.46**	**4885.49**	**40837.07**	**40252.41**	**628.93**	**197.25**
端州区	278.47	277.47	277.47	196.94	20.92	59.61			1.00
鼎湖区	5302.90	9667.02	5273.28	4181.19	20.72	1071.37	4393.74		29.62
广宁县	17233.13	20730.41	17331.56	13144.35	4.34	4182.87	3398.85	108.34	9.91
怀集县	42720.07	43219.79	42703.66	24524.76	2088.30	16090.60	516.13	48.48	64.89
封开县	30148.20	33843.08	30489.32	22240.60	79.54	8169.18	3353.76	351.04	9.92
德庆县	11014.08	22739.01	11033.23	7879.89		3153.34	11705.78	22.11	2.96
高要市	29224.08	35927.65	29199.25	22918.32	2592.89	3688.04	6728.40	28.94	53.77
四会市	13017.41	23218.00	13062.25	8561.41	78.78	4422.06	10155.75	70.02	25.18
清远市	**269012.43**	**298826.09**	**270286.43**	**158615.93**	**4059.19**	**107611.31**	**28539.66**	**1660.51**	**386.51**
清城区	25775.69	28901.43	25600.22	15538.47	1811.60	8250.15	3301.21		175.47
佛冈县	11714.08	18921.01	11747.51	9696.75	136.18	1914.58	7173.50	47.53	14.10
阳山县	40491.46	45613.61	41679.07	17582.18	119.65	23977.24	3934.54	1203.69	16.08
连山县	9964.48	10221.65	9978.14	9408.66		569.48	243.51	20.07	6.41
连南县	11076.03	11262.58	11063.58	6422.03	88.34	4553.21	199.00		12.45
清新区	38615.88	43248.25	38577.90	22424.28	1780.24	14373.38	4670.35	0.15	38.13
英德市	91581.93	100325.88	91470.64	53098.75	11.11	38360.78	8855.24		111.29
连州市	39792.88	40331.68	40169.37	24444.81	112.07	15612.49	162.31	389.07	12.58
潮州市	**36053.37**	**49709.28**	**35992.81**	**26217.94**	**1370.53**	**8404.34**	**13716.47**		**60.56**
湘桥区	998.90	1343.54	997.79	700.31	170.73	126.75	345.75		1.11
潮安区	15198.48	24133.13	15144.35	11616.61	819.88	2707.86	8988.78		54.13
饶平县	19855.99	24232.61	19850.67	13901.02	379.92	5569.73	4381.94		5.32
揭阳市	**87907.47**	**124110.40**	**88239.76**	**68530.36**	**1293.09**	**18416.31**	**35870.64**	**531.06**	**198.77**
榕城区	1578.41	2541.70	1572.62	1212.40	195.44	164.78	969.08		5.79
揭东区	16996.27	31362.42	16927.80	13364.33	69.11	3494.36	14434.62		68.47
揭西县	19265.31	27539.32	19745.66	15318.85	55.78	4371.03	7793.66	497.52	17.17
惠来县	25375.33	29482.55	25333.28	17027.16	230.06	8076.06	4149.27		42.05
普宁市	24692.15	33184.41	24660.40	21607.62	742.70	2310.08	8524.01	33.54	65.29
云浮市	**103649.25**	**125520.81**	**103516.94**	**68883.59**	**101.51**	**34531.84**	**22003.87**		**132.31**
云城区	8962.87	9510.43	8925.00	7071.61	36.09	1817.30	585.43		37.87
新兴县	19010.25	22935.28	18992.81	16377.21	22.35	2593.25	3942.47		17.44
郁南县	13878.70	22579.28	13866.08	9062.58	6.77	4796.73	8713.20		12.62
云安县	15781.44	15948.15	15767.03	8452.53	25.80	7288.70	181.12		14.41
罗定市	46015.99	54547.67	45966.02	27919.66	10.50	18035.86	8581.65		49.97

备注：可调整地类是指因农业结构调整原因，将耕地改为园地、林地、草地和坑塘水面等，且耕作层未被破坏的土地。包括：可调整果园、可调整茶园、可调整其他园地、可调整有林地、可调整人工牧草地和可调整坑塘水面等地类。

三、气候和自然灾害

3-1 主要年份各地年平均气温（℃）

年　份	粤　北	粤东北	粤西北	粤　东	粤　中	粤　西
1952	20.6			21.9	22.6	23.7
1957	19.9	21.0	21.7	21.0	21.5	22.9
1962	20.1	20.9	21.8	21.0	21.6	22.8
1965	20.6	21.4	22.1	21.3	21.9	23.4
1970	19.8	21.1	21.6	21.0	21.4	22.7
1975	20.3	21.1	21.9	21.3	21.7	23.0
1980	20.7	21.5	22.5	21.2	22.2	23.4
1985	20.2	20.9	22.0	21.1	21.6	22.6
1990	21.1	21.5	22.8	21.8	22.6	23.4
1995	20.0	21.0	22.2	21.6	22.3	23.0
2000	20.4	21.9	22.6	22.5	22.5	23.8
2005	20.5	21.6	22.5	22.2	22.8	23.0
2010	20.0	21.8	22.4	22.3	22.5	23.3
2011	19.6	21.7	22.3	22.1	21.4	22.4
2012	19.6	22.0	22.4	22.3	21.7	23.2
2013	20.0	21.2	22.7	22.6	21.5	23.0

3-2 主要年份各地年极端最高气温（℃）

年　份	粤　北	粤东北	粤西北	粤　东	粤　中	粤　西
1952	40.1			35.6	37.1	35.9
1957	38.7	38.6	36.7	35.0	36.1	36.0
1962	38.6	38.7	36.9	37.9	36.5	36.2
1965	38.1	37.3	37.1	34.5	36.1	37.3
1970	38.3	38.9	36.0	35.9	36.4	36.8
1975	36.8	36.5	36.4	35.1	34.9	35.1
1980	39.2	38.4	38.1	34.9	38.1	36.1
1985	38.5	38.4	36.1	34.9	35.3	35.5
1990	38.3	38.6	38.7	35.8	38.0	38.1
1995	38.3	37.6	36.9	36.5	36.9	36.1
2000	37.0	38.0	36.7	36.9	36.6	35.4
2005	39.5	39.0	38.4	37.6	39.0	36.8
2010	37.1	38.4	37.1	36.8	37.1	36.3
2011	37.7	38.5	37.2	36.1	36.9	35.7
2012	37.2	37.6	37.0	37.6	36.8	36.4
2013	38.4	37.2	37.2	36.6	36.4	35.3

3-3 主要年份各地年极端最低气温（℃）

年　份	粤　北	粤东北	粤西北	粤　东	粤　中	粤　西
1952	-1.6			3.3	1.6	4.4
1957	-2.0	-2.3	-0.5	1.1	0.0	3.3
1962	-1.4	-1.6	2.7	2.1	2.1	7.6
1965	0.4	-0.1	4.2	4.5	4.7	6.4
1970	-0.6	-1.0	3.0	2.5	2.6	6.4
1975	-1.5	-2.7	1.0	1.8	0.9	2.8
1980	-1.0	-0.2	3.5	3.6	2.6	4.3
1985	0.8	-1.4	4.6	2.1	2.9	7.5
1990	0.0	1.9	3.9	4.7	3.4	5.7
1995	-0.8	0.4	4.7	5.4	6.4	7.8
2000	0.9	1.1	5.2	5.5	4.0	8.2
2005	-1.2	-2.0	3.1	2.4	2.1	4.8
2010	-1.5	-0.6	2.7	2.5	1.8	4.2
2011	-0.9	1.6	4.4	4.7	2.6	4.7
2012	-2.0	1.1	5.0	3.9	2.5	5.7
2013	-0.8	0.0	5.2	6.6	3.3	6.6

3-4 主要年份各地年平均地面温度（℃）

年　份	粤　北	粤东北	粤西北	粤　东	粤　中	粤　西
1952						
1957	22.3		23.2	23.6	23.9	25.9
1962	23.3	24.2	24.8	24.3	24.1	26.0
1965	23.8	25.0	24.7	24.9	24.3	26.6
1970	22.4	24.0	23.9	24.5	23.4	
1975	22.6	23.7	24.1	24.3	23.3	25.7
1980	23.4	24.2	25.4	24.7	25.3	26.8
1985	22.9	24.5	24.2	24.1	24.2	25.6
1990	23.7	25.2	24.7	24.4	24.9	26.2
1995	22.0	24.6	23.7	24.6	23.6	25.7
2000	23.0	25.4	24.4	26.3	23.8	26.9
2005	23.3	24.9	23.6	25.3	23.8	26.4
2010	22.5	25.1	23.8	25.4	24.0	26.6
2011	22.4	25.9	24.6	26.3	23.9	26.3
2012	22.1	25.6	23.8	25.2	24.0	26.6
2013	22.9	23.9	24.3	25.8	24.3	26.5

3-5 主要年份各地年降雨量（毫米）

年　份	粤　北	粤东北	粤西北	粤　东	粤　中	粤　西
1952	1564.1			1424.5	1737.4	1752.4
1957	1641.2	1745.5	1914.3	1860.3	1988.5	1327.2
1962	1735.4	1348.0	1516.8	1053.4	1521.6	1377.1
1965	1189.4	1221.8	2066.1	1270.2	2332.5	1695.2
1970	1708.8	1352.0	1482.0	1267.8	1470.4	1618.6
1975	2120.8	2039.8	1910.9	1570.0	2516.7	1683.0
1980	1459.4	1461.7	1586.1	1369.1	1492.2	2274.0
1985	1360.2	1607.8	1726.9	1481.3	1706.0	2411.3
1990	1436.6	1709.0	1284.8	2236.9	1239.5	1510.2
1995	1506.9	1171.0	1766.4	1512.2	1752.4	2082.9
2000	1565.8	1850.9	1318.2	1486.7	1798.9	1762.7
2005	1772.2	1647.3	1905.2	1631.3	1986.2	1387.3
2010	2104.4	1416.1	1419.6	1350.3	2353.6	1952.3
2011	1443.0	1233.1	1277.2	1027.0	1632.3	1408.5
2012	2056.3	1460.5	1919.2	1247.1	1813.9	2068.6
2013	1709.3	1829.2	1723.5	1997.5	2074.3	2060.0

3-6 主要年份各地年降雨日数（日雨量≥0.1 毫米）

年　份	粤　北	粤东北	粤西北	粤　东	粤　中	粤　西
1952	171			155	164	146
1957	166	160	166	132	169	153
1962	139	132	148	118	150	126
1965	150	138	170	139	165	147
1970	191	167	177	132	171	160
1975	184	182	188	171	189	171
1980	148	121	142	118	126	124
1985	170	165	168	134	169	171
1990	153	144	159	131	149	158
1995	157	147	153	116	148	154
2000	153	147	151	115	148	134
2005	152	126	148	128	142	132
2010	158	157	157	123	160	143
2011	130	117	117	87	113	132
2012	185	161	173	144	171	161
2013	157	140	149	122	151	138

3-7 主要年份各地年平均相对湿度（%）

年　份	粤　北	粤东北	粤西北	粤　东	粤　中	粤　西
1952	78				79	83
1957	77	79	81	84	80	82
1962	76	77	79	82	76	80
1965	76	80	82	81	81	84
1970	78	79	81	83	82	84
1975	79	82	81	84	81	83
1980	73	77	77	83	77	82
1985	75	78	77	82	78	83
1990	76	80	77	82	77	83
1995	78	77	76	81	73	82
2000	78	77	76	77	77	80
2005	73	73	74	69	71	80
2010	79	74	76	77	73	83
2011	72	68	67	73	74	77
2012	78	74	76	79	82	82
2013	74	73	70	75	81	80

3-8 主要年份各地年日照时数（小时）

年　份	粤　北	粤东北	粤西北	粤　东	粤　中	粤　西
1952				2175.2	1957.0	
1957	1704.1	2009.9	1580.7	2166.2	1752.9	1861.6
1962	2181.5	2161.7	2009.8	2401.2	2126.4	1979.3
1965	1975.2	2147.2	1857.3	1985.9	1895.6	1991.4
1970	1685.4	1908.1	1756.0	1932.5	1772.8	1738.8
1975	1516.9	1898.6	1741.2	1650.5	1643.1	1900.3
1980	1754.1	1811.1	1945.8	1989.2	1921.8	2036.5
1985	1701.6	1926.7	1613.3	1900.6	1406.0	1868.4
1990	1613.9	1893.1	1542.8	1921.3	1648.7	1877.4
1995	1420.6	1868.7	1704.6	2038.3	1559.6	1828.3
2000	1497.2	1672.6	1714.1	2126.3	1609.2	1855.3
2005	1491.2	1736.4	1345.6	1849.5	1288.5	1784.4
2010	1631.0	1676.9	1356.5	1855.5	1484.0	1878.4
2011	1783.8	1901.1	1709.7	2077.9	1878.4	1822.3
2012	1501.0	1660.3	1361.1	1650.4	1471.2	1544.0
2013	1731.5	1827.8	1624.2	1870.0	1572.9	1811.2

3-9 各地平均气温（℃）

2013 年

月　份	粤北(韶关)	粤东北(梅县)	粤西北(高要)	粤东(汕头)	粤中(广州)	粤西(湛江)
1	10.0	12.4	14.3	15.2	13.3	15.4
2	14.1	17.0	17.7	17.3	17.3	18.6
3	17.7	18.9	20.3	18.9	19.2	21.4
4	19.2	20.1	21.5	20.2	20.6	22.9
5	24.3	24.7	26.3	25.1	25.3	26.8
6	27.1	27.4	28.7	27.8	27.6	28.1
7	28.1	27.4	28.3	28.4	27.4	27.7
8	27.6	27.7	28.6	28.9	27.4	27.5
9	25.4	26.8	27.9	28.1	26.5	27.0
10	21.3	22.8	25.1	25.0	22.9	24.6
11	16.4	18.3	20.4	20.8	19.0	21.1
12	8.7	11.2	13.2	15.0	11.9	14.4
全年	20.0	21.2	22.7	22.6	21.5	23.0

3-10 各地极端最高气温（℃）

2013 年

月　份	粤　北	粤东北	粤西北	粤　东	粤　中	粤　西
1	23.9	26.7	24.5	24.3	24.7	24.3
2	26.9	28.4	27.3	28.8	28.1	25.4
3	28.6	30.6	29.4	30.2	28.2	29.8
4	30.6	30.4	32.2	31.0	30.5	33.9
5	33.5	35.1	35.2	34.1	34.3	35.3
6	36.3	35.6	36.9	36.6	36.4	35.3
7	38.4	37.2	37.2	34.4	36.3	33.9
8	37.7	37.0	36.9	36.3	36.0	34.5
9	35.3	35.2	35.5	35.3	34.6	34.1
10	32.5	33.4	32.7	33.0	32.4	31.9
11	31.5	30.9	30.9	28.7	30.3	31.7
12	23.6	24.0	24.7	26.7	24.6	25.4
全年	38.4	37.2	37.2	36.6	36.4	35.3

3-11 各地极端最低气温（℃）

2013年

月　份	粤　北	粤东北	粤西北	粤　东	粤　中	粤　西
1	1.3	3.8	5.7	7.4	4.4	7.9
2	3.8	5.5	8.3	10.5	7.2	10.0
3	4.2	5.3	10.5	10.4	7.4	11.2
4	7.5	8.0	14.1	12.5	9.6	14.8
5	16.7	15.8	18.9	16.6	17.3	20.3
6	16.8	20.3	21.3	22.1	20.3	22.3
7	22.9	22.4	24.3	24.0	23.3	23.7
8	22.7	21.9	23.8	24.3	23.2	23.4
9	18.2	19.7	22.6	23.0	19.3	20.7
10	7.9	10.5	14.6	16.5	11.6	16.5
11	2.3	1.7	10.3	9.0	6.1	12.4
12	-0.8	0.0	5.2	6.6	3.3	6.6
全年	-0.8	0.0	5.2	6.6	3.3	6.6

3-12 各地平均地面温度（℃）

2013年

月　份	粤北（韶关）	粤东北（梅县）	粤西北（高要）	粤东（汕头）	粤中（广州）	粤西（湛江）
1	11.6	14.9	16.6	18.5	16.5	18.7
2	15.7	19.4	20.0	22.3	20.6	21.7
3	19.7	21.3	22.1	23.2	21.5	25.3
4	20.6	21.5	22.3	21.1	21.9	25.7
5	26.4	26.7	27.6	26.6	27.2	31.0
6	30.5	30.3	30.3	30.9	30.0	33.2
7	33.8	30.5	30.2	32.3	30.0	30.8
8	32.0	30.4	30.4	32.7	30.7	31.0
9	29.1	30.9	29.6	32.3	30.7	30.4
10	25.9	27.1	27.2	30.0	27.7	29.6
11	18.7	20.8	21.3	23.1	21.2	23.7
12	10.4	13.2	13.8	16.8	13.3	16.9
全年	22.9	23.9	24.3	25.8	24.3	26.5

3-13 各地降雨量（毫米）

2013 年

月　份	粤　北	粤东北	粤西北	粤　东	粤　中	粤　西
1	11.1	0.6	4.7	0.0	3.9	36.8
2	42.2	22.9	24.8	1.2	8.1	7.0
3	222.3	104.6	215.6	90.8	174.0	52.2
4	212.4	362.0	194.7	231.7	282.9	197.1
5	411.9	282.3	183.7	429.9	300.3	184.7
6	160.1	200.6	94.4	409.6	228.0	161.1
7	44.5	223.6	207.9	143.2	318.3	462.1
8	331.0	357.0	319.2	419.4	391.3	403.5
9	50.8	112.2	165.6	119.6	215.1	254.4
10	2.5	0.0	2.5	0.0	5.0	11.1
11	53.6	40.0	131.8	88.3	42.2	92.2
12	166.9	123.4	178.6	63.8	105.2	197.8
全年	1709.3	1829.2	1723.5	1997.5	2074.3	2060.0

3-14 各地降雨日数（日雨量≥0.1毫米）

2013 年

月　份	粤　北	粤东北	粤西北	粤　东	粤　中	粤　西
1	10	1	1	0	4	4
2	12	8	9	2	4	9
3	14	12	15	10	12	7
4	23	21	20	22	22	17
5	23	18	22	22	25	14
6	21	17	15	16	18	17
7	12	19	21	17	18	20
8	17	21	18	16	20	19
9	9	10	12	6	11	13
10	3	0	1	0	2	3
11	8	7	9	4	9	10
12	5	6	6	7	6	5
全年	157	140	149	122	151	138

3-15 各地平均相对湿度（%）

2013 年

月份	粤北	粤东北	粤西北	粤东	粤中	粤西
1	72	71	71	70	73	77
2	76	74	81	79	80	88
3	74	73	75	77	85	89
4	80	80	78	80	90	87
5	81	79	77	84	89	84
6	76	76	71	84	84	79
7	71	76	73	80	85	83
8	76	78	72	80	87	83
9	75	72	67	72	83	80
10	64	64	53	62	72	67
11	72	70	62	67	75	72
12	68	65	56	63	65	65
全年	74	73	70	75	81	80

3-16 各地日照时数（小时）

2013 年

月份	粤北	粤东北	粤西北	粤东	粤中	粤西
1	82.0	134.6	92.8	165.5	121.1	94.7
2	44.3	78.7	62.8	125.7	61.7	74.7
3	115.2	131.7	89.2	140.0	80.5	105.3
4	56.9	57.0	52.5	46.2	40.3	71.7
5	90.3	95.2	103.4	92.2	66.0	157.5
6	192.7	182.4	186.2	174.8	160.6	226.3
7	238.1	199.0	160.7	212.5	165.7	193.9
8	197.1	184.1	163.4	186.5	151.7	196.3
9	175.3	192.1	170.6	192.6	157.1	175.6
10	211.1	231.6	216.1	233.1	222.9	207.4
11	145.3	154.1	133.3	139.5	152.0	114.8
12	183.2	187.3	193.2	161.4	193.3	193.0
全年	1731.5	1827.8	1624.2	1870.0	1572.9	1811.2

3-17 自然灾害损失情况

2013年　　单位:人

市别	人口受灾情况					
	受灾人口	因灾死亡人口	因灾失踪人口	因灾伤病人口	紧急转移安置人口	饮水困难人口
广东省	21941589	174	12	2164	2323063	81113
广州市	35129	6			4628	
深圳市	597	2				
珠海市	24823	1			6304	
汕头市	3768939	18		3	276606	
佛山市	75	1		6	28	
韶关市	769423	23	3	1194	105690	6000
河源市	741654	7	1	3	90806	
梅州市	1368572	19		210	246073	34758
惠州市	612139	4	1	3	156516	8000
汕尾市	2714857	17		523	258815	25400
东莞市	26992	10		187	14903	
中山市	11873				815	
江门市	157107	1			30199	
阳江市	809207				48596	
湛江市	2410136				236876	
茂名市	2257883	11		1	174955	
肇庆市	193960	11		6	33165	23
清远市	1345144	23	6	22	169128	6932
潮州市	1245950	2		3	52783	
揭阳市	3407640	12	1	3	411208	
云浮市	39489	6			4969	

3-17 续表1

市别	农作物受灾情况			损失情况			
	受灾面积（公顷）	成灾面积（公顷）	绝收面积（公顷）	倒塌房屋间数（间）	倒塌农房间数（间）	倒塌农房户数（户）	五保户（户）
广东省	1151099.09	551059.38	124055.51	68682	49616	21970	2175
广州市	5927.56	3125.30	6.34	1152	543	262	1
深圳市							
珠海市	11286.17	6059.67	3416.00	2			
汕头市	47659.26	32615.17	12367.20	1012	983	837	6
佛山市	93.07	90.00		1	1	1	
韶关市	45708.27	14340.60	1523.32	11745	8103	2696	36
河源市	53969.30	28370.66	7022.16	7452	6650	2275	166
梅州市	54934.80	33116.44	10000.33	8286	8039	3098	78
惠州市	68219.60	37965.30	17375.00	5476	1683	670	79
汕尾市	107430.63	64573.73	11872.50	4535	3468	2708	318
东莞市	7662.20	4464.62	2695.78	18	13	15	
中山市	2709.87	1999.20	0.20				
江门市	31259.96	4462.70	1216.70	317	317	131	21
阳江市	29338.80	13205.40	3167.00	1452	1358	746	181
湛江市	301713.30	128100.60	14858.40	2934	2273	1073	475
茂名市	124150.19	60646.48	12710.18	8462	8172	2720	396
肇庆市	12412.52	9649.52	1487.07	2330	1945	686	52
清远市	81925.06	40479.73	16374.38	7072	2320	1607	221
潮州市	30144.55	23091.22	479.88	2807	901	739	9
揭阳市	127660.30	41526.00	7183.00	2433	1677	1270	45
云浮市	6893.68	3177.04	300.07	1196	1170	436	91

3-17 续表 2

市别	损失情况				
	低保户（户）	重点优抚对像（户）	其他户（户）	损坏房屋间数（间）	因灾死亡大牲畜（头、只）
广东省	3915	75	15987	197167	71668
广州市	13	1	248	2618	
深圳市					
珠海市					
汕头市	62		769	5340	3330
佛山市			1	12	
韶关市	304		2349	9314	5149
河源市	516	25	1568	6427	7860
梅州市	652	9	2446	26569	592
惠州市	197	1	393	2765	2525
汕尾市	863	3	1525	77178	1838
东莞市	5		10	1692	
中山市					
江门市	59	2	49	460	195
阳江市	177	24	364	5307	40
湛江市	144	1	455	5830	2450
茂名市	415		2139	13428	64
肇庆市	81	4	548	556	1730
清远市	205	2	1044	12638	5201
潮州市	27	1	705	22239	200
揭阳市	95	1	1130	4647	40494
云浮市	100	1	244	147	

3-17 续表 3 单位：万元

市别	损失情况					
	直接经济损失	农业损失	工矿企业损失	基础设施损失	公益设施损失	家庭财产损失
广东省	4924169.98	1879596.47	705880.93	977834.14	218978.05	405061.08
广州市	26981.15	19535.74	522.26	1935.77		4686.38
深圳市	522.60					522.60
珠海市	16895.73	6945.27		1251.00		1932.00
汕头市	789976.13	299784.51	264569.00	93535.66	22615.09	53626.87
佛山市	9617.70	317.10	830.00			8000.30
韶关市	230259.29	30806.69	12732.00	22010.14	17104.88	13017.20
河源市	101486.00	34678.90	6800.00	40649.00	1251.00	16473.10
梅州市	304903.41	112846.88	22460.20	120046.56	16795.90	23413.14
惠州市	273269.86	115580.49	65073.65	34536.90	45043.40	12075.32
汕尾市	1243256.60	358552.70	60977.00	201335.00	84512.00	159996.80
东莞市	46650.96	23593.55	17029.60	2407.60	1271.81	2313.80
中山市	2029.45	1736.45				
江门市	42464.31	21808.64	3267.20	14108.27		678.50
阳江市	128840.00	85863.00	9298.00	18298.00	7976.00	6984.00
湛江市	160675.80	81016.00	12594.50	48733.00	1939.00	10813.30
茂名市	263906.03	110545.69	25156.82	108773.48	544.70	18381.34
肇庆市	60283.70	21173.87	6179.80	23466.86	3015.07	6428.10
清远市	426286.59	148805.97	75390.80	89859.92	2674.00	6680.97
潮州市	269101.75	170951.30	47397.60	32424.54	7047.60	6937.70
揭阳市	510429.49	226896.69	75422.50	118599.44	7059.60	50094.26
云浮市	16333.43	8157.03	180.00	5863.00	128.00	2005.40

3-18 救灾工作情况

2013 年

市　别	已救助人口（人）	其中：已救助口粮人口（人）	已救助衣被人口（人）	已救助饮水人口（人）	其他已救助人口（人）	需重建住房户数（户）	需重建住房间数（间）	已重建住房户数（户）
广东省	2346424	1521554	297232	131845	523863	17508	49460	17504
广州市	2193	1617	561	12	3	73	245	59
深圳市								
珠海市	1				1			
汕头市	311650	233187	10633		70260	209	294	209
佛山市								
韶关市	77375	34324	19738	655	26185	2445	8541	2455
河源市	162627	128113	56752	37623	200	2276	8093	2276
梅州市	206874	97792	43990	25558	44005	1275	5202	1275
惠州市	143308	44321	11392	9100	85592	542	1389	542
汕尾市	204361	106765	10450	1200	109146	2708	3695	2708
东莞市	79				79	12	12	12
中山市	7795	704	704	704	7091			
江门市	3800	3000	500		300	131	284	131
阳江市	103901	58952	19844	2400	22705	746	1427	746
湛江市	229775	169619	32419		32450	1056	3048	1056
茂名市	111925	73528	5616		35954	2784	8496	2784
肇庆市	44390	15580	4428	12656	11726	656	2399	656
清远市	352383	296599	33812	16643	23029	1607	4463	1607
潮州市	40000	32000	5000		3000	182	272	182
揭阳市	297964	200240	20980	25294	51740	370	405	370
云浮市	46023	25213	20413		397	436	1195	436

3-18 续表1

市　　别	已重建住房间数（间）	需维修住房户数（户）	需维修住房间数（间）	已维修住房户数（户）	已维修住房间数（间）	支出自然灾害生活补助资金总数（万元）	其中：已支出口粮救助款（万元）
广东省	49619	68641	95346	68087	91902	65168.11	15152.74
广州市	196	98	127	98	127	282.24	139.28
深圳市							
珠海市						3.00	
汕头市	294	2828	3552	2788	3507	5265.10	2778.03
佛山市							
韶关市	8539	110	128	2920	2938	5343.84	509.70
河源市	8093	4700	5678	4700	5678	9427.78	1403.62
梅州市	5202	2587	6958	2243	5943	6034.66	1100.42
惠州市	1383	1102	3498	465	906	4696.64	465.62
汕尾市	3695	44986	50356	42643	47754	5686.96	577.13
东莞市	12	18	18	18	18	86.52	
中山市						6.80	0.50
江门市	284	145	342	145	342	332.35	57.30
阳江市	1643	2007	4558	2007	4558	3368.34	463.49
湛江市	3048	2284	5173	2284	5173	3910.83	1455.23
茂名市	8496	6013	12003	6013	12003	7379.97	1551.09
肇庆市	2399	116	241	116	241	2302.51	406.36
清远市	4463	111	195	111	195	3217.85	1497.35
潮州市	272	1325	2293	1325	2293	1005.00	379.00
揭阳市	405	93	101	93	101	5052.47	1730.39
云浮市	1195	118	125	118	125	1765.25	638.22

3-18 续表2

单位：万元

市别	已支出衣被救助款	已支出饮水救助款	已支出维修住房款	已支出重建住房款	其他已支出救助款	财政救灾款支出		
						省级财政救灾款支出	地级财政救灾款支出	县级财政救灾款支出
广东省	2882.39	342.31	15881.03	41595.77	9047.62	20571.42	9974.52	16921.71
广州市	57.63		15.74	66.60	3.00	100.00	120.63	101.00
深圳市								
珠海市								
汕头市	130.80		451.64	719.40	1185.23	1051.03	926.50	2838.50
佛山市								
韶关市	123.43	3.40	128.00	4356.00	443.31	2840.70	513.00	624.80
河源市	457.67	24.90	286.66	6328.62	926.30	2801.22	682.80	3104.67
梅州市	387.77	93.52	75.16	2849.90	1527.90	3402.29	696.00	654.54
惠州市	157.96	85.62	117.89	3304.50	559.34	804.13	939.64	1819.58
汕尾市	29.50	0.50	14323.50	6633.50	841.66	769.00	1356.00	661.00
东莞市			9.00	24.00	53.52		43.26	43.26
中山市	3.60	0.20			2.50			3.20
江门市	84.85		32.90	518.40	5.30	216.00	65.50	153.28
阳江市	161.06	4.00	84.00	2603.30	76.49	553.23	903.20	883.38
湛江市	106.80		53.00	2027.50	290.90	855.00	682.50	693.95
茂名市	267.15			5754.35	539.19	1326.34	1629.00	1876.90
肇庆市	154.70	64.70		1420.90	255.85	645.15	418.00	511.76
清远市	226.63	65.47	31.00	2987.80	68.39	2269.13	543.48	1939.20
潮州市	66.00		106.00	364.00	90.00	439.67	91.00	368.00
揭阳市	243.50		166.54	752.50	2159.54	2044.85	146.00	322.00
云浮市	223.34			884.50	19.20	453.68	218.00	319.70

3-18　续表3　　　　单位：万元

市　　别	捐赠资金生活补助支出				救灾物资投入折款			
	合计	省级捐赠资金生活补助支出	市级捐赠资金生活补助支出	县级捐赠资金生活补助支出	合计	省级政府救灾物资投入折款	地级政府救灾物资投入折款	县级政府救灾物资投入折款
广 东 省	6458.69		1658.10	4800.59	10006.48	2274.87	318.88	7412.73
广 州 市					81.71		20.65	61.06
深 圳 市					2.50			2.50
珠 海 市								
汕 头 市	2737.28		1440.10	1297.18	2000.45	204.45	140.00	1656.00
佛 山 市								
韶 关 市	220.00			220.00	545.01	271.90		273.11
河 源 市					557.60	322.60		235.00
梅 州 市	314.90			314.90	587.71	380.16		207.56
惠 州 市	5.00		5.00		208.19	44.46	5.00	158.73
汕 尾 市	817.02			817.02	207.00	22.00		185.00
东 莞 市								
中 山 市					3.60			3.60
江 门 市	7.00			7.00	119.13	96.13	13.00	10.00
阳 江 市	116.71			116.71	192.15	116.50	27.65	48.00
湛 江 市	120.00		67.00	53.00	176.14	85.10		91.04
茂 名 市					904.62	189.68	32.58	682.36
肇 庆 市					636.38	26.25	40.00	570.13
清 远 市					1340.98	160.17	40.00	1140.81
潮 州 市					111.10	111.10		
揭 阳 市	2120.77		146.00	1974.77	2330.72	244.38		2086.34
云 浮 市					1.50			1.50

四、农业技术装备

3月12日，广东省政府在江门台山市召开全省春耕生产现场会议，副省长邓海光深入田间地头现场开会部署春耕工作

3月12日，全省春耕生产现场会议现场

6月4日，广东省农业厅在紫金县蓝塘镇举行农机安全生产、农机购置补贴政策和丘陵山区农机技术推广宣传咨询活动

农机安全监理执法

10月31日，广东省农业厅在广州市召开广东省被评为全国农机专业合作社的理事长座谈会。省农业厅巡视员林果先同志，副巡视员潘雪芬同志为16家全国农机合作社示范社授牌

1. 科利亚4GZ系列切段式甘蔗联合收割机

2. 广联牌4lz-2.8型重置轴流喂入联合收割机

3.云农号TPH3252履带式花生联合收获机

4.振声科技7SYQW-300A无轨山地果园运输机

5.针对山区种茶而研发的小型拖拉机

4-1 农机化系统机构及人员

2013年

市别	一、农机化管理机构			省级			地级			县级			乡镇级		
	机构数(个)	人数(人)	科技人员(教师)	机构数(个)	人数(人)	科技人员(教师)	机构数(个)	人数(人)	科技人员(教师)	机构数(个)	人数(人)	科技人员(教师)	机构数(个)	人数(人)	科技人员(教师)
全　省	1102	3196	756	1	7		20	72	23	119	904	261	962	2213	447
广　州	32	94	13				1	5		10	54	13	21	35	
珠　海	4	10					1	4		2	5		1	1	
汕　头	36	94	21				1	9	9	5	14	5	30	71	7
佛　山	6	27	13				1	2		3	14	8	2	11	5
韶　关	54	139	39				1	1		10	79	22	43	59	17
河　源	82	182	35				1	1		6	87	27	75	94	8
梅　州	115	337	75				1	3		8	66	10	106	268	40
惠　州	67	240	15				1	6	4	6	109	11	60	125	
汕　尾	33	162	10				1	2		5	48	10	27	112	
东　莞	32	98	8				1	4	1				31	94	7
中　山	25	28	27				1	4	3				24	24	24
江　门	73	143	59				1	4		7	19	16	65	120	43
阳　江	46	185	108				1	4		4	27	18	41	154	90
湛　江	69	295	86				1	4		9	109	46	59	182	40
茂　名	97	307	50				1	5	3	9	112	18	87	190	29
肇　庆	74	170	44				1	3	1	8	40	14	65	127	29
清　远	74	148	72				1	3	1	8	42	20	65	103	51
潮　州	26	85	15				1	2		4	15	7	21	68	8
揭　阳	76	335	54				1	3		9	48	11	66	284	43
云　浮	69	97	12				1	3	1	5	13	5	63	81	6
顺　德	11	13								1	3		10	10	
省　级	1	7		1	7										

4-1　续表 1

市别	二、农机化教育、培训机构			农机化学校			三、农机化科研机构			省级			地级		
	机构数(个)	人数(人)	科技人员(教师)	机构数(个)	人数(人)	科技人员(教师)	机构数(个)	人数(人)	科技人员(教师)	机构数(个)	人数(人)	科技人员(教师)	机构数(个)	人数(人)	科技人员(教师)
全　省	55	429	214	55	429	214	3	162	113	1	151	105	2	11	8
广　州	1	2	1	1	2	1									
珠　海															
汕　头							1	7	6				1	7	6
佛　山															
韶　关	7	30	14	7	30	14									
河　源	4	38	16	4	38	16									
梅　州	5	26	8	5	26	8									
惠　州	4	42	9	4	42	9									
汕　尾	2	18	11	2	18	11									
东　莞															
中　山															
江　门	3	22	15	3	22	15									
阳　江	5	34	21	5	34	21									
湛　江	7	66	27	7	66	27									
茂　名	5	79	35	5	79	35									
肇　庆	4	25	20	4	25	20	1	4	2				1	4	2
清　远	1	4	3	1	4	3									
潮　州	2	4	2	2	4	2									
揭　阳	2	21	19	2	21	19									
云　浮	3	18	13	3	18	13									
顺　德															
省　级							1	151	105	1	151	105			

4-1 续表 2

市别	四、农机试验鉴定机构			1.省级			五、农机化技术推广机构			1.省级			2.地级		
	机构数（个）	人数（人）	科技人员（教师）	机构数（个）	人数（人）	科技人员（教师）	机构数（个）	人数（人）	科技人员（教师）	机构数（个）	人数（人）	科技人员（教师）	机构数（个）	人数（人）	科技人员（教师）
全省	1	28	22	1	28	22	108	587	279	1	15	10	19	134	49
广州							4	60	25				1	28	10
珠海							2	4					1	2	
汕头							3	16	9				1	8	5
佛山							4	28	22				1	3	1
韶关							9	30	12				1	6	
河源							7	38	6				1	3	
梅州							8	32	12				1	7	2
惠州							6	39	17				1	15	12
汕尾							5	23	10				1	3	
东莞							1	13	1				1	13	1
中山							1	5	4				1	5	4
江门							6	45	32				1	8	6
阳江							3	15	10						
湛江							9	54	30				1	3	
茂名							7	31	11				1	3	2
肇庆							7	27	16				1	4	2
清远							9	42	19				1	8	1
潮州							3	11	7				1	4	3
揭阳							7	29	18				1	2	
云浮							6	30	8				1	9	
顺德															
省级	1	28	22	1	28	22	1	15	10	1	15	10			

4-1 续表3

市别	3.县级			六、农机安全监理机构			1.省级			2.地级			3.县级		
	机构数(个)	人数(人)	科技人员(教师)	机构数(个)	人数(人)	科技人员(教师)	机构数(个)	人数(人)	科技人员(教师)	机构数(个)	人数(人)	科技人员(教师)	机构数(个)	人数(人)	科技人员(教师)
全省	88	438	220	120	758	240	1	2		20	117	30	99	639	210
广州	3	32	15	5	38	8				1	8		4	30	8
珠海	1	2		3	7	0				1	2		2	5	
汕头	2	8	4	6	26	15				1	9	8	5	17	7
佛山	3	25	21	4	19	13				1	3	1	3	16	12
韶关	8	24	12	10	41	15				1	1		9	40	15
河源	6	35	6	7	35	5				1	3		6	32	5
梅州	7	25	10	9	55	18				1	6	2	8	49	16
惠州	5	24	5	7	47	9				1	5	4	6	42	5
汕尾	4	20	10	5	41	11				1	5		4	36	11
东莞				1	13	1				1	13	1			
中山				1	6	6				1	6	6			
江门	5	37	26	6	33	17				1	6		5	27	17
阳江	3	15	10	5	39	10				1	12		4	27	10
湛江	8	51	30	9	67	21				1			8	67	21
茂名	6	28	9	7	93	22				1	5	3	6	88	19
肇庆	6	23	14	8	46	22				1	7		7	39	22
清远	8	34	18	8	49	19				1	6	1	7	43	18
潮州	2	7	4	2	21	5				1	14	3	1	7	2
揭阳	6	27	18	9	49	9				1	3		8	46	9
云浮	5	21	8	6	27	14				1	3	1	5	24	13
顺德				1	4								1	4	
省级				1	2		1	2							

4-2 农机化服务组织及人员

2013 年

市别	农机化作业服务组织		农机户		农机化中介服务组织		农机维修厂及维修点	
	机构数（个）	人数（人）	机构数（个）	人数（人）	机构数（个）	人数（人）	机构数（个）	人数（人）
全省	2363	24918	1055928	1298641	12	296	9783	25833
广州	105	285	59527	63584			265	812
珠海	5	63	9509	19119			120	219
汕头	120	724	3155	3903			43	141
佛山	9	78	44790	66039			132	319
韶关	49	1528	137381	153295			467	880
河源	40	649	28913	30737			531	1392
梅州	107	3639	31382	39277			1141	3037
惠州	74	1112	48250	51794			402	1136
汕尾	31	513	19114	19975			535	1511
东莞	1	38	7798	9148	1	61	10	35
中山	12	65	26645	26731			70	234
江门	139	3137	51958	73198	4	73	1506	3314
阳江	31	1054	33766	38976	5	150	308	809
湛江	1159	6851	192561	297744			1159	3599
茂名	41	879	103672	113758	1	9	731	1899
肇庆	188	1750	79587	84271	1	3	490	1246
清远	103	504	61372	69683			632	1402
潮州	16	273	18400	20097			338	1015
揭阳	83	346	14385	18851			552	1789
顺德			31789	39810			56	205
云浮	50	1430	51974	58651			295	839

4-2 续表

市别	农机经销企业		农机经销点		农机供油站(点)		拖拉机驾驶培训机构		乡村农机从业人员年末人数(人)
	机构数(个)	人数(人)	机构数(个)	人数(人)	机构数(个)	人数(人)	机构数(个)	人数(人)	
全　省	482	2942	2173	6156	276	972	39	376	1142954
广　州	203	838	60	322			2	14	19833
珠　海	4	155	6	18					6344
汕　头	6	32	9	34	1	1			3370
佛　山	1	5	46	127	1	3			61344
韶　关	18	116	126	265	16	52	5	30	129246
河　源	12	82	23	80			1	6	33079
梅　州	10	101	180	619			2	16	51803
惠　州	5	47	145	332	24	112	5	65	49272
汕　尾	10	287	158	335	41	79	1	13	29284
东　莞	8	78	16	80	4	36	1	5	10715
中　山	13	104	34	159					35824
江　门	34	318	203	764	1	2	2	13	82707
阳　江	56	230	82	287			1	10	29707
湛　江	23	205	242	721	12	56	7	68	267458
茂　名	24	169	191	459	49	190	4	72	75258
肇　庆	38	117	197	520	7	18	2	17	84972
清　远	7	31	151	325	17	38	2	14	66305
潮　州	1	6	75	247					10668
揭　阳			153	295	103	385	2	21	24607
顺　德			10	10					10307
云　浮	9	21	66	157			2	12	60851

4-3 农业机械作业情况

2013 年　　　　单位：千公顷

市　　别	农机化作业总体情况				
	机耕面积	机播面积	机电灌溉面积	机械植保面积	机收面积
全　　省	3516.74	224.51	1755.86	1416.38	1539.50
广　　州	187.75	1.55	108.60	60.66	76.89
珠　　海	14.95	1.54	2.36	2.24	4.77
汕　　头	66.03	4.85	31.75	10.42	37.48
佛　　山	41.14	0.63	45.99	40.19	9.67
韶　　关	261.58	10.17	38.99	87.15	96.76
河　　源	130.17	7.18	26.76	30.45	65.72
梅　　州	224.55	16.53	97.89	53.52	105.78
惠　　州	235.40	15.73	114.88	182.11	82.86
汕　　尾	144.47	6.84	18.45	50.26	68.64
东　　莞	24.19	0.52	15.13	16.42	2.00
中　　山	41.67	2.04	36.87	38.76	8.14
江　　门	209.65	62.10	169.35	103.63	169.49
阳　　江	215.30	12.73	80.69	52.16	90.62
湛　　江	517.12	21.20	424.42	163.87	194.18
茂　　名	334.27	6.24	136.64	214.94	165.07
肇　　庆	212.60	17.48	159.03	144.40	119.26
清　　远	236.78	9.61	31.15	40.62	115.43
潮　　州	50.04	4.38	29.76	7.85	23.05
揭　　阳	179.90	7.10	86.37	3.67	47.10
云　　浮	144.50	13.63	79.87	113.06	52.96
顺　　德	2.1		7.02		
农 垦 系 统	42.61	2.48	13.88		3.64

单位：千公顷

市别	主要农作物农机化作业情况					
	水稻机耕面积	水稻机械种植面积	水稻机收面积	玉米机耕面积	大豆机耕面积	花生机耕面积
全省	1852.96	219.68	1472.53	117.73	26.72	190.83
广州	58.22	1.46	54.05	10.23	0.31	5.57
珠海	5.08	1.54	4.77			
汕头	43.50	4.85	37.48	1.78		
佛山	10.87	0.63	9.47	0.63		0.67
韶关	119.69	10.15	96.74	4.57	6.93	26.34
河源	117.28	7.17	65.65		1.28	3.46
梅州	161.06	16.53	105.11	5.68	3.04	6.81
惠州	77.15	15.71	68.12	22.08	2.06	18.69
汕尾	68.76	6.84	66.91	0.93	1.87	10.18
东莞	1.15	0.36	1.14	0.24		
中山	6.32	1.75	6.22	3.07	0.15	0.10
江门	183.72	59.94	168.56	0.49		0.10
阳江	97.67	12.73	90.54	11.59	7.36	22.68
湛江	204.25	19.89	192.80	15.83	0.04	40.10
茂名	202.09	6.09	164.92	20.34	0.92	21.01
肇庆	156.87	17.45	119.26	3.45	0.04	6.71
清远	117.15	9.58	94.61	9.10	0.66	15.19
潮州	30.88	4.38	23.05	0.51		0.16
揭阳	75.10	7.10	47.10	1.25		
云浮	82.18	13.08	52.39	5.98	2.06	13.09
顺德						
农垦系统	33.95	2.48	3.64			

4-3 续表 2

市别	单项农机化作业情况						
	机械深耕面积（千公顷）	机械深松面积（千公顷）	机械深施化肥面积（千公顷）	机械铺膜面积（千公顷）	农田机械节水灌溉面积（千公顷）	机械化秸秆还田面积（千公顷）	机械脱粒粮食数量（万吨）
全省	514.74	24.37	11.58	2.38	252.13	450.42	1194.55
广州					35.08	4.10	30.53
珠海	0.53					4.90	2.99
汕头					3.45		9.13
佛山	0.36	0.83			6.71		10.12
韶关	0.03				9.39	29.98	58.18
河源	0.40				4.30	7.50	27.89
梅州	27.96		8.66		16.60	78.64	184.06
惠州	141.99				6.11	29.16	38.25
汕尾	2.56				7.68	51.06	26.37
东莞	1.68				2.28		0.94
中山	7.00		1.63		9.19	8.48	3.38
江门				0.03	1.72	82.77	142.39
阳江					0.61	70.79	142.36
湛江	194.19	10.03	1.06	2.32	95.23		125.74
茂名	28.86	0.68	0.23	0.04	9.28	4.79	76.43
肇庆	19.60	0.40			1.96	31.63	95.00
清远	0.05	0.04			5.94		99.65
潮州	0.91	0.28			6.09	19.14	17.74
揭阳	41.24	12.13			15.55	3.31	42.87
云浮	47.40				15.01	24.19	60.57
顺德							
农垦系统							

4-3 续表 3

市别	单项农机化作业情况					
	机械初加工农产品数量（万吨）	机械化饲草料加工数量（万吨）	农机运输作业量（亿吨公里）	农业运输作业量	农田基本建设作业量（万立方米）	农机跨区作业面积（千公顷）
全省	4914.56	354.44	43.32	21.23	8469.51	210.36
广州	78.47	20.27	2.82	2.04	75.17	8.34
珠海	0.02		0.03	0.03		0.16
汕头	63.35		0.11	0.11	5.92	8.92
佛山	43.94	1.16	0.56	0.35	395.92	0.27
韶关	101.02	5.67	5.67	2.75	1173.05	5.48
河源	113.41	0.01	0.48	0.09	12.32	1.29
梅州	228.61	1.23	4.34	1.09	74.14	22.23
惠州	103.92	27.56	1.64	1.05	906.57	18.10
汕尾	50.53	10.39	0.79	0.37	42.82	1.51
东莞	67.55		1.36	0.49	94.98	0.18
中山	276.65	19.98	0.70	0.63	106.79	0.28
江门	541.59		0.59	0.26	113.07	17.99
阳江	701.05	34.54	2.37	1.75	1479.50	16.49
湛江	327.85	7.30	12.24	3.53	94.71	20.40
茂名	919.14	43.22	2.57	2.15	2184.75	6.18
肇庆	241.62	37.47	2.70	1.68	1637.22	15.12
清远	111.76	7.59	1.21	0.63	15.37	14.54
潮州	175.42				0.31	2.82
揭阳	519.00	3.35	1.25	0.72	21.30	24.58
云浮	119.64	134.71	1.89	1.51	35.59	25.50
顺德	130				0.03	
农垦系统						

4-4 主要年份农业机械年末拥有量

项目	单位	1980	1985	1990	1995	2000	2005	2010	2013
农业机械总动力合计	**万千瓦**	**596**	**853**	**1279**	**1670**	**1764**	**1782**	**2253**	**2498**
一、耕作机械									
1. 大中型拖拉机	台	14685	13222	9754	7078	6679	9398	17020	18711
2. 小型拖拉机	台	115551	185798	343830	343982	335671	319968	363967	339080
3. 大中型拖拉机配套农具	台	26146	17079	7155	5232	3541	7049	21272	28033
4. 小型拖拉机配套农具	台	142252	146701	303839	284563	266809	312347	378166	364176
二、农用排灌机械									
1. 农用水泵	台	131784	127063	178448	254078	285914	396832	580766	679105
2. 节水灌溉机械	套	4580	4935	3633	9681	17234	14221	68237	78904
三、收获机械									
1. 联合收割机	台	165	92	293	335	2591	5490	14800	20598
2. 自走式机动割晒机	台	561	250	861	6060	3380	1079	7704	4590
3. 机动脱粒机	台		138844	208964	281555	394418	502771	529400	514371
四、渔用机动船									
渔用机动船	艘		36692	57424	60844	68272	68092	67325	62789
五、运输机械									
农用运输车	辆					58850	75313	113748	124616

4-5 农业机械年末拥有量

2013 年

项目	计算单位	数量	项目	计算单位	数量
农业机械总动力合计	**万千瓦**	**2498**	2. 农用电动机	台	382819
1. 柴油发动机动力	万千瓦	1739	3. 机电井	眼	45482
2. 汽油发动机动力	万千瓦	192	4. 农用水泵	台	679105
3. 电动机动力	万千瓦	554	5. 节水灌溉机械	套	78904
4. 其他机械动力	万千瓦	12	**三、收获机械**		
一、耕作机械			1. 联合收割机	台	20598
1. 大中型拖拉机	台	18711	2. 自走式机动割晒机	台	4590
2. 小型拖拉机	台	339080	3. 机动脱粒机	台	514371
3. 大中型拖拉机配套农具	台	28033	渔用机动船	艘	62789
4. 小型拖拉机配套农具	台	364176	**五、运输机械**		
二、农用排灌机械			农用运输车	辆	124616
1. 农用柴油机	台	367117			

4-6 各市农业机械年末拥有量

2013 年

市　别	农业机械总动力（千瓦）	1.柴油发动机动力（千瓦）	2.汽油发动机动力（千瓦）	3.电动机动力（千瓦）	4、其他机械动力（千瓦）
全　省	24978970	17390904	1923263	5540082	124721
广州市	1955986	1293669	283379	360408	18530
深圳市	25460	4372	20548	530	10
珠海市	278939	50940	22629	201245	4125
汕头市	453753	343686	39006	66972	4089
佛山市	1000395	507208	57186	421081	14920
韶关市	1460712	1149401	82913	225405	2993
河源市	752211	528144	101951	122115	1
梅州市	1361759	896241	141952	310037	13529
惠州市	1353245	1028352	122456	200402	2035
汕尾市	948632	820417	44006	83580	629
东莞市	418422	249745	18661	150016	
中山市	734530	293650	75320	365560	
江门市	1811639	1123874	68307	615345	4113
阳江市	921619	767048	56831	97099	641
湛江市	4792941	3671533	98188	979792	43428
茂名市	1675904	1187874	289975	193855	4200
肇庆市	1637920	910571	198845	528504	
清远市	1142497	820367	65001	255523	1606
潮州市	491869	380402	33016	68579	9872
揭阳市	660436	509248	43041	108147	
云浮市	1100101	854162	60052	185887	

市　别	耕作机械				排灌机械			
	大中型拖拉机（台）	小型拖拉机（台）	大中型拖拉机配套农具（台）	小型拖拉机配套农具（台）	农用柴油机（台）	农用电动机（台）	农用水泵（台）	节水灌溉机械（套）
全　省	18711	339080	28033	364176	367117	382819	679105	78904
广州市	337	4696	529	5713	23247	15699	34051	18077
深圳市	2	24	6	28	122	145	59	7
珠海市	22	1203	52	1414	3667	9030	51004	16
汕头市	167	4031	239	4679	8155	1918	5887	1015
佛山市	49	8713	44	8309	11598	59012	60665	846
韶关市	1410	60277	1621	100149	11961	4153	22381	469
河源市	403	17790	265	10985	5765	6790	8986	149
梅州市	250	15792	1052	14163	5541	22000	41099	2172
惠州市	900	20383	846	16744	28974	6992	36310	3002
汕尾市	863	12528	782	9921	24748	3896	23084	844
东莞市	69	2586	141	2655	2758	4795	6547	1182
中山市	141	1259	178	4882	4536	30058	34735	8954
江门市	699	36957	1112	66626	12782	66372	68336	2029
阳江市	750	8661	613	5349	12500	5303	5256	435
湛江市	10304	45556	19237	40974	149584	95231	176830	34139
茂名市	1208	17252	409	6298	10767	6539	21978	7
肇庆市	168	25845	126	23186	10273	20835	30347	2796
清远市	521	25856	267	13341	10330	8487	12132	1567
潮州市	71	1515	97	1027	11102	2385	10776	90
揭阳市	284	9919	287	8718	9130	9212	18120	86
云浮市	93	18237	130	19015	9577	3967	10522	1022

4-6 续表

市别	收获机械			渔业机械	运输机械
	联合收割机（台）	自走式机动割晒机（台）	机动脱粒机（台）	渔业机动船（辆）	农用运输车（辆）
全省	20598	4590	514371	62789	124616
广州市	191	143	15105	2226	7937
深圳市	1			966	34
珠海市	67	5		1446	21
汕头市	151	30	65	3991	2831
佛山市	53	3	31876	1516	3350
韶关市	3719	501	52964		5721
河源市	1288	48	52687	313	3269
梅州市	2383	551	60216	107	7855
惠州市	1111	98	24527	2294	6781
汕尾市	1125	115	6040	5086	4970
东莞市	15		1485	593	544
中山市	107	1	1953	1191	1748
江门市	3843	1840	18329	5014	10073
阳江市	669	320	19518	7194	2399
湛江市	2729	448	7535	19578	26614
茂名市	217		50615	4674	12568
肇庆市	830	2	45910	741	9532
清远市	1463	323	29181	1340	6131
潮州市	66	27	341	1760	3805
揭阳市	89		1168	2165	4138
云浮市	481	135	94856	594	4295

4-7 各县（区）农业机械年末拥有量

2013 年

县（市）区别	农业机械总动力（千瓦）	1. 柴油发动机动力（千瓦）	2. 汽油发动机动力（千瓦）	3. 电动机动力（千瓦）	4. 其他机械动力（千瓦）
广州市	**1955986**	**1293669**	**283379**	**360408**	**18530**
海珠区	10497	8460	1152	885	
天河区	3900	2982		918	
白云区	405591	266260	110940	28391	
黄埔区	3295	2753	217	325	
荔湾区	1180			1180	
罗岗区	16576	13164	910	2502	
花都区	264903	191856	24964	39657	8426
从化市	209264	172059	8375	28830	
增城市	380220	254020	51300	74900	
番禺区	199210	99605	15937	79684	3984
南沙区	461350	282510	69584	103136	6120
深圳市	**25460**	**4372**	**20548**	**530**	**10**
宝安区	3390	1342	1518	530	
龙岗区	22070	3030	19030		10
珠海市	**278939**	**50940**	**22629**	**201245**	**4125**
香洲区	30356	14345	13647	2364	
金湾区	84007	17268	2251	60363	4125
斗门区	164576	19327	6731	138518	
汕头市	**453753**	**343686**	**39006**	**66972**	**4089**
金平区	30864	10471	6450	13543	400
龙湖区	23057	10089	3180	8728	1060
澄海区	123669	98827	5939	18168	735
濠江区	25343	23717	888	464	274
潮阳区	84276	56370	10865	17041	
潮南区	80570	60980	9842	8128	1620
南澳县	85974	83232	1842	900	
佛山市	**1000395**	**507208**	**57186**	**421081**	**14920**
禅城区	6546	568			5978
南海区	221586	84841	24621	112111	13
顺德区	277784	79408	18039	172224	8113
高明区	189500	122479	635	66386	
三水区	304979	219912	13891	70360	816
韶关市	**1460712**	**1149401**	**82913**	**225405**	**2993**
浈江区	70003	37837	28054	4112	
武江区	78500	66840	8630	3030	
曲江区	181185	149333	878	30779	195
南雄市	289414	251749	956	36709	
始兴县	185970	144465	2151	39354	
翁源县	206321	154406	21060	28057	2798
仁化县	125660	84979	15856	24825	
新丰县	47150	40085		7065	
乳源自治县	70150	57692	13	12445	
乐昌市	206359	162015	5315	39029	
河源市	**752211**	**528144**	**101951**	**122115**	**1**
源城区	38701	25390		13310	1

4-7 续表 1

县（市）区别	农业机械总动力（千瓦）	1. 柴油发动机动力（千瓦）	2. 汽油发动机动力（千瓦）	3. 电动机动力（千瓦）	4. 其他机械动力（千瓦）
东源县	173577	82052	56405	35120	
和平县	96857	62410	7886	26561	
龙川县	180470	145950	31810	2710	
紫金县	128836	100695	5303	22838	
连平县	133770	111647	547	21576	
梅州市	**1361759**	**896241**	**141952**	**310037**	**13529**
梅江区	87100	51876	12456	22768	
梅县区	257835	182003	41869	33963	
蕉岭县	95766	59264	21407	12694	2401
大埔县	98092	35889	27833	34127	243
丰顺县	141497	100090	9885	31522	
五华县	237752	152183	19028	62226	4315
兴宁市	362993	280861		82132	
平远县	80724	34075	9474	30605	6570
惠州市	**1353245**	**1028352**	**122456**	**200402**	**2035**
惠城区	139644	91112	24059	22438	2035
惠东县	343308	254533	44846	43929	
惠阳区	111464	89015	16311	6138	
博罗县	540813	421406	26102	93305	
龙门县	218016	172286	11138	34592	
汕尾市	**948632**	**820417**	**44006**	**83580**	**629**
汕尾城区	99201	95012	744	3226	219
红海湾区	35546	32646	156	2744	
海丰县	368300	318942	30483	18660	215
陆河县	96935	69954	4153	22633	195
陆丰市	348650	303863	8470	36317	
东莞市	**418422**	**249745**	**18661**	**150016**	
中山市	**734530**	**293650**	**75320**	**365560**	
江门市	**1811639**	**1123874**	**68307**	**615345**	**4113**
蓬江区	142196	88202	9849	44145	
江海区	17871	4268	6913	6277	413
新会区	353300	236350	16000	100950	
台山市	585893	342368	25462	218063	
开平市	353943	207366	3225	139652	3700
恩平市	179206	138975	2045	38186	
鹤山市	179230	106345	4813	68072	
阳江市	**921619**	**767048**	**56831**	**97099**	**641**
江城区	95350	79618	10731	4651	350
阳东县	213415	184882	4790	23743	
阳西县	261841	227821	25585	8155	280
阳春市	294045	218510	15300	60235	
海陵区	56968	56217	425	315	11
湛江市	**4792941**	**3671533**	**98188**	**979792**	**43428**
赤坎区	9021	8745		276	
霞山区	55700	51300	1550	2850	
坡头区	110345	82758	1662	25925	
麻章区	136946	104932	12835	18729	450

4-7 续表2

县（市）区别	农业机械总动力（千瓦）	1. 柴油发动机动力（千瓦）	2. 汽油发动机动力（千瓦）	3. 电动机动力（千瓦）	4. 其他机械动力（千瓦）
东海区	183228	113924	7506	49829	11969
吴川市	271805	222938	3386	45317	164
徐闻县	1127976	834310	33849	229142	30675
雷州市	1233403	871326	11624	350453	
遂溪县	798061	648947	20119	128825	170
廉江市	866456	732353	5657	128446	
茂名市	**1675904**	**1187874**	**289975**	**193855**	**4200**
茂南区	110804	59630	34433	13801	2940
茂港区	157452	127836	14316	15300	
信宜市	185649	140106	26867	17891	785
高州市	439767	247491	102977	89299	
电白县	465948	403876	45891	15706	475
化州市	316284	208935	65491	41858	
肇庆市	**1637920**	**910571**	**198845**	**528504**	
端州区	17528	1193	11654	4681	
鼎湖区	114740	48040	850	65850	
高要市	476560	348948	32559	95053	
广宁县	142919	72834	11514	58571	
四会市	161560	85897	25518	50145	
德庆县	162860	78338	29166	55356	
封开县	138655	80696	15657	42302	
怀集县	423098	194625	71927	156546	
清远市	**1142497**	**820367**	**65001**	**255523**	**1606**
清城区	194415	127726	7838	57245	1606
英德市	274175	210984	2391	60800	
佛冈县	115186	93350	11640	10196	
连山自治县	44150	33948		10202	
连南自治县	45184	34520	3276	7388	
连州市	154557	114206	5382	34969	
阳山县	102123	65246	6822	30055	
清新区	212707	140387	27652	44668	
潮州市	**491869**	**380402**	**33016**	**68579**	**9872**
湘桥区	23156	20512	536	2108	
饶平县	359197	282124	23710	53363	
潮安区	109516	77766	8770	13108	9872
揭阳市	**660436**	**509248**	**43041**	**108147**	
榕城区	104060	81827	5726	16507	
揭东区	149587	117627	8231	23729	
惠来县	147745	118420	9497	19828	
普宁市	176810	132123	13929	30758	
揭西县	82234	59251	5658	17325	
云浮市	**1100101**	**854162**	**60052**	**185887**	
云城区	68803	56571	5544	6688	
新兴县	390385	331163	895	58327	
郁南县	228894	129351	30024	69519	
罗定市	302237	256377	8131	37729	
云安县	109782	80700	15458	13624	

4-7 续表 3

县（市）区别	耕作机械				排灌机械			
	大中型拖拉机（台）	小型拖拉机（台）	大中型拖拉机配套农具（台）	小型拖拉机配套农具（台）	农用柴油机（台）	农用电动机（台）	农用水泵（台）	节水灌溉机械（套）
广州市	**337**	**4696**	**529**	**5713**	**23247**	**15699**	**34051**	**18077**
海珠区							43	
天河区						5		
白云区	8	63	8	62	493	880	3115	460
黄埔区		8			27	15	39	
荔湾区								
罗岗区	14	10	19	10	460	160	490	
花都区	12	989	20	811	2883	2093	10472	346
从化市	34	939	84	1235	2001	301	3268	442
增城市	182	1812	185	2126	1493	2208	3788	15
番禺区	37	425	48	549	2850	4275	2767	1934
南沙区	50	450	165	920	13040	5762	10069	14880
深圳市	**2**	**24**	**6**	**28**	**122**	**145**	**59**	**7**
宝安区		17	4	21	17	37	14	
龙岗区	2	7	2	7	105	108	45	7
珠海市	**22**	**1203**	**52**	**1414**	**3667**	**9030**	**51004**	**16**
香洲区		96		30	330	50	300	
金湾区	1	247	2	263	2749	3280	3596	8
斗门区	21	860	50	1121	588	5700	47108	8
汕头市	**167**	**4031**	**239**	**4679**	**8155**	**1918**	**5887**	**1015**
金平区		213		150	62	9	45	
龙湖区	5	286	4	100	241		230	82
澄海区	46	1079	115	1012	6216	1169	3740	312
濠江区	1	156		156	68	19	56	
潮阳区	67	1250	64	1859	790	330	872	151
潮南区	48	987	56	1402	584	232	635	220
南澳县		60			194	159	309	250
佛山市	**49**	**8713**	**44**	**8309**	**11598**	**59012**	**60665**	**846**
禅城区		62				2068	2068	
南海区	7	2064	6	1675	79	19932	12947	320
顺德区	20	211		85	6627	21728	26853	318
高明区	9	1577	20	1500	3515	6533	9682	107
三水区	13	4799	18	5049	1377	8751	9115	101
韶关市	**1410**	**60277**	**1621**	**100149**	**11961**	**4153**	**22381**	**469**
浈江区	28	776	36	870	36	184	80	16
武江区	96	1624	38	2512	106		187	11
曲江区	714	6155	774	5957	916	637	3037	249
南雄市	49	16336	80	29085	4765	285	9310	10
始兴县	207	13341	207	23288	1942	672	3601	
翁源县	84	2694	125	2870	2235	269	2150	
仁化县	55	12108	55	16515	205	338	156	
新丰县	72	1873	72	1546	61	25	335	160
乳源自治县	45	1827	147	4774	266	84	264	8
乐昌市	60	3543	87	12732	1429	1659	3261	15
河源市	**403**	**17790**	**265**	**10985**	**5765**	**6790**	**8986**	**149**
源城区	13	598	1	293	727	924	1465	21

4-7 续表 4

县（市）区别	耕作机械				排灌机械			
	大中型拖拉机（台）	小型拖拉机（台）	大中型拖拉机配套农具（台）	小型拖拉机配套农具（台）	农用柴油机（台）	农用电动机（台）	农用水泵（台）	节水灌溉机械（套）
东源县	172	2764	94	2025	1087	1463		
和平县	9	887	5	740	418	1185	691	125
龙川县	7	6861	8	2788			3000	0
紫金县	57	3993	57	2639	1426	1674	2500	3
连平县	145	2687	100	2500	2107	1544	1330	
梅州市	**250**	**15792**	**1052**	**14163**	**5541**	**22000**	**41099**	**2172**
梅江区		300		100	25	920	890	18
梅县区	6	1103	6	1114	1305	10306	10575	893
蕉岭县	205	1034	375	682	218	1675	805	16
大埔县		860		640	174	602	701	44
丰顺县	2	1126	1	507	1320	1506	2826	2
五华县	19	3447	652	4258	567	1838	5486	909
兴宁市	18	5575	18	5575	1145	1573	10327	265
平远县		2347		1287	787	3580	9489	25
惠州市	**900**	**20383**	**846**	**16744**	**28974**	**6992**	**36310**	**3002**
惠城区	59	2414	25	1584	3328	746	2612	228
惠东县	247	4576	190	3440	3725	1133	6527	91
惠阳区	76	814	82	825	3674	1167	5517	
博罗县	431	9706	438	8489	12900	3461	15836	2570
龙门县	87	2873	111	2406	5347	485	5818	113
汕尾市	**863**	**12528**	**782**	**9921**	**24748**	**3896**	**23084**	**844**
汕尾城区	16	1010	23	570	715	421	583	110
红海湾区	1	207	2	254	378	64	363	4
海丰县	198	4821	228	4271	10454	813	7214	249
陆河县	29	1339	29	667	609	594	694	25
陆丰市	619	5151	500	4159	12592	2004	14230	456
东莞市	**69**	**2586**	**141**	**2655**	**2758**	**4795**	**6547**	**1182**
中山市	**141**	**1259**	**178**	**4882**	**4536**	**30058**	**34735**	**8954**
江门市	**699**	**36957**	**1112**	**66626**	**12782**	**66372**	**68336**	**2029**
蓬江区		238		482	932	591	9	
江海区		41		48		399	1033	164
新会区	72	7074	135	11750	2225	11125	11930	140
台山市	316	13658	635	29305	1876	26100	26100	568
开平市	189	8582	220	14422	848	14162	15671	595
恩平市	106	3269	108	6105	1175	2420	4651	562
鹤山市	16	4095	14	4514	5726	11575	8942	
阳江市	**750**	**8661**	**613**	**5349**	**12500**	**5303**	**5256**	**435**
江城区	15	1218	95	374	1756	410	1203	125
阳东县	19	2317	13	905	4113	414	1434	
阳西县	180	2026	155	1327	978	121	899	
阳春市	322	3100	350	2650	5530	4320	1720	310
海陵区	214			93	123	38		
湛江市	**10304**	**45556**	**19237**	**40974**	**149584**	**95231**	**176830**	**34139**
赤坎区		28			4	75	18	
霞山区		28			173	148	121	
坡头区	175	807	115	990	546	1250	509	435
麻章区	138	787	102	740	1912	568	926	220

4-7 续表 5

县（市）区别	耕作机械				排灌机械			
	大中型拖拉机（台）	小型拖拉机（台）	大中型拖拉机配套农具（台）	小型拖拉机配套农具（台）	农用柴油机（台）	农用电动机（台）	农用水泵（台）	节水灌溉机械（套）
东海区	11	57	22	17	1429	1813	2277	320
吴川市	273	1949	2148	1819	7884	7389	11362	89
徐闻县	2537	17309	6686	14521	44496	51493	51443	29116
雷州市	2121	17165	2858	14644	32383	15307	41292	1209
遂溪县	2286	2624	3835	1838	24766	9813	26239	917
廉江市	2763	4802	3471	6405	35991	7375	42643	1833
茂名市	**1208**	**17252**	**409**	**6298**	**10767**	**6539**	**21978**	**7**
茂南区	57	772	106	548	1065	419	1393	
茂港区	74	1282	74	397	708	392	1929	
信宜市	10	3598	8	2201	765	670	2076	5
高州市	209	3562	66	1173	4193	3402	8152	
电白县	66	4697	72	993	1667	770	2426	2
化州市	792	3341	83	986	2369	886	6002	
肇庆市	**168**	**25845**	**126**	**23186**	**10273**	**20835**	**30347**	**2796**
端州区	2	35	2	33		405	405	
鼎湖区	27	1084	13	650		4200	3000	2000
高要市	49	8812	51	9802	4170	5147	9317	91
广宁县	1	2361	1	1593	165	1194	1359	25
四会市	35	1475	35	1210	585	3734	3562	125
德庆县	2	3215		2384	1520	1723	7219	365
封开县	33	5067		3719	410	558	968	30
怀集县	19	3796	24	3795	3423	3874	4517	160
清远市	**521**	**25856**	**267**	**13341**	**10330**	**8487**	**12132**	**1567**
清城区	30	4361	28	2007	3027	3121	2232	37
英德市	223	7066	164	3355	580	2144	1705	332
佛冈县	182	3766		1740	1999	411	2470	
连山自治县	15	1034		1022	85	25	172	12
连南自治县	4	689	9	389	11	116	106	21
连州市	18	2989	19	1272	2109	923	2558	771
阳山县	11	2087	9	1037	317	453	295	48
清新区	38	3864	38	2519	2202	1294	2594	346
潮州市	**71**	**1515**	**97**	**1027**	**11102**	**2385**	**10776**	**90**
湘桥区	4	12		22		220	215	
饶平县	9	565	18	726	8100	1206	8774	70
潮安区	58	938	79	279	3002	959	1787	20
揭阳市	**284**	**9919**	**287**	**8718**	**9130**	**9212**	**18120**	**86**
榕城区	16	1637	16	1603	1258	1268	2500	5
揭东区	25	2553	24	2501	1688	1702	3330	23
惠来县	203	2702	195	2564	2368	2447	4789	40
普宁市	15	2071	30	1098	2540	2527	4957	6
揭西县	25	956	22	952	1276	1268	2544	12
云浮市	**93**	**18237**	**130**	**19015**	**9577**	**3967**	**10522**	**1022**
云城区	5	1364	5	1415	222	284	521	
新兴县	26	6029	26	7847	4389	1037	1475	56
郁南县	10	4344	19	4670	1631	549	1416	83
罗定市	48	5073	77	4382	2825	1666	6271	650
云安县	4	1427	3	701	510	431	839	233

4-7 续表6

县（市）区别	收获机械			渔业机械	运输机械
	联合收割机（台）	自走式机动割晒机（台）	机动脱粒机（台）	渔用机动船（艘）	农用运输车（辆）
广州市	**191**	**143**	**15105**	**2226**	**7937**
海珠区				13	
天河区				10	
白云区	4	3	1525	295	10
黄埔区				57	6
荔湾区				1	
罗岗区	4				23
花都区	18		1062	48	983
从化市	75	107	4137		1546
增城市	49	33	8260	83	2017
番禺区	3		59	886	1243
南沙区	38		62	833	2109
深圳市	**1**			**966**	**34**
宝安区					6
龙岗区	1			966	28
珠海市	**67**	**5**		**1446**	**21**
香洲区				829	21
金湾区				617	
斗门区	67	5			
汕头市	**151**	**30**	**65**	**3991**	**2831**
金平区			2	334	91
龙湖区	3		0	169	150
澄海区	53	30	45	759	888
濠江区	8		3	892	67
潮阳区	59		11	750	1313
潮南区	28			361	250
南澳县	0		4	726	72
佛山市	**53**	**3**	**31876**	**1516**	**3350**
禅城区					
南海区	14	3	4614	139	381
顺德区				51	770
高明区	36		19375		600
三水区	3		7887	1326	1599
韶关市	**3719**	**501**	**52964**		**5721**
浈江区	50		71		388
武江区	87				421
曲江区	881	501	1652		1258
南雄市	721		21410		850
始兴县	290		9326		305
翁源县	395		17500		1069
仁化县	794		184		175
新丰县	123				30
乳源自治县	102		1005		185
乐昌市	276		1816		1040
河源市	**1288**	**48**	**52687**	**313**	**3269**
源城区	34		2300	77	105

4-7 续表 7

县（市）区别	收获机械			渔业机械	运输机械
	联合收割机（台）	自走式机动割晒机（台）	机动脱粒机（台）	渔用机动船(艘)	农用运输车(辆)
东源县	55		2274	71	1081
和平县	141	10	5855	93	737
龙川县	308	6	16968		586
紫金县	334		13290	21	185
连平县	416	32	12000	51	575
梅州市	**2383**	**551**	**60216**	**107**	**7855**
梅江区	25		1381	17	422
梅县区	297		5235		1932
蕉岭县	89	298	2177		2389
大埔县	117		3490	36	556
丰顺县	48		4187		600
五华县	554	127	10158	54	587
兴宁市	1253	11	16130		821
平远县		115	17458		548
惠州市	**1111**	**98**	**24527**	**2294**	**6781**
惠城区	96	15	2281	52	829
惠东县	212	52	1310	1629	2557
惠阳区	60		598	613	5
博罗县	304		16303		2048
龙门县	439	31	4035		1342
汕尾市	**1125**	**115**	**6040**	**5086**	**4970**
汕尾城区	41	41	404	1994	238
红海湾区	3	3	238	835	196
海丰县	684	71	2080	1175	1435
陆河县	34		1896	5	1008
陆丰市	363		1422	1077	2093
东莞市	**15**		**1485**	**593**	**544**
中山市	**107**	**1**	**1953**	**1191**	**1748**
江门市	**3843**	**1840**	**18329**	**5014**	**10073**
蓬江区			616	41	1076
江海区			4	145	100
新会区	731		2400	1260	2013
台山市	1900	1840	500	3243	3640
开平市	733		6670	314	1783
恩平市	329		1036		821
鹤山市	150		7103	11	640
阳江市	**669**	**320**	**19518**	**7194**	**2399**
江城区	47	116	4803	2647	769
阳东县	130	3	1375	1180	641
阳西县	32	81	240	2852	401
阳春市	460	120	13080		550
海陵区			20	515	38
湛江市	**2729**	**448**	**7535**	**19578**	**26614**
赤坎区				13	66
霞山区	4		0	371	280
坡头区	61		73	708	805
麻章区	50			1428	660

4-7 续表 8

县（市）区别	收获机械			渔业机械	运输机械
	联合收割机（台）	自走式机动割晒机（台）	机动脱粒机（台）	渔用机动船(艘)	农用运输车(辆)
东 海 区	13			2012	1481
吴 川 市	213	136	318	1881	3473
徐 闻 县	30	19	455	5178	9636
雷 州 市	1779			4266	5501
遂 溪 县	263		2313	2532	2081
廉 江 市	316	293	4376	1189	2631
茂 名 市	**217**		**50615**	**4674**	**12568**
茂 南 区	39		2069	46	410
茂 港 区	33		4090	869	1300
信 宜 市	15		4424		2617
高 州 市	24		33895		3978
电 白 县	35		3959	3609	1466
化 州 市	71		2178	150	2797
肇 庆 市	**830**	**2**	**45910**	**741**	**9532**
端 州 区	5		297		11
鼎 湖 区	15		1400		800
高 要 市	320		4692		3816
广 宁 县	48		7528		1031
四 会 市	36		5005		871
德 庆 县	113		4457	294	608
封 开 县	192	2	4068	266	397
怀 集 县	101		18463	181	1998
清 远 市	**1463**	**323**	**29181**	**1340**	**6131**
清 城 区	159	2	312	373	1287
英 德 市	343	196	9151	728	1194
佛 冈 县	61	17	13038		218
连山自治县	95		170		52
连南自治县	50		819		515
连 州 市	450		1653	53	1137
阳 山 县	65	78		79	413
清 新 区	240	30	4038	107	1315
潮 州 市	**66**	**27**	**341**	**1760**	**3805**
湘 桥 区	1				745
饶 平 县	26		281	1523	1463
潮 安 区	39	27	60	237	1597
揭 阳 市	**89**		**1168**	**2165**	**4138**
榕 城 区	7		195	824	880
揭 东 区	11		447	7	1169
惠 来 县	48		170	1334	297
普 宁 市	9		132		1360
揭 西 县	14		224		432
云 浮 市	**481**	**135**	**94856**	**594**	**4295**
云 城 区	19		3710	112	379
新 兴 县	194		48353		742
郁 南 县	64	73	12250	363	197
罗 定 市	179	31	29436		2091
云 安 县	25	31	1107	119	886

4-8 主要年份农村电气化和农业化学化情况

项　目	单位	1980	1985	1990	1995	2000	2005	2010	2012	2013
一、有效灌溉面积	**千公顷**	**1946.85**	**1799.83**	**1795.13**	**1488.27**	**1478.51**	**1317.81**	**1273.55**	**1348.89**	**1365.06**
二、旱涝保收面积	**千公顷**	**1463.47**	**1304.65**	**1336.10**	**1097.05**	**1084.45**	**935.37**	**897.03**	**944.49**	**963.33**
三、化肥施用量										
实物量	万吨	333.54	363.95	541.40	601.09	611.12	661.55	739.86	770.25	776.27
#氮肥	万吨	223.99	227.73	281.40	271.75	248.15	246.05	254.28	262.43	262.34
磷肥	万吨	85.85	89.42	134.32	146.00	153.01	165.64	186.89	195.92	198.18
钾肥	万吨	15.39	32.20	59.55	78.69	79.35	93.77	104.50	107.79	108.64
复合肥	万吨	8.31	14.60	66.13	104.65	130.61	156.09	194.19	204.11	207.12
折纯量	万吨	77.00	102.67	162.41	195.71	176.20	204.62	237.29	245.38	243.91
#氮肥	万吨	54.03	69.37	95.82	99.49	95.89	93.78	100.01	102.80	100.54
磷肥	万吨	15.27	14.62	20.08	27.16	18.36	18.96	21.50	21.83	21.90
钾肥	万吨	6.36	13.97	27.57	34.14	35.84	41.54	46.99	48.28	48.38
复合肥	万吨	1.34	4.71	18.94	34.92	26.11	50.34	68.79	72.46	73.09
四、农药施用量	**万吨**	**12.21**	**7.27**	**7.95**	**8.05**	**8.47**	**8.50**	**10.44**	**11.40**	**11.01**
五、农村用电量	**万千瓦时**	**125496**	**266399**	**581030**	**1862658**	**4054461**	**7682272**	**10442606**	**11874983**	**12348431**

4-9 农村电气化和农业化学化情况

2013 年

项　目	计算单位	数　量	项　目	计算单位	数　量
一、农村电气化情况					
1. 农村用电量	万千瓦时	12348431	（2）磷肥	吨	218953
2. 乡镇、村办水电站个数	个	5892	（3）钾肥	吨	483773
装机容量	千瓦	2442286	（4）复合肥	吨	730938
发电量	万千瓦时	716228	**三、农用塑料薄膜使用量**	**吨**	**45781**
二、农用化肥施用量			其中：地膜使用量	吨	23955
1. 按实物量计算	吨	7762711	地膜覆盖面积	公顷	128198
（1）氮肥	吨	2623429	**四、农药使用量**	**吨**	**110090**
（2）磷肥	吨	1981760	**五、农用柴油使用量**	**吨**	**752720**
（3）钾肥	吨	1086369	**六、农田水利建设情况**		
（4）复合肥	吨	2071153	有效灌溉面积	公顷	1365055
2. 按折纯量计算	吨	2439059	旱涝保收面积	公顷	963327
（1）氮肥	吨	1005395	机电排灌面积	公顷	472152

4-10 各市农村电气化和农业化学化情况

2013 年

市　别	农村电气化情况			农用化肥施用量				
	农村用电量（万千瓦时）	乡镇、村办水电站		按实物量计　算（吨）				
		个数（个）	装机容量（千瓦）		氮肥	磷肥	钾肥	复合肥
全　省	12348431	5892	2442286	7762711	2623429	1981760	1086369	2071153
广州市	1836046	188	136284	303189	55570	39478	30085	178056
深圳市				13432	3610	2008	1841	5973
珠海市	134803	1	325	24994	8993	4138	1590	10273
汕头市	285514	2	150	156845	63401	30080	20842	42522
佛山市	2397475	7	6423	122725	45092	18122	12341	47170
韶关市	42991	1093	507083	369921	142576	83569	44927	98849
河源市	62083	452	169574	230585	98753	63174	30437	38221
梅州市	98765	1222	322632	452336	208365	93299	51522	99150
惠州市	354425	217	96738	325926	107038	87224	50079	81585
汕尾市	98927	101	82148	301867	78939	132307	35357	55264
东莞市	4511168			32347	7732	6554	3973	14088
中山市	782709			95167	29323	21373	13365	31106
江门市	594265	163	38445	394989	143510	71652	53256	126571
阳江市	61550	349	175255	353861	119085	90432	55630	88714
湛江市	180209	19	4745	1730805	490119	613821	288916	337949
茂名市	87679	495	308317	913383	267372	223490	164951	257570
肇庆市	142876	452	154686	537529	232639	117731	61218	125941
清远市	59693	425	193132	578066	231471	111999	62418	172178
潮州市	343010	133	52296	142956	50263	32544	19197	40952
揭阳市	165070	205	63916	347777	145949	71315	49961	80552
云浮市	109173	368	130137	334011	93629	67450	34463	138469

市　别	农用化肥施用量					农用塑料薄膜使用量（吨）		农　药使用量（吨）
	按折纯量计算（吨）						地膜使用量	
		氮肥	磷肥	钾肥	复合肥			
全　省	2439059	1005395	218953	483773	730938	45781	23955	110090
广州市	111274	23720	4662	12793	70099	2678	1933	3233
深圳市	4557	1448	222	825	2062	144	9	112
珠海市	6381	3620	463	614	1684	5136	237	731
汕头市	55972	27176	3474	9481	15841	989	296	2950
佛山市	47867	20449	2163	5668	19587	917	643	2655
韶关市	116997	45136	9503	21442	40916	5231	2952	5425
河源市	71037	41562	7393	13651	8431	1380	1044	3213
梅州市	160841	82452	11142	24326	42921	3146	1556	5063
惠州市	94340	39025	10340	23019	21956	2720	2426	5345
汕尾市	68256	32538	7455	13194	15069	1690	738	3265
东莞市	5935	3015	669	842	1409	501	163	723
中山市	29337	10009	2463	5741	11124	1401	823	1057
江门市	128460	44083	8335	25342	50700	4768	2417	6817
阳江市	120970	49261	10406	24877	36426	1312	713	4683
湛江市	453551	172357	68470	115079	97645	1988	1537	17065
茂名市	340368	116596	25461	81846	116465	1289	338	12764
肇庆市	194858	100403	13909	28686	51860	3050	1929	7182
清远市	175608	69148	12454	29521	64485	2731	1760	7002
潮州市	51739	22639	3854	9151	16095	1975	844	4483
揭阳市	112983	63273	8132	22988	18590	992	486	5850
云浮市	87728	37485	7983	14687	27573	1743	1111	10472

4-11 各县（区）农村电气化和农业化学化情况

2013 年

县（市）区别	农村电气化情况			农用化肥施用量				
	农村用电量（万千瓦时）	乡镇、村办水电站		按实物量计算（吨）				
		个数（个）	装机容量（千瓦）		氮肥	磷肥	钾肥	复合肥
广州市	**1836046**	**188**	**136284**	**303189**	**55570**	**39478**	**30085**	**178056**
海珠区	48661			1177	344	104	98	631
天河区	22460			601	88	28	42	443
白云区	215880	1	2000	39561	2112	873	1057	35519
黄埔区	55468			2132	154	155	148	1675
荔湾区	26421			430				430
罗岗区	72981	3	1110	10775	3464	1984	1262	4065
花都区	226389	17	6510	43035	12205	4860	4470	21500
从化市	53661	151	99914	31523	7578	5956	3008	14981
增城市	438062	16	26750	52342	11515	7851	6805	26171
番禺区	400357			12622	2448	2071	1573	6530
南沙区	275706			108991	15662	15596	11622	66111
深圳市				**13432**	**3610**	**2008**	**1841**	**5973**
宝安区				4669	1193	467	762	2247
龙岗区				8763	2417	1541	1079	3726
珠海市	**134803**	**1**	**325**	**24994**	**8993**	**4138**	**1590**	**10273**
香洲区	1086			958	181	311	162	304
金湾区	70885			9458	3617	655	275	4911
斗门区	62832	1	325	14578	5195	3172	1153	5058
汕头市	**285514**	**2**	**150**	**156845**	**63401**	**30080**	**20842**	**42522**
金平区	17373			2877	1387	720	256	514
龙湖区	14830			10446	3242	2075	1163	3966
澄海区	42572			53938	19545	7761	6841	19791
濠江区	12120			3582	1612	620	510	840
潮阳区	86090	2	150	49826	21413	11069	7103	10241
潮南区	112391			34776	15889	7593	4745	6549
南澳县	138			1400	313	242	224	621
佛山市	**2397475**	**7**	**6423**	**122725**	**45092**	**18122**	**12341**	**47170**
禅城区	411183			853	395	52	80	326
南海区	743533			34980	11885	3561	3016	16518
顺德区	979376	1	5000	19680	8143	1916	1170	8451
高明区	45462	6	1423	38017	13736	10234	5073	8974
三水区	217921			29195	10933	2359	3002	12901
韶关市	**42991**	**1093**	**507083**	**369921**	**142576**	**83569**	**44927**	**98849**
浈江区	3922			9683	3322	1412	1220	3729
武江区	3868	75	35943	15658	6630	2881	1890	4257
曲江区	5502	38	25350	31718	12082	8806	3834	6996
南雄市	4438	142	55080	68955	26816	16020	8191	17928
始兴县	5484	111	50783	32932	14290	7522	3900	7220
翁源县	4948	153	55622	75909	31162	16359	9703	18685
仁化县	3775	146	66240	39889	11652	9223	6623	12391
新丰县	2485	290	134000	11501	5491	1770	639	3601
乳源自治县	2592	107	57685	16901	6098	3717	2059	5027
乐昌市	5977	31	26380	66775	25033	15859	6868	19015
河源市	**62083**	**452**	**169574**	**230585**	**98753**	**63174**	**30437**	**38221**
源城区	4349			5208	2280	1201	924	803

4-11 续表1

县（市）区别	农村电气化情况			农用化肥施用量				
	农村用电量（万千瓦时）	乡镇、村办水电站		按实物量计算（吨）	氮肥	磷肥	钾肥	复合肥
		个数（个）	装机容量（千瓦）					
东源县	11413	92	46861	47461	21703	12355	8321	5082
和平县	5815	29	10091	23080	8789	8479	1501	4311
龙川县	15889	132	31576	59469	28211	15419	6396	9443
紫金县	15992	89	44537	54760	23126	13798	7338	10498
连平县	8625	110	36509	40607	14644	11922	5957	8084
梅州市	**98765**	**1222**	**322632**	**452336**	**208365**	**93299**	**51522**	**99150**
梅江区	7008	10	2390	17340	7662	3490	2298	3890
梅县区	30270	149	42611	121342	55106	23544	15013	27679
蕉岭县	4903	130	32389	27027	13479	5329	3678	4541
大埔县	4947	258	63891	57355	25695	11803	6300	13557
丰顺县	12735	213	101578	59721	19537	13746	6719	19719
五华县	17103	259	39365	71918	34499	17667	7602	12150
兴宁市	16674	134	23276	70685	39567	11515	6910	12693
平远县	5125	69	17132	26948	12820	6205	3002	4921
惠州市	**354425**	**217**	**96738**	**325926**	**107038**	**87224**	**50079**	**81585**
惠城区	68046	6	2835	53604	17497	12596	8092	15419
惠东县	72612	109	43032	83954	27431	24573	11960	19990
惠阳区	144598			27362	7788	6372	4957	8245
博罗县	62379	35	17016	110107	33596	32722	17795	25994
龙门县	6790	67	33855	50899	20726	10961	7275	11937
汕尾市	**98927**	**101**	**82148**	**301867**	**78939**	**132307**	**35357**	**55264**
汕尾城区	7934			10236	2971	2354	1467	3444
红海湾区	9262			5180	1660	2295	385	840
海丰县	35738	21	11871	74713	29392	20004	10393	14924
陆河县	4566	64	66110	19605	5365	3410	3250	7580
陆丰市	41427	16	4167	192133	39551	104244	19862	28476
东莞市	**4511168**			**32347**	**7732**	**6554**	**3973**	**14088**
中山市	**782709**			**95167**	**29323**	**21373**	**13365**	**31106**
江门市	**594265**	**163**	**38445**	**394989**	**143510**	**71652**	**53256**	**126571**
蓬江区	74815			5283	2049	732	404	2098
江海区	3943	16	40	6738	2239	1064	583	2852
新会区	186343	63	3485	59496	24141	9891	5875	19589
台山市	237695	28	15925	144372	53301	28136	23976	38959
开平市	17514	15	4090	84509	29820	15011	11303	28375
恩平市	61943	29	13195	57432	19946	11356	7006	19124
鹤山市	12012	12	1710	37159	12014	5462	4109	15574
阳江市	**61550**	**349**	**175255**	**353861**	**119085**	**90432**	**55630**	**88714**
江城区	8338	1	2600	32478	11943	8660	4620	7255
阳东县	12077	17	8283	91902	24086	23279	16939	27598
阳西县	12254	33	41901	59351	21606	16129	12184	9432
阳春市	13624	298	122471	163624	58519	39714	21482	43909
海陵区	15257			6506	2931	2650	405	520
湛江市	**180209**	**19**	**4745**	**1730805**	**490119**	**613821**	**288916**	**337949**
赤坎区	1224			2763	420	928	462	953
霞山区	470			3100	880	650	520	1050
坡头区	4602			47971	15441	12653	9175	10702
麻章区	9187			55358	16424	18466	10050	10418

4-11 续表2

县（市）区别	农村电气化情况			农用化肥施用量				
	农村用电量（万千瓦时）	乡镇、村办水电站		按实物量计算（吨）				
		个数（个）	装机容量（千瓦）		氮肥	磷肥	钾肥	复合肥
东海区	9232			44266	9627	14418	10320	9901
吴川市	42107	4	68	76658	25141	21645	12310	17562
徐闻县	8186	2	750	391182	122653	126748	66693	75088
雷州市	30145	11	3845	455456	112195	207587	61792	73882
遂溪县	24119			332475	77834	138064	54943	61634
廉江市	50937	2	82	321576	109504	72662	62651	76759
茂名市	**87679**	**495**	**308317**	**913383**	**267372**	**223490**	**164951**	**257570**
茂南区	8008			38366	12180	8000	6239	11947
茂港区	5347			38824	10621	7104	7153	13946
信宜市	14440	279	210560	202362	49052	44593	40730	67987
高州市	21898	188	82978	299371	93022	77813	54033	74503
电白县	15804	16	10020	85120	26308	5914	15442	37456
化州市	22182	12	4759	249340	76189	80066	41354	51731
肇庆市	**142876**	**452**	**154686**	**537529**	**232639**	**117731**	**61218**	**125941**
端州区	4895			600	383	28	41	148
鼎湖区	12780	4	920	28267	10464	5992	3557	8254
高要市	25234	21	4145	114165	46593	28334	17946	21292
广宁县	7591	130	46781	47898	25593	8542	3782	9981
四会市	71342	17	17791	63286	26636	12655	9722	14273
德庆县	5143	79	27362	75930	38171	18217	3831	15711
封开县	6879	66	15017	89550	36413	17700	10484	24953
怀集县	9012	135	42670	117833	48386	26263	11855	31329
清远市	**59693**	**425**	**193132**	**578066**	**231471**	**111999**	**62418**	**172178**
清城区	15987	11	5613	49668	15403	9249	5482	19534
英德市	10741	31	18045	178367	80672	36866	23990	36839
佛冈县	5304	39	11324	69765	22402	6889	5264	35210
连山自治县	1238	128	47950	19554	6665	3901	2811	6177
连南自治县	2740	72	29366	14183	6817	3357	1506	2503
连州市	6070	20	11765	71553	24212	14202	6099	27040
阳山县	4611	54	29955	81502	41794	16842	6997	15869
清新区	13002	70	39114	93474	33506	20693	10269	29006
潮州市	**343010**	**133**	**52296**	**142956**	**50263**	**32544**	**19197**	**40952**
湘桥区	13640	2	2370	5367	1934	1273	729	1431
饶平县	35051	95	32138	95110	31972	22762	12529	27847
潮安区	294319	36	17788	42479	16357	8509	5939	11674
揭阳市	**165070**	**205**	**63916**	**347777**	**145949**	**71315**	**49961**	**80552**
榕城区	49060	1	30	34880	15812	6290	5419	7359
揭东区	34893	3	512	60326	21994	11557	8548	18227
惠来县	9059	8	190	73218	26751	18984	12141	15342
普宁市	48668	125	29310	103525	46726	18290	13344	25165
揭西县	23390	68	33874	75828	34666	16194	10509	14459
云浮市	**109173**	**368**	**130137**	**334011**	**93629**	**67450**	**34463**	**138469**
云城区	17126	38	6340	25164	5920	4415	2319	12510
新兴县	48865	87	34525	44409	14473	8575	6038	15323
郁南县	8101	69	27092	135607	31866	22556	12313	68872
罗定市	27123	110	49037	87257	30524	22832	9012	24889
云安县	7958	64	13143	41574	10846	9072	4781	16875

4-11 续表 3

县（市）区别	农用化肥施用量 按折纯量计算（吨）	氮肥	磷肥	钾肥	复合肥	农用塑料薄膜使用量（吨）	地膜使用量	农药使用量（吨）
广州市	**111274**	**23720**	**4662**	**12793**	**70099**	**2678**	**1933**	**3233**
海珠区	413	121	12	34	246	5	5	11
天河区	225	28	2	14	181	3	3	2
白云区	15381	888	105	432	13956	88	86	390
黄埔区	863	70	18	60	715	26		332
荔湾区	168				168	236		4
罗岗区	3796	1459	234	513	1590	31	31	125
花都区	15928	5105	559	1789	8475	550	496	287
从化市	10821	3114	688	1209	5810	262	213	631
增城市	20109	5297	942	3402	10468	610	600	582
番禺区	4483	1034	249	637	2563	335	126	331
南沙区	39087	6604	1853	4703	25927	532	373	538
深圳市	**4557**	**1448**	**222**	**825**	**2062**	**144**	**9**	**112**
宝安区	1334	420	44	290	580	50	7	41
龙岗区	3223	1028	178	535	1482	94	2	71
珠海市	**6381**	**3620**	**463**	**614**	**1684**	**5136**	**237**	**731**
香洲区	67	43	5	6	13	35	1	16
金湾区	2469	1661	78	32	698	634	124	473
斗门区	3845	1916	380	576	973	4467	112	242
汕头市	**55972**	**27176**	**3474**	**9481**	**15841**	**989**	**296**	**2950**
金平区	937	635	92	66	144	18	14	55
龙湖区	3182	1139	249	506	1288	99	48	206
澄海区	20756	8083	841	3208	8624	556	111	964
濠江区	369	274	26	51	18	16	14	96
潮阳区	19281	9636	1328	3197	5120	203	46	573
潮南区	11182	7309	911	2373	589	92	63	1045
南澳县	265	100	27	80	58	5		11
佛山市	**47867**	**20449**	**2163**	**5668**	**19587**	**917**	**643**	**2655**
禅城区	378	182	6	40	150			
南海区	13706	5467	426	1508	6305	104	98	439
顺德区	8439	3746	226	585	3882	406	235	1047
高明区	14203	6316	1226	2536	4125	145	113	266
三水区	11141	4738	279	999	5125	262	197	903
韶关市	**116997**	**45136**	**9503**	**21442**	**40916**	**5231**	**2952**	**5425**
浈江区	3527	1164	135	608	1620	302	69	148
武江区	6297	3049	345	945	1958	58	50	312
曲江区	11318	5337	1005	1913	3063	315	82	350
南雄市	18564	6535	1516	3286	7227	905	621	932
始兴县	8046	2760	902	1807	2577	386	273	446
翁源县	29527	14267	1937	4798	8525	649	394	1262
仁化县	10735	1981	1106	3311	4337	913	456	781
新丰县	4693	2498	211	319	1665	36	36	181
乳源自治县	6592	2805	446	1029	2312	286	241	258
乐昌市	17698	4740	1900	3426	7632	1381	730	755
河源市	**71037**	**41562**	**7393**	**13651**	**8431**	**1380**	**1044**	**3213**
源城区	1573	974	135	429	35	7	5	56

4-11 续表4

县（市）区别	农用化肥施用量					农用塑料薄膜使用量（吨）		农药使用量（吨）
	按折纯量计算（吨）	氮肥	磷肥	钾肥	复合肥		地膜使用量	
东源县	14969	8733	1462	3614	1160	172	138	868
和平县	7161	3932	985	430	1814	271	156	443
龙川县	20149	10843	1850	3198	4258	480	480	764
紫金县	16184	10611	1648	3347	578	86	47	377
连平县	11001	6469	1313	2633	586	364	218	705
梅州市	**160841**	**82452**	**11142**	**24326**	**42921**	**3146**	**1556**	**5063**
梅江区	6801	3519	414	1146	1722	207	76	299
梅县区	48411	25348	2825	7506	12732	349	30	1366
蕉岭县	6784	2291	639	1765	2089	516	185	290
大埔县	21062	10275	1411	3146	6230	457	348	474
丰顺县	20958	7678	1619	3126	8535	120	62	427
五华县	27371	15870	2119	3795	5587	587	542	412
兴宁市	19466	11814	1380	2464	3808	566	57	1378
平远县	9988	5657	735	1378	2218	344	256	417
惠州市	**94340**	**39025**	**10340**	**23019**	**21956**	**2720**	**2426**	**5345**
惠城区	18147	7972	1481	3849	4845	921	896	630
惠东县	20060	10147	2925	5403	1585	279	165	485
惠阳区	9699	3531	744	2428	2996	395	395	333
博罗县	34048	13404	3922	8132	8590	1033	913	2887
龙门县	12386	3971	1268	3207	3940	92	57	1010
汕尾市	**68256**	**32538**	**7455**	**13194**	**15069**	**1690**	**738**	**3265**
汕尾城区	2807	1228	235	58	1286	41	41	107
红海湾区	862	292	265	187	118			44
海丰县	22615	13517	2340	4711	2047	664	438	1065
陆河县	7934	2414	409	1625	3486	12	12	42
陆丰市	34038	15087	4206	6613	8132	973	247	2007
东莞市	**5935**	**3015**	**669**	**842**	**1409**	**501**	**163**	**723**
中山市	**29337**	**10009**	**2463**	**5741**	**11124**	**1401**	**823**	**1057**
江门市	**128460**	**44083**	**8335**	**25342**	**50700**	**4768**	**2417**	**6817**
蓬江区	2198	943	88	202	965	161	21	93
江海区	1016	381	120	84	431	276	82	146
新会区	19273	7725	1088	2820	7640	2453	919	1543
台山市	46191	17191	3376	11988	13636	569	400	2070
开平市	29300	8946	1651	5651	13052	745	497	1764
恩平市	16915	3400	1362	3360	8793	306	306	666
鹤山市	13567	5497	650	1237	6183	258	192	535
阳江市	**120970**	**49261**	**10406**	**24877**	**36426**	**1312**	**713**	**4683**
江城区	11236	5493	1037	2306	2400	390	70	1012
阳东县	31456	10805	2392	7878	10381	323	247	978
阳西县	18299	9417	1894	3775	3213	84	50	958
阳春市	57939	22238	4765	10737	20199	503	336	1726
海陵区	2040	1308	318	181	233	12	10	9
湛江市	**453551**	**172357**	**68470**	**115079**	**97645**	**1988**	**1537**	**17065**
赤坎区	888	176	96	221	395			22
霞山区	1062	362	70	210	420			11
坡头区	9572	2624	1518	2753	2677	78	78	368
麻章区	15261	6569	2141	3216	3335	94	77	456

4-11 续表5

县（市）区别	农用化肥施用量 按折纯量计算（吨）	氮肥	磷肥	钾肥	复合肥	农用塑料薄膜使用量（吨）	地膜使用量	农药使用量（吨）
东海区	11860	2644	1618	4318	3280	222	22	448
吴川市	15271	4736	2343	4073	4119	28	13	1214
徐闻县	97535	37556	13570	28813	17596	262	262	1959
雷州市	107316	34075	23204	25356	24681	550	523	3819
遂溪县	90214	34400	15206	24011	16597	471	442	5729
廉江市	104572	49215	8704	22108	24545	283	120	3039
茂名市	**340368**	**116596**	**25461**	**81846**	**116465**	**1289**	**338**	**12764**
茂南区	14865	5362	955	3083	5465	117	104	575
茂港区	14845	4681	846	3551	5767	437	41	604
信宜市	77587	20604	5351	20359	31273	174	45	1322
高州市	111450	41279	9284	26888	33999	388	53	4662
电白县	36710	11049	710	7721	17230	87	47	2163
化州市	84911	33621	8315	20244	22731	86	48	3438
肇庆市	**194858**	**100403**	**13909**	**28686**	**51860**	**3050**	**1929**	**7182**
端州区	259	171	3	20	65	2	2	1
鼎湖区	9507	4024	642	1187	3654	146	111	596
高要市	41421	21319	3387	8962	7753	1121	757	1614
广宁县	19278	11773	1024	1891	4590	355	292	1044
四会市	24982	12245	1510	4851	6376	330	306	1203
德庆县	28862	17553	2179	1912	7218	675	234	847
封开县	35573	16745	2121	5239	11468	228	172	1284
怀集县	34976	16573	3043	4624	10736	193	55	593
清远市	**175608**	**69148**	**12454**	**29521**	**64485**	**2731**	**1760**	**7002**
清城区	19675	6847	1109	2738	8981	165	116	698
英德市	60870	30184	4026	11023	15637	281	244	2581
佛冈县	21546	3998	827	2631	14090	177	101	304
连山自治县	4542	2390	284	1244	624	185	87	184
连南自治县	4073	2140	392	737	804	214	211	173
连州市	15141	4314	1685	3047	6095	744	373	872
阳山县	19951	7274	1979	3469	7229	360	208	883
清新区	29810	12001	2152	4632	11025	605	420	1307
潮州市	**51739**	**22639**	**3854**	**9151**	**16095**	**1975**	**844**	**4483**
湘桥区	2029	871	152	363	643	90	60	82
饶平县	33123	14279	2689	6008	10147	642	390	3750
潮安区	16587	7489	1013	2780	5305	1243	394	651
揭阳市	**112983**	**63273**	**8132**	**22988**	**18590**	**992**	**486**	**5850**
榕城区	6779	3537	415	728	2099	76	65	242
揭东区	17106	10017	1318	4271	1500	208	155	842
惠来县	27520	12285	2270	6065	6900	243	150	1248
普宁市	31811	21494	2195	6672	1450	320	29	2750
揭西县	29767	15940	1934	5252	6641	145	87	768
云浮市	**87728**	**37485**	**7983**	**14687**	**27573**	**1743**	**1111**	**10472**
云城区	8417	2716	521	375	4805	179	122	661
新兴县	13345	6320	992	2910	3123	573	448	1533
郁南县	29841	12600	2697	5315	9229	626	207	5491
罗定市	23848	11350	2701	3717	6080	298	283	2204
云安县	12277	4499	1072	2370	4336	67	51	583

五、水利建设

加固后的信宜市尚文水库

加固后的汕头大围--乌桥岛堤段秀

整治后的广州市荔枝湾涌迎来了阔别18年后的泮塘老龙舟重返至此。

深圳市龙岗河龙城广场段治理后实景

中山市张家边新涌整治后一中段美景

珠海市横琴富祥湾堤岸达标加固整治工程堤岸前削浪体

高州市沙田新村小型农田水利建设项目

经受9.21肆虐的信宜市钱排镇双河村河堤重建后焕然一新

水利建设

【概况】2013 年，广东省水利建设累计完成投资 236.71 亿元（不含水务工程投入），其中中央 42.55 亿元，省级 46.42 亿元，地市级 77.99 亿元，县级 46.65 亿元，乡镇群众自筹及其他 23.10 亿元。广东省水利主要效益：新增饮水安全人口 219.12 万人；新增节水灌溉面积 13970 公顷，新增治理水土流失面积 441 平方公里；除险加固病险水库 267 宗。

【防汛防旱防风防冰冻】我省先后发生了 29 场暴雨过程，12 个热带气旋登陆或严重影响，其中“尤特”和“天兔”2 个强台风正面登陆我省，部分地区出现历史极端强降雨、超历史实测最大山洪、超历史实测最高潮位，遭遇了 1951 年有气象记录以来全省最大范围的暴雨洪涝灾害。高州、信宜、惠东、陆河、普宁、潮阳等地出现了 24 小时雨量超过 500 毫米的极端强降水，其中惠东高潭镇录得日雨量达 923.4 毫米、达 1000 年一遇，其最大 3 小时降雨量 263 毫米、超 500 年一遇；紫金县龙窝镇宝洞围站最大 6 小时降雨量 211 毫米、超 200 年一遇，最大 24 小时降雨量 489.5 毫米，最大 72 小时降雨量 652.5 毫米，均超 1000 年一遇。多条江河出现超警洪水，北江支流滃江、韩江支流松源河、梅江上游、梅江小支流、西枝江上游等 5 条江河出现超历史实测最大洪水。西枝江的白盆珠水库 8 月 17 日出现 5600 立方米/秒最大入库流量、接近 500 年一遇。粤东练江出现接近历史实测最大洪水。北江支流连江出现 100 年一遇洪水，北江干流、鉴江出现超 20 年一遇洪水，螺河上游出现接近 50 年一遇洪水。一年中有 7 条中小河流江河出现特大洪水，为历史罕见。受台风洪涝影响，全省 21 个地市 132 个县（市、区）2109 万人受灾，农作物受灾面积 972 千公顷，成灾面积 378 千公顷，绝收面积 102 千公顷，倒塌房屋 53958 间，转移人口 232.74 万人，死亡 134 人、失踪 12 人，直接经济总损失 477.49 亿元，其中水利设施直接经济损失 63.07 亿元。面对严峻的汛情灾情，全省各地以人为本，科学防御，做到早动员、早部署、早落实，把灾害损失降到最低程度，全省大江大河堤围无一决口，大中型水库无一垮坝。

【水利投入稳定增长机制】我省充分发挥公共财政在水利建设中的主渠道作用，通过增加财政预算安排、全面落实土地出让收入提取 10%用于农田水利建设的资金政策、完善水利建设基金筹集政策等措施。我省省级水利建设资金从原来每年省级财政预算固定安排 14.4 亿元，目前增加至每年预算安排规模达 30 多亿元。推动出台省级水利建设基金筹集和使用管理办法，明确从各级政府收取的政府性基金和行政事业性收费按 3%提取水利建设基金，全省 21 个地级以上市从征收的城市建设维护税中划出 15%的资金用于城市防洪排涝和水资源工程建设。据统计，我省水资源费、堤围防护费和统筹土地出让收计提的农田水利建设资金的征收规模不断扩大且呈逐年快速增长态势，为我省水利建设提供了稳定增长的资金来源。

【民生水利工程建设】截至 2013 年底，全省列入民生水利四项工程建设方案的项目已累计完成前期工作 2771 宗，开工 1374 宗，累计完成投资 142.5 亿元（其中 2013 年完成投资 61.4 亿元）。农田水利万宗工程，733 宗中小型灌区改造工程和 180 宗农村中型及重点小型机电排灌开工建设。29 个中央财政小型农田水利重点县和 88 个省级小型农田水利示范镇已基本完成建设任务，中央第四、五批和省级前两批共 44 个小型农田水利重点县分年度建设顺利推进。千宗治洪治涝保安工程，117 座重点小（1）型病险水库除险加固全部完成建设任务，450 宗一般小（2）型病险水库除险加固项目进展顺利，258 宗 2013-2015 年中小河流治理项目已开工建设 41 宗，11 宗大型灌排泵站更新改造项目已开工建设 9 宗，启动实施了 9 宗农村重点易涝区整治工程，一大批防灾减灾工程建成并发挥效益。千里海堤加固达标工程，116 宗千里海堤加固达标工程开工建设 15 宗。农村饮水安全和村村通自来水工程，2013 年建成农村饮水安全工程 593 宗，解决 150.43 万新增农村居民和 68.69 万农村学校师生饮水不安全问题，提前两年完成国家下达的“十二五”规划建设任务。6 个村村通自来水工程示范县建设顺利推进，累计完成投资 2.07 亿元。

【水利重点项目建设】乐昌峡水利枢纽和清远水利枢纽主体工程顺利完工并进入工程扫尾阶段，鉴江供水枢纽工程已具备通水条件，雷州青年运河灌区和高州水库灌区续建配套与节水改造工程累计完成投资 40%和 60%，韩江粤东灌区应急段工程开工建设并完成投资 37%，韩江高陂水利枢纽工程项目建议书获国家发改委正式批复。

【水生态文明建设】最严格水资源管理制度深入实施。完成了国家实行最严格水资源管理制度 2012 年度考核和省科学发展观考核工作，推进东江、鉴江流域水量调度和北江、韩江流域分水工作，组织编制了流域及地级行政区分水红线指标方案，完成了省、市、县三级取水许可台账录入审核。以水库水资源保护为重点，推进水资源保护工作。完成东莞市全国节水型社会建设试点终期验收，组织开展县级节水型社会建设试点工作，初步完成了《广东省用水定额》地方标准编制。5 月省政府批复印发《珠江三角洲河涌整治与修复规划》，珠三角各地开展以河涌治理为重点的水生态文明建设，取得良好成效；广州市和东莞市被确定为全国水生态文明建设试点市；启动实施了中小河流治理重点县综合整治及水系连通工程建设，重点流域、区域水生态修复试点工作稳步推进。

【水土保持】推进 90 个小流域综合治理项目建设，新开工项目 22 个。完成《中小河流治理重点县水系连通试点项目实施方案指南》编制工作。做好全省第四次遥感调查工作，实现与水利普查相关数据的衔接。2013 年省级共批复生产建设项目水土保持方案 82 个，所有项目均在规定的时间内办结。同时在全省范围开展河湖专项执法检查和生产建设项目水土保持监督执法专项行动，进一步规范建设单位的水土保持工作。利用水土保持管理系统进一步强化了对水土保持监测的监管，完善了监测成果的报送制度。

【水利行业能力建设】深入开展“水利管理年”活动，大力推进基层水利服务体系建设，1357 个涉农乡镇水管所均已成立，现有乡镇水管员 9598 人、村级水管员 23366 人、农民用水协会 2826 个。加快基层三防能力“五个一”建设，有 1302 个镇（街道）建立了三防办事机构，69 个县建设了监测预警平台，242 个镇（街道）建成了视频会商系统，6.9 万个自然村配置了铜锣，15.5 万个村制定了操作预案。68 个山洪灾害防治县级非工程措施建设基本完成建设任务，山洪灾害防治补充完善工作和 4 个重点区域洪水风险图编制项目正式启动。继续推进工程领域守信激励和失信惩戒制度建设，强化市场动态监管。积极推进“河口水利技术国家地方联合工程实验室”等创新平台建设，全面建成全国首个省级水利数据中心，不断提升水文、科研、规划设计、水利职业教育等基础工作水平。

【水库移民工作】全省共完成 1.65 万户 6.99 万人的移民住房改造，使 90%的移民住进了新房。已建成 1 个省级中心站、4 个市级中心站、6 个县级中心站、451 个村级服务站，培训了近千名文化信息服务站管理人员。东源、廉江水库移民“双转移”培训就业基地完成了主体和配套设施建设和项目审计，企业招商工作进展顺利。

5-1 各市灌溉面积、节水灌溉面积

2013年　　　　单位：千公顷

市　别	灌溉面积	耕地灌溉面积（有效灌溉面积）	林地灌溉面积	园地灌溉面积	其他灌溉面积	节水灌溉面积	喷灌面积	微灌面积	低压管灌面积	渠道防渗面积
全　省	2050.67	1770.76	39.78	238.34	1.79	239.8	8.49	6.36	20.83	204.13
广州市	96.6	73.18	3.29	20.13		29.28	0.12		0.12	29.04
深圳市	2.8	2.13	0.37	0.3		0.73	0.14	0.17	0.42	
珠海市	12.82	9.43	0.21	3.18						
汕头市	47.67	41.49	0.24	5.94		24.26	0.46	0.27	3	20.53
佛山市	46.1	32.72	6.9	6.48		1.99	0.82	0.07	0.65	0.45
韶关市	129.77	124.95	0.48	4.34		20.56	0.01	0.02	0.22	20.31
河源市	114.93	106.07	0.35	8.51		2.56	0.5		0.14	1.92
梅州市	145.57	127.43	2.24	14.4	1.5	8.15			0.1	8.05
惠州市	120.07	109.18	1.33	9.55		13.01	0.47		0.02	12.52
汕尾市	80.3	72.24	3.25	4.8						
东莞市	15.02	13.14		1.88		0.88	0.54	0.15	0.19	
中山市	24.33	15.54	0.73	8.06		1.42	0.82	0.02	0.58	
江门市	139.29	127.02	4.07	8.2		7.99	0.04		0.11	7.84
阳江市	94.44	85.67	1.88	6.89		0.18		0.06	0.12	
湛江市	275.17	229.04	4.32	41.81		43.1	2.66	1.54	13.02	25.88
茂名市	187.41	154.14		32.98	0.29	53.45	0.13	0.03	0.24	53.05
肇庆市	132.63	116.76		15.87		3.38	0.77	1.34	1.01	0.26
清远市	149.32	140.45	2.38	6.49		7.35	0.3		0.06	6.99
潮州市	53.15	35.82	5.47	11.86		16.28	0.6	2.63	0.02	13.03
揭阳市	93.52	80.77	2.27	10.48		4.57			0.31	4.26
云浮市	89.75	73.57		16.18		0.66	0.1	0.06	0.5	

5-2 各市 2000 亩以上灌区

2013 年

市　别	灌区数量（处）						
	合计	50 万亩以上	30～50 万亩	10～30 万亩	5～10 万亩	1～5 万亩	0.2～1 万亩
全　省	1848	2	1	27	54	404	1360
广州市	105		1		2	13	89
深圳市	1						1
珠海市	14					4	10
汕头市	37				6	15	16
佛山市	38				1	10	27
韶关市	169			1	2	25	141
河源市	136					22	114
梅州市	113			1	2	20	90
惠州市	98			3	2	24	69
汕尾市	72			2	2	19	49
东莞市	18					2	16
中山市	1					1	
江门市	152			4	4	34	110
阳江市	97			2	3	31	61
湛江市	150	1		5	4	36	104
茂名市	94	1		2	11	31	49
肇庆市	154				4	21	129
清远市	172				2	36	134
潮州市	42			3	1	15	23
揭阳市	84			4	3	31	46
云浮市	101				5	14	82

5-2 续表

市别	灌区耕地有效灌溉面积（千公顷）						
	合计	50万亩以上	30～50万亩	10～30万亩	5～10万亩	1～5万亩	0.2～1万亩
全　　省	1058.41	112.92	6.87	162.87	142.69	344.91	288.15
广 州 市	41.75		6.87		1.53	12.36	20.99
深 圳 市	0						
珠 海 市	5.93					3.93	2
汕 头 市	36.4				14.26	18.14	4
佛 山 市	17.23				3.01	8.64	5.58
韶 关 市	72.08			8.51	5.56	29.19	28.82
河 源 市	45.61					18.69	26.92
梅 州 市	47.15			9.11	5.01	16.85	16.18
惠 州 市	50.22			11.01	7.16	18.87	13.18
汕 尾 市	58.39			19.47	6.87	20.98	11.07
东 莞 市	5.69					2.07	3.62
中 山 市	0.41					0.41	
江 门 市	106.08			24.22	13.32	35.39	33.15
阳 江 市	53.73			14.47	8.41	19.38	11.47
湛 江 市	166.5	71.99		36.76	9.07	28.87	19.81
茂 名 市	90.06	40.93		7.22	21.66	13.25	7
肇 庆 市	53.89				9.4	18.12	26.37
清 远 市	67.07				9.26	28.58	29.23
潮 州 市	30.34			8.63	4.67	12.86	4.18
揭 阳 市	69.26			23.47	7.14	28.24	10.41
云 浮 市	40.65				16.37	10.1	14.18

5-3 各市已建堤防长度

2013 年

市别	堤防长度（公里）						
	合计	1 级堤防	2 级堤防	3 级堤防	4 级堤防	5 级堤防	5 级以下堤防
全省	27910.49	528.76	1969.65	4663.90	7723.45	6250.17	6774.56
广州市	3239.67	328.74	513.32	267.96	1562.88	276.56	290.22
深圳市	55.03	51.44	3.59				
珠海市	389.04	44.15	176.65	91.89	51.90	24.45	
汕头市	912.45	13.21	161.64	291.05	140.68	102.04	203.83
佛山市	1150.97	48.87	290.56	227.40	523.82	57.51	2.80
韶关市	643.39		122.10	113.44	95.00	9.62	303.25
河源市	1635.25		15.75	168.50	252.07	780.82	418.11
梅州市	2563.88		34.57	73.07	687.62	699.65	1068.97
惠州市	1324.79		18.93	272.04	320.76	250.14	462.93
汕尾市	1655.98			620.96	579.61	174.02	281.40
东莞市	1133.00	7.39	124.24	517.42	249.24	234.47	0.24
中山市	383.51	11.48	93.04	236.24	42.74		
江门市	2560.52		107.71	268.75	616.14	301.19	1266.73
阳江市	634.26			204.62	134.42	194.21	101.01
湛江市	1332.11			201.83	621.68	333.93	174.67
茂名市	3052.29		55.00	381.97	245.20	1189.57	1180.56
肇庆市	1399.46	4.30	105.93	102.16	272.61	464.77	449.69
清远市	935.07	19.18	75.02	173.67	113.89	420.02	133.29
潮州市	890.66		38.43	169.71	354.90	273.39	54.23
揭阳市	1361.36		26.99	178.65	664.17	302.56	188.99
云浮市	657.78		6.20	102.56	194.13	161.26	193.64

5-3 续表

市别	达标堤防长度（公里）					
	合计	1级堤防	2级堤防	3级堤防	4级堤防	5级堤防
全　省	11722.77	476.39	1705.11	3138.21	4547.79	1855.27
广州市	2412.47	309.97	368.77	256.42	1340.68	136.63
深圳市	32.80	32.80				
珠海市	268.07	44.15	139.94	7.63	51.90	24.45
汕头市	510.53	13.21	106.44	270.31	71.27	49.29
佛山市	1093.10	48.87	283.72	218.61	510.00	31.90
韶关市	338.90		122.10	113.44	94.99	8.38
河源市	378.84		15.75	130.55	58.01	174.53
梅州市	638.25		34.57	47.94	337.22	218.52
惠州市	318.47		18.55	128.91	150.05	20.97
汕尾市	214.70			118.27	94.40	2.03
东莞市	681.74		108.78	357.72	198.66	16.58
中山市	351.66		89.14	221.57	40.95	
江门市	893.88		110.81	275.32	328.88	178.87
阳江市	262.07			55.97	34.77	171.33
湛江市	343.01			122.60	148.29	72.12
茂名市	319.51		55.00	194.29	19.90	50.32
肇庆市	744.87	8.21	104.93	101.22	236.89	293.62
清远市	564.71	19.18	75.02	163.57	73.75	233.20
潮州市	323.38		38.43	94.32	117.56	73.08
揭阳市	804.58		26.99	162.00	537.74	77.85
云浮市	227.23		6.20	97.56	101.87	21.60

5-4 各市河道治理及除涝面积

2013 年

市别	河道治理（公里）					除涝面积（千公顷）			
	有防洪任务河段长度	已治理河段长度	治理达标河段长度	当年实施治理的河段长度	中小河流治理长度		3～5 年一遇标准	5～10 年一遇标准	10 年以上一遇标准
全省	18373.36	6491.54	3862.64	213.46	186.91	524.56	56.24	92.11	376.21
广州市	1037.39	655.01	477.76	6.45	6.45	54.46	3.44	5.82	45.20
深圳市	152.55	138.03	88.72			5.87			5.87
珠海市	154.92	128.50	108.62			16.10	1.00	15.10	
汕头市	206.59	158.46	141.50			36.88	3.72	4.40	28.76
佛山市	531.93	531.93	525.10			66.36		11.12	55.24
韶关市	1716.21	242.78	229.62	7.20	3.90	8.32	2.83	4.97	0.52
河源市	1293.04	248.85	154.61	51.36	51.36	0.84	0.15	0.52	0.17
梅州市	1670.88	424.75	338.19	1.93	1.93	10.58	1.93	2.01	6.64
惠州市	862.66	320.60	128.78	10.30		34.83	3.97	1.02	29.84
汕尾市	259.51	21.10	21.10			21.44	3.72	1.86	15.86
东莞市	477.33	387.99	306.48	4.20		17.89			17.89
中山市	197.01	197.01	197.01			30.73			30.73
江门市	1134.24	909.65	239.07			48.93	14.01	7.44	27.48
阳江市	860.93	185.18	161.46	13.23	13.23	8.52	0.20	1.87	6.45
湛江市	975.59	224.75	118.79			31.77	5.69	11.82	14.26
茂名市	1550.45	430.98	75.14	35.41	35.41	15.44	7.52	7.59	0.33
肇庆市	663.83	306.94	104.14			45.01	1.52	6.83	36.66
清远市	2259.89	610.21	114.91	83.39	74.64	26.18	5.21	2.08	18.89
潮州市	458.3	149.23	149.23			14.52	0.13	2.45	11.94
揭阳市	712.53	120.91	95.39			26.62	0.90	4.48	21.24
云浮市	1197.58	98.68	87.02			3.27	0.30	0.73	2.24

5-5 各市水土流失综合治理面积

2013 年 （千公顷）

市　　别	水土流失综合治理面积							其中：小流域综合治理面积
		基本农田	水土保持林	经济林	种草	封禁治理	其　他	
全　　省	1349.46	331.37	625.14	204.46	38.54	143.57	6.39	78.75
广 州 市	78.94	5.21	42.85	30.38			0.5	
深 圳 市	12.6		9.23		1.59		1.78	
珠 海 市	8.86		8.86					
汕 头 市	13.4	0.46	10.36	0.02		2.56		
佛 山 市	7.42		6.98	0.03		0.26	0.16	
韶 关 市	185.83	96.7	55.85	8.4	2.09	22.8		8.5
河 源 市	122.03	32.53	60.43	20	5.65	3.41	0.01	12.2
梅 州 市	132.64	0.89	61.6	15.19	12.87	42.09		1.16
惠 州 市	51.86	17.33	14.48	1.97	1.49	14.6	1.98	4.2
汕 尾 市	26.28	1.54	14.25	5.24	1.03	4.22		
东 莞 市	4.22		0.03			4.18		
中 山 市	15.23	0.11	14.99	0.13				
江 门 市	26.52	8.34	16.52			1.66		0.67
阳 江 市	13.53	7.73	1.7	4.08	0.02			
湛 江 市	51.02	4.12	18.03	24.73	2.45	0.95	0.74	
茂 名 市	114.31	20.56	28.43	53.62	1.34	9.73	0.63	10.4
肇 庆 市	125.62	30.26	82.43	4.67	0.69	7.56		8.74
清 远 市	231.24	65.56	126.13	20.59	5.34	13.62		32.47
潮 州 市	19.03	1.51	10.87	1.98	1.41	2.81	0.45	0.16
揭 阳 市	10.68	1.99	2.41	1.3	2.55	2.29	0.14	0.25
云 浮 市	98.21	36.54	38.72	12.13		10.82		

5-6 各市已建水库、水电站数量

2013 年

市别	水库数量（座）						水电站数量（座）					
	合计	大(1)型	大(2)型	中型	小(1)型	小(2)型	合计	大(1)型	大(2)型	中型	小(1)型	小(2)型
全　　省	8410	7	29	342	1563	6469	9666	2	1	11	75	9577
广 州 市	361		1	16	71	273	192	1			1	190
深 圳 市	164			12	63	89	7					7
珠 海 市	63			4	22	37						
汕 头 市	207			8	33	166	18					18
佛 山 市	131			3	20	108	15					15
韶 关 市	638	1	4	32	94	507	2062			3	14	2045
河 源 市	781	2		19	93	667	751		1	1	8	741
梅 州 市	717		3	18	140	556	1602			3	13	1586
惠 州 市	516	1	3	25	121	366	319	1			3	315
汕 尾 市	436		2	18	61	355	145			1		144
东 莞 市	120			8	48	64	2					2
中 山 市	39			1	17	21	6					6
江 门 市	604		4	30	162	408	267				1	266
阳 江 市	227		2	19	73	133	494				3	491
湛 江 市	766	1	2	23	111	629	82					82
茂 名 市	627	1	1	12	76	537	559				2	557
肇 庆 市	567			23	78	466	688				15	673
清 远 市	523	1	4	32	101	385	1463			3	7	1453
潮 州 市	203		1	8	30	164	202				3	199
揭 阳 市	478		2	19	96	361	348				5	343
云 浮 市	242			12	53	177	444					444

5-7 各市已建泵站、水闸数量

2013 年

市别	泵站数量（处）						水闸数量（座）					
	合计	大(1)型	大(2)型	中型	小(1)型	小(2)型	合计	大(1)型	大(2)型	中型	小(1)型	小(2)型
全省	15731	3	34	446	2350	12898	15981	13	131	726	2716	12395
广州市	1407		3	31	353	1020	1239	1	10	59	358	811
深圳市	145			28	77	40	181			24	56	101
珠海市	257		2	8	68	179	233		1	27	185	20
汕头市	409			8	119	282	998	2	6	38	177	775
佛山市	1498		8	132	303	1055	573		5	39	206	323
韶关市	790				11	779	122	3	13	12	18	76
河源市	490				18	472	42	1		1	1	39
梅州市	456		1	10	122	323	1057			17	35	1005
惠州市	719		6	33	91	589	682	2	8	40	120	512
汕尾市	402			1	47	354	1488		5	67	259	1157
东莞市	363	2	2	84	186	89	476		3	59	223	191
中山市	456	1	2	23	108	322	385		4	20	111	250
江门市	2008		1	13	271	1723	1994		10	39	276	1669
阳江市	372			2	46	324	639		2	30	78	529
湛江市	1106			1	25	1080	1494		11	55	118	1310
茂名市	1660		1	12	79	1568	1236		27	66	157	986
肇庆市	787		5	26	208	548	533		3	14	75	441
清远市	896		1	19	60	816	673	2	6	29	54	582
潮州市	466			3	36	427	519	1	6	15	43	454
揭阳市	622		1	9	92	520	1055	1	8	40	156	850
云浮市	422		1	3	30	388	362		3	35	10	314

5-8 各市已建农村集中式供水工程、机电井数量

2013 年

市别	农村集中式供水工程数量（处）				机电井数量（眼）	规模以上机电井			规模以下机电井	
	合计	千吨万人以上	Ⅳ型	Ⅴ型			浅层地下水机电井	深层承压水机电井		浅层地下水机电井
全　省	43704	894	2306	40504	1233590	12350	10675	1675	1221240	1221240
广州市	378	61	10	307	31736	1292	1285	7	30444	30444
深圳市					3126	2247	2247		879	879
珠海市					753	46	46		707	707
汕头市	112	45	27	40	2197	48	48		2149	2149
佛山市	391	25	10	356	1141	69	65	4	1072	1072
韶关市	2910	17	130	2763	38891	118	118		38773	38773
河源市	6429	23	226	6180	40788	80	74	6	40708	40708
梅州市	4471	43	229	4199	26336	112	112		26224	26224
惠州市	1069	74	153	842	84502	314	314		84188	84188
汕尾市	170	40	39	91	45969	51	51		45918	45918
东莞市	107	102	2	3	1913	66	66		1847	1847
中山市	13	10	3		2705	24	24		2681	2681
江门市	786	55	56	675	11787	230	218	12	11557	11557
阳江市	321	52	50	219	93143	54	54		93089	93089
湛江市	2202	34	465	1703	238433	5976	4335	1641	232457	232457
茂名市	10989	75	162	10752	353123	940	940		352183	352183
肇庆市	6551	37	197	6317	29376	353	351	2	29023	29023
清远市	3457	55	281	3121	109641	207	206	1	109434	109434
潮州市	417	33	69	315	20686	19	18	1	20667	20667
揭阳市	169	67	61	41	61898	27	27		61871	61871
云浮市	2762	46	136	2580	35446	77	76	1	35369	35369

5-9 各县（区）灌溉面积、节水灌溉面积

2013 年　　单位：千公顷

市　　别	灌溉面积	耕地灌溉面积（有效灌溉面积）	林地灌溉面积	园地灌溉面积	节水灌溉面积	喷灌面积	微灌面积	低压管灌面积	渠道防渗面积
全　　省	**2050.67**	**1770.76**	**39.78**	**238.34**	**239.8**	**8.49**	**6.36**	**20.83**	**204.13**
广州市	**96.60**	**73.18**	**3.29**	**20.13**	**29.28**	**0.12**		**0.12**	**29.04**
市辖区									
荔湾区	0.28	0.28							
越秀区									
海珠区	1.17	0.88	0.29						
天河区	0.32	0.22		0.10					
白云区	9.84	9.79	0.01	0.04	8.53	0.02		0.03	8.48
黄埔区	0.25	0.23		0.02					
番禺区	13.06	5.47	1.85	5.74					
花都区	14.19	10.77	0.87	2.55	0.33				0.33
南沙区	14.69	14.30	0.17	0.22	0.03	0.03			
萝岗区	2.51	2.06	0.10	0.35					
增城市	25.33	19.81		5.52	11.86	0.06		0.09	11.71
从化市	14.96	9.37		5.59	8.53	0.01			8.52
深圳市	**2.80**	**2.13**	**0.37**	**0.30**	**0.73**	**0.14**	**0.17**	**0.42**	
市辖区									
罗湖区	0.12	0.02	0.10	0.01	0.12	0.01		0.11	
福田区	0.00	0.00							
南山区	0.27	0.10	0.03	0.14	0.14		0.14		
宝安区	1.41	1.11	0.16	0.13	0.2	0.04	0.01	0.15	
龙岗区	0.98	0.89	0.07	0.02	0.27	0.09	0.02	0.17	
盐田区	0.01	0.01	0.00	0.00					
珠海市	**12.82**	**9.43**	**0.21**	**3.18**					
市辖区									
香洲区	0.93	0.51		0.42					
斗门区	7.30	5.80		1.50					
金湾区	4.59	3.12	0.21	1.26					
汕头市	**47.67**	**41.49**	**0.24**	**5.94**	**24.26**	**0.46**	**0.27**	**3**	**20.53**
市辖区									
龙湖区	2.54	2.54			0.4				0.4
金平区	1.16	1.03	0.06	0.07					
濠江区	1.72	1.53	0.04	0.15	0.03		0.01	0.01	
潮阳区	15.83	12.84		2.99	12.04				12.04
潮南区	13.99	13.49		0.50	7.78	0.46	0.26	2.98	4.09
澄海区	11.78	9.68		2.10	4.01			0.01	4
南澳县	0.65	0.38	0.13	0.13					
佛山市	**46.10**	**32.72**	**6.90**	**6.48**	**1.99**	**0.82**	**0.07**	**0.65**	**0.45**
市辖区									

5-9 续表1 单位：千公顷

市别	灌溉面积	耕地灌溉面积（有效灌溉面积）	林地灌溉面积	园地灌溉面积	节水灌溉面积	喷灌面积	微灌面积	低压管灌面积	渠道防渗面积
禅城区	1.36	0.47		0.89					
南海区	16.30	11.73	3.49	1.08	0.46	0.09	0.05	0.32	
顺德区	4.70	1.21	2.02	1.47	0.29	0.05	0.02	0.22	
三水区	10.25	8.86	1.39		0.76	0.2		0.11	0.45
高明区	13.49	10.46		3.04	0.48	0.48			
韶关市	**129.77**	**124.95**	**0.48**	**4.34**	**20.56**	**0.01**	**0.02**	**0.22**	**20.31**
市辖区									
武江区	4.57	3.54		1.03	0.2				0.2
浈江区	6.48	5.49		0.98					
曲江区	9.41	9.38		0.03					
始兴县	14.67	13.55		1.11	0.14		0.02	0.12	
仁化县	12.63	12.20		0.43	0.02			0.02	
翁源县	17.96	17.44		0.52	11.51				11.51
乳源瑶族自治县	10.83	10.54	0.29		1.08				1.08
新丰县	7.11	7.11			2.16	0.01			2.15
乐昌市	23.36	23.36			0.75			0.07	0.68
南雄市	22.76	22.33	0.19	0.24	4.7			0.01	4.69
河源市	**114.93**	**106.07**	**0.35**	**8.51**	**2.56**	**0.5**		**0.14**	**1.92**
市辖区									
源城区	2.41	2.31		0.09	0.43	0.33			0.1
紫金县	30.96	27.09		3.87	1.21				1.2
龙川县	29.52	28.02		1.50					
连平县	15.54	14.15	0.35	1.04	0.93	0.17		0.14	0.62
和平县	16.65	14.64		2.01					
东源县	19.86	19.86							
梅州市	**145.57**	**127.43**	**2.24**	**14.40**	**8.15**			**0.1**	**8.05**
市辖区									
梅江区	5.98	5.25	0.27	0.46	0.02			0.02	
梅县区	30.34	23.09	0.14	5.61	6.62				6.62
大埔县	13.39	11.32	0.83	1.24					
丰顺县	17.95	14.57	0.77	2.61					
五华县	26.80	24.30		2.50	0.08			0.08	
平远县	10.43	8.94	0.22	1.27	0.93				0.93
蕉岭县	8.50	7.79		0.72	0.5				0.5
兴宁市	32.18	32.18							
惠州市	**120.07**	**109.18**	**1.33**	**9.55**	**13.01**	**0.47**		**0.02**	**12.52**
市辖区									
惠城区	19.36	18.03	1.33		0.14	0.12		0.02	
惠阳区	11.36	10.79		0.57	1.35	0.35			1
博罗县	37.01	32.20		4.81	10.2				10.2
惠东县	33.36	32.97		0.38	1.32				1.32

5-9 续表 2　　单位：千公顷

市别	灌溉面积	耕地灌溉面积（有效灌溉面积）	林地灌溉面积	园地灌溉面积	节水灌溉面积	喷灌面积	微灌面积	低压管灌面积	渠道防渗面积
龙门县	18.97	15.19		3.78					
汕尾市	**80.30**	**72.24**	**3.25**	**4.80**					
市辖区									
城区	5.11	4.84	0.13	0.15					
海丰县	32.73	26.46	2.73	3.53					
陆河县	9.17	8.68		0.49					
陆丰市	33.28	32.26	0.39	0.63					
东莞市	**15.02**	**13.14**		**1.88**	**0.88**	**0.54**	**0.15**	**0.19**	
中山市	**24.33**	**15.54**	**0.73**	**8.06**	**1.42**	**0.82**	**0.02**	**0.58**	
江门市	**139.29**	**127.02**	**4.07**	**8.20**	**7.99**	**0.04**		**0.11**	**7.84**
市辖区									
蓬江区	1.83	1.78		0.05	0.03			0.03	
江海区	1.86	1.60		0.26	0.05			0.05	
新会区	19.78	16.20	1.53	2.05	4.76				4.76
台山市	49.05	45.35	0.83	2.87	1.1				1.1
开平市	26.57	24.54	0.68	1.35	0.02	0.02			
鹤山市	14.96	12.62	1.03	1.31	2.04	0.02		0.03	1.98
恩平市	25.23	24.93		0.30					
阳江市	**94.44**	**85.67**	**1.88**	**6.89**	**0.18**		**0.06**	**0.12**	
市辖区									
江城区	12.20	11.19		1.00	0.07			0.07	
阳西县	15.69	13.34	1.88	0.47	0.09		0.06	0.03	
阳东县	16.70	16.70			0.02			0.02	
阳春市	49.86	44.45		5.41					
湛江市	**275.17**	**229.04**	**4.32**	**41.81**	**43.1**	**2.66**	**1.54**	**13.02**	**25.88**
市辖区									
赤坎区	0.35	0.33	0.01	0.02	0.58			0.31	0.27
霞山区	1.49	1.35	0.05	0.08					
坡头区	8.79	8.34	0.45		0.53		0.36	0.16	
麻章区	17.17	12.95	1.21	3.01	3.93	0.29	0.07	0.82	2.75
遂溪县	46.95	45.69	0.76	0.50	3.32	1.08	0.26	1.26	0.72
徐闻县	41.70	38.67	0.49	2.55	15.31	0.31	0.74	8.15	6.11
廉江市	55.53	53.37	1.36	0.81	4.34			0.11	4.23
雷州市	78.28	45.74		32.54	14.8	0.99	0.1	2.2	11.52
吴川市	24.91	22.60		2.30	0.28				0.28
茂名市	**187.41**	**154.14**		**32.98**	**53.45**	**0.13**	**0.03**	**0.24**	**53.05**
市辖区									
茂南区	13.68	13.22		0.16	4.75				4.75
茂港区	6.87	6.87			3.93				3.93
电白县	31.61	31.61			8.02			0.02	8
高州市	61.86	36.44		25.42	17.85				17.85

5-9 续表3 单位：千公顷

市别	灌溉面积	耕地灌溉面积（有效灌溉面积）	林地灌溉面积	园地灌溉面积	节水灌溉面积	喷灌面积	微灌面积	低压管灌面积	渠道防渗面积
化州市	45.50	39.48		6.02	15.36	0.13	0.03	0.22	14.98
信宜市	27.89	26.52		1.38	3.54				3.54
肇庆市	**132.63**	**116.76**		**15.87**	**3.38**	**0.77**	**1.34**	**1.01**	**0.26**
市辖区									
端州区	0.48	0.37		0.11	0.14	0.08		0.06	
鼎湖区	4.86	4.26		0.60	0.01				
广宁县	14.38	13.33		1.05	0.94	0.68			0.26
怀集县	27.24	24.00		3.24					
封开县	18.90	16.54		2.36	0.14			0.14	
德庆县	17.07	13.86		3.21	1.34		1.34		
高要市	31.24	28.62		2.62	0.8			0.8	
四会市	18.46	15.78		2.68					
清远市	**149.32**	**140.45**	**2.38**	**6.49**	**7.35**	**0.3**		**0.06**	**6.99**
市辖区									
清城区	18.67	17.95		0.73					
佛冈县	10.72	9.68	0.99	0.04					
阳山县	19.22	18.28	0.55	0.39	0.06			0.06	
连山壮族瑶族自治县	6.79	6.68	0.10	0.01					
连南瑶族自治县	5.11	5.06	0.05						
清新区	23.47	20.48		3.00	2.1	0.01			2.09
英德市	47.96	45.53	0.12	2.32	0.29	0.29			
连州市	17.37	16.79	0.58		4.9				4.9
潮州市	**53.15**	**35.82**	**5.47**	**11.86**	**16.28**	**0.6**	**2.63**	**0.02**	**13.03**
市辖区									
湘桥区	1.16	1.07		0.09	0.37				0.37
潮安区	21.43	14.90	3.70	2.83	9.8	0.6	0.09	0.02	9.09
饶平县	30.56	19.85	1.77	8.94	6.11		2.54		3.57
揭阳市	**93.52**	**80.77**	**2.27**	**10.48**	**4.57**			**0.31**	**4.26**
市辖区									
榕城区	8.58	8.07		0.51	0.55			0.06	0.49
揭东区	16.47	13.67		2.80					
揭西县	17.47	15.53	0.66	1.28	0.97				0.97
惠来县	20.36	16.12	1.61	2.63	0.27			0.25	0.02
普宁市	30.64	27.38		3.26	2.78				2.78
云浮市	**89.75**	**73.57**		**16.18**	**0.66**	**0.1**	**0.06**	**0.5**	
市辖区									
云城区	6.56	5.85		0.71	0.13	0.03	0.01	0.1	
新兴县	16.71	15.90		0.80	0.3	0.07	0.05	0.18	
郁南县	18.95	15.64		3.31	0.22			0.22	
云安县	18.82	8.09		10.73	0.01				
罗定市	28.72	28.09		0.63					

5-10 各县（区）2000亩以上灌区

2013年

市别	灌区数量（处）						
	合计	50万亩以上	30～50万亩	10～30万亩	5～10万亩	1～5万亩	0.2～1万亩
全省	**1848**	**2**	**1**	**27**	**54**	**404**	**1360**
广州市	**105**		**1**		**2**	**13**	**89**
市辖区							
荔湾区							
越秀区							
海珠区							
天河区							
白云区	8					1	7
黄埔区							
番禺区							
花都区	18					6	12
南沙区							
萝岗区	6						6
增城市	52					3	49
从化市	21		1		2	3	15
深圳市	**1**						**1**
市辖区							
罗湖区							
福田区							
南山区	1						1
宝安区							
龙岗区							
盐田区							
珠海市	**14**					**4**	**10**
市辖区							
香洲区							
斗门区	12					4	8
金湾区	2						2
汕头市	**37**				**6**	**15**	**16**
市辖区							
龙湖区	2					1	1
金平区	2					1	1
濠江区	3						3
潮阳区	12				2	8	2
潮南区	13				2	2	9
澄海区	5				2	3	
南澳县							
佛山市	**38**				**1**	**10**	**27**
市辖区							

5-10 续表1

市别	灌区数量（处）						
	合计	50万亩以上	30～50万亩	10～30万亩	5～10万亩	1～5万亩	0.2～1万亩
禅城区							
南海区	12					3	9
顺德区							
三水区	12				1	2	9
高明区	14					5	9
韶关市	**169**			**1**	**2**	**25**	**141**
市辖区							
武江区	6					3	3
浈江区	11					1	10
曲江区	6				1	2	3
始兴县	10				1	2	7
仁化县	26					4	22
翁源县	15					4	11
乳源瑶族自治县	22					2	20
新丰县	2						2
乐昌市	56					2	54
南雄市	15			1		5	9
河源市	**136**					**22**	**114**
市辖区							
源城区	3					2	1
紫金县	74					4	70
龙川县	9					5	4
连平县	16					5	11
和平县	15					3	12
东源县	19					3	16
梅州市	**113**			**1**	**2**	**20**	**90**
市辖区							
梅江区	14					1	13
梅县区	36					5	31
大埔县	2						2
丰顺县	7					3	4
五华县	8				1	3	4
平远县	4					2	2
蕉岭县	7				1	2	4
兴宁市	35			1		4	30
惠州市	**98**			**3**	**2**	**24**	**69**
市辖区							
惠城区	27					8	19
惠阳区	9					3	6
博罗县	31			2		8	21
惠东县	16			1	1	2	12

5-10 续表 2

市别	灌区数量（处）						
	合计	50 万亩以上	30～50 万亩	10～30 万亩	5～10 万亩	1～5 万亩	0.2～1 万亩
龙门县	15				1	3	11
汕尾市	**72**			**2**	**2**	**19**	**49**
市辖区							
城区	8					2	6
海丰县	33			1	1	7	24
陆河县	9					2	7
陆丰市	22			1	1	8	12
东莞市	**18**					**2**	**16**
中山市	**1**					**1**	
江门市	**152**			**4**	**4**	**34**	**110**
市辖区							
蓬江区	4						4
江海区							
新会区	22					12	10
台山市	65			2	1	8	54
开平市	22			1	1	3	17
鹤山市	15					6	9
恩平市	24			1	2	5	16
阳江市	**97**			**2**	**3**	**31**	**61**
市辖区							
江城区	14			1		6	7
阳西县	20				1	9	10
阳东县	17			1		9	7
阳春市	46				2	7	37
湛江市	**150**	**1**		**5**	**4**	**36**	**104**
市辖区							
赤坎区							
霞山区							
坡头区	2					1	1
麻章区	27					2	25
遂溪县	37	1				8	28
徐闻县	26			1	1	7	17
廉江市	12			2	2	5	3
雷州市	33			2	1	9	21
吴川市	13					4	9
茂名市	**94**	**1**		**2**	**11**	**31**	**49**
市辖区							
茂南区	4					1	3
茂港区	2						2
电白县	22			1	3	18	
高州市	43	1		1	2	7	32

5-10 续表3

市别	灌区数量（处）						
	合计	50万亩以上	30～50万亩	10～30万亩	5～10万亩	1～5万亩	0.2～1万亩
化州市	19				5	3	11
信宜市	4				1	2	1
肇庆市	**154**				**4**	**21**	**129**
市辖区							
端州区	1						1
鼎湖区	5				1	1	3
广宁县							
怀集县	29				2	4	23
封开县	20					4	16
德庆县	12					5	7
高要市	57					3	54
四会市	30				1	4	25
清远市	**172**				**2**	**36**	**134**
市辖区							
清城区	20				1	2	17
佛冈县	28					2	26
阳山县	20					5	15
连山壮族瑶族自治县	3						3
连南瑶族自治县	8					3	5
清新区	18				1	3	14
英德市	56					13	43
连州市	19					8	11
潮州市	**42**			**3**	**1**	**15**	**23**
市辖区							
湘桥区	2					1	1
潮安区	18			3		6	9
饶平县	22				1	8	13
揭阳市	**84**			**4**	**3**	**31**	**46**
市辖区							
榕城区	2			1		1	
揭东区	11			1	2	4	4
揭西县	18				1	8	9
惠来县	22			1		9	12
普宁市	31			1		9	21
云浮市	**101**				**5**	**14**	**82**
市辖区							
云城区	7					4	3
新兴县	18				1	3	14
郁南县	11					2	9
云安县	38					3	35
罗定市	27				4	2	21

5-10 续表 4

市别	灌区耕地有效灌溉面积（千公顷）						
	合计	50 万亩以上	30～50 万亩	10～30 万亩	5～10 万亩	1～5 万亩	0.2～1 万亩
全　　省	**1058.41**	**112.92**	**6.87**	**162.87**	**142.69**	**344.91**	**288.15**
广州市	**41.75**		**6.87**		**1.53**	**12.36**	**20.99**
市辖区							
荔湾区							
越秀区							
海珠区							
天河区							
白云区	5.39		4.07			0.13	1.19
黄埔区							
番禺区							
花都区	10.75		2.27			6.13	2.35
南沙区							
萝岗区	1.2						1.2
增城市	16.43					3.77	12.66
从化市	7.98		0.53		1.53	2.33	3.59
深圳市							
市辖区							
罗湖区							
福田区							
南山区							
宝安区							
龙岗区							
盐田区							
珠海市	**5.93**					**3.93**	**2**
市辖区							
香洲区							
斗门区	5.76					3.93	1.83
金湾区	0.17						0.17
汕头市	**36.4**				**14.26**	**18.14**	**4**
市辖区							
龙湖区	2.54					2.04	0.5
金平区	0.95					0.76	0.19
濠江区	1.17						1.17
潮阳区	12.8				3.65	8.72	0.43
潮南区	9.25				4.99	2.55	1.71
澄海区	9.68				5.61	4.07	
南澳县							
佛山市	**17.23**				**3.01**	**8.64**	**5.58**
市辖区							

5-10 续表5

市　　别	灌区耕地有效灌溉面积（千公顷）						
	合计	50万亩以上	30～50万亩	10～30万亩	5～10万亩	1～5万亩	0.2～1万亩
禅城区							
南海区	3.82					2.06	1.76
顺德区							
三水区	7.43				3.01	2.48	1.94
高明区	5.98					4.1	1.88
韶关市	**72.08**			**8.51**	**5.56**	**29.19**	**28.82**
市辖区							
武江区	3.24					1.99	1.25
浈江区	3.12					1.43	1.69
曲江区	3.95				1.73	1.56	0.66
始兴县	6.63				3.83	1.83	0.97
仁化县	9					3.9	5.1
翁源县	4.82					3	1.82
乳源瑶族自治县	6.26					2.67	3.59
新丰县	0.31						0.31
乐昌市	15.7					4.04	11.66
南雄市	19.05			8.51		8.77	1.77
河源市	**45.61**					**18.69**	**26.92**
市辖区							
源城区	2.06					1.91	0.15
紫金县	22.01					4.01	18
龙川县	4.85					3.98	0.87
连平县	5.68					2.9	2.78
和平县	4					2.02	1.98
东源县	7.01					3.87	3.14
梅州市	**47.15**			**9.11**	**5.01**	**16.85**	**16.18**
市辖区							
梅江区	2.74					0.63	2.11
梅县区	8.66					4.44	4.22
大埔县	0.35						0.35
丰顺县	3.13					2.18	0.95
五华县	4.17				1.8	1.05	1.32
平远县	3.27					2.77	0.5
蕉岭县	5.64				3.21	1.42	1.01
兴宁市	19.21			9.11		4.37	5.73
惠州市	**50.22**			**11.01**	**7.16**	**18.87**	**13.18**
市辖区							
惠城区	7.95					4.57	3.38
惠阳区	5.34				1	2.18	2.16
博罗县	18.78			7.01		7.64	4.13
惠东县	9.4			4	2.2	1.34	1.86

5-10 续表6

市别	灌区耕地有效灌溉面积（千公顷）						
	合计	50万亩以上	30～50万亩	10～30万亩	5～10万亩	1～5万亩	0.2～1万亩
龙门县	8.77				3.96	3.15	1.66
汕尾市	**58.39**			**19.47**	**6.87**	**20.98**	**11.07**
市辖区							
城区	3.8					2.85	0.95
海丰县	26.35			8.47	3	9.4	5.48
陆河县	3.04					1.15	1.89
陆丰市	25.2			11	3.87	7.58	2.75
东莞市	**5.69**					**2.07**	**3.62**
中山市	**0.41**					**0.41**	
江门市	**106.08**			**24.22**	**13.32**	**35.39**	**33.15**
市辖区							
蓬江区	0.92						0.92
江海区							
新会区	15.83					12.41	3.42
台山市	44.77			13	2.9	9.51	19.36
开平市	19.88			8.24	3.4	4.35	3.89
鹤山市	6.76					4.55	2.21
恩平市	17.92			2.98	7.02	4.57	3.35
阳江市	**53.73**			**14.47**	**8.41**	**19.38**	**11.47**
市辖区							
江城区	10.74			5.53		4.11	1.1
阳西县	5.26				0.41	3.27	1.58
阳东县	16.6			8.94		6.57	1.09
阳春市	21.14				8	5.43	7.71
湛江市	**166.5**	**71.99**		**36.76**	**9.07**	**28.87**	**19.81**
市辖区							
赤坎区	0.1	0.1					
霞山区	0.3	0.3					
坡头区	2.97	0.9				1.87	0.2
麻章区	6.37	2.01				0.65	3.71
遂溪县	31.74	22.13				4.77	4.84
徐闻县	19.03			8.27	1	5.46	4.3
廉江市	42.74	16.2		17.73	5.27	2.75	0.79
雷州市	44.29	17.42		10.76	2.8	9.07	4.24
吴川市	18.96	12.93				4.3	1.73
茂名市	**90.06**	**40.93**		**7.22**	**21.66**	**13.25**	**7**
市辖区							
茂南区	10.89	9.87				0.39	0.63
茂港区	6.41	5.82					0.59
电白县	21.83	1.73		6.67	7.58	5.85	
高州市	22.1	11.93		0.55	2.98	2.73	3.91

5-10 续表 7

市别	灌区耕地有效灌溉面积（千公顷）						
	合计	50 万亩以上	30～50 万亩	10～30 万亩	5～10 万亩	1～5 万亩	0.2～1 万亩
化州市	24.04	11.57			8.31	2.43	1.73
信宜市	4.78				2.79	1.86	0.13
肇庆市	**53.89**				**9.4**	**18.12**	**26.37**
市辖区							
端州区	0.08						0.08
鼎湖区	2.8				1.64	0.99	0.17
广宁县							
怀集县	12.94				5.81	2.06	5.07
封开县	7.71					3.99	3.72
德庆县	5.53					4.3	1.23
高要市	14.81					3.7	11.11
四会市	10.02				1.95	3.08	4.99
清远市	**67.07**				**9.26**	**28.58**	**29.23**
市辖区							
清城区	8.58				3.73	1.7	3.15
佛冈县	5.91					1.55	4.36
阳山县	8.14					4.97	3.17
连山壮族瑶族自治县	0.48						0.48
连南瑶族自治县	3.16					1.82	1.34
清新区	13.75				5.53	4.36	3.86
英德市	20.76					9.64	11.12
连州市	6.3					4.55	1.75
潮州市	**30.34**			**8.63**	**4.67**	**12.86**	**4.18**
市辖区							
湘桥区	0.95			0.1		0.65	0.2
潮安区	14.46			8.53		4.46	1.47
饶平县	14.93				4.67	7.75	2.51
揭阳市	**69.26**			**23.47**	**7.14**	**28.24**	**10.41**
市辖区							
榕城区	8.03			7.54		0.49	
揭东区	10.99			4.26	3.79	2.01	0.93
揭西县	11.44				3.35	6.71	1.38
惠来县	16.59			5.07		8.67	2.85
普宁市	22.21			6.6		10.36	5.25
云浮市	**40.65**				**16.37**	**10.1**	**14.18**
市辖区							
云城区	3.13					2.7	0.43
新兴县	8.45				2.49	2.47	3.49
郁南县	3.72					2.17	1.55
云安县	6.34					1.37	4.97
罗定市	19.01				13.88	1.39	3.74

5-11 各县（区）已建堤防长度

2013年

市别	堤防长度（公里）						
	合计	1级堤防	2级堤防	3级堤防	4级堤防	5级堤防	5级以下堤防
全　省	**27910.49**	**528.76**	**1969.65**	**4663.90**	**7723.45**	**6250.17**	**6774.56**
广州市	**3239.67**	**328.74**	**513.32**	**267.96**	**1562.88**	**276.56**	**290.22**
市辖区							
荔湾区	180.60	31.33	29.14		119.44		0.70
越秀区	31.57	12.44			19.13		
海珠区	263.02	43.08			219.94		
天河区	146.59	12.97			128.31		5.31
白云区	222.95	24.55		85.89	112.51		
黄埔区	196.96	35.99			113.27		47.70
番禺区	468.75	106.94	159.32		202.49		
花都区	440.68			60.29	163.69	65.98	150.73
南沙区	678.48	50.89	289.57	15.60	187.96	134.46	
萝岗区	144.30	10.56			133.74		
增城市	321.80		35.29	30.02	131.98	38.74	85.77
从化市	143.97			76.16	30.43	37.38	
深圳市	**55.03**	**51.44**	**3.59**				
市辖区							
罗湖区							
福田区							
南山区							
宝安区	48.88	48.88					
龙岗区	6.15	2.56	3.59				
盐田区							
珠海市	**389.04**	**44.15**	**176.65**	**91.89**	**51.90**	**24.45**	
市辖区							
香洲区	75.44	44.15	6.62	7.63	17.04		
斗门区	209.44		125.18	84.26			
金湾区	104.16		44.85		34.86	24.45	
汕头市	**912.45**	**13.21**	**161.64**	**291.05**	**140.68**	**102.04**	**203.83**
市辖区							
龙湖区	67.77	8.04	23.09	36.64			
金平区	74.63	5.17	52.99	14.27		2.20	
濠江区	39.17			36.37	2.80		
潮阳区	258.38		60.89	78.37	50.01	69.11	
潮南区	311.42			33.92	70.57	4.20	202.73
澄海区	154.21		24.67	88.76	16.10	24.68	
南澳县	6.88			2.73	1.20	1.85	1.10
佛山市	**1150.97**	**48.87**	**290.56**	**227.40**	**523.82**	**57.51**	**2.80**
市辖区							

5-11 续表 1

市别	堤防长度（公里）						
	合计	1 级堤防	2 级堤防	3 级堤防	4 级堤防	5 级堤防	5 级以下堤防
禅城区	87.28		16.60	67.68	3.00		
南海区	335.91	6.11	84.14		245.66		
顺德区	355.85	3.70	159.04	159.72	33.39		
三水区	270.32	39.06	30.78		142.97	57.51	
高明区	101.61				98.81		2.80
韶关市	**643.39**		**122.10**	**113.44**	**95.00**	**9.62**	**303.25**
市辖区							
武江区	17.38		13.92	2.33	1.12		
浈江区	51.45		51.45				
曲江区	43.88		42.62			1.26	
始兴县	32.50		14.10		16.60	1.80	
仁化县	147.71				20.51		127.20
翁源县	197.57			22.02			175.55
乳源瑶族自治县	19.03			17.91		1.12	
新丰县	23.05			23.05			
乐昌市	75.35			19.24	54.76	1.35	
南雄市	35.48			28.89	2.00	4.09	0.50
河源市	**1635.25**		**15.75**	**168.50**	**252.07**	**780.82**	**418.11**
市辖区							
源城区	82.81			72.33			10.48
紫金县	259.33				15.70	143.73	99.90
龙川县	429.26			40.25	187.10	85.81	116.10
连平县	56.62			31.54	13.42		11.66
和平县	587.39			24.39	21.32	541.68	
东源县	219.85		15.75		14.53	9.60	179.97
梅州市	**2563.88**		**34.57**	**73.07**	**687.62**	**699.65**	**1068.97**
市辖区							
梅江区	100.35		28.57	20.00	6.22	7.52	38.04
梅县区	235.25		6.00		62.71	149.34	17.20
大埔县	47.65			17.47	25.83	4.35	
丰顺县	183.96			12.93	131.10	39.93	
五华县	519.60				241.49	278.11	
平远县	57.53			13.63	38.50	5.40	
蕉岭县	113.55			9.04	66.38	1.00	37.13
兴宁市	1306.00				115.40	214.00	976.60
惠州市	**1324.79**		**18.93**	**272.04**	**320.76**	**250.14**	**462.93**
市辖区							
惠城区	328.47		18.93	124.60	114.15	30.50	40.30
惠阳区	71.80			29.56	7.22	22.48	12.54
博罗县	248.04			88.54	138.51	19.72	1.28
惠东县	521.50				38.40	90.84	392.26

5-11 续表 2

市别	堤防长度（公里）						
	合计	1 级堤防	2 级堤防	3 级堤防	4 级堤防	5 级堤防	5 级以下堤防
龙门县	154.99			29.35	22.49	86.61	16.55
汕尾市	**1655.98**			**620.96**	**579.61**	**174.02**	**281.40**
市辖区							
城区	203.30			18.40	184.90		
海丰县	734.03			356.00	222.73	155.31	
陆河县	317.02			23.00	26.72		267.30
陆丰市	401.63			223.56	145.26	18.71	14.10
东莞市	**1133.00**	**7.39**	**124.24**	**517.42**	**249.24**	**234.47**	**0.24**
中山市	**383.51**	**11.48**	**93.04**	**236.24**	**42.74**		
江门市			**107.71**	**268.75**	**616.14**	**301.19**	**1266.73**
市辖区							
蓬江区	126.10		21.56	36.88		67.66	
江海区	43.02		13.68	29.34			
新会区	975.31		56.07	156.70	213.56	83.97	465.01
台山市	787.92				71.23	45.63	671.06
开平市	338.07			39.83	167.58		130.66
鹤山市	133.02		16.40	6.00	83.59	27.03	
恩平市	157.08				80.18	76.90	
阳江市	**634.26**			**204.62**	**134.42**	**194.21**	**101.01**
市辖区							
江城区	99.07			59.75	12.21	27.11	
阳西县	142.35			101.20	41.15		
阳东县	210.77			43.67		167.10	
阳春市	182.07				81.06		101.01
湛江市	**1332.11**			**201.83**	**621.68**	**333.93**	**174.67**
市辖区							
赤坎区	2.16					2.16	
霞山区	29.23				19.03		10.20
坡头区	128.13			66.45			61.68
麻章区	117.92				93.92	24.00	
遂溪县	217.05			26.53	98.94	70.72	20.86
徐闻县	94.39				2.77	91.62	
廉江市	294.82				220.16	74.66	
雷州市	188.49			21.05	102.04	65.40	
吴川市	259.93			87.80	84.82	5.38	81.93
茂名市	**3052.29**		**55.00**	**381.97**	**245.20**	**1189.57**	**1180.56**
市辖区							
茂南区	253.23			75.74			177.49
茂港区	113.90					66.10	47.80
电白县	732.03			28.97		703.06	
高州市	252.80			220.95	31.86		

5-11 续表 3

市别	堤防长度（公里）						
	合计	1级堤防	2级堤防	3级堤防	4级堤防	5级堤防	5级以下堤防
化州市	1504.74		55.00		210.84	367.75	871.15
信宜市	195.60			56.32	2.50	52.66	84.12
肇庆市	**1399.46**	**4.30**	**105.93**	**102.16**	**272.61**	**464.77**	**449.69**
市辖区							
端州区	16.70		16.70				
鼎湖区	107.20		32.80	18.20	40.20	16.00	
广宁县	23.07			23.07			
怀集县	355.80					247.80	108.00
封开县	80.80	4.30		24.84	18.37	23.79	9.50
德庆县	426.25			7.80	41.96	44.30	332.19
高要市	115.45		23.73		46.28	45.44	
四会市	274.20		32.70	28.25	125.81	87.44	
清远市	**935.07**	**19.18**	**75.02**	**173.67**	**113.89**	**420.02**	**133.29**
市辖区							
清城区	188.36	19.18	37.77	38.62	52.16	30.23	10.40
佛冈县	86.33						86.33
阳山县	201.63			36.43		153.40	11.80
连山壮族瑶族自治县	42.98			14.95		17.71	10.31
连南瑶族自治县	41.39				14.58	26.80	
清新区	123.32		37.25		19.73	66.34	
英德市	102.36			34.64	21.75	45.97	
连州市	148.71			49.03	5.67	79.56	14.45
潮州市	**890.66**		**38.43**	**169.71**	**354.90**	**273.39**	**54.23**
市辖区							
湘桥区	45.77		8.07	5.72	27.38		4.60
潮安区	189.96		30.36	30.77	64.80	14.40	49.63
饶平县	654.93			133.22	262.72	258.99	
揭阳市	**1361.36**		**26.99**	**178.65**	**664.17**	**302.56**	**188.99**
市辖区							
榕城区	78.10				78.10		
揭东区	48.06		11.99		28.07	8.00	
揭西县	388.93			50.80	252.25	85.50	0.38
惠来县	403.32			17.65		197.06	188.61
普宁市	442.95		15.00	110.20	305.75	12.00	
云浮市	**657.78**		**6.20**	**102.56**	**194.13**	**161.26**	**193.64**
市辖区							
云城区	94.78			47.16	8.47		39.15
新兴县	355.21			37.80	73.50	161.26	82.65
郁南县	91.36			7.80	83.56		
云安县	108.44			9.80	28.60		70.04
罗定市	8.00		6.20				1.80

5-11 续表 4

市　　别	达标堤防长度（公里）					
	合计	1 级堤防	2 级堤防	3 级堤防	4 级堤防	5 级堤防
全　　省	**11722.77**	**476.39**	**1705.11**	**3138.21**	**4547.79**	**1855.27**
广州市	**2412.47**	**309.97**	**368.77**	**256.42**	**1340.68**	**136.63**
市辖区						
荔湾区	179.90	31.33	29.14		119.44	
越秀区	31.57	12.44			19.13	
海珠区	263.02	43.08			219.94	
天河区	136.03	12.70			123.33	
白云区	157.05	18.40		73.91	64.74	
黄埔区	137.48	34.76			102.72	
番禺区	382.57	88.59	138.97		155.01	
花都区	213.20			60.29	147.39	5.52
南沙区	418.14	58.12	163.10	15.60	100.93	80.39
萝岗区	144.30	10.56			133.74	
增城市	224.00		37.56	30.46	124.23	31.75
从化市	125.22			76.16	30.09	18.97
深圳市	**32.80**	**32.80**				
市辖区						
罗湖区						
福田区						
南山区						
宝安区	30.24	30.24				
龙岗区	2.56	2.56				
盐田区						
珠海市	**268.07**	**44.15**	**139.94**	**7.63**	**51.90**	**24.45**
市辖区						
香洲区	74.48	44.15	5.66	7.63	17.04	
斗门区	95.60		95.60			
金湾区	97.99		38.68		34.86	24.45
汕头市	**510.53**	**13.21**	**106.44**	**270.31**	**71.27**	**49.29**
市辖区						
龙湖区	51.78	8.04	7.10	36.64		
金平区	37.69	5.17	16.05	14.27		2.20
濠江区	32.07			32.07		
潮阳区	146.80		58.62	71.18		17.00
潮南区	100.19			25.11	70.87	4.21
澄海区	138.11		24.67	88.76		24.68
南澳县	3.88			2.28	0.40	1.20
佛山市	**1093.10**	**48.87**	**283.72**	**218.61**	**510.00**	**31.90**
市辖区						

5-11 续表 5

市别	达标堤防长度（公里）合计	1 级堤防	2 级堤防	3 级堤防	4 级堤防	5 级堤防
禅城区	84.78		16.60	65.18	3.00	
南海区	335.91	6.11	84.14		245.66	
顺德区	342.72	3.70	152.20	153.43	33.39	
三水区	244.71	39.06	30.78		142.97	31.90
高明区	84.98				84.98	
韶关市	**338.90**		**122.10**	**113.44**	**94.99**	**8.38**
市辖区						
武江区	17.38		13.92	2.33	1.12	
浈江区	51.45		51.45			
曲江区	43.88		42.62			1.26
始兴县	32.50		14.10		16.60	1.80
仁化县	20.51				20.51	
翁源县	22.02			22.02		
乳源瑶族自治县	19.03			17.91		1.12
新丰县	23.05			23.05		
乐昌市	75.35			19.24	54.76	1.35
南雄市	33.74			28.89	2.00	2.85
河源市	**378.84**		**15.75**	**130.55**	**58.01**	**174.53**
市辖区						
源城区	72.33			72.33		
紫金县	131.78				15.70	116.08
龙川县	31.12			4.30	16.85	9.97
连平县	34.80			31.54	3.26	
和平县	68.94			22.39	7.67	38.88
东源县	39.88		15.75		14.53	9.60
梅州市	**638.25**		**34.57**	**47.94**	**337.22**	**218.52**
市辖区						
梅江区	34.79		28.57		6.22	
梅县区	199.64		6.00		56.41	137.23
大埔县	47.65			17.47	25.83	4.35
丰顺县	47.36			12.93	34.43	
五华县	183.68				109.56	74.13
平远县	17.31			8.50	8.40	0.41
蕉岭县	76.42			9.04	66.38	1.00
兴宁市	31.40				30.00	1.40
惠州市	**318.47**		**18.55**	**128.91**	**150.05**	**20.97**
市辖区						
惠城区	188.23		18.55	72.55	83.66	13.47
惠阳区	6.23				6.23	
博罗县	75.15			39.65	35.50	
惠东县	31.76				24.66	7.10

5-11 续表 6

市　别	达标堤防长度（公里）					
	合计	1 级堤防	2 级堤防	3 级堤防	4 级堤防	5 级堤防
龙门县	17.11			16.71		0.40
汕尾市	**214.70**			**118.27**	**94.40**	**2.03**
市辖区						
城区	74.54			10.72	63.82	
海丰县	34.16			29.77	2.51	1.88
陆河县	49.72			23.00	26.72	
陆丰市	56.28			54.78	1.35	0.15
东莞市	**681.74**		**108.78**	**357.72**	**198.66**	**16.58**
中山市	**351.66**		**89.14**	**221.57**	**40.95**	
江门市	**893.88**		**110.81**	**275.32**	**328.88**	**178.87**
市辖区						
蓬江区	123.72		21.56	35.93		66.23
江海区	43.02		13.68	29.34		
新会区	431.17		59.17	164.22	125.54	82.24
台山市	53.55				53.55	
开平市	109.65			39.83	69.82	
鹤山市	127.98		16.40	6.00	78.55	27.03
恩平市	4.79				1.42	3.37
阳江市	**262.07**			**55.97**	**34.77**	**171.33**
市辖区						
江城区	56.42			29.00	12.21	15.21
阳西县	24.23			5.00	19.23	
阳东县	178.09			21.97		156.12
阳春市	3.33				3.33	
湛江市	**343.01**			**122.60**	**148.29**	**72.12**
市辖区						
赤坎区	1.22					1.22
霞山区	16.10				16.10	
坡头区	58.15			58.15		
麻章区	23.82				23.10	0.72
遂溪县	12.00			5.60	5.91	0.49
徐闻县	63.52				2.37	61.15
廉江市	78.76				76.21	2.55
雷州市	46.40			21.05	19.80	5.55
吴川市	43.05			37.80	4.80	0.45
茂名市	**319.51**		**55.00**	**194.29**	**19.90**	**50.32**
市辖区						
茂南区	15.41			15.41		
茂港区	36.68					36.68
电白县	28.89			28.89		
高州市	97.68			79.28	18.40	

5-11 续表 7

市别	达标堤防长度（公里）					
	合计	1级堤防	2级堤防	3级堤防	4级堤防	5级堤防
化州市	56.50		55.00		1.50	
信宜市	84.36			70.72		13.64
肇庆市	**744.87**	**8.21**	**104.93**	**101.22**	**236.89**	**293.62**
市辖区						
端州区	16.70		16.70			
鼎湖区	107.20		32.80	18.20	40.20	16.00
广宁县	23.05			23.05		
怀集县	139.30					139.30
封开县	55.85	8.21		23.92	13.08	10.65
德庆县	66.81			7.80	32.62	26.39
高要市	115.45		23.73		46.28	45.44
四会市	220.51		31.70	28.25	104.72	55.84
清远市	**564.71**	**19.18**	**75.02**	**163.57**	**73.75**	**233.20**
市辖区						
清城区	177.96	19.18	37.77	38.62	52.16	30.23
佛冈县						
阳山县	179.06			28.49	5.07	145.50
连山壮族瑶族自治县	29.07			14.70		14.37
连南瑶族自治县	1.63				1.00	0.63
清新区	43.90		37.25		6.65	
英德市	77.11			34.57	8.37	34.17
连州市	55.99			47.19	0.50	8.30
潮州市	**323.38**		**38.43**	**94.32**	**117.56**	**73.08**
市辖区						
湘桥区	40.30		8.07	5.72	26.51	
潮安区	140.33		30.36	30.77	64.80	14.40
饶平县	142.75			57.82	26.25	58.68
揭阳市	**804.58**		**26.99**	**162.00**	**537.74**	**77.85**
市辖区						
榕城区	59.40				59.40	
揭东区	26.81		11.99		11.47	3.35
揭西县	266.22			50.80	161.12	54.30
惠来县	16.00			1.00		15.00
普宁市	436.15		15.00	110.20	305.75	5.20
云浮市	**227.23**		**6.20**	**97.56**	**101.87**	**21.60**
市辖区						
云城区	55.62			47.16	8.46	
新兴县	66.10			34.80	9.70	21.60
郁南县	86.31			7.80	78.51	
云安县	13.00			7.80	5.20	
罗定市	6.20		6.20			

5-12 各县（区）河道治理及除涝面积

2013年

市别	河道治理（公里）					除涝面积（千公顷）			
	有防洪任务河段长度	已治理河段长度	治理达标河段长度	当年实施治理的河段长度	中小河流治理长度		3～5年一遇标准	5～10年一遇标准	10年以上一遇标准
全　　省	**18373.36**	**6491.54**	**3862.64**	**213.46**	**186.91**	**524.56**	**56.24**	**92.11**	**376.21**
广 州 市	**1037.39**	**655.01**	**477.76**	**6.45**	**6.45**	**54.46**	**3.44**	**5.82**	**45.20**
市 辖 区									
荔 湾 区	24.87	24.87	24.87			1.46		0.43	1.03
越 秀 区									
海 珠 区	18.49	18.49	18.49			0.80		0.13	0.67
天 河 区				0.60	0.60	0.75		0.07	0.68
白 云 区	57.78	46.34	46.34			6.45			6.45
黄 埔 区	16.49	16.49	12.62			0.64			0.64
番 禺 区	192.33	192.33	192.33			22.29	2.20	1.82	18.27
花 都 区	66.35	63.84	63.84			5.49			5.49
南 沙 区	111.00	111.00				0.98	0.39	0.06	0.53
萝 岗 区	53.92	59.77	59.77	5.85	5.85				
增 城 市	283.27	61.74	2.50			13.25	0.10	2.86	10.29
从 化 市	212.89	60.14	57.00			2.35	0.75	0.45	1.15
深 圳 市	**152.55**	**138.03**	**88.72**			**5.87**			**5.87**
市 辖 区									
罗 湖 区	9.76	9.76	4.35						
福 田 区	9.40	9.40							
南 山 区									
宝 安 区	59.44	54.00	27.36			5.21			5.21
龙 岗 区	73.95	64.87	57.01			0.66			0.66
盐 田 区									
珠 海 市	**154.92**	**128.50**	**108.62**			**16.10**	**1.00**	**15.10**	
市 辖 区									
香 洲 区	27.20	27.20	27.20			0.50	0.33	0.17	
斗 门 区	107.34	80.92	61.04			13.45		13.45	
金 湾 区	20.38	20.38	20.38			2.15	0.67	1.48	
汕 头 市	**206.59**	**158.46**	**141.50**			**36.88**	**3.72**	**4.40**	**28.76**
市 辖 区									
龙 湖 区	30.84	30.84	30.84			4.23	0.08	0.38	3.77
金 平 区	17.45	17.45	17.45			2.56	0.49	0.70	1.37
濠 江 区	23.34	15.50	15.50			0.67	0.39	0.08	0.20
潮 阳 区	27.03					10.80	1.73	2.10	6.97
潮 南 区	54.75	54.75	47.31			7.03	1.03	0.51	5.49
澄 海 区	53.18	39.92	30.40			11.52		0.63	10.89
南 澳 县						0.07			0.07
佛 山 市	**531.93**	**531.93**	**525.10**			**66.36**		**11.12**	**55.24**
市 辖 区									

5-12 续表 1

市别	河道治理（公里）					除涝面积（千公顷）			
	有防洪任务河段长度	已治理河段长度	治理达标河段长度	当年实施治理的河段长度	中小河流治理长度		3～5 年一遇标准	5～10 年一遇标准	10 年以上一遇标准
禅城区	34.44	34.44	34.44			2.20			2.20
南海区	159.97	159.97	159.97			27.59		3.25	24.34
顺德区	176.17	176.17	176.17			18.53		2.22	16.31
三水区	103.28	103.28	96.45			10.01		2.80	7.21
高明区	58.07	58.07	58.07			8.03		2.85	5.18
韶关市	**1716.21**	**242.78**	**229.62**	**7.20**	**3.90**	**8.32**	**2.83**	**4.97**	**0.52**
市辖区									
武江区	104.53	24.82	24.82			0.17	0.17		
浈江区	77.30	28.90	28.90			0.65	0.62	0.03	
曲江区	179.87	33.00	30.50			2.26	1.53	0.73	
始兴县	192.41	30.11	25.61			0.12		0.12	
仁化县	33.34	10.52	4.36						
翁源县	145.00	18.00	18.00			1.76		1.76	
乳源瑶族自治县	35.09	18.79	18.79						
新丰县	184.25	7.14	7.14			0.93	0.41		0.52
乐昌市	441.63	39.91	39.91	7.20	3.90				
南雄市	322.79	31.59	31.59			2.43	0.10	2.33	
河源市	**1293.04**	**248.85**	**154.61**	**51.36**	**51.36**	**0.84**	**0.15**	**0.52**	**0.17**
市辖区									
源城区	36.99	24.40	24.40						
紫金县	315.30	114.38	58.88	15.70	15.70				
龙川县	119.01	27.82	20.21	10.00	10.00	0.46	0.04	0.28	0.14
连平县	314.96	23.14	9.58						
和平县	387.91	19.54	19.54	16.66	16.66	0.38	0.11	0.24	0.03
东源县	118.87	39.57	22.00	9.00	9.00				
梅州市	**1670.88**	**424.75**	**338.19**	**1.93**	**1.93**	**10.58**	**1.93**	**2.01**	**6.64**
市辖区									
梅江区	49.76	27.23	27.23			0.12			0.12
梅县区	201.27	73.40	72.40			1.23	0.06	0.73	0.44
大埔县	85.59	77.34	58.41			0.62	0.12		0.50
丰顺县	482.01	87.76	62.56	1.93	1.93	0.95	0.22	0.13	0.60
五华县	384.18	47.15	38.00			3.37	0.14	0.40	2.83
平远县	248.86	25.00	20.00			1.31	1.03	0.28	
蕉岭县	62.87	62.87	35.59			1.05	0.01	0.19	0.85
兴宁市	156.34	24.00	24.00			1.93	0.35	0.28	1.30
惠州市	**862.66**	**320.60**	**128.78**	**10.30**		**34.83**	**3.97**	**1.02**	**29.84**
市辖区									
惠城区	156.81	149.81	14.00			14.13			14.13
惠阳区	137.56	26.98	26.98			1.93	1.93		
博罗县	357.12	103.11	53.80			13.91		0.08	13.83
惠东县	50.34	15.00	9.00			3.24	2.04	0.49	0.71

5-12 续表 2

市别	河道治理（公里）					除涝面积（千公顷）			
	有防洪任务河段长度	已治理河段长度	治理达标河段长度	当年实施治理的河段长度	中小河流治理长度		3～5 年一遇标准	5～10 年一遇标准	10 年以上一遇标准
龙门县	160.83	25.70	25.00	10.30		1.62		0.45	1.17
汕尾市	**259.51**	**21.10**	**21.10**			**21.44**	**3.72**	**1.86**	**15.86**
市辖区									
城区						1.05	0.27	0.17	0.61
海丰县	221.05	8.10	8.10			16.33	1.80	1.69	12.84
陆河县						0.05	0.05		
陆丰市	38.46	13.00	13.00			4.01	1.60		2.41
东莞市	**477.33**	**387.99**	**306.48**	**4.20**		**17.89**			**17.89**
中山市	**197.01**	**197.01**	**197.01**			**30.73**			**30.73**
江门市	**1134.24**	**909.65**	**239.07**			**48.93**	**14.01**	**7.44**	**27.48**
市辖区									
蓬江区	61.24	57.22	49.22			1.91			1.91
江海区	19.34	19.34	17.35			2.49			2.49
新会区	204.67	116.27	92.80			15.46			15.46
台山市	342.66	342.66	5.50			14.14	9.47	4.67	
开平市	258.37	224.26				6.61	4.54	2.07	
鹤山市	163.68	90.22	64.18			3.75			3.75
恩平市	84.28	59.68	10.02			4.57		0.70	3.87
阳江市	**860.93**	**185.18**	**161.46**	**13.23**	**13.23**	**8.52**	**0.20**	**1.87**	**6.45**
市辖区									
江城区	40.12	39.02	29.50			1.66		0.33	1.33
阳西县	116.53	13.23	9.03	13.23	13.23				
阳东县	122.93	122.93	122.93			3.59	0.20	0.62	2.77
阳春市	581.35	10.00				3.27		0.92	2.35
湛江市	**975.59**	**224.75**	**118.79**			**31.77**	**5.69**	**11.82**	**14.26**
市辖区									
赤坎区	27.53	15.82	15.82			0.08	0.04	0.04	
霞山区									
坡头区						0.67		0.67	
麻章区						2.01	0.01	1.14	0.86
遂溪县	271.89	82.09	2.80			1.16	0.35	0.38	0.43
徐闻县	26.50	6.50	6.50			1.87	0.17	0.77	0.93
廉江市	425.81	120.34	93.67			8.47	0.33	4.95	3.19
雷州市	68.00					6.38	2.72	2.16	1.50
吴川市	155.86					11.13	2.07	1.71	7.35
茂名市	**1550.45**	**430.98**	**75.14**	**35.41**	**35.41**	**15.44**	**7.52**	**7.59**	**0.33**
市辖区									
茂南区	81.54	14.32	0.52			3.63		3.63	
茂港区	47.40	16.90	16.90			1.25	0.26	0.99	
电白县	196.36	214.07		17.71	17.71	2.81	0.77	2.04	
高州市	519.33	54.24	6.58			2.87	2.58	0.29	

5-12 续表 3

市别	河道治理（公里）					除涝面积（千公顷）			
	有防洪任务河段长度	已治理河段长度	治理达标河段长度	当年实施治理的河段长度	中小河流治理长度		3～5年一遇标准	5～10年一遇标准	10年以上一遇标准
化州市	291.73	23.54	23.54	8.10	8.10	3.91	3.91		
信宜市	414.09	107.91	27.60	9.60	9.60	0.97		0.64	0.33
肇庆市	**663.83**	**306.94**	**104.14**			**45.01**	**1.52**	**6.83**	**36.66**
市辖区									
端州区						2.29		0.32	1.97
鼎湖区	32.80	32.80	32.80			10.80		0.01	10.79
广宁县	26.47	23.05				2.00		0.90	1.10
怀集县	181.60	58.50	31.50						
封开县	156.31	16.11	16.11			1.24	0.33	0.67	0.24
德庆县	59.30	59.30				1.81	1.19	0.27	0.35
高要市	53.68	23.73	23.73			16.84		4.33	12.51
四会市	153.67	93.45				10.03		0.33	9.70
清远市	**2259.89**	**610.21**	**114.91**	**83.39**	**74.64**	**26.18**	**5.21**	**2.08**	**18.89**
市辖区									
清城区	168.71	94.57	8.15	8.24	8.24	7.27		0.43	6.84
佛冈县	203.44	30.60				1.71		0.69	1.02
阳山县	350.32	16.14	16.14	5.64	5.64	1.40	1.00	0.40	
连山壮族瑶族自治县	104.62	31.18	19.92						
连南瑶族自治县	132.84	11.40	11.40						
清新区	380.83	380.83	42.11	60.76	60.76	10.80			10.80
英德市	411.95	9.48	9.48			3.79	3.56		0.23
连州市	507.18	36.01	7.71	8.75		1.21	0.65	0.56	
潮州市	**458.30**	**149.23**	**149.23**			**14.52**	**0.13**	**2.45**	**11.94**
市辖区									
湘桥区	39.95	20.09	20.09			1.23		0.40	0.83
潮安区	168.22	73.24	73.24			8.30	0.13	0.63	7.54
饶平县	250.13	55.90	55.90			4.99		1.42	3.57
揭阳市	**712.53**	**120.91**	**95.39**			**26.62**	**0.90**	**4.48**	**21.24**
市辖区									
榕城区	48.89	41.87	23.31			2.22	0.03	0.26	1.93
揭东区	75.39	6.96				9.71	0.23	1.09	8.39
揭西县	210.07	72.08	72.08			2.64	0.30	0.37	1.97
惠来县	146.06					6.13	0.34	0.06	5.73
普宁市	232.12					5.92		2.70	3.22
云浮市	**1197.58**	**98.68**	**87.02**			**3.27**	**0.30**	**0.73**	**2.24**
市辖区									
云城区	76.51	31.21	31.21			0.62		0.07	0.55
新兴县	115.11	12.10	12.10			0.60			0.60
郁南县	365.36	20.00	20.00			1.15	0.30	0.55	0.30
云安县	199.20	15.16	8.16			0.90		0.11	0.79
罗定市	441.40	20.21	15.55						

5-13 各县（区）水土流失综合治理面积

2013年　　单位：千公顷

市　　别	水土流失综合治理面积	基本农田	水土保持林	经济林	种草	封禁治理	其　他	小流域综合治理面积
全　　省	**1349.46**	**331.37**	**625.14**	**204.46**	**38.54**	**143.57**	**6.39**	**78.75**
广州市	**78.94**	**5.21**	**42.85**	**30.38**			**0.50**	
市辖区								
荔湾区								
越秀区								
海珠区								
天河区	0.36		0.11	0.25				
白云区	4.49	0.17	3.60	0.72				
黄埔区	0.15		0.08	0.07				
番禺区	1.71		1.05	0.16			0.50	
花都区	8.61	0.27	5.31	3.03				
南沙区	1.50		0.80	0.70				
萝岗区	8.67	0.33	5.03	3.31				
增城市	23.07	1.79	11.95	9.33				
从化市	30.38	2.65	14.92	12.81				
深圳市	**12.60**		**9.23**		**1.59**		**1.78**	
市辖区								
罗湖区	0.11		0.06		0.03		0.03	
福田区	0.30		0.18		0.08		0.04	
南山区	1.36		0.88		0.24		0.24	
宝安区	4.74		3.09		0.84		0.81	
龙岗区	5.65		4.72		0.31		0.62	
盐田区	0.44		0.30		0.09		0.05	
珠海市	**8.86**		**8.86**					
市辖区								
香洲区	5.16		5.16					
斗门区	1.67		1.67					
金湾区	2.03		2.03					
汕头市	**13.40**	**0.46**	**10.36**	**0.02**		**2.56**		
市辖区								
龙湖区	0.22		0.22					
金平区	0.17		0.17					
濠江区	3.69		3.69					
潮阳区	2.75	0.13	2.62					
潮南区	3.22	0.20	0.50			2.52		
澄海区	0.88		0.88					
南澳县	2.46	0.13	2.27	0.02		0.04		
佛山市	**7.42**		**6.98**	**0.03**		**0.26**	**0.16**	
市辖区								

市　　别	水土流失综合治理面积	基本农田	水土保持林	经济林	种草	封禁治理	其　他	小流域综合治理面积
禅 城 区								
南 海 区	0.34		0.18				0.16	
顺 德 区	0.07		0.07					
三 水 区	1.01		1.01					
高 明 区	6.00		5.71	0.03		0.26		
韶 关 市	**185.83**	**96.70**	**55.85**	**8.40**	**2.09**	**22.80**		**8.50**
市 辖 区								
武 江 区	16.84	3.51	5.91	0.75		6.67		
浈 江 区	20.41	7.58	12.83					
曲 江 区	8.22	4.29	2.50	1.39		0.04		
始 兴 县	16.13	10.05	3.56	1.20	1.20	0.11		8.50
仁 化 县	8.76	8.10	0.61	0.02		0.03		
翁 源 县	8.10	6.81	0.56	0.14	0.02	0.56		
乳源瑶族自治县	18.74	7.52	9.65	0.84	0.73			
新 丰 县	8.44	8.11	0.33					
乐 昌 市	25.18	22.14	0.64	0.34	0.02	2.03		
南 雄 市	55.03	18.58	19.25	3.71	0.12	13.37		
河 源 市	**122.03**	**32.53**	**60.43**	**20.00**	**5.65**	**3.41**	**0.01**	**12.20**
市 辖 区								
源 城 区	1.88	0.32	0.34	1.22				
紫 金 县	35.42	9.54	20.35	3.14	1.81	0.57	0.01	
龙 川 县	48.78	11.43	31.06	6.15	0.05	0.09		
连 平 县	12.20	0.85	3.53	3.29	2.87	1.66		12.20
和 平 县	11.59	4.96	4.08	1.63	0.92			
东 源 县	12.16	5.42	1.07	4.57		1.10		
梅 州 市	**132.64**	**0.89**	**61.60**	**15.19**	**12.87**	**42.09**		**1.16**
市 辖 区								
梅 江 区	2.30	0.05	1.12	0.24	0.36	0.53		
梅 县 区	19.71	0.46	9.16	2.28	3.36	4.45		
大 埔 县	11.44		0.69	0.22	0.28	10.25		
丰 顺 县	15.09	0.03	10.85	0.56	0.06	3.59		
五 华 县	54.26	0.11	31.75	8.80	7.67	5.94		0.13
平 远 县	6.67		0.65	0.06		5.97		
蕉 岭 县	1.36		0.51	0.07	0.09	0.70		
兴 宁 市	21.81	0.24	6.87	2.97	1.06	10.67		1.03
惠 州 市	**51.86**	**17.33**	**14.48**	**1.97**	**1.49**	**14.60**	**1.98**	**4.20**
市 辖 区								
惠 城 区	7.29	1.37	0.92	0.41	0.41	4.12	0.06	
惠 阳 区	8.65	2.61	1.16	0.48	0.58	3.82		4.12
博 罗 县	10.39	5.61	0.13	0.31	0.02	2.40	1.92	0.08
惠 东 县	21.48	5.56	11.84	0.14	0.34	3.59		

5-13　续表 2　　　　单位：千公顷

市　别	水土流失综合治理面积	基本农田	水土保持林	经济林	种草	封禁治理	其　他	小流域综合治理面积
龙门县	4.05	2.18	0.43	0.63	0.15	0.66		
汕尾市	**26.28**	**1.54**	**14.25**	**5.24**	**1.03**	**4.22**		
市辖区								
城区	6.60		6.17	0.43				
海丰县	6.96	0.65	3.63	2.50	0.18			
陆河县	3.07	0.67	1.06	0.20	0.02	1.12		
陆丰市	9.65	0.22	3.39	2.11	0.83	3.10		
东莞市	**4.22**		**0.03**			**4.18**		
中山市	**15.23**	**0.11**	**14.99**	**0.13**				
江门市	**26.52**	**8.34**	**16.52**			**1.66**		**0.67**
市辖区								
蓬江区								
江海区								
新会区	5.02	0.69	4.33					
台山市	9.99	5.31	3.68			1.00		0.55
开平市	3.92		3.92					0.10
鹤山市	4.50	1.78	2.73					
恩平市	3.09	0.56	1.87			0.67		0.02
阳江市	**13.53**	**7.73**	**1.70**	**4.08**	**0.02**			
市辖区								
江城区	0.83		0.83					
阳西县	3.32	3.32						
阳东县	1.94		0.62	1.29	0.02			
阳春市	7.45	4.41	0.24	2.79				
湛江市	**51.02**	**4.12**	**18.03**	**24.73**	**2.45**	**0.95**	**0.74**	
市辖区								
赤坎区								
霞山区	0.14		0.14					
坡头区	1.06		1.06					
麻章区	0.61		0.14			0.47		
遂溪县	12.58	0.88	1.47	8.62	1.61			
徐闻县	13.40	3.09	5.41	4.79	0.11			
廉江市	11.25		9.02	0.92	0.57		0.74	
雷州市	9.23	0.01	0.53	8.54	0.15			
吴川市	2.75	0.14	0.26	1.86	0.01	0.48		
茂名市	**114.31**	**20.56**	**28.43**	**53.62**	**1.34**	**9.73**	**0.63**	**10.40**
市辖区								
茂南区	7.51		2.64	4.20	0.04		0.63	
茂港区	7.80		0.65	7.15				
电白县	10.40	0.83	3.56	3.55	0.22	2.26		10.40
高州市	37.14	18.33	10.49	8.11	0.18	0.03		

5-13 续表 3 单位：千公顷

市别	水土流失综合治理面积	基本农田	水土保持林	经济林	种草	封禁治理	其他	小流域综合治理面积
化州市	12.42	0.69	2.01	8.24	0.14	1.36		
信宜市	39.04	0.71	9.09	22.38	0.77	6.09		
肇庆市	**125.62**	**30.26**	**82.43**	**4.67**	**0.69**	**7.56**		**8.74**
市辖区								
端州区	0.63	0.07	0.56					
鼎湖区	1.62	0.14	0.21	0.57		0.70		
广宁县	14.02	3.43	6.67	2.23		1.69		2.39
怀集县	44.36	13.60	30.66	0.10				2.21
封开县	31.35	3.45	27.90					
德庆县	13.63	2.76	3.88	1.62	0.21	5.17		0.40
高要市	12.83	5.67	7.16					
四会市	7.18	1.15	5.40	0.15	0.48			3.74
清远市	**231.24**	**65.56**	**126.13**	**20.59**	**5.34**	**13.62**		**32.47**
市辖区								
清城区	8.35	3.97	2.95	0.27	0.04	1.11		
佛冈县	9.87	1.28	5.57	3.01				
阳山县	63.96	13.78	37.21	9.88	0.60	2.50		
连山壮族瑶族自治县	13.64	8.04	4.65	0.74		0.20		
连南瑶族自治县	11.96	3.21	8.49	0.12	0.05	0.09		
清新区	33.12	4.93	20.63	2.48		5.08		31.06
英德市	58.21	13.44	35.88	3.87	0.39	4.64		
连州市	32.13	16.91	10.75	0.21	4.26			1.41
潮州市	**19.03**	**1.51**	**10.87**	**1.98**	**1.41**	**2.81**	**0.45**	**0.16**
市辖区								
湘桥区	0.26		0.26					
潮安区	7.03	0.35	4.72	0.11	0.60	0.80	0.45	
饶平县	11.74	1.16	5.89	1.87	0.81	2.01		0.16
揭阳市	**10.68**	**1.99**	**2.41**	**1.30**	**2.55**	**2.29**	**0.14**	**0.25**
市辖区								
榕城区	0.23	0.02	0.13	0.03	0.03	0.02		
揭东区	1.22	0.05	0.73	0.13	0.16	0.10	0.05	
揭西县	3.05	0.96	0.50	0.51	0.21	0.85	0.02	
惠来县	1.17	0.25	0.52	0.12	0.18	0.10		
普宁市	5.01	0.71	0.53	0.51	1.97	1.22	0.07	0.25
云浮市	**98.21**	**36.54**	**38.72**	**12.13**		**10.82**		
市辖区								
云城区	9.76	2.14	6.74	0.30		0.57		
新兴县	17.57	5.14	6.41	0.09		5.93		
郁南县	19.72	5.77	11.65	1.37		0.93		
云安县	19.59	6.84	0.75	10.08		1.93		
罗定市	31.56	16.65	13.17	0.29		1.46		

5-14 各县（区）已建水库、水电站数量

2013年

市别	水库数量（座）						水电站数量（座）					
	合计	大（1）型	大（2）型	中型	小（1）型	小（2）型	合计	大（1）型	大（2）型	中型	小（1）型	小（2）型
全　省	**8410**	**7**	**29**	**342**	**1563**	**6469**	**9666**	**2**	**1**	**11**	**75**	**9577**
广州市	**361**		**1**	**16**	**71**	**273**	**192**	**1**			**1**	**190**
市辖区												
荔湾区												
越秀区												
海珠区												
天河区	5				1	4						
白云区	40			1	8	31	2					2
黄埔区												
番禺区	16				1	15						
花都区	73			4	13	56	16					16
南沙区	7					7	3					3
萝岗区	26			2	8	16	3					3
增城市	107			4	17	86	16					16
从化市	87		1	5	23	58	152	1			1	150
深圳市	**164**			**12**	**63**	**89**	**7**					**7**
市辖区												
罗湖区	8			1		7	2					2
福田区	4			1	1	2						
南山区	4			2		2						
宝安区	50			4	26	20						
龙岗区	88			4	33	51	5					5
盐田区	10				3	7						
珠海市	**63**			**4**	**22**	**37**						
市辖区												
香洲区	20			2	9	9						
斗门区	27			2	7	18						
金湾区	16				6	10						
汕头市	**207**			**8**	**33**	**166**	**18**					**18**
市辖区												
龙湖区							1					1
金平区	3					3						
濠江区	25				5	20						
潮阳区	90			1	15	74	1					1
潮南区	72			7	9	56	11					11
澄海区	7					7	2					2
南澳县	10				4	6	3					3
佛山市	**131**			**3**	**20**	**108**	**15**					**15**
市辖区												

5-14 续表1

市别	水库数量（座）						水电站数量（座）					
	合计	大（1）型	大（2）型	中型	小（1）型	小（2）型	合计	大（1）型	大（2）型	中型	小（1）型	小（2）型
禅城区												
南海区	30			1	6	23						
顺德区							1					1
三水区	32				7	25	1					1
高明区	69			2	7	60	13					13
韶关市	**638**	**1**	**4**	**32**	**94**	**507**	**2062**			**3**	**14**	**2045**
市辖区												
武江区	28		1	1	2	24	90				1	89
浈江区	69			2	2	65	14				1	13
曲江区	46		2	2	3	39	150			1		149
始兴县	42			3	12	27	221				1	220
仁化县	55		1	5	6	43	256				3	253
翁源县	95			5	14	76	188					188
乳源瑶族自治县	51	1		4	12	34	414			2	6	406
新丰县	35			1	15	19	290					290
乐昌市	68			3	14	51	249				2	247
南雄市	149			6	14	129	190					190
河源市	**781**	**2**		**19**	**93**	**667**	**751**		**1**	**1**	**8**	**741**
市辖区												
源城区	26	1		1	5	19	13		1			12
紫金县	75			3	11	61	154					154
龙川县	154	1		5	11	137	164			1	3	160
连平县	177			1	19	157	215					215
和平县	166			2	8	156	62				1	61
东源县	183			7	39	137	143				4	139
梅州市	**717**		**3**	**18**	**140**	**556**	**1602**			**3**	**13**	**1586**
市辖区												
梅江区	36			2	7	27	42				2	40
梅县区	140			1	30	109	184				4	180
大埔县	48			3	8	37	252			1	4	247
丰顺县	66			2	9	55	271			1	3	267
五华县	193		1	3	31	158	338					338
平远县	41			2	9	30	154					154
蕉岭县	50		1	2	7	40	186			1		185
兴宁市	143		1	3	39	100	175					175
惠州市	**516**	**1**	**3**	**25**	**121**	**366**	**319**	**1**			**3**	**315**
市辖区												
惠城区	91			7	19	65	8					8
惠阳区	70			4	18	48	2					2
博罗县	177		2	8	29	138	63	1			1	61
惠东县	107	1		3	32	71	144				1	143

5-14 续表 2

市别	水库数量（座）						水电站数量（座）					
	合计	大（1）型	大（2）型	中型	小（1）型	小（2）型	合计	大（1）型	大（2）型	中型	小（1）型	小（2）型
龙门县	71		1	3	23	44	102				1	101
汕尾市	**436**		**2**	**18**	**61**	**355**	**145**			**1**		**144**
市辖区												
城区	59			1	16	42						
海丰县	95		1	10	13	71	40					40
陆河县	134			2	7	125	87			1		86
陆丰市	148		1	5	25	117	18					18
东莞市	**120**			**8**	**48**	**64**	**2**					**2**
中山市	**39**			**1**	**17**	**21**	**6**					**6**
江门市	**604**		**4**	**30**	**162**	**408**	**267**				**1**	**266**
市辖区												
蓬江区	16			1	5	10						
江海区												
新会区	84			7	24	53	36					36
台山市	200		1	11	59	129	60					60
开平市	144		2	3	37	102	47					47
鹤山市	74			2	18	54	21					21
恩平市	86		1	6	19	60	103				1	102
阳江市	**227**		**2**	**19**	**73**	**133**	**494**				**3**	**491**
市辖区												
江城区	21			2	6	13	2					2
阳西县	51			4	17	30	51					51
阳东县	41		1	7	14	19	57					57
阳春市	114		1	6	36	71	384				3	381
湛江市	**766**	**1**	**2**	**23**	**111**	**629**	**82**					**82**
市辖区												
赤坎区	1				1							
霞山区	2				1	1						
坡头区	44				1	43						
麻章区	91			1	9	81						
遂溪县	78			1	20	57	5					5
徐闻县	119		1	5	32	81	11					11
廉江市	250	1	1	2	11	235	28					28
雷州市	144			14	32	98	34					34
吴川市	37				4	33	4					4
茂名市	**627**	**1**	**1**	**12**	**76**	**537**	**559**				**2**	**557**
市辖区												
茂南区	25			1	6	18	2					2
茂港区	36				2	34						
电白县	121		1	4	13	103	40					40
高州市	254	1		2	28	223	212				1	211

5-14 续表 3

市别	水库数量（座）						水电站数量（座）					
	合计	大（1）型	大（2）型	中型	小（1）型	小（2）型	合计	大（1）型	大（2）型	中型	小（1）型	小（2）型
化 州 市	79			2	19	58	25					25
信 宜 市	112			3	8	101	280				1	279
肇 庆 市	**567**			**23**	**78**	**466**	**688**				**15**	**673**
市 辖 区												
端 州 区	1				1		3					3
鼎 湖 区	14			1	1	12	7					7
广 宁 县	53			1	4	48	171				4	167
怀 集 县	141			6	14	121	260				5	255
封 开 县	92			4	16	72	112				3	109
德 庆 县	71			5	11	55	81					81
高 要 市	132			3	20	109	29					29
四 会 市	63			3	11	49	25				3	22
清 远 市	**523**	**1**	**4**	**32**	**101**	**385**	**1463**			**3**	**7**	**1453**
市 辖 区												
清 城 区	69	1		3	17	48	22			1		21
佛 冈 县	29			1	9	19	67					67
阳 山 县	58			10	12	36	233				2	231
连山壮族瑶族自治县	26			1	4	21	255					255
连南瑶族自治县	15			1	7	7	235					235
清 新 区	63			4	7	52	140				1	139
英 德 市	211		3	11	34	163	314			2	3	309
连 州 市	52		1	1	11	39	197				1	196
潮 州 市	**203**		**1**	**8**	**30**	**164**	**202**				**3**	**199**
市 辖 区												
湘 桥 区	5					5	5					5
潮 安 区	41			4	11	26	72				3	69
饶 平 县	157		1	4	19	133	125					125
揭 阳 市	**478**		**2**	**19**	**96**	**361**	**348**				**5**	**343**
市 辖 区												
榕 城 区	25			1		24	1					1
揭 东 区	55			2	9	44	36					36
揭 西 县	102		1	4	16	81	124				5	119
惠 来 县	149		1	7	35	106	40					40
普 宁 市	147			5	36	106	147					147
云 浮 市	**242**			**12**	**53**	**177**	**444**					**444**
市 辖 区												
云 城 区	18				5	13	44					44
新 兴 县	44			3	12	29	104					104
郁 南 县	43			3	7	33	82					82
云 安 县	30			2	6	22	84					84
罗 定 市	107			4	23	80	130					130

5-15 各县（区）已建泵站、水闸数量

2013年

市别	泵站数量（处）						水闸数量（座）					
	合计	大（1）型	大（2）型	中型	小（1）型	小（2）型	合计	大（1）型	大（2）型	中型	小（1）型	小（2）型
全　　省	**15731**	**3**	**34**	**446**	**2350**	**12898**	**15981**	**13**	**131**	**726**	**2716**	**12395**
广州市	**1407**		**3**	**31**	**353**	**1020**	**1239**	**1**	**10**	**59**	**358**	**811**
市辖区												
荔湾区	42			1	35	6	49			3	10	36
越秀区	5		1		4		13			1	1	11
海珠区	16				13	3	60			6	23	31
天河区	20			1	8	11	8			2	3	3
白云区	349			6	63	280	162		1	5	26	130
黄埔区	3				2	1	26			2	14	10
番禺区	151			5	38	108	187		2	12	66	107
花都区	129			1	28	100	239		1	4	10	224
南沙区	312		2	8	91	211	248			17	139	92
萝岗区	3				2	1	3					3
增城市	361			9	60	292	163	1	1	7	56	98
从化市	16				9	7	81		5		10	66
深圳市	**145**			**28**	**77**	**40**	**181**			**24**	**56**	**101**
市辖区												
罗湖区	20			7	9	4	6			4	1	1
福田区	6				5	1	3			2	1	
南山区	6			4	2		8			1	2	5
宝安区	97			12	53	32	146			13	47	86
龙岗区	14			5	8	1	18			4	5	9
盐田区	2					2						
珠海市	**257**		**2**	**8**	**68**	**179**	**233**		**1**	**27**	**185**	**20**
市辖区												
香洲区	11			3	3	5	25			7	16	2
斗门区	226		2	4	52	168	117		1	9	96	11
金湾区	20			1	13	6	91			11	73	7
汕头市	**409**			**8**	**119**	**282**	**998**	**2**	**6**	**38**	**177**	**775**
市辖区												
龙湖区	3				2	1	25		1	1	3	20
金平区	14				9	5	110		1	2	13	94
濠江区	5				3	2	100			2	7	91
潮阳区	174			3	74	97	218		2	15	80	121
潮南区	116			4	17	95	213			17	59	137
澄海区	97			1	14	82	324	2	2	1	14	305
南澳县							8				1	7
佛山市	**1498**		**8**	**132**	**303**	**1055**	**573**		**5**	**39**	**206**	**323**
市辖区												

5-15 续表1

市别	泵站数量（处）						水闸数量（座）					
	合计	大（1）型	大（2）型	中型	小（1）型	小（2）型	合计	大（1）型	大（2）型	中型	小（1）型	小（2）型
禅城区	54			20	19	15	47			5	28	14
南海区	616		1	51	131	433	208		1	23	86	98
顺德区	161		5	45	78	33	201		1	8	75	117
三水区	615		1	11	51	552	62		2	2	15	43
高明区	52		1	5	24	22	55		1	1	2	51
韶关市	**790**				**11**	**779**	**122**	**3**	**13**	**12**	**18**	**76**
市辖区												
武江区	24					24	2	1	1			
浈江区	54				1	53	1			1		
曲江区	9				1	8	5	1				4
始兴县	92				1	91	12		3			9
仁化县	81				5	76	5	1	4			
翁源县	36					36	3		1	1		1
乳源瑶族自治县	6				1	5	52				17	35
新丰县	12					12	1		1			
乐昌市	222				2	220	26		1			25
南雄市	254					254	15		2	10	1	2
河源市	**490**				**18**	**472**	**42**	**1**		**1**	**1**	**39**
市辖区												
源城区	17				2	15						
紫金县	157					157	20					20
龙川县	151					151	2	1				1
连平县	14				2	12	7			1		6
和平县	31				1	30	5					5
东源县	120				13	107	8				1	7
梅州市	**456**		**1**	**10**	**122**	**323**	**1057**			**17**	**35**	**1005**
市辖区												
梅江区	31		1	2	13	15	22			1	4	17
梅县区	113			2	17	94	79			2	3	74
大埔县	25			1	9	15	15					15
丰顺县	49				12	37	111				1	110
五华县	123			2	47	74	161				13	148
平远县	13					13	12			2		10
蕉岭县	38			1	16	21	137			7	6	124
兴宁市	64			2	8	54	520			5	8	507
惠州市	**719**		**6**	**33**	**91**	**589**	**682**	**2**	**8**	**40**	**120**	**512**
市辖区												
惠城区	236		5	18	36	177	147			10	41	96
惠阳区	68		1	3	9	55	53				10	43
博罗县	268			10	36	222	176	1	2	12	35	126
惠东县	77			2	5	70	141	1	1	16	24	99

5-15　续表2

市别	泵站数量（处）						水闸数量（座）					
	合计	大（1）型	大（2）型	中型	小（1）型	小（2）型	合计	大（1）型	大（2）型	中型	小（1）型	小（2）型
龙门县	70				5	65	165		5	2	10	148
汕尾市	**402**			**1**	**47**	**354**	**1488**		**5**	**67**	**259**	**1157**
市辖区												
城区	13				3	10	307			30	99	178
海丰县	167			1	4	162	561		3	15	47	496
陆河县	30				1	29	214			6	70	138
陆丰市	192				39	153	406		2	16	43	345
东莞市	**363**	**2**	**2**	**84**	**186**	**89**	**476**		**3**	**59**	**223**	**191**
中山市	**456**	**1**	**2**	**23**	**108**	**322**	**385**		**4**	**20**	**111**	**250**
江门市	**2008**		**1**	**13**	**271**	**1723**	**1994**		**10**	**39**	**276**	**1669**
市辖区												
蓬江区	116			5	57	54	80			3	7	70
江海区	32			3	11	18	36			1	20	15
新会区	389			1	64	324	559			5	100	454
台山市	416			1	37	378	1000		1	19	117	863
开平市	732			2	49	681	260		1	4	19	236
鹤山市	206		1	1	34	170	13			2	1	10
恩平市	117				19	98	46		8	5	12	21
阳江市	**372**			**2**	**46**	**324**	**639**		**2**	**30**	**78**	**529**
市辖区												
江城区	119			1	6	112	155		1	16	32	106
阳西县	10				2	8	170			5	29	136
阳东县	20				3	17	169		1	7	10	151
阳春市	223			1	35	187	145			2	7	136
湛江市	**1106**			**1**	**25**	**1080**	**1494**		**11**	**55**	**118**	**1310**
市辖区												
赤坎区	2					2	2					2
霞山区	65					65	17			1		16
坡头区	88				1	87	186			3	7	176
麻章区	19				1	18	300			6	25	269
遂溪县	23			1	5	17	90			2	24	64
徐闻县	15					15	216			3	13	200
廉江市	449					449	279		5	22	13	239
雷州市	129				14	115	120		1	14	9	96
吴川市	316				4	312	284		5	4	27	248
茂名市	**1660**		**1**	**12**	**79**	**1568**	**1236**		**27**	**66**	**157**	**986**
市辖区												
茂南区	271		1	4	21	245	141		3	5	4	129
茂港区	115					115	91			4	21	66
电白县	184				3	181	299		3	5	63	228
高州市	417			8	16	393	329		5	13	32	279

5-15 续表3

市别	泵站数量（处）						水闸数量（座）					
	合计	大（1）型	大（2）型	中型	小（1）型	小（2）型	合计	大（1）型	大（2）型	中型	小（1）型	小（2）型
化州市	615				39	576	148		6	17	30	95
信宜市	58					58	228		10	22	7	189
肇庆市	**787**		**5**	**26**	**208**	**548**	**533**		**3**	**14**	**75**	**441**
市辖区												
端州区	11		1	2		8	3				3	
鼎湖区	94			9	22	63	29			2	12	15
广宁县	45				26	19	40			2	11	27
怀集县	48					48	60					60
封开县	10			1	3	6	24			2	3	19
德庆县	98		1		17	80	102			2	6	94
高要市	326		2	11	86	227	238			3	38	197
四会市	155		1	3	54	97	37		3	3	2	29
清远市	**896**		**1**	**19**	**60**	**816**	**673**	**2**	**6**	**29**	**54**	**582**
市辖区												
清城区	278			9	33	236	133				25	108
佛冈县	13				2	11	9				1	8
阳山县	44					44	57			1	6	50
连山壮族瑶族自治县	7					7	5			5		
连南瑶族自治县	10				2	8	17			4		13
清新区	364		1	5	11	347	191		2	1	6	182
英德市	85			5	10	70	169	2	4	17	7	139
连州市	95				2	93	92			1	9	82
潮州市	**466**			**3**	**36**	**427**	**519**	**1**	**6**	**15**	**43**	**454**
市辖区												
湘桥区	26				8	18	28		1	2	5	20
潮安区	332			3	23	306	277	1	1	3	19	253
饶平县	108				5	103	214		4	10	19	181
揭阳市	**622**		**1**	**9**	**92**	**520**	**1055**	**1**	**8**	**40**	**156**	**850**
市辖区												
榕城区	101			1	5	95	126			5	16	105
揭东区	38		1	2	7	28	90	1	1	6	7	75
揭西县	176			5	10	161	303		4	4	31	264
惠来县	186				42	144	231		2	11	54	164
普宁市	121			1	28	92	305		1	14	48	242
云浮市	**422**		**1**	**3**	**30**	**388**	**362**		**3**	**35**	**10**	**314**
市辖区												
云城区	25			1	3	21	21			1	5	15
新兴县	119				1	118	214			30	3	181
郁南县	72			2	17	53	47			3		44
云安县	29		1		8	20	7			1	2	4
罗定市	177				1	176	73		3			70

5-16 各县（区）已建农村集中式供水工程、机电井数量

2013年

市别	农村集中式供水工程数量（处）				机电井数量（眼）					
	合计	千吨万人以上	Ⅳ型	Ⅴ型		规模以上机电井	浅层地下水机电井	深层承压水机电井	规模以下机电井	浅层地下水机电井
全　　省	**43704**	**894**	**2306**	**40504**	**1233590**	**12350**	**10675**	**1675**	**1221240**	**1221240**
广州市	**378**	**61**	**10**	**307**	**31736**	**1292**	**1285**	**7**	**30444**	**30444**
市辖区										
荔湾区					409				409	409
越秀区					1	1	1			
海珠区										
天河区	2	2			426	16	16		410	410
白云区	32	6	8	18	21798	129	126	3	21669	21669
黄埔区					1				1	1
番禺区	2	2			1439	1	1		1438	1438
花都区	58	10	2	46	6502	154	154		6348	6348
南沙区	16	16			13	5	5		8	8
萝岗区	16			16	66	27	27		39	39
增城市	85	11		74	263	167	167		96	96
从化市	167	14		153	818	792	788	4	26	26
深圳市					**3126**	**2247**	**2247**		**879**	**879**
市辖区										
罗湖区					22	13	13		9	9
福田区					6	5	5		1	1
南山区					232	206	206		26	26
宝安区					2302	1758	1758		544	544
龙岗区					560	262	262		298	298
盐田区					4	3	3		1	1
珠海市					**753**	**46**	**46**		**707**	**707**
市辖区										
香洲区					662	19	19		643	643
斗门区					80	16	16		64	64
金湾区					11	11	11			
汕头市	**112**	**45**	**27**	**40**	**2197**	**48**	**48**		**2149**	**2149**
市辖区										
龙湖区	2	2			2	2	2			
金平区					88				88	88
濠江区					15	5	5		10	10
潮阳区	20	18	2							
潮南区	56	10	21	25	2090	39	39		2051	2051
澄海区	9	8	1		2	2	2			
南澳县	25	7	3	15						
佛山市	**391**	**25**	**10**	**356**	**1141**	**69**	**65**	**4**	**1072**	**1072**
市辖区										

5-16 续表 1

市别	农村集中式供水工程数量（处）				机电井数量（眼）	规模以上机电井			规模以下机电井	
	合计	千吨万人以上	Ⅳ型	Ⅴ型			浅层地下水机电井	深层承压水机电井		浅层地下水机电井
禅城区	1	1			4	1	1		3	3
南海区	141	11	6	124	398	3	2	1	395	395
顺德区	10	7	3		612	16	16		596	596
三水区	94	4	1	89	95	43	40	3	52	52
高明区	145	2		143	32	6	6		26	26
韶关市	**2910**	**17**	**130**	**2763**	**38891**	**118**	**118**		**38773**	**38773**
市辖区										
武江区	73		5	68	1499	32	32		1467	1467
浈江区	75		2	73	7515	11	11		7504	7504
曲江区	309		17	292	2570	33	33		2537	2537
始兴县	141	2	13	126	10885				10885	10885
仁化县	555	2	9	544	439	2	2		437	437
翁源县	345	3	13	329	1263	13	13		1250	1250
乳源瑶族自治县	246	3	9	234	220	3	3		217	217
新丰县	543	1	17	525	3958	24	24		3934	3934
乐昌市	509		17	492	3005				3005	3005
南雄市	114	6	28	80	7537				7537	7537
河源市	**6429**	**23**	**226**	**6180**	**40788**	**80**	**74**	**6**	**40708**	**40708**
市辖区										
源城区	2		1	1	1	1	1			
紫金县	2168		12	2156	24718	33	31	2	24685	24685
龙川县	3025	5	86	2934	6800	15	11	4	6785	6785
连平县	571	6	41	524	2	2	2			
和平县	271	1	54	216	2135	24	24		2111	2111
东源县	392	11	32	349	7132	5	5		7127	7127
梅州市	**4471**	**43**	**229**	**4199**	**26336**	**112**	**112**		**26224**	**26224**
市辖区										
梅江区	78		4	74	564	1	1		563	563
梅县区	179	7	47	125	4025	40	40		3985	3985
大埔县	372		18	354	446	11	11		435	435
丰顺县	1728	7	26	1695	740	12	12		728	728
五华县	961	11	61	889	3022	11	11		3011	3011
平远县	125	2	17	106	282	12	12		270	270
蕉岭县	415	6	14	395	3349	6	6		3343	3343
兴宁市	613	10	42	561	13908	19	19		13889	13889
惠州市	**1069**	**74**	**153**	**842**	**84502**	**314**	**314**		**84188**	**84188**
市辖区										
惠城区	171	13	9	149	23523	42	42		23481	23481
惠阳区	74	13	19	42	11378	26	26		11352	11352
博罗县	116	24	17	75	24509	91	91		24418	24418
惠东县	219	18	66	135	15419	93	93		15326	15326

5-16 续表 2

市别	农村集中式供水工程数量（处）				机电井数量（眼）					
	合计	千吨万人以上	Ⅳ型	Ⅴ型		规模以上机电井	浅层地下水机电井	深层承压水机电井	规模以下机电井	浅层地下水机电井
龙门县	489	6	42	441	9673	62	62		9611	9611
汕尾市	**170**	**40**	**39**	**91**	**45969**	**51**	**51**		**45918**	**45918**
市辖区										
城区	6	5	1							
海丰县	35	15	13	7	11341	9	9		11332	11332
陆河县	110	4	22	84	1751	37	37		1714	1714
陆丰市	19	16	3		32877	5	5		32872	32872
东莞市	**107**	**102**	**2**	**3**	**1913**	**66**	**66**		**1847**	**1847**
中山市	**13**	**10**	**3**		**2705**	**24**	**24**		**2681**	**2681**
江门市	**786**	**55**	**56**	**675**	**11787**	**230**	**218**	**12**	**11557**	**11557**
市辖区										
蓬江区					460	2	2		458	458
江海区										
新会区	44	13	10	21	503	22	19	3	481	481
台山市	141	19	25	97	60	15	12	3	45	45
开平市	176	13	10	153	5023	80	80		4943	4943
鹤山市	102	7	8	87	5403	48	42	6	5355	5355
恩平市	323	3	3	317	338	63	63		275	275
阳江市	**321**	**52**	**50**	**219**	**93143**	**54**	**54**		**93089**	**93089**
市辖区										
江城区	44	10	34		15714	17	17		15697	15697
阳西县	187	9	9	169	13806	9	9		13797	13797
阳东县	74	23	2	49	24930	26	26		24904	24904
阳春市	16	10	5	1	38693	2	2		38691	38691
湛江市	**2202**	**34**	**465**	**1703**	**238433**	**5976**	**4335**	**1641**	**232457**	**232457**
市辖区										
赤坎区	6		1	5	1270	51	16	35	1219	1219
霞山区	7	2	4	1	3406	135	71	64	3271	3271
坡头区	149	3	6	140	16566	415	394	21	16151	16151
麻章区	144	3	103	38	30710	1537	643	894	29173	29173
遂溪县	732	1	23	708	33150	1648	1627	21	31502	31502
徐闻县	363	4	69	290	76930	654	250	404	76276	76276
廉江市	243	13	21	209	17050	385	385		16665	16665
雷州市	341		171	170	40325	977	775	202	39348	39348
吴川市	217	8	67	142	19026	174	174		18852	18852
茂名市	**10989**	**75**	**162**	**10752**	**353123**	**940**	**940**		**352183**	**352183**
市辖区										
茂南区	16	7	9		27623	17	17		27606	27606
茂港区	36	13	23		31403	7	7		31396	31396
电白县	33	20	1	12	56274	155	155		56119	56119
高州市	1336	9	36	1291	113630	188	188		113442	113442

5-16 续表 3

市别	农村集中式供水工程数量（处）				机电井数量（眼）	规模以上机电井			规模以下机电井	
	合计	千吨万人以上	Ⅳ型	Ⅴ型			浅层地下水机电井	深层承压水机电井		浅层地下水机电井
化州市	143	24	11	108	88955	552	552		88403	88403
信宜市	9425	2	82	9341	35238	21	21		35217	35217
肇庆市	**6551**	**37**	**197**	**6317**	**29376**	**353**	**351**	**2**	**29023**	**29023**
市辖区										
端州区	27	1		26	22	22	22			
鼎湖区	352	1	4	347	2214	64	64		2150	2150
广宁县	2422	8	12	2402	2054	26	26		2028	2028
怀集县	350	10	20	320	8899	14	13	1	8885	8885
封开县	1093	3	23	1067	2207	4	3	1	2203	2203
德庆县	632	7	74	551	92	92	92			
高要市	1238	1	52	1185	284	112	112		172	172
四会市	437	6	12	419	13604	19	19		13585	13585
清远市	**3457**	**55**	**281**	**3121**	**109641**	**207**	**206**	**1**	**109434**	**109434**
市辖区										
清城区	30	11	10	9	61085	43	43		61042	61042
佛冈县	43	4	27	12	18108	33	33		18075	18075
阳山县	656	2	33	621	4507	7	7		4500	4500
连山壮族瑶族自治县	423		7	416						
连南瑶族自治县	98		12	86	23	2	2		21	21
清新区	682	10	43	629	19482	14	13	1	19468	19468
英德市	996	22	70	904	5452	108	108		5344	5344
连州市	529	6	79	444	984				984	984
潮州市	**417**	**33**	**69**	**315**	**20686**	**19**	**18**	**1**	**20667**	**20667**
市辖区										
湘桥区	8	1	1	6	271				271	271
潮安区	245	19	15	211	15164	5	5		15159	15159
饶平县	164	13	53	98	5251	14	13	1	5237	5237
揭阳市	**169**	**67**	**61**	**41**	**61898**	**27**	**27**		**61871**	**61871**
市辖区										
榕城区	8	7	1							
揭东区	8	8			36899				36899	36899
揭西县	52	12	29	11	38				38	38
惠来县	62	25	29	8	11377	12	12		11365	11365
普宁市	39	15	2	22	13584	15	15		13569	13569
云浮市	**2762**	**46**	**136**	**2580**	**35446**	**77**	**76**	**1**	**35369**	**35369**
市辖区										
云城区	285		18	267	401	13	13		388	388
新兴县	566	6	38	522	6528	36	36		6492	6492
郁南县	354	2	34	318	5704	5	5		5699	5699
云安县	427	4	28	395	39	7	7		32	32
罗定市	1130	34	18	1078	22774	16	15	1	22758	22758

六、国民经济概况

6-1 国民经济和社会发展总量与速度指标

指　　标	单位	1978	1990	2000	2005	2010	2012	2013
人口与就业								
人口	万人							
年末户籍总人口		5064.15	6246.32	7498.54	7899.64	8521.55	8635.89	8759.46
年末常住人口		5064.15	6347.19	8650.03	9194.00	10440.94	10594.00	10644.00
男性人口		2624.57	3249.76	4402.87	4652.16	5439.73	5572.44	5548.72
女性人口		2515.93	3097.43	4247.16	4541.84	5001.21	5021.56	5095.28
城镇人口				4757.52	5578.92	6908.77	7140.36	7212.37
乡村人口				3892.51	3615.08	3532.17	3453.64	3431.63
就业	万人							
年末从业人员人数		2275.95	3118.10	3989.32	5022.97	5870.48	5965.95	6117.68
城镇登记失业人数					34.49	39.23	39.61	37.01
宏观经济								
国民经济核算	亿元							
地区生产总值		185.85	1559.03	10741.25	22557.37	46013.06	57067.92	62163.97
第一产业		55.31	384.59	986.32	1428.27	2286.98	2847.26	3047.51
第二产业		86.62	615.86	4999.51	11356.60	23014.53	27700.97	29427.49
#工业		76.12	523.42	4463.06	10489.73	21462.72	25810.07	27426.26
第三产业		43.92	558.58	4755.42	9772.50	20711.55	26519.69	29688.97
人均地区生产总值	元	370	2484	12736	24647	44736	54095	58540
支出法地区生产总值	亿元	194.14	1541.99	10741.25	22557.37	46013.06	57067.92	
#最终消费支出		130.02	938.48	5714.46	11450.96	22480.91	29264.26	
居民消费		111.46	807.84	4474.11	8968.54	17702.35	23022.47	
政府消费		18.56	130.64	1240.35	2482.42	4778.56	6241.79	
资本形成总额		54.79	502.90	3850.81	8239.73	17706.61	22871.85	
固定资本形成总额		37.93	336.61	3093.82	7418.23	16515.11	22033.82	
存货增加		16.86	166.29	756.99	821.50	1191.50	838.03	
货物和服务净流出		9.33	100.61	1175.99	2866.68	5825.54	4931.81	
固定资产投资	亿元							
固定资产投资总额		27.23	381.47	3233.70	7164.11	16113.19	19307.53	22828.65
城镇		20.51	309.86	2710.57	6038.77	12870.09	15937.34	18877.46
#房地产开发			32.70	858.61	1591.90	3659.69	5352.79	6489.59
农村		6.72	71.61	523.13	1125.34	3243.10	3370.18	3951.19
施工房屋建筑面积	万平方米			23520.91	38351.76	57221.79	62648.42	74295.64
竣工房屋建筑面积	万平方米			13492.94	17053.80	20420.60	14411.55	16199.46
消费	亿元							
社会消费品零售总额		79.86	667.36	4379.81	7915.51	17414.66	22677.11	25453.93
对外贸易	亿美元							
货物进出口总额			418.98	1701.06	4280.02	7848.96	9839.47	10918.22
进口额			196.77	781.87	1898.31	3317.05	4098.88	4554.58
出口额			222.21	919.19	2381.71	4531.91	5740.59	6363.64
利用外资	亿美元							
实际利用外商直接投资			14.60	122.37	123.64	202.61	235.49	249.52
财政	亿元							
地方公共财政预算收入		41.82	131.02	910.56	1807.20	4517.04	6229.18	7081.47
地方公共财政预算支出		28.70	150.69	1069.86	2289.07	5421.54	7387.86	8411.00
价格指数	(上年=100)							
商品零售价格指数		100.4	95.6	99.9	101.8	103.3	102.2	101.00
居民消费价格指数		100.3	97.5	101.4	102.3	103.1	102.8	102.50
工业生产者出厂价格指数				103.4	101.5	103.2	99.5	98.80
固定资产投资价格指数					101.6	103.0	101.5	101.40
能源生产与消费	万吨标准煤							
能源生产总量			1006.24	3711.69	4758.79	4858.07	5088.88	5420.84
能源消费总量			4044.28	9447.70	17920.98	27195.14	29144.01	30179.70

6-1 续表 1

指　　标	速度指标(%)									
	指数(2013 为以下各年)						平均增长速度			
	1978	1990	2000	2005	2010	2012	1979-2013	1991-2013	2001-2013	2006-2013
人口与就业										
人口										
年末户籍总人口	173.0	140.2	116.8	110.9	102.8	101.4	1.6	1.5	1.2	1.3
年末常住人口	210.2	167.7	123.1	115.8	101.9	100.5	2.1	2.3	1.6	1.9
男性人口	211.4	170.7	126.0	119.3	102.0	99.6	2.2	2.4	1.8	2.2
女性人口	202.5	164.5	120.0	112.2	101.9	101.5	2.0	2.2	1.4	1.5
城镇人口			151.6	129.3	104.4	101.0			3.3	3.3
乡村人口			88.2	94.9	97.2	99.4			-1.0	-0.7
就业										
年末从业人员人数				121.8	104.2	102.5				2.5
城镇登记失业人数				107.3	94.3	93.4				0.9
宏观经济										
国民经济核算										
地区生产总值	7508.0	1780.8	432.9	231.7	129.1	108.5	13.1	13.3	11.9	11.1
第一产业	601.5	243.1	161.8	135.9	110.9	102.5	5.3	3.9	3.8	3.9
第二产业	15321.2	3008.0	506.5	244.6	127.8	107.7	15.5	16.0	13.3	11.8
#工业	18483.0	3417.2	540.2	250.5	128.7	108.0	16.1	16.6	13.9	12.2
第三产业	9444.9	1600.5	414.3	230.7	132.5	109.9	13.9	12.8	11.6	11.0
人均地区生产总值	3554.3	1052.5	343.8	199.7	125.0	107.8	10.7	10.8	10.0	9.0
支出法地区生产总值										
#最终消费支出										
居民消费										
政府消费										
资本形成总额										
固定资本形成总额										
存货增加										
货物和服务净流出										
固定资产投资										
固定资产投资总额	83836.4	5984.4	706.0	318.7	141.7	118.2	21.2	19.5	16.2	17.8
城镇	92040.3	6092.3	696.4	312.6	146.7	118.4	21.5	19.6	16.1	17.9
#房地产开发		19845.8	755.8	407.7	177.3	121.2		25.9	16.8	19.2
农村	58797.5	5517.7	755.3	351.1	121.8	117.2	20.0	19.0	16.8	18.1
施工房屋建筑面积			315.9	193.7	129.8	118.6			9.3	8.6
竣工房屋建筑面积			120.1	95.0	79.3	112.4			1.4	-0.6
消费										
社会消费品零售总额	28396.1	3814.1	581.2	321.6	146.2	112.2	19.1	17.2	14.5	15.7
对外贸易										
货物进出口总额		2605.9	641.8	255.1	139.1	111.0		15.2	15.4	12.4
进口额		2314.7	582.5	239.9	137.3	111.1		14.6	14.5	11.6
出口额		2863.8	692.3	267.2	140.4	110.9		15.7	16.0	13.1
利用外资										
实际利用外商直接投资		1709.0	203.9	201.8	123.2	106.0		13.1	5.6	9.2
财政										
地方公共财政预算收入	16933.2	5404.9	777.7	391.8	156.8	113.7	15.8	18.9	17.1	18.6
地方公共财政预算支出	29306.6	5581.7	786.2	367.4	155.1	113.8	17.6	19.1	17.2	17.7
价格指数　(上年=100)										
商品零售价格指数										
居民消费价格指数										
工业生产者出厂价格指数										
固定资产投资价格指数										
能源生产与消费										
能源生产总量		538.7	146.0	113.9	111.6	106.5		7.6	3.0	1.6
能源消费总量		746.2	319.4	168.4	111.0	103.6		9.1	9.3	6.7

6-1 续表 2

指 标	单位	1978	1990	2000	2005	2010	2012	2013
产 业								
农业								
农林牧渔业总产值	亿元	85.94	600.71	1701.18	2447.57	3754.86	4656.85	4946.81
主要农产品产量	万吨							
粮食		1509.51	1896.39	1822.33	1394.97	1316.50	1396.33	1315.90
油料		36.04	58.93	78.78	77.01	88.16	96.61	101.01
糖蔗		835.42	2093.46	1137.59	946.02	1134.35	1279.03	1358.77
茶叶		0.90	2.59	4.21	4.45	5.33	6.31	6.98
水果		29.40	328.58	643.52	831.69	1128.73	1279.09	1368.73
肉类		48.45	202.45	324.48	384.31	441.10	443.21	435.22
水产品		65.50	207.66	593.19	695.23	729.03	789.50	816.13
工业								
主要工业产品产量								
布	亿米	2.27	4.59	16.99	24.82	28.27	23.54	27.53
机制纸及纸板	万吨	27.47	104.13	260.30	690.61	1434.68	1581.84	1911.14
成品糖	万吨	96.15	184.50	91.30	119.43	91.66	147.60	140.21
家用电冰箱	万台		105.75	320.70	601.51	1457.76	1654.97	1946.02
家用洗衣机	万台		143.01	244.18	266.41	467.83	606.96	665.24
彩色电视机	万台		262.37	1531.53	4089.62	4494.78	5810.12	6691.07
照相机	万架		99.30	3545.88	4726.47	3798.93	3125.57	2667.49
原油	万吨	10.22	49.05	1393.17	1470.03	1287.15	1209.29	1291.78
发电量	亿千瓦时	92.32	343.98	1292.69	2163.36	3101.28	3593.24	3796.25
粗钢	万吨	35.84	116.96	286.99	757.07	1239.34	1228.53	1735.22
成品钢材	万吨	43.67	133.74	406.28	1365.77	2918.89	2992.96	3384.52
水泥	万吨	369.08	2070.91	5872.00	8031.74	11536.67	11384.25	13394.93
汽车	万辆			3.94	41.36	156.29	159.66	254.26
规模以上工业企业主要指标								
工业增加值	亿元			3422.60	9416.39	20338.34	22720.81	26540.01
资产总计	亿元			14370.57	27076.08	62626.90	71343.84	79655.27
主营业务收入	亿元		1287.91	12380.65	34781.58	84114.85	93821.73	106361.21
利润和税金总额	亿元	32.91	121.50	1042.77	2877.81	9418.42	9383.63	11008.36
建筑业								
建筑业企业年末从业人员	万人	14.78	67.22	141.46	166.78	196.32	198.31	220.91
建筑业总产值(当年价)	亿元	5.47	113.40	944.61	2200.58	4742.09	6564.37	7927.13
交通运输业								
客运量	万人	15906	78046	164791	161357	467049	586299	636816
铁路		2410	4467	12165	16106	14956	18528	20459
公路		10897	70681	148945	139158	442224	556510	604934
水运		2546	2428	2363	2038	2241	2725	2426
民航		53	470	1318	4055	7628	8535	8997
货运量	万吨	15204	85809	119216	133992	205034	266359	305833
铁路		3206	4803	15172	18647	12170	12002	12042
公路		3967	63709	75365	84861	142389	189034	217630
水运		7887	16198	25696	26422	43092	57737	68378
管道		143	1091	2952	3989	7267	7458	7652
民航		1	8	31	73	116	128	131
港口货物吞吐量	万吨	7133	11904	31649	70926	122258	140776	156373

6-1 续表 3

指　　标	速度指标(%)									
	指数(2013 为以下各年)						平均增长速度			
	1978	1990	2000	2005	2010	2012	1979-2013	1991-2013	2001-2013	2006-2013
产　业										
农业										
农林牧渔业总产值	646.2	282.3	166.0	134.6	102.2		5.5	4.6	4.0	3.8
主要农产品产量										
粮食	87.2	69.4	72.2	94.3	100.0		-0.4	-1.6	-2.5	-0.7
油料	280.3	171.4	128.2	131.2	114.6		3.0	2.4	1.9	3.4
糖蔗	162.6	64.9	119.4	143.6	119.8		1.4	-1.9	1.4	4.6
茶叶	775.6	269.5	165.8	156.9	130.9		6.0	4.4	4.0	5.8
水果	4655.5	416.6	212.7	164.6	121.3		11.6	6.4	6.0	6.4
肉类	898.3	215.0	134.1	113.2	98.7		6.5	3.4	2.3	1.6
水产品	1246.0	393.0	137.6	117.4	111.9		7.5	6.1	2.5	2.0
工业										
主要工业产品产量										
布						123.5				
机制纸及纸板						114.0				
成品糖						104.0				
家用电冰箱						120.0				
家用洗衣机						123.4				
彩色电视机						104.3				
照相机						86.8				
原油						106.8				
发电量						104.7				
粗钢						126.0				
成品钢材						112.3				
水泥						117.1				
汽车						128.9				
规模以上工业企业主要指标										
工业增加值						108.7				
资产总计						113.3				
主营业务收入						110.9				
利润和税金总额						117.3				
建筑业										
建筑业企业年末从业人员	1494.6	328.6	156.2	132.5	112.5	111.4	8.0	5.3	3.5	3.6
建筑业总产值(当年价)	144920.0	6990.4	839.2	360.2	167.2	120.8	23.1	20.3	17.8	17.4
交通运输业										
客运量	4003.6	815.9	386.4	394.7	136.3	108.6	11.1	9.6	11.0	18.7
铁路	848.9	458.0	168.2	127.0	136.8	110.4	6.3	6.8	4.1	3.0
公路	5551.4	855.9	406.1	434.7	136.8	108.7	12.2	9.8	11.4	20.2
水运	95.3	99.9	102.7	119.0	108.3	89.0	-0.1	0.0	0.2	2.2
民航	16975.4	1914.2	682.6	221.9	117.9	105.4	15.8	13.7	15.9	10.5
货运量	2011.5	356.4	256.5	228.2	149.2	114.8	9.0	5.7	7.5	10.9
铁路	375.6	250.7	79.4	64.6	99.0	100.3	3.9	4.1	-1.8	-5.3
公路	5486.0	341.6	288.8	256.5	152.8	115.1	12.1	5.5	8.5	12.5
水运	867.0	422.1	266.1	258.8	158.7	118.4	6.4	6.5	7.8	12.6
管道	5350.9	701.4	259.2	191.8	105.3	102.6	12.0	8.8	7.6	8.5
民航	13120.0	1640.0	423.2	179.7	113.1	102.5	15.0	12.9	11.7	7.6
港口货物吞吐量	2192.2	1313.6	494.1	220.5	127.9	111.1	9.2	11.8	13.1	10.4

6-1 续表 4

指　　标	单位	1978	1990	2000	2005	2010	2012	2013
邮电通信业								
邮电业务总量	亿元	1.59	26.30	602.31	2121.94	4832.94	2174.67	2507.99
函件	亿件		4.72	10.66	9.13	7.62	8.04	7
报刊累计数	亿份		11.63	10.78	11.30	8.79	10.53	10.27
本地电话用户	万户		113.00	1414.94	3442.53	3169.14	3135.81	3099.89
#城市			72.00	916.03	2700.89	2236.05	2220.87	2265.73
移动电话用户	万户		1.11	1357.26	6406.61	9710.09	12467.99	14706.06
国际互联网用户	万户			216.41	1006.36	1523.22	1975.39	2154.28
国际旅游								
入境旅游人数	万人次	169.91	2527.54	6729.18	9579.12	10485.82	10794.72	10110.60
国际旅游外汇收入	亿美元		7.17	41.12	63.97	124.32	156.23	162.78
金融保险								
中资金融机构人民币存款余额	亿元			16908.26	35783.57	78285.89	97463.20	111881.34
中资金融机构人民币贷款余额	亿元			11716.93	20745.27	46099.26	58540.62	66888.77
保费收入	亿元		18.05	191.88	499.24	1593.19	1692.12	1902.91
教育、科技、文化								
教育								
专任教师数	万人							
普通高等学校		0.90	1.57	2.04	5.43	7.86	8.74	9.11
中等学校		15.93	16.33	27.24	35.13	45.48	48.23	48.67
小学		26.09	27.73	36.41	40.38	43.07	43.24	43.75
在校学生数	万人							
普通高等学校		3.07	9.59	29.95	87.47	142.66	161.68	170.99
中等学校		316.96	284.52	541.72	715.52	939.39	906.49	853.75
小学		743.02	747.29	929.93	1067.03	848.55	808.24	807.94
财政教育支出	亿元		21.34	144.39	329.21	921.48	1501.22	1744.59
科技								
研究与试验发展(R&D)活动人员	万人					44.66	62.91	65.24
研究与试验发展(R&D)经费内部支出	亿元					808.75	1236.15	1443.45
研究与试验发展(R&D)活动课题(项目)数	个					72747	93179	107453
文化								
出版数量								
图书	亿册	1.72	2.81	2.70	2.26	2.31	2.96	3.30
杂志	万册	1519	11325	26299	20371	21201	18572	17460
报纸	亿份	3.19	13.81	34.63	39.82	45.59	45.32	43.60

6-1 续表 5

指　　标	速度指标(%)									
	指数(2013 为以下各年)						平均增长速度			
	1978	1990	2000	2005	2010	2012	1979-2013	1991-2013	2001-2013	2006-2013
邮电通信业										
邮电业务总量	691034.0	35170.5	1221.6	346.7	152.2	115.3	28.7	29.0	21.2	16.8
函件		148.5	65.8	76.8	92.0	87.2		1.7	-3.2	-3.2
报刊累计数		88.3	95.3	90.9	116.9	97.5		-0.5	-0.4	-1.2
本地电话用户		2743.3	219.1	90.0	97.8	98.9		15.5	6.2	-1.3
#城市		3146.9	247.3	83.9	101.3	102.0		16.2	7.2	-2.2
移动电话用户		1324870.1	1083.5	229.5	151.5	118.0		51.1	20.1	10.9
国际互联网用户			995.5	214.1	141.4	109.1			19.3	10.0
国际旅游										
入境旅游人数	5950.6	400.0	150.3	105.5	96.4	93.7	12.4	6.2	3.2	0.7
国际旅游外汇收入		2270.3	395.9	254.5	130.9	104.2		14.5	11.2	12.4
金融保险										
中资金融机构人民币存款余额			661.7	312.7	142.9	114.8			15.6	15.3
中资金融机构人民币贷款余额			570.9	322.4	145.1	114.3			14.3	15.8
保费收入		10542.4	991.7	381.2	119.4	112.5		22.4	19.3	18.2
教育、科技、文化										
教育										
专任教师数										
普通高等学校	1012.2	580.3	446.6	167.8	115.9	104.2	6.8	7.9	12.2	6.7
中等学校	305.5	298.1	178.7	138.6	107.0	100.9	3.2	4.9	4.6	4.2
小学	167.7	157.8	120.2	108.3	101.6	101.2	1.5	2.0	1.4	1.0
在校学生数										
普通高等学校	5569.7	1783.0	570.9	195.5	119.9	105.8	12.2	13.3	14.3	8.7
中等学校	269.4	300.1	157.6	119.3	90.9	94.2	2.9	4.9	3.6	2.2
小学	108.7	108.1	86.9	75.7	95.2	100.0	0.2	0.3	-1.1	-3.4
财政教育支出		8175.2	1208.2	529.9	189.3	116.2		21.1	21.1	23.2
科技										
研究与试验发展(R&D)活动人员					146.1	103.7				
研究与试验发展(R&D)经费内部支出					178.5	116.8				
研究与试验发展(R&D)活动课题(项目)数					147.7	115.3				
文化										
出版数量										
图书	192.0	117.5	122.3	146.1	143.0	111.6	1.9	0.7	1.6	4.9
杂志	1149.4	154.2	66.4	85.7	82.4	94.0	7.2	1.9	-3.1	-1.9
报纸	1366.8	315.7	125.9	109.5	95.6	96.2	7.8	5.1	1.8	1.1

6-1 续表 6

指　　标	单位	1978	1990	2000	2005	2010	2012	2013
家庭、生活、环境								
家庭								
城镇居民平均每户家庭人口	人	4.84	3.85	3.57	3.27	3.21	3.19	3.15
农村居民平均每户家庭人口	人	5.99	5.65	5.15	5.00	4.95	4.82	4.82
婚姻								
结婚登记总数	万对		50.66	56.21	58.94	85.71	87.07	86.65
离婚数	万对		2.58	4.75	8.09	12.70	15.54	17.70
居住								
城镇居民人均现住房建筑面积	平方米	5.47	15.77	24.60	33.18	34.13	34.40	34.57
农村居民人均居住面积	平方米	8.73	17.39	22.42	25.71	29.23	31.67	33.00
生活								
城镇居民人均可支配收入	元	412.13	2303.15	9761.57	14769.94	23897.80	30226.71	33090.05
农村居民人均纯收入	元	193.25	1043.03	3654.48	4690.49	7890.25	10542.84	11669.31
城乡居民人民币储蓄存款余额	亿元	17.56	752.16	8667.29	19051.35	36219.15	44803.43	49287.89
工资								
城镇单位从业人员工资总额	亿元	30.59	223.29	1057.57	2143.29	4484.29	6561.14	10467.44
城镇单位从业人员平均工资	元	615	2929	13859	24122	40432	50278	53318
卫生								
医院、卫生院	个	1968	1885	2426	2428	2444	2437	2447
执业(助理)医师	万人	4.79	8.11	11.12	11.80	16.85	19.21	20.37
医院、卫生院床位数	万张	8.41	11.41	15.72	19.26	27.71	32.47	34.65
环境、灾害								
废水中化学需氧量排放量	万吨			95.1	105.8	85.8	180.3	173.39
废气中二氧化硫排放总量	万吨			90.5	129.4	105.5	79.9	76.19
火灾发生数	起		1725	8622	3176	6065	8101	21100
火灾损失	万元		9102	10065	7629	17500	21798	37800
交通事故发生数	起		25909	66072	67756	30480	25719	25416
交通事故损失	万元		5044	27526	20883	8051	7915	8011

6-1 续表 7

指　　标	速度指标(%)									
	指数(2013 为以下各年)						平均增长速度			
	1978	1990	2000	2005	2010	2012	1979-2013	1991-2013	2001-2013	2006-2013
家庭、生活、环境										
家庭										
城镇居民平均每户家庭人口	65.1	81.8	88.2	96.3	98.1	98.7	-1.2	-0.9	-1.0	-0.5
农村居民平均每户家庭人口	80.5	85.3	93.6	96.4	97.4	100.0	-0.6	-0.7	-0.5	-0.5
婚姻										
结婚登记总数		171.0	154.1	147.0	101.1	99.5		2.4	3.4	4.9
离婚数		686.0	372.6	218.8	139.3	113.9		8.7	10.6	10.3
居住										
城镇居民人均现住房建筑面积	632.0	219.2	140.5	104.2	101.3	100.5	5.4	3.5	2.7	0.5
农村居民人均居住面积	378.0	189.8	147.2	128.4	112.9	104.2	3.9	2.8	3.0	3.2
生活										
城镇居民人均可支配收入	8029.0	1436.7	339.0	224.0	138.5	109.5	13.3	12.3	9.8	10.6
农村居民人均纯收入	6038.5	1118.8	319.3	248.8	147.9	110.7	12.4	11.1	9.3	12.1
城乡居民人民币储蓄存款余额	280682.8	6552.8	568.7	258.7	136.1	110.0	25.5	19.9	14.3	12.6
工资										
城镇单位从业人员工资总额	34218.5	4687.8	989.8	488.4	233.4	159.5	18.1	18.2	19.3	21.9
城镇单位从业人员平均工资	8669.6	1820.3	384.7	221.0	131.9	106.0	13.6	13.4	10.9	10.4
卫生										
医院、卫生院	124.3	129.8	100.9	100.8	100.1	100.4	0.6	1.1	0.1	0.1
执业(助理)医师	425.3	251.2	183.2	172.6	120.9	106.0	4.2	4.1	4.8	7.1
医院、卫生院床位数	412.0	303.7	220.4	179.9	125.0	106.7	4.1	4.9	6.3	7.6
环境、灾害										
废水中化学需氧量排放量			182.3	163.9	202.0	96.2			4.7	6.4
废气中二氧化硫排放总量			84.2	58.9	72.2	95.3			-1.3	-6.4
火灾发生数		1223.2	244.7	664.4	347.9	260.5		11.5	7.1	26.7
火灾损失		415.3	375.6	495.5	216.0	173.4		6.4	10.7	22.1
交通事故发生数		98.1	38.5	37.5	83.4	98.8		-0.1	-7.1	-11.5
交通事故损失		158.8	29.1	38.4	99.5	101.2		2.0	-9.1	-11.3

注：1. 2006-2009 年年末常住人口根据 2010 年第六次全国人口普查快速汇总数据进行平滑调整。

2. 2003 年起，职工改为单位从业人员，2000 年数据作了相应调整。

3. 农业、工业总产值绝对数按当年价格计算，增长速度按可比价计算。

4. 工业指标统计范围为规模以上工业企业(即年主营业务收入 500 万元以上的法人工业企业，2000-2006 年为全部国有工业企业及年主营业务收入 500 万元以上的非国有工业企业，2011 年起，调整为年主营业务收入 2000 万元及以上的法人工业企业)。

5. 2000 年起，粮食产量为抽样调查数据。

6. 1994 年起，财政收入按税改新口经统计(即不含中央返还部分)。

7. 邮电业务总量 2000 年以前按 1990 年不变价计算，2000 年至 2010 年按 2000 年不变价计算,2011 年起按 2010 年不变价计算。

8. 1986 年以前中等学校不含成人中专数据。

9. 城镇居民人均住房建筑面积 1995、2000 年为使用面积， 2005 年以后为建筑面积。

10. 2011 年起，固定资产投资项目统计起点由 50 万元提高至 500 万元，且不包含农村农户投资；2010 年以前为全社会固定资产投资。

11. 2012 年起,地方一般预算收入和地方一般预算支出统一更名为地方公共财政预算收入和地方公共财政预算支出。

12. 2013 年国民经济核算数据为初步核算数。

6-2 地区生产总值

单位：亿元

年 份	地区生产总值	第一产业	第二产业	工业	建筑业	第三产业	#交通运输仓储和邮电业	#批发和零售业	#金融业	#房地产业
1978	185.85	55.31	86.62	76.12	10.49	43.92	10.05	19.39	4.53	1.42
1979	209.34	66.62	91.65	82.36	9.29	51.06	11.26	23.52	4.74	1.62
1980	249.65	82.97	102.53	89.87	12.66	64.14	13.72	29.53	6.10	2.13
1981	290.36	94.30	120.34	103.60	16.74	75.71	16.71	33.57	6.76	2.79
1982	339.92	118.17	135.37	113.13	22.24	86.39	18.34	38.07	7.98	3.39
1983	368.75	121.24	152.27	125.82	26.45	95.24	19.47	41.42	8.94	4.09
1984	458.74	145.25	187.55	154.33	33.22	125.93	25.68	54.41	11.76	5.09
1985	577.38	171.87	229.82	185.81	44.01	175.69	35.91	79.86	12.74	6.16
1986	667.53	188.37	255.88	208.46	47.42	223.28	40.18	89.78	20.84	11.69
1987	846.69	232.14	330.35	273.77	56.58	284.20	53.20	104.17	34.25	16.44
1988	1155.37	306.50	460.17	386.35	73.82	388.70	65.22	145.89	46.80	22.84
1989	1381.39	351.73	554.13	464.06	90.07	475.53	79.02	136.65	72.70	41.36
1990	1559.03	384.59	615.86	523.42	92.45	558.58	101.61	152.90	82.46	42.87
1991	1893.30	416.00	782.67	675.55	107.12	694.63	138.54	185.77	94.83	54.09
1992	2447.54	465.83	1100.32	899.28	201.04	881.39	174.28	236.59	122.79	81.74
1993	3469.28	558.70	1704.88	1386.83	318.05	1205.70	233.15	340.49	149.29	126.25
1994	4619.02	692.25	2253.25	1865.44	387.80	1673.52	336.95	486.46	199.84	171.11
1995	5933.05	864.49	2900.22	2448.82	451.40	2168.34	433.10	647.77	229.27	230.75
1996	6834.97	935.24	3307.51	2842.85	464.66	2592.22	505.91	798.55	264.86	283.92
1997	7774.53	978.32	3704.39	3235.42	468.97	3091.81	642.37	944.61	302.87	342.54
1998	8530.88	994.55	4067.12	3564.25	502.87	3469.21	705.98	1073.36	306.39	419.76
1999	9250.68	1009.01	4359.00	3832.44	526.56	3882.66	766.84	1174.76	331.10	505.74
2000	10741.25	986.32	4999.51	4463.06	536.45	4755.42	938.74	1371.49	443.69	626.10
2001	12039.25	988.84	5506.06	4941.20	564.86	5544.35	1114.18	1543.83	450.81	696.41
2002	13502.42	1015.08	6143.40	5548.41	594.99	6343.94	1206.20	1761.27	454.65	808.16
2003	15844.64	1072.91	7592.78	6886.97	705.81	7178.94	1263.39	2009.33	534.28	955.66
2004	18864.62	1219.84	9280.73	8485.85	794.88	8364.05	1419.78	2321.59	602.68	1103.75
2005	22557.37	1428.27	11356.60	10489.73	866.87	9772.50	1031.93	2250.66	661.81	1430.37
2006	26587.76	1532.17	13469.77	12518.59	951.18	11585.82	1208.82	2606.79	899.91	1722.07
2007	31777.01	1695.57	16004.61	14942.91	1061.70	14076.83	1418.57	2912.30	1705.08	2029.77
2008	36796.71	1973.05	18502.20	17304.79	1197.41	16321.46	1634.45	3476.44	1972.40	2057.45
2009	39482.56	2010.27	19419.70	18091.56	1328.14	18052.59	1595.34	3907.43	2283.29	2470.63
2010	46013.06	2286.98	23014.53	21462.72	1551.81	20711.55	1825.29	4647.76	2658.76	2813.95
2011	53210.28	2665.20	26447.38	24649.60	1797.78	24097.70	2090.36	5681.17	2916.13	3321.31
2012	57067.92	2847.26	27700.97	25810.07	1890.90	26519.69	2367.46	6333.62	3171.96	3643.87
2013	62163.97	3047.51	29427.49	27426.26	2001.23	29688.97	2604.41	7039.20	3817.42	4207.46

注：1. 2004年及以前年份第一产业不包括农林牧渔服务业，交通运输仓储和邮政业包括电信业，但不包括城市公共交通业，批发与零售业包括餐饮业（下表同）。

2. 国民经济核算数据绝对数按当年价格计算，指数和速度按可比价格计算（以下各表同）。

3. 2013年数据为初步核算数（以下各表同）。

6-3 地区生产总值指数

上年=100

年份	地区生产总值	第一产业	第二产业	工业	建筑业	第三产业	#交通运输仓储和邮电业	#批发和零售业	#金融业	#房地产业
1978	101.0	104.3	97.1			101.2				
1979	108.5	106.1	104.3	107.6	89.5	117.6	112.7	123.1	103.1	115.2
1980	116.6	112.7	116.9	113.2	136.6	122.1	119.5	119.6	126.4	136.0
1981	109.0	105.1	112.9	110.8	122.0	110.0	107.5	106.8	106.4	129.5
1982	112.0	111.9	111.5	108.1	124.9	112.5	117.4	108.0	110.0	121.0
1983	107.3	103.6	110.1	109.6	111.6	108.9	105.0	106.9	110.0	117.9
1984	115.6	112.5	118.8	120.5	113.0	115.7	105.7	116.6	116.8	109.3
1985	118.0	106.2	120.7	120.9	120.1	128.7	123.1	127.6	130.0	148.3
1986	112.7	105.6	108.1	108.8	105.4	124.7	120.9	117.9	130.2	161.1
1987	119.6	109.6	127.5	131.6	112.1	120.6	122.2	116.5	140.3	132.2
1988	115.8	106.6	124.9	128.0	111.4	113.7	121.8	108.3	115.0	127.6
1989	107.2	107.2	108.6	110.8	97.1	105.7	118.2	80.1	133.0	141.4
1990	111.6	107.3	112.7	114.4	102.7	113.4	106.8	112.2	117.3	97.6
1991	117.7	105.4	123.6	123.0	127.5	119.4	128.3	119.6	107.2	114.3
1992	122.1	105.6	133.4	130.8	149.8	119.0	120.9	119.4	121.2	146.2
1993	123.0	102.5	136.3	139.8	117.0	116.7	124.9	122.0	102.5	129.0
1994	119.7	103.1	125.7	127.2	116.2	118.4	127.6	119.4	107.4	127.4
1995	115.6	105.4	118.7	119.6	112.8	114.6	117.3	115.9	101.8	122.2
1996	111.3	104.9	112.6	113.9	102.6	111.5	109.4	114.2	107.5	115.8
1997	111.2	104.7	112.9	114.4	100.0	110.7	109.1	113.6	109.6	111.6
1998	110.8	103.8	112.4	112.9	107.6	110.4	106.7	115.0	103.1	110.6
1999	110.1	103.9	110.6	110.9	107.5	111.2	105.7	110.4	110.8	119.3
2000	111.5	102.3	112.0	113.3	99.1	113.2	117.3	109.4	122.7	115.4
2001	110.5	102.2	110.7	111.2	106.1	112.0	114.0	111.6	101.7	108.7
2002	112.4	104.3	113.7	114.9	103.5	112.5	106.3	113.3	100.6	111.9
2003	114.8	102.2	120.3	121.0	113.1	111.3	106.1	111.6	110.6	115.3
2004	114.8	104.1	118.8	120.3	102.9	112.0	112.1	109.8	106.9	108.2
2005	114.1	104.9	115.2	115.9	106.6	114.3	118.8	111.1	107.7	121.2
2006	114.8	104.2	117.0	117.7	109.0	113.8	116.3	113.0	124.7	112.8
2007	114.9	103.2	117.1	117.8	107.5	113.8	111.0	108.0	141.8	113.1
2008	110.4	103.9	111.6	112.3	100.5	109.8	108.4	112.6	109.0	93.5
2009	109.7	104.9	109.2	108.8	115.4	110.8	105.8	115.7	115.1	121.3
2010	112.4	104.5	114.7	114.9	112.0	110.6	112.0	114.2	111.9	104.9
2011	110.0	104.2	110.5	110.8	107.3	110.0	113.2	113.1	104.1	106.0
2012	108.2	103.8	107.3	107.6	103.2	109.5	113.5	109.6	108.6	109.0
2013	108.5	102.5	107.7	108.0	103.9	109.9	109.5	110.5	118.0	111.2

6-4 地区生产总值指数

1978 年=100

年份	地区生产总值	第一产业	第二产业			第三产业				
				工业	建筑业		#交通运输仓储和邮电业	#批发和零售业	#金融业	#房地产业
1978	100.0	100.0	100.0	100.0	100.0	100.0	100.0	100.0	100.0	100.0
1979	108.5	106.1	104.3	107.6	89.5	117.6	112.7	123.1	103.1	115.2
1980	126.5	119.6	121.9	121.8	122.2	143.5	134.6	147.3	130.4	156.6
1981	137.9	125.8	137.6	135.0	149.1	157.8	144.8	157.2	138.6	202.8
1982	154.4	140.8	153.4	145.9	186.4	177.5	170.0	169.7	152.6	245.3
1983	165.6	145.9	168.8	159.9	208.0	193.3	178.6	181.5	167.8	289.1
1984	191.4	164.1	200.6	192.7	235.1	223.7	188.8	211.7	196.0	316.0
1985	225.7	174.2	242.1	233.0	282.4	287.9	232.5	270.1	254.7	468.8
1986	254.5	184.0	261.6	253.4	297.5	359.0	281.0	318.5	331.7	755.1
1987	304.5	201.7	333.4	333.4	333.5	433.0	343.4	370.9	465.3	998.5
1988	352.6	215.0	416.5	426.7	371.4	492.6	418.2	401.6	535.1	1273.9
1989	377.9	230.6	452.1	472.8	360.6	520.5	494.3	321.8	711.7	1801.5
1990	421.6	247.4	509.3	540.9	370.4	590.1	527.8	361.1	834.5	1758.4
1991	496.1	260.9	629.7	665.4	472.2	704.6	677.2	431.9	894.5	2009.4
1992	605.8	275.4	840.2	870.4	707.4	838.6	818.6	515.7	1084.5	2938.0
1993	745.1	282.4	1145.2	1217.2	827.9	979.1	1022.1	629.1	1111.4	3788.9
1994	891.9	291.2	1439.6	1547.9	962.4	1159.6	1304.3	751.2	1193.3	4828.9
1995	1030.6	306.9	1709.0	1850.6	1085.2	1329.3	1529.5	870.7	1214.2	5898.5
1996	1146.8	321.9	1924.2	2108.2	1113.5	1482.0	1673.6	994.7	1305.1	6832.5
1997	1275.1	336.9	2172.0	2412.2	1113.7	1640.1	1826.4	1129.7	1429.9	7621.7
1998	1412.9	349.6	2441.7	2723.9	1198.7	1810.5	1948.7	1299.0	1474.6	8430.9
1999	1555.9	363.3	2700.6	3021.1	1288.3	2013.9	2060.5	1434.6	1634.4	10060.7
2000	1734.3	371.7	3024.8	3421.5	1276.9	2279.9	2416.0	1570.1	2004.6	11611.0
2001	1916.2	379.9	3347.4	3805.4	1354.2	2554.0	2753.1	1751.8	2039.4	12625.5
2002	2153.3	396.3	3806.6	4372.0	1401.6	2873.3	2926.6	1984.9	2052.4	14124.3
2003	2473.0	405.1	4579.4	5292.0	1585.6	3198.8	3105.3	2215.4	2269.9	16289.3
2004	2838.7	421.8	5438.5	6365.6	1631.6	3582.9	3480.8	2433.5	2427.3	17629.0
2005	3239.7	442.5	6264.8	7378.1	1739.4	4093.5	4134.5	2704.2	2614.1	21371.6
2006	3719.4	461.1	7332.9	8685.2	1895.3	4656.3	4808.1	3055.7	3260.9	24097.0
2007	4272.3	475.9	8586.9	10234.0	2038.1	5296.7	5335.4	3301.6	4625.3	27255.5
2008	4718.1	494.5	9579.9	11496.4	2048.6	5817.7	5781.0	3718.0	5043.4	25488.8
2009	5173.4	518.9	10457.0	12504.1	2364.4	6446.7	6118.3	4302.2	5804.6	30924.9
2010	5817.5	542.5	11991.0	14360.9	2646.9	7128.5	6850.2	4911.0	6496.6	32444.3
2011	6398.5	565.1	13252.0	15904.8	2839.3	7844.2	7751.1	5556.8	6760.5	34395.6
2012	6920.3	586.9	14221.4	17113.9	2930.7	8592.8	8794.7	6092.1	7345.1	37491.3
2013	7508.0	601.5	15321.2	18481.9	3043.9	9444.9	9629.2	6734.0	8670.7	41689.7

6-5 地区生产总值产业构成

单位：%

年 份	地区生产总值	第一产业	第二产业	#工 业	第三产业
1978	100.0	29.8	46.6	41.0	23.6
1979	100.0	31.8	43.8	39.3	24.4
1980	100.0	33.2	41.1	36.0	25.7
1981	100.0	32.5	41.4	35.7	26.1
1982	100.0	34.8	39.8	33.3	25.4
1983	100.0	32.9	41.3	34.1	25.8
1984	100.0	31.7	40.9	33.6	27.4
1985	100.0	29.8	39.8	32.2	30.4
1986	100.0	28.2	38.3	31.2	33.5
1987	100.0	27.4	39.0	32.3	33.6
1988	100.0	26.5	39.8	33.4	33.7
1989	100.0	25.5	40.1	33.6	34.4
1990	100.0	24.7	39.5	33.6	35.8
1991	100.0	22.0	41.3	35.7	36.7
1992	100.0	19.0	45.0	36.7	36.0
1993	100.0	16.1	49.1	40.0	34.8
1994	100.0	15.0	48.8	40.4	36.2
1995	100.0	14.6	48.9	41.3	36.5
1996	100.0	13.7	48.4	41.6	37.9
1997	100.0	12.6	47.6	41.6	39.8
1998	100.0	11.7	47.7	41.8	40.6
1999	100.0	10.9	47.1	41.4	42.0
2000	100.0	9.2	46.5	41.6	44.3
2001	100.0	8.2	45.7	41.0	46.1
2002	100.0	7.5	45.5	41.1	47.0
2003	100.0	6.8	47.9	43.5	45.3
2004	100.0	6.5	49.2	45.0	44.3
2005	100.0	6.3	50.4	46.5	43.3
2006	100.0	5.8	50.6	47.1	43.6
2007	100.0	5.3	50.4	47.0	44.3
2008	100.0	5.4	50.3	47.0	44.3
2009	100.0	5.1	49.2	45.8	45.7
2010	100.0	5.0	50.0	46.6	45.0
2011	100.0	5.0	49.7	46.3	45.3
2012	100.0	5.0	48.5	45.2	46.5
2013	100.0	4.9	47.3	44.1	47.8

6-6 三次产业贡献率

单位：%

年　份	地区生产总值	第一产业	第二产业	#工　业	第三产业
1979	100.0	30.0	16.6	24.2	53.4
1980	100.0	31.0	32.1	21.0	36.9
1981	100.0	22.4	45.4	31.0	32.2
1982	100.0	37.8	31.5	17.8	30.7
1983	100.0	18.7	45.1	33.4	36.2
1984	100.0	29.2	40.5	34.1	30.3
1985	100.0	12.2	39.8	31.4	48.0
1986	100.0	14.1	22.3	19.1	63.6
1987	100.0	14.7	47.3	42.9	38.0
1988	100.0	11.4	56.8	52.0	31.8
1989	100.0	25.5	46.2	48.8	28.3
1990	100.0	16.0	43.1	41.7	40.9
1991	100.0	7.5	53.1	44.8	39.4
1992	100.0	5.5	63.1	50.1	31.4
1993	100.0	2.1	72.0	66.8	25.9
1994	100.0	2.5	65.9	60.4	31.6
1995	100.0	4.7	63.9	58.5	31.4
1996	100.0	5.3	60.9	59.4	33.8
1997	100.0	4.9	63.5	63.5	31.6
1998	100.0	3.8	64.4	60.6	31.8
1999	100.0	4.0	59.5	55.7	36.5
2000	100.0	2.0	59.7	60.1	38.3
2001	100.0	2.0	47.3	44.4	50.7
2002	100.0	3.0	51.7	50.3	45.3
2003	100.0	1.2	64.5	60.6	34.3
2004	100.0	1.9	62.7	61.8	35.4
2005	100.0	2.3	55.0	53.2	42.7
2006	100.0	1.8	58.0	55.6	40.2
2007	100.0	1.2	59.0	57.2	39.7
2008	100.0	1.9	58.0	57.8	40.1
2009	100.0	2.5	50.1	45.2	47.4
2010	100.0	1.7	62.0	58.9	36.3
2011	100.0	2.1	52.7	50.2	45.2
2012	100.0	2.2	45.1	43.8	52.7
2013	100.0	1.3	45.4	44.0	53.3

注：产业贡献率指各产业增加值增量与 GDP 增量之比。

6-7 三次产业对地区生产总值增长的拉动

单位：%

年 份	地区生产总值	第一产业	第二产业	# 工 业	第三产业
1979	8.5	2.6	1.4	2.0	4.5
1980	16.6	5.2	5.3	3.5	6.1
1981	9.0	2.0	4.1	2.8	2.9
1982	12.0	4.5	3.8	2.1	3.7
1983	7.3	1.4	3.3	2.4	2.6
1984	15.6	4.5	6.3	5.3	4.7
1985	18.0	2.2	7.2	5.6	8.6
1986	12.7	1.8	2.8	2.4	8.1
1987	19.6	2.9	9.3	8.4	7.4
1988	15.8	1.8	9.0	8.2	5.0
1989	7.2	1.8	3.3	3.5	2.1
1990	11.6	1.9	5.0	4.8	4.7
1991	17.7	1.3	9.4	7.9	7.0
1992	22.1	1.2	14.0	11.1	6.9
1993	23.0	0.5	16.5	15.3	6.0
1994	19.7	0.5	13.0	11.9	6.2
1995	15.6	0.8	9.9	9.1	4.9
1996	11.3	0.6	6.9	6.7	3.8
1997	11.2	0.6	7.1	7.1	3.5
1998	10.8	0.4	7.0	6.5	3.4
1999	10.1	0.4	6.0	5.6	3.7
2000	11.5	0.2	6.9	6.9	4.4
2001	10.5	0.2	5.0	4.7	5.3
2002	12.4	0.4	6.4	6.2	5.6
2003	14.8	0.2	9.5	9.0	5.1
2004	14.8	0.3	9.3	9.1	5.2
2005	14.1	0.3	7.8	7.5	6.0
2006	14.8	0.3	8.6	8.2	5.9
2007	14.9	0.2	8.8	8.5	5.9
2008	10.4	0.2	6.0	6.0	4.2
2009	9.7	0.2	4.9	4.4	4.6
2010	12.4	0.2	7.7	7.3	4.5
2011	10.0	0.2	5.3	5.0	4.5
2012	8.2	0.2	3.7	3.6	4.3
2013	8.5	0.1	3.9	3.7	4.5

注：产业拉动指 GDP 增长速度与各产业贡献率之乘积。

6-8 地区生产总值项目结构

单位：亿元

年　份	地区生产总值	劳动者报酬	生产税净额	固定资产折旧	营业盈余
1978	185.85	112.58	25.13	21.07	27.07
1979	209.34	126.64	28.07	23.67	30.96
1980	249.65	151.09	32.62	28.25	37.69
1981	290.36	175.16	38.66	33.28	43.26
1982	339.92	207.09	43.58	38.11	51.14
1983	368.75	222.02	48.33	41.82	56.58
1984	458.74	274.33	59.74	52.06	72.61
1985	577.38	343.38	74.24	65.66	94.10
1986	667.53	393.11	84.86	77.99	111.57
1987	846.69	486.39	108.63	99.73	151.94
1988	1155.37	662.14	149.93	135.89	207.41
1989	1381.39	769.17	176.84	169.99	265.39
1990	1559.03	864.69	197.92	192.05	304.37
1991	1893.30	1031.46	248.47	240.20	373.17
1992	2447.54	1287.81	352.00	328.48	479.25
1993	3469.28	1822.72	478.22	450.06	718.29
1994	4619.02	2451.06	630.43	635.37	902.15
1995	5933.05	3077.86	827.17	904.23	1123.79
1996	6834.97	3584.34	985.78	1076.00	1188.84
1997	7774.53	4053.33	1111.15	1209.40	1400.66
1998	8530.88	4858.94	1268.93	1369.14	1033.86
1999	9250.68	5109.07	1375.14	1592.07	1174.40
2000	10741.25	5600.63	1759.12	1853.60	1527.91
2001	12039.25	6104.83	1939.52	1988.27	2006.62
2002	13502.42	7116.01	1988.13	2162.42	2235.87
2003	15844.64	7941.03	2303.35	2471.85	3128.41
2004	18864.62	9016.48	2659.30	2843.99	4344.85
2005	22557.37	10618.90	3177.03	3622.78	5138.66
2006	26587.76	12075.99	4038.50	4275.66	6197.61
2007	31777.01	14212.84	4947.40	4740.53	7876.24
2008	36796.71	16658.38	5796.13	5231.17	9111.03
2009	39482.56	17849.91	6020.88	5524.55	10087.22
2010	46013.06	20452.36	6841.07	6159.34	12560.29
2011	53210.28	24287.53	8567.19	6986.46	13369.10
2012	57067.92	27239.83	8988.68	7535.69	13303.72

6-9 支出法地区生产总值

年份	支出法地区生产总值(亿元)	最终消费支出	资本形成总额	货物和服务净流出	最终消费率(消费率)(%)	资本形成率(投资率)(%)
1978	194.14	130.02	54.79	9.33	67.0	28.2
1979	215.43	147.11	55.86	12.46	68.3	25.9
1980	259.32	180.93	71.37	7.02	69.8	27.5
1981	305.22	201.43	96.74	7.05	66.0	31.7
1982	349.13	233.21	112.35	3.57	66.8	32.2
1983	367.36	252.07	113.49	1.80	68.6	30.9
1984	446.06	288.26	150.07	7.72	64.6	33.6
1985	568.98	347.18	238.58	-16.78	61.0	41.9
1986	650.99	415.91	256.75	-21.67	63.9	39.4
1987	815.05	516.02	312.33	-13.29	63.3	38.3
1988	1129.64	667.03	462.07	0.54	59.0	40.9
1989	1348.54	857.33	472.75	18.46	63.6	35.1
1990	1541.99	938.48	502.90	100.61	60.9	32.6
1991	1847.99	1081.39	610.18	156.42	58.5	33.0
1992	2440.58	1359.08	987.96	93.54	55.7	40.5
1993	3465.31	1852.06	1554.46	58.79	53.4	44.9
1994	4618.25	2598.57	1930.86	88.82	56.3	41.8
1995	5933.05	3363.38	2394.79	174.89	56.7	40.4
1996	6834.97	3859.32	2782.89	192.75	56.5	40.7
1997	7774.53	4245.18	2974.45	554.90	54.6	38.3
1998	8530.88	4582.16	3331.11	617.60	53.7	39.0
1999	9250.68	5083.60	3511.30	655.78	55.0	38.0
2000	10741.25	5714.46	3850.81	1175.99	53.2	35.9
2001	12039.25	6255.92	4392.51	1390.82	52.0	36.5
2002	13502.42	7286.63	4762.90	1452.89	54.0	35.3
2003	15844.64	8643.44	5911.97	1289.23	54.6	37.3
2004	18864.62	10162.04	7214.70	1487.89	53.9	38.2
2005	22557.37	11450.96	8239.73	2866.68	50.8	36.5
2006	26587.76	12635.59	9307.90	4644.28	47.5	35.0
2007	31777.01	14842.85	10701.48	6232.69	46.7	33.7
2008	36796.71	17202.13	12257.94	7336.63	46.7	33.3
2009	39482.56	19179.39	14951.42	5351.75	48.6	37.9
2010	46013.06	22480.91	17706.61	5825.54	48.9	38.5
2011	53210.28	26074.76	21003.62	6131.90	49.0	39.5
2012	57067.92	29264.26	22871.85	4931.81	51.3	40.1

6-10 资本形成总额及构成

年 份	资本形成总额（亿元）			比重（资本形成总额=100）	
		固定资本形成总额	存货增加	固定资本形成总额	存货增加
1978	54.79	37.93	16.86	69.2	30.8
1979	55.86	41.81	14.05	74.8	25.2
1980	71.37	57.15	14.23	80.1	19.9
1981	96.74	73.39	23.34	75.9	24.1
1982	112.35	94.64	17.71	84.2	15.8
1983	113.49	96.80	16.69	85.3	14.7
1984	150.07	133.04	17.03	88.7	11.3
1985	238.58	163.84	74.74	68.7	31.3
1986	256.75	182.15	74.59	70.9	29.1
1987	312.33	197.01	115.32	63.1	36.9
1988	462.07	286.00	176.07	61.9	38.1
1989	472.75	266.68	206.07	56.4	43.6
1990	502.90	336.61	166.29	66.9	33.1
1991	610.18	396.49	213.70	65.0	35.0
1992	987.96	683.66	304.30	69.2	30.8
1993	1554.46	1110.69	443.77	71.5	28.5
1994	1930.86	1375.09	555.76	71.2	28.8
1995	2394.79	1819.17	575.62	76.0	24.0
1996	2782.89	1919.41	863.48	69.0	31.0
1997	2974.45	2079.15	895.30	69.9	30.1
1998	3331.11	2473.82	857.30	74.3	25.7
1999	3511.30	2870.40	640.89	81.7	18.3
2000	3850.81	3093.82	756.99	80.3	19.7
2001	4392.51	3447.52	944.99	78.5	21.5
2002	4762.90	4023.73	739.17	84.5	15.5
2003	5911.97	4986.53	925.44	84.3	15.7
2004	7214.70	5957.86	1256.83	82.6	17.4
2005	8239.73	7418.23	821.50	90.0	10.0
2006	9307.90	8489.71	818.19	91.2	8.8
2007	10701.48	9964.01	737.47	93.1	6.9
2008	12257.94	11471.36	786.58	93.6	6.4
2009	14951.42	14025.08	926.33	93.8	6.2
2010	17706.61	16515.11	1191.50	93.3	6.7
2011	21003.62	19432.79	1570.83	92.5	7.5
2012	22871.85	22033.82	838.03	96.3	3.7

6-11 最终消费及构成

年 份	最终消费支出（亿元）	居民消费	农业居民	非农业居民	政府消费	比重 最终消费=100 居民消费	政府消费	居民消费=100 农业居民	非农业居民
1978	130.02	111.46	71.34	40.12	18.56	85.7	14.3	64.0	36.0
1979	147.11	128.48	81.91	46.57	18.63	87.3	12.7	63.8	36.2
1980	180.93	156.51	95.95	60.55	24.42	86.5	13.5	61.3	38.7
1981	201.43	175.12	110.62	64.50	26.31	86.9	13.1	63.2	36.8
1982	233.21	202.70	127.93	74.76	30.51	86.9	13.1	63.1	36.9
1983	252.07	220.14	134.45	85.69	31.93	87.3	12.7	61.1	38.9
1984	288.26	250.92	145.05	105.87	37.34	87.0	13.0	57.8	42.2
1985	347.18	298.00	160.16	137.84	49.17	85.8	14.2	53.7	46.3
1986	415.91	349.52	185.03	164.49	66.39	84.0	16.0	52.9	47.1
1987	516.02	442.20	218.69	223.51	73.82	85.7	14.3	49.5	50.5
1988	667.03	566.25	282.86	283.39	100.77	84.9	15.1	50.0	50.0
1989	857.33	743.90	366.82	377.08	113.42	86.8	13.2	49.3	50.7
1990	938.48	807.84	401.62	406.22	130.64	86.1	13.9	49.7	50.3
1991	1081.39	923.37	412.36	511.00	158.02	85.4	14.6	44.7	55.3
1992	1359.08	1118.52	470.01	648.51	240.55	82.3	17.7	42.0	58.0
1993	1852.06	1574.61	617.45	957.16	277.45	85.0	15.0	39.2	60.8
1994	2598.57	2287.69	845.03	1442.66	310.88	88.0	12.0	36.9	63.1
1995	3363.38	2912.58	1021.83	1890.75	450.80	86.6	13.4	35.1	64.9
1996	3859.32	3343.01	1188.44	2154.56	516.32	86.6	13.4	35.6	64.4
1997	4245.18	3539.62	1222.48	2317.15	705.56	83.4	16.6	34.5	65.5
1998	4582.16	3781.21	1281.92	2499.29	800.95	82.5	17.5	33.9	66.1
1999	5083.60	4072.05	1297.91	2774.14	1011.55	80.1	19.9	31.9	68.1
2000	5714.46	4474.11	1348.67	3125.44	1240.35	78.3	21.7	30.1	69.9
2001	6255.92	4733.53	1415.25	3318.28	1522.40	75.7	24.3	29.9	70.1
2002	7286.63	5449.58	1424.04	4025.54	1837.05	74.8	25.2	26.1	73.9
2003	8643.44	6537.53	1263.84	5273.69	2105.91	75.6	24.4	19.3	80.7
2004	10162.04	7953.60	1224.22	6729.38	2208.44	78.3	21.7	15.4	84.6
2005	11450.96	8968.54	1408.30	7560.24	2482.42	78.3	21.7	15.7	84.3
2006	12635.59	9895.13	1425.11	8470.02	2740.46	78.3	21.7	14.4	85.6
2007	14842.85	11781.66	1552.25	10229.41	3061.19	79.4	20.6	13.2	86.8
2008	17202.13	13599.73	1787.13	11812.60	3602.40	79.1	20.9	13.1	86.9
2009	19179.39	15261.28	2028.28	13233.01	3918.11	79.6	20.4	13.3	86.7
2010	22480.91	17702.35	2263.93	15438.42	4778.56	78.7	21.3	12.8	87.2
2011	26074.76	20504.11	2768.58	17735.53	5570.65	78.6	21.4	13.5	86.5
2012	29264.26	23022.47	3123.49	19898.98	6241.79	78.7	21.3	13.6	86.4

6-12 三大需求对地区生产总值增长的贡献率和拉动

年份	最终消费支出		资本形成总额		货物和服务净流出	
	贡献率(%)	拉动(百分点)	贡献率(%)	拉动(百分点)	贡献率(%)	拉动(百分点)
1979	95.7	5.3	-13.8	-0.8	18.2	1.0
1980	71.3	13.0	33.5	6.1	-4.8	-0.9
1981	50.5	6.3	56.4	7.1	-6.9	-0.9
1982	72.7	8.3	40.6	4.6	-13.2	-1.5
1983	124.4	5.6	-12.9	-0.6	-11.5	-0.5
1984	56.5	8.5	42.2	6.3	1.3	0.2
1985	32.0	6.9	80.6	17.4	-12.6	-2.7
1986	83.6	8.8	15.5	1.6	0.8	0.1
1987	38.6	4.9	34.9	4.4	26.4	3.3
1988	-2.8	-0.3	60.1	7.4	42.8	5.2
1989	110.8	9.4	-35.6	-3.0	24.8	2.1
1990	60.9	7.2	9.5	1.1	29.6	3.5
1991	39.9	7.1	35.1	6.3	25.0	4.5
1992	56.0	12.4	65.2	14.5	-21.1	-4.7
1993	50.2	11.6	60.1	13.9	-10.3	-2.4
1994	53.8	10.4	36.1	7.0	10.1	1.9
1995	50.2	8.0	40.2	6.4	9.6	1.5
1996	45.3	5.1	52.0	5.9	2.7	0.3
1997	21.8	2.4	6.9	0.8	71.3	8.0
1998	39.8	4.3	43.7	4.7	16.5	1.8
1999	55.5	5.6	21.2	2.2	23.2	2.3
2000	33.8	3.9	25.5	2.9	40.7	4.7
2001	46.2	4.8	48.5	5.1	5.3	0.6
2002	68.5	8.5	22.8	2.8	8.8	1.1
2003	63.6	9.4	50.2	7.5	-13.8	-2.0
2004	50.5	7.5	37.2	5.5	12.3	1.8
2005	43.0	6.1	30.2	4.3	26.8	3.8
2006	31.5	4.7	28.5	4.2	40.0	5.9
2007	45.5	6.8	22.8	3.4	31.7	4.7
2008	45.9	4.8	34.4	3.6	19.6	2.0
2009	64.8	6.3	80.4	7.8	-45.2	-4.4
2010	53.5	6.7	46.2	5.8	0.2	0.0
2011	49.2	4.9	48.9	4.9	1.8	0.2
2012	54.4	4.4	43.7	3.6	1.9	0.2

注：1. 三大需求指支出法地区生产总值的三大构成项目，即最终消费支出、资本形成总额、货物和服务净流出。

2. 贡献率指三大需求增量与地区支出法生产总值增量之比。

3. 拉动指地区生产总值增长速度与三大需求贡献率的乘积。

6-13 人均地区生产总值及人均消费水平

年 份	人均地区生产总值		人均消费水平					
			居 民		农业居民		非农业居民	
	绝对数（元）	增长速度（%）	绝对数（元）	增长速度（%）	绝对数（元）	增长速度（%）	绝对数（元）	增长速度（%）
1978	370		222		171		466	
1979	410	6.9	252	8.3	196	9.8	507	2.6
1980	481	14.8	302	14.9	228	14.1	620	12.7
1981	550	7.1	332	7.9	260	13.3	627	-1.9
1982	633	10.0	377	10.3	298	10.4	696	8.3
1983	675	5.6	403	7.2	310	5.1	764	8.5
1984	827	13.8	453	10.3	334	7.8	878	9.7
1985	1026	16.2	529	5.7	372	-2.6	1038	10.2
1986	1164	10.6	609	9.5	430	6.3	1146	8.4
1987	1443	17.0	754	6.4	515	4.9	1382	1.1
1988	1926	13.2	944		651	0.5	1716	-6.8
1989	2251	4.8	1212	19.7	831	23.1	2188	15.0
1990	2484	9.1	1287	9.3	896	12.9	2263	4.7
1991	2941	14.7	1434	8.3	906	0.2	2712	14.8
1992	3699	18.8	1690	14.7	1023	9.7	3210	15.7
1993	5085	19.3	2308	20.5	1347	17.6	4280	17.0
1994	6530	15.5	3234	17.8	1831	14.3	5870	15.7
1995	8129	12.0	3991	10.1	2206	8.4	7091	7.6
1996	9139	8.6	4470	6.9	2547	11.6	7660	2.3
1997	10130	8.4	4612		2597	-0.4	7807	-4.8
1998	10819	7.9	4796	4.2	2681	5.8	8054	2.2
1999	11415	7.1	5025	4.5	2661	0.8	8598	5.9
2000	12736	7.1	5305	0.2	2680	-1.3	9189	0.2
2001	13852	7.2	5445	1.9	2759	3.0	9312	0.3
2002	15365	11.1	6199	13.2	2904	5.7	10358	10.2
2003	17798	13.4	7342	17.0	3032	3.4	11136	6.4
2004	20876	13.1	8800	15.9	3386	8.2	12409	7.9
2005	24647	12.7	9798	10.0	3915	13.2	13607	8.5
2006	28534	12.8	10619	7.4	4009	2.2	14695	6.9
2007	33272	12.1	12336	12.9	4401	5.0	16982	12.6
2008	37638	7.9	13911	7.1	4975	5.6	19101	7.1
2009	39436	7.1	15243	10.9	5533	6.9	20852	11.3
2010	44736	9.5	17211	9.3	6255	9.4	23159	7.5
2011	50807	8.0	19578	7.9	7854	14.1	25527	5.3
2012	54095	7.4	21823	8.3	8898	7.7	28269	7.9
2013	58540	7.8						

6-14 人均地区生产总值及人均消费水平指数

年份	人均地区生产总值		人均消费水平					
			居民		农业居民		非农业居民	
	绝对数(元)	1978年为100(%)	绝对数(元)	1978年为100(%)	绝对数(元)	1978年为100(%)	绝对数(元)	1978年为100(%)
1978	370	100	222	100	171	100	466	100
1979	410	106.9	252	108.3	196	109.8	507	102.6
1980	481	122.6	302	124.4	228	125.2	620	115.6
1981	550	131.3	332	134.2	260	141.9	627	113.4
1982	633	144.4	377	148.1	298	156.7	696	122.8
1983	675	152.5	403	158.7	310	164.8	764	133.3
1984	827	173.5	453	175.0	334	177.6	878	146.3
1985	1026	201.6	529	184.9	372	172.9	1038	161.2
1986	1164	223.1	609	202.5	430	183.7	1146	174.7
1987	1443	260.9	754	215.6	515	192.6	1382	176.6
1988	1926	295.4	944	208.1	651	193.6	1716	164.6
1989	2251	309.6	1212	249.0	831	238.2	2188	189.3
1990	2484	337.7	1287	272.1	896	269.0	2263	198.2
1991	2941	387.5	1434	294.7	906	269.5	2712	227.5
1992	3699	460.3	1690	338.1	1023	295.7	3210	263.2
1993	5085	549.0	2308	407.5	1347	347.8	4280	308.1
1994	6530	633.9	3234	480.2	1831	397.6	5870	356.5
1995	8129	709.8	3991	528.9	2206	430.8	7091	383.5
1996	9139	770.8	4470	565.4	2547	480.6	7660	392.3
1997	10130	835.2	4612	553.4	2597	478.6	7807	373.5
1998	10819	900.8	4796	576.9	2681	506.5	8054	381.6
1999	11415	965.1	5025	602.6	2661	510.6	8598	404.2
2000	12736	1033.7	5305	603.5	2680	503.8	9189	405.0
2001	13852	1108.3	5445	615.2	2759	519.0	9312	406.3
2002	15365	1231.8	6199	696.1	2904	548.8	10358	447.6
2003	17798	1396.4	7342	814.5	3032	567.2	11136	476.2
2004	20876	1579.1	8800	944.4	3386	613.6	12409	513.8
2005	24647	1779.5	9798	1039.1	3915	694.4	13607	557.7
2006	28534	2006.6	10619	1116.3	4009	709.7	14695	596.4
2007	33272	2248.7	12336	1260.1	4401	745.0	16982	671.4
2008	37638	2426.0	13911	1349.9	4975	787.0	19101	719.2
2009	39436	2597.6	15243	1496.7	5533	841.1	20852	800.4
2010	44736	2843.3	17211	1636.2	6255	920.4	23159	860.3
2011	50807	3071.3	19578	1765.5	7854	1050.1	25527	905.9
2012	54095	3297.6	21823	1912.0	8898	1131.7	28269	977.2
2013	58540	3554.3						

6-15 各市地区生产总值

单位：亿元

市　别	2000	2005	2007	2008	2009	2010	2011	2012	2013
广　州	2492.74	5154.23	7140.32	8287.38	9138.21	10748.28	12423.44	13551.21	15420.14
深　圳	2187.45	4950.91	6801.57	7786.79	8201.32	9581.51	11505.53	12950.06	14500.23
珠　海	332.35	635.45	894.81	997.16	1038.66	1208.60	1404.93	1503.76	1662.38
汕　头	450.16	635.88	829.49	951.81	1035.87	1208.97	1275.74	1425.01	1565.90
佛　山	1050.38	2429.38	3660.18	4378.30	4820.90	5651.52	6210.23	6613.02	7010.17
#顺　德	364.59	825.12	1242.26	1501.25	1670.18	1951.06	2153.90	2317.33	2556.78
韶　关	192.72	337.03	481.14	553.85	578.75	683.10	816.81	906.48	1010.07
河　源	87.22	204.81	329.61	395.88	405.50	475.14	579.29	615.26	680.33
梅　州	180.50	314.61	411.62	479.61	519.29	612.85	707.54	744.75	800.01
惠　州	439.19	803.92	1117.91	1304.05	1414.70	1729.95	2093.08	2367.55	2678.35
汕　尾	128.49	205.75	288.71	346.58	390.04	465.08	550.55	610.41	671.75
东　莞	820.25	2183.20	3160.05	3703.60	3763.91	4246.45	4735.39	5010.17	5490.02
中　山	345.44	885.72	1268.04	1457.01	1566.41	1850.65	2193.20	2441.04	2638.93
江　门	504.66	801.70	1097.26	1270.88	1340.88	1570.42	1830.64	1880.39	2000.18
阳　江	160.20	294.40	405.29	480.50	527.27	639.84	766.82	887.03	1039.84
湛　江	373.81	680.97	924.41	1099.41	1156.67	1405.06	1700.23	1860.22	2060.01
茂　名	417.36	738.35	997.08	1177.84	1231.25	1492.09	1745.31	1936.18	2160.17
肇　庆	249.78	435.05	619.69	760.50	862.00	1085.87	1324.41	1462.35	1660.07
清　远	157.92	323.28	557.66	652.10	715.14	869.79	1003.03	1025.03	1093.04
潮　州	177.87	282.39	372.80	438.08	480.18	559.24	647.22	706.65	780.34
揭　阳	311.09	414.00	585.99	724.23	816.09	1009.51	1225.86	1396.79	1605.35
云　浮	137.70	201.84	275.55	324.55	344.51	400.97	481.37	530.29	602.30
按经济区域分									
珠 三 角	8422.24	18279.55	25759.83	29945.66	32147.00	37673.26	43720.86	47779.56	53060.48
东　翼	1067.61	1538.02	2076.99	2460.70	2722.18	3242.81	3699.38	4138.87	4623.35
西　翼	951.37	1713.72	2326.78	2757.74	2915.19	3536.99	4212.36	4683.43	5260.01
山　区	756.06	1381.57	2055.58	2405.99	2563.18	3041.86	3588.03	3821.81	4185.76

6-16 各市地区生产总值指数

上年=100

市　别	2000	2005	2007	2008	2009	2010	2011	2012	2013
广　州	113.3	112.9	115.3	112.5	111.7	113.2	111.3	110.5	111.6
深　圳	115.7	115.1	114.8	112.1	110.7	112.2	110.0	110.0	110.5
珠　海	112.0	113.1	117.0	109.2	106.6	112.9	111.3	107.0	110.5
汕　头	107.0	111.3	113.0	110.5	110.7	113.9	112.0	109.5	110.0
佛　山	112.5	119.4	119.2	115.2	113.5	114.3	111.4	108.2	110.0
#顺　德	114.5	118.9	118.0	115.5	114.1	114.5	111.6	108.0	110.2
韶　关	111.3	110.1	114.9	110.8	110.1	112.5	112.1	110.0	112.1
河　源	110.7	122.9	122.6	110.3	110.1	113.3	113.1	111.6	112.0
梅　州	108.2	107.8	112.5	110.2	109.8	114.1	113.6	110.1	111.1
惠　州	111.3	115.9	117.6	111.6	113.2	118.0	114.6	112.6	113.6
汕　尾	111.5	116.0	118.5	115.8	116.3	118.1	114.0	113.5	112.2
东　莞	119.7	119.5	118.3	114.0	105.3	110.3	108.0	106.1	109.8
中　山	112.4	120.9	116.6	111.1	110.2	113.9	113.1	111.0	110.0
江　门	110.2	112.6	115.0	110.8	109.7	114.5	113.0	108.1	109.8
阳　江	109.6	113.9	113.8	111.8	112.2	116.8	114.9	113.0	115.3
湛　江	107.1	113.3	115.1	111.7	110.6	114.2	113.0	109.6	112.0
茂　名	111.2	114.1	113.1	109.8	110.3	114.1	110.8	110.6	113.2
肇　庆	110.6	115.7	117.4	116.2	113.9	117.5	114.7	111.0	111.5
清　远	108.3	127.8	124.8	110.1	112.8	112.9	108.3	105.1	108.2
潮　州	105.6	111.4	114.5	112.2	112.5	114.1	113.0	110.6	111.0
揭　阳	105.4	111.3	118.1	116.0	116.0	119.6	114.6	111.3	114.5
云　浮	105.3	113.4	115.6	110.3	110.5	113.8	114.3	112.8	113.3
按经济区域分									
珠 三 角	113.7	115.7	116.3	112.8	109.4	112.2	109.9	108.1	109.4
东　翼	106.7	111.9	115.4	113.1	112.1	115.0	112.2	110.2	110.5
西　翼	109.4	113.8	114.0	110.9	110.4	114.2	111.1	110.0	112.0
山　区	108.7	115.7	118.2	110.3	110.4	113.1	110.5	108.6	108.4

注：2009年起区域生产总值增速由广东省统计局统一调整核算，以前年份增速由分市汇总计算。

6-17 各市第三产业增加值

单位：亿元

市别	2000	2005	2007	2008	2009	2010	2011	2012	2013
广州	1376.75	2978.79	4164.67	4890.33	5560.77	6557.45	7641.92	8616.79	9963.90
深圳	1085.80	2298.64	3378.06	3918.03	4367.55	5051.67	6155.65	7206.12	8198.14
珠海	145.14	273.58	374.19	423.68	465.88	514.23	603.98	688.38	770.21
汕头	193.39	264.83	341.43	373.07	409.32	466.22	552.28	604.37	660.94
佛山	435.03	876.52	1268.63	1482.97	1687.44	2003.63	2220.43	2369.16	2530.76
#顺德	138.89	309.32	437.73	522.00	610.51	713.40	906.91	1029.64	1156.67
韶关	73.00	138.05	188.69	227.34	260.74	301.82	356.40	403.78	450.51
河源	35.87	81.93	111.79	129.60	141.35	170.26	200.35	237.33	260.15
梅州	61.30	112.56	150.45	179.84	203.79	236.19	280.89	318.44	345.73
惠州	121.70	273.09	400.08	472.14	535.45	608.00	753.32	865.76	991.09
汕尾	44.48	76.53	102.95	126.88	148.84	174.81	202.05	226.95	247.81
东莞	343.64	934.78	1393.49	1787.17	1926.04	2069.07	2351.32	2615.78	2951.06
中山	141.09	315.59	476.86	562.39	616.73	725.81	911.51	1025.24	1108.35
江门	200.73	303.66	388.04	425.35	459.08	581.18	695.01	770.06	828.34
阳江	50.21	103.32	139.97	163.74	189.75	227.93	267.52	302.08	333.14
湛江	133.24	222.75	307.62	368.49	461.45	538.15	645.65	752.15	824.24
茂名	143.73	311.83	394.90	469.54	530.02	626.81	729.38	802.51	893.66
肇庆	104.93	200.36	275.26	328.03	376.98	438.94	510.72	554.41	606.59
清远	55.77	124.83	194.17	237.48	274.45	351.83	415.23	455.68	494.65
潮州	62.59	99.08	132.05	156.99	180.76	209.57	248.32	268.48	289.48
揭阳	98.11	146.66	195.39	236.15	274.36	319.62	362.21	397.23	437.18
云浮	42.90	65.34	83.49	101.95	116.06	135.11	157.19	184.13	207.42
按经济区域分									
珠三角	3954.80	8455.01	12119.28	14290.09	15995.92	18549.99	21843.86	24711.70	27948.44
东翼	398.57	587.10	771.83	893.09	1013.28	1170.22	1364.85	1497.02	1635.41
西翼	327.18	637.90	842.49	1001.78	1181.23	1392.89	1642.54	1856.74	2051.04
山区	268.84	522.71	728.59	876.20	996.39	1195.21	1410.05	1599.37	1758.45

6-18 各市第三产业增加值指数

上年=100

市　别	2000	2005	2007	2008	2009	2010	2011	2012	2013
广　州	116.3	113.3	116.7	113.8	113.4	113.6	111.3	112.0	113.3
深　圳	113.3	112.2	115.6	112.5	112.5	110.1	108.5	112.3	111.7
珠　海	108.9	109.1	116.3	110.6	111.1	107.1	111.6	112.1	109.2
汕　头	106.9	109.9	113.2	105.6	111.3	111.8	113.6	107.3	107.9
佛　山	113.6	112.3	118.8	113.3	113.8	113.4	110.8	106.6	107.6
#顺　德	116.1	115.6	115.6	115.4	116.2	113.7	111.5	108.0	109.8
韶　关	110.9	113.9	116.7	118.7	113.0	113.9	112.6	109.1	110.5
河　源	112.4	117.1	115.1	109.7	110.9	113.1	112.3	109.5	108.9
梅　州	112.6	110.9	120.2	116.1	111.6	113.6	115.3	109.8	111.5
惠　州	108.6	117.4	118.5	113.5	114.7	110.6	116.1	111.1	111.0
汕　尾	112.0	117.1	117.3	118.5	121.2	114.7	109.4	109.5	106.9
东　莞	120.0	119.3	123.3	124.0	111.4	104.1	109.0	106.5	109.4
中　山	110.0	126.0	121.6	114.1	112.5	112.0	113.0	107.1	109.0
江　门	110.2	104.0	112.1	106.1	108.1	111.9	109.9	112.2	106.8
阳　江	111.1	120.5	117.6	113.7	115.4	117.2	112.3	110.9	109.6
湛　江	110.4	114.2	116.7	117.1	117.7	116.5	119.3	111.7	113.2
茂　名	114.4	120.5	114.3	115.1	116.2	117.7	111.2	108.1	115.2
肇　庆	112.2	120.2	117.9	114.8	113.1	111.4	111.4	105.3	108.5
清　远	120.0	118.2	123.9	116.8	111.9	117.6	112.7	106.4	108.8
潮　州	107.8	110.2	115.5	115.8	117.2	114.0	113.8	111.0	107.3
揭　阳	107.2	112.0	114.1	113.6	118.2	112.7	108.1	105.4	108.4
云　浮	104.7	111.0	116.5	116.8	113.7	110.8	110.1	113.8	110.1
按经济区域分									
珠三角	113.9	113.7	117.5	114.3	110.5	110.4	109.7	109.7	111.5
东　翼	107.7	111.4	114.4	111.1	112.7	112.2	110.7	107.8	107.7
西　翼	112.3	118.2	115.7	115.6	116.2	116.9	113.2	109.9	113.0
山　区	111.9	114.4	118.9	116.0	111.0	113.6	111.8	109.0	109.3

6-19 各市地区生产总值

2013 年　　单位：亿元

市　　别	地区生产总值	第一产业	第二产业		
				工　业	建筑业
广　　州	15420.14	228.87	5227.38	4754.85	472.53
深　　圳	14500.23	5.25	6296.85	5889.05	407.79
珠　　海	1662.38	43.11	849.05	775.57	73.48
汕　　头	1565.90	87.18	817.79	751.93	65.86
佛　　山	7010.17	139.05	4340.36	4201.80	138.56
#顺　　德	2556.78	43.60	1356.51	1305.32	51.19
韶　　关	1010.07	131.30	428.26	360.30	67.96
河　　源	680.33	83.08	337.11	311.56	25.54
梅　　州	800.01	164.71	289.57	241.24	48.33
惠　　州	2678.35	136.67	1550.59	1464.70	85.89
汕　　尾	671.75	108.26	315.69	291.13	24.55
东　　莞	5490.02	20.09	2518.88	2436.14	82.73
中　　山	2638.93	66.87	1463.71	1404.17	59.54
江　　门	2000.18	158.81	1013.03	964.01	49.02
阳　　江	1039.84	192.92	513.78	457.78	56.00
湛　　江	2060.01	421.44	814.33	726.17	88.16
茂　　名	2160.17	373.15	893.35	826.47	66.88
肇　　庆	1660.07	262.38	791.10	737.87	53.23
清　　远	1093.04	167.67	430.72	385.68	45.04
潮　　州	780.34	54.94	435.92	412.62	23.31
揭　　阳	1605.35	154.39	1013.78	962.72	51.06
云　　浮	602.30	135.25	259.63	231.88	27.76
按经济区域分					
珠 三 角	53060.48	1061.10	24050.94	22628.17	1422.77
东　　翼	4623.35	404.77	2583.18	2418.41	164.77
西　　翼	5260.01	987.51	2221.46	2010.42	211.04
山　　区	4185.76	682.02	1745.29	1530.66	214.63

6-19 续表 单位：亿元

市别	第三产业	交通运输、仓储和邮政业	批发和零售业	住宿和餐饮业	金融业	房地产业	其他服务业
广州	9963.90	996.25	2274.96	430.35	1146.37	1272.28	3843.69
深圳	8198.14	504.09	1765.43	269.77	2008.16	1334.42	2316.27
珠海	770.21	30.35	177.94	38.46	94.90	132.44	296.13
汕头	660.94	38.72	233.01	48.96	32.33	67.87	240.05
佛山	2530.76	148.74	574.48	106.12	272.54	453.69	975.20
*顺德	1156.67	109.95	211.09	36.91	94.13	188.62	647.01
韶关	450.51	68.40	84.89	36.19	23.69	46.51	190.82
河源	260.15	15.36	53.19	20.20	30.99	48.94	91.47
梅州	345.73	32.63	62.86	20.19	27.77	37.12	165.16
惠州	991.09	121.31	214.00	83.35	78.07	178.51	315.85
汕尾	247.81	17.33	83.21	23.99	9.87	31.59	81.81
东莞	2951.06	153.28	554.91	175.48	240.22	578.43	1248.74
中山	1108.35	48.43	223.64	54.14	114.39	164.31	503.44
江门	828.34	74.98	171.33	38.64	79.62	131.52	332.26
阳江	333.14	39.69	100.14	37.57	25.42	41.38	88.94
湛江	824.24	158.81	180.20	41.30	31.57	77.64	334.72
茂名	893.66	63.77	343.35	75.60	21.56	58.41	330.98
肇庆	606.59	43.36	159.10	55.38	45.06	49.12	254.58
清远	494.65	68.94	84.92	53.85	35.18	69.78	181.98
潮州	289.48	25.16	94.84	10.43	22.11	31.69	105.26
揭阳	437.18	17.57	220.21	26.60	16.11	36.75	119.93
云浮	207.42	14.91	42.05	13.59	12.18	26.78	97.91
按经济区域分							
珠三角	27948.44	2120.78	6115.79	1251.69	4079.32	4294.72	10086.14
东翼	1635.41	98.78	631.27	109.98	80.42	167.90	547.05
西翼	2051.04	262.26	623.69	154.47	78.55	177.44	754.64
山区	1758.45	200.24	327.91	144.02	129.81	229.13	727.33

6-20 各市地区生产总值增长速度

2013年

单位：%

市别	地区生产总值	第一产业	第二产业	工业	建筑业
广州	11.6	2.7	9.2	9.9	1.6
深圳	10.5	-19.8	9.0	9.3	4.6
珠海	10.5	5.4	11.8	10.6	28.8
汕头	10.0	3.9	12.1	12.6	6.0
佛山	10.0	2.8	11.4	11.9	-0.9
#顺德	10.2	3.1	10.7	11.1	-0.5
韶关	12.1	4.8	16.0	16.1	15.5
河源	12.0	6.2	15.6	15.7	14.0
梅州	11.1	5.6	13.0	14.0	8.6
惠州	13.6	3.6	16.0	16.6	4.7
汕尾	12.2	3.9	18.3	20.4	2.1
东莞	9.8	-0.3	10.3	10.4	4.5
中山	10.0	2.2	10.9	11.6	-5.3
江门	9.8	3.0	12.6	13.0	3.0
阳江	15.3	5.1	23.4	24.8	12.8
湛江	12.0	6.1	13.4	13.6	11.0
茂名	13.2	3.3	15.0	15.2	12.2
肇庆	11.5	5.6	15.7	17.1	-2.0
清远	8.2	4.8	8.5	9.5	-0.2
潮州	11.0	4.9	14.2	14.2	13.5
揭阳	14.5	4.1	18.8	19.7	3.5
云浮	13.3	4.0	19.9	21.3	6.8
按经济区域分					
珠三角	9.4	2.4	7.6	7.9	3.2
东翼	10.5	4.0	13.2	13.8	5.3
西翼	12.0	4.6	14.1	14.3	11.9
山区	8.4	4.8	9.0	9.0	8.9

 单位：%

市　别	第三产业	交通运输、仓储和邮政业	批发和零售业	住宿和餐饮业	金融业	房地产业	其　他服务业
广　州	13.3	6.9	17.2	6.9	15.6	19.7	11.2
深　圳	11.7	9.0	14.2	2.5	15.0	10.8	9.7
珠　海	9.2	11.1	11.1	2.0	12.0	18.4	4.3
汕　头	7.9	9.3	11.9	4.9	10.4	6.1	4.9
佛　山	7.6	7.0	8.6	4.1	9.8	8.7	6.5
#顺　德	9.8	5.9	9.0	4.0	9.2	6.2	13.2
韶　关	10.5	12.9	10.8	8.5	11.5	16.1	8.5
河　源	8.9	9.5	8.7	4.1	16.6	12.7	6.2
梅　州	11.5	7.9	10.6	6.0	17.4	9.0	13.0
惠　州	11.0	11.9	11.4	2.5	14.6	21.3	7.3
汕　尾	6.9	9.3	6.7	2.9	15.8	6.2	6.8
东　莞	9.4	10.8	9.8	0.6	18.6	13.6	7.2
中　山	9.0	12.2	6.1	0.9	13.0	11.8	9.3
江　门	6.8	11.0	3.8	2.5	12.8	12.3	4.7
阳　江	9.6	26.8	8.7	6.7	13.1	12.8	3.1
湛　江	13.2	7.9	32.4	4.3	14.0	13.2	9.1
茂　名	15.2	6.8	29.7	4.7	19.4	3.1	9.6
肇　庆	8.5	8.9	14.0	3.4	14.2	10.1	5.1
清　远	8.8	6.5	6.6	5.3	14.7	12.1	9.8
潮　州	7.3	6.8	7.9	6.0	10.0	10.0	5.8
揭　阳	8.4	10.2	10.9	7.6	14.8	4.5	4.3
云　浮	10.1	18.8	15.1	4.1	9.5	13.4	7.0
按经济区域分							
珠三角	11.5						
东　翼	7.7						
西　翼	13.0						
山　区	9.3						

6-21 各市地区生产总值产业构成

2013年　　单位：%

市别	地区生产总值	第一产业	第二产业	#工业	第三产业
广州	100.0	1.5	33.9	30.8	64.6
深圳	100.0	…	43.4	40.6	56.6
珠海	100.0	2.6	51.1	46.7	46.3
汕头	100.0	5.6	52.2	48.0	42.2
佛山	100.0	2.0	61.9	59.9	36.1
#顺德	100.0	1.7	53.1	51.1	45.2
韶关	100.0	13.0	42.4	35.7	44.6
河源	100.0	12.2	49.6	45.8	38.2
梅州	100.0	20.6	36.2	30.2	43.2
惠州	100.0	5.1	57.9	54.7	37.0
汕尾	100.0	16.1	47.0	43.3	36.9
东莞	100.0	0.3	45.9	44.4	53.8
中山	100.0	2.5	55.5	53.2	42.0
江门	100.0	7.9	50.7	48.2	41.4
阳江	100.0	18.6	49.4	44.0	32.0
湛江	100.0	20.5	39.5	35.3	40.0
茂名	100.0	17.3	41.3	38.3	41.4
肇庆	100.0	15.8	47.7	44.4	36.5
清远	100.0	15.3	39.4	35.3	45.3
潮州	100.0	7.0	55.9	52.9	37.1
揭阳	100.0	9.6	63.2	60.0	27.2
云浮	100.0	22.5	43.1	38.5	34.4
按经济区域分					
珠三角	100.0	2.0	45.3	42.6	52.7
东翼	100.0	8.7	55.9	52.3	35.4
西翼	100.0	18.8	42.2	38.2	39.0
山区	100.0	16.3	41.7	36.6	42.0

6-22 各市人均地区生产总值

单位：元

市别	2000	2005	2007	2008	2009	2010	2011	2012	2013
广州	25626	53809	69673	76440	79383	87458	97588	105909	119695
深圳	32800	60801	76273	83431	84147	94296	110421	123247	136948
珠海	27770	45320	61303	66798	68042	77888	89794	95471	104786
汕头	9741	12883	16483	18634	19982	22776	23596	26231	28661
佛山	20231	42066	59329	68033	71691	80313	86073	91259	96310
#顺德	22213	42382	59407	68605	72881	81154	87263	93494	102470
韶关	7028	11608	16607	19258	20245	24050	28760	31702	35063
河源	3826	7483	11847	14127	14163	16301	19505	20536	22499
梅州	4728	7670	9940	11539	12453	14554	16623	17396	18603
惠州	13877	21909	28288	31748	33142	38650	45331	50873	57144
汕尾	5262	7419	10062	11938	13336	15845	18682	20608	22560
东莞	13679	33287	45057	50471	48988	52798	57470	60557	66109
中山	15077	36435	48441	52921	54156	60797	70014	77527	83393
江门	12851	19546	26225	29910	30999	35622	41062	42028	44546
阳江	7377	12717	17241	20340	22260	26676	31491	36096	42017
湛江	6231	10243	13455	15938	16708	20161	24163	26240	28859
茂名	7981	12729	16713	19774	20847	25496	29811	32678	36063
肇庆	7422	11890	16441	20041	22554	27987	33642	36864	41479
清远	5003	9079	15322	17813	19479	23569	26957	27320	28928
潮州	7444	11215	14601	16960	18381	21107	24169	26252	28837
揭阳	6001	7417	10217	12539	14075	17264	20780	23532	26866
云浮	6399	8664	11776	13889	14741	17074	20302	22115	24863
按经济区域分									
珠三角	20280	40336	53299	59480	61231	68633	77637	84355	93114
东翼	7294	9729	12829	15032	16479	19371	21850	24315	27002
西翼	7099	11608	15321	18123	19182	23239	27485	30271	33712
山区	5344	8838	13010	15197	16120	19006	22205	23467	25513

6-23 各市人均生产总值指数

上年=100

市别	2000	2005	2007	2008	2009	2010	2011	2012	2013
广州	108.3	114.3	109.5	106.4	105.2	106.1	107.5	110.0	110.9
深圳	105.2	111.6	109.4	107.1	106.0	107.6	107.3	109.0	109.6
珠海	104.9	110.3	114.6	106.8	104.2	111.0	110.3	106.3	109.7
汕头	104.5	110.3	111.6	108.9	109.0	111.2	109.9	109.0	109.3
佛山	106.3	117.8	114.4	110.5	108.6	109.2	108.6	107.7	109.5
#顺德	108.0	116.4	112.8	110.3	108.9	109.1	108.7	107.6	109.9
韶关	111.8	108.7	115.7	111.6	110.8	113.2	112.1	109.3	111.3
河源	111.9	118.3	123.3	109.5	107.8	111.2	111.0	110.6	111.0
梅州	108.9	106.4	112.0	109.8	109.5	112.9	112.4	109.5	110.6
惠州	107.7	113.0	112.8	107.4	108.9	112.5	111.1	111.7	112.8
汕尾	110.2	113.3	116.7	114.5	115.4	117.7	113.5	113.0	111.7
东莞	106.6	119.4	113.1	109.0	100.5	105.3	105.4	105.7	109.4
中山	105.4	120.6	111.0	105.6	104.9	108.3	109.9	110.5	109.4
江门	108.8	112.1	113.5	109.1	107.8	112.4	111.7	107.7	109.4
阳江	109.6	112.7	112.9	111.3	111.9	115.3	113.2	111.9	114.5
湛江	106.0	111.3	113.4	111.2	110.2	113.4	111.9	108.8	111.2
茂名	110.5	112.0	111.8	110.0	111.2	115.2	110.7	109.3	111.9
肇庆	109.9	114.1	115.7	115.4	113.1	115.7	113.0	110.2	110.5
清远	108.8	124.8	123.7	109.4	112.5	112.3	107.4	104.2	107.4
潮州	104.3	110.7	113.4	110.9	111.2	112.5	111.8	110.1	110.4
揭阳	103.0	110.2	116.3	115.2	115.5	118.6	113.6	110.7	113.7
云浮	105.1	111.9	115.8	110.5	110.5	113.3	113.2	111.5	112.2
按经济区域分									
珠三角	107.2	114.6	111.7	108.3	104.9	107.3	107.1	107.5	108.8
东翼	104.7	110.6	113.8	111.8	111.0	113.5	111.0	109.6	109.9
西翼	108.6	111.8	112.6	110.7	110.6	114.0	110.4	108.9	111.0
山区	109.2	113.4	118.2	110.1	109.9	112.4	109.5	107.8	107.7

注:2009 年起区域人均生产总值增速由广东省统计局统一调整核算，以往年份增速由分市汇总计算。

6-24 各市人均生产总值指数

2000年=100

市　别	2000	2005	2007	2008	2009	2010	2011	2012	2013
广　州	100.0	194.0	240.3	255.6	268.8	285.1	306.3	336.9	373.5
深　圳	100.0	174.5	213.3	228.5	242.1	260.5	279.5	304.8	334.2
珠　海	100.0	163.0	212.7	227.2	236.7	262.8	290.0	308.2	338.2
汕　头	100.0	130.5	161.3	175.5	191.4	212.8	233.9	255.0	278.8
佛　山	100.0	191.4	255.0	281.6	305.8	333.9	362.7	390.6	427.6
#顺　德	100.0	189.1	252.1	278.2	303.0	330.5	359.3	386.5	424.3
韶　关	100.0	155.9	207.0	231.0	255.9	289.7	324.8	355.0	395.1
河　源	100.0	179.3	276.7	303.0	326.4	363.2	403.1	446.0	495.0
梅　州	100.0	147.9	180.9	198.7	217.5	245.6	276.0	302.1	334.1
惠　州	100.0	156.7	199.7	214.4	233.4	262.6	291.8	325.9	367.6
汕　尾	100.0	158.1	209.6	239.9	276.9	326.0	370.1	418.0	466.7
东　莞	100.0	230.2	303.5	330.7	332.4	350.2	369.0	389.9	426.4
中　山	100.0	228.6	290.5	306.9	321.8	348.4	383.0	423.2	463.2
江　门	100.0	153.4	199.3	217.4	234.2	263.2	294.1	316.8	346.5
阳　江	100.0	163.5	213.1	237.1	265.3	306.0	346.3	387.6	444.0
湛　江	100.0	146.8	185.9	206.8	227.8	258.5	289.2	314.5	349.7
茂　名	100.0	158.9	199.0	218.9	243.4	280.4	310.5	339.2	379.7
肇　庆	100.0	160.3	212.5	245.3	277.3	320.9	362.6	399.5	441.5
清　远	100.0	181.2	285.1	311.9	350.9	394.2	423.4	441.1	473.7
潮　州	100.0	151.6	192.4	213.3	237.2	266.8	298.2	328.2	362.4
揭　阳	100.0	125.8	166.1	191.2	220.9	262.0	297.5	329.2	374.4
云　浮	100.0	139.9	184.4	203.7	225.1	255.0	288.6	321.8	361.1
按经济区域分									
珠三角	100.0	187.6	238.9	258.6	271.3	291.0	311.8	335.3	364.7
东　翼	100.0	135.3	172.4	192.8	214.1	243.0	269.6	295.4	324.6
西　翼	100.0	154.9	196.0	217.0	239.9	273.5	301.9	328.9	365.2
山　区	100.0	158.5	220.6	242.9	266.9	300.0	328.4	353.9	380.9

6-25 各县（市）区地区生产总值

2013 年　　单位：万元

县（市）区	地区生产总值	第一产业	第二产业	第三产业
广州市				
从化市	2841460	225526	1325516	1290418
增城市	9894494	534674	5997243	3362577
深圳市	**145002302**	**52451**	**62968455**	**81981396**
珠海市	**16623757**	**431110**	**8490502**	**7702145**
汕头市				
南澳县	133255	37367	57266	38622
佛山市	**70101725**	**1390525**	**43403598**	**25307602**
韶关市				
乐昌市	953802	197827	323256	432719
南雄市	1007886	236275	370096	401515
仁化县	848699	168543	392244	287912
始兴县	586455	152445	246065	187945
翁源县	715255	193649	254421	267185
新丰县	530141	100359	247567	182215
乳源县	581698	65699	292680	223319
河源市				
东源县	863663	138309	429415	295939
和平县	672710	129651	303172	239887
龙川县	1158811	223467	470635	464709
紫金县	934450	229293	328756	376401
连平县	940916	85423	646112	209381
梅州市				
兴宁市	1324355	370779	381725	571851
平远县	600715	112536	321846	166333
蕉岭县	531909	108108	219391	204410
大埔县	585193	173290	203168	208735
丰顺县	756213	211341	340810	204062
五华县	1008099	286661	208735	512703

6-25　续表 1　　单位：万元

县（市）区	地区生产总值	第一产业	第二产业	第三产业
惠州市				
惠东县	3833174	386684	1861814	1584676
博罗县	4453407	423546	2336448	1693413
龙门县	1157072	184760	455395	516918
汕尾市				
陆丰市	2011779	451394	923367	637018
海丰县	2216746	333160	1000341	883245
陆河县	408629	96036	72437	240156
东莞市	**54900207**	**200855**	**25188763**	**29510589**
中山市	**26389329**	**668732**	**14637079**	**11083518**
江门市				
台山市	3134068	508349	1780648	845071
开平市	2602329	259650	1313365	1029314
鹤山市	2175886	166785	1188413	820688
恩平市	1332464	190020	446063	696381
阳江市				
阳春市	3030186	645170	1412594	972422
阳东县	2305365	398904	1323505	582956
阳西县	1405450	500722	533262	371466
湛江市				
雷州市	2009854	869098	308843	831913
廉江市	3055674	873909	1266056	915709
吴川市	1758671	254291	769251	735129
遂溪县	2316570	898520	717145	700905
徐闻县	1314554	648721	164189	501644
茂名市				
信宜市	3289409	776717	1140611	1372081
高州市	4088661	980541	1242041	1866079
化州市	3553475	755954	1177280	1620241
电白县	3454742	760183	1209807	1484752

单位：万元

县（市）区	地区生产总值	第一产业	第二产业	第三产业
肇庆市				
四会市	4572248	433628	2915866	1222754
高要市	3460829	632259	1992339	836231
广宁县	1117389	273983	369081	474325
德庆县	1033998	240551	390817	402630
封开县	1150175	335476	378587	436112
怀集县	1919199	576695	559811	782693
清远市				
英德市	2001425	458040	639747	903638
连州市	1091304	268420	271424	551460
佛冈县	843249	93161	386143	363945
连山县	257990	60726	92933	104331
连南县	297596	49159	113941	134496
阳山县	751144	239178	166792	345174
潮州市				
饶平县	1902598	343593	857676	701329
揭阳市				
普宁市	5047625	330245	3377844	1339536
揭西县	1835438	299035	1010442	525961
惠来县	2110129	469380	1203448	437301
云浮市				
罗定市	1341424	347924	459969	533530
新兴县	1920362	481892	843289	595181
郁南县	833268	246915	262743	323610
云安县	662152	162808	342225	157119
云安县	662152	162808	342225	157119

6-26 各县（市）区地区生产总值增长速度

2013年　　单位：%

县（市）区	地区生产总值	第一产业	第二产业	第三产业
广州市				
从化市	12.0	2.8	13.4	12.2
增城市	12.9	4.4	13.1	13.9
深圳市	**10.5**	**-19.8**	**9.0**	**11.7**
珠海市	**10.5**	**5.4**	**11.8**	**9.2**
汕头市				
南澳县	9.0	4.3	10.9	10.7
佛山市	**10.0**	**2.8**	**11.4**	**7.6**
韶关市				
乐昌市	12.6	5.5	15.4	13.4
南雄市	12.7	4.8	20.6	10.3
仁化县	12.4	6.0	15.5	11.0
始兴县	12.4	4.5	17.3	12.6
翁源县	14.2	4.8	24.1	11.7
新丰县	16.2	4.5	24.7	11.5
乳源县	13.1	4.7	17.0	10.8
河源市				
东源县	13.0	5.0	18.6	8.5
和平县	12.5	6.3	20.5	7.1
龙川县	12.1	6.6	16.3	9.8
紫金县	12.5	5.5	20.3	9.7
连平县	12.2	6.7	14.5	7.0
梅州市				
兴宁市	10.9	5.7	12.7	12.3
平远县	13.4	5.5	19.1	8.7
蕉岭县	12.8	5.6	17.0	10.0
大埔县	12.8	5.8	18.5	9.9
丰顺县	13.8	5.6	18.6	10.6
五华县	11.2	5.8	17.6	10.9

6-26 续表 1 单位: %

县（市）区	地区生产总值	第一产业	第二产业	第三产业
惠州市				
惠东县	14.3	6.2	17.8	11.2
博罗县	12.5	3.8	15.5	10.0
龙门县	14.3	5.3	20.5	11.9
汕尾市				
陆丰市	12.4	3.8	20.6	5.8
海丰县	13.1	4.0	20.5	6.6
陆河县	11.0	3.7	14.3	11.5
东莞市	**9.8**	**-0.3**	**10.3**	**9.4**
中山市	**10.0**	**2.2**	**10.9**	**9.0**
江门市				
台山市	10.1	4.0	14.9	0.8
开平市	10.2	1.9	15.2	5.2
鹤山市	9.5	3.0	12.2	6.7
恩平市	9.8	6.1	13.3	8.4
阳江市				
阳春市	15.3	4.5	20.3	14.9
阳东县	14.6	5.2	18.7	12.3
阳西县	15.3	6.6	25.4	12.6
湛江市				
雷州市	8.5	6.4	6.8	11.1
廉江市	16.5	6.6	28.8	10.2
吴川市	15.5	6.1	20.5	13.6
遂溪县	12.0	6.5	18.1	12.7
徐闻县	10.0	6.6	5.0	15.8
茂名市				
信宜市	13.6	3.7	21.1	13.0
高州市	12.5	3.3	12.2	15.2
化州市	13.3	3.7	23.0	10.7
电白县	13.1	3.6	17.5	14.3

6-26 续表 2

单位：%

县（市）区	地区生产总值	第一产业	第二产业	第三产业
肇庆市				
四会市	16.6	5.0	21.1	10.8
高要市	13.8	3.0	20.6	6.7
广宁县	12.1	7.6	20.5	8.3
德庆县	12.4	6.6	18.2	10.3
封开县	13.1	6.8	20.1	12.0
怀集县	12.0	8.0	21.6	8.4
清远市				
英德市	9.1	5.7	15.5	5.6
连州市	8.0	5.8	9.4	8.3
佛冈县	8.1	5.3	10.8	5.6
连山县	6.0	5.3	5.4	7.0
连南县	8.9	5.7	7.0	12.3
阳山县	6.5	4.8	14.2	3.5
潮州市				
饶平县	11.2	7.1	14.7	8.7
揭阳市				
普宁市	16.1	3.7	20.5	9.0
揭西县	14.2	4.9	19.7	9.4
惠来县	15.1	4.2	22.3	8.1
云浮市				
罗定市	15.3	4.2	27.7	9.7
新兴县	15.1	4.0	21.2	15.0
郁南县	12.7	4.0	23.4	7.9
云安县	15.1	3.8	24.5	4.0

6-27 各县（市）区人均地区生产总值及增长速度

县（市）区	绝对数（元/人）		增长速度（%）	
	2012	2013	2012	2013
广州市				
从化市	41005	46800	12.0	10.7
增城市	81342	94188	12.3	12.3
深圳市	**123247**	**136948**	**9.0**	**9.6**
珠海市	**95471**	**104786**	**6.3**	**9.7**
汕头市				
南澳县	20336	21827	4.3	8.3
佛山市	**91259**	**96310**	**7.7**	**9.5**
韶关市				
乐昌市	20661	23559	7.7	11.9
南雄市	27177	31050	13.8	11.8
仁化县	38032	41521	8.3	11.4
始兴县	24223	28080	13.1	11.6
翁源县	18734	21224	18.2	13.4
新丰县	21715	25251	18.3	15.4
乳源县	27646	32182	4.9	12.2
河源市				
东源县	17196	19152	11.7	12.0
和平县	15678	17534	10.2	11.5
龙川县	14697	16265	9.5	11.0
紫金县	12800	14258	10.3	11.5
连平县	24736	27253	10.2	11.2
梅州市				
兴宁市	12704	13556	9.7	10.3
梅县区	26282		9.9	
平远县	24208	25882	14.8	13.0
蕉岭县	23838	25543	10.1	12.4
大埔县	14313	15461	11.6	12.4
丰顺县	14315	15604	10.2	13.3
五华县	8690	9426	9.6	10.6

6-27 续表1

县（市）区	绝对数（元/人）		增长速度（%）	
	2012	2013	2012	2013
惠州市				
惠东县	35563	41545	13.3	13.6
博罗县	38107	42196	13.0	11.9
龙门县	32275	36902	15.4	13.2
汕尾市				
陆丰市	12960	14668	11.4	11.7
海丰县	25109	27513	12.9	12.4
陆河县	13461	14383	12.7	10.4
东莞市	**60557**	**66109**	**5.7**	**9.4**
中山市	**77527**	**83393**	**10.5**	**9.4**
江门市				
台山市	32151	33081	7.7	9.9
开平市	34362	37039	9.9	9.9
鹤山市	39874	43592	7.9	9.1
恩平市	24652	26832	8.7	9.5
阳江市				
阳春市	30860	35078	12.1	14.8
阳东县	44090	51111	12.1	14.0
阳西县	26585	30580	11.8	14.9
湛江市				
雷州市	12634	13796	11.9	7.8
廉江市	17675	20763	11.1	15.8
吴川市	16129	18565	12.8	14.7
遂溪县	23146	25587	11.8	11.2
徐闻县	16343	18458	11.3	9.3
茂名市				
信宜市	32028	34753	12.8	12.0
高州市	28345	30669	10.3	11.0
化州市	27012	29477	14.1	13.3
电白县	24474	27815	13.6	12.6

6-27 续表2

县（市）区	绝对数（元/人）		增长速度（%）	
	2012	2013	2012	2013
肇庆市				
四会市	70516	81486	13.1	14.6
高要市	39447	44952	10.3	12.7
广宁县	22826	25874	10.1	11.4
德庆县	26446	29725	8.1	11.6
封开县	24258	28369	9.8	12.4
怀集县	20369	23100	10.7	11.2
清远市				
英德市	19256	20796	4.4	8.4
连州市	26818	29028	1.5	7.2
佛冈县	25064	27250	5.9	7.3
清新区	24022		3.3	
连山县	26302	27861	4.8	5.1
连南县	20509	22520	5.5	8.2
阳山县	19690	20641	3.4	5.7
潮州市				
饶平县	19170	21248	10.0	10.5
潮安县	31641		11.0	
揭阳市				
普宁市	20700	24155	11.8	15.4
揭东区	27975		11.6	
揭西县	18734	21873	8.3	13.4
惠来县	16572	18895	10.6	14.3
云浮市				
罗定市	11941	13623	13.6	14.1
新兴县	38227	43694	13.6	14.0
郁南县	18692	20884	11.3	11.6
云安县	21088	23913	11.1	13.9

七、农村经济综合

7-1 主要年份农林牧渔业总产值指数

年　　份	农林牧渔业总产值	农　业产　值	林　业产　值	牧　业产　值	渔　业产　值	农林牧渔服务业产值
1949	100.0	100.0	100.0	100.0	100.0	
1952	133.7	128.5	340.0	147.0	200.0	
1957	179.1	169.9	1720.0	160.0	342.0	
1962	150.8	145.6	2220.0	118.4	202.0	
1965	226.0	202.9	3360.0	281.6	320.0	
1970	260.1	233.7	4320.0	299.5	412.0	
1975	278.9	243.4	4410.0	367.5	483.1	
1978	323.8	288.8	5566.9	398.2	445.6	
1980	356.7	322.8	6029.7	415.9	458.1	
1985	510.8	420.2	8617.3	805.0	963.2	
1990	741.2	581.9	12007.2	1219.3	1912.9	
1995	980.3	684.6	13336.0	1766.1	3563.5	
1996	1039.9	707.5	13733.2	1934.9	3934.5	
1997	1110.6	761.3	13884.3	2028.7	4249.3	
1998	1164.4	787.4	14381.2	2133.7	4606.9	
1999	1228.4	828.3	15146.5	2245.5	4911.0	
2000	1261.2	833.3	15679.4	2308.2	5278.6	
2003	1419.4	957.5	15485.7	2448.3	6094.0	100.0
2004	1483.4	1011.6	16006.0	2492.9	6384.7	107.8
2005	1554.5	1046.3	16475.0	2630.0	6748.0	120.5
2006	1616.7	1083.5	15652.7	2710.7	7153.1	132.3
2007	1669.7	1112.8	16237.7	2791.8	7446.1	143.1
2008	1735.7	1130.5	16759.2	2986.5	7795.9	155.0
2009	1822.5	1193.5	18043.9	3100.1	8193.6	163.2
2010	1900.2	1250.3	18848.7	3198.1	8560.5	171.4
2011	1974.5	1319.1	20384.8	3162.8	9008.2	180.8
2012	2048.2	1369.8	21659.9	3225.0	9451.6	191.1
2013	2093.5	1409.6	22862.4	3165.9	9831.7	203.1

注：指数按可比价格计算。

7-2 农林牧渔业总产值主要指标

项　　目	按现行价格计算(万元)		2013 比 2012 年增长(%)
	2013 年	2012 年	
农林牧渔业总产值	**49468059.17**	**46568483.21**	**2.2**
一、农业产值	**24447027.49**	**22292732.34**	**2.9**
（一）谷物及其他作物	7047850.23	7191439.66	-2.9
1.谷　物	3314444.47	3531294.43	
稻　谷	2967873.15	3202424.37	
2.薯　类	1237472.01	1180816.52	
3.油　料	766458.11	733835.65	
4.豆　类	139950.62	125711.07	
大　豆	106725.89	95648.46	
5.生　麻	19496.12	17591.60	
6.糖　料	744167.54	754508.05	
7.烟　草	126231.85	120344.75	
8.其他农作物	699629.50	727337.59	
（二）蔬菜、食用菌及花卉盆景园艺产品	11357622.81	9887014.47	5.6
1.蔬菜(含菜用瓜)	10276637.76	8832488.22	
2.食用菌	178915.85	137920.38	
3.花卉	679354.00	654346.57	
4.盆景及园艺产品	222715.20	262259.29	
（三）水果、坚果、茶、饮料和香料	5727138.60	4947873.61	5.5
1.水果	5440478.02	4696912.67	
2.坚果	22491.20	16870.31	
3.茶及饮料原料	211721.83	185358.60	
4.香料原料	52447.55	48732.02	
（四）中草药材	314415.85	266404.61	9.0
二、林业产值	**2494289.75**	**2227364.98**	**5.6**
（一）林木的培育和种植	326764.12	258358.72	18.1
（二）竹木采运	863549.05	792818.51	5.7
（三）林产品	1303976.59	1176187.75	2.7
三、牧业产值	**11068644.62**	**11341380.28**	**-1.8**
（一）牲畜饲养	353217.15	269973.38	8.1
1.牛的饲养	210647.23	160281.02	
2.羊的饲养	34958.00	27430.37	
3.奶产品	107611.91	82261.99	
（二）猪的饲养	6032783.25	6178864.28	0.5
（三）家禽饲养	4006517.03	4289174.80	-6.7
1.肉禽	3621311.54	3930695.75	
2.禽蛋	385205.49	358479.05	
（四）狩猎和捕捉动物	19797.43	19106.76	3.9
（五）其他畜牧业	656329.77	584261.06	4.4
四、渔业产值	**9752825.02**	**9140396.98**	**4.0**
（一）海水产品	4744095.14	4457808.13	4.7
其中：养殖	3515374.50	3255537.28	
（二）淡水产品	5008729.88	4682588.85	3.4
其中：养殖	4870989.812	4545389.00	
五、农林牧渔服务业	**1705272.283**	**1566608.62**	**6.3**

注：2013 比 2012 年增长（%）按可比价格计算。

7-3 各市农林牧渔业总产值及发展速度

2013年　　单位：亿元，%

市　　别	产值						农林牧渔业总产值发展速度
	合计	农业	林业	牧业	渔业	农林牧渔服务业	
广 东 省	4946.81	2444.70	249.43	1106.86	975.28	170.53	102.2
广 州 市	389.98	202.71	3.96	75.86	67.75	39.69	102.9
深 圳 市	13.95	5.33	0.08	3.65	4.41	0.47	70.8
珠 海 市	79.05	11.50	0.14	12.11	48.07	7.24	103.6
汕 头 市	157.73	78.86	0.58	28.04	46.39	3.86	103.5
佛 山 市	263.52	90.93	1.20	59.14	99.16	13.10	100.5
韶 关 市	214.12	148.24	17.32	38.46	6.84	3.25	103.8
河 源 市	132.73	76.25	17.35	30.86	3.87	4.41	103.9
梅 州 市	269.52	172.08	13.21	68.68	8.96	6.59	103.0
惠 州 市	217.77	146.01	4.65	44.92	18.33	3.86	103.0
汕 尾 市	173.67	74.75	3.91	26.50	60.95	7.56	102.9
东 莞 市	33.15	18.93	0.36	5.24	7.66	0.96	98.6
中 山 市	110.00	36.59	0.05	9.13	63.00	1.22	100.7
江 门 市	286.48	91.81	6.64	71.01	112.74	4.29	102.6
阳 江 市	307.95	97.85	10.01	50.48	132.81	16.80	104.1
湛 江 市	640.53	349.51	19.03	98.62	159.45	13.92	103.9
茂 名 市	567.58	296.74	30.82	161.03	60.88	18.11	101.8
肇 庆 市	385.71	184.63	52.73	104.78	40.00	3.57	103.8
清 远 市	254.60	145.77	24.37	64.19	14.09	6.17	104.4
潮 州 市	90.72	38.82	3.54	17.41	26.61	4.35	102.4
揭 阳 市	229.66	143.29	17.74	43.86	18.08	6.69	103.2
云 浮 市	210.35	85.11	26.16	85.27	9.38	4.43	102.5

注：本表产值按现行价格计算，发展速度按可比价格计算。

7-4 各县（区）现行价农林牧渔业总产值

2013 年　　单位：万元

县（市）区别	合　计	农　业	林　业	牧　业	渔　业	农林牧渔服务业
广　州　市	**3899763.02**	**2027062.32**	**39614.53**	**758606.59**	**677539.59**	**396940.00**
海　珠　区	35687.60	12135.73			21051.87	2500.00
天　河　区	59572.85	10840.40	402.13	13317.36	4062.96	30950.00
白　云　区	584567.02	326983.26	1521.96	123494.34	59239.47	73328.00
黄　埔　区	19622.10	15002.53	41.41	2571.30	1981.85	25.00
荔　湾　区	73371.23	64782.16			4389.06	4200.00
罗　岗　区	127222.61	45438.50	3092.59	50879.30	6210.21	21602.00
花　都　区	525006.22	262334.36	4169.23	149323.61	71593.01	37586.00
从　化　市	384549.95	225640.72	10008.07	95817.97	16422.19	36661.00
增　城　市	925241.22	499547.38	20252.51	185930.78	60118.55	159392.00
番　禺　区	429408.46	177422.37	100.23	67841.76	162941.09	21103.00
南　沙　区	735513.76	386934.90	26.40	69430.15	269529.31	9593.00
深　圳　市	**139479.08**	**53307.49**	**756.90**	**36546.76**	**44148.56**	**4719.36**
福　田　区	25866.16	197.58			25668.58	
罗　湖　区	3741.31	175.92	30.00		3535.39	
南　山　区	33445.47	19811.52			3133.94	10500.00
宝　安　区	50202.88	19304.81	238.96	28520.91	2038.20	100.00
龙　岗　区	37242.79	13429.02	450.76	8805.27	9938.38	4619.36
盐　田　区	762.80	559.40	102.15		101.25	
珠　海　市	**790506.09**	**114959.37**	**1437.02**	**121059.70**	**480656.62**	**72393.38**
香　洲　区	78002.68	5162.16	735.20	26807.89	40457.25	4840.18
金　湾　区	124198.06	35308.60	188.79	17477.55	47659.75	23563.37
斗　门　区	588305.37	74488.60	513.05	76774.27	392539.62	43989.83
汕　头　市	**1577304.00**	**788631.38**	**5756.44**	**280407.17**	**463942.98**	**38566.03**
金　平　区	53233.17	22004.03	7.51	16987.86	13664.33	569.44
龙　湖　区	114973.44	66697.19	405.63	37051.88	8150.74	2668.00
澄　海　区	528116.92	300341.72	347.93	111034.07	115668.88	724.31
濠　江　区	104240.35	27873.41	63.63	10412.45	65360.57	530.29
潮　阳　区	364096.52	189944.76	1288.24	52682.85	112680.67	7500.00
潮　南　区	245567.60	172400.15	2608.43	43160.64	23546.38	3852.00
南　澳　县	148256.13	9214.38	1160.50	9081.29	124299.96	4500.00
佛　山　市	**2635248.94**	**909272.20**	**11973.34**	**591369.85**	**991600.21**	**131033.33**
禅　城　区	12145.18	2466.43		4726.30	4262.65	689.80
南　海　区	831949.34	407828.06	117.00	84875.40	292578.87	46550.00
顺　德　区	850941.19	190481.87	56.99	97664.84	522375.96	40361.53
高　明　区	325536.34	104296.07	9415.81	121814.34	74308.12	15702.00
三　水　区	614676.70	191212.82	2023.23	281558.40	112152.25	27730.00
韶　关　市	**2141154.74**	**1482410.84**	**173199.93**	**384645.22**	**68391.61**	**32507.14**
浈　江　区	90464.83	52699.21	7918.05	20286.33	8462.05	1099.20
武　江　区	89334.77	57993.14	7717.34	17761.32	4111.31	1751.66
曲　江　区	232162.21	150303.84	15237.45	47992.13	16270.13	2358.67
南　雄　市	374871.20	245743.20	27735.32	81628.31	13148.37	6616.00
始　兴　县	241472.51	162256.45	22442.07	47134.12	6299.87	3340.00
翁　源　县	300086.18	232061.32	19504.28	38044.06	5974.91	4501.61
仁　化　县	258071.25	165051.44	37585.07	43446.68	7378.06	4610.00
新　丰　县	156561.79	119434.09	9807.14	21022.82	4075.74	2222.01
乳源自治县	103294.02	64835.66	17096.49	17510.84	1941.03	1910.00
乐　昌　市	300575.61	227443.69	13817.46	50419.72	4573.68	4321.06
河　源　市	**1327345.76**	**762487.46**	**173462.16**	**308623.48**	**38700.21**	**44072.46**
源　城　区	46122.01	21250.91	750.58	22028.79	1313.73	778.00
东　源　县	221003.04	126638.53	21738.56	54629.52	8512.39	9484.04

7-4　续表 1　　　　单位：万元

县（市）区别	合　计	农　业	林　业	牧　业	渔　业	农林牧渔服务业
和平县	205183.58	114170.86	32753.36	47373.25	2745.21	8140.90
龙川县	349322.22	179169.64	64676.65	84130.85	12596.08	8749.00
紫金县	360418.05	226443.99	45777.64	66452.07	8754.80	12989.55
连平县	145296.87	94813.53	7765.37	34009.00	4778.00	3930.97
梅州市	**2695157.23**	**1720811.68**	**132079.46**	**686756.64**	**89644.10**	**65865.36**
梅江区	141679.98	79583.16	2361.16	50404.85	7454.17	1876.63
梅县区	595819.23	449074.01	11829.44	103269.00	23848.27	7798.51
蕉岭县	173257.31	86233.95	26833.45	51609.47	5211.85	3368.60
大埔县	260294.86	179898.08	17754.39	49299.26	5941.13	7402.00
丰顺县	341855.58	173200.27	21694.50	125123.72	12902.08	8935.01
五华县	455924.23	260835.48	25127.99	133666.86	14591.64	21702.25
兴宁市	576881.27	411077.72	6383.52	139325.04	13190.49	6904.50
平远县	169877.51	112217.73	6424.37	33084.56	7692.47	10458.37
惠州市	**2177723.90**	**1460078.65**	**46531.48**	**449235.74**	**183284.02**	**38594.01**
惠城区	384735.13	241584.41	8703.96	101042.79	27813.97	5590.00
惠东县	610302.69	389981.17	10096.74	87920.15	100469.33	21835.30
惠阳区	217906.09	162825.65	2884.85	28868.14	22161.74	1165.71
博罗县	688787.13	426014.67	18907.82	207498.14	28213.50	8153.00
龙门县	275992.87	239672.76	5938.11	23906.52	4625.48	1850.00
汕尾市	**1736689.41**	**747544.44**	**39080.40**	**264955.04**	**609509.64**	**75599.89**
汕尾城区	237827.20	32998.70	1340.17	22116.99	180353.34	1018.00
红海湾区	69178.56	14445.38	284.61	1843.95	52604.63	
海丰县	533636.35	270237.86	13792.36	63382.84	146960.29	39263.00
陆河县	157735.47	91539.98	15562.46	42511.14	3211.89	4910.00
陆丰市	738312.17	338318.01	8100.81	135104.03	226380.42	30408.89
东莞市	**331544.63**	**189296.02**	**3626.11**	**52377.86**	**76620.06**	**9624.58**
中山市	**1099955.93**	**365911.79**	**455.58**	**91343.91**	**630004.65**	**12240.00**
江门市	**2864779.49**	**918064.50**	**66401.75**	**710066.88**	**1127369.30**	**42877.06**
蓬江区	179218.88	21329.34	721.81	105023.82	50766.60	1377.30
江海区	76166.33	18858.17	133.56	20320.50	34946.11	1908.00
新会区	588992.27	158927.11	6518.03	115394.32	300338.82	7814.00
台山市	931962.24	234667.85	15800.25	91871.92	577470.23	12152.00
开平市	466785.25	203975.96	19746.31	191132.22	47930.75	4000.00
恩平市	321332.30	147511.28	13888.75	68002.80	80803.70	11125.76
鹤山市	300323.51	132794.77	9593.09	118321.12	35114.53	4500.00
阳江市	**3079498.15**	**978470.44**	**100142.52**	**504801.13**	**1328096.06**	**167988.00**
江城区	390515.92	82821.62	2899.61	32828.51	259826.18	12140.00
阳东县	638223.76	192424.83	14453.75	88458.29	331522.89	11364.00
阳西县	767111.50	199084.53	27660.73	73305.13	454228.11	12833.00
阳春市	1039203.67	509451.05	59987.38	302737.64	55013.59	112014.00
海陵区	244219.06	12810.44	1563.34	7529.90	196940.38	25375.00
湛江市	**6405263.36**	**3495111.85**	**190329.65**	**986194.84**	**1594454.68**	**139172.34**
赤坎区	32190.31	10376.74		8510.42	13155.29	147.86
霞山区	35036.50	9879.21		8488.01	15803.80	865.48
坡头区	226859.52	83890.63	5350.00	52053.92	82274.47	3290.50
麻章区	268329.53	100963.23	3629.58	29928.71	130935.42	2872.59
东海区	434280.63	82103.67	129.13	16365.25	320770.24	14912.34
吴川市	406327.06	154793.14	5336.33	117743.02	122078.66	6375.91
徐闻县	929958.14	719411.30	14487.05	54883.95	132396.50	8779.34
雷州市	1307523.92	858677.84	46902.27	133375.72	231508.90	37059.19
遂溪县	1396761.64	741671.68	48227.85	258340.19	329261.13	19260.79
廉江市	1367625.71	732987.35	66267.46	306504.75	216270.28	45595.87

单位：万元

县（市）区别	合　计	农　业	林　业	牧　业	渔　业	农林牧渔服务业
茂名市	**5675810.39**	**2967428.30**	**308198.72**	**1610347.29**	**608777.18**	**181058.90**
茂南区	309975.30	137681.36	953.59	142306.49	18505.86	10528.00
茂港区	337534.85	155247.67	7628.56	70513.69	95322.92	8822.00
信宜市	1167255.48	681337.43	73942.68	360306.92	21878.45	29790.00
高州市	1469141.79	921792.75	86840.28	373612.32	43631.44	43265.00
电白县	1203135.42	460214.91	59171.50	268251.16	359529.84	55968.00
化州市	1171383.62	611154.18	79662.09	377972.78	69908.67	32685.90
肇庆市	**3857101.04**	**1846261.90**	**527318.67**	**1047810.10**	**400031.10**	**35679.27**
端州区	11132.56	6312.41	610.98	2921.40	1269.77	18.00
鼎湖区	239711.06	78256.04	3670.73	114852.78	42672.56	258.95
高要市	929432.93	463889.39	73944.09	226001.11	149966.34	15632.00
广宁县	363511.57	183307.47	108718.18	65157.23	5721.69	607.00
四会市	674141.86	225416.26	32440.32	276305.89	136565.40	3414.00
德庆县	354206.32	243234.94	48855.63	47098.84	13120.91	1896.00
封开县	508608.62	308679.01	84451.09	82994.84	29238.36	3245.32
怀集县	776356.06	337166.27	174627.66	232478.06	21476.07	10608.00
清远市	**2545990.33**	**1457725.67**	**243650.49**	**641940.64**	**140939.53**	**61734.00**
清城区	369828.52	182894.73	9945.72	122496.97	47098.10	7393.00
英德市	674658.16	385809.26	90893.63	155912.57	28055.70	13987.00
佛冈县	132502.51	86833.31	15823.90	22442.81	6062.49	1340.00
连山自治县	90484.03	46259.58	16502.02	15836.32	1573.11	10313.00
连南自治县	71961.04	37565.36	16870.84	14529.47	1417.37	1578.00
连州市	403046.94	278423.88	13474.57	96700.52	6547.97	7900.00
阳山县	362484.67	217952.88	33221.69	100437.13	4651.97	6221.00
清新区	441972.43	220655.11	41696.95	113346.00	53272.37	13002.00
潮州市	**907235.75**	**388208.75**	**35392.97**	**174112.62**	**266065.67**	**43455.74**
湘桥区	24478.97	14922.85	1815.74	5878.89	1711.48	150.00
饶平县	591280.62	200977.12	17762.80	114456.86	238841.52	19242.32
潮安区	291476.23	172308.79	15814.46	53776.87	25512.69	24063.42
揭阳市	**2296635.22**	**1432937.34**	**177354.55**	**438646.16**	**180831.28**	**66865.89**
榕城区	214241.76	138972.73	10649.36	36255.23	22864.44	5500.00
揭东区	463178.77	317318.77	41477.48	68980.24	18946.52	16455.76
惠来县	663804.89	358663.17	58655.74	103846.97	125946.83	16692.17
普宁市	521829.19	371283.50	28679.26	102702.11	10914.32	8250.00
揭西县	451178.08	249848.70	33692.26	126950.28	17784.84	22902.00
云浮市	**2103500.90**	**851097.70**	**261640.30**	**852661.59**	**93778.14**	**44323.17**
云城区	170738.20	60392.64	35484.97	64456.72	6623.87	3780.00
新兴县	802791.21	200953.57	84999.87	483903.47	24971.13	7963.17
郁南县	365154.05	223707.65	21108.85	103087.65	11051.90	6198.00
罗定市	528135.5	217812.68	102960.12	147907.01	40696.69	18759.00
云安县	236681.93	148231.16	17086.49	53306.74	10434.54	7623.00

7-5 农林牧渔业生产中间消耗主要指标

2013 年　　　　单位：亿元

指 标 名 称	金 额	指 标 名 称	金 额
农林牧渔业中间消耗总计	**1899.29**	8. 其　他	9.93
一、农业中间消耗合计	**738.61**	(二)生产服务支出	14.20
(一)物质消耗	555.25	**三、牧业中间消耗合计**	**604.81**
1. 用种量	146.69	(一)物质消耗	553.24
2. 役畜用饲料、饲草	21.63	1. 用种量	24.76
3. 肥料	236.10	2. 饲料、饲草	485.63
4. 燃料	37.08	3. 燃　料	19.05
5. 农药	18.06	4. 用电量	5.47
6. 农用塑料薄膜	6.15	5. 畜牧用药品	12.29
7. 用电量	34.38	6. 其　他	6.03
8. 小农具购置	10.69	(二)生产服务支出	51.57
9. 办公用品购置	7.11	**四、渔业中间消耗合计**	**392.15**
10. 其　他	37.36	(一)物质消耗	310.23
(二)生产服务支出	183.36	1. 饲　料	153.39
二、林业中间消耗合计	**63.57**	2. 燃　料	42.00
(一)物质消耗	49.37	3. 用电量	13.14
1. 用种量	14.39	4. 办公用品购置	1.61
2. 肥　料	6.68	5. 其　他	100.09
3. 燃　料	1.60	(二)生产服务支出	81.93
4. 农　药	1.32	**五、农林牧渔服务业中间消耗合计**	**100.14**
5. 用电量	0.70	(一)物质消耗	82.53
6. 小农机具购置	13.46	(二)生产服务支出	17.61
7. 办公用品购置	1.31		

7-6 农林牧渔业增加值

2013 年

项　　目	合计	农业	林业	牧业	渔业	服务业
一、农林牧渔业总产值						
按当年价格计算	4946.81	2444.70	249.43	1106.86	975.28	170.53
比 2012 年增长（%）	2.2	2.9	5.6	-1.8	4.0	6.3
二、农林牧渔业中间消耗	**1899.29**	**738.61**	**63.57**	**604.81**	**392.15**	**100.14**
三、农林牧渔业增加值	**3047.52**	**1706.09**	**185.86**	**502.05**	**583.13**	**70.38**
比 2012 年增长（%）	2.5	2.9	5.6	-1.8	4.0	6.3

注：比 2012 年增长（%）按可比价格计算。

7-7 各市农林牧渔业生产中间消耗

2013 年　　单位：万元

市　别	合　计	农　业	林　业	牧　业	渔　业	农林牧渔服务业
广 东 省	18992904.35	7386117.29	635690.19	6048129.75	3921539.59	1001427.52
广 州 市	1615133.40	625754.13	12335.98	449246.82	294594.21	233202.26
深 圳 市	79577.54	24536.73	414.04	20589.96	31264.88	2771.93
珠 海 市	345016.43	36499.60	335.11	68725.59	196925.02	42531.11
汕 头 市	706650.69	298891.30	3241.44	156523.29	225337.11	22657.55
佛 山 市	1276893.23	301150.96	2586.24	368246.01	527927.95	76982.08
韶 关 市	802452.88	465477.00	58333.75	230094.77	29449.42	19097.94
河 源 市	493545.78	223180.08	48031.67	182180.44	14261.02	25892.57
梅 州 市	1013523.37	539818.62	33402.88	370230.52	31375.44	38695.91
惠 州 市	823089.06	474087.54	20338.91	233243.20	72745.43	22673.98
汕 尾 市	666767.22	243400.47	15792.40	141115.05	222044.36	44414.94
东 莞 市	132056.42	52946.09	1389.18	33825.62	38241.07	5654.45
中 山 市	449557.83	122763.42	316.53	48384.87	270902.00	7191.01
江 门 市	1287882.19	298370.98	32311.08	395720.28	536289.59	25190.27
阳 江 市	1177338.01	320449.08	31875.36	261486.98	464833.63	98692.95
湛 江 市	2328294.98	1124027.97	55271.72	509172.41	558059.13	81763.75
茂 名 市	2042327.10	810998.16	61639.75	819988.83	243328.25	106372.11
肇 庆 市	1309783.72	509568.28	105463.74	533859.24	139930.89	20961.58
清 远 市	885560.17	406268.15	51897.56	335863.35	55262.40	36268.72
潮 州 市	374986.59	128497.10	9481.78	85506.71	125849.07	25651.92
揭 阳 市	781715.78	391048.60	54110.87	225157.07	72115.51	39283.72
云 浮 市	776344.22	224349.35	75561.72	413796.67	36348.40	26288.07

7-8 各县（区）农林牧渔业生产中间消耗

2013年

单位：万元

县（市）区别	合计	农业	林业	牧业	渔业	农林牧渔服务业
广州市	**1615133.40**	**625754.13**	**12335.99**	**449246.82**	**294594.20**	**233202.26**
海珠区	14368.40	3746.30			9153.35	1468.75
天河区	31307.90	3346.43	125.23	7886.54	1766.58	18183.12
白云区	243384.53	100939.73	473.94	73133.35	25757.31	43080.20
黄埔区	7043.31	4631.28	12.90	1522.72	861.72	14.69
荔湾区	24374.12	19998.26			1908.36	2467.50
罗岗区	60512.00	14026.86	963.03	30130.73	2700.20	12691.18
花都区	223920.78	80982.61	1298.30	88429.44	31128.65	22081.78
从化市	158193.91	69655.29	3116.52	56743.40	7140.36	21538.34
增城市	390407.46	154210.28	6306.63	110108.21	26139.54	93642.80
番禺区	178222.20	54770.29	31.21	40175.90	70846.79	12398.01
南沙区	283398.79	119446.80	8.23	41116.53	117191.34	5635.89
深圳市	**79577.54**	**24536.73**	**414.04**	**20589.96**	**31264.88**	**2771.93**
福田区	18268.90	90.45			18178.45	
罗湖区	2601.15	80.98	16.41		2503.76	
南山区	11594.25	9128.08			2466.17	
宝安区	26587.57	8886.00	130.70	16068.68	1443.45	58.74
龙岗区	21140.61	6181.38	246.57	4960.89	7038.36	2713.41
盐田区	382.68	257.49	53.50		71.70	
珠海市	**345016.43**	**36499.60**	**335.11**	**68725.59**	**196925.02**	**42531.11**
香洲区	36447.53	1639.26	171.58	15217.81	16575.28	2843.60
金湾区	54541.90	11212.22	37.91	9923.45	19524.85	13843.48
斗门区	254023.02	23650.66	119.32	43585.12	160823.90	25844.02
汕头市	**706650.69**	**298891.30**	**3241.44**	**156523.29**	**225337.11**	**22657.55**
金平区	23011.04	8886.62	2.95	7823.10	6254.37	44.00
龙湖区	53574.67	31524.95	284.43	15190.86	5030.43	1544.00
澄海区	234508.00	109574.00	126.00	69951.00	54323.00	534.00
濠江区	28677.63	6633.82	24.05	3010.58	18823.84	185.34
潮阳区	157987.03	71343.24	1196.39	37705.12	43922.93	3819.35
潮南区	109887.60	77276.15	1234.43	18810.64	11183.38	1383.00
南澳县	110555.45	4502.18	630.96	6616.38	95984.43	2821.50
佛山市	**1276893.23**	**301150.95**	**2586.24**	**368246.01**	**527927.95**	**76982.08**
禅城区	6434.64	816.88		2943.07	2269.43	405.26
南海区	371066.95	135072.64	25.27	52851.91	155768.99	27348.13
顺德区	425741.17	63087.60	12.31	60815.90	278112.96	23712.40
高明区	161217.03	34542.86	2033.81	75853.79	39561.64	9224.92
三水区	315094.36	63329.69	437.02	175326.42	59709.85	16291.38
韶关市	**802452.88**	**465477.00**	**58333.75**	**230094.77**	**29449.42**	**19097.94**
浈江区	35835.51	16605.52	2663.63	12137.31	3783.38	645.67
武江区	34953.33	18120.75	3180.34	10800.75	1800.75	1050.75
曲江区	89464.57	47229.17	5129.74	28708.54	7011.40	1385.72
南雄市	144870.59	77159.99	9227.28	48598.55	5974.71	3910.05
始兴县	91303.00	50964.71	7596.41	28176.12	2765.84	1799.92
翁源县	107526.67	72913.69	6569.04	22826.45	2572.80	2644.69
仁化县	97198.32	52040.72	12651.13	26550.27	3247.82	2708.38
新丰县	57515.14	38481.04	3333.02	12599.19	1783.19	1318.70
乳源县	38555.88	20364.89	5758.08	10474.97	835.81	1122.13
乐昌市	111092.12	71735.77	4673.07	30176.22	1974.92	2532.14

7-8 续表 1 单位：万元

县（市）区别	合计	农业	林业	牧业	渔业	农林牧渔服务业
河源市	**493545.78**	**223180.08**	**48031.67**	**182180.44**	**14261.02**	**25892.57**
源城区	20372.75	6220.14	207.84	13003.59	484.10	457.08
东源县	84043.00	37067.10	6019.41	32247.81	3136.82	5571.87
和平县	76246.03	33417.81	9069.41	27964.43	1011.61	4782.78
龙川县	129796.05	52442.95	17908.96	49662.44	4641.66	5140.04
紫金县	129040.15	66280.16	12675.83	39226.66	3226.14	7631.36
连平县	54047.80	27751.92	2150.23	20075.51	1760.69	2309.44
梅州市	**1013523.37**	**539818.62**	**33402.88**	**370230.52**	**31375.44**	**38695.91**
梅江区	57380.17	25060.74	1472.18	27032.12	2627.59	1187.54
梅县区	221086.91	152460.63	3163.19	53958.05	7142.56	4362.49
蕉岭县	68590.78	28241.62	8822.84	27549.14	1896.07	2081.12
大埔县	93960.39	59816.11	4042.67	24279.89	2040.78	3780.94
丰顺县	137372.88	57398.57	5881.38	64914.19	4715.71	4463.03
五华县	180870.96	88579.73	7375.07	70589.47	4397.92	9928.77
兴宁市	216567.10	139273.13	1907.40	67656.24	4416.18	3314.15
平远县	63842.92	35988.23	828.74	18689.47	2693.13	5643.34
惠州市	**823089.06**	**474087.54**	**20338.91**	**233243.20**	**72745.43**	**22673.98**
惠城区	149031.72	78442.44	3804.29	52461.46	11039.40	3284.12
惠东县	229392.03	126626.89	4413.29	45647.34	39876.27	12828.24
惠阳区	78599.62	52869.41	1260.98	14988.36	8795.99	684.89
博罗县	270313.19	138326.95	8264.61	107733.80	11197.94	4789.89
龙门县	95752.28	77821.74	2595.55	12412.27	1835.85	1086.87
汕尾市	**666767.22**	**243400.47**	**15792.40**	**141115.05**	**222044.36**	**44414.94**
汕尾城区	89368.10	10744.37	541.56	11779.50	65704.59	598.08
红海湾区	24964.70	4703.74	115.01	982.08	19163.87	
海丰县	203935.08	87989.45	5573.50	33766.69	53538.43	23067.01
陆河县	62790.39	29805.45	6288.80	22641.40	1170.10	2884.63
陆丰市	285708.96	110157.47	3273.53	71945.39	82467.36	17865.22
东莞市	**132056.41**	**52946.09**	**1389.18**	**33825.62**	**38241.07**	**5654.45**
中山市	**449557.84**	**122763.42**	**316.54**	**48384.87**	**270902.01**	**7191.01**
江门市	**1287882.20**	**298370.98**	**32311.08**	**395720.28**	**536289.59**	**25190.27**
蓬江区	90771.85	6932.04	351.23	58529.74	24149.68	809.16
江海区	35262.99	6128.91	64.99	11324.27	16623.86	1120.95
新会区	266594.15	51651.31	3171.67	64309.26	142871.18	4590.73
台山市	416997.57	76267.06	7688.40	51200.21	274702.60	7139.30
开平市	207568.30	66292.19	9608.55	106516.90	22800.66	2350.00
恩平市	137572.08	47941.17	6758.26	37897.96	38438.32	6536.38
鹤山市	133114.39	43158.30	4668.00	65940.36	16703.98	2643.75
阳江市	**1177338.02**	**320449.08**	**31875.36**	**261487.00**	**464833.63**	**98692.95**
江城区	150620.52	27095.07	922.94	18573.00	96897.07	7132.44
阳东县	244144.94	64847.17	5145.53	47767.47	119679.77	6705.00
阳西县	272256.19	65114.42	8803.69	38081.90	152716.80	7539.38
阳春市	420370.84	158954.68	19087.65	157268.99	19255.52	65804.00
海陵区	91451.12	4190.26	497.67	3911.74	67942.46	14909.00
湛江市	**2328294.98**	**1124027.97**	**55271.72**	**509172.41**	**558059.13**	**81763.75**
赤坎区	12416.08	3330.93		4393.93	4604.35	86.87
霞山区	13583.51	3161.35		4382.36	5531.33	508.47
坡头区	86129.15	26970.84	1553.64	26875.44	28796.06	1933.17

7-8 续表 2 单位：万元

县（市）区别	合 计	农 业	林 业	牧 业	渔 业	农林牧渔服务业
麻章区	96228.54	32207.27	1054.03	15452.19	45827.40	1687.65
东海区	155856.32	26338.86	37.50	8449.38	112269.58	8761.00
吴川市	158332.10	49518.33	1549.67	60790.72	42727.53	3745.85
徐闻县	315834.58	231794.32	4207.04	28336.58	46338.78	5157.86
雷州市	465383.40	280100.71	13620.42	68861.88	81028.12	21772.27
遂溪县	510388.45	236444.93	14005.37	133381.04	115241.40	11315.71
廉江市	514142.85	234160.43	19244.05	158248.89	75694.58	26794.90
茂名市	**2042327.10**	**810998.16**	**61639.76**	**819988.83**	**243328.25**	**106372.11**
茂南区	123451.83	37277.17	178.32	72402.49	7391.86	6202.00
茂港区	121177.79	42176.44	1365.47	34585.16	37893.58	5157.14
信宜市	406088.73	184301.80	14307.91	181198.40	8777.63	17503.00
高州市	510466.95	256658.03	17358.80	193588.87	17451.25	25410.00
电白县	450604.44	126835.07	12355.49	135143.75	143452.13	32818.00
化州市	420181.10	165928.37	15892.59	192085.15	26768.03	19506.95
肇庆市	**1309783.74**	**509568.28**	**105463.74**	**533859.24**	**139930.89**	**20961.58**
端州区	4326.02	2129.81	236.94	1289.51	664.85	4.91
鼎湖区	117147.11	35614.32	1108.57	58218.87	22031.84	173.50
高要市	322574.31	126846.92	13632.03	133312.87	39531.45	9251.04
广宁县	98340.86	55908.78	14231.21	25645.88	2231.46	323.53
四会市	252208.83	55481.30	11033.02	126732.55	56932.51	2029.45
德庆县	125177.02	84086.32	11549.46	22927.72	5146.02	1467.50
封开县	180404.26	96801.74	27024.35	45821.45	9134.06	1622.66
怀集县	209605.33	52699.09	26648.16	119910.39	4258.70	6088.99
清远市	**885560.17**	**406268.15**	**51897.56**	**335863.35**	**55262.40**	**36268.71**
清城区	139992.17	50972.76	2118.44	64090.41	18467.17	4343.39
英德市	227676.83	107525.04	19360.35	81573.44	11000.63	8217.36
佛冈县	42477.36	24200.44	3370.49	11742.08	2377.10	787.25
连山自治县	31368.74	12892.54	3514.93	8285.56	616.82	6058.89
连南自治县	23147.61	10469.47	3593.49	7601.82	555.75	927.08
连州市	138269.24	77596.74	2870.08	50593.71	2567.46	4641.25
阳山县	125847.27	60743.47	7076.22	52548.71	1824.03	3654.84
清新区	158207.46	61496.60	8881.45	59302.63	20888.10	7638.68
潮州市	**374986.58**	**128497.10**	**9481.78**	**85506.71**	**125849.07**	**25651.92**
湘桥区	7373.39	3802.96	432.92	2074.10	954.65	108.76
饶平县	259849.70	73576.28	2368.30	57823.12	116537.16	9544.84
潮安区	107763.49	51117.86	6680.56	25609.49	8357.26	15998.32
揭阳市	**781715.78**	**391048.61**	**54110.87**	**225157.07**	**72115.51**	**39283.72**
榕城区	71925.17	39065.23	3927.48	15096.68	10604.53	3231.25
揭东区	167834.70	98178.43	15807.07	34703.96	9536.25	9609.01
惠来县	199117.91	67141.75	15614.16	60937.40	45617.94	9806.65
普宁市	193532.53	102585.63	14597.74	67167.18	4335.10	4846.87
揭西县	156351.26	81535.82	9999.24	41909.36	9751.43	13155.41
云浮市	**776344.22**	**224349.35**	**75561.71**	**413796.67**	**36348.41**	**26288.08**
云城区	62257.74	15919.50	10248.06	31280.85	2567.41	2241.92
新兴县	326759.44	52971.36	24547.96	234838.35	9678.81	4722.96
郁南县	123053.76	58969.34	6096.23	50028.44	4283.72	3676.03
罗定市	185829.58	57415.42	29734.88	71779.27	15774.04	11125.97
云安县	78443.70	39073.73	4934.58	25869.76	4044.43	4521.20

7-9 各市农林牧渔业增加值

2013 年　　　　单位：万元

市　别	合　计	农　业	林　业	牧　业	渔　业	农林牧渔服务业
广东省	30475154.81	17060910.20	1858599.56	5020514.86	5831285.43	703844.76
广州市	2284629.62	1401308.19	27278.54	309359.77	382945.38	163737.74
深圳市	59901.54	28770.76	342.86	15956.80	12883.68	1947.43
珠海市	445489.66	78459.77	1101.91	52334.11	283731.60	29862.27
汕头市	870653.31	489740.08	2515.00	123883.88	238605.88	15908.48
佛山市	1358355.71	608121.25	9387.11	223123.84	463672.27	54051.25
韶关市	1338701.86	1016933.85	114866.18	154550.45	38942.19	13409.20
河源市	833799.98	539307.38	125430.49	126443.04	24439.18	18179.89
梅州市	1681633.87	1180993.06	98676.57	316526.12	58268.66	27169.45
惠州市	1354634.84	985991.11	26192.57	215992.54	110538.59	15920.03
汕尾市	1069922.19	504143.97	23288.00	123839.98	387465.28	31184.95
东莞市	199488.21	136349.92	2236.93	18552.25	38378.98	3970.13
中山市	650398.10	243148.37	139.05	42959.04	359102.65	5048.99
江门市	1576897.30	619693.52	34090.66	314346.61	591079.71	17686.79
阳江市	1902160.14	658021.35	68267.16	243314.15	863262.43	69295.05
湛江市	4076968.38	2371083.88	135057.93	477022.44	1036395.55	57408.59
茂名市	3633483.29	2156430.15	246558.97	790358.46	365448.93	74686.79
肇庆市	2547317.32	1336693.62	421854.93	513950.86	260100.21	14717.69
清远市	1660430.15	1051457.52	191752.93	306077.29	85677.14	25465.28
潮州市	532249.16	259711.65	25911.19	88605.90	140216.60	17803.82
揭阳市	1514919.45	1041888.74	123243.68	213489.09	108715.77	27582.17
云浮市	1327156.68	626748.35	186078.58	438864.92	57429.74	18035.10

7-10 各县（区）农林牧渔业增加值

2013 年　　单位：万元

县（市）区别	合计	农业	林业	牧业	渔业	农林牧渔服务业
广州市	**2284629.62**	**1401308.19**	**27278.54**	**309359.77**	**382945.38**	**163737.74**
海珠区	21319.20	8389.43			11898.52	1031.25
天河区	28264.95	7493.97	276.90	5430.82	2296.38	12766.88
白云区	341182.49	226043.53	1048.02	50360.99	33482.16	30247.80
黄埔区	12578.79	10371.25	28.51	1048.58	1120.13	10.31
荔湾区	48997.11	44783.90			2480.70	1732.50
罗岗区	66710.61	31411.64	2129.56	20748.57	3510.01	8910.82
花都区	301085.44	181351.75	2870.93	60894.17	40464.36	15504.22
从化市	226356.04	155985.43	6891.55	39074.57	9281.83	15122.66
增城市	534833.76	345337.10	13945.88	75822.57	33979.01	65749.20
番禺区	251186.26	122652.08	69.02	27665.86	92094.30	8704.99
南沙区	452114.97	267488.10	18.17	28313.62	152337.97	3957.11
深圳市	**59901.54**	**28770.76**	**342.86**	**15956.80**	**12883.68**	**1947.43**
福田区	7597.26	107.13			7490.13	
罗湖区	1140.16	94.94	13.59		1031.63	
南山区	21851.22	10683.44			667.77	10500.00
宝安区	23615.31	10418.81	108.26	12452.23	594.75	41.26
龙岗区	16102.18	7247.64	204.19	3844.38	2900.02	1905.95
盐田区	380.12	301.91	48.65		29.55	
珠海市	**445489.66**	**78459.77**	**1101.91**	**52334.11**	**283731.60**	**29862.27**
香洲区	41555.15	3522.90	563.62	11590.08	23881.97	1996.58
金湾区	69656.16	24096.38	150.88	7554.10	28134.90	9719.89
斗门区	334282.35	50837.94	393.73	33189.15	231715.72	18145.81
汕头市	**870653.31**	**489740.08**	**2515.00**	**123883.88**	**238605.88**	**15908.48**
金平区	30222.13	13117.41	4.56	9164.76	7409.96	525.44
龙湖区	61398.77	35172.24	121.20	21861.02	3120.31	1124.00
澄海区	293608.92	190767.72	221.93	41083.07	61345.88	190.31
濠江区	75562.72	21239.59	39.58	7401.87	46536.73	344.95
潮阳区	206109.49	118601.52	91.85	14977.73	68757.74	3680.65
潮南区	135680.00	95124.00	1374.00	24350.00	12363.00	2469.00
南澳县	37700.68	4712.20	529.54	2464.91	28315.53	1678.50
佛山市	**1358355.71**	**608121.25**	**9387.11**	**223123.84**	**463672.27**	**54051.25**
禅城区	5710.54	1649.55		1783.23	1993.22	284.54
南海区	460882.39	272755.42	91.73	32023.49	136809.88	19201.87
顺德区	425200.02	127394.27	44.68	36848.94	244263.00	16649.13
高明区	164319.31	69753.21	7382.00	45960.55	34746.48	6477.08
三水区	299582.34	127883.13	1586.21	106231.98	52442.40	11438.62
韶关市	**1338701.86**	**1016933.85**	**114866.18**	**154550.45**	**38942.19**	**13409.20**
浈江区	54629.32	36093.69	5254.42	8149.02	4678.67	453.53
武江区	54381.44	39872.39	4537.00	6960.57	2310.56	700.91
曲江区	142697.64	103074.67	10107.71	19283.59	9258.73	972.95
南雄市	230000.61	168583.21	18508.04	33029.76	7173.66	2705.95
始兴县	150169.51	111291.74	14845.66	18958.00	3534.03	1540.08
翁源县	192559.51	159147.63	12935.24	15217.61	3402.11	1856.92
仁化县	160872.93	113010.72	24933.94	16896.41	4130.24	1901.62
新丰县	99046.65	80953.05	6474.12	8423.63	2292.55	903.31
乳源县	64738.14	44470.77	11338.41	7035.87	1105.22	787.87
乐昌市	189483.49	155707.92	9144.39	20243.50	2598.76	1788.92

7-10 续表1

单位：万元

县（市）区别	合计	农业	林业	牧业	渔业	农林牧渔服务业
河源市	**833799.98**	**539307.38**	**125430.49**	**126443.04**	**24439.18**	**18179.89**
源城区	25749.26	15030.77	542.74	9025.20	829.63	320.92
东源县	136960.04	89571.43	15719.15	22381.71	5375.57	3912.17
和平县	128937.55	80753.05	23683.95	19408.82	1733.60	3358.12
龙川县	219526.17	126726.69	46767.69	34468.41	7954.42	3608.96
紫金县	231377.90	160163.83	33101.81	27225.41	5528.66	5358.19
连平县	91249.07	67061.61	5615.14	13933.49	3017.31	1621.53
梅州市	**1681633.87**	**1180993.06**	**98676.57**	**316526.12**	**58268.66**	**27169.45**
梅江区	84299.81	54522.42	888.98	23372.73	4826.58	689.09
梅县区	374732.32	296613.38	8666.25	49310.95	16705.71	3436.02
蕉岭县	104666.53	57992.33	18010.61	24060.33	3315.78	1287.48
大埔县	166334.47	120081.97	13711.72	25019.37	3900.35	3621.06
丰顺县	204482.70	115801.70	15813.12	60209.53	8186.37	4471.98
五华县	275053.27	172255.75	17752.92	63077.39	10193.72	11773.48
兴宁市	360314.17	271804.59	4476.12	71668.80	8774.31	3590.35
平远县	106034.59	76229.50	5595.63	14395.09	4999.34	4815.03
惠州市	**1354634.84**	**985991.11**	**26192.57**	**215992.54**	**110538.59**	**15920.03**
惠城区	235703.41	163141.97	4899.67	48581.33	16774.57	2305.88
惠东县	380910.66	263354.28	5683.45	42272.81	60593.06	9007.06
惠阳区	139306.47	109956.24	1623.87	13879.78	13365.75	480.82
博罗县	418473.94	287687.72	10643.21	99764.34	17015.56	3363.11
龙门县	180240.59	161851.02	3342.56	11494.25	2789.63	763.13
汕尾市	**1069922.19**	**504143.97**	**23288.00**	**123839.98**	**387465.28**	**31184.95**
汕尾城区	148459.10	22254.33	798.61	10337.49	114648.75	419.92
红海湾区	44213.86	9741.64	169.60	861.87	33440.76	
海丰县	329701.27	182248.41	8218.86	29616.15	93421.86	16195.99
陆河县	94945.08	61734.53	9273.66	19869.74	2041.79	2025.37
陆丰市	452603.21	228160.54	4827.28	63158.64	143913.06	12543.67
东莞市	**199488.22**	**136349.93**	**2236.93**	**18552.24**	**38378.99**	**3970.13**
中山市	**650398.09**	**243148.37**	**139.04**	**42959.04**	**359102.64**	**5048.99**
江门市	**1576897.30**	**619693.52**	**34090.66**	**314346.61**	**591079.71**	**17686.79**
蓬江区	88447.03	14397.30	370.58	46494.08	26616.92	568.14
江海区	40903.34	12729.26	68.57	8996.23	18322.25	787.05
新会区	322398.12	107275.80	3346.36	51085.06	157467.64	3223.27
台山市	514964.67	158400.79	8111.85	40671.71	302767.63	5012.70
开平市	259216.95	137683.77	10137.76	84615.32	25130.09	1650.00
恩平市	183760.22	99570.11	7130.49	30104.84	42365.38	4589.38
鹤山市	167209.12	89636.47	4925.09	52380.76	18410.55	1856.25
阳江市	**1902160.14**	**658021.35**	**68267.16**	**243314.15**	**863262.43**	**69295.05**
江城区	239895.40	55726.55	1976.67	14255.51	162929.11	5007.56
阳东县	394078.82	127577.66	9308.22	40690.82	211843.12	4659.00
阳西县	494855.31	133970.11	18857.04	35223.23	301511.31	5293.62
阳春市	618832.83	350496.37	40899.73	145468.65	35758.07	46210.00
海陵区	152767.94	8620.18	1065.67	3618.16	128997.92	10466.00
湛江市	**4076968.38**	**2371083.88**	**135057.93**	**477022.44**	**1036395.55**	**57408.59**
赤坎区	19774.23	7045.81		4116.49	8550.94	60.99
霞山区	21452.99	6717.86		4105.65	10272.47	357.01
坡头区	140730.37	56919.79	3796.36	25178.48	53478.41	1357.33

7-10 续表2 单位：万元

县（市）区别	合计	农业	林业	牧业	渔业	农林牧渔服务业
麻章区	172100.99	68755.96	2575.55	14476.52	85108.02	1184.94
东海区	278424.31	55764.81	91.63	7915.87	208500.66	6151.34
吴川市	247994.96	105274.81	3786.66	56952.30	79351.13	2630.06
徐闻县	614123.56	487616.98	10280.01	26547.37	86057.72	3621.48
雷州市	842140.52	578577.13	33281.85	64513.84	150480.78	15286.92
遂溪县	886373.19	505226.75	34222.48	124959.15	214019.73	7945.08
廉江市	853482.86	498826.92	47023.41	148255.86	140575.70	18800.97
茂名市	**3633483.29**	**2156430.15**	**246558.97**	**790358.46**	**365448.93**	**74686.79**
茂南区	186523.47	100404.19	775.27	69904.00	11114.00	4326.00
茂港区	216357.06	113071.23	6263.09	35928.53	57429.34	3664.86
信宜市	761166.75	497035.63	59634.77	179108.52	13100.82	12287.00
高州市	958674.84	665134.72	69481.48	180023.45	26180.19	17855.00
电白县	752530.98	333379.84	46816.01	133107.41	216077.71	23150.00
化州市	751202.52	445225.81	63769.50	185887.63	43140.64	13178.95
肇庆市	**2547317.32**	**1336693.62**	**421854.93**	**513950.86**	**260100.21**	**14717.69**
端州区	6806.54	4182.60	374.04	1631.89	604.92	13.09
鼎湖区	122563.95	42641.72	2562.16	56633.91	20640.72	85.45
高要市	606858.62	337042.47	60312.06	92688.24	110434.89	6380.96
广宁县	265170.71	127398.69	94486.97	39511.35	3490.23	283.47
四会市	421933.03	169934.96	21407.30	149573.34	79632.89	1384.55
德庆县	229029.30	159148.62	37306.17	24171.12	7974.89	428.50
封开县	328204.36	211877.27	57426.74	37173.39	20104.30	1622.66
怀集县	566750.73	284467.18	147979.50	112567.67	17217.37	4519.01
清远市	**1660430.15**	**1051457.52**	**191752.93**	**306077.29**	**85677.14**	**25465.28**
清城区	229836.35	131921.97	7827.28	58406.56	28630.93	3049.61
英德市	446981.33	278284.22	71533.28	74339.13	17055.07	5769.64
佛冈县	90025.15	62632.87	12453.41	10700.73	3685.39	552.75
连山自治县	59115.29	33367.04	12987.09	7550.76	956.29	4254.11
连南自治县	48813.43	27095.89	13277.35	6927.65	861.62	650.92
连州市	264777.70	200827.14	10604.49	46106.81	3980.51	3258.75
阳山县	236637.40	157209.41	26145.47	47888.42	2827.94	2566.16
清新区	283764.97	159158.51	32815.50	54043.37	32384.27	5363.32
潮州市	**532249.16**	**259711.65**	**25911.19**	**88605.90**	**140216.60**	**17803.82**
湘桥区	17105.58	11119.89	1382.82	3804.79	756.83	41.24
饶平县	331430.92	127400.84	15394.50	56633.74	122304.36	9697.48
潮安区	183712.74	121190.93	9133.90	28167.38	17155.43	8065.10
揭阳市	**1514919.45**	**1041888.74**	**123243.68**	**213489.09**	**108715.77**	**27582.17**
榕城区	142316.59	99907.50	6721.88	21158.55	12259.91	2268.75
揭东区	295344.07	219140.34	25670.41	34276.28	9410.27	6846.75
惠来县	464686.98	291521.42	43041.58	42909.57	80328.89	6885.52
普宁市	328296.66	268697.87	14081.52	35534.93	6579.22	3403.13
揭西县	294826.82	168312.88	23693.02	85040.92	8033.41	9746.59
云浮市	**1327156.68**	**626748.35**	**186078.58**	**438864.92**	**57429.74**	**18035.10**
云城区	108480.46	44473.14	25236.91	33175.87	4056.46	1538.08
新兴县	476031.77	147982.21	60451.91	249065.12	15292.32	3240.21
郁南县	242100.29	164738.31	15012.62	53059.21	6768.18	2521.97
罗定市	342305.92	160397.26	73225.24	76127.74	24922.65	7633.03
云安县	158238.23	109157.43	12151.91	27436.98	6390.11	3101.80

7-11 农产品生产价格指数

(上年=100)

项　　目	2005	2008	2009	2010	2011	2012	2013
农产品生产价格总指数	**103.5**	**116.5**	**95.0**	**107.9**	**112.4**	**103.4**	**103.5**
农业产品	**104.5**	**110.8**	**98.8**	**113.4**	**108.6**	**106.9**	**106.3**
谷物	99.7	111.0	101.4	107.8	119.4	106.0	100.0
#稻谷	99.8	110.8	101.4	107.7	120.7	106.0	99.9
薯类	103.2	111.9	108.3	109.5	119.9	90.3	110.5
油料	102.9	115.0	92.1	114.4	129.5	104.2	99.9
豆类	107.1	130.6	94.4	117.6	117.1	102.0	107.1
糖料	107.3	87.5	102.9	131.1	121.4	75.6	93.6
未加工烟草	86.7	116.3	110.1	106.8	112.3	122.1	108.1
蔬菜及食用菌	108.0	112.0	97.2	115.6	100.8	111.5	109.5
#叶菜类蔬菜					104.9	112.1	111.8
#白菜类蔬菜					106.7	108.5	113.2
#芥菜类蔬菜					99.7	110.7	107.6
#甘蓝类蔬菜					106.6	112.2	108.8
#根茎类蔬菜					125.4	108.0	94.6
#瓜菜类蔬菜					87.3	106.5	116.5
#豆类蔬菜					93.0	115.6	107.0
#茄果类蔬菜					72.8	127.1	101.3
#莴苣及菊苣类蔬菜					91.3	118.4	115.1
#葱蒜类蔬菜					89.9	106.5	105.0
花卉	96.0	120.0	91.5	97.3	107.3	103.4	100.2
盆景及园艺产品					106.2	101.3	95.0
水果及坚果	103.1	110.8	95.2	113.9	110.0	104.1	112.4
茶及饮料原料	104.7	101.9	101.7	99.6	116.0	117.3	99.7
中草药材	102.9	103.0	86.7	126.9	113.1	103.1	118.6
林业产品	**103.9**	**107.9**	**98.9**	**116.9**	**108.7**	**101.8**	**105.2**
育种和育苗					111.2	104.2	107.1
木材采伐产品	104.2	108.1	97.0	113.1	106.8	101.8	103.3
竹材采伐产品	101.2	111.0	99.4	115.7	106.6	104.2	101.9
林产品	105.5	102.4	95.9	132.1	116.4	92.5	110.0
饲养动物及其产品	**100.8**	**124.9**	**89.7**	**99.2**	**121.7**	**97.6**	**99.7**
活牲畜	100.5	116.5	101.1	95.6	129.1	94.2	99.1
#猪	97.1	127.1	83.4	96.8	132.3	91.2	97.2
#牛	101.0	123.5	101.7	92.4	105.6	129.8	121.4
活家禽	105.3	109.7	101.7	104.0	111.1	101.7	99.6
#鸡	105.2	109.0	101.8	102.1	111.3	102.2	100.9
#鸭	104.7	106.6	101.2	106.0	112.5	100.3	99.1
畜禽产品					**107.1**	**103.5**	**105.5**
#鸡蛋	103.3	115.6	104.7	102.1	107.8	103.6	103.5
#鸭蛋	119.9	114.7	100.0	100.0	102.9	103.3	109.9
渔业产品	**104.6**	**117.2**	**94.2**	**107.9**	**107.6**	**104.5**	**102.8**
海水养殖产品					106.1	104.2	100.0
#海水养殖鱼					111.2	99.5	94.3
#海水养殖虾					103.0	101.5	97.5
海水捕捞产品					113.8	108.5	106.6
#海水捕捞鲜鱼					121.9	109.6	108.1
#海水捕捞虾					100.9	110.7	104.8
淡水养殖产品					108.3	101.9	102.5
#养殖淡水鱼					104.7	100.3	101.6
#淡水养殖虾					119.3	102.7	107.9
淡水捕捞产品					109.0	109.7	105.2
#捕捞淡水鱼					106.0	108.7	103.0
#淡水捕捞鲜虾					104.5	120.4	105.1

注：2011年开始农产品价格调查制度变更，部分分类指标以前年份没数据。

7-12 农业生产资料价格分类指数

（上年=100）

项　　目	2005	2008	2009	2010	2011	2012	2013
农业生产资料价格指数	**105.8**	**114.5**	**98.2**	**101.7**	**109.6**	**104.0**	**99.7**
农用手工工具	102.4	110.6	101.0	101.7	104.2	102.0	102.0
饲料	104.2	112.6	102.6	102.1	105.1	104.3	104.9
混合饲料	103.8	111.9	98.5	101.5	105.2	103.7	103.5
其他	104.6	114.0	110.7	103.4	104.9	105.7	108.0
产品畜	105.6	105.2	84.4	95.9	129.0	103.3	89.7
半机械化农具	102.3	105.6	100.1	100.9	102.3	101.4	100.9
机械化农具	102.0	106.5	101.1	100.6	103.3	101.6	99.5
化学肥料	108.0	125.9	97.3	101.7	113.3	105.5	98.4
氮肥	105.9	113.1	93.7	101.9	119.0	105.3	98.1
磷肥	112.6	123.7	96.3	102.0	111.4	107.7	98.6
钾肥	119.0	141.9	100.2	99.8	103.8	103.1	104.7
复合肥料	105.5	139.4	100.1	101.8	109.0	105.3	97.2
农药及农药械	101.7	102.7	96.7	100.0	102.7	100.7	100.7
化学农药	101.4	102.2	96.0	99.8	102.9	100.4	100.9
杀虫剂	101.3	101.9	95.4	100.8	102.5	100.2	99.9
杀菌剂	100.8	103.2	98.1	98.8	103.4	100.5	102.1
除草剂	102.0	102.0	95.9	98.0	103.2	100.7	102.1
农药器械	103.7	106.3	101.4	101.3	101.6	102.3	99.2
农用机油	107.7	110.9	96.0	108.4	109.7	101.5	99.1
其他农业生产资料	110.7	103.5	101.5	104.0	108.5	105.0	101.5
农用种子	111.9	102.3	102.7	103.6	112.6	107.8	102.2
农用薄膜	108.9	104.9	99.0	105.7	101.5	100.6	100.2
农业生产服务		111.7	108.9	103.2	104.8	107.0	102.0
排灌费		101.1	99.3	99.9	100.2	101.7	100.0
机械作业费		107.5	107.9	101.6	110.5	111.7	101.9
农业用电					100.5	100.6	100.0
农业用工					104.6	111.1	106.1

八、种植业

种植业

【概况】2013年种植业生产按照“强基础、稳粮食、保供给、促增收”的总体思路，落实惠农强农富农政策，稳定发展粮食生产，大力发展特色效益农业，加快高标准农田建设，提高农田综合生产能力，种植业除粮食生产因灾减产外，主要经济作物全面丰收，特色效益农业进一步发展，种植业生产持续平稳发展。

一是粮食生产因灾减产。受干旱、强台风和暴雨洪涝灾害影响，粮食作物改种和绝收面积较大，导致粮食减产。2013年全省粮食播种面积3761.4万亩，总产量1315.9万吨，比2012年分别下降1.3%和5.8%。其中水稻播种面积2863.2万亩，总产量1045万吨，分别下降2.1%和7.2%。

二是经济作物全面增产。全省大宗经济作物面积稳步增加，产量稳中有增。2013年全省蔬菜种植面积1960.4万亩，总产量3144.5万吨，分别增长6.3%和5.4%。花生种植面积526.5万亩，总产量99.8万吨，分别增长2.3%和4.5%。糖蔗种植面积229.3万亩，总产量1358.8万吨，分别增长5.0%和6.2%。茶叶总产量6.98万吨，增长10.6%。水果种植面积1679.7万亩，总产量1368.7万吨，分别增长1.8%和7.0%。

三是种植业生产效益提高。种植业产业布局进一步优化，特色效益农业产业带更具规模，品种结构更加符合市场需求，稻谷等粮食作物产品价格稳定，优质蔬菜、水果等园艺作物产品价格较好，种植业生产效益得到有效提升，成为农民增收的重要来源。

四是农田基本建设全面铺开。“十二五”期间，全省计划建设高标准基本农田1510万亩，各年度建设任务已分解下达各地级以上市。2012年全省投资59亿元，建设高标准基本农田468万亩；2013年全省投资50.6亿元，建设高标准基本农田400万亩。

【主要措施和成效】

一是落实强农惠农政策，保护农民种粮积极性。省政府对各地级以上市人民政府实行粮食工作考评和耕地保护责任目标考核，将全省粮食播种面积3750万亩、总产量1313万吨的考评任务分解下达到各地级以上市。省农业厅制定了《2013年广东省粮食稳定增产行动方案》，多次组织工作组赴基层检查指导，促进各项措施落实到位。各级农业部门认真登记补贴对象、核实种粮面积，会同财政部门严格按照补贴标准和程序，及时发放种粮补贴。2013年省财政共下拨农资综合补贴资金24.13亿元、种粮直补资金1.31亿元、良种补贴资金5.09亿元。国家公布粮食最低收购价，2013年每50公斤早籼稻三级谷最低收购价格为132元，比2012年提高10元。

二是扎实开展粮食高产创建，推动粮食稳定增产。按照“依靠科技，提高单产，增加总产”的思路，深入开展粮食高产创建，省政府副省长邓海光亲自在台山市都斛镇挂办万亩水稻高产示范片，省农业厅印发了2013年粮食高产创建技术指导意见，明确目标任务，落实高产创建地点、规模、品种和技术措施，细化分解到田到人。组织专家深入生产第一线，开展技术培训和指导服务，组织开展水稻新品种展示和高产创建专用配方施肥示范。抓好1县9乡整建制高产创建试点，带动整村、整镇、整县全面平衡增产。组织开展粮食增产模式攻关，结合高产创建选择水稻重点产区的10个县，开展双季稻高产攻关，建立水稻百亩方单季亩产700公斤、千亩核心区单季亩产600公斤高产示范，辐射带动大面积平衡增产，全省2013年粮食高产创建面积250万亩。

三是加快种植结构调整优化，提高农业整体效益。在稳定发展粮食生产基础上，依托资源优势，优化种植业结构，发展特色效益农业。落实花生良种补贴政策，奖励产油大县，扶持油料产业发展。创建14个花生、10个甘蔗万亩油糖高产示范片和50个园艺作物、20个南亚热带作物标准园，制定技术指导方案和技术标准，建立210个蔬菜生产监测点，示范带动，提质增效，促进农民增收。

四是加快推进高标准农田建设，提高耕地产出能力。省政府与各地级以上市政府签订责任书，将高标准基本农田建设工作纳入各级政府耕地保护责任考核内容。分6片召开全省高标准基本农田建设督导会议，督导部署推进全省高标准基本农田建设工作。省农业厅印发了《广东省标准农田建设工程实施方案》，将2013—2015年农业部门负责的413万亩建设任务分年度分解下达各市，建立博罗、海丰、怀集县3个10万亩示范县，各地结合实际编制了总体规划。制定了省国土资源厅、省农业厅领导挂钩高标准基本农田建设工作联系点制度，督促各项措施落实到位，推动全省高标准基本农田建设工作。

五是全力应对农业防灾减灾，迅速恢复农业生产。我省2013年先后遭受干旱、低温寡照和台风、暴雨洪涝等多种自然灾害袭击，省政府连续多次发出紧急通知，省委、省政府主要领导多次作出防灾减灾重要批示，各地农业部门及时启动防灾减灾应急响应，制定落实各项农业防灾减灾措施，加强农情灾情调度，组织干部和技术人员深入灾区第一线，加强技术服务，分类指导改种补种，加强灾后作物管理，加大基础设施和农业救灾复产投入力度，全年启动省级粮食应急种子储备调拨应急救灾种子22万公斤，下拨农业救灾资金8700万元。

8-1 主要年份农作物播种面积及构成

年　　份	农作物播种面积	一、粮食作物	稻谷	薯类	二、大豆	三、经济作物
一、绝对数（千公顷）						
1949	5285.95	4782.80	4126.20	495.80	92.58	155.04
1952	5608.83	4942.60	4053.60	665.60	93.81	239.90
1957	6326.93	5386.67	4040.93	817.45	95.87	401.94
1962	5687.57	4767.53	3655.80	787.50	77.33	313.47
1965	5799.75	4589.60	3609.07	655.65	75.33	629.45
1970	6254.66	4638.80	3771.79	601.62	77.63	726.08
1975	6836.83	5037.54	3914.25	612.29	131.73	815.45
1978	6641.64	5068.98	3860.66	582.01	109.14	851.52
1980	5969.89	4605.35	3730.73	533.78	132.12	809.32
1985	5357.88	3833.84	3210.54	487.22	116.81	945.12
1990	5671.56	3881.37	3175.78	501.13	114.96	892.28
1995	5304.80	3368.16	2701.42	515.01	103.90	790.11
2000	5156.90	3099.89	2412.70	426.76	96.97	728.70
2005	4815.37	2786.50	2137.60	386.50	83.80	667.70
2010	4524.51	2531.93	1952.75	329.11	63.58	665.73
2012	4629.60	2540.18	1949.38	330.54	62.03	709.16
2013	4698.08	2507.62	1908.79	334.50	62.47	727.57
二、构成（%）						
1949	100.0	90.5	78.1	9.4	1.8	2.9
1952	100.0	88.1	72.3	11.9	1.7	4.3
1957	100.0	85.1	63.9	12.9	1.5	6.4
1962	100.0	83.8	64.3	13.8	1.4	5.5
1965	100.0	79.1	62.2	11.3	1.3	10.9
1970	100.0	74.2	60.3	9.6	1.2	11.6
1975	100.0	73.7	57.3	9.0	1.9	11.9
1978	100.0	76.3	58.1	8.8	1.7	12.8
1980	100.0	77.1	62.5	8.9	2.2	13.6
1985	100.0	71.6	59.9	9.1	2.2	17.6
1990	100.0	68.5	56.0	8.8	2.0	15.7
1995	100.0	63.5	50.9	9.7	2.0	14.8
2000	100.0	60.1	46.8	8.3	1.9	14.1
2005	100.0	57.9	44.4	8.0	1.7	13.9
2010	100.0	56.0	43.2	7.3	1.4	14.7
2012	100.0	54.9	42.1	7.1	1.3	15.3
2013	100.0	53.4	40.6	7.1	1.3	15.5

8-1　续表

年　　份	经　济　作　物					四、其他作物
	糖　蔗	花　生	黄红麻	红（土）烟	黄（烤）烟	
一、绝对数（千公顷）						
1949	28.93	75.33	3.72	5.00	3.00	255.53
1952	59.93	133.58	8.07	10.87	4.82	332.52
1957	96.95	201.69	22.50	16.07	6.69	442.45
1962	61.49	195.95	12.89	15.54	4.13	529.24
1965	148.55	287.89	17.31	15.07	5.12	505.37
1970	170.03	310.05	23.09	14.09	7.67	812.15
1975	184.28	316.87	46.21	22.85	15.35	852.11
1978	172.64	324.41	63.29	18.17	27.96	612.00
1980	145.71	368.83	28.03	14.58	11.17	423.11
1985	295.22	363.85	38.87	19.13	17.71	462.11
1990	279.82	323.97	4.84	14.59	31.11	782.95
1995	213.45	330.07	2.70	5.62	23.93	1042.63
2000	159.74	331.07	1.03	5.32	25.78	1231.34
2005	125.39	309.41	0.53	5.10	26.54	1361.17
2010	136.41	328.51	0.21	2.30	21.57	1326.85
2012	145.52	343.17	0.14	2.16	21.77	1380.26
2013	152.85	351.01	0.16	2.14	21.41	1462.90
二、构成（%）						
1949	0.5	1.4	0.1	0.1	0.1	4.8
1952	1.1	2.4	0.1	0.2	0.1	5.9
1957	1.5	3.2	0.4	0.3	0.1	7.0
1962	1.1	3.4	0.2	0.3	0.1	9.3
1965	2.6	5.0	0.3	0.3	0.1	8.7
1970	2.7	5.0	0.4	0.2	0.1	13.0
1975	2.7	4.6	0.7	0.3	0.2	12.5
1978	2.6	4.9	1.0	0.3	0.4	9.2
1980	2.4	6.2	0.5	0.2	0.2	7.1
1985	5.5	6.8	0.7	0.4	0.3	8.6
1990	4.9	5.7	0.1	0.3	0.5	13.8
1995	4.0	6.3	0.1	0.2	0.5	19.7
2000	3.1	6.4	...	0.1	0.5	23.9
2005	2.6	6.4	...	0.1	0.6	28.3
2010	3.0	7.3	...	0.1	0.5	29.3
2012	3.1	7.4	...	...	0.5	29.8
2013	3.3	7.5	...	...	0.5	31.1

8-2 主要年份农作物产量及指数

年　　份	粮食			大豆	糖蔗	花生	黄红麻	红(土)烟	黄(烤)烟
		稻谷	薯类						
一、绝对数（万吨）									
1949	685.85	621.35	55.85	4.62	66.91	6.63	0.48	0.58	0.23
1952	797.40	707.15	76.50	5.41	265.47	13.20	1.44	1.29	0.34
1957	1007.15	849.10	130.15	4.39	429.72	16.86	3.98	1.63	0.49
1962	929.60	820.25	89.15	3.84	180.60	15.60	2.22	1.15	0.26
1965	1227.65	1098.60	106.90	4.74	637.93	25.97	3.99	1.49	0.59
1970	1283.82	1157.04	103.10	5.79	656.93	32.16	6.24	1.60	0.70
1975	1464.58	1301.35	122.27	9.13	711.61	31.84	13.77	2.52	1.54
1978	1509.51	1328.56	121.04	7.99	835.42	35.17	18.07	1.97	2.76
1980	1681.91	1523.92	123.68	11.47	734.73	50.00	10.18	1.68	1.04
1985	1604.37	1454.29	131.88	11.32	1831.40	57.07	11.30	2.60	2.29
1990	1896.29	1687.00	167.05	13.87	2093.46	57.95	1.04	2.44	4.64
1995	1803.33	1553.90	209.40	16.50	1472.21	69.98	0.79	1.08	3.96
2000	1822.33	1528.53	199.05	18.73	1137.59	77.68	0.27	1.26	4.95
2005	1394.97	1116.99	185.48	18.87	946.03	75.86	0.14	1.24	5.06
2010	1316.50	1060.60	162.32	14.70	1134.35	87.13	0.05	0.58	4.93
2012	1396.33	1126.57	167.35	15.26	1279.30	95.52	0.03	0.58	5.22
2013	1315.90	1045.00	165.89	15.90	1358.77	99.85	0.04	0.58	5.12
二、构成（%）									
1949	100.0	100.0	100.0	100.0	100.0	100.0	100.0	100.0	100.0
1952	116.3	113.8	137.0	117.1	396.8	199.1	300.0	222.4	147.8
1957	146.8	136.7	233.0	95.0	642.2	254.3	829.2	281.0	213.0
1962	135.5	132.0	159.6	83.1	269.9	235.3	462.5	198.3	113.0
1965	179.0	176.8	191.4	102.6	953.4	391.7	831.3	256.9	256.5
1970	187.2	186.2	184.6	125.3	981.8	485.1	1300.0	275.9	304.3
1975	213.5	209.4	218.9	197.6	1063.5	480.2	2868.8	434.5	669.6
1978	220.1	213.8	216.7	172.9	1248.6	530.5	3764.6	339.7	1200.0
1980	245.2	245.3	221.5	248.3	1247.5	754.1	2120.8	289.7	452.2
1985	233.9	234.1	236.1	245.0	2737.1	860.8	2354.2	448.3	995.7
1990	276.5	271.5	299.1	300.2	3128.8	874.1	216.7	420.7	2017.4
1995	262.9	250.1	374.9	357.1	2100.3	955.5	164.6	186.2	1721.7
2000	265.7	246.0	356.4	405.4	1700.2	1171.6	56.3	217.2	2152.2
2005	203.4	179.8	332.1	408.4	1413.9	1144.2	29.2	213.8	2200.0
2010	192.0	170.7	290.6	318.2	1695.3	1314.2	10.4	100.0	2143.5
2012	203.6	181.3	299.6	330.3	1912.0	1440.7	6.8	100.7	2271.1
2013	191.9	168.2	297.0	344.2	2030.7	1506.0	8.2	99.6	2225.5

8-3 主要农作物播种面积、单产及总产量

单位：千公顷、千克、万吨

项　　目	2012年			2013年		
	面积	亩产	总产量	面积	亩产	总产量
农作物总播种面积	4629.60			4698.08		
一、粮食作物	**2540.18**	**366**	**1396.33**	**2507.62**	**350**	**1315.90**
1.稻谷	1949.38	385	1126.57	1908.79	365	1045.00
早稻	935.72	381	534.34	905.36	384	521.06
晚稻	1013.66	389	592.23	1003.43	348	523.94
2.小麦	0.93	214	0.30	0.93	229	0.32
3.旱粮	197.29	293	86.85	200.93	295	88.79
其中：玉米	172.51	308	79.70	176.65	308	81.62
4.薯类（五折一）	330.54	338	167.35	334.50	331	165.89
番薯	281.24	338	142.58	288.09	330	142.43
马铃薯	49.30	335	24.77	46.41	337	23.46
5.大豆	62.03	164	15.26	62.47	170	15.90
二、经济作物	**709.16**			**727.57**		
1.甘蔗	165.44	5920	1469.21	172.99	5986	1553.23
糖蔗	145.52	5861	1279.30	152.85	5926	1358.77
果蔗	19.92	6356	189.91	20.13	6439	194.46
2.油料作物	352.19	183	96.61	360.16	187	101.01
其中：花生	343.17	186	95.52	351.01	190	99.85
芝麻	2.44	76	0.28	2.53	99	0.37
油菜籽	6.58	82	0.81	6.62	79	0.79
3.麻类	0.14	159	0.03	0.16	161	0.04
其中：黄红麻	0.14	159	0.03	0.16	161	0.04
4.烟叶	23.93	162	5.81	23.55	161	5.70
烤烟	21.77	160	5.22	21.41	159	5.12
红烟	2.16	180	0.58	2.14	180	0.58
5.木薯	81.67	1267	155.23	82.25	1295	159.78
6.药材	15.68			17.94		
7.其他经济作物	70.12			70.52		
三、其他作物	**1380.26**			**1462.90**		
蔬菜(含菜用瓜)	1229.18	1618	2982.71	1306.93	1604	3144.47

8-4 各市粮食作物播种面积和产量

2013年　　　　单位：公顷、千克、吨

市别	粮食作物			#稻谷			#晚稻		
	播种面积	亩产	总产量	播种面积	亩产	总产量	播种面积	亩产	总产量
全省	2507620	350	13159000	1908793	365	10450000	1003433	348	5239400
广州市	89749	324	435548	61184	331	303619	30118	321	145226
深圳市	10	381	59						
珠海市	7134	387	41383	4933	401	29663	2329	347	12105
汕头市	71295	423	452866	49149	424	312800	24276	389	141770
佛山市	20676	317	98193	10726	349	56222	5727	331	28410
韶关市	157078	365	860558	124171	394	734316	74914	390	437888
河源市	163777	361	886208	135075	388	786073	68507	382	392657
梅州市	214694	372	1199269	172438	397	1025886	88180	389	514398
惠州市	116658	318	557041	81644	310	379318	42717	291	186281
汕尾市	95294	292	417222	69778	294	307460	36066	256	138565
东莞市	2741	302	12435	1198	359	6450	615	358	3303
中山市	14936	324	72686	6032	336	30367	3094	320	14847
江门市	191154	323	926671	172848	331	859396	89992	316	427009
阳江市	145853	319	698220	105934	341	541623	57153	335	287133
湛江市	288034	327	1413023	213523	338	1081282	119596	309	553680
茂名市	248752	381	1421427	199691	397	1188846	105911	365	579100
肇庆市	201979	371	1122736	166549	391	976296	84756	381	484684
清远市	179207	283	759991	133589	303	607062	68651	294	302860
潮州市	44266	401	266392	32850	418	205974	15500	402	93493
揭阳市	136892	405	832423	78227	379	444691	39803	349	208378
云浮市	117440	389	684649	89254	428	572656	45529	421	287613

8-5 各市农作物播种面积和产量

2013年　　单位：公顷、千克、吨

市别	小麦			旱粮			薯类			大豆		
	播种面积	亩产	总产量	播种面积	亩产	总产量	播种面积	亩产	总产量	播种面积	亩产	总产量
全　省	933	229	3200	200927	295	887900	334500	331	165890	62467	170	159000
广州市				16272	312	76084	10660	314	50167	1633	232	5678
深圳市				10	368	56	…	1000	3			
珠海市				1288	358	6913	849	352	4477	64	342	330
汕头市				2425	381	13845	19467	430	125700	254	137	521
佛山市				4061	302	18394	5597	271	22779	292	182	798
韶关市				12144	273	49691	11964	279	50030	8798	201	26521
河源市				9449	248	35219	9228	287	39757	10025	167	25159
梅州市	12	318	57	14939	248	55574	18295	349	95660	9010	163	22092
惠州市				22040	367	121292	10687	324	51895	2287	132	4536
汕尾市	87	231	300	2342	289	10158	21093	303	95799	1994	117	3505
东莞市				638	279	2669	832	254	3171	73	133	145
中山市				5062	290	22018	3415	358	18343	427	306	1958
江门市				4917	279	20563	11094	247	41117	2294	163	5595
阳江市				11494	292	50360	21241	286	91097	7185	140	15140
湛江市	208	238	741	22967	283	97547	49615	307	228702	1721	184	4751
茂名市	577	229	1984	16572	343	85311	30318	309	140445	1594	202	4841
肇庆市				12507	287	53824	20913	279	87432	2009	172	5184
清远市				23204	237	82320	17499	226	59286	4915	154	11323
潮州市				3668	337	18568	7384	371	41102	363	137	748
揭阳市				3684	363	20072	51892	463	360139	3088	162	7521
云浮市	50	157	118	11242	281	47422	12454	277	51799	4440	190	12654

市别	甘蔗			#糖蔗			油料			#花生		
	播种面积	亩产	总产量	播种面积	亩产	总产量	播种面积	亩产	总产量	播种面积	亩产	总产量
全　省	172986	5986	15532282	152853	5926	13587726	360157	187	101009	351012	190	998484
广州市	6685	7877	789839	59	6456	5681	7178	177	19065	7071	178	18914
深圳市							1	750	6	1	750	6
珠海市	818	6852	84072	806	6864	82987	259	179	695	259	179	695
汕头市	37	6554	3657				1322	177	3503	1322	177	3503
佛山市	40	5679	3413	1	4476	94	1791	198	5333	1791	198	5333
韶关市	5377	6874	554356	2738	5191	213230	44817	199	133948	38796	218	126947
河源市	879	3304	43550	376	4247	23945	25333	195	73967	25249	195	73812
梅州市	498	2601	19443				14829	170	37867	14820	170	37856
惠州市	1498	5585	125471	895	4992	67028	22648	174	59240	22599	175	59194
汕尾市	229	3661	12587	67	4040	4040	13255	140	27798	12113	144	26099
东莞市	116	5454	9452				68	235	241	68	235	241
中山市	56	5586	4709	33	3962	1965	114	253	434	114	253	434
江门市	3876	5791	336691	2064	5942	183938	12258	157	28922	12249	157	28900
阳江市	2127	4490	143283	1093	4002	65608	25145	146	54923	25056	146	54822
湛江市	138895	6010	12522231	136534	6012	12312860	54916	217	178907	54156	219	177663
茂名市	4780	4713	337942	4168	4818	301215	44632	198	132570	44596	198	132460
肇庆市	1423	4551	97104	540	4857	39316	25354	188	71516	25311	188	71471
清远市	4330	5561	361152	3229	5463	264572	37716	179	100985	37051	180	100161
潮州市	169	7862	19930	75	8477	9545	1775	156	4151	1753	156	4115
揭阳市	380	4549	25916	119	4910	8779	7509	206	23203	7509	206	23203
云浮市	773	3231	37484	56	3496	2923	19238	183	52820	19129	184	52655

8-5 续表

市别	麻类			烟叶			木薯			药材面积
	播种面积	亩产	总产量	播种面积	亩产	总产量	播种面积	亩产	总产量	
全　省	163	161	394	23547	161	56963	82252	1295	1597752	17944
广州市				...	200	1	115	1255	2168	726
深圳市										
珠海市							39	123	72	
汕头市							32	3450	1656	25
佛山市	...	143	1				91	1812	2471	
韶关市				13887	163	34041	1972	1201	35511	715
河源市							2850	916	39132	266
梅州市	6	232	22	5159	144	11155	9541	981	140430	2697
惠州市							82	1493	1836	8
汕尾市							1377	2261	46714	23
东莞市										
中山市							22	994	328	
江门市	...	250	1	4	200	11	2601	1472	57423	193
阳江市	40	135	81	47	167	119	4139	972	60339	1122
湛江市	5	425	31	504	206	1557	10206	1960	300029	2954
茂名市	42	176	110	926	202	2802	6661	1170	116946	3357
肇庆市	21	132	41	1480	172	3823	16615	1213	302355	2280
清远市				1393	150	3133	8725	1137	148853	1739
潮州市							225	1251	4213	72
揭阳市	24	183	65	3	143	7	1261	1278	24166	827
云浮市	25	113	42	143	146	314	15699	1330	313110	940

市别	其他经济作物播种面积	蔬菜			瓜类			青饲料面积	绿肥面积
		播种面积	亩产	总产量	播种面积	亩产	总产量		
全　省	70516	1306929	1604	31444715	42958	1811	1166751	60296	35986
广州市	17807	140036	1634	3433166	366	1576	8649	1455	1753
深圳市		5404	1250	101324	17	1286	324		
珠海市	2196	7164	1326	142506	550	1357	11193	451	
汕头市	113	48248	2278	1648567	519	2472	19242	133	
佛山市	12489	59689	1579	1413950	1946	1392	40622	10091	80
韶关市	2017	85053	1511	1927623	6300	1974	186560	4530	7073
河源市	225	35275	1215	642644	899	1150	15505	1308	2068
梅州市	845	73080	1918	2102531	3784	1828	103719	11163	5305
惠州市	651	110493	1467	2430981	2429	1565	57013	1539	82
汕尾市	115	49797	1452	1084558	2247	2068	69716	658	523
东莞市	986	20252	1279	388583	312	1556	7275		
中山市	6031	23661	1438	510436	370	1530	8487	471	14
江门市	6864	58805	1438	1268674	1554	1983	46233	4413	19
阳江市	278	60434	1031	934284	2618	1459	57293		226
湛江市	8077	137450	1541	3176421	7323	1853	203495	1288	2
茂名市	740	100804	1676	2534824	551	1368	11305	1407	1861
肇庆市	6366	76240	1959	2239879	6255	2153	202044	6691	3782
清远市	2279	111007	1488	2478043	2550	1745	66731	6994	9308
潮州市	404	14318	2138	459174	50	1726	1286	2303	18
揭阳市	1086	64498	2129	2059284	399	2361	14114	2620	465
云浮市	948	25223	1235	467263	1921	1248	35945	2781	3406

8-6 各县（区）粮食作物播种面积和产量

2013 年　　　　单位：公顷、千克、吨

县（市）区别	粮食作物			稻谷			薯类		
	播种面积	亩产	总产量	播种面积	亩产	总产量	播种面积	亩产	总产量
广州市	**89749**	**324**	**435548**	**61184**	**331**	**303619**	**10660**	**314**	**50167**
海珠区									
天河区									
白云区	6407	335	32210	3978	331	19740	631	366	3463
黄埔区	23	303	106				3	300	15
荔湾区									
罗岗区	3000	296	13315	2078	311	9684	845	255	3237
花都区	14673	332	73157	6482	366	35559	2889	322	13971
从化市	23446	330	116037	20590	334	103162	1589	326	7776
增城市	32936	308	152396	26103	321	125530	2967	272	12115
番禺区	2685	348	14005	431	336	2176	859	352	4537
南沙区	6580	348	34322	1522	340	7768	876	384	5053
深圳市	**10**	**381**	**59**				**…**	**1000**	**3**
福田区									
罗湖区									
南山区									
宝安区									
龙岗区	10	381	59				…	1000	3
盐田区									
珠海市	**7134**	**387**	**41383**	**4933**	**401**	**29663**	**849**	**352**	**4477**
香洲区	95	388	553	25	395	150	49	396	289
金湾区	630	428	4042	28	403	168	183	325	892
斗门区	6409	383	36788	4880	401	29345	617	356	3296
汕头市	**71295**	**423**	**452866**	**49149**	**424**	**312800**	**19467**	**430**	**125700**
金平区	1524	409	9348	1515	409	9288	9	458	60
龙湖区	2818	421	17816	2088	433	13565	382	425	2438
澄海区	13849	433	89980	10548	431	68166	1404	513	10811
濠江区	2300	403	13919	1197	391	7024	1001	438	6572
潮阳区	26362	424	167611	17569	428	112756	8654	417	54084
潮南区	23880	419	150053	15917	418	99751	7787	428	49950
南澳县	561	492	4139	315	477	2250	231	515	1785
佛山市	**20676**	**317**	**98193**	**10726**	**349**	**56222**	**5597**	**271**	**22779**
禅城区									
南海区	1408	332	7015	475	336	2394	828	329	4084
顺德区	123	296	545				33	246	122
高明区	11800	313	55410	8598	350	45137	2184	210	6867
三水区	7345	320	35223	1653	351	8691	2552	306	11706
韶关市	**157078**	**365**	**860558**	**124171**	**394**	**734316**	**11964**	**279**	**50030**
浈江区	4415	381	25210	3648	386	21104	422	364	2304
武江区	4950	354	26310	4455	362	24200	191	286	818
曲江区	14933	367	82180	13148	385	75947	782	262	3070
南雄市	35929	394	212170	29647	422	187854	2745	277	11400
始兴县	14231	402	85820	12304	415	76508	1048	314	4941
翁源县	19700	338	100015	16728	361	90581	450	231	1561
仁化县	16259	410	100025	12570	436	82120	1581	317	7529
新丰县	11970	296	53070	7970	348	41546	821	239	2941
乳源自治县	12103	311	56520	8417	360	45448	1464	233	5107

8-6 续表 1

县（市）区别	粮食作物			#稻谷			薯类		
	播种面积	亩产	总产量	播种面积	亩产	总产量	播种面积	亩产	总产量
乐昌市	22587	352	119238	15283	388	89008	2462	281	10359
河源市	**163777**	**361**	**886208**	**135075**	**388**	**786073**	**9228**	**287**	**39757**
源城区	2438	336	12291	2018	356	10790	132	195	385
东源县	31342	353	166042	25882	385	149328	2469	261	9662
和平县	25424	344	131062	20026	365	109790	984	359	5302
龙川县	44035	404	266727	35905	453	244009	1992	222	6635
紫金县	40407	347	210239	35472	349	185503	2283	403	13803
连平县	20132	331	99847	15772	366	86653	1368	193	3970
梅州市	**214694**	**372**	**1199269**	**172438**	**397**	**1025886**	**18295**	**349**	**95660**
梅江区	4391	367	24205	3232	399	19351	314	489	2306
梅县区	31675	389	184921	23866	440	157578	2679	250	10030
蕉岭县	11613	365	63506	9635	397	57394	428	379	2435
大埔县	19807	325	96605	15313	358	82198	2413	235	8519
丰顺县	24014	339	122003	17687	346	91769	4880	344	25176
五华县	54900	363	298921	46393	395	274582	3779	135	7627
兴宁市	52133	411	321605	42846	419	269478	3203	740	35540
平远县	16160	361	87503	13466	364	73536	598	449	4027
惠州市	**116658**	**318**	**557041**	**81644**	**310**	**379318**	**10687**	**324**	**51895**
惠城区	19163	334	95953	10971	312	51393	780	344	4018
惠东县	38592	311	180170	26461	304	120605	7176	339	36541
惠阳区	7531	341	38539	5211	315	24627	483	343	2488
博罗县	31335	320	150478	21083	312	98706	1246	266	4972
龙门县	20037	306	91901	17918	312	83987	1002	258	3876
汕尾市	**95294**	**292**	**417222**	**69778**	**294**	**307460**	**21093**	**303**	**95799**
汕尾城区	3643	297	16245	2969	292	13012	673	320	3233
红海湾区	1747	320	8377	960	303	4367	787	340	4010
海丰县	34571	295	152948	30386	292	132900	3452	351	18192
陆河县	12712	290	55206	8461	294	37364	3010	309	13935
陆丰市	42622	288	184446	27002	296	119817	13171	286	56429
东莞市	**2741**	**302**	**12435**	**1198**	**359**	**6450**	**832**	**254**	**3171**
中山市	**14936**	**324**	**72686**	**6032**	**336**	**30367**	**3415**	**358**	**18343**
江门市	**191154**	**323**	**926671**	**172848**	**331**	**859396**	**11094**	**247**	**41117**
蓬江区	1067	288	4602	659	322	3178	177	177	469
江海区	233	368	1284	208	351	1098	15	624	138
新会区	31470	321	151730	27858	327	136669	1665	236	5893
台山市	69097	326	338205	64938	334	325458	2724	207	8454
开平市	45278	320	217232	40408	333	202014	2922	205	9001
恩平市	28109	317	133596	24791	326	121173	2261	265	8996
鹤山市	15899	336	80022	13986	333	69806	1330	409	8166
阳江市	**145853**	**319**	**698220**	**105934**	**341**	**541623**	**21241**	**286**	**91097**
江城区	19698	318	93929	16132	334	80843	2419	264	9580
阳东县	32978	314	155180	23503	337	118723	5031	286	21578
阳西县	28669	332	142642	20775	354	110194	4643	279	19439
阳春市	61836	316	292807	43632	339	221701	8566	297	38160
海陵区	2673	341	13662	1891	358	10162	582	268	2340
湛江市	**288034**	**327**	**1413023**	**213523**	**338**	**1081282**	**49615**	**307**	**228702**
赤坎区	615	326	3004	419	363	2285	190	246	700

8-6 续表 2

县（市）区别	粮食作物			#稻谷			薯类		
	播种面积	亩产	总产量	播种面积	亩产	总产量	播种面积	亩产	总产量
霞山区	1461	336	7368	1188	356	6350	226	244	827
坡头区	15722	289	68130	10565	311	49216	4679	247	17313
麻章区	9581	329	47339	8181	331	40598	759	377	4297
东海区	8340	294	36836	5198	309	24076	1648	251	6205
吴川市	29780	336	149944	24742	332	123305	3771	378	21393
徐闻县	27425	307	126130	13474	325	65617	3118	308	14416
雷州市	63617	346	330427	55062	353	291511	5777	304	26380
遂溪县	47011	331	233647	33551	320	161104	11103	367	61050
廉江市	84482	324	410198	61143	346	317220	18345	277	76121
茂名市	**248752**	**381**	**1421427**	**199691**	**397**	**1188846**	**30318**	**309**	**140445**
茂南区	20385	327	100103	16477	331	81697	1890	297	8416
茂港区	13179	372	73621	10187	387	59207	1749	304	7976
信宜市	52333	400	313790	35522	432	229933	7238	330	35780
高州市	58435	422	369633	53012	430	341852	4278	344	22064
电白县	44932	367	247498	36483	383	209749	6847	298	30585
化州市	59487	355	316782	48010	370	266408	8316	286	35624
肇庆市	**201979**	**371**	**1122736**	**166549**	**391**	**976296**	**20913**	**279**	**87432**
端州区	133	350	700	123	364	674	8	167	20
鼎湖区	7006	394	41426	5821	411	35841	383	340	1953
高要市	38198	411	235411	32606	422	206319	4311	365	23576
广宁县	28460	360	153549	22076	392	129809	4037	265	16051
四会市	20979	383	120672	16078	414	99818	3251	306	14908
德庆县	23338	332	116166	20214	346	104891	1531	160	3676
封开县	34407	370	191065	28437	385	164229	3231	274	13288
怀集县	49458	356	263747	41193	380	234715	4162	224	13960
清远市	**179207**	**283**	**759991**	**133589**	**303**	**607062**	**17499**	**226**	**59286**
清城区	19404	241	70060	18274	240	65885	511	234	1791
英德市	47629	285	203261	36299	303	164785	4178	225	14101
佛冈县	13078	289	56662	11996	288	51850	597	319	2860
连山自治县	8283	335	41644	6993	339	35597	716	247	2649
连南自治县	9744	240	35114	4944	261	19363	1222	241	4408
连州市	25570	315	120732	18259	341	93428	3326	253	12636
阳山县	27277	259	105830	12659	316	59943	4982	218	16266
清新区	28222	299	126688	24164	321	116211	1967	155	4575
潮州市	**44266**	**401**	**266392**	**32850**	**418**	**205974**	**7384**	**371**	**41102**
湘桥区	766	343	3947	747	339	3800	19	514	147
饶平县	25239	362	137060	18361	385	105974	4829	325	23537
潮安区	18261	458	125385	13742	467	96200	2536	458	17418
揭阳市	**136892**	**405**	**832423**	**78227**	**379**	**444691**	**51892**	**463**	**360139**
榕城区	9986	482	72263	7510	466	52455	2079	571	17812
揭东区	25526	483	184975	14217	461	98306	8797	574	75686
惠来县	36667	362	198931	16987	345	87872	17945	397	106890
普宁市	34836	395	206660	21143	358	113499	12857	465	89600
揭西县	29878	378	169594	18370	336	92559	10216	458	70151
云浮市	**117440**	**389**	**684649**	**89254**	**428**	**572656**	**12454**	**277**	**51799**
云城区	9400	386	54390	7804	414	48447	1072	266	4283
新兴县	23867	398	142652	20134	424	128089	2226	258	8613
郁南县	24334	386	141049	18107	417	113366	2798	316	13274
罗定市	42568	397	253461	33384	440	220149	3230	255	12363
云安县	17271	359	93097	9825	425	62605	3129	283	13266

8-7 各县（区）农作物播种面积和产量

2013 年 单位：公顷、千克、吨

县（市）区别	糖蔗			花生			蔬菜			瓜类		
	播种面积	亩产	总产量	播种面积	亩产	总产量	播种面积	亩产	总产量	播种面积	亩产	总产量
广州市	**59**	**6456**	**5681**	**7071**	**178**	**18914**	**140036**	**1634**	**3433166**	**366**	**1576**	**8649**
海珠区							952	1270	18142			
天河区							1679	1221	30744			
白云区				386	169	979	35041	1439	756346	34	996	506
黄埔区	1	8000	160				1912	1033	29636	1	1700	17
荔湾区							313	985	4630			
罗岗区	2	3167	95	132	207	411	3911	1106	64907	32	2061	981
花都区	52	6450	5050	1240	183	3404	13522	1654	335487	192	1786	5153
从化市				3286	175	8630	15077	1431	323534	3	667	26
增城市				1951	174	5100	40906	1895	1162463	83	1260	1562
番禺区	1	8000	96	8	410	50	8089	1437	174331	13	746	141
南沙区	2	8000	280	68	332	340	18633	1907	532946	9	1865	263
深圳市				**1**	**750**	**6**	**5404**	**1250**	**101324**	**17**	**1286**	**324**
福田区							4	1000	60	1	250	5
罗湖区												
南山区							573	3579	30780			
宝安区							2578	1007	38943			
龙岗区				1	750	6	2249	935	31541	15	1375	319
盐田区												
珠海市	**806**	**6864**	**82987**	**259**	**179**	**695**	**7164**	**1326**	**142506**	**550**	**1357**	**11193**
香洲区	27	6000	2400	17	247	63	660	838	8296	4	1691	93
金湾区	613	7000	64337	84	187	236	2594	1258	48942	454	1274	8671
斗门区	167	6500	16250	158	167	396	3910	1454	85268	92	1755	2429
汕头市				**1322**	**177**	**3503**	**48248**	**2278**	**1648567**	**519**	**2472**	**19242**
金平区							1480	2064	45808	10	2248	326
龙湖区				92	241	332	6027	2417	218531			
澄海区				129	250	482	19130	2566	736238	331	2286	11347
濠江区				373	150	837	2040	1856	56802	15	2350	517
潮阳区				107	279	447	10079	1866	282161	152	2913	6642
潮南区				590	147	1302	9120	2135	292135			
南澳县				31	221	103	372	3027	16892	12	2356	410
佛山市	**1**	**4476**	**94**	**1791**	**198**	**5333**	**59689**	**1579**	**1413950**	**1946**	**1392**	**40622**
禅城区							365	920	5043			
南海区				52	280	219	32413	1341	652136	129	1104	2135
顺德区	1	4476	94	1	500	5	5435	1216	99128	107	1005	1618
高明区				870	210	2745	8754	1727	226705	27	1800	738
三水区				868	182	2364	12722	2258	430938	1682	1432	36131
韶关市	**2738**	**5191**	**213230**	**38796**	**218**	**126947**	**85053**	**1511**	**1927623**	**6300**	**1974**	**186560**
浈江区				1803	245	6636	3515	1870	98630	93	2302	3214
武江区				1284	212	4092	3982	2003	119620	349	1359	7106
曲江区				4955	245	18236	9049	1692	229653	261	2731	10703
南雄市				7387	218	24165	8061	1683	203502	361	1624	8807
始兴县				3053	230	10539	7835	1858	218377	1139	1757	30017
翁源县	2658	5255	209538	4200	249	15698	14988	1308	294004	43	1149	740
仁化县				7852	253	29822	7776	1627	189779	1747	2214	57994
新丰县	23	2571	900	3322	103	5121	10684	1289	206613	75	1300	1456
乳源自治县				1884	140	3964	4614	1067	73864	225	1540	5207
乐昌市	57	3285	2792	3056	189	8674	14549	1345	293581	2007	2036	61316
河源市	**376**	**4247**	**23945**	**25249**	**195**	**73812**	**35275**	**1215**	**642644**	**899**	**1150**	**15505**

8-7 续表1

县（市）区别	糖蔗			花生			蔬菜			瓜类		
	播种面积	亩产	总产量	播种面积	亩产	总产量	播种面积	亩产	总产量	播种面积	亩产	总产量
源城区	32	5488	2634	691	241	2496	2017	1128	34111	1	2941	50
东源县	225	3972	13427	7158	178	19114	6626	816	81156	94	1454	2041
和平县				2193	176	5797	5061	1662	126167	91	1150	1575
龙川县				4990	166	12425	7654	1067	122474	100	1896	2840
紫金县	119	4434	7884	5465	218	17871	8733	1578	206710	357	1029	5514
连平县				4752	226	16109	5185	926	72026	256	908	3485
梅州市				**14820**	**170**	**37856**	**73080**	**1918**	**2102531**	**3784**	**1828**	**103719**
梅江区				401	166	997	5129	1924	148056	180	1482	4008
梅县区				3735	182	10185	12767	2331	446313	1433	1854	39862
蕉岭县				1801	144	3892	4932	1368	101171	271	1200	4869
大埔县				1259	148	2802	8474	1347	171194	1126	2094	35375
丰顺县				1866	210	5877	7671	1903	218965	118	2407	4278
五华县				2474	171	6358	11485	1895	326485	68	1698	1734
兴宁市				2064	138	4263	18180	2279	621603	75	2755	3099
平远县				1220	190	3482	4442	1032	68744	512	1367	10494
惠州市	**895**	**4992**	**67028**	**22599**	**175**	**59194**	**110493**	**1467**	**2430981**	**2429**	**1565**	**57013**
惠城区	17	4450	1157	4535	186	12687	18883	1658	469535	269	1563	6301
惠东县	11	5638	902	6345	182	17335	33737	1322	668830	1133	1411	23976
惠阳区				2300	171	5894	16193	1509	366578	303	1536	6988
博罗县	841	5025	63399	6772	165	16752	31875	1526	729537	672	1866	18820
龙门县	26	4026	1570	2647	164	6526	9804	1336	196501	52	1197	928
汕尾市	**67**	**4040**	**4040**	**12113**	**144**	**26099**	**49797**	**1452**	**1084558**	**2247**	**2068**	**69716**
汕尾城区				462	143	990	2184	1371	44911	79	2431	2876
红海湾区				397	134	798	1140	1406	24043			
海丰县	67	4040	4040	2750	132	5442	18449	1611	445964	1395	2037	42633
陆河县				1247	203	3795	3348	1389	69746	153	1520	3497
陆丰市				7257	138	15074	24675	1351	499894	620	2228	20710
东莞市				**68**	**235**	**241**	**20252**	**1279**	**388583**	**312**	**1556**	**7275**
中山市	**33**	**3962**	**1965**	**114**	**253**	**434**	**23661**	**1438**	**510436**	**370**	**1530**	**8487**
江门市	**2064**	**5942**	**183938**	**12249**	**157**	**28900**	**58805**	**1438**	**1268674**	**1554**	**1983**	**46233**
蓬江区				90	203	274	2629	1419	55961	9	1688	238
江海区							2213	1032	34241	321	1010	4867
新会区	87	2413	3134	304	212	967	7768	1655	192785	6	2529	215
台山市	959	5544	79741	5014	147	11037	13638	1247	255055	973	2475	36118
开平市	175	2723	7161	2737	143	5876	14612	1312	287549	31	1143	536
恩平市	843	7427	93902	2410	153	5538	5561	1712	142824	13	1104	222
鹤山市				1694	205	5208	12386	1616	300259	200	1344	4037
阳江市	**1093**	**4002**	**65608**	**25056**	**146**	**54822**	**60434**	**1031**	**934284**	**2618**	**1459**	**57293**
江城区	75	179	200	1804	139	3774	6022	1100	99371	98	1272	1870
阳东县	610	3996	36580	7056	142	15012	12795	1054	202285	428	1270	8156
阳西县				4982	148	11067	14741	1056	233592	2092	1506	47267
阳春市	408	4711	28828	10677	148	23763	25901	984	382295			
海陵区				536	150	1206	975	1145	16741			
湛江市	**136534**	**6012**	**12312860**	**54156**	**219**	**177663**	**137450**	**1541**	**3176421**	**7323**	**1853**	**203495**
赤坎区	23	3988	1372	87	174	227	1157	1331	23102	5	1500	102
霞山区	112	3964	6667	157	149	352	1112	1004	16749			
坡头区	251	5053	19051	3278	101	4988	4094	1249	76691	34	1444	729
麻章区	5291	5530	438866	1416	177	3767	4808	1106	79748	54	1061	857
东海区	14	4976	1045	1156	121	2104	3027	883	40108	475	1047	7458

8-7 续表2

县（市）区别	糖蔗			花生			蔬菜			瓜类		
	播种面积	亩产	总产量	播种面积	亩产	总产量	播种面积	亩产	总产量	播种面积	亩产	总产量
吴川市	332	5277	26303	6504	240	23407	7046	1164	122997	85	1081	1375
徐闻县	21348	5401	1729508	5543	160	13304	29812	1405	628109	333	1221	6108
雷州市	53960	5674	4592521	11844	282	50165	27600	1552	642597	4516	1817	123046
遂溪县	48390	6826	4954618	10548	219	34620	22385	1922	645202	1597	2330	55820
廉江市	6814	5312	542909	13623	219	44729	36411	1650	901118	224	2380	8000
茂名市	**4168**	**4818**	**301215**	**44596**	**198**	**132460**	**100804**	**1676**	**2534824**	**551**	**1368**	**11305**
茂南区	239	4281	15355	3939	194	11477	8088	1785	216534	2	1417	51
茂港区	5	3800	266	3881	216	12557	10101	1697	257075	49	1458	1064
信宜市				5274	194	15347	14940	1597	357828	273	1257	5149
高州市	112	3753	6294	7420	218	24299	21861	2007	658160	125	1711	3214
电白县	41	6041	3673	13295	187	37225	23528	1549	546548	...	600	3
化州市	3772	4871	275627	10787	195	31555	22286	1492	498679	101	1198	1824
肇庆市	**540**	**4857**	**39316**	**25311**	**188**	**71471**	**76240**	**1959**	**2239879**	**6255**	**2153**	**202044**
端州区				22	142	47	457	2101	14413			
鼎湖区				381	219	1251	4038	1809	109581	224	2422	8135
高要市				3807	221	12620	29597	1844	818799	2246	2233	75245
广宁县				3215	134	6462	5812	1814	158119	827	1895	23495
四会市				4461	196	13114	8781	1939	255393	137	1370	2809
德庆县				3503	182	9562	6123	1873	172034	119	2484	4452
封开县	441	4945	32674	5599	209	17560	8457	1964	249178	1262	2189	41425
怀集县	99	4470	6642	4324	167	10855	12973	2376	462362	1441	2151	46483
清远市	**3229**	**5463**	**264572**	**37051**	**180**	**100161**	**111007**	**1488**	**2478043**	**2550**	**1745**	**66731**
清城区				4213	194	12281	11461	1734	298054	74	1028	1140
英德市	3155	5478	259281	12553	170	32009	22058	1865	617100	696	1918	20032
佛冈县				1091	181	2963	4289	1029	66234	3	780	39
连山自治县				1098	246	4054	3947	1220	72219	58	1435	1241
连南自治县				1363	183	3747	4632	548	38059	2	2286	80
连州市				4966	194	14472	26187	1541	605136	1029	1903	29370
阳山县	6	3011	271	6301	177	16715	25048	1126	423040	470	1208	8528
清新区	67	4960	5020	5467	170	13920	13384	1784	358201	217	1938	6301
潮州市	**75**	**8477**	**9545**	**1753**	**156**	**4115**	**14318**	**2138**	**459174**	**50**	**1726**	**1286**
湘桥区				3	130	6	1144	1999	34294			
饶平县	75	8477	9545	1379	145	3005	7249	2059	223854	43	1839	1186
潮安区				371	199	1104	5925	2262	201026	7	1000	100
揭阳市	**119**	**4910**	**8779**	**7509**	**206**	**23203**	**64498**	**2129**	**2059284**	**399**	**2361**	**14114**
榕城区				229	345	1186	7288	2085	227967			
揭东区	86	4698	6041	1840	342	9428	17700	2165	574890	20	2178	660
惠来县				4132	135	8398	13914	2467	514893	360	2413	13024
普宁市				559	169	1413	17500	1751	459643	3	2100	105
揭西县	33	5454	2738	749	247	2778	8096	2321	281891	15	1425	325
云浮市	**56**	**3496**	**2923**	**19129**	**184**	**52655**	**25223**	**1235**	**467263**	**1921**	**1248**	**35945**
云城区	11	5180	834	1094	185	3038	1792	1344	36129	128	1806	3468
新兴县				2512	225	8480	10591	1446	229744	36	1208	655
郁南县				4346	204	13294	2787	1093	45674	932	950	13286
罗定市				7846	173	20320	6701	976	98056	273	1367	5594
云安县	45	3095	2089	3330	151	7523	3352	1147	57660	552	1564	12942

8-8 主要年份茶叶、桑叶、水果面积及产量

项　　目	单位	1990	1995	2000	2005	2010	2012	2013	2013年比上年增长(%)
一、茶叶年末实有面积	**千公顷**	**42.95**	**45.83**	**43.20**	**36.03**	**40.82**	**41.84**	**44.24**	**5.7**
茶叶总产量	万吨	2.59	3.96	4.21	4.45	5.33	6.31	6.98	10.6
二、桑叶年末实有面积	**千公顷**	**19.81**	**25.17**	**17.93**	**29.67**	**31.82**	**33.00**	**34.38**	**4.2**
桑叶总产量	万吨			51.25	81.34	94.35	100.68	105.13	4.4
三、水果年末实有面积	**千公顷**	**644.74**	**735.64**	**1001.56**	**996.91**	**1084.81**	**1100.24**	**1119.83**	**1.8**
水果总产量	万吨	328.58	414.51	643.52	831.69	1128.73	1279.09	1368.73	7.0
# 柑桔橙年末实有面积	千公顷	192.66	113.23	82.23	166.02	250.04	254.70	259.37	1.8
柑桔橙总产量	万吨	151.42	107.43	81.06	143.02	293.07	346.56	377.36	8.9
香（大）蕉年末实有面积	千公顷	68.73	87.61	101.01	128.39	125.48	125.29	127.84	2.0
香（大）蕉总产量	万吨	105.39	157.60	235.30	330.23	371.27	403.16	420.29	4.2
菠萝年末实有面积	千公顷	34.10	25.74	29.72	27.13	27.51	29.76	34.65	16.4
菠萝总产量	万吨	21.47	26.30	47.53	52.10	67.55	82.10	88.95	8.3
荔枝年末实有面积	千公顷	119.33	196.11	316.56	278.14	273.12	273.52	272.81	-0.3
荔枝总产量	万吨	9.73	26.91	64.75	86.21	100.83	105.91	111.91	5.7

8-9 水果、桑叶和茶叶生产情况

2013年　　　　单位：千公顷、万吨

项　　目	年末实有面积	总产量
一、水果	**1119.83**	**1368.73**
1. 柑桔橙	259.37	377.36
2. 香（大）蕉	127.84	420.29
3. 菠萝	34.65	88.95
4. 荔枝	272.81	111.91
5. 龙眼	126.99	70.15
6. 梨	7.99	8.05
7. 柿子	16.03	14.30
8. 李子	56.25	58.08
9. 番石榴	8.88	22.02
10. 芒果	18.49	21.07
11. 柚子	38.71	77.47
12. 杨桃	6.87	9.34
13.其他杂果	144.97	89.74
二、桑叶	**34.38**	**105.13**
三、茶叶	**44.24**	**6.98**
1. 绿茶		2.84
2. 青茶（乌龙茶）		3.33
3. 红茶		0.20
4. 黄茶		...
5. 其他茶		0.60

8-10 各市水果、桑叶和茶叶生产情况

2013 年　　单位：公顷、吨

市别	一、水果合计		1. 柑、桔、橙		2. 香（大）蕉	
	年末实有面积	总产量	年末实有面积	总产量	年末实有面积	总产量
全省	1119833	13687294	259373	3773573	127842	4202930
广州市	61745	410555	3301	53306	4650	152668
深圳市	2536	1745	16	122	8	36
珠海市	6220	68988	165	3271	1533	41060
汕头市	12901	185735	798	19757	2448	60746
佛山市	2889	49993	231	2820	1280	39697
韶关市	33041	430545	15631	212697	314	4061
河源市	36604	350210	9098	101413	947	11586
梅州市	82305	1271091	9171	174642	4345	74748
惠州市	57570	669343	24645	393585	4965	102753
汕尾市	36476	256352	1431	33903	2576	40765
东莞市	12955	61144	5	70	2330	46701
中山市	6544	167326	234	8117	3359	99086
江门市	19956	251079	3152	66280	4106	113548
阳江市	81472	604836	23354	342161	3463	59805
湛江市	100607	2621766	2435	26438	36211	1479013
茂名市	235339	2745083	1874	23051	41189	1593013
肇庆市	81357	1306520	65409	1073037	4685	98280
清远市	65427	770505	47745	610850	634	14205
潮州市	16746	174302	1537	34393	701	18846
揭阳市	84428	535929	3572	67949	4357	95669
云浮市	82715	754247	45569	525711	3741	56644

市别	3. 菠萝		4. 荔枝		5. 龙眼	
	年末实有面积	总产量	年末实有面积	总产量	年末实有面积	总产量
全省	34645	889469	272811	1119052	126988	701470
广州市	92	805	30857	52764	7690	30006
深圳市	...	2	2139	1141	357	293
珠海市	3	4	3049	3716	490	1326
汕头市	70	873	2503	7360	395	3305
佛山市	20	456	276	1637	603	2153
韶关市			3	71	215	1280
河源市	65	353	4404	5885	1317	6232
梅州市	181	1516	4015	21723	4110	30158
惠州市	366	4327	16215	76645	6981	47055
汕尾市	1532	9751	16077	94152	3172	28454
东莞市			8920	7910	1291	2916
中山市	203	2544	717	6517	559	4023
江门市	101	912	6279	20464	3942	21557
阳江市	231	1865	30999	92322	15499	64284
湛江市	26912	793236	17037	102080	7819	50825
茂名市	236	3160	93618	468972	51953	298816
肇庆市	397	4139	1770	22017	2117	17239
清远市	8	41	1519	8506	1480	10397
潮州市	674	10752	3003	13855	3143	21218
揭阳市	3332	52585	17648	73386	7268	27959
云浮市	221	2148	11765	37929	6588	31974

8-10 续表

市　　别	6. 梨		7. 柿子(鲜)		8. 李子	
	年末实有面　积	总产量	年末实有面　积	总产量	年末实有面　积	总产量
全　　省	7992	80534	16025	142998	56246	580802
广 州 市	1	11	2255	13896	2676	8263
深 圳 市					2	15
珠 海 市			1	14		
汕 头 市	10	29	554	3102	37	450
佛 山 市			2	21	9	28
韶 关 市	681	9045	650	2814	9016	108513
河 源 市	342	3702	3505	31140	10393	111953
梅 州 市	987	6428	3482	34761	6607	84007
惠 州 市	2	12	201	1871	705	5879
汕 尾 市	254	735	992	4763	1687	13715
东 莞 市			2	1		
中 山 市			2	46		
江 门 市			6	14	21	29
阳 江 市	178	470	189	956	1432	6951
湛 江 市	...	1	3	81	40	355
茂 名 市	623	4709	1292	19472	15767	162570
肇 庆 市	719	11239	890	15572	1808	25169
清 远 市	3427	39894	776	5436	2349	15405
潮 州 市	111	506	193	1317	119	1558
揭 阳 市	486	2359	617	4476	2251	23130
云 浮 市	170	1394	413	3245	1328	12812

市　　别	9. 其他		二、桑叶		三、茶叶	
	年末实有面　积	总产量	年末实有面　积	总产量	年末实有面　积	总产量
全　　省	217911	2196466	34376	1051291	44240	69753
广 州 市	10223	98836	39	183	129	65
深 圳 市	14	136			23	2
珠 海 市	980	19597				
汕 头 市	6086	90113			341	285
佛 山 市	468	3181			78	155
韶 关 市	6532	92064	4809	87016	3272	3638
河 源 市	6533	77946	7	52	5375	4938
梅 州 市	49407	843108	73	1834	11383	13115
惠 州 市	3490	37216			442	285
汕 尾 市	8756	30114			1099	1379
东 莞 市	408	3546				
中 山 市	1469	46993			3	36
江 门 市	2349	28275			284	278
阳 江 市	6127	36022	5958	173744	146	445
湛 江 市	10148	169737	3587	132449	1654	4840
茂 名 市	28787	171320	5986	304681	803	1698
肇 庆 市	3562	39828	730	20003	2049	5347
清 远 市	7490	65771	4836	116555	2563	2701
潮 州 市	7266	71857			8528	14476
揭 阳 市	44896	188416			4145	12977
云 浮 市	12919	82390	8351	214774	1923	3093

8-11 各县（区）水果、桑叶和茶叶生产情况

2013 年　　单位：公顷、吨

县（市）区别	一、水果合计		1.柑、桔、橙		2.香（大）蕉		3.菠萝	
	年末实有面积	总产量	年末实有面积	总产量	年末实有面积	总产量	年末实有面积	总产量
广州市	**61745**	**410555**	**3301**	**53306**	**4650**	**152668**	**92**	**805**
海珠区	999	10951			23	903		
天河区	81	207			...	5		
白云区	1659	6448	15	131	39	1370	11	33
黄埔区	569	6217			92	2645		
荔湾区								
罗岗区	3095	8677	64	705	224	2032	12	48
花都区	3605	19032	57	421	142	2429		
从化市	25631	88921	2022	20721	109	977	10	46
增城市	20764	120138	935	23525	1165	34680	58	678
番禺区	573	11883			206	5027		
南沙区	4767	138081	209	7803	2649	102600		
深圳市	**2536**	**1745**	**16**	**122**	**8**	**36**	**...**	**2**
福田区	113	116						
罗湖区	68	16						
南山区	1333	535						
宝安区	694	545	10	90				
龙岗区	327	533	6	32	8	36	...	2
盐田区								
珠海市	**6220**	**68988**	**165**	**3271**	**1533**	**41060**	**3**	**4**
香洲区	705	4043	5	150	63	2357	2	3
金湾区	2648	35179	118	1774	952	20687	1	1
斗门区	2867	29766	42	1347	518	18016		
汕头市	**12901**	**185735**	**798**	**19757**	**2448**	**60746**	**70**	**873**
金平区	43	1350	3	50	3	50		
龙湖区								
澄海区	2169	85073	34	2917	403	16093		
濠江区	35	387			1	10		
潮阳区	5610	74894	342	9093	1581	37072	70	873
潮南区	4534	19713	312	6541	398	6672		
南澳县	508	4318	107	1156	63	849		
佛山市	**2889**	**49993**	**231**	**2820**	**1280**	**39697**	**20**	**456**
禅城区								
南海区	123	1935			72	1822		
顺德区	319	9478	...	10	307	9384		
高明区	1184	10773	211	2177	239	4878	20	456
三水区	1263	27807	20	633	662	23613		
韶关市	**33041**	**430545**	**15631**	**212697**	**314**	**4061**		
浈江区	528	11575	171	3262	19	312		
武江区	778	11549	341	5333	1	3		
曲江区	2734	36350	1402	16946	38	356		
南雄市	2825	26062	1895	14886	1	7		
始兴县	4661	59451	2743	33156	7	100		
翁源县	2902	50301	922	16806	4	51		
仁化县	3422	44914	1970	26531	169	2614		
新丰县	6018	34791	1912	9419	20	83		
乳源自治县	1586	8544	445	2194				
乐昌市	7586	147008	3829	84164	55	535		
河源市	**36604**	**350210**	**9098**	**101413**	**947**	**11586**	**65**	**353**

8-11 续表1

县（市）区别	一、水果合计		1.柑、桔、橙		2.香（大）蕉		3.菠萝	
	年末实有面积	总产量	年末实有面积	总产量	年末实有面积	总产量	年末实有面积	总产量
源城区	917	3328	19	995	27	200	1	7
东源县	4058	33193	738	6856	154	1205	2	14
和平县	3905	32799	1033	8902	50	1326		
龙川县	6391	77969	2034	29939	120	1898		
紫金县	15334	129975	4001	42395	566	6741	63	332
连平县	6000	72946	1272	12326	31	216		
梅州市	**82305**	**1271091**	**9171**	**174642**	**4345**	**74748**	**181**	**1516**
梅江区	2746	46628	401	7313	87	1298		
梅县区	29071	672127	2992	70850	1256	23957		
蕉岭县	3203	38124	317	4717	258	4746		
大埔县	11761	142318	236	3541	820	10935	65	877
丰顺县	7721	73101	226	3450	939	14991	65	555
五华县	14684	69592	1366	14973	514	6496	51	84
兴宁市	6579	144936	537	21062	190	9448		
平远县	6540	84265	3096	48736	281	2877		
惠州市	**57570**	**669343**	**24645**	**393585**	**4965**	**102753**	**366**	**4327**
惠城区	5071	33106	206	4165	393	6808	49	313
惠东县	9304	79071	1392	15570	862	9878	267	3493
惠阳区	7910	30215	269	1829	461	7577	31	273
博罗县	11477	144047	1941	27665	1906	53940	18	226
龙门县	23808	382904	20837	344356	1343	24550	1	22
汕尾市	**36476**	**256352**	**1431**	**33903**	**2576**	**40765**	**1532**	**9751**
汕尾城区	1269	9690	21	1	27	362	2	8
红海湾区	128	524			14	104		
海丰县	7484	77145	652	12708	900	14783	163	2158
陆河县	13014	75719	520	20060	1070	18850	263	1550
陆丰市	14582	93274	237	1134	565	6666	1104	6035
东莞市	**12955**	**61144**	**5**	**70**	**2330**	**46701**		
中山市	**6544**	**167326**	**234**	**8117**	**3359**	**99086**	**203**	**2544**
江门市	**19956**	**251079**	**3152**	**66280**	**4106**	**113548**	**101**	**912**
蓬江区	76	1601	1	21	46	1387		
江海区	131	2726	7	130	69	1629		
新会区	3584	87594	1229	36144	976	33552	10	226
台山市	5665	34532	461	4048	569	15289		
开平市	3952	36957	593	7196	669	17622		
恩平市	4667	68508	692	15909	1604	38521	1	19
鹤山市	1882	19161	168	2832	175	5548	90	667
阳江市	**81472**	**604836**	**23354**	**342161**	**3463**	**59805**	**231**	**1865**
江城区	4986	14273	95	910	81	820	90	720
阳东县	24541	70920	1112	14757	694	8916	27	210
阳西县	12607	56982	988	5286	428	6981	107	695
阳春市	39269	461509	21159	321208	2260	43088		
海陵区	69	1152					7	240
湛江市	**100607**	**2621766**	**2435**	**26438**	**36211**	**1479013**	**26912**	**793236**
赤坎区	21	383			8	145		
霞山区	11	518			7	296		
坡头区	1557	33877	11	670	996	29251		
麻章区	781	10549	10	86	415	5025	12	277
东海区	2383	133981			2240	131667		

8-11 续表 2

县（市）区别	一、水果合计		1.柑、桔、橙		2.香（大）蕉		3.菠萝	
	年末实有面积	总产量	年末实有面积	总产量	年末实有面积	总产量	年末实有面积	总产量
吴川市	4094	86822	22	311	2618	77746		
徐闻县	32060	1137062			13218	565844	17988	554350
雷州市	20822	659826	166	1778	8174	384757	8661	227609
遂溪县	7655	189033	117	1969	3604	132713	216	9962
廉江市	31221	369715	2109	21624	4932	151569	35	1038
茂名市	**235339**	**2745083**	**1874**	**23051**	**41189**	**1593013**	**236**	**3160**
茂南区	3151	16933			143	3034		
茂港区	8274	61880			1169	30659		
信宜市	53981	729183	1611	20864	10600	341933	137	1998
高州市	89467	1160641	21	68	21518	836650		
电白县	35286	279273	116	558	1849	94009	25	472
化州市	45179	497173	125	1561	5910	286728	75	690
肇庆市	**81357**	**1306520**	**65409**	**1073037**	**4685**	**98280**	**397**	**4139**
端州区	30	407	6	63	23	330		
鼎湖区	1358	28120	391	5046	707	20275		
高要市	10237	174504	6280	110552	1125	27005	364	3818
广宁县	13347	135454	12060	123717	270	4714	17	170
四会市	11843	150179	9420	110980	1472	28269		
德庆县	20888	329126	18877	319873	135	1243	12	121
封开县	16386	314939	12599	257763	519	8026	4	30
怀集县	7268	173791	5777	145043	435	8418		
清远市	**65427**	**770505**	**47745**	**610850**	**634**	**14205**	**8**	**41**
清城区	7217	134746	5855	120349	156	2965	3	23
英德市	18054	178839	16499	166807	116	1229		
佛冈县	13547	126600	10850	113027	91	973	5	18
连山自治县	1354	20994	415	6917	3	26		
连南自治县	635	4872	75	1027				
连州市	9885	77216	1806	19207				
阳山县	4984	54575	4080	42080				
清新区	9752	172663	8165	141436	268	9012		
潮州市	**16746**	**174302**	**1537**	**34393**	**701**	**18846**	**674**	**10752**
湘桥区	443	5330	27	497	39	592	1	7
饶平县	9630	90957	1135	24356	194	2649	162	1465
潮安区	6674	78015	375	9540	467	15605	511	9280
揭阳市	**84428**	**535929**	**3572**	**67949**	**4357**	**95669**	**3332**	**52585**
榕城区	4720	67890	107	1732	1890	57947	76	1605
揭东区	5180	37968	136	1799	740	10174	144	2164
惠来县	25644	137343	110	1099	786	11736	2262	43818
普宁市	35938	202581	2382	50196	268	2541	673	2048
揭西县	12946	90147	838	13123	672	13271	178	2950
云浮市	**82715**	**754247**	**45569**	**525711**	**3741**	**56644**	**221**	**2148**
云城区	5331	45821	3771	30855	281	4203	11	272
新兴县	12380	107426	1707	23051	1388	24572	39	332
郁南县	36667	328614	22364	275307	666	7301	56	683
罗定市	8790	70800	1787	15011	936	14737	62	780
云安县	19547	201586	15940	181487	470	5831	53	81

县（市）区别	4.荔枝		5.龙眼		6.梨		7.柿子(鲜)	
	年末实有面积	总产量	年末实有面积	总产量	年末实有面积	总产量	年末实有面积	总产量
广州市	**30857**	**52764**	**7690**	**30006**	**1**	**11**	**2255**	**13896**
海珠区	33	348	340	1941				
天河区	30	61	26	49				
白云区	741	1731	491	1345	...	2	...	2
黄埔区	149	451	105	791				
荔湾区								
罗岗区	1885	2905	658	931			2	33
花都区	1719	6625	1299	6011	...	1	12	107
从化市	13618	27111	2079	9261	1	8	1735	9750
增城市	11626	10802	2407	6684			505	4004
番禺区	10	57	129	1791				
南沙区	1046	2673	155	1202				
深圳市	**2139**	**1141**	**357**	**293**				
福田区	113	115	...	1				
罗湖区	67	15	1	1				
南山区	1200	500	133	35				
宝安区	560	305	122	139				
龙岗区	199	206	100	117				
盐田区								
珠海市	**3049**	**3716**	**490**	**1326**			**1**	**14**
香洲区	366	261	160	423			1	14
金湾区	870	816	130	338				
斗门区	1813	2639	200	565				
汕头市	**2503**	**7360**	**395**	**3305**	**10**	**29**	**554**	**3102**
金平区	7	500	3	250				
龙湖区								
澄海区	216	2940	144	2189			3	29
濠江区	8	57	2	15				
潮阳区	129	1065	31	268	...	4	480	2788
潮南区	2066	2514	112	240	7	8	68	237
南澳县	76	284	102	343	3	17	4	48
佛山市	**276**	**1637**	**603**	**2153**			**2**	**21**
禅城区								
南海区								
顺德区			3	30				
高明区	162	629	204	687			2	21
三水区	114	1008	395	1436				
韶关市	**3**	**71**	**215**	**1280**	**681**	**9045**	**650**	**2814**
浈江区								
武江区								
曲江区			1	7	22	182	11	94
南雄市					94	1214	2	43
始兴县					41	726	10	100
翁源县	3	71	153	1128	58	738	29	311
仁化县					2	22		
新丰县			61	145	58	271	419	1093
乳源自治县					5	43	145	719
乐昌市					402	5849	34	454
河源市	**4404**	**5885**	**1317**	**6232**	**342**	**3702**	**3505**	**31140**

8-11 续表 4

县（市）区别	4. 荔枝		5. 龙眼		6. 梨		7. 柿子(鲜)	
	年末实有面积	总产量	年末实有面积	总产量	年末实有面积	总产量	年末实有面积	总产量
源城区	496	849	297	810				
东源县	110	494	196	776	78	737	488	5283
和平县					80	809	787	5784
龙川县	21	420	131	1105	74	1320	1887	16553
紫金县	3777	4122	693	3541	72	550	289	2995
连平县					38	286	54	525
梅州市	**4015**	**21723**	**4110**	**30158**	**987**	**6428**	**3482**	**34761**
梅江区	...	1	86	1066	6	82	93	2288
梅县区	199	2494	528	5526	87	1597	507	9383
蕉岭县	49	303	445	2727	6	97	88	1259
大埔县	130	1149	89	639	93	1251	456	6113
丰顺县	941	8110	797	10553	18	174	90	976
五华县	2366	7984	225	1788	718	2437	1572	6944
兴宁市	330	1682	1940	7858	34	512	313	3919
平远县			...	1	25	278	363	3879
惠州市	**16215**	**76645**	**6981**	**47055**	**2**	**12**	**201**	**1871**
惠城区	2615	8852	1133	6211	2	12	17	119
惠东县	4070	26174	1225	14306			138	1397
惠阳区	5177	9710	1472	5080			4	26
博罗县	3813	28218	2401	15794			12	67
龙门县	540	3691	749	5664			30	262
汕尾市	**16077**	**94152**	**3172**	**28454**	**254**	**735**	**992**	**4763**
汕尾城区	1044	7083	125	1731	...	1	1	4
红海湾区	71	310	9	14				
海丰县	2954	16392	552	5103	50	135	47	249
陆河县	2010	9874	785	7332	150	520	943	4510
陆丰市	9998	60493	1702	14274	54	79		
东莞市	**8920**	**7910**	**1291**	**2916**			**2**	**1**
中山市	**717**	**6517**	**559**	**4023**			**2**	**46**
江门市	**6279**	**20464**	**3942**	**21557**			**6**	**14**
蓬江区	6	52	6	52				
江海区	...	1						
新会区	786	5117	273	3603			1	7
台山市	3428	7103	803	5137				
开平市	1014	1971	867	1896				
恩平市	589	4552	1694	9333				
鹤山市	456	1668	300	1536			5	7
阳江市	**30999**	**92322**	**15499**	**64284**	**178**	**470**	**189**	**956**
江城区	2383	7069	2129	3068				
阳东县	15728	30610	5854	12480				
阳西县	8634	25748	1944	7860				
阳春市	4215	28303	5559	40616	178	470	189	956
海陵区	40	592	13	260				
湛江市	**17037**	**102080**	**7819**	**50825**	**...**	**1**	**3**	**81**
赤坎区	2	12						
霞山区	...	14	...	3				
坡头区	271	992	139	735				

8-11 续表5

县（市）区别	4.荔枝		5.龙眼		6.梨		7.柿子(鲜)	
	年末实有面积	总产量	年末实有面积	总产量	年末实有面积	总产量	年末实有面积	总产量
麻章区	132	1446	7	143				
东海区	7	142	6	151				
吴川市	347	2532	802	1774				
徐闻县	33	132	84	642				
雷州市	431	4512	489	4574			3	81
遂溪县	1460	11479	669	5686				
廉江市	14353	80819	5623	37117	...	1		
茂名市	**93618**	**468972**	**51953**	**298816**	**623**	**4709**	**1292**	**19472**
茂南区	1632	5889	1084	5884				
茂港区	4711	17266	1742	7625				
信宜市	9231	63318	8832	65581	623	4709	1236	19308
高州市	38799	178006	21389	108352			56	164
电白县	22250	139024	5074	30043				
化州市	16994	65469	13833	81331				
肇庆市	**1770**	**22017**	**2117**	**17239**	**719**	**11239**	**890**	**15572**
端州区								
鼎湖区	62	633	79	683	40	209	1	13
高要市	847	14371	659	8634			65	719
广宁县	38	412	18	108	78	1038	108	1394
四会市	181	2772	348	3112			28	403
德庆县	523	2288	474	1092	73	313	66	973
封开县	117	1528	485	3309	448	7913	497	9257
怀集县	2	13	53	301	81	1766	125	2813
清远市	**1519**	**8506**	**1480**	**10397**	**3427**	**39894**	**776**	**5436**
清城区	323	3523	506	3303			26	406
英德市	37	265	446	3778	7	58	100	717
佛冈县	1150	4668	472	2976	186	308	144	668
连山自治县					...	18	10	45
连南自治县					47	415	44	359
连州市					3094	37831	342	2061
阳山县					93	1264	41	488
清新区	9	50	57	340			67	692
潮州市	**3003**	**13855**	**3143**	**21218**	**111**	**506**	**193**	**1317**
湘桥区	31	103	41	168			...	6
饶平县	2284	8464	2923	19130	74	309	111	869
潮安区	689	5288	179	1920	37	197	82	442
揭阳市	**17648**	**73386**	**7268**	**27959**	**486**	**2359**	**617**	**4476**
榕城区	277	2991	1720	1361	42	43	7	38
揭东区	764	8882	2410	7569	24	245	20	113
惠来县	12000	32651	1142	7493	395	1749	331	2222
普宁市	2912	13862	888	3427	19	82	133	767
揭西县	1695	15000	1108	8109	6	240	126	1336
云浮市	**11765**	**37929**	**6588**	**31974**	**170**	**1394**	**413**	**3245**
云城区	456	4063	538	3540	2	16	24	231
新兴县	2534	10476	1901	7757	22	407	44	398
郁南县	6393	13052	1505	6425	9	46	107	429
罗定市	1605	7575	1604	9207	113	882	98	980
云安县	777	2763	1039	5045	24	43	139	1207

8-11 续表 6

县（市）区别	8.李子		9.其他		二、桑叶		三、茶叶	
	年末实有面　积	总产量	年末实有面　积	总产量	年末实有面　积	总产量	年末实有面　积	总产量
广　州　市	**2676**	**8263**	**10223**	**98836**	**39**	**183**	**129**	**65**
海　珠　区			603	7759				
天　河　区			25	92				
白　云　区	5	6	357	1828				
黄　埔　区			223	2330				
荔　湾　区								
罗　岗　区			249	2023				
花　都　区	6	51	370	3387	39	183		
从　化　市	2601	7613	3457	13434			119	27
增　城　市	64	593	4003	39172			11	38
番　禺　区			228	5008				
南　沙　区			708	23803				
深　圳　市	**2**	**15**	**14**	**136**			**23**	**2**
福　田　区								
罗　湖　区								
南　山　区								
宝　安　区			1	11				
龙　岗　区	2	15	12	125				
盐　田　区							23	2
珠　海　市			**980**	**19597**				
香　洲　区			108	835				
金　湾　区			578	11563				
斗　门　区			294	7199				
汕　头　市	**37**	**450**	**6086**	**90113**			**341**	**285**
金　平　区			27	500				
龙　湖　区								
澄　海　区	1	20	1368	60885			3	1
濠　江　区			24	305				
潮　阳　区	13	310	2963	23421				
潮　南　区	12	43	1560	3458			197	153
南　澳　县	10	77	144	1544			141	131
佛　山　市	**9**	**28**	**468**	**3181**			**78**	**155**
禅　城　区								
南　海　区			50	113				
顺　德　区			8	54				
高　明　区	9	28	337	1897			74	151
三　水　区			72	1117			4	4
韶　关　市	**9016**	**108513**	**6532**	**92064**	**4809**	**87016**	**3272**	**3638**
浈　江　区	60	737	279	7264	23	428	30	8
武　江　区	237	5053	199	1160				
曲　江　区	197	2502	1064	16263	33	424	558	450
南　雄　市	757	9248	75	664	70	350	28	80
始　兴　县	677	14056	1184	11313	1799	26939	94	320
翁　源　县	571	2243	1163	28953	1804	35903	166	88
仁　化　县	208	2603	1074	13144	811	14300	1494	1940
新　丰　县	3358	22976	190	804	3	9	169	165
乳源自治县	533	3742	458	1846	212	7651	454	302
乐　昌　市	2419	45353	847	10653	53	1012	280	285
河　源　市	**10393**	**111953**	**6533**	**77946**	**7**	**52**	**5375**	**4938**
源　城　区	54	323	23	144			22	11
东　源　县	1400	10024	894	7804			3083	2429
和　平　县	1000	7267	954	8711			521	806

8-11 续表 7

县（市）区别	8.李子		9.其他		二、桑叶		三、茶叶	
	年末实有面积	总产量	年末实有面积	总产量	年末实有面积	总产量	年末实有面积	总产量
龙川县	1617	19820	506	6914			513	760
紫金县	4543	57655	1330	11644			547	538
连平县	1779	16864	2826	42729	7	52	689	394
梅州市	**6607**	**84007**	**49407**	**843108**	**73**	**1834**	**11383**	**13115**
梅江区	139	2105	1933	32475			217	272
梅县区	2115	41763	21387	516557			1005	931
蕉岭县	348	2369	1693	21906			695	1974
大埔县	688	4529	9184	113284	14	119	2750	3915
丰顺县	18	156	4626	34136			3169	2292
五华县	1000	4008	6872	24878			1018	820
兴宁市	972	18088	2264	82367	59	1715	1763	2189
平远县	1326	10989	1448	17505			767	722
惠州市	**705**	**5879**	**3490**	**37216**			**442**	**285**
惠城区	58	412	597	6214			27	88
惠东县	282	1434	1068	6819			48	34
惠阳区	132	1515	364	4205			80	3
博罗县	173	2108	1214	16029			248	145
龙门县	61	410	248	3949			39	15
汕尾市	**1687**	**13715**	**8756**	**30114**			**1099**	**1379**
汕尾城区	1	13	47	487				
红海湾区	1	4	34	92				
海丰县	908	10324	1258	15293			519	642
陆河县	602	2500	6670	10523			527	650
陆丰市	174	874	748	3719			53	87
东莞市			**408**	**3546**				
中山市			**1469**	**46993**			**3**	**36**
江门市	**21**	**29**	**2349**	**28275**			**284**	**278**
蓬江区			17	89				
江海区			55	966				
新会区			310	8945			13	
台山市			405	2955			51	19
开平市			809	8272			73	64
恩平市			86	174			35	120
鹤山市	21	29	668	6874			112	75
阳江市	**1432**	**6951**	**6127**	**36022**	**5958**	**173744**	**146**	**445**
江城区			208	1686				
阳东县	3	9	1123	3938	23	242	5	9
阳西县	20	277	487	10135	171	4545	13	8
阳春市	1409	6665	4301	20203	5764	168957	127	428
海陵区			9	60				
湛江市	**40**	**355**	**10148**	**169737**	**3587**	**132449**	**1654**	**4840**
赤坎区			11	226				
霞山区			4	205				
坡头区			140	2229				
麻章区			205	3572			9	11
东海区			130	2021				

8-11 续表8

县（市）区别	8.李子		9.其他		二、桑叶		三、茶叶	
	年末实有面积	总产量	年末实有面积	总产量	年末实有面积	总产量	年末实有面积	总产量
吴川市			306	4459				
徐闻县			736	16094	1173	42092	273	478
雷州市	3	38	2894	36477	639	7925	3	120
遂溪县			1589	27224	901	45135		
廉江市	37	317	4133	77230	875	37297	1369	4231
茂名市	**15767**	**162570**	**28787**	**171320**	**5986**	**304681**	**803**	**1698**
茂南区			293	2126				
茂港区			652	6330				
信宜市	15636	161693	6075	49779	73	306	588	1497
高州市	57	476	7626	36925	274	9515	29	10
电白县			5973	15167				
化州市	74	401	8168	60993	5638	294860	186	191
肇庆市	**1808**	**25169**	**3562**	**39828**	**730**	**20003**	**2049**	**5347**
端州区			1	14				
鼎湖区	2	13	76	1248			30	25
高要市	64	1206	832	8199			261	863
广宁县	99	976	661	2925	92	6069	262	1543
四会市	7	115	386	4528			206	404
德庆县	476	1978	252	1245	536	11329	196	169
封开县	751	13195	967	13918	87	2450	424	974
怀集县	408	7686	388	7751	16	155	671	1369
清远市	**2349**	**15405**	**7490**	**65771**	**4836**	**116555**	**2563**	**2701**
清城区	8	108	341	4069	223	3669		
英德市	215	1554	635	4431	3184	89488	1688	2001
佛冈县	141	1365	508	2597	62	1095		
连山自治县	171	3817	754	10171			60	49
连南自治县	21	83	447	2988	811	11207	244	403
连州市	1577	4046	3066	14071	35	658	5	8
阳山县	185	3489	585	7254	521	10438	184	70
清新区	31	943	1154	20190			382	170
潮州市	**119**	**1558**	**7266**	**71857**			**8528**	**14476**
湘桥区	2	15	302	3942			81	98
饶平县	84	677	2663	33038			4134	8524
潮安区	33	866	4301	34877			4312	5854
揭阳市	**2251**	**23130**	**44896**	**188416**			**4145**	**12977**
榕城区	4	110	598	2063				
揭东区	37	636	903	6386			857	2346
惠来县	904	13253	7715	23322			302	1421
普宁市	471	1961	28192	127697			886	1891
揭西县	835	7170	7489	28948			2100	7319
云浮市	**1328**	**12812**	**12919**	**82390**	**8351**	**214774**	**1923**	**3093**
云城区	10	145	237	2496	3	34	127	110
新兴县	341	2826	4403	37607			183	160
郁南县	505	6609	5062	18762	3381	40082	38	76
罗定市	304	2396	2281	19232	3078	150593	1450	2562
云安县	169	836	937	4293	1890	24065	126	185

8-12 全省水稻品种种植面积

2013 年　　　　单位：万亩

品　　种	面积（早稻）	品　　种	面积（晚稻）
总面积	1449.73	总面积	1546.45
1. 常规稻	650.99	1. 常规稻	636.11
其中：金农丝苗	38.82	其中：合美占	39.59
粤晶丝苗 2 号	37.67	金农丝苗	35.97
合美占	34.23	美香占 2 号	35.77
美香占 2 号	25.52	粤晶丝苗 2 号	35.28
合丰占	24.13	玉香油占	27.84
黄华占	24.04	合丰占	26.09
玉香油占	23.83	五山丝苗	24.13
五山丝苗	22.00	桂农占	21.00
粤农丝苗	20.54	齐粒丝苗	20.53
齐粒丝苗	18.57	粤农丝苗	16.94
2. 杂交稻	798.74	2. 杂交稻	910.34
其中：五优 308	89.80	其中：深两优 5814	54.05
深优 9516	49.12	五优 308	51.08
天优 998	26.28	深优 9516	49.75
特优 524	25.02	五丰优 615	33.58
特优 816	21.83	广 8 优 169	23.33
T78 优 2155	18.48	博Ⅲ优 273	20.62
天优 368	16.15	博优 998	20.34
湛优 226	15.96	博Ⅱ优 15	19.47
华优 638	15.17	金稻优 998	17.89
特优 721	14.09	金稻优 368	17.33
3. 优质稻(含国标、省标优质，以及外观一级以上品种)	1032.40	3. 优质稻(含国标、省标优质，以及外观一级以上品种)	1104.10
其中：五优 308	89.80	其中：深两优 5814	54.05
深优 9516	49.12	五优 308	51.08
金农丝苗	38.82	深优 9516	49.75
粤晶丝苗 2 号	37.67	合美占	39.59
合美占	34.23	金农丝苗	35.97
天优 998	26.28	美香占 2 号	35.77
美香占 2 号	25.52	粤晶丝苗 2 号	35.28
合丰占	24.13	玉香油占	27.84
黄华占	24.04	合丰占	26.09
玉香油占	23.83	五山丝苗	24.13

8-13 主要农作物病虫草鼠螺发生、防治面积及挽回损失

2013　　　　单位：万亩次；吨

项　　目	发生面积	防治面积	挽回粮食损失	实际损失	发生程度
生物灾害总计	**34854.98**	**47281.85**	**4490509.10**	**879320.76**	**3**
一、病虫害合计	**26267.60**	**35668.20**	**3329788.71**	**649129.15**	**3**
1.病害小计	7411.80	10363.26	1049603.05	214691.81	3
2.虫害小计	18855.80	25304.94	2280185.66	434437.34	4
二、农田草害合计	**5456.74**	**7292.89**	**516444.37**	**80713.43**	**3**
三、农田鼠害合计	**2225.72**	**2593.92**	**489568.07**	**126877.42**	**2**
四、农田螺害合计	**904.92**	**1726.84**	**154707.95**	**22600.76**	**1**

注：发生程度：1——轻发生；2——中偏轻；3——中等；4——中等偏重；5——大发生，下同。

8-14 各市农作物病虫草鼠螺发生面积、防治面积及挽回损失

2013

单位：万亩次；吨

市别	病虫草鼠螺总计					病虫害合计				
	发生面积	防治面积	挽回损失	实际损失	发生程度	发生面积	防治面积	挽回损失	实际损失	发生程度
广东省	34854.98	47281.85	4490509.10	879320.76	3	26267.60	35668.20	3329788.71	649129.15	3
广州	1931.98	2556.90	179719.30	28420.34	3	1341.80	1886.63	120831.15	18660.29	3
韶关	2600.33	4087.02	227539.23	45042.95	3	1856.94	2437.15	140813.58	19108.55	3
深圳	17.38	59.11			1	17.38	59.11			1
珠海	40.20	93.87	5425.00	1932.00	1	36.50	73.27	4385.00	1712.00	1
汕头	674.06	1394.86	75907.31	16742.70	2	480.13	1091.51	44074.50	8566.60	2
佛山	910.01	907.62	53387.50	5971.39	3	632.95	661.91	28747.50	3398.00	3
江门	2024.38	2755.90	502690.87	76089.95	3	1438.04	1968.08	363895.57	59190.37	3
湛江	3276.60	3815.35	423913.27	78308.74	3	2276.37	2538.87	354316.09	63732.66	3
茂名	3081.73	3013.05	365592.20	135972.98	3	2489.70	2436.73	328686.33	123052.74	3
肇庆	2149.39	3949.49	431674.73	24154.58	3	1606.10	3137.73	338898.72	19077.63	3
惠州	2421.32	3019.33	220956.59	45478.93	3	1897.97	2421.25	180485.44	40261.41	3
梅州	1692.00	2423.37	248250.27	22877.40	3	1310.88	1976.05	196756.38	19092.05	3
汕尾	1345.27	1641.74	200488.52	30413.31	2	969.25	1222.91	125963.42	21806.78	2
河源	1796.64	3152.32	170877.26	25333.72	3	1493.05	2158.59	149521.06	22038.58	3
阳江	2758.30	3558.28	319494.72	142997.05	3	2086.62	2803.77	249822.25	113683.24	3
清远	4078.86	5105.37	415549.51	56588.66	3	3169.80	4096.76	258676.32	28529.64	3
东莞	283.50	279.83	14661.00	1321.00	2	211.50	210.85	4601.00	678.00	2
中山	240.10	312.20	63187.00	41411.00	2	85.80	111.61	23901.00	17235.00	2
潮州	420.90	622.60	69208.04	19519.44	2	322.90	481.81	48479.22	16941.81	2
揭阳	1630.90	2291.08	313526.51	56858.91	3	1343.67	1945.50	241227.91	39479.79	3
云浮	1481.13	2242.56	188460.27	23885.71	3	1200.25	1948.11	125706.27	12884.01	3

市别	病害合计					虫害合计				
	发生面积	防治面积	挽回损失	实际损失	发生程度	发生面积	防治面积	挽回损失	实际损失	发生程度
广东省	7411.80	10363.26	1049603.0	214691.81	2	18855.80	25304.94	2280185.66	434437.34	4
广州	300.50	501.40	27038.99	4622.07	2	1041.30	1385.23	93792.16	14038.22	4
韶关	593.98	744.29	53657.56	11072.58	3	1262.96	1692.86	87156.02	8035.97	4
深圳	3.83	12.40				13.55	46.71			1
珠海	10.49	19.65	1600.00	835.00		26.01	53.62	2785.00	877.00	1
汕头	94.33	193.12	9812.10	1708.08	2	385.80	898.39	34262.40	6858.52	2
佛山	181.11	175.56	4534.00	503.00	2	451.84	486.35	24213.50	2895.00	3
江门	388.86	605.98	99952.37	13180.86	2	1049.18	1362.10	263943.20	46009.51	4
湛江	769.46	947.91	155305.84	23134.85	3	1506.91	1590.96	199010.25	40597.81	4
茂名	728.95	758.67	123506.27	38296.30	3	1760.75	1678.06	205180.06	84756.44	4
肇庆	433.78	980.20	69898.61	6383.44	2	1172.32	2157.53	269000.11	12694.19	4
惠州	562.17	779.79	56282.63	12932.84	2	1335.80	1641.46	124202.81	27328.57	4
梅州	407.26	657.83	67894.13	8322.51	2	903.62	1318.22	128862.25	10769.54	3
汕尾	311.87	387.39	57837.15	10825.17	2	657.38	835.52	68126.27	10981.61	2
河源	486.49	733.94	56427.32	9510.30	2	1006.56	1424.65	93093.74	12528.28	4
阳江	485.91	683.54	61704.40	27534.09	2	1600.71	2120.23	188117.85	86149.15	4
清远	817.36	1005.41	76665.29	11244.66	2	2352.44	3091.35	182011.03	17284.98	4
东莞	63.30	67.73	1556.00	200.00	2	148.20	143.12	3045.00	478.00	2
中山	28.49	37.00	10074.00	7460.00	1	57.31	74.61	13827.00	9775.00	2
潮州	88.09	117.27	11348.99	5995.51	2	234.81	364.54	37130.23	10946.30	2
揭阳	292.12	453.11	68126.40	15716.10	2	1051.55	1492.39	173101.51	23763.69	4
云浮	363.45	501.07	36381.00	5214.45	2	836.80	1447.04	89325.27	7669.56	3

8-14 续表 1　　　　单位：万亩次；吨

市别	农田草害合计					农田鼠害合计				
	发生面积	防治面积	挽回损失	实际损失	发生程度	发生面积	防治面积	挽回损失	实际损失	发生程度
广东省	5456.74	7292.89	516444.37	80713.43	2	2225.72	2593.92	489568.07	126877.42	2
广州	311.28	338.73	22031.75	3797.94	2	213.50	263.75	28495.40	5447.11	3
韶关	560.50	1411.61	35879.73	5666.27	3	93.13	108.79	44063.82	19249.85	2
深圳										
珠海	0.30	8.00	550.00	40.00		3.00	12.00	400.00	150.00	2
汕头	67.97	89.85	3625.31	234.71	2	122.65	208.41	26219.30	7387.30	2
佛山	125.86	109.21	1284.00	80.39	2	135.00	121.30	22856.00	2393.00	2
江门	312.03	373.42	82543.30	7293.30	3	163.71	239.42	47822.20	8521.34	2
湛江	511.79	774.82	28325.86	4012.64	3	371.04	383.35	35145.79	8761.09	3
茂名	417.53	417.52	21694.97	8533.44	3	137.50	125.50	13120.00	3370.00	3
肇庆	425.71	602.55	55134.91	3292.54	3	73.70	115.29	21200.95	1461.53	2
惠州	337.75	397.68	8694.91	1943.48	2	119.60	124.55	19529.73	2069.74	2
梅州	263.30	310.16	14298.34	839.62	3	67.25	90.78	29420.00	1940.00	2
汕尾	292.05	325.17	63619.33	4974.00	2	73.11	81.51	9627.15	3458.29	2
河源	231.80	274.90	13296.10	2239.83	2	36.27	49.96	3930.10	549.08	2
阳江	436.03	494.49	38494.40	16813.85	3	154.35	171.01	20366.00	8762.26	3
清远	620.81	747.91	81740.81	12131.32	2	175.84	140.84	22183.07	8004.18	2
东莞	51.20	43.28	420.00	123.00	2	20.00	25.00	9500.00	440.00	2
中山	41.42	53.85	2600.00	1600.00	1	110.08	143.10	35776.00	22016.00	2
潮州	69.30	96.39	9602.05	990.28	2	21.85	35.60	10942.56	1560.85	2
揭阳	199.83	248.55	16618.60	1803.12	2	71.99	77.56	51970.00	15270.80	2
云浮	180.28	174.80	15990.00	4303.70	2	62.15	76.20	37000.00	6065.00	2

市别	农田螺害合计					水稻病虫害合计				
	发生面积	防治面积	挽回损失	实际损失	发生程度	发生面积	防治面积	挽回损失	实际损失	发生程度
广东省	904.92	1726.84	154707.95	22600.76	1	11973.84	16543.30	2986704.79	571251.58	3
广州	65.40	67.79	8361.00	515.00	1	420.61	528.42	109490.90	16338.51	3
韶关	89.76	129.47	6782.10	1018.28	1	843.11	1137.08	138160.75	18917.08	3
深圳										
珠海	0.40	0.60	90.00	30.00		18.63	35.67	3060.00	1015.00	1
汕头	3.31	5.09	1988.20	554.09	1	255.10	600.36	42474.50	8166.60	2
佛山	16.20	15.20	500.00	100.00	1	141.60	172.90	25837.50	2526.00	2
江门	110.60	174.98	8429.80	1084.94	1	1016.97	1419.44	349739.65	57752.77	3
湛江	117.40	118.31	6125.53	1802.35	1	1126.24	1265.50	310439.37	55195.37	3
茂名	37.00	33.30	2090.90	1016.80	1	1155.90	1152.83	304207.06	115565.23	3
肇庆	43.88	93.92	16440.15	322.88	1	764.12	1356.74	326270.85	17852.14	3
惠州	66.00	75.85	12246.51	1204.30	1	588.19	710.86	127503.65	29993.71	3
梅州	50.57	46.38	7775.55	1005.73	1	822.27	1319.63	191162.44	18184.55	3
汕尾	10.86	12.15	1278.62	174.24	1	444.73	587.68	91967.78	15850.57	2
河源	35.52	668.87	4130.00	506.23	1	861.13	1353.29	132385.67	19272.30	3
阳江	81.30	89.01	10812.07	3737.70	1	775.12	1133.80	224164.00	107137.60	3
清远	112.41	119.86	52949.31	7923.52	1	1362.61	1715.15	231421.53	24891.95	3
东莞	0.80	0.70	140.00	80.00		7.50	10.90	2620.00	282.00	1
中山	2.80	3.64	910.00	560.00		17.70	23.01	5752.00	3540.00	1
潮州	6.85	8.80	184.21	26.50		204.11	330.88	42149.14	15781.20	2
揭阳	15.41	19.47	3710.00	305.20		667.33	956.59	206586.00	31522.00	3
云浮	38.45	43.45	9764.00	633.00	1	480.87	732.57	121312.00	11467.00	3

8-14　续表 2　　　　　　　　　　　　　　　　　　　　单位：万亩次；吨

市别	水稻病害小计					水稻稻瘟病				
	发生面积	防治面积	挽回损失	实际损失	发生程度	发生面积	防治面积	挽回损失	实际损失	发生程度
广东省	3427.35	5048.09	909419.98	177965.39	2	470.04	827.79	132946.28	35553.78	2
广州	101.55	152.83	22970.94	3708.40	2	6.81	11.32	857.70	103.45	2
韶关	284.91	359.57	52915.56	11053.38	3	66.49	85.70	21858.12	7011.70	3
深圳										
珠海	4.77	7.65	1010.00	495.00		0.05	0.50	120.00	80.00	
汕头	57.90	134.71	9512.10	1638.08	2	0.05	8.23	37.70	4.08	
佛山	27.60	39.90	4344.00	375.00	2	7.20	20.00	57.00	3.00	1
江门	249.77	423.26	94016.42	12585.33	2	18.93	27.59	7519.40	802.95	2
湛江	318.13	415.47	135177.92	20216.84	3	8.69	9.54	4313.95	721.80	3
茂名	310.29	332.73	112572.50	35585.92	3	66.68	66.66	25859.80	11809.50	3
肇庆	221.30	423.09	64720.30	5883.32	2	29.44	95.12	11731.36	1003.22	2
惠州	158.13	210.94	35175.53	7579.12	2	20.05	40.99	7559.23	1172.08	2
梅州	274.25	474.71	64410.37	7713.98	2	21.15	70.47	4145.06	526.86	2
汕尾	165.54	211.62	48072.40	7736.49	2	13.84	17.28	3440.52	559.50	2
河源	266.73	441.82	48414.27	7973.20	2	63.67	140.92	14399.60	3141.60	2
阳江	190.00	310.74	49340.90	24387.25	2	37.86	58.31	10940.00	5285.25	2
清远	390.92	454.12	66334.58	9539.28	2	75.59	94.27	10008.16	1413.49	2
东莞	2.80	3.60	900.00	55.00	1					
中山	4.00	5.20	1300.00	800.00	1					
潮州	59.90	80.05	10659.19	5821.80	2	9.63	12.98	1768.68	761.30	2
揭阳	189.29	279.40	53751.00	10592.00	2	2.21	4.59	1320.00	329.00	2
云浮	149.57	286.68	33822.00	4226.00	2	21.70	63.32	7010.00	825.00	2

市别	水稻纹枯病					水稻白叶枯病				
	发生面积	防治面积	挽回损失	实际损失	发生程度	发生面积	防治面积	挽回损失	实际损失	发生程度
广东省	2351.28	3214.71	621904.29	107501.47	3	130.67	200.43	48422.70	9003.80	2
广州	85.02	122.63	18618.24	2545.24	3	3.40	7.60	2195.00	708.00	2
韶关	162.37	208.44	27892.15	3045.20	3					
深圳										
珠海	4.50	6.50	600.00	190.00		0.17	0.45	250.00	200.00	
汕头	53.56	106.09	8693.40	1469.41	2	0.30	14.90	568.00	156.00	2
佛山	20.40	19.90	4287.00	372.00	2					
江门	215.13	281.31	80412.72	11132.88	3	2.90	7.50	3409.30	486.60	2
湛江	238.07	303.58	98193.69	14272.32	3	17.95	20.18	8176.27	1159.26	3
茂名	166.15	167.65	59548.00	12856.00	3	12.91	17.51	7232.30	1920.12	3
肇庆	169.17	288.25	46588.79	3677.66	3	9.06	17.08	3594.58	697.05	2
惠州	118.09	147.39	24985.70	5608.46	3	4.61	5.60	1028.86	400.37	2
梅州	190.60	292.36	49334.54	5961.66	3	7.00	12.46	1495.00	135.20	2
汕尾	94.00	134.60	30803.65	5065.25	2	33.87	39.65	10045.19	1345.77	2
河源	155.48	230.93	25302.00	3939.50	3	6.40	10.42	428.30	40.80	2
阳江	122.58	161.60	32592.75	16293.75	3	4.41	9.26	940.65	552.75	2
清远	222.39	257.79	40070.91	6474.61	3	16.00	21.27	5221.25	447.88	2
东莞	2.80	3.60	900.00	55.00	1					
中山	4.00	5.20	1300.00	800.00	1					
潮州	41.96	51.60	7468.75	4381.53	2	1.50	3.50	225.00	157.00	2
揭阳	169.21	243.49	41947.00	7025.00	3	4.72	5.59	871.00	262.00	2
云浮	115.80	181.80	22365.00	2336.00	3	5.47	7.46	2742.00	335.00	2

8-14 续表 3

单位：万亩次；吨

市别	水稻虫害小计					水稻三化螟				
	发生面积	防治面积	挽回损失	实际损失	发生程度	发生面积	防治面积	挽回损失	实际损失	发生程度
广东省	8546.49	11495.21	2077284.8	393286.19	3	901.34	1277.98	248074.96	43886.29	2
广州	319.06	375.59	86519.96	12630.11	3	5.65	6.66	1261.50	155.21	1
韶关	558.20	777.51	85245.19	7863.70	3	52.13	75.33	11677.58	1375.69	2
深圳										
珠海	13.86	28.02	2050.00	520.00	1	1.30	4.50	260.00	90.00	
汕头	197.20	465.65	32962.40	6528.52	2	12.46	38.26	820.30	26.51	2
佛山	114.00	133.00	21493.50	2151.00	3	10.50	19.00	161.50	11.50	2
江门	767.20	996.18	255723.23	45167.44	3	8.05	15.55	5495.86	1321.82	2
湛江	808.11	850.03	175261.45	34978.53	3	93.67	95.14	14416.99	3055.38	2
茂名	845.61	820.10	191634.56	79979.31	3	102.19	98.09	24854.16	12695.51	2
肇庆	542.82	933.65	261550.55	11968.82	3	41.40	100.19	14049.97	557.66	2
惠州	430.06	499.92	92328.12	22414.59	3	18.30	24.17	3319.42	911.86	2
梅州	548.02	844.92	126752.07	10470.57	3	142.37	230.85	60732.14	5505.88	2
汕尾	279.19	376.06	43895.38	8114.08	3	42.00	55.60	2893.15	779.40	2
河源	594.40	911.47	83971.40	11299.10	3	87.95	109.54	15000.80	2429.65	2
阳江	585.12	823.06	174823.10	82750.35	3	61.63	85.17	15251.46	8529.17	2
清远	971.69	1261.03	165086.95	15352.67	3	156.55	202.72	52389.03	2928.05	2
东莞	4.70	7.30	1720.00	227.00	2					
中山	13.70	17.81	4452.00	2740.00	2	2.00	2.60	650.00	400.00	2
潮州	144.21	250.83	31489.95	9959.40	2	2.50	15.15	191.10	16.00	
揭阳	478.04	677.19	152835.00	20930.00	3	47.74	67.46	19790.00	2505.00	2
云浮	331.30	445.89	87490.00	7241.00	3	12.95	32.00	4860.00	592.00	2

市别	水稻稻纵卷叶螟					水稻稻飞虱				
	发生面积	防治面积	挽回损失	实际损失	发生程度	发生面积	防治面积	挽回损失	实际损失	发生程度
广东省	2914.55	3836.42	643296.14	134842.70	3	3468.68	4722.59	991888.49	173790.84	3
广州	136.16	157.84	37058.58	3527.64	3	169.78	200.66	46487.48	8732.64	3
韶关	178.47	285.40	23943.31	2184.37	3	268.97	346.18	43338.54	3603.33	3
深圳										
珠海	6.50	11.00	820.00	130.00	1	5.60	11.00	630.00	140.00	1
汕头	73.91	164.31	14455.50	1236.51	2	51.54	125.83	6142.40	1604.91	2
佛山	41.50	42.40	11477.00	1255.50	3	50.00	51.60	9538.00	850.00	3
江门	345.37	451.33	109481.28	24258.05	3	329.39	409.36	123474.55	16599.62	3
湛江	329.50	352.70	68866.90	13642.91	3	307.77	337.81	74696.47	14721.64	3
茂名	305.60	314.80	63738.00	29638.00	3	325.20	318.30	85972.00	29896.50	3
肇庆	157.01	280.96	67347.03	2113.27	3	277.71	442.01	162079.87	7398.06	3
惠州	128.17	161.51	30819.86	7823.81	3	165.42	215.81	50777.59	12205.74	3
梅州	198.24	233.16	10372.46	657.93	3	149.77	240.52	51132.22	3435.40	3
汕尾	75.20	106.35	14482.16	2511.47	3	68.81	108.38	19268.59	3493.35	3
河源	157.47	210.81	18493.90	3019.97	3	229.31	423.32	37660.90	4541.40	3
阳江	224.05	292.73	62284.25	27566.75	3	234.56	331.81	75835.50	37180.63	3
清远	218.87	304.92	29042.66	3117.42	3	355.84	464.79	54348.64	6562.72	3
东莞	2.40	4.80	1100.00	170.00	2	2.30	2.50	620.00	57.00	2
中山	3.70	4.81	1202.00	740.00	2	8.00	10.40	2600.00	1600.00	2
潮州	36.11	58.59	8693.25	364.10	2	91.50	154.16	21629.74	9288.90	2
揭阳	169.82	239.00	50360.00	7582.00	3	211.56	302.15	65410.00	9082.00	3
云浮	126.50	159.00	19258.00	3303.00	3	165.65	226.00	60246.00	2797.00	3

8-14 续表4　　单位：万亩次；吨

市别	花生病虫害合计					柑桔病虫害合计				
	发生面积	防治面积	挽回损失	实际损失	发生程度	发生面积	防治面积	挽回损失	实际损失	发生程度
广东省	1202.20	1425.93	147926.38	32508.09	2	2980.90	4573.05	1366309.63	117788.13	3
广州	22.31	25.07	3203.85	655.15	2	28.68	35.42	4109.75	1277.90	2
韶关	144.73	170.88	19576.66	2027.89	2	261.42	346.65	127482.07	25598.58	3
深圳										
珠海	0.75	1.20	96.00	53.00						
汕头	2.12	2.22	606.00	71.31	2	44.72	111.18	18684.17	2165.52	2
佛山	11.21	10.05	262.00	195.00	2	9.30	9.40	735.00	62.50	
江门	38.29	47.73	4568.28	515.30	2	74.99	96.76	14916.16	2187.45	3
湛江	178.50	183.27	25505.70	4313.91	2	38.59	38.29	733.10	91.10	2
茂名	134.63	122.02	17604.25	9442.98	2	26.11	26.14	2906.00	379.00	2
肇庆	45.85	97.44	11520.25	719.25	2	422.47	947.69	567550.98	16275.24	3
惠州	116.11	160.77	17826.09	3805.86	2	366.74	339.06	101667.83	4837.95	3
梅州	35.37	41.73	1918.11	712.84	2	185.62	278.69	31102.84	5860.69	3
汕尾	44.80	53.39	6903.15	1196.93	2	11.28	16.30	7147.96	1329.81	2
河源	89.13	118.07	11099.55	1490.00	2	161.73	195.52	31444.15	4793.43	2
阳江	123.45	152.98	10730.90	3180.51	2	234.71	304.90	30195.30	10380.90	3
清远	148.51	157.07	7951.97	1352.95	2	662.36	891.34	335291.64	28079.66	3
东莞										
中山						7.20	9.36	5850.00	3600.00	2
潮州	5.08	6.24	1122.65	364.04	2	11.95	15.94	9088.17	2173.05	2
揭阳	35.42	35.61	3415.47	880.87	2	57.93	69.89	34003.01	1731.85	2
云浮	25.94	40.19	4015.50	1530.30	2	375.10	840.52	43401.50	6963.50	3

市别	蔬菜病虫害合计				
	发生面积	防治面积	挽回损失	实际损失	发生程度
广东省	5843.17	7971.63	2555859.24	448447.66	3
广州	645.53	998.78	198833.45	49635.04	3
韶关	389.47	483.21	371480.87	52854.26	3
深圳	8.74	32.36	1635.00	40.89	2
珠海	13.40	27.70	5690.00	2663.00	2
汕头	146.91	322.50	59628.12	11671.56	3
佛山	433.43	437.21	230455.17	37812.02	3
江门	189.36	248.84	91986.50	19370.89	3
湛江	484.59	559.37	185261.08	24480.31	3
茂名	194.42	175.59	65952.66	34424.90	3
肇庆	292.75	560.11	159250.42	9884.93	3
惠州	524.91	750.21	133452.86	26638.00	3
梅州	194.97	254.04	105887.86	9933.07	3
汕尾	150.95	192.30	106059.37	23246.19	3
河源	190.05	247.36	98675.45	13107.57	3
阳江	606.67	779.08	115903.13	37460.95	3
清远	782.38	1085.75	235119.02	32121.24	3
东莞	135.50	163.48	62011.00	14681.00	3
中山	29.59	38.47	24043.50	14796.00	3
潮州	66.35	89.28	34810.11	2386.48	3
揭阳	246.10	360.06	182963.17	13806.86	3
云浮	117.10	165.93	86760.50	17432.50	3

九、林　业

中央政治局委员、广东省委书记胡春华参加义务植树活动

广东省省长朱小丹考察林木良种基地建设情况

8月29日，新一轮绿化广东大行动工作会议在广州召开。省委书记胡春华主持会议，国家林业局局长赵树丛、省长朱小丹出席会议并讲话，省人大常委会主任黄龙云出席会议，副省长邓海光就《中共广东省委、广东省人民政府关于全面推进新一轮绿化广东大行动的决定》稿作了说明。

广州森林进城围城工程建设

城市道路绿化建设

乡村绿化美化生态化建设

我省油茶产业逐步壮大

西江十里竹海

图1. 2001—2013年全省营造林变化示意图

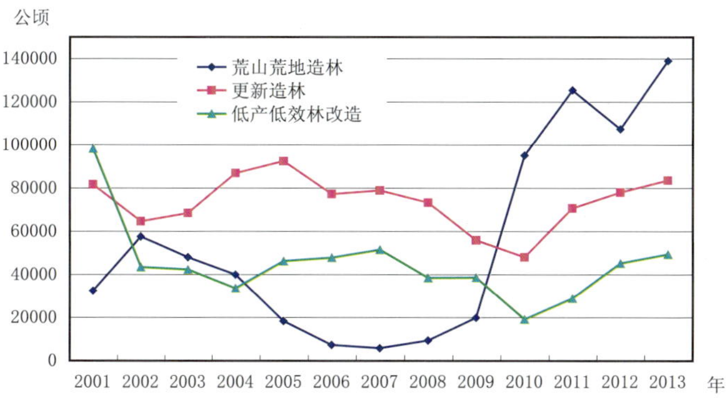

图2. 2013年全省分区域造林绿化面积示意图

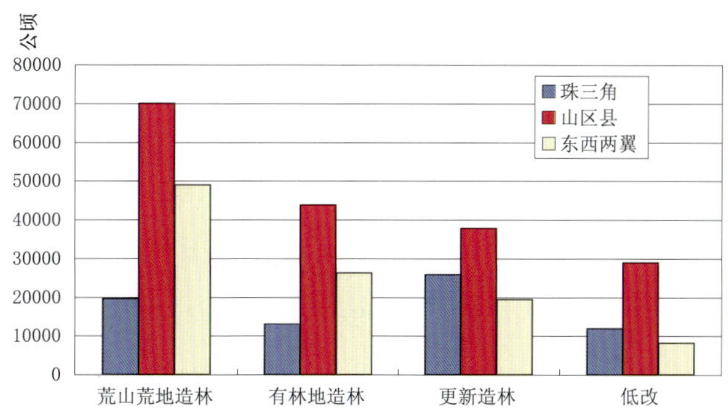

图3. 2002—2013年全省林业产业产值变化示意图

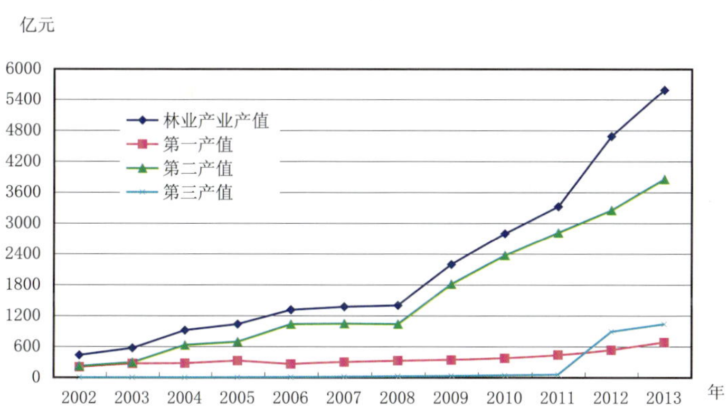

图4. 各市林业产业产值所占比重

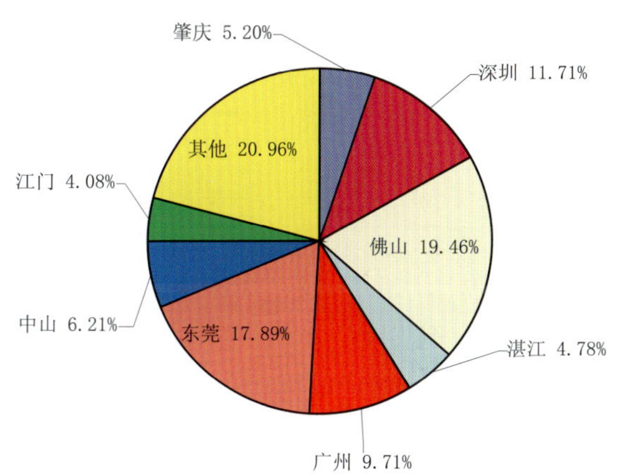

图5. 2001—2013年全省人造板产量变化示意图

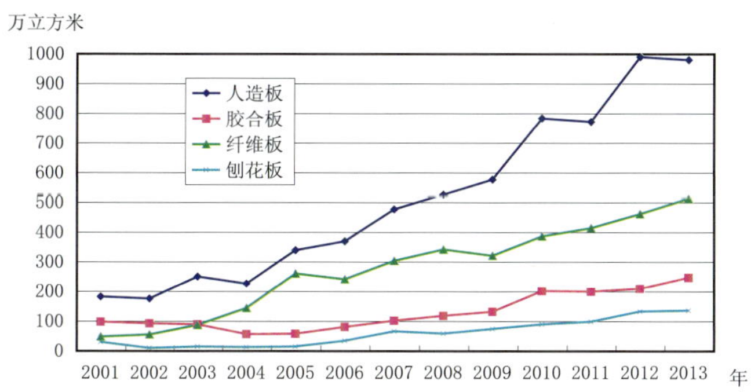

图6. 2001—2013年全省木材产量示意图

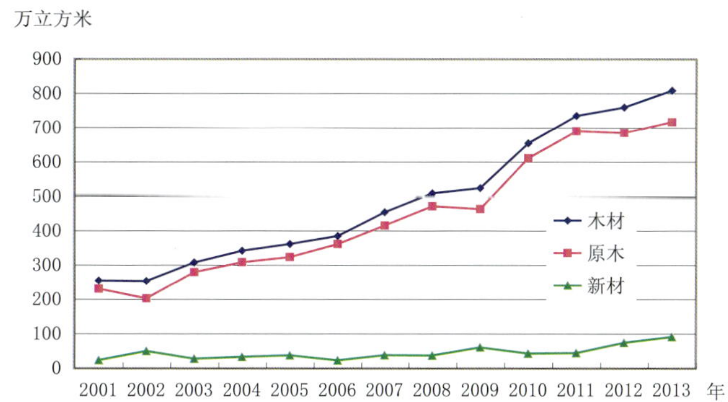

图7. 2000-2013年全省林业建设资金来源示意图

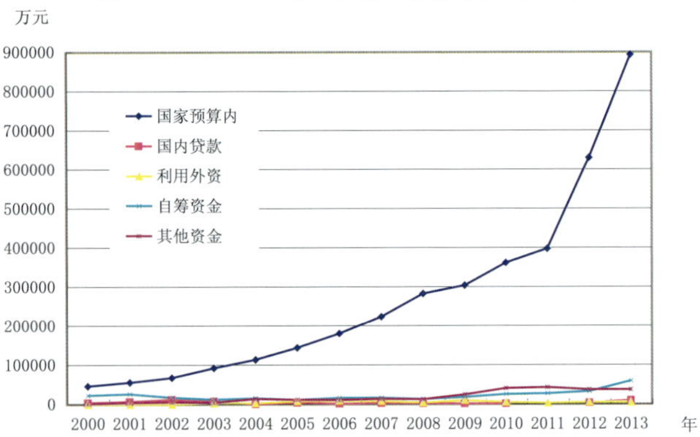

图8. 2013年全省林业投资完成情况结构图

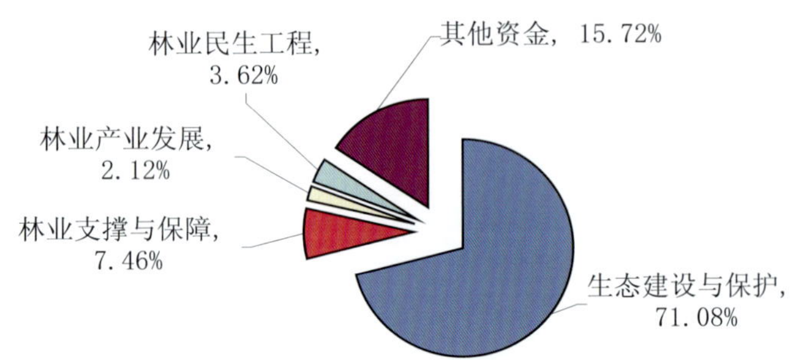

图9.2013年全省分区域林业投资完成情况示意图

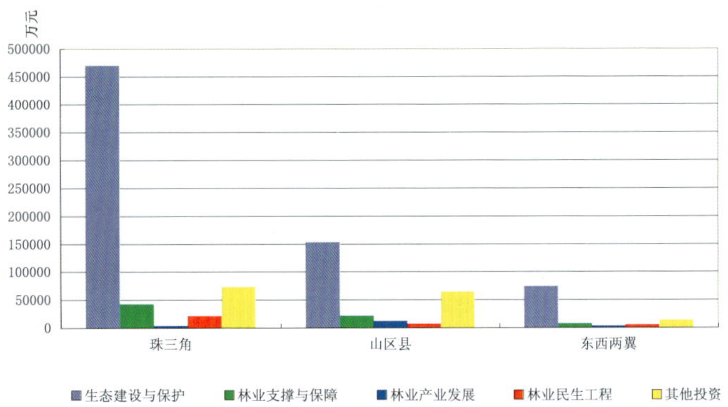

图10. 2001-2013年全省林业系统在岗职工年平均工资

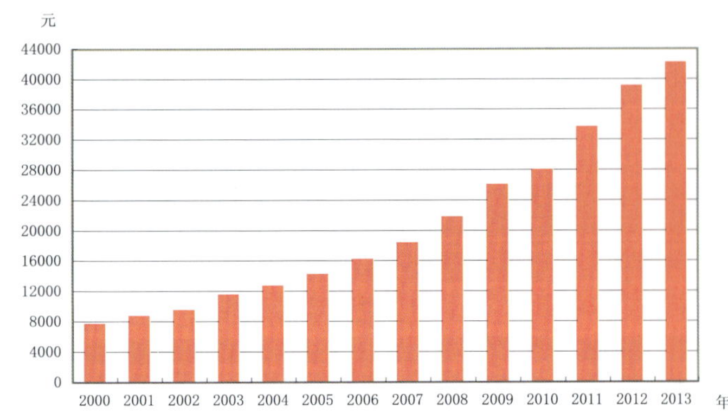

林　业

2013 年是新一轮绿化广东大行动全面启动的开局之年。全省各地、各有关部门认真贯彻落实省委、省政府的决策部署，以实现建设全国绿色生态第一省为总体目标，以新一轮绿化广东大行动为契机，以生态景观林带、森林进城围城、森林碳汇工程和乡村绿化美化等四大重点林业生态工程为主要抓手，精心组织、迅速行动，因地制宜、攻坚克难，我省林业各项工作取得显著成绩。

一、生态建设与保护

广东各级党委、政府高度重视林业生态建设，近年来，各级财政和社会力量加大对林业建设的投入，全省每年以 300 万亩左右的任务，强力推进造林绿化工作。

（一）营造林总体状况

2013 年，全省共完成荒山荒地造林、更新造林、有林地造林和低产低效林改造等 355858 公顷，比上年增加 61220 公顷，增长 20.78%。按照造林方式划分，荒山荒地造林面积 139058 公顷（其中非林业用地造林面积 1342 公顷），比上年上升 29.34%；更新造林面积 83650 公顷，比上年上升 7.12%；有林地造林面积 83649 公顷，比上年上升 31.4%；低产低效林改造面积 49501 公顷，比上年上升 9.09%。

按照经济区域划分。珠三角九市完成造林绿化面积 71064 公顷，占全省 19.97%，其中荒山荒地造林面积 19791 公顷，占全省 14.23%，有林地造林面积 13222 公顷，占全省 15.81%，更新造林面积 26031 公顷，占全省 31.12%，低产低效林改造面积 12020 公顷，占全省 24.28%。山区五市完成造林绿化面积 181287 公顷，占全省 50.94%，其中荒山荒地造林面积 70191 公顷，占全省 50.48%，有林地造林面积 43971 公顷，占全省 52.57%，更新造林面积 37982 公顷，占全省 45.41%，低产低效林改造面积 29143 公顷，占全省 58.87%。东西两翼完成造林绿化面积 103507 公顷，占全省 29.09%，其中荒山荒地造林面积 49076 公顷，占全省 35.29%，有林地造林面积 29456 公顷，占全省 31.63%，更新造林面积 19637 公顷，占全省 23.48%，低产低效林改造面积 8338 公顷，占全省 16.84%。

2013 年全省各地加强了森林抚育经营管理、技术指导和检查验收，推动造林绿化工作从注重数量向质量和数量并重转变。共完成未成林抚育作业面积为 135183 公顷次，中幼龄林抚育面积 348952 公顷。另外，完成四旁（零星）植树 9361 万株，年末实有育苗面积 4494 公顷，其中新增育苗面积 1047 公顷，全省全年苗木产量 9280 万株，林木种子采集量 53 吨。受台风的严重影响，揭阳市林木种子采集量比上年减少 58 吨。

2013 年全省荒山荒地造林从林种用途、树种类型以及结构类型上看，总体上呈现出良好的发展趋势。

1、用材林和经济林比重继续降低，防护林比重持续提高。从林种结构看，在全部荒山荒地造林面积中，用材林 29986 公顷、经济林 5143 公顷、防护林 102917 公顷、特种用途林 1012 公顷，所占比重分别是 21.56%、3.70%、74.01%和 0.73%。其中用材林和经济林所占比重分别比 2012 年下降 4 个和 2 个百分点，防护林比重提高 6 个百分点。防护林比重的逐年提高，有利于增强生态效能和抗灾能力，特别在涵养水源、保持水土、防风固沙等方面作用显著。

2、乡土树种所占比重提高至八成以上。从树种结构看，在全部荒山荒地造林面积中，使用乡土树种的面积为 113853 公顷，所占比重为 81.87%，比 2012 年提高 12 个百分点。使用速生树种和珍贵树种的面积分别为 9051 公顷和 1291 公顷，所占比重分别为 6.51%和 0.93%，速生树种和珍贵树种所占比重较 2012 年分别下降 6 个百分点和 1 个百分点。乡土树种造林比重的提升，有利于生物多样性保护，增强对不良环境的抵抗力。

3、混交林比重持续提高。从结构类型看，在全部荒山荒地造林面积中，纯林面积 178402 公顷，混交林面积 121218 公顷，所占比重分别是 12.83%、87.17%。其中混交林所占比重较 2012 年提高 16 个百分点，纯林面积所占比重下降 12 个百分点。混交林比重的提升，有利于减少病虫危害和森林火灾。

（二）国家林业重点工程

1、三北及长江流域等防护林体系建设工程。2012 年我省作出了推进新一轮绿化广东大行动的部署，2013 年省委、省政府又作出《关于全面推进新一轮绿化广东大行动的决定》，全面推进四大重点林业生态工程建设，着力构建五大森林生态体系。2013 年我省实施国家重点工程进展顺利，工程共完成造林面积 47295 公顷，其中人工造林 29671 公顷，无林地和疏林地新封山育林面积 17624 公顷。分工程看，珠江流域防护林三期工程完成 15170 公顷，沿海防护林三期工程完成 32125 公顷。

在全部造林面积中，防护林面积所占比重为 99.60%，其中水源涵养林和水土保持林所占的比重最高，分别达到了 40.41%和 29.63%。另外，完成低产低效林改造面积 2618

公顷。

2、野生动植物保护及自然保护区建设工程。2013年，野生动植物保护及自然保护区建设工作得到加强。截至2013年底，全省林业部门已建立各种类型、不同级别的自然保护区270个，总面积124.51万公顷，约占全省国土面积的6.93%。其中国家级自然保护区7个，面积15.02万公顷；省级自然保护区51个，面积38.09万公顷；市、县级自然保护区212个，面积71.40万公顷。

年末实有自然保护小区38800个，总面积420万公顷。野生植物就地保护点5个，面积20100公顷。野生动物种源繁育基地14个，其中商业性野生动物驯养繁殖10个。野生动物观赏展演单位22个，植物园（树木园）14个，狩猎场8个。野生动植物保护管理站55个，野生动植物科研及监测机构4个，野生动物疫源疫病监测站129个。全省从事野生动植物及自然保护区建设的人员达1137人，其中各类专业技术人员401人。

二、林业产业发展

林业产业链条长、类别多，为社会和人们提供了丰富的生态建设产品、生活用品和美化产品。2013年，我省林业产业发展规模不断扩大，产业结构进一步优化，新兴产业快速发展。

（一）林业产业总产值稳定增长。按照现行价格统计，2013年全省林业产业总产值为5595亿元，比上年增加904亿元，增长19.27%。其中第一产业产值增幅较大，三次产业结构更加趋于合理化。

分产业结构看。第一产业产值690亿元，占全部林业产值的12.33%，同比增长28.25%；第二产业产值3862亿元，占全部林业产值的69.03%，同比增长18.54%；第三产业产值1043亿元，占全部林业产值的18.64%，比上年增长16.54%。林业三次产业的产值比例逐步调整，产业结构进一步优化中。

在全省林业产业总产值中，包括干鲜果品、茶、中药材以及森林食品等在内的经济林产品的种植与采集业的产值为389亿元，占第一产业产值的56.38%，是第一产业的龙头行业；在第二产业中，所占比重较大的是木材加工、家具和造纸业，三者产值合计为3553亿元，占第二产业产值的92%；第三产业的龙头行业是林业旅游与休闲服务业，产值为891亿元，全年涉及林业旅游与休闲的人数达1.36亿人次。

从分地区看。珠三角地区林业产业产值为4364亿元，占全省林业产业产值的78%；山区县地区林业产业产值为489亿元，占全省林业产业产值的8.75%；东西两翼地区林业产业产值为742亿元，占全省林业产业产值的13.25%。林业产业产值超过200亿元的市有8个，主要分布在珠三角地区，分别是广州、深圳、佛山、东莞、中山、江门、湛江、肇庆，是由于我省的林业产业产值中第二产业比重较大，林业第二产业主要集中在我省的珠三角地区。8个市的林业产业产值合计为4423亿元，占全省林业产业总产值的79.04%。

（二）人造板产量略有下降，木地板产量回升。根据省统计局数据显示，2013年全省人造板产量980.48万立方米，比上年减少0.99%。其中胶合板产量为248.17万立方米，增长17.86%；纤维板产量513.65万立方米，增长11.11%；刨花板产量136.85万立方米，增长2.2%。2013年全省木地板产量2884.09万平方米，比上年增长11.18%。

（三）林产化工产品产量波动较大。由于受市场需求量的影响，全省林产化工产品产量波动较大。2013年全省松香产量75441吨，比上年增长11.71%；松节油产量3585吨，比上年下降24.94%；木炭产量7469吨，比上年增长2.6倍。2013年全省锯材产量136.09万立方米，比上年下降8.41%；木片产量126.61万立方米，比上年下降49.48%。

（四）商品材产量持续增长。我省木材加工企业的产量和产值都有一定的增长，整体形势较好，市场对林产品的需求量增加，商品材产量持续增长。2013年全省商品材总产量809.15万立方米，比上年增长6.53%。其中原木717.3万立方米，增长4.7%；薪材91.85万立方米，增长22.81%。

商品材产量按生产单位分类，林业系统内生产的商品材为140.77万立方米，增长2.12%，其中系统内国有林场、事业单位生产商品材128.55万立方米，减少5.23%；系统外企事业单位采伐自营地的商品材67.03万立方米，减少35.76%；乡镇集体企业及单位生产的商品材33.68万立方米，增长18.09%；村及村以下各级组织和农民个人生产的商品材567.67万立方米，增长16.05%。

（五）经济林产品总量大幅上升，竹产业产量略有提高。2013年全省各类经济林产品总量达到832.70万吨，比上年增长10.99%，除干果产量略有下降外，其他经济林产品产量均有不同程度增加。其中水果产量为773.27万吨，比上年增长10.57%；干果产量为5.5万吨，比上年减少5.98%；林产饮料产品产量为4.86万吨，比上年增长4.45%；林产调料产品产量8.46万吨，比上年增长48.16%；林产工业原料产量22.98万吨，比上年增长10.64%；木本油料产量8.99万吨，比上年增长30.86%；竹笋干、食用菌等森林食品产量5.94万吨，比上年增长33.48%；木本药材产量2.7万吨，比上年增长1.89%。

2013年全省大径竹产量为1.35亿根，比上年增长0.75%，原因是受到市场价格因素影响，各地采伐大径竹的积极性较高。其中毛竹3997万根，其他竹9513万根，分别占全部大径竹产量的29.59%和70.41%。村及村以下各级组织和农民所生产的大径竹占全部大径竹产量的比例下降12个百分点，为55.71%，依然是大径竹生产的主要力量，共达7526万根。

（六）油茶与花卉产业平稳发展。近年来国家和省不断加大对油茶产业的扶持力度，油茶产业发展具备了良好的政策环境，群众积极参与油茶产业的发展，种植油茶热情持续高涨，种植面积稳步增长。2013年，全省油茶种植面积达157250公顷，当年新造油茶林面积15253公顷，低产林改造面积8001公顷。繁殖圃32个，苗木产量4197万株，油茶籽产量79269吨，比上年增长21.51%。

2013年末全省实有花卉种植面积6.11万公顷，切花切叶20.05亿支，盆栽植物2.76亿盆，观赏苗木3.43亿株，草坪3207万平方米。我省现有花卉市场108个，花卉企业8864个，花卉从业人员15.04万人，花农近6万户，控温温室面积和日光温室面积分别为63万平方米和992万平方米，其中阳江市的控温温室面积比上年减少43.6万平方米。

三、林业投资

全省各级政府积极贯彻落实国家加快林业生态建设与保护的战略决策，切实保证对林业投入的不断增加，同时积极引导社会资金向林业投入，保障我省林业的可持续发展。

（一）林业建设资金来源情况。2013年，全省林业各类建设资金来源合计为1007523万元，比上年增加295716万元，增长41.54%，增幅较大的原因是国家预算内资金投入力度进一步加大。其中国家预算内资金893548万元，比上年增加262783万元，增长41.66%；国内贷款10211万元，增长152.31%；利用外资5989万元，减少3.12%；自筹资金60152万元，增长82.20%；其他资金37623万元，减少0.46%。

在林业各类建设资金来源中，国家预算内资金所占的比重最大，占资金到位总量的88.69%。其中地方资金增加311338万元，增长61.25%，资金额为819610万元。

（二）林业投资完成情况。2013年，我省全部林业投资完成额达到983675万元，比上年增加347002万元，增长54.50%。

按建设内容分。用于生态建设与保护方面的投资为699232万元，占全部林业投资完成额的71.08%，比去年提高11个百分点；用于林木种苗、森林防火、有害生物防治等林业支撑与保障方面的投资为73357万元；用于林业产业发展方面的资金为20871万元；用于林业民生工程方面的资金为35618万元；包含财政事业费等其他资金为154597万元，其中财政事业费资金94877万元。

分地区看。珠三角地区林业投资完成额614515万元，占全部林业投资完成额62.47%；山区县地区林业投资完成额154042万元，占全部林业投资完成额26.65%；东西两翼林业投资完成额107002万元，占全部林业投资完成额10.88%。

（三）林业利用外资情况。2013年，我省林业利用外资项目个数为3个，实际利用外资规模达到988万美元，比2012年减少11万美元，下降1.10%，全部为金韶关丰产林有限公司的投资，属于毛里求斯外商投资企业，投资主要用于营造桉树工业原料林6100亩、采伐和运输木材等。

（四）林业重点工程完成投资情况。2013年我省积极稳妥地推进林业重点生态工程建设，共完成投资24595万元，比上年减少10.27%。其中沿海防护林完成投资16177万元，比上年增长6.23%，占总投资的65.77%；珠江流域防护林完成投资3146万元，比上年减少62.20%，占总投资的12.79%；野生动植物保护及自然保护区建设工程完成投资5272万元，比上年增长36.62%；占总投资的21.44%。

四、林业系统从业人员和安全生产情况

截至2013年底，我省林业系统各种经济类型单位共计1933个，其中国有单位1783个，城镇集体单位37个，其他单位113个。由此看出我省林业系统的单位类型以国有单位为主，占各类单位总数的92.24%。

按性质分，企业、事业和机关的单位个数分别为38个、1642个和253个，事业单位是主力军，占单位总数的84.95%。单位按行业分，排在第一位的是包括自然保护区在内的服务业，单位个数为1050个，占54.32%，其次是农林牧渔业，单位个数为871个，占45.06%。

2013年林业系统年末实有人数为32973人，单位从业人员为31271人。单位从业人员按照性质分，事业单位职工人数最多，达到21887人，占66.38%；单位从业人员按照所属行业分，含国有林场在内的造林与经营管护、林业公共管理和社会组织的职工人数位居前两位，分别为9532人、8958人。

全省全年林业系统在岗职工年工资总额131658万元，比上年增长8.67%；离退休人员年生活费为66113万元，增长12.49%。我省林业系统在岗职工年平均工资突破4万元，为42278元，比上年提高了7.80%，是2000年平均工资的5.5倍。分地区看，东西两翼地区林业系统在岗职工年平均工资最低，仅为24095元，珠三角地区林业系统在岗职工年平均工资最高，达到48063元，为东西两翼平均工资的两倍，山区县地区林业系统在岗职工年平均工资为40242元。分行业看，林业工程技术与规划管理年平均工资最高，为91490元，制造业年平均工资最低，为9320元，二者相差近10倍。与全省工资水平相比，我省林业系统在岗职工年平均工资仍处于较低水平，虽然工资不高，林业职工队伍仍比较稳定。

全省林业系统全年因工造成死亡2人，重伤2人。

五、几点建议

1.加快营造林作业进度，巩固全年的造林绿化成果，提高造林成活率。牢固树立“三分造、七分管”、“一年四季抓管护”、“只造不管，等于白干”的科学造林理念，高度重视新造林抚育管护工作，推动造林绿化工作从注重数量向质量和数量并重转变，全面推行新造林抚育管护责任制，做到人员到位、责任到位和管护措施到位。

2.积极引导林业产业经营升级。目前我省第一产业规模不大，仅占总产业的12%，二、三产业抵御风险能力不强，在世界经济下行和外需不足的形势下，企业自主研发、自主创新能力以及市场综合竞争力面临严峻考验。因此要做大林业第一产业，充分发挥资源优势，加大优质资源的开发力度，不断完善产业链条，发展壮大特色产业，大力培育功能和效益多样的森林资源，扩大油茶种植面积，培育珍贵树木产业，提高林地产出率。做强林业第二产业，鼓励和引导木材加工企业优化产品结构、加快转型升级，努力提升企业的自主创新水平和技术改造力度，增强其发展后劲和可持续能力。做优林业第三产业，充分利用林业景观资源，大力发展以森林生态旅游为主的第三产业。通过调整和完善林业产业政策，加强自主创新和人才储备，建立现代林业企业制度以及完善管理机制等措施，进一步促进林业产业持续健康发展。

3.进一步加大林业投资力度。近年来，我省林业投入大幅增长，但与其他省份相比，仍存在很大的差距。据年报显示的2012年实际到位资金情况看，超过150亿元的有广西、山东、福建、四川、黑龙江，分别是659亿元、246亿元、243亿元、181亿元、174亿元，我省为71亿元，仅占全国到位资金3301亿元的2.1%。为有效保障我省林业各项事业的平稳快速发展，充分发挥政府在生态建设上的主导作用，建议进一步争取和落实各级财政加大对我省林业的资金投入力度。

（注：1、本文数据为林业统计年报数据；2、本文包含雷州林业局；3、珠三角地区指广州、深圳、珠海、佛山、惠州、东莞、中山、江门和肇庆等九个市，东翼指汕头、汕尾、潮州和揭阳等四个市，西翼指阳江、湛江和茂名等三个市，山区指韶关、河源、梅州、清远和云浮等五个市。）

9-1 主要年份林业主要指标

年 份	林业用地面积（千公顷）	有林地面积（千公顷）	活立木总蓄积量（万 m^3）	森林覆盖率（%）
1950	10899	3231	13230	18.7
1957	10284	3503	14878	20.2
1965	10855	4214	15186	24.1
1975	10973	5198	16737	29.9
1978	10518	5165	16894	30.2
1980	10518	5165	16894	30.2
1985	10204	4638	14983	27.2
1990	10713	7998	21243	48.4
1995	10848	9083	27313	55.9
2000	10823	9226	31634	56.9
2005	11022	9212	36459	59.1
2010	10981	9532	43936	57.0
2012	10972	9761	49204	57.7
2013	10967	9849	52425	58.2

年份	造林面积（千公顷）	人工造林	飞机造林	迹地更新面积（千公顷）	人工更新	低产林改造面积（千公顷）
1950	10	10				
1952	55	55				
1957	242	242				
1962	110	110		7	6	9.3
1965	419	411	8	21	15.3	4.7
1970	474	279	195	11	7.3	1.3
1975	359	288	71	35	34.7	8
1978	301	301		41	38	17
1980	371	201	170	46	39	23
1985	612	353	259	77	64	33
1990	312	259	53	52	51	113
1995	21	21		87	83	109
2000	17	17		106	97	125
2005	18	18		96	92	46
2010	95	92		48	48	19
2012	108	95		78	78	45
2013	139	119		84	84	50

年份	育苗面积（本年新育）（千公顷）	幼林抚育实际面积（千公顷）	幼林抚育作业面积（千公顷）	成林抚育面 积（千公顷）	零星植树（万株）
1950	0.06				
1952	0.07				
1957	1.84	97	115		
1962	1.79	95	108	43	3969
1965	6.24	226	389	114	1202
1970	1.60	281	339	147	1120
1975	2.85	331	390	96	5384
1978	2.57	439	506	123	6975
1980	1.82	314	367	159	5425
1985	3.19	331	403	152	8252
1990	5.47	536	652	268	8834
1995	1.88	390	453	274	8232
2000	1.83	222	294	288	6653
2005	1.00	146	175	122	6201
2010	0.96	173	207	182	6923
2012	0.90			275	6961
2013	1.05				9361

注：1. 从 2002 年起，森林资源数据包括红树林。2. 从 2006 年起，森林覆盖率采用新的计算方法。

9-1 续表

年份	油桐籽（吨）	油茶籽（吨）	棕片（吨）	松脂（吨）	竹笋干（吨）	板栗（吨）	乌桕籽（吨）
1950							
1952							
1957							
1962	3435	6854					4
1965	5831	6868					
1970	3001	30649					
1975	1780	17985	327	90654	74	245	108
1978	1231	11721	381	96680	55	303	39
1980	976	13109	340	119829	125	400	20
1985	865	16303	248	95917	249	589	68
1990	2622	23736	466	100230	2770	1614	5
1995	3536	24997	606	114568	9004	3577	59
2000	3817	26268	663	110877	14132	5440	70
2005	5193	30470	1640	154593	17825	8637	253
2010	6050	82417	2536	181141	30291	10616	527
2012	7563	65239	2597	196344	34921	11828	697
2013	7650	83547	2714	216098	38220	13274	576

年份	木材总产量(万立方米)			人造板产量（万立方米）				松香类产品（万吨）
		原木	薪材		胶合板	纤维板	刨花板	
1950	0.60	0.60						0.53
1952	20.10	20.10						1.09
1957	203.30	203.30						4.50
1962	155.30	115.40	39.90	0.19	0.03	0.16		1.21
1965	234.70	190.40	44.30	0.11		0.11		5.72
1970	213.90	173.50	40.40	1.21	0.73	0.48		7.11
1975	252.00	217.10	34.90	2.70	0.94	1.56	0.20	8.63
1978	305.80	240.80	65.00	4.06	1.05	2.90	0.11	8.97
1980	306.40	259.50	46.90	5.23	1.39	3.53	0.31	10.18
1985	403.90	314.40	89.50	6.10	1.26	4.60	0.24	8.89
1990	211.60	188.00	23.60	21.39	7.80	4.30	9.30	9.42
1995	306.70	275.40	31.30	89.06	24.99	27.09	23.38	11.11
2000	250.50	231.80	18.70	144.51	65.61	50.77	28.12	9.44
2005	362.15	323.97	38.18	340.05	58.55	261.60	15.69	7.38
2010	654.91	611.56	43.35	784.11	208.53	387.48	94.65	12.91
2012	759.86	685.07	74.79	990.33	210.56	462.30	133.91	9.76
2013	809.15	717.30	91.85	980.48	248.17	513.65	136.85	11.03

9-2 林业主要指标

项　　目	计算单位	1980	1985	1990	1995	2000	2005	2010	2012	2013	2013比2012增长%
一、森林资源											
有林地面积	千公顷	5165	4638	7998	9083	9226	9212	9532	9761	9849	0.90
活立木总蓄积量	万 m^3	16894	14983	21243	27313	31634	36459	43936	49204	52425	6.55
森林覆盖率	%	30.2	27.2	48.4	55.9	56.9	59.1	57.0	57.7	58.2	0.87
二、国有林场											
林场个数	个	182	186	194	194	194					
经营管理面积	千公顷	837	717	689	667	713					
其中：有林地	千公顷	551	465	465	492	545					
林木蓄积量	万 m^3	1980	2242	2551	2423	2413					
职工人数	人	48901	41418	40702	30793	23089					
三、国有采育场											
采育场个数	个	19	20	22	23	17					
经营管理面积	千公顷	96	111	115	117	66					
其中：有林地	千公顷	76	71	93	88	55					
林木蓄积量	万 m^3	316	367	496	590	333					
职工人数	人	4443	2673	4016	3299						
四、集体林场											
林场个数	个	14772	9742	14294	6679	5059					
经营管理面积	千公顷	2253	1656	1458	994	836					
其中：有林地	千公顷	1725	1263	1326	837	743					
林木蓄积量	万 m^3				2553	2250					
职工人数	人	168954	127873	103476							
五、国有苗圃场											
苗圃场个数	个	72	98	89	64	72					
经营管理面积	公顷	2345	3662	3429	3868	4348					
其中：苗圃用地	公顷	272	409	301	447	329					
职工人数	人	1781	2998	2072	1731	1308					
六、营林生产											
造林面积	千公顷	371.00	612.00	312.00	21.00	17.00	18.00	95.14	107.50	139.06	19.36
人工造林	千公顷	201.00	353.00	259.00	21.00	17.00	18.00	91.95	94.90	119.08	25.48
飞播造林	千公顷	170.00	259.00	53.00							
新育苗面积	千公顷	1.82	3.19	5.47	1.90	1.90	1.00	0.96	0.90	1.05	16.67

9-2 续表 1

项　　目	计算单位	1980	1985	1990	1995	2000	2005	2010	2012	2013	2013比2012增长%
幼林抚育实际面积	千公顷	314	330	536	390	236	146	173			
成林抚育面积	千公顷	159	152	268	274	289	122	182	275		
迹地更新面积	千公顷	46	77	52	87	115	96	48	78	84	7.69
其中：人工更新	千公顷	39	64	51	83	106	92	48	78	84	7.69
低产林改造面积	千公顷	23	33	113	109	127	46	19	45	50	11.11
七、主要林产品产量											
油桐籽	吨	976	865	2622	3536	3817	5193	6050	7563	7650	1.15
油茶籽	吨	13109	16303	23736	24997	26268	30407	82417	65239	83547	28.06
松脂	吨	119829	95917	100230	114568	113118	154593	181141	196344	216098	10.06
竹笋干	吨	125	248	2770	9004	14132	17825	30291	34921	38220	9.45
板栗	吨	400	589	1614	3936	5440	8637	10616	11828	13274	12.23
八、森工主要产品产量											
木材	万 m^3	306	404	212	307	275	362	655	760	809	6.45
原木	万 m^3	260	314	188	275	256	324	612	685	717	4.67
薪材	万 m^3	47	90	24	31	19	38	43	75	92	22.67
竹材	万根	289	888	4823	7180	6809	11180	13252	13409	13510	0.75
毛竹	万根			2072	2451	2889	2669	3478	4592	3997	-12.96
篙竹	万根			2751	4729	3921	8510	9774	8817	9513	7.89
人造板	万 m^3	5	6	21	89	145	340	784	990	980	-1.01
胶合板	万 m^3	1	1	8	25	66	59	209	211	248	17.54
纤维板	万 m^3	3	5	4	27	51	262	387	462	514	11.26
刨花板	万 m^3			9	23	28	16	95	134	137	2.24
松香类产品	万吨	10	9	9	11	10	7	13	10	11	10.00
栲胶	吨	1359	1639	603	878	322					
紫胶	吨	104	80	179	395		20	357	455	2795	514.29
九、产值											
林业（营林）产值（不变价）	亿元	4	9	30	33	39	62	71	102		
全行业森工总产值（不变价）	亿元	5	6	24	92	180	700	2378	3258		
林业系统工业总产值(不变价)	亿元	1	2	7	17	14	9				
十、固定资产投资											
营林基建投资	万元	5577	1961	6450	8866	19083	39888	77995			

注：1. 产值数据 2004 年以后为现价。

2. 固定资产投资自 2011 年起采用新的统计口径。

9-2　续表 2

项　　目	计算单位	1980	1985	1990	1995	2000	2005	2010	2012	2013	2013比2012增长%
其中：国家投资	万元	854	1282	2669	1411	6334	18979	31310			
国内贷款	万元	181	90	103	406	40					
利用外资	万元		92	1012		405					
森工基建投资	万元	1315	3076	1513	3433						
其中：国家投资	万元	1140	1381	253							
国内贷款	万元	22	15	550	761						
利用外资	万元		1359	40							
森工更新改造投资	万元	626	1082	1564	886						
其中：国内贷款	万元	2	107	429	430						
利用外资	万元			141							
森工开拓延伸投资	万元		311	285	37						
十一、林业系统机构人员											
单位个数	个		1302	1932	2062	2002	1871	2159	2333	1933	-17.15
在岗职工人数	人		95148	90661	79952	52227	37232	35916	31294	31271	-0.07
其中：国有											
1. 林业单位	个		944	1354	1341	1473	1442	1749	1866		
职工人数	人		54295	49601	41619	32931	26600	28303	21259		
2. 工业单位	个		65	52	100	94	20	10	19		
职工人数	人		25711	12100	13934	5344	445	573	228		
3. 建筑业单位	个		3	4	2						
职工人数	人		570	441	110						
4. 公用事业服务单位	个		14	2	21	41	77	71	157		
职工人数	人		1706	89	503	1201	1133	1325	1915		
5. 教育单位	个		2	2	3	5	2	3	1		
职工人数	人		185	252	241	223	267	348	324		
6. 科研综合技术服务业	个		69	72	61	53	57	62	52		
职工人数	人		2483	2272	1956	1418	1419	1731	1055		
7. 国家机关	个		126	144	149	156	212	213	235		
职工人数	人		4850	5699	7229	6080	6154	6178	6369		
8. 其他国有单位	个		79	302	353	139	42	33	3		
职工人数	人		5348	20072	13656	3083	955	1069	114		

9-3 各市森林资源主要指标

2013 年　　　　单位：千公顷，万立方米

市别	林业用地面积						活立木总蓄积	林木总生长量	林木总消耗量	森林覆盖率%
		有林地	疏林地	灌木林地	未成林地	无林地				
全　省	10967.0	9849.0	27.8	641.7	217.1	226.0	52424.7	2558.2	1113.3	58.20
广　州	292.7	278.7	0.5	3.8	2.3	7.4	1422.1	60.3	25.6	41.96
深　圳	77.4	73.5	0.2	2.2		1.4	299.8	13.7	0.8	41.50
珠　海	48.6	32.3		14.1	0.2	1.9	311.4	12.6	0.4	29.73
汕　头	66.4	60.9	0.6	0.1	2.3	2.4	185.6	8.3	0.3	32.02
佛　山	67.7	61.5	0.1	0.8	2.6	2.5	487.0	24.1	18.7	20.99
韶　关	1420.1	1250.8	2.7	96.1	40.5	29.7	8008.7	346.7	131.8	73.63
河　源	1219.1	1114.3	5.1	31.4	43.3	25.0	5548.0	253.1	84.5	73.30
梅　州	1217.0	1140.0	2.0	28.9	24.0	22.0	4910.3	270.3	40.5	73.55
惠　州	711.7	668.1	2.2	19.6	12.5	9.1	3056.6	149.8	34.7	61.28
汕　尾	279.2	229.8	0.6	12.4	5.9	30.4	670.9	36.8	22.2	52.12
东　莞	53.7	52.9		0.3		0.3	375.7	12.4	0.9	36.00
中　山	31.6	29.8	0.3	0.1		1.4	225.9	12.2	0.5	19.43
江　门	443.7	381.5	1.0	41.4	5.5	13.2	1917.9	110.4	94.7	44.79
阳　江	433.0	412.0	2.1	11.7	5.0	1.9	2301.1	106.8	29.9	57.02
湛　江	275.1	267.7	0.1	3.2	0.6	2.9	2003.0	86.1	37.2	29.51
茂　名	588.0	553.5	1.8	11.2	9.6	11.7	3034.4	132.6	42.7	57.72
肇　庆	1055.4	992.5	3.0	24.2	21.7	13.7	5207.8	269.5	204.0	69.10
清　远	1418.8	1105.5	3.6	274.8	22.0	12.8	7469.5	339.5	133.9	71.35
潮　州	187.2	170.0	0.3	11.8	1.7	3.4	534.0	29.3	14.7	61.94
揭　阳	288.5	270.2	0.8	9.8	2.6	5.0	769.0	37.2	9.8	54.84
云　浮	507.0	455.5	0.8	38.0	6.3	6.3	2329.6	121.5	42.4	68.40
省直属林场	137.8	126.5		5.6	1.9	3.0	808.3	52.5	30.2	91.70
农垦局	107.0	99.3				7.7	396.7	22.1	12.9	58.60
雷州局	40.0	22.2			6.8	11.0	151.5	50.5		49.40

说明：全省林木总消耗量包括不可预见消耗 100 万立方米。

9-4 各市全部林业生产情况

2013 年　　单位：公顷

市别	当年造林、迹地更新、低产林改造面积				
	总计	荒山造林（人工造林）	迹地更新	人工更新	低产林改造
全省	252234	119083	83650	83650	49501
广州	2730		2322	2322	408
深圳	7375	7133	25	25	217
珠海	3284	2254	1000	1000	30
汕头	1605	1066			539
佛山	1126	254	191	191	681
韶关	27994	11522	12199	12199	4273
河源	31438	16050	4340	4340	11048
梅州	37261	20898	8027	8027	8336
惠州	5393	2446	1984	1984	963
汕尾	17109	15916	493	493	700
东莞	3	3			
中山	200		200	200	
江门	18143	2778	13563	13563	1802
阳江	6083	812	3257	3257	2014
湛江	5979	270	5342	5342	367
茂名	11877	4093	4212	4212	3572
肇庆	18157	3492	6746	6746	7919
清远	22650	11553	6502	6502	4595
潮州	5792	4646			1146
揭阳	10748	10387	361	361	
云浮	8097	3481	4299	4299	317
雷州林业局	5972		5972	5972	
省直属林场	3189		2615	2615	574
国家级保护区	29	29			

9-4 续表 1

单位：公顷

市别	封山育林面积	无林地和疏林地新封	有林地和灌木林地新封	零星(四旁)植树(万株)	林木种子采集量(吨)	育苗面积	本年新育	未成林抚育作业面积	中、幼龄林抚育
全省	461525	19975	73282	9361.3	53	4494	1047	135183	348952
广州市	1485	373	445	87.0	2	686	4	3543	4590
深圳市	400	7		0.5				537	2286
珠海市	1405	275		110.0					727
汕头市	2054	2054		179.2		72	42	912	6000
佛山市	2267	43	1200	235.1		16	2		3383
韶关市	226647	1812	14103	351.3	15	251	128	42881	41076
河源市	51429	4166	6217	227.0	2	319	37		19074
梅州市	20781		9594	585.0	4	207	66		31051
惠州市	9622	666	2309	668.0		47	19	5520	4186
汕尾市	14037	8246	4480	93.0	1	173	110	200	6665
东莞市				308.8		36	5		3692
中山市				11.5		17		933	
江门市	8090		5305	306.1	2	299	50	14995	30970
阳江市	13026		2951	440.8		75	15		16883
湛江市				613.3		1021	168	20087	5720
茂名市	14231	1586	1227	2888.9		156	59	1077	14320
肇庆市	3176	67	1400	353.3	3	123	49	14448	41765
清远市	16049	340	3892	439.8	3	189	89	7386	40439
潮州市	9113		8926	139.8	14	60	5	5792	5128
揭阳市	28847		8700	937.0	5	348	39	10587	9632
云浮市	4177	340	1247	381.0	2	197	43	3990	40000
雷州林业局				0.5		86	86		13473
省直属林场	34689		1286	4.0		112	27	2295	7825
国家级保护区				0.5		4	4		67

9-4　续表 2　　　　单位：公顷

市　　别	义务植树（万株，包面折株数）	主要林产品产量（吨）					
		1. 油桐籽	2. 油茶籽	3. 棕　片	4. 松　脂	5. 竹笋干	6. 板　栗
全　　省	10323.96	7650	83547	2714	216098	38220	13274
广　　州	338.4		3			9	7
深　　圳	101.49						
珠　　海	109.23						
汕　　头	368.2		226			105	
佛　　山	345.34						
韶　　关	580.46	559	7781	133	16891	5510	840
河　　源	843.85	2507	18300	37	2761	495	2064
梅　　州	497	457	30488		588	311	86
惠　　州	666.11				275	129	
汕　　尾	385		2		347	156	
东　　莞	308.82						
中　　山	120						
江　　门	359.3				400		5
阳　　江	461.4				1500	1320	240
湛　　江	810.3	13	98		1161	52	
茂　　名	1060	200	2375		31741	170	
肇　　庆	660.26	506	3849		86839	2850	4238
清　　远	570	1253	16945	2517	14013	17057	5384
潮　　州	194					237	
揭　　阳	937	7	378	15	287	6261	
云　　浮	444.6	2148	3080	12	58995	3558	410
雷州林业局					140		
省直属林场			22		160		
省农垦总局	163.2						

9-5 各市森林火灾情况

2013 年

市别	火灾次数（次）	一般火灾	较大火灾	火场总面积（公顷）	受害森林面积（公顷）	损失林木 成林蓄积（立方米）	幼林株数（万株）	扑火经费（万元）	动员扑火人工数（工日）	人员伤亡（人）
全省	158	71	87	1964.6	679.25	9161.51	30.52	141.93	21760	
广州市	46	39	7	36.5	36.5				2301	
深圳市	9	8	1	4.97	3.56				865	
珠海市										
汕头市										
佛山市	2	2		3.3	0.93	58		6.5	250	
韶关市	13	7	6	124.3	22.4	1095	0.9	13.1	1254	
河源市	20	5	15	374.88	119.9		22.2	12.8	2456	
梅州市	12	2	10	623.74	157.84	2942.9	0.38	15.46	2671	
惠州市	6	2	4	109.5	25.63	153	0	14	1100	
汕尾市	12	1	11	226.63	69.42	634	3.65	22.7	2370	
东莞市										
中山市										
江门市	7	1	6	89.45	61.67			3	4600	
阳江市	2		2	19.67	19.67	303.06			270	
湛江市	1		1	9.8	8	132	0.2	0.6	30	
茂名市	7	2	5	153.56	51.93	1910	1.86	11.73	610	
肇庆市	1		1	20	19.6	800	0.5	12	500	
清远市	9	2	7	56.03	14.93	199.5	0.175	8.4	728	
潮州市	1		1	25	8.4	300	0.2	3	120	
揭阳市	3		3	54.6	31.7	9	0.36	11.5	565	
云浮市	7		7	32.67	27.17	625.05	0.1	7.14	1070	

9-6 全省森林病虫害发生防治情况

2013 年 单位：千公顷

病虫名称	发生面积	发生率%	防治作业面积	成灾面积	成灾率‰
有害生物合计	306.63	3.06	232.72	10.48	1.05
病害总计	13.32	0.13	42.15	7.63	0.76
虫害总计	269.73	2.70	175.38	0.21	0.02
有害植物总计	23.59	0.24	15.19	2.64	0.26
国外松流脂病	0.02		0.02		
桉树病害	1.32	0.11	0.16		
桉树焦枯病	0.73	0.06	0.41		
桉树青枯病	1.72	0.14	2.56		
速生桉生理病害	0.12	0.01	0.12		
台湾相思病害	0.13	0.11			
木麻黄青枯病	0.42	1.56	0.27		
松材线虫病	8.86	0.32	38.62	7.63	2.77
黄脊竹蝗	7.25	1.76	53.54		
青脊竹蝗	0.07	0.02	0.07		
木麻黄棉蝗	0.08	0.30	0.08		
湿地松粉蚧	46.84	9.25	12.20		
松突圆蚧	140.85	6.25	27.29		
松墨天牛	23.85	0.87	25.10		
椰心叶甲	0.40	8.84	0.37		
萧氏松茎象	2.43	0.09	1.32		
小小蠹	0.14	0.01	0.14		
黄刺蛾	0.07	0.01	0.07		
杉梢小卷蛾	0.08	0.01	0.08		
松梢螟	0.05		0.05		
广州小斑螟	0.01	0.01			
油茶尺蛾	0.18	0.14	1.07		
油桐尺蛾	0.45	0.02	0.67		
桉树尺蛾	19.50	1.55	19.98	0.13	0.11
马尾松毛虫	17.19	0.76	24.07	0.08	0.04
云南杂毛虫	0.33	1.57	0.43		
赭红葡萄天蛾	0.63	3.03	0.63		
竹笋禾夜蛾	3.04	0.74	3.04		
竹笋夜蛾	0.80	0.19			
桉重尾夜蛾	1.53	0.12	3.03		
华竹毒蛾	0.73	0.18	0.87		
松叶蜂	0.03		0.03		
红火蚁	1.97	0.02	0.07		
刺桐姬小蜂	0.05	23.15	0.07		
桉树枝瘿姬小蜂	1.15	0.09	1.12		
薇甘菊	23.50	0.23	15.17	2.64	0.26

9-7 分县（区）造林更新低产林改造面积

2013 年　　　　单位：公顷

县（市）区别	荒山造林（人工造林）	更新造林	低产林改造	无林地和疏林地新封	有林地和灌木林地新封
广东	**119083**	**83650**	**49501**	**19975**	**73282**
广州市		**2322**	**408**	**373**	**445**
市辖区		528			
天河区		79			
黄埔区			12		
花都区					445
萝岗区			80		
增城市		1646			
从化市			255	373	
增城林场		50	28		
梳脑林场		19	33		
深圳市	**7133**	**25**	**217**	**7**	
大鹏新区	4120				
龙华新区	217		217		
南山区	107				
宝安区	302				
盐田区				7	
光明新区		25			
市局本部	2377				
市绿化管理处	10				
珠海市	**2254**	**1000**	**30**	**275**	
市辖区	720				
香洲区		267			
斗门区	1100	733			
金湾区	67				
高新开发区	200		30		
高栏港经济区				265	
横琴新区	167				
淇澳一担杆岛	0			10	
汕头市	**1066**		**539**	**2054**	
濠江区			80		
潮阳区	533			1027	
潮南区	533		379	1027	
南澳县			80		
佛山市	**254**	**191**	**681**	**43**	**1200**
南海区	24		68	43	
顺德区	230				
三水区		71	80		333
高明区		120	533		867

9-7 续表 1 单位：公顷

县（市）区别	荒山造林（人工造林）	更新造林	低产林改造	无林地和疏林地新封	有林地和灌木林地新封
韶关市	**11522**	**12199**	**4273**	**1812**	**14103**
武江区	353	1027	240		
浈江区	271	333			113
曲江区	1060	253			
始兴县	551	1200			
仁化县	2374	807	347	793	
翁源县	960	1800	2306		2400
乳源县	1813	913		226	
新丰县	927	2207	67		
乐昌市	2533	1733		227	11590
南雄市	680	1260	780	566	
韶关林场		170	33		
曲江林场		69	179		
仁化林场		155	33		
河口林场		139	36		
九曲水林场		83	252		
华溪林场		50			
河源市	**16050**	**4340**	**11048**	**4166**	**6217**
源城区林业局			739		
紫金县林业局	5246		9420	3033	3650
龙川县	1067			1133	
连平县林业局	2222	4340	726		567
和平县	6285				
东源县	667				
新丰江林管局	167				2000
牛岭水林场	30		30		
下石林场			33		
黎明林场	366				
红星林场			100		
梅州市	**20898**	**8027**	**8336**		**9594**
梅江区	293	727			
梅县区		1748	1656		
大埔县	600	1000	1500		1334
丰顺县	6156	590	3535		
五华县	6996	2360			7127
平远县		872	855		
蕉岭县		163	790		
兴宁市	6853	567			1133

9-7 续表 2 单位：公顷

县（市）区别	荒山造林（人工造林）	更新造林	低产林改造	无林地和疏林地新封	有林地和灌木林地新封
惠州市	**2446**	**1984**	**963**	**666**	**2309**
惠城区	13				417
惠阳区	200	600	800		333
大亚湾区		167			
仲恺区	451	143			373
博罗县	153	209	163		1033
惠东县	1100	268		666	
龙门县	529	200			153
梁化林场		60			
象头山林场		80			
平安林场		65			
鸡笼山林场		79			
水东陂林场		33			
林业科学研究所		80			
汕尾市	**15916**	**493**	**700**	**8246**	**4480**
城区	800			1533	
红海湾开发区	2000			1753	
海丰县	3157		700		3200
陆河县	2930	493			1280
陆丰市	5370			4960	
黄羌林场	1000				
吉溪林场	200				
红岭林场	133				
罗经嶂林场	133				
东海岸林场	133				
湖东林场	60				
东莞市	**3**				
中山市		**200**			
江门市	**2778**	**13563**	**1802**		**5305**
蓬江区	14		7		67
江海区	3				
新会区		2733			
台山市	492	3120	69		4397
开平市	533	2666			100
鹤山市	873	2600	40		307
恩平市	595	300	600		100
古兜山林场			196		
大沙林场		293	173		187
狮山林场		661			
河排林场	268	550	559		
西坑林场		361	115		147

9-7 续表 3

单位：公顷

县（市）区别	荒山造林（人工造林）	更新造林	低产林改造	无林地和疏林地新封	有林地和灌木林地新封
古斗林场		118	43		
四堡林场		161			
阳江市	**812**	**3257**	**2014**		**2951**
江城区	73	20			
高新区		153			
阳西县		533	667		1307
阳东县	533	1200			1027
阳春市	206	1066	860		617
阳江林场			400		
花滩林场		285	87		
湛江市	**270**	**5342**	**367**		
坡头区		520			
麻章区		233			
经济开发区		200			
遂溪县		604			
徐闻县		467			
廉江市	270	1725	200		
雷州市		1000			
吴川市		333			
防护林场		167	167		
东海林场		40			
吴川林场		53			
茂名市	**4093**	**4212**	**3572**	**1586**	**1227**
茂南区		100	33		
茂港区		107	40		
电白县	473	853	193	353	
高州市	1820	613	827		1027
化州市	267	733	207		
信宜市	667	1000	1793	1133	
八一林场	53	53	13		
厚元林场		47			
东镇林场			7		
新田林场	133	133			
荷塘林场	267		133	100	
文楼林场	200				
播扬林场		133			
平定林场	40	400			100
丽岗林场	133				100
电白林场	40	33	60		
河尾山林场			266		
市森林公园管理处		2			
野生动物救护中心		5			

单位：公顷

县（市）区别	荒山造林（人工造林）	更新造林	低产林改造	无林地和疏林地新封	有林地和灌木林地新封
肇庆市	**3492**	**6746**	**7919**	**67**	**1400**
大水口林场	445	211	67		
端州区		52			17
鼎湖区		200	133		
大旺开发区		4			
广宁县		333	493		333
怀集县	534	2748		67	
封开县	1400		2667		717
德庆县	620		2333		
高要市		2533			
四会市	99	257	2100		
北岭山林场	333	70			333
清桂林场	22	94			
葵洞林场	39	39			
大南山林场			48		
大坑山林场		77	31		
新岗林场		128	47		
清远市	**11553**	**6502**	**4595**	**340**	**3892**
清城区		467	534		67
佛冈县	367	233	107		
阳山县	2533	467			800
连山县	2333		200		667
连南县	2133	333	667		
清新区	640	1727	100		400
英德市	1947	920	1613	227	1584
连州市	1600	467	600	113	287
银盏林场		234	187		
笔架林场		149			
天堂山林场		134			
英德林场		208	476		
长江坝林场		93	10		
金鸡林场		113			
铁溪林场		147	80		
羊角山林场		45	21		33
小龙林场		89			54
龙坪林场		143			
杨梅林场		533			

县（市）区别	荒山造林（人工造林）	更新造林	低产林改造	无林地和疏林地新封	有林地和灌木林地新封
潮州市	**4646**		**1146**		**8926**
市辖区			167		
湘桥区	340		73		653
潮安区	2133		133		4100
饶平县	2173		773		4173
揭阳市	**10387**	**361**			**8700**
榕城区	267				
揭东区	1133				1927
揭西县	3567	244			3853
惠来县	2540				1000
普宁市	2547	117			1280
大南山侨区	133				260
后溪林场	200				380
云浮市	**3481**	**4299**	**317**	**340**	**1247**
云城区	400	1032	138		
新兴县	200	667		340	
郁南县	324	350			340
云安县	225	772			227
罗定市	2330	1095			680
大云雾林场		99	67		
龙埇林场		200			
飞马林场		63	71		
同乐林场	2	21			
水台林场			41		
雷州林业局		**5972**			
省国有林场		**2615**	**574**		**1286**
西江林业局		1070			453
乳阳林业局		34			267
龙眼洞林场		21			
天井山林场		192	67		453
樟木头林场		286	83		
乐昌林场		219			
连山林场		56	187		
东江林场		329	237		
九连山林场		408			113
国家级自然保护区	**29**				
湛江红树林	29				

9-8 主要经济林产品及花卉生产情况

2013 年　　单位：吨

项　　目	本年实际	项　　目	本年实际
主要经济林产品生产情况	**8327043**	3. 山野菜	
一、水果产量	**7732678**	4. 其他森林食品	397
1. 苹果		**六、木本药材**	**26992**
2. 柑橘	2992394	1. 杜仲	
3. 梨	85418	2. 黄柏	
4. 葡萄	386	3. 厚朴	555
5. 桃	31046	4. 枸杞	
6. 杏		5. 山茱萸	
7. 荔枝	1086651	6. 其他木本药材	26437
8. 龙眼	669670	**七、木本油料**	**89925**
9. 猕猴桃	25760	1. 油茶籽	83547
10. 其他水果	2841353	2. 油橄榄	
二、干果产量	**55016**	3. 文冠果	
1. 核桃		4. 其他木本油料	6378
2. 板栗	13274	**八、林产工业原料**	**229833**
3. 枣（干重）		1. 生漆	
4. 柿子（干重）	26456	2. 油桐籽	7650
5. 仁用杏		3. 乌桕籽	576
6. 山杏仁		4. 五倍子	
7. 银杏（白果）	755	5. 棕片	2714
8. 榛子		6. 松脂	216098
9. 腰果	2116	7. 紫胶(原胶)	2795
10. 其他干果	12415	**花卉生产情况**	
三、林产饮料产品（干重）	**48602**	**一、年末实有花卉种植面积（公顷）**	**61116**
1. 毛茶	48448	**二、切花切叶产量（支）**	**2005026405**
2. 可可豆		**三、盆栽植物产量（盆）**	**275933516**
3. 咖啡		**四、观赏苗木产量（株）**	**343156466**
4. 其他林产饮料产品	154	**五、草坪产量（平方米）**	**32068721**
四、林产调料产品（干重）	**84645**	**六、花卉市场（个）**	**108**
1. 花椒		**七、花卉企业（个）**	**8864**
2. 八角	3797	其中:大中型企业（个）	1496
3. 桂皮	75549	**八、花农（人）**	**58257**
4. 其他林产调料产品	5299	**九、花卉从业人员（人）**	**150407**
五、森林食品（干重）	**59352**	其中:专业技术人员（人）	10064
1. 竹笋干	38220	**十、控温温室面积（平方米）**	**628083**
2. 食用菌	20735	**十一、日光温室面积（平方米）**	**9916248**

9-9 全部林业产业产值

2013 年　　单位：万元

指　　标	总 产 值
林业产业产值	**55953897**
一、第一产业	**6894502**
1、林木育种和育苗	68241
(1)林木育种	7992
(2)林木育苗	60249
2、造林和更新	213289
3、森林经营和管护	116788
4、木材和竹材采运	755211
(1)木材采运	544665
(2)竹材采运	210546
5、经济林产品的种植与采集	3891677
(1)水果种植	2647361
(2)坚果、含油果和香料作物种植	189362
(3)茶及其他饮料作物的种植	211318
(4)中药材种植	103705
(5)森林食品种植	359010
(6)林产品采集	380921
6、花卉及其他观赏植物种植	1651984
7、陆生野生动物繁育与利用	15528
8、其他	181784
二、第二产业	**38624557**
1. 木材加工及木、竹、藤、棕、苇制品制造	5799712
（1）锯材、木片加工	832128
（2）人造板制造	3245566
（3）木制品制造	1451178
（4）竹、藤、棕、苇制品制造	270840
2. 木、竹、藤家具制造	12048650
3. 木、竹、苇浆造纸和纸制品	17676160
4. 其他	3100035
三、第三产业	**10434838**
1. 林业旅游与休闲服务	8913807
2. 林业生态服务	67149
3. 林业专业技术服务	5631
4. 林业公共管理及其他组织服务	1092553
5. 其他	355698

9-10 各市全部林业产业产值

2013 年　　单位：万元

市别	林业产业产值	第一产业	第二产业	第三产业
全省	55953897	6894502	38624557	10434838
广州	5433111	801638	2775865	1855608
深圳	6552986	762836	3566025	2224125
珠海	632999	35981	434035	162983
汕头	591002	34033	508000	48969
佛山	10887431	285128	9760480	841823
韶关	800168	441009	109067	250092
河源	480798	178047	155692	147059
梅州	1008271	422843	300188	285240
惠州	1432201	408123	734339	289739
汕尾	410602	98726	222131	89745
东莞	10010769	30398	8119348	1861023
中山	3477312		3477312	
江门	2283184	243413	1903373	136398
阳江	1336908	98557	1016967	221384
湛江	2673360	162084	2163016	348260
茂名	1324565	877314	271873	175378
肇庆	2910930	666401	1689229	555300
清远	1868535	644780	910892	312863
潮州	281318	100527	13719	167072
揭阳	734775	161228	258181	315366
云浮	695027	361162	218223	115642
雷州林业局	63234	51226	11294	714
省直属林场	39330	28558	5308	5464
国家级自然保护区	2864	490		2374
省直单位	22217			22217

9-11 各市商品材产量

2013年　　单位：立方米

市别	总产量	林业系统内产量	国有企业	国有林场事业单位	系统外企事业单位产量	乡镇集体企业单位	村及村以下组织和农民生产
全省	8091464	1407718	122175	1285543	670257	316864	5696625
广州	199920	93412	74636	18776	17003		89505
深圳	109	109		109			
珠海	1100						1100
汕头	4043						4043
佛山	114593					6100	108493
韶关	892965	174275	9832	164443	96295	48970	573425
河源	706158	9100		9100	60227	143229	493602
梅州	299595	4857		4857	93000	19719	182019
惠州	305421	17956	1324	16632			287465
汕尾	99133	10200	4400	5800	32868	13676	42389
东莞	5520					5520	
中山	3809					3809	
江门	584830	41705		41705	4621	344	538160
阳江	203380	41775		41775			161605
湛江	498732	12100		12100			486632
茂名	235234	38211		38211			197023
肇庆	1607461	156202		156202	158695	16820	1275744
清远	1192222	132716	31983	100733	122816	20771	915919
潮州	106255	20713		20713	47107	25706	12729
揭阳	58109				13584		44525
云浮	353508	38950		38950	24041	12200	278317
雷州林业局	408219	408219		408219			
省直属林场	207218	207218		207218			
国家级保护区	3930						3930

9-11 续表

市别	商品材总产量		
	合计	原木	薪材
全省	8091464	7172958	918506
广州	199920	197569	2351
深圳	109	109	
珠海	1100	1000	100
汕头	4043	183	3860
佛山	114593	114593	
韶关	892965	832530	60435
河源	706158	539640	166518
梅州	299595	277595	22000
惠州	305421	305421	
汕尾	99133	98733	400
东莞	5520		5520
中山	3809		3809
江门	584830	584830	
阳江	203380	203380	
湛江	498732	367174	131558
茂名	235234	235234	
肇庆	1607461	1386783	220678
清远	1192222	1031930	160292
潮州	106255	67094	39161
揭阳	58109	56212	1897
云浮	353508	335344	18164
雷州林业局	408219	334740	73479
省直属林场	207218	198934	8284
国家级保护区	3930	3930	

9-12 各市大径竹生产情况

2013 年　　　　单位：根

市　别	大径竹总产量		
	合　计	毛　竹	其　他
全　省	135096491	39971274	95125217
广　州	1884170	924121	960049
深　圳			
珠　海			
汕　头	115358	115358	
佛　山			
韶　关	10832091	4833710	5998381
河　源	633507	633507	
梅　州	1316000	1316000	
惠　州	7711990	3184952	4527038
汕　尾	750067	437134	312933
东　莞			
中　山			
江　门	1000000	1000000	
阳　江	1080475	274831	805644
湛　江	7078263	1653579	5424684
茂　名	54058528	9053105	45005423
肇　庆	33714715	8548836	25165879
清　远	10138940	3813980	6324960
潮　州	30250	30250	
揭　阳	3561852	3561852	
云　浮	1105735	505509	600226
省直属林场	61850	61850	
国家级保护区	22700	22700	

9-13 林产工业主要产品产量

2013 年

项　　目	计量单位	全部产量	项　　目	计量单位	全部产量
木材加工及竹藤棕草制品			4、竹地板（含竹木复合地板）	平方米	
一、锯材	立方米	1360874	5、其他木地板（含软木地板、集成材地板等）	平方米	
1、普通锯材	立方米	1346129	**林产化学产品**		
2、特种锯材	立方米	4400	一、松香类产品	吨	110334
3、枕木及其他锯材	立方米	10345	1、松香	吨	75441
二、木片、木粒加工产品	实积立方米	1266121	2、松香深加工产品	吨	34893
三、人造板	立方米	9804849	二、松节油类产品	吨	3585
（一）胶合板	立方米	2481694	1、松节油	吨	2270
1、木胶合板	立方米	2010026	2、松节油深加工	吨	1315
2、竹胶合板	立方米	4288	三、樟脑	吨	
3、其他胶合板	立方米	467380	其中：合成樟脑	吨	
（二）纤维板	立方米	5136502	四、冰片	吨	
1、木质纤维板	立方米	5136502	其中：合成冰片	吨	
(1)硬质纤维板	立方米	692396	五、栲胶类产品	吨	
(2)中密度纤维板	立方米	4444106	1、栲胶	吨	
(3)软质纤维板	立方米		2、栲胶深加工产品	吨	
2、非木质纤维板	立方米		六、紫胶类产品	吨	2795
（三）刨花板	立方米	1368504	1、紫胶	吨	2795
1、木制刨花板	立方米	1219965	2、紫胶深加工产品	吨	
2、非木制刨花板	立方米	148539	七、木材热解产品	吨	8344
（四）其它人造板	立方米	818149	1、木炭	吨	7469
其中：细木工板	立方米	4000	2、竹炭	吨	
五、木竹地板	平方米	28840855	3、木质活性炭	吨	875
1、实木木地板	平方米	17158284	4、其他	吨	
2、实木复合木地板	平方米	11682571	八、木质生物质成型燃料	吨	100
3、浸渍纸层压木质地板（强化木地板）	平方米				

9-14 各市林产工业主要产品产量

2013 年　　　　单位：立方米

市别	锯材	木片、木粒加工	人造板					实木地板	实木复合木地板
			合计	胶合板	纤维板	刨花板	其它		
全　省	1360874	1266121	9804849	2481694	5136502	1368504	818149	17158284	11682571
广　州			559222	201194	221504		136524	4118653	2906786
深　圳	35289		23204	16737			6467	808342	
珠　海		12600							
汕　头								9749619	
佛　山	11000	1100	1310963	934643	86216	100066	190038		1418549
韶　关	144214	13670	1278529	17596	577786	683147			
河　源	3880		434703	39532	395171				
梅　州	14961	6191	90034		57966	22958	9110		
惠　州	189838		323841		96242	227599			
汕　尾	1950		88040		88040				
东　莞			173427	25779	69121	57353	21174		298311
中　山			7706		5301	2405		2481670	7246617
江　门	466085	120456	472342	30730	103470		338142		79393
阳　江	48764	9600	1293785		1293785				
湛　江	24005	562002	2288483	1313873	682044	206259	86307		
茂　名	24200	274800	423197	120457	302740				
肇　庆	166355	60010	988330		965782	22548			
清　远	122044	21000	276276		210525	65751			
潮　州	14300	22000							
揭　阳	15584		62578	1170		30451	30957		
云　浮	78405								
雷州林业局		162692							

市别	松香类产品（吨）	松香	松节油类产品（吨）	松节油	樟脑（吨）	冰片（吨）	木炭（吨）
全　省	110334	75441	3585	2270			7469
广　州	1	1					
深　圳							
珠　海							
汕　头							
佛　山							
韶　关	10818	10818	156	156			
河　源	2730	2730					5
梅　州							
惠　州							
汕　尾							
东　莞							
中　山							
江　门	400	400	90	90			
阳　江	900	900	90	90			
湛　江							7091
茂　名	3186	3186					345
肇　庆	59964	31170	1672	1672			
清　远	6318	6318	158	158			
潮　州							
揭　阳							28
云　浮	26017	19918	1419	104			
雷州林业局							

9-15 分县（区）主要林产品产量

2013 年

县（市）区别	商品材（立方米）			大径竹（根）			松香类产品（吨）	松节油类产品（吨）
	合计	原木	薪材	合计	毛竹	其他		
广东	**8091464**	**7172958**	**918506**	**13509649**	**39971274**	**95125217**	**110334**	**3585**
广州市	**199920**	**197569**	**2351**	**1884170**	**924121**	**960049**	**1**	
市辖区	17003	17003		1263397	303348	960049	1	
白云区	4776	4776						
花都区	13893	13893						
萝岗区	3800	2660	1140	39000	39000			
增城市	74953	74953		160549	160549			
从化市	74636	74636		241224	241224			
流溪河林场	843	843		180000	180000			
石门森林公园	400	400						
增城林场	5579	5579						
梳脑林场	4037	2826	1211					
深圳市	**109**	**109**						
宝安区	109	109						
珠海市	**1100**	**1000**	**100**					
斗门区	1100	1000	100					
汕头市	**4043**	**183**	**3860**	**115358**	**115358**			
潮阳区				115358	115358			
潮南区	1860		1860					
澄海区	183	183						
南澳县	2000		2000					
佛山市	**114593**	**114593**						
南海区	1100	1100						
三水区	3493	3493						
高明区	110000	110000						
韶关市	**892965**	**832530**	**60435**	**10832091**	**4833710**	**5998381**	**10818**	**156**
武江区	45614	45614		60402	60402			
浈江区	49649	49649		20005	20005			
曲江区	106523	99343	7180	91236	91236			
始兴县	87924	87924		388404	232380	156024	2500	150
仁化县	77491	77491		5567916	1630080	3937836		
翁源县	151233	117660	33573	1869926	37000	1832926		
乳源县	87979	78238	9741	52000	52000			
新丰县	94256	94256		112692	45097	67595		
乐昌市	76994	76994		818089	818089			
南雄市	51501	41560	9941	1784221	1784221		8060	
韶关林场	6443	6443						
曲江林场	16538	16538		19200	15200	4000	84	6
仁化林场	18575	18575		40000	40000			
河口林场	12000	12000		8000	8000		160	
九曲水林场	7775	7775					14	
华溪林场	2470	2470						

9-15 续表 1

县（市）区别	商品材（立方米）			大径竹（根）			松香类产品（吨）	松节油类产品（吨）
	合计	原木	薪材	合计	毛竹	其他		
河源市	**706158**	**539640**	**166518**	**633507**	**633507**		**2730**	
源城区	3660	3660						
紫金县	328673	248712	79961	14800	14800			
龙川县	67769	61408	6361	260000	260000		1500	
连平县	40833	40833		114457	114457			
和平县	32781	19768	13013	164250	164250		1230	
东源县	203456	143229	60227	22000	22000			
新丰江林管局	19886	13770	6116					
牛岭水林场	5200	5200						
黎明林场	750	750		58000	58000			
坪山林场	3150	2310	840					
梅州市	**299595**	**277595**	**22000**	**1316000**	**1316000**			
梅江区	15219	15219						
梅县	43000	43000						
大埔县	85819	63819	22000	419000	419000			
丰顺县	45698	45698						
五华县	60000	60000						
平远县	30460	30460		115000	115000			
蕉岭县	13842	13842		782000	782000			
兴宁市	2500	2500						
梅南林场	658	658						
大埔林场	2399	2399						
惠州市	**305421**	**305421**		**7711990**	**3184952**	**4527038**		
惠城区	59816	59816		814650	137192	677458		
惠阳区	13754	13754						
仲恺区	4352	4352						
博罗县	140950	140950		4610000	2350000	2260000		
惠东县	31798	31798		621940	430760	191180		
龙门县	39578	39578		1665400	267000	1398400		
梁化林场	1743	1743						
鸡笼山林场	4715	4715						
水东陂林场	4869	4869						
油田林场	3846	3846						
汕尾市	**99133**	**98733**	**400**	**750067**	**437134**	**312933**		
城区				26820	26600	220		
海丰县	54546	54546						
陆河县	13676	13676		480800	182000	298800		
陆丰市	20711	20711		242447	228534	13913		
黄羌林场	5800	5800						
吉溪林场	4400	4000	400					

9-15 续表 2

县（市）区别	商品材（立方米）			大径竹（根）			松香类产品（吨）	松节油类产品（吨）
	合计	原木	薪材	合计	毛竹	其他		
东莞市	**5520**		**5520**					
市局本部	5520		5520					
中山市	**3809**		**3809**					
江门市	**584830**	**584830**		**1000000**	**1000000**		**400**	**90**
蓬江区	6572	6572						
江海区	50	50						
新会区	54830	54830						
台山市	167500	167500					400	90
开平市	140604	140604		1000000	1000000			
鹤山市	105575	105575						
恩平市	71559	71559						
大沙林场	9940	9940						
狮山林场	2189	2189						
河排林场	12879	12879						
西坑林场	712	712						
古斗林场	2875	2875						
四堡林场	9545	9545						
阳江市	**203380**	**203380**		**1080475**	**274831**	**805644**	**900**	**90**
江城区	1600	1600						
高新区	3925	3925		2000		2000		
阳西县	34057	34057					900	90
阳东县	40776	40776						
阳春市	81247	81247		1078475	274831	803644		
阳江林场	25362	25362						
花滩林场	15340	15340						
河尾林场	1073	1073						
湛江市	**498732**	**367174**	**131558**	**7078263**	**1653579**	**5424684**		
坡头区	9357	5613	3744					
麻章区	2775	2775		105000		105000		
经济开发区	2518	2518						
遂溪县	34562	34562		698675		698675		
徐闻县	53286	53286						
廉江市	120158	75700	44458	4574588	453579	4121009		
雷州市	222346	155642	66704	1700000	1200000	500000		
吴川市	41630	24978	16652					
国营防护林场	2000	2000						
国营东海林场	3600	3600						
国营吴川林场	6500	6500						
茂名市	**235234**	**235234**		**54058528**	**9053105**	**45005423**	**3186**	
茂南区	702	702		33378	22710	10668		
茂港区	2138	2138		249220	135680	113540		
电白县	9671	9671		7720516	3118349	4602167		

9-15 续表 3

县（市）区别	商品材（立方米）			大径竹（根）			松香类产品（吨）	松节油类产品（吨）
	合计	原木	薪材	合计	毛竹	其他		
高州市	50339	50339		7413674	1349849	6063825		
化州市	52002	52002		2051740	1726517	325223	86	
信宜市	83377	83377		36590000	2700000	33890000	3100	
八一林场	2729	2729						
厚元林场	1372	1372						
新田林场	4685	4685						
荷塘林场	3597	3597						
文楼林场	6902	6902						
播扬林场	3640	3640						
平定林场	6727	6727						
丽岗林场	3896	3896						
电白林场	3457	3457						
肇庆市	**1607461**	**1386783**	**220678**	**33714715**	**8548836**	**25165879**	**59964**	**1672**
大水口林场	22864	22864						
端州区	4000	4000						
鼎湖区	14000	11000	3000	650500	99200	551300		
广宁县	178695	175515	3180	3819490	3819490			
怀集县	666790	479388	187402	24342925	4630146	19712779	11940	
封开县	182828	182283	545	105000		105000	20980	
德庆县	126815	126815					19444	
高要市	213051	213051					7600	1672
四会市	114204	89565	24639	4796800		4796800		
北岭山林场	15032	15032						
清桂林场	6877	5657	1220					
葵洞林场	10957	10957						
大南山林场	3773	3773						
大坑山林场	23213	22521	692					
新岗林场	24362	24362						
清远市	**1192222**	**1031930**	**160292**	**10138940**	**3813980**	**6324960**	**6318**	**158**
清城区	83725	83725		709577	175828	533749		
佛冈县	130555	130555		1378362	982721	395641	1970	
阳山县	135604	111770	23834	597047	597047			
连山县	79400	79400		347224	339410	7814	3814	63
连南县	31983	31513	470	521824	465795	56029		
清新区	264348	232006	32342	2103514	584982	1518532		
英德市	361999	275932	86067	3983497	225237	3758260		
连州市	26612	19563	7049	482895	427960	54935	484	95
银盏林场	7408	7408						
笔架林场	6267	6267		15000	15000			
天堂山林场	3585	2838	747					
英德林场	28763	21191	7572					
长江坝林场	1853	1748	105					

9-15　续表 4

县（市）区别	商品材（立方米）			大径竹（根）			松香类产品（吨）	松节油类产品（吨）
	合计	原木	薪材	合计	毛竹	其他		
金鸡林场	6150	5228	922				50	
铁溪林场	5686	5686						
羊角山林场	1551	693	858					
小龙林场	16733	16407	326					
潮州市	**106255**	**67094**	**39161**	**30250**	**30250**			
湘桥区	489	307	182	28000	28000			
枫溪区	200	200		2250	2250			
潮安县	10377	6538	3839					
饶平县	80498	50719	29779					
韩江林场	14611	9250	5361					
凤凰山保护区	80	80						
揭阳市	**58109**	**56212**	**1897**	**3561852**	**3561852**			
揭东区	5255	5235	20					
揭西县	5385	4308	1077					
惠来县	33885	33885		3201852	3201852			
普宁市	13584	12784	800	360000	360000			
云浮市	**353508**	**335344**	**18164**	**1105735**	**505509**	**600226**	**26017**	**1419**
云城区	42693	42693					9580	
新兴县	101620	101620					356	1419
郁南县	45409	27245	18164	120000		120000	9982	
云安县	47359	47359		985735	505509	480226	6099	
罗定市	81987	81987						
大云雾林场	3860	3860						
龙埇林场	18598	18598						
飞马林场	4348	4348						
同乐林场	4301	4301						
水台林场	3333	3333						
雷州林业局	**408219**	**334740**	**73479**					
省直属林场	**207218**	**198934**	**8284**	**61850**	**61850**			
西江林业局	129178	129178						
天井山林场	8200	8200						
樟木头林场	17481	13200	4281					
乐昌林场	13788	9785	4003					
连山林场	9560	9560						
东江林场	16997	16997						
九连山林场	12014	12014		61850	61850			
国家级自然保护区	**3930**	**3930**		**22700**	**22700**			
车八岭	3930	3930		22700	22700			

9-16 全国主要林产品和森工产品产量

2013 年

地区	商品材（立方米）			大径竹（根）		
	总计	原木	薪材	总计	毛竹	其他
全国合计	84384950	78368948	6016002	1876849099	1145577468	731271631
北京	208131	192093	16038			
天津	153780	153780				
河北省	846788	723430	123358			
山西	119193	82330	36863			
内蒙古	1862398	1819643	42755			
辽宁	1782719	1720925	61794			
吉林省	3474069	3354766	119303			
黑龙江	2196318	2091343	104975			
上海	2076		2076			
江苏	1440965	1385797	55168	4086851	3866801	220050
浙江	1543747	1528130	15617	199236174	187892416	11343758
安徽	4775422	4122467	652955	129146301	113952083	15194218
福建	5722726	5225025	497701	568880000	371690000	197190000
江西	2669101	2482599	186502	161697955	134783420	26914535
山东	5590952	5104245	486707			
河南	2431290	2210366	220924	1258536	1250283	8253
湖北	2519337	2285918	233419	32973016	28897166	4075850
湖南	4749219	4539021	210198	68746725	64033005	4713720
广东	8091464	7172958	918506	135096491	39971274	95125217
广西	22880347	22153047	727300	346558942	93178890	253380052
海南	1223294	1054851	168443	15137788	1904438	13233350
重庆	300554	243239	57315	5025798	4366398	659400
四川	2370952	2029808	341144	85911151	31071167	54839984
贵州	1808553	1739861	68692	6539428	6457494	81934
云南	4302196	3658179	644017	107742816	59814008	47928808
西藏	63928	63928				
陕西	101562	92790	8772	8811127	2448625	6362502
甘肃	31140	29527	1613			
青海	6065	3124	2941			
宁夏	9002	9002				
新疆	388492	377586	10906			
大兴安岭	719170	719170				

9-16 续表

地区	人造板（立方米）					松香（吨）
	总计	胶合板	纤维板	刨花板	其他人造板	
全国合计	255599139	137251884	64021014	18849524	35476717	
北京	205000		205000			1424300
天津	113000		87000	26000		
河北省	14945850	5046023	4356525	2615267	2928035	
山西	353302	9680	163532	113758	66332	
内蒙古	754369	293405	63866	266303	130795	
辽宁	5624815	2722175	1319294	481806	1101540	
吉林省	3618235	1555538	978030	612925	471742	
黑龙江	4175476	2427762	689282	662997	395435	
上海	213836	68420	145416			
江苏	44639643	27996274	9366679	2696177	4580513	
浙江	6759983	2815229	1040056	138806	2765892	
安徽	18416667	10061080	4010724	653098	3691765	
福建	8261388	3942059	1359250	1412397	1547682	6547
江西	3881397	1380468	1348514	251414	901001	113633
山东	64222498	44125319	10973443	4666152	4457584	86870
河南	15812025	7050037	3865485	874599	4021904	
湖北	5008888	1178581	2581490	476051	772766	2650
湖南	5405024	2898765	537013	162454	1806792	19534
广东	9804849	2481694	5136502	1368504	818149	35338
广西	29702017	17199119	7384244	1023134	4095520	75441
海南	246089	171589	20000	50000	4500	880302
重庆	833634	371304	446572	4028	11730	9553
四川	7646874	2092182	4819659	203621	531412	940
贵州	761793	513293	78152	968	169380	1689
云南	2739659	666951	1861150	76875	134683	5459
西藏						186344
陕西	1082955	102335	974830	2850	2940	
甘肃	8000	8000				
青海						
宁夏	16000		16000			
新疆	153701	73701	80000			
大兴安岭	192172	901	113306	9340	68625	

9-17 生态公益林重点工程建设和效益补偿情况

2013年　　　　单位:万元、公顷

项　　目	合 计	沿海防护林工程	珠江流域防护林工程	平原绿化工程
一、全部林业投资完成额	19323	16177	3146	
其中：国家投资	13000	10895	2105	
1、造林	18315	15326	2989	
2、低产低效防护林改造	439	400	39	
3、种苗	171	171		
4、森林防火				
5、病虫害防治	50	39	11	
6、科技费用				
7、其他	348	241	107	
二、群众投工投劳折合资金	1539	1539		
三、荒山荒(沙)地造林面积	47295	32125	15170	
1、人工造林	29671	21159	8512	
其中：灌木林面积				
2、无林地和疏林地新封	17624	10966	6658	
按林种用途分				
1、用材林	187	78	109	
2、经济林				
3、防护林	47108	32047	15061	
其中：水源涵养林	19110	13797	5313	
水土保持林	14015	13322	693	
防风固沙林	1928	1928		
农田、牧场防护林				
护岸护堤林				
护路林				
4、薪炭林				
5、特种用途林				
四、有林地和灌木林地新封山育林面积	32997	26191	6806	
五、低产低效林改造面积	150308	75314	74994	
六、年末实有封山（沙）育林面积	2619	1813	806	

9-18 各市生态公益林重点工程建设投资完成情况

2013 年

单位:万元

	合 计	沿海防护林工程	珠江流域防护林工程	平原绿化工程
全 省	19323	16177	3146	
广 州 市				
深 圳 市				
珠 海 市				
汕 头 市	1180	1180		
佛 山 市				
韶 关 市	866		866	
河 源 市	972		972	
梅 州 市	1080	1080		
惠 州 市	467	467		
汕 尾 市	4469	4469		
东 莞 市				
中 山 市				
江 门 市	208	208		
阳 江 市	1278	1278		
湛 江 市	96	96		
茂 名 市	353	353		
肇 庆 市	169		169	
清 远 市	126		126	
潮 州 市	3527	3527		
揭 阳 市	3519	3519		
云 浮 市	700		700	
雷州林业局				
省直属林场	313		313	

9-19 林业投资完成与资金来源情况

单位:万元

项　　　目	2012 年	2013 年	2013 比 2012 增长%
一、本年计划投资	**636673**	**983675**	**54.50**
二、自年初累计完成投资	**636673**	**983675**	**54.50**
其中：国家投资	300712	557245	85.31
1.生态建设与保护	380195	699232	83.91
(1)造林	152149	119718	-21.32
(2)更新	22685	46842	106.49
(3)森林抚育	50753	45345	-10.66
(4)野生动植物保护及自然保护区	4474	3649	-18.44
(5)湿地恢复与保护	1232	2537	105.93
(6)森林生态效益补偿		422567	
(7)其他（含生态工程补助资金）	148902	58574	-60.66
2.林业支撑与保障	85521	73357	-14.22
(1)林木种苗	15718	11500	-26.84
(2)森林防火与森林公安	19735	19320	-2.10
(3)林业有害生物防治	8938	8244	-7.76
(4)科技教育	1464	2794	90.85
(5)林业信息化		1348	
(6)其他	39666	30151	-23.99
3.林业产业发展	25825	20871	-19.18
(1)工业原料林		13208	
(2)特色经济林（不含木本油料）	7371	300	-95.93
(3)木本油料		2674	
其中：油茶示范基地建设	6930	1453	-79.03
核桃示范基地建设			
(4)花卉	1977	1415	-28.43
(5)林下经济	1424	110	-92.28
(6)其他	15053	3164	-78.98
4.林业民生工程		35618	
(1)棚户区（危旧房）改造		9556	
(2)社会性基础设施		22931	
(3)其他		3131	
5.其他投资	145132	154597	6.52
其中：财政事业费	88846	94877	6.79
三、本年实际到位资金合计	**733679**	**1037204**	**41.37**
1.上年末结余资金	21872	29681	35.70
2.本年实际到位资金小计	711807	1007523	41.54
(1)国家预算资金	630765	893548	41.66
①中央资金	122493	73938	-39.64
②地方资金	508272	819610	61.25
(2)国内贷款	4047	10211	152.31
(3)债券			
(4)利用外资	6182	5989	-3.12
(5)自筹资金	33015	60152	82.20
(6)其他资金	37798	37623	-0.46

9-20 林业系统从业人员与劳动报酬

2013 年

项目	单位个数（个）	单位从业人员（人）			离岗仍保留劳动关系的职工（人）	年末离退休人员(人)	在岗职工年平均人数(人)	在岗职工年劳动报酬(千元)	在岗职工年平均工资(元/人)	离退休人员年生活费(千元)
		合计	专业技术人员	在岗职工						
总　计	**1933**	**31271**	**5446**	**30386**	**1702**	**29476**	**31141**	**1316588**	**42278**	**661132**
一、国有单位	**1783**	**29234**	**5042**	**28404**	**1624**	**27463**	**29061**	**1227837**	**42250**	**617893**
二、城镇集体单位	**37**	**329**	**80**	**301**	**69**	**349**	**401**	**15596**	**38892**	**6282**
三、其他单位	**113**	**1708**	**324**	**1681**	**9**	**1664**	**1679**	**73155**	**43571**	**36957**
按性质分：										
（一）企业	38	2912	573	2903	421	4631	3176	83303	26229	45771
（二）事业	1642	21887	4812	21170	1188	20846	21690	841239	38785	447390
（三）机关	253	6472	61	6313	93	3999	6275	392046	62477	167971
按行业分：										
（一）农林牧渔业	871	16545	2927	16067	1138	21309	16951	597008	35220	372594
1、林木育种育苗	55	677	158	640	5	827	651	21317	32745	15362
2、造林与经营管护	306	9532	1560	9175	572	15006	9965	318686	31981	247628
3、木竹采运	28	807	140	804	348	1330	819	23929	29218	18882
4、经济林产品种植与采集	12	81		81	3	105	81	2798	34541	1730
5、花卉及其他观赏植物种植										
6、陆生野生动物繁育与利用	2	9	3	9		1	9	351	39000	42
7、林业有害生物防治	51	312	119	311		38	305	15457	50677	1728
8、森林防火	38	729	93	686		182	708	32224	45514	6770
9、其他	379	4398	854	4361	210	3820	4413	182247	41298	80451
（二）制造业	9	140	11	140	69	187	140	1305	9320	2070
1、木材加工及木、竹、藤、棕、苇制品业	9	140	11	140	69	187	140	1305	9320	2070
2、木、竹、藤家具制造业										
3、木、竹、苇浆造纸业										
4、林产化学产品制造										
5、其他										
（三）服务业	1050	14424	2489	14017	495	7958	13899	714530	51409	286198
1、野生动植物保护和自然保护区管理	122	1187	248	1103	3	209	1097	58581	53401	4313
2、林业工程技术与规划管理	9	215	146	215		147	212	19396	91490	494
3、林业科技交流和推广服务	88	1353	579	1350	28	939	1351	64283	47582	33886
4、林业公共管理和社会组织	588	8958	927	8709	129	5237	8626	468734	54340	207977
①林业行政管理、公安及监督检查机构	451	7744	567	7550	119	4644	7511	433245	57681	192038
②林业专业性、行业性团体	137	1214	360	1159	10	593	1115	35488	31828	15939
5、其他	243	2711	589	2640	335	1426	2613	103537	39624	39528
（四）其他行业	3	162	19	162		22	151	3744	24798	270

9-21 各市林业系统从业人员与劳动报酬

2013 年

市别	单位个数（个）	年末单位从业人员（人）			离岗仍保留劳动关系的职工（人）	年末离退休人员（人）	在岗职工年平均人数（人）	在岗职工年劳动报酬（千元）	在岗职工年平均工资（元/人）	离退休人员年生活费（千元）
			在岗职工	专业技术人员						
全省	1933	31271	30386	5446	1702	29476	31141	1316588	42278	661132
广州	64	2412	2267	144	55	1868	2321	126563	54529	67916
深圳	21	316	234	14		22	229	21135	92292	1458
珠海	22	301	301			34	268	13892	51837	947
汕头	52	387	376	18	4	136	387	15100	39018	3994
佛山	28	365	365	59		196	363	16776	46215	4769
韶关	266	3429	3326	658	424	3193	3357	114214	34023	55711
河源	199	1909	1871	712	89	2024	1871	64553	34502	31814
梅州	200	1802	1793	377	13	1232	1796	63531	35373	32541
惠州	109	1827	1772	104	334	1452	1816	84601	46586	45356
汕尾	43	787	778	19	154	617	766	21721	28356	8133
东莞	22	800	775	74	4	298	774	48865	63133	11459
中山	4	103	82	17		74	82	10884	132732	4064
江门	44	687	587	133	4	1241	633	38305	60513	33307
阳江	65	1048	1044	182	216	1035	1299	37324	28733	13972
湛江	92	927	914	163	33	775	849	27945	32916	14070
茂名	139	1789	1788	281	41	1925	1790	61230	34207	40495
肇庆	127	1998	1891	229	49	2082	1959	89959	45921	49070
清远	123	3053	3052	539	71	2280	3041	126454	41583	44738
潮州	52	549	549	71		495	551	17877	32445	7625
揭阳	95	1021	1021	126	28	513	1021	28064	27487	10140
云浮	111	744	730	177		782	736	33517	45539	14640
雷州林业局	1	1788	1788	303	5	2946	2022	39730	19649	16616
省直属林场	32	2079	1979	482	178	3680	2084	109361	52476	104007
国家级保护区	6	206	183	60		14	188	14455	76888	390
省直单位	16	944	920	504		562	938	90534	96518	43900

9-22 林业系统职工伤亡事故情况

2013 年

项目	轻伤（人次）	重伤（人次）	死亡（人）
合计	**5**	**2**	**2**
一、农、林、牧、渔业	**5**	**2**	**2**
其中：国有林场	4	1	1
木材及竹材采运业			
二、采矿业			
三、制造业			
1. 木材加工及竹藤棕草制品业			
2. 林产化学产品制造业			
3. 机械制造及修理业			
4. 建筑材料制造加工业			
5. 其他制造业			
四、建筑业			
五、其他			

9-23 林业资金投入情况

2013 年　　单位：万元

项　　目	金　额	项　　目	金　额
合　　计	**815483.73**	（1）林业基建支出	35777.01
一、财政预算内投入	**691929.73**	（2）科技三项费用	78405.58
1. 林业行业管理	118327.96	（3）其他	121202.43
2. 森林救灾	21568.95	**二、基金及收费**	**75155.17**
3. 森林生态效益	164805.24	1. 育林基金	17225.47
4. 森工		2. 森林植被恢复费	56102.91
5. 造林	151036.56	3. 其他林业收费	1826.79
6. 防沙治沙		**三、贷款**	**123554**
7. 支援不发达地区支出	806.00	其中：林业专项贷款	123554
8. 其他	235385.02		

9-24 林业贴息贷款及效益

2013 年　　单位:万元

项　　目	数　量	项　　目	数　量
林业贴息贷款	**123554**	**完成工作量**	
1. 速生丰产林	72305	1. 速生丰产林（万亩）	40
2. 经济林	24206	2. 经济林（万亩）	9.42
支付银行利息	12019		
1. 中央财政贴息	5405		
2. 地方财政贴息	57		
3. 林业主管部门贴息			
4. 贷款单位承担利息	6557		

9-25 育林基金收支情况

2013 年　　单位：万元

项　　目	金 额	项　　目	金 额
一、年初结余	**19286.69**	（2）森林抚育支出	3173.97
二、本年收入	**54545.74**	（3）其他支出	733.27
1. 提取数	2635.59	3. 营林费用支出	5878.30
2. 征收数		（1）营林管理费	
3. 营林产品销售收入		（2）森林保护费	5016.26
4. 主管部门拨款	17407.26	（3）森林资源清查费支出	862.04
5. 其他	34502.89	（4）低产林改造支出	
三、本年支出	**26873.18**	（5）天然幼壮林支出	
1. 上交主管部门		（6）营林“三项费用”支出	
2. 营林生产支出	9577.41	4. 其他支出	11417.47
（1）森林更新及造林支出	5670.17	**四、年末结余**	**46959.25**

9-26 国有林场自筹资金收支情况

单位：万元

项　　目	2013 年	项　　目	2013 年
一、收入合计	135451	2. 养殖业	
1. 预算内及专项拨款收入	58719	3. 种养业初加工产品	
2. 营业收入总计	76732	内：原木	
（1）种植业	46882	4. 一般加工业	
其中：木材销售	42374	5 其他业务	727
（2）养殖业		**四、销售利润**	39878
（3）种养业初加工产品	1477	其中：其他业务利润	11940
其中：锯材	1440	**五、本年借入长期借款（余额）**	29756
原竹		其中林业项目贷款（余额）	
（4）一般加工业	754	**六、固定资产原值**	180015
（5）其他业务收入	27619	固定资产净值	114805
二、营业成本及费用	36043	**七、林木资产**	**209002**
其中：提取育林基金和维简费	2979	**八、木材销售情况**	
1. 种植业	20112	1. 数量（立方米）	612582
其中：木材销售	17773	其中：活立木	
2. 养殖业		锯材	13112
3. 种养业初加工产品	886	2. 平均销售价	708
其中：锯材	818	其中：活立木（元/亩）	
原竹		原木（元/立方米）	708
4. 一般加工业	89	**九、单位成本**	
5. 其他业务支出（成本）	14956	原木营业成本（元/立方米）	299
三、营业税金及附加	811	造林平均成本（元/公顷）	6710
其中：1. 种植业	84	中幼林抚育平均成本（元/公顷）	1230
内：木材销售	66		

注：“提取的育林金和维简费”项目内数据不包括“其他业务收入”部分，“其他业务收入”的部分已计入“其他业务支出（成本）中。

9-27 企业利税情况

项　　目	计算单位	2013 年	项　　目	计算单位	2013 年
汇编户数	户	12	刨花板	元/m³	
其中：亏损户数	户	11	锯材	元/m³	
销售收入	万元	587	松香	元/吨	
实现利润（营业利润）	万元	-873	栲胶	元/吨	
亏损企业亏损额	万元	786	上缴财政税利	万元	57
销售利润	万元	-599	企业留利	万元	-771
其中：木材采运（种植业）	万元	38	工资总额	万元	135
木材加工林机	万元		企业年末职工人数	人	645
其他	万元	-637	固定资产原值	万元	3170
销售税金	万元	39	固定资产净值	万元	1524
单位成本			资本金利润率	%	-29
木材	元/m³	661	销售利润率	%	-102
纤维板	元/m³		成本利润率	%	-50
胶合板	元/m³				

9-28 森工维简费收支情况

2013 年　　单位：万元

项　　目	金　　额	项　　目	金　　额
上年结余	326	2、支出	101
1、提取征收	101	3、结余	326

注：从 2009 年度开始，育林金和维简费按规定合并计提。

十、畜牧业与饲料工业

省农业厅副厅长郑惠典到廉江种羊基地调研

省农业厅副厅长郑惠典在广东瑞昌饲料有限公司调研

春防期间基层兽医站开展免疫注射

农业部生猪标准化示范场

省动物卫生监督总所开展禽流感抗体监测

佛山市高明区新广农牧有限公司原种鸡场

举办全省宣贯《饲料和饲料添加剂管理条例》及饲料检测技术培训班

召开广东饲料科学技术论坛，推进饲料行业科技创新与转型升级

畜牧业与饲料工业

一、畜牧业生产

（一）畜禽生产。2013 年，广东省肉、蛋、奶产量分别为 434.32 万吨、32.3 万吨、13.76 万吨，同比分别增长-2.0%、1.6%、0.9%。肉类中，猪肉 277.8 万吨、禽肉 143 万吨，同比分别增长 0.5%、-6.8%，牛肉 7 万吨、羊肉 0.88 万吨，同比分别增长 4.3%、-0.1%，其他肉品 5.64 万吨；出栏生猪 3744.79 万头、家禽 10.4 亿只、肉牛 58.36 万头、肉羊 49.91 万只，同比分别增长 0.2%、-8.0%、2.3%、1.4%。2013 年畜牧业总产值 1106.86 亿元，占农林牧渔业总产值 22.38%，比 2012 年减少 1.8%

主要特点：2013 年上半年，生猪价格低迷养户积极性受损；4 月受华东地区人感染禽流感事件影响，我省家禽消费量、价格暴跌一半以上，直接经济损失超过 40 亿元，是损失最惨重的省份之一；8 月份，台风“尤特”和“潭美”影响我省近 10 天时间，全省遭受了建国以来最大范围最大雨量的暴雨袭击，畜牧业直接经济损失 18.71 亿元。全省各级农牧部门积极落实扶持畜牧业发展相关政策，引导畜牧业走出困境，全力以赴开展救灾复产工作，第三季度以后，家禽价格恢复到正常范围，生猪价格稳步上升，全年畜产品市场供给稳定。但 12 月初我省多地相继发生人感染 H7N9 流感病例，对恢复中的家禽业再次遭受打击。2013 年牛肉、羊肉、生鲜乳等价格继续稳定上升，保持高位运行，草食动物养殖效益良好。

（二）饲料生产。2013 年，全省有饲料和饲料添加剂生产企业 1131 家（持证数），其中：饲料生产企业 665 家。饲料添加剂企业 179 家、添加剂预混合饲料企业 287 家。全省饲料总产量 2250 万吨、产值 764 亿元，总产量同比下降 3.5%。其中：配合饲料、浓缩料、添加剂预混合饲料产量分别为 2158.0 万吨、35 万吨和 57 万吨，同比分别增长-3.8%、-2.0%和 9.9%；在配合饲料中，猪料、蛋禽料、肉禽料、水产料、反刍料、其它饲料产量分别为 970.6 万吨、122.0 万吨、664.4 万吨、384.4 万吨、2.0 万吨、14.6 万吨，同比分别增长 10.26%、-18.1%、-15.2%、-7.4%、3.4%、12.9%；饲料添加剂 9.0 万吨，同比下降 3.5%。

主要特点：一是生产趋于平稳，发展增速放缓。受多重不利因素影响，饲料生产增速放缓。猪料产量保持以往增长态势，其他饲料产量呈下降态势，尤其禽类饲料产量受 H7N9 流感事件影响降幅较大；二是原料价格高位运行、生产成本增加效益下降。主原料玉米价格持续高位，豆粕价格一路走高，饲料生产成本增加，利润下降，中小饲料企业的生存环境较为严峻；三是饲料产业规范发展、加快转型升级。实施饲料管理新规以来，饲料企业做大做强规范发展，行业联合、兼并重组进程明显加快，转型升级加速，行业发展主体力量不断壮大，规模化现代化水平进一步提高。2013 年全省饲料产量达 10 万吨以上的企业 71 家、产量占全省饲料总量的 63.0 %，行业集中度明显提高，竞争力明显增强。

（三）兽药生产。2013 年，全省共有兽药 GMP 生产企业 103 家，排全国第六。其中，生物制品企业 6 家，原料药生产企业 5 家，中化药制剂企业 92 家。据估算，全省年产兽药 30 多亿元，年销售额 30 多亿元，约为全国兽药产值的 1/11。永顺、大华农名列全国兽药生物制品生产企业 10 强，大华农动物保健品厂、腾骏、海纳川、天宝名列全国兽药制剂生产企业 30 强。全国兽药生产企业 50 强，我省占 12%。

二、强农惠农政策

（一）中央扶持我省的资金。生猪、奶牛标准化规模养殖场改扩建项目资金分别为 1.301 亿元、420 万元；“菜篮子”产品生产项目资金 2500 万元；生猪良种补贴 2680 万元；奶牛良种补贴 120 万元；中央对我省 14 家祖代种鸡场补贴资金 4205 万元，国家级家禽养殖加工重点龙头企业获得中央流动资金贷款短期贴息资金 5338 万元。中央财政投入动物防疫资金约 6000 万元主要用于强制免疫疫苗补助、无害化处理补助和基层动物防疫员补助。

（二）省扶持的资金。特色畜牧业投入 1000 万元。省财政对未享受中央财政补助的 6 个省级祖代场和 112 个父母代种禽场的存栏在产种禽给予补贴资金 4638 万元；利用省级价格调节基金专项资金 1500 万元，支持有关企业利用冷库收储滞销的家禽产品。省级财政投入动物防疫资金约 1.18 亿元，用于强制免疫疫苗补助、无害化处理补助、基层动物防疫员补助和动物标识及疫病可追溯体系建设，对推动全省动物防疫工作发挥了较大作用。

三、践行群众路线教育活动

认真落实广东省委、省政府决策部署，积极开展党的群众路线教育实践活动。省农业厅高度重视畜牧兽医行业党的群众路线教育实践活动，以开展群众路线教育活动促进行业监管和服务能力提升，千方百计落实好行业监管工作，组织开展了兽药、饲料、生鲜乳和违禁药等各项专项整治活动，成立了领导小组，加强对专项整治工作的领导。对兽药、饲料的生产、经营和使用实施全面监管，在主动服务、真情服务上下真功夫。组织召开了兽药、饲料生产经营使用企业座谈会，面对面听取意见；深入企业和基层调研，广泛听取对监管工作的意见和建议 68 条；组织开展了行业问卷调查，根据企业提出的建议，落实整改措施，不断提高监管水平和服务能力；认真做好兽药、饲料行政审批改革和网上办事工作，优化办事流程，不断提升行业监管和服务能力；制定兽药质量安全“黑名单”管理制度，建立完善兽药、饲料诚信管理档案，制定了广东省兽药质量及兽药残留安全突发事件应急预案，编印《广东省兽药管理规章制度汇编》。积极开展饲料和兽药市场监管体系建设，规范了兽药、饲料和饲料添加剂生产经营市场秩序，促进了畜牧业健康发展。

四、畜牧业转型升级

（一）大力推进标准化规模养殖发展。生猪规模养殖比例 82%，肉鸡规模养殖比例 79%，年出栏生猪 500 头以上的养殖场 1.4 万家。2013 年我省新增加全国畜禽标准化示范场 16 家（其中生猪 11 家、奶牛 1 家、肉牛 2 家、肉羊 2 家），累计达 168 家。新增国家生猪核心育种场 1 家。认真做好第二批省重点生猪养殖场到期复审工作，建立完善重点养殖场信息数据库，着力推动从“创建”向“辐射带动”转变。贯彻实施《广东省规模化畜禽养殖场（小区）主要污染物减排技术指南》，配合环保部门推进畜牧业节能减排，引导扶持养殖企业加强养殖粪污处理和综合利用，推广以沼气为纽带联接的“养殖-沼气-种植（菜、果、茶、林等）”的生态健康养殖模式，建设立体循环型生态养殖示范基地。加大对东瑞集团、惠州兴牧等的养殖环保成功模式宣传推广力度。

（二）进一步优化畜牧业产业结构。召开第一届广东省畜禽遗传资源委员会成立会议，开展省级保种场审核工作，为建设省级保种场、保护地方品种资源打好基础。下达 2012 年畜禽品种改良专项资金 2500 万元，扶持养殖企业保护、培育和良种引进。制订了《广东草地畜牧业发展规划》，积极争取政策扶持并组织实施，以推动草地畜牧业发展。广州风行发展集团有限公司承办的国家华南亚热带良种奶牛繁育中心项目获得立项，成功落户广州从化。下达 2012 年特色畜牧业科技创新示范推广专项资金 1000 万元，加快地方特色畜禽品种培育方式向多元化转变，发展特色畜牧业。开展养殖减排、畜牧业家庭农场和转型升级等多个行业发展调研，研究产业发展对策措施，完成《畜牧业转型升级调研报告》，力争省委省政府支持推动发展。

（三）实施畜禽良种工程。我省获得国家畜禽新品种配套系 24 个，现有国家和省畜禽遗传资源保护名录的品种 9 个和 17 个，原种和祖代种畜禽场 85 家，国家生猪核心育种场 7 家。

（四）促进畜牧业产业化发展。畜牧业类省级重点农业龙头企业 119 家，占大农业总数 26%，与上一年比增加了 39 家。

五、畜牧投入品及畜产品质量安全监管

（一）强化饲料行业管理。一是强化饲料管理新规宣传，推动饲料管理规范化。举办多期培训班、完善省级配套管理制度，修订饲料和饲料添加剂生产许可办事指南、印发饲料行业管理法规文件汇编，完善广东省网上办事大厅饲料和饲料添加剂行政许可审批项目网上办事平台建设等，推动饲料管理规范化。二是依法行政许可，严把生产准入关。严格按照《饲料和饲料添加剂管理条例》及配套法规，对饲料和饲料添加剂申证、换证企业按许可条件，严把准入关。2013 年，按新规审批饲料和饲料添加剂生产许可证 153 家、产品批准文号 2666 个，注销饲料和饲料添加剂企业 42 家。三是加强监管，规范生产经营和使用行为。加强日常监督检查，落实管理制度，强化企业责任，明确企业是饲料产品质量安全的第一责任人，督导企业按照饲料质量安全管理规范组织生产，提高企业责任意识和管理水平；四是强化监督检测，严格落实饲料质量安全监测计划、“瘦肉精”等违禁添加物专项监测计划和农资市场监管抽检计划，突出抓好“瘦肉精”、三聚氰胺等违禁添加物专项整治及重金属超标整治；五是强化案件及问题饲料产品查处，严厉查处违规使用禁用、限用等有毒有害物质和违法生产、经营假冒伪劣饲料产品行为，规范饲料生产经营和使用，推进饲料市场监管诚信体系建设。六是强化服务，推进饲料产业转型升级。努力推进饲料产业技术创新、管理创新和产业升级，倡导行业诚信自律，不断增强企业责任意识，规范生产经营行为。 据统计，2013 年，全省累计检查饲料生产企业 1190 个（次）、饲料经营店 5374 个（次）、例行抽检饲料和饲料添加剂样品 3537 批（个）；检查养殖场 30327 个（次）、活畜收购贩运企业 1399 个（次）、检查屠宰企业 1414 个（次），生猪尿样抽检样品 226 万份； 查处饲料类案件 71 起，移送司法机关 16 起，涉案金额 410 万元，取缔无证照企业 2 个。

（二）强化兽药行业监管。落实省、市、县三级畜牧兽医行政主管部门兽药质量安全监管工作责任，加强兽药生产、经营和使用监管，做好兽药文号换发、下放审批和网上办事大厅建设筹备等工作；组织评选 245 家 “广东省兽药守法诚信企业”，树立了守法诚信企业典型，发挥示范作用。坚持实施兽药生产 GMP、经营 GSP“二大工程”，动物产品兽药残留监控、兽药质量监督抽检和动物源细菌耐药性监测“三个计划”，抗菌药专项整治和打假执法“二大行动”。切实加强兽药执法打假力度，全省出动兽药专项整治执法人员 23860 人次，检查兽药生产经营单位、诊疗机构和养殖场 9296 个，查处案件 108 起。

（三）强化生鲜乳质量安全监管。组织对全省生鲜乳收购站、运输车和奶源基地进行拉网式检查和抽样检测，督促牛奶生产企业遵循《开展“三打两建活动”，铸就安全放心广东奶承诺书》，自觉接受媒体和社会公众监督。

（四）加强“瘦肉精”等违禁物监管。按照省“瘦肉精”监管工作联席制度明确的工作职责，精心组织，狠抓落实，及时印发了 2013 年 “瘦肉精”等违禁添加物整治工作方案、养殖场（户）“瘦肉精”专项监测工作实施方案，做好《最高人民法院最高人民检查院关于办理危害食品品安全刑事案件适用法律若干问题的解释》宣贯，再次印发《广东省严禁使用“瘦肉精”等违禁物质告知书》、《无“瘦肉精”等禁用物质承诺书》，推进饲料生产和生猪养殖者守法经营；认真开展饲料生产经营、生猪养殖、屠宰环节“瘦肉精”专项整治，重点强化生猪养殖、屠宰环节“瘦肉精”监测，确保畜产品质量安全。

（五）加强监测力度。组织实施饲料、兽药、生鲜乳和“瘦肉精”监测计划，其中省级对 392 家饲料生产、经营企业及养殖场（户）的饲料产品进行了监督检查，饲料产品监测合格率 98.85%；生鲜乳样品抽检合格率 100%；兽药产品质量合格率 95.6%，合格率同比提高 0.83%。饲料中“瘦肉精”保持“0”检出，屠宰环节监督抽检“瘦肉精”样品 226 万份，合格率为 99.99%，屠宰厂自检样品 411 万份。

六、重大动物疫病防控

（一）强化防控经费和防疫物资两个重要保障，夯实兽医工作基础。争取省财政重大动物疫病防控经费 1706 万元，有效保障了防控监测、消毒、排查等工作开展；落实省级基层动物防疫工作补助经费 950 万元，确保了基层防疫工作正常开展；安排畜禽标识管理经费 2000 万元，有力推动了动物标识和疫病可追溯体系的建设。强化动物防疫物资储备，目前储备禽流感疫苗 2161.05 万羽份，口蹄疫疫苗 496.02 万头份，消毒药 172.91 吨，防护服 2.71 万多套及动物扑杀器械、消毒设备、无害化处理袋等应急防控物资。

（二）狠抓关键措施，全力推进春秋两防工作。认真落实“常年免疫、全面防控、春秋防重点强化”的防控工作机制和“三定四包”工作制度，整村逐户推进强制免疫注射、标识佩戴、档案记录等工作。2013 年全省免疫注射禽流感疫苗 13.60 亿羽份、口蹄疫疫苗 14832.93 万毫升、高致病性猪蓝耳病疫苗 6458.96 万头份、猪瘟疫苗 10897.01 万头份，群体免疫密度均达国家规定的要求。

（三）全面加强监测预警，不断提升疫病防控水平。推行随机采样与“定点、定期、定量、定性”相结合的监测模式，定期召开全省动物疫情分析与预警专家会，深入分析、科学指导防控工作。全省累计监测畜禽样品 64.75 万份，全省动物免疫抗体合格率达 70%以上。

（四）创新监管模式，强化动物卫生监督执法。在全省动物卫生监督系统实行动物卫生监督绩效管理，提升监管效能。推进屠宰检疫多方远程实时动态监管，在 15 个屠宰场开展屠宰检疫视频监控系统建设，为全省推行视频监控提供经验。开展全省肉类专项治理，强化产地检疫、屠宰检疫和“瘦肉精”等违禁药品监管专项治理，组织开展动物诊疗机构专项执法检查行动，累计出动执法人员 4561 人次，开展检查行动 924 次，检查动物诊疗机构 678 家。

（五）狠抓病死动物无害化处理。经省政府同意，向各市政府下发《关于进一步加强病死动物及动物产品无害化处理和监管工作的通知》，明确部门和企业的职责义务。组织推进市、县、乡镇、养殖场无害化处理设施建设，与省财政厅联合下发《关于做好生猪规模化养殖场无害化处理补助相关工作的通知》，落实无害化补助政策；大力推进动物防疫示范乡镇无害化处理场地建设，首批 15 个无害处理池建设全面启动；争取农业部支持，将高州市、化州市、阳江市江城区、新兴县、遂溪县列入农业部病死动物无害化处理长效机制试点县建设工作，前期工作稳步推进。高州成功探索“生猪保险+无害化补偿机制”相结合的病死动物无害化处理模式。

七、动物防疫体系建设

（一）动物防疫基础。推动省政府出台了《广东省中长期动物疫病防治规划（2012-2020 年）》，多部门联合发布了《关于贯彻落实<广东省中长期动物疫病防治规划（2012-2020 年）>的实施意见》，为中长期动物疫病防疫奠定基础。

（二）开展动物防疫示范点建设。省财政投入专项资金 2500 万元，重点推进全省 3 个地市、6 个县（市、区）、242 个乡镇的示范点建设。

（三）强化兽医实验室能力建设。组织开展市、县级兽医系统实验室考核认证和全省兽医实验室检测能力比对试验，所有市级实验室达到分子诊断水平，县级实验室具备了血清学检测能力，部分县级实验室具备病原学检测能力，实验室检测能力逐年提升。

（四）开展官方兽医和执法人员培训，提升官方兽医职业道德水平和执法能力。

八、执业兽医考试

2013 年我省参加执业兽医资格考试考生共 2229 人，其中报考兽医全科类人数为 1976 人，水生动物类人数为 253 人。经过 3 年全国统考，我省现有执业兽医师 1925 人，其中水产类兽医师 93 人；助理执业兽医师 1752 人，其中水产助理执业兽医师 81 人。

九、无规定马属动物疫病区后续维护和监管

省农业厅印发《2013 年从化无疫区管理工作方案》，各相关农牧部门扎实开展免疫、监测、流行病学调查、检疫监督和风险评估，维持了无疫区的无疫状态。省农业厅积极协调落实从化无疫区缓冲区部分市县维护经费，11 月 11 日，与香港马会、无疫区缓冲区三市四县农牧等部门的代表签订了维护工作协议，按照协议香港马会每年出资 400 万元人民币支持三市四县的无疫区维护工作。11 月农业部对从化无疫区进行了年度检查，无疫区有关后续维护工作得到了一致认可。

10-1 种畜禽场情况

2013

项　　目	场个数(个)	单位	年末存栏	能繁母畜	当年出场种畜禽	当年生产胚胎(枚)	当年生产冻精(万份)
一、种畜禽场总数	**756**		...	...	...	...	...
（一）种牛场	3	头	3638	2302	55	350	...
1. 种乳牛场	2	头	3058	2052		350	...
2. 种肉牛场	1	头	580	250	55		...
3. 种水牛场		头					...
4. 种牦牛场		头					...
（二）种马场		匹				...	...
（三）种猪场	525	头	3031944	557830	3610823	...	...
（四）种羊场	3	只	1832	1284	1600		...
1. 种绵羊场		只					...
其中:种细毛羊场		只					...
2. 种山羊	3	只	1832	1284	1600		...
其中：种绒山羊场		只					...
（五）种禽场	207		...	...	...	...	...
1. 种蛋鸡场	9	套	902165	...	...	...	...
其中:祖代蛋鸡场	3	套	186562	...	805421	...	...
父母代蛋鸡场	6	套	715603	...	...	...	...
2. 种肉鸡场	164	套	11040827	...	...	...	...
其中:祖代肉鸡场	17	套	1424800	...	45932500	...	...
父母代肉鸡场	147	套	9616027	...	...	...	...
3. 种鸭场	21	只	282078	...	...	...	...
4. 种鹅场	13	只	65803	...	...	...	...
（六）种兔场	9	只	36249	...	...	...	...
（七）种蜂场	2	箱	720	...	...	...	...
（八）其它	7		...	...	...	...	...
二、种畜站总数	**28**		...	...	...	...	...
1. 种公牛站	1	头	35	...	...	...	35
2. 种公羊站		只	...	...	...	...	...
3. 种公猪站	27	头	1452	...	...	...	1126681

注：1. 本表只统计已颁发许可证的种畜场、站。

2. 凡已颁发许可证且未列入的第一类（一）至（七）项中的种畜场均列入其它，如种鹿场、种鹌场、种鸽场、种犬场、种狐狸场、种貂场、种鸵鸟场等。

10-2 省、市、县畜牧技术机构基本情况

2013 年

指 标 名 称	计算单位	畜牧站	家畜繁育改良站	草原工作站	饲料监察所
一、省级机构	个	**1**			**1**
在编干部职工	人	18			20
其中按职称分		...	...	...	...
高级技术	人	7			7
中级技术	人	7			7
初级技术	人				1
其中按学历	人	...	...	...	...
研究生	人	7			8
大学本科	人	2			2
大学专科	人	2			2
中专	人				
离退休人员	人	14			10
二、地（市）级机构	人	**30**	**5**		**3**
在编干部职工	人	251	182		61
其中按职称分	人	...	...	...	...
高级技术	人	33	10		6
中级技术	人	57	17		13
初级技术	人	53	31		16
其中按学历		...	...	...	...
研究生	人	17	2		6
大学本科	人	97	14		36
大学专科	人	74	31		15
中专	人	20	36		2
离退休人员	人	118	199		10
三、县市级机构	人	**225**	**23**	**3**	**12**
在编干部职工	人	2599	659	5	154
其中按职称分		...	...	...	...
高级技术	人	45	1		8
中级技术	人	428	27	2	39
初级技术	人	919	103	1	56
其中按学历	人	...	...	...	...
研究生		14			2
大学本科	人	410	6		21
大学专科	人	794	60	2	69
中专	人	658	97		38
离退休人员	人	1645	222	2	80

10-3 乡镇畜牧兽医机构基本情况

2013

项　　目	计算单位	畜牧兽医站	项　　目	计算单位	畜牧兽医站
一、畜牧兽医站站数	个	**1181**	**四、经营情况**		...
二、畜牧兽医站职工总数	人	**9190**	**畜牧兽医站盈余站数**	个	253
畜牧兽医站在编人数	人	5524	畜牧兽医站盈余金额	万元	344.40
畜牧兽医站离退休人员	人	4679	畜牧兽医站亏损站数	个	335
三、技术职称状况		...	畜牧兽医站亏损金额	万元	1079.30
畜牧兽医站高级技术职称	人	8	**五、畜牧兽医站全年总收入**	**万元**	**26316.22**
畜牧兽医站中级技术职称	人	423	其中：畜牧兽医站经营服务收入	万元	357.05
畜牧兽医站初级技术职称	人	2058	**六、畜牧兽医站全年总支出**	**万元**	**27051.12**
畜牧兽医站技术员	人	1533	其中：畜牧兽医站工资总额	万元	16777.69

10-4 全省生猪饲养规模情况

2013　　计量单位：个、头

项　　目	场（户）数	年出栏数
年出栏数 1---49 头	730437	8435307
年出栏数 50---99 头	53134	3401304
年出栏数 100---499 头	38877	7580421
年出栏数 500---999 头	7852	4924354
年出栏数 1000---2999 头	3619	5588662
年出栏数 3000---4999 头	828	3014716
年出栏数 5000---9999 头	526	3405615
年出栏数 10000---49999 头	355	5534906
年出栏数 50000 头以上	20	1389113
合　计	835648	43274398

10-5 全省肉鸡饲养规模情况

2013　　计量单位：个、只

项　　目	场（户）数	年出栏数
年出栏数 1----1999 只	2862339	155390610
年出栏数 2000----9999 只	22487	112039872
年出栏数 10000---49999 只	12704	293844605
年出栏数 50000---99999 只	1635	106610102
年出栏数 100000--499999 只	372	64804261
年出栏数 500000--999999 只	31	19552919
年出栏数 100 万只以上	18	36018330
合　计	2899586	788260699

10-6 全省蛋鸡饲养规模情况

2013 年　　计量单位：个、只、吨

项　　目	场（户）数	年存栏数	鸡蛋产量
年存栏数 499 只以下	324867	3636170	47783.87
年存栏数 500--1999 只	496	445059	5621.32
年存栏数 2000--9999 只	212	893510	11522.80
年存栏数 10000--49999 只	96	2070762	25583.80
年存栏数 50000--99999 只	39	2579320	30733.03
年存栏数 100000--499999 只	19	3279806	38560.22
年存栏数 500000 只以上	1	994424	14465
合　计	325730	13899051	174270.04

10-7 全省奶牛饲养规模情况

2013 年　　计量单位：个、头、吨

项　　目	场（户）数	年存栏数	牛奶产量
年存栏数 1---4 头	701	1609	2850.22
年存栏数 5---9 头	110	765	1596.60
年存栏数 10---19 头	31	438	975.15
年存栏数 20---49 头	40	1255	4792.40
年存栏数 50---99 头	76	4894	16065.90
年存栏数 100---199 头	37	5157	16475.65
年存栏数 200---499 头	13	4043	9967
年存栏数 500---999 头	11	7856	20130
年存栏数 1000 头以上	14	26708	82809.60
合　计	1033	52725	155662.52

10-8 全省肉牛饲养规模情况

2013 年　　计量单位：个、头

项　　目	场（户）数	年出栏数
年出栏数 1---9 头	238763	546160
年出栏数 10---49 头	2092	57697
年出栏数 50---99 头	275	19629
年出栏数 100---499 头	77	16586
年出栏数 500---999 头	3	2293
年出栏数 1000 头以上	1	2889
合　计	241211	645254

10-9 全省养羊饲养规模情况

2013 年　　计量单位：个、只

项　　目	场（户）数	年出栏数
年出栏数1---29只	18267	219413
年出栏数30---99只	2449	145908
年出栏数100---499只	464	97025
年出栏数500---999只	20	13418
年出栏数1000只以上	6	7936
合　计	21206	483700

10-10 主要年份畜牧业生产情况

单位：万头、万只

年份	黄水牛年末存栏头数	奶牛年末存栏头数	山羊年末存栏只数	生猪年末存栏量	能繁殖母猪	三鸟饲养量
1949						
1952	303.42		3.73	477.86	34.45	
1957	331.28		11.98	721.78	50.52	
1962	270.46		14.70	543.22	38.03	
1965	298.61		17.16	161.82	83.57	
1970	314.82	1.21	11.72	1425.24	123.27	773.00
1975	309.90	1.18	13.70	1757.38	143.52	1034.38
1978	295.67	1.51	16.38	1777.39	135.80	7192.70
1980	306.02	1.52	13.38	1704.59	115.70	13337.20
1985	414.58	2.01	10.23	1884.02	154.49	31646.50
1990	473.55	2.95	14.21	2058.89	141.98	53199.88
1995	468.97	2.56	27.30	2183.95	137.25	100729.14
2000	416.92	3.72	29.33	2034.79	143.75	124800.95
2005	367.43	4.83	39.20	2143.50	162.77	127070.31
2010	223.82	5.36	37.01	2253.29	252.73	144382.73
2013	232.41	5.78	39.34	2282.58	253.59	128595.00

注：2006年起以第二次全国农业普查数据为基数。以下各表同。

10-11 主要年份畜牧业主要产品产量

单位：万头、万吨

年份	生猪出栏头数	猪肉产量	出售和自宰的肉用牛	牛肉产量	羊肉产量	牛奶产量
1949	196.73	8.09				
1952	282.54	11.62			0.01	
1957	429.63	19.60	22.90	1.75	0.02	
1962	324.57	11.02	7.64	0.59	0.03	
1965	677.66	24.71	8.49	0.64	0.04	
1970	919.55	40.17	6.91	0.51	0.01	1.36
1975	956.00	45.47	5.95	0.43	0.01	1.33
1978	942.70	48.09	3.17	0.34	0.02	1.66
1980	1026.10	62.62	7.41	0.55	0.03	2.18
1985	1285.20	97.59	17.36	1.46	0.09	4.09
1990	1792.85	145.35	28.21	2.88	0.16	5.51
1995	2395.21	188.75	51.85	5.68	0.44	5.49
2000	2954.98	206.85	47.64	5.17	0.43	9.19
2005	3616.74	256.28	67.08	7.21	0.71	11.64
2010	3732.02	275.46	53.48	6.27	0.91	14.23
2013	3744.79	277.77	58.36	6.97	0.88	13.76

10-12 主要年份畜禽头数及肉类产量

项目	单位	1990	1995	2000	2005	2010	2012	2013	2013年比上年增长（%）
一、黄、水牛年末存栏头数	**万头**	**473.54**	**468.97**	**416.92**	**367.43**	**223.82**	**227.03**	**232.41**	**2.4**
二、奶牛年末存栏头数	**万头**	**2.95**	**2.56**	**3.72**	**4.83**	**5.36**	**5.74**	**5.78**	**0.6**
牛奶产量	万吨	5.51	5.49	9.19	11.64	14.23	13.64	13.76	0.9
三、山羊年末存栏只数	**万只**	**14.21**	**27.3**	**29.33**	**39.2**	**37.01**	**40.18**	**39.34**	-2.1
四、生猪年末存栏头数	**万头**	**2058.89**	**2183.95**	**2034.79**	**2143.5**	**2253.29**	**2256.63**	**2282.58**	**1.2**
# 能繁殖母猪	万头	141.98	137.25	143.75	162.77	252.73	250.51	253.59	1.2
肉猪出栏头数	万头	1792.85	2395.21	2954.98	3616.74	3732.02	3736.18	3744.79	0.2
五、肉类产量	**万吨**	**202.45**	**305.06**	**324.48**	**384.31**	**441.10**	**443.21**	**435.22**	**−1.8**
猪肉	万吨	145.35	188.75	206.85	256.28	275.46	276.39	277.77	0.5
牛肉	万吨	2.88	5.68	5.17	7.21	6.27	6.68	6.97	4.3
羊肉	万吨	0.15	0.44	0.43	0.71	0.91	0.88	0.88	-0.1
禽肉	万吨	54.02	109.94	111.5	113.66	152.99	153.46	143.02	-6.8
兔肉	万吨	0.05	0.24	0.53	0.64	0.65	0.81	0.83	2.5
六、三鸟饲养量	**万只**	**53199.88**	**100729.14**	**124800.94**	**127070.31**	**144382.73**	**140390.25**	**128595.00**	**−8.4**
鸡	万只	36964.58	76349.95	92969.13	93681.21	107643.59	104313.31	94858.67	-9.1
鸭	万只	12073.08	19458.22	25682.07	27111.68	29704.78	28738.41	26649.79	-7.3
鹅	万只	4162.22	4920.97	6149.74	6277.42	7034.37	7338.54	7086.55	-3.4
七、禽蛋产量	**万吨**	**18.76**	**31.11**	**33.08**	**33.19**	**34.41**	**31.81**	**32.31**	**1.6**
八、蚕茧产量	**万吨**	**2.55**	**3.32**	**3.09**	**6.52**	**9.14**	**9.73**	**10.20**	**4.9**

10-13 各市畜牧业生产情况

2013年　　单位：万头、万只

市别	一、大牲畜年末存栏头数	1. 牛	（1）役用牛	（2）肉用牛
全省	238.20	238.19	114.66	117.75
广州市	4.66	4.66	0.69	1.92
深圳市	0.55	0.55		
珠海市	0.29	0.29	0.02	0.01
汕头市	1.01	1.01	0.43	0.51
佛山市	0.78	0.78	0.42	0.14
韶关市	12.80	12.80	8.90	3.88
河源市	13.94	13.94	7.27	6.67
梅州市	15.49	15.49	6.53	8.85
惠州市	11.53	11.53	7.13	4.01
汕尾市	11.03	11.03	3.31	7.72
东莞市	0.04	0.04		0.03
中山市	0.06	0.06	0.01	0.05
江门市	5.39	5.39	3.92	1.38
阳江市	13.77	13.77	4.32	9.29
湛江市	58.50	58.50	23.82	34.52
茂名市	35.07	35.06	22.76	12.28
肇庆市	22.36	22.36	12.42	9.52
清远市	14.05	14.05	6.14	7.13
潮州市	1.79	1.79	0.99	0.78
揭阳市	5.92	5.92	1.70	3.76
云浮市	9.18	9.17	3.88	5.29

10-13　续表　　单位：万头、万只

市　　别	（3）奶牛	二、山羊年末存栏只数	三、猪年末存栏头数	能繁殖母畜
全　　省	5.78	39.34	2282.58	253.59
广州市	2.05	0.53	111.22	11.68
深圳市	0.55		5.88	0.65
珠海市	0.25	0.20	41.15	4.10
汕头市	0.08	0.26	46.30	2.79
佛山市	0.23	0.28	99.92	12.56
韶关市	0.03	2.83	106.98	11.59
河源市		0.65	79.90	9.06
梅州市	0.11	5.46	166.84	15.59
惠州市	0.39	0.50	113.98	13.61
汕尾市		1.99	43.22	2.53
东莞市			6.60	0.05
中山市		0.09	20.65	2.16
江门市	0.09	1.53	163.16	24.72
阳江市	0.16	1.41	136.50	23.61
湛江市	0.16	9.41	199.10	21.61
茂名市	0.03	1.40	321.08	36.98
肇庆市	0.42	3.90	242.86	21.33
清远市	0.78	5.18	148.96	15.65
潮州市	0.01	0.24	40.34	3.60
揭阳市	0.45	1.41	99.73	10.32
云浮市		2.06	88.20	9.42

市　　别	四、家禽年末存栏只数	鸡	鸭	鹅	五、兔年末存栏只数
全　　省	32262.05	22583.75	6587.89	1852.90	139.33
广州市	2659.96	1425.04	770.22	135.76	1.79
深圳市	79.54	27.65	0.14		
珠海市	215.23	179.59	26.17	4.63	
汕头市	843.34	354.84	205.88	201.57	
佛山市	1915.68	1218.50	468.11	160.97	0.13
韶关市	662.24	477.68	139.62	12.19	3.04
河源市	1083.13	959.90	95.22	9.96	8.81
梅州市	1750.97	1424.91	282.03	43.78	44.81
惠州市	1187.85	797.43	287.65	62.89	0.01
汕尾市	733.82	546.88	145.51	18.59	0.15
东莞市	127.19	96.11	22.70	8.38	
中山市	248.02	118.02	124.72	5.29	0.04
江门市	2505.56	1649.08	598.07	245.76	5.29
阳江市	632.26	377.91	92.90	155.77	0.41
湛江市	2437.84	1770.67	589.25	48.58	1.76
茂名市	4951.86	3808.30	1010.53	43.96	29.77
肇庆市	2028.15	1200.63	546.89	205.95	14.57
清远市	1729.25	1112.61	320.26	274.35	4.31
潮州市	567.61	276.57	168.04	123.00	0.68
揭阳市	876.41	464.22	347.52	43.92	0.86
云浮市	5026.13	4297.20	346.47	47.59	22.90

10-14 各县（区）畜牧业生产情况

2013 年

单位：头、只

县（市）区别	大牲畜年末存栏头数	牛			
		合计	役用牛	肉用牛	奶牛
广州市	**46592**	**46592**	**6878**	**19232**	**20482**
天河区	5397	5397			5397
白云区	1421	1421	108	33	1280
黄埔区					
罗岗区	1250	1250	250	70	930
花都区	3679	3679	414	15	3250
从化市	2908	2908	787	684	1437
增城市	26661	26661	4798	18397	3466
番禺区	2288	2288	321		1967
南沙区	2988	2988	200	33	2755
深圳市	**5523**	**5523**			**5523**
宝安区	5500	5500			5500
龙岗区	23	23			23
珠海市	**2859**	**2859**	**246**	**124**	**2489**
香洲区	30	30	30		
金湾区	183	183	59	124	
斗门区	2646	2646	157		2489
汕头市	**10127**	**10127**	**4264**	**5090**	**773**
金平区	109	109	109		
龙湖区	415	415	343		72
澄海区	1097	1097	637	407	53
濠江区	1438	1438	707	83	648
潮阳区	2473	2473	973	1500	
潮南区	2515	2515	1165	1350	
南澳县	2080	2080	330	1750	
佛山市	**7820**	**7820**	**4170**	**1369**	**2281**
禅城区					
南海区	907	907	305	33	569
顺德区	515	515			515
高明区	1338	1338	1258	80	
三水区	5060	5060	2607	1256	1197
韶关市	**128042**	**128042**	**88985**	**38803**	**254**
浈江区	6806	6806	4459	2102	245
武江区	3546	3546	2192	1354	
曲江区	9825	9825	7275	2550	
南雄市	26093	26093	18577	7516	
始兴县	9055	9055	4539	4516	
翁源县	16738	16738	12384	4354	
仁化县	8343	8343	3975	4368	
新丰县	17480	17480	12075	5396	
乳源自治县	14714	14714	12586	2128	
乐昌市	15442	15442	10923	4519	
河源市	**139431**	**139431**	**72708**	**66688**	**35**
源城区	832	832	473	359	
东源县	27840	27840	16214	11621	5
和平县	19087	19087	7437	11650	
龙川县	36739	36739	27581	9158	
紫金县	38962	38962	12947	26015	

10-14 续表 1　　　　单位：头、只

县（市）区别	大牲畜年末存栏头数	牛			
		合计	役用牛	肉用牛	奶牛
连平县	15971	15971	8056	7885	30
梅州市	**154906**	**154906**	**65323**	**88501**	**1082**
梅江区	2012	2012	805	1188	19
梅县区	13690	13690	7403	6049	238
蕉岭县	8305	8305	3652	4487	166
大埔县	17889	17889	4506	13317	66
丰顺县	27943	27943	9569	18226	148
五华县	68702	68702	30350	38243	109
兴宁市	7155	7155	3045	3790	320
平远县	9210	9210	5993	3201	16
惠州市	**115322**	**115322**	**71301**	**40120**	**3901**
惠城区	21863	21863	15732	5628	503
惠东县	44655	44655	28475	16180	
惠阳区	7578	7578	4923	2655	
博罗县	36865	36865	20471	13471	2923
龙门县	4361	4361	1700	2186	475
汕尾市	**110317**	**110317**	**33072**	**77245**	
汕尾城区	2208	2208	945	1263	
红海湾区	1152	1152	345	807	
海丰县	22139	22139	5517	16622	
陆河县	26633	26633	8168	18465	
陆丰市	58185	58185	18097	40088	
东莞市	**367**	**367**	**25**	**342**	
中山市	**624**	**601**	**95**	**501**	**5**
江门市	**53895**	**53895**	**39249**	**13778**	**868**
蓬江区	402	402	225	177	
江海区	77	77	7	70	
新会区	289	289	289		
台山市	19649	19649	13513	6136	
开平市	9830	9830	8994		836
恩平市	16828	16828	9433	7395	
鹤山市	6820	6820	6788		32
阳江市	**137657**	**137657**	**43221**	**92883**	**1553**
江城区	11145	11145	1922	9223	
阳东县	33465	33465	13886	18026	1553
阳西县	33417	33417	6974	26443	
阳春市	54735	54735	17754	36981	
海陵区	4895	4895	2685	2210	
湛江市	**584953**	**584953**	**238198**	**345174**	**1581**
赤坎区	719	719	200	519	
霞山区	2018	2018	900	1118	
坡头区	15923	15923	12875	3048	
麻章区	13742	13742	10235	3309	198
东海区	13745	13745	8642	5103	
吴川市	32485	32485	7253	25067	165
徐闻县	62935	62935	33243	29692	
雷州市	220852	220852	61112	159740	
遂溪县	82004	82004	40776	40010	1218
廉江市	140530	140530	62962	77568	

县（市）区别	大牲畜年末存栏头数	牛			
		合计	役用牛	肉用牛	奶牛
茂　名　市	**350651**	**350645**	**227553**	**122806**	**286**
茂　南　区	18298	18298	12624	5594	80
茂　港　区	16414	16414	13303	3111	
信　宜　市	71464	71464	42893	28454	117
高　州　市	83195	83195	42854	40333	8
电　白　县	67368	67368	47862	19506	
化　州　市	93912	93906	68017	25808	81
肇　庆　市	**223624**	**223624**	**124176**	**95248**	**4200**
端　州　区	65	65	65		
鼎　湖　区	5662	5662	130	1332	4200
高　要　市	9917	9917	5126	4791	
广　宁　县	18193	18193	11502	6691	
四　会　市	16148	16148	7075	9073	
德　庆　县	14989	14989	9165	5824	
封　开　县	45217	45217	25605	19612	
怀　集　县	113433	113433	65508	47925	
清　远　市	**140466**	**140466**	**61382**	**71281**	**7803**
清　城　区	6410	6410	2214	1780	2416
英　德　市	52495	52495	20144	26964	5387
佛　冈　县	4521	4521	1833	2688	
连山自治县	12721	12721	4865	7856	
连南自治县	11373	11373	7797	3576	
连　州　市	12738	12738	4664	8074	
阳　山　县	27721	27721	11929	15792	
清　新　区	12487	12487	7936	4551	
潮　州　市	**17867**	**17867**	**9924**	**7803**	**140**
湘　桥　区	191	191	176	15	
饶　平　县	11330	11330	6703	4489	138
潮　安　区	6346	6346	3045	3299	2
揭　阳　市	**59205**	**59205**	**17028**	**37639**	**4538**
榕　城　区	1645	1645	440	805	400
揭　东　区	3907	3907	1253	2044	610
惠　来　县	17864	17864	6218	11646	
普　宁　市	26681	26681	6208	17299	3174
揭　西　县	9108	9108	2909	5845	354
云　浮　市	**91797**	**91680**	**38802**	**52872**	**6**
云　城　区	1825	1825	1193	626	6
新　兴　县	19345	19345	9938	9407	
郁　南　县	2900	2900	1785	1115	
罗　定　市	47896	47779	18070	29709	
云　安　县	19831	19831	7816	12015	

10-14 续表 3

单位：头、只

县（市）区别	山羊年末存栏只数	猪年末存栏头数		家禽年末存栏只数				兔年末存栏只数
			能繁殖母畜		鸡	鸭	鹅	
广 州 市	**5286**	**1112212**	**116761**	**26599577**	**14250419**	**7702178**	**1357649**	**17875**
天 河 区	50	280	100					
白 云 区		86409	9954	5723662	4253507	732535	241606	40
黄 埔 区				259860	242280	1180		
罗 岗 区	347	158090	16312	1035237	739092	23580	20156	60
花 都 区	418	186371	20474	6991162	2642408	4093670	137761	4640
从 化 市	1516	297968	33654	2215844	1610506	362324	57532	11457
增 城 市	2955	172712	22240	6385152	3409187	365722	448540	1608
番 禺 区		89740	4251	2231169	827914	987074	376181	70
南 沙 区		120642	9776	1757491	525525	1136093	75873	
深 圳 市		**58838**	**6456**	**795405**	**276541**	**1408**	**7**	
宝 安 区		39500	4040	548700	248700			
龙 岗 区		19338	2416	246705	27841	1408	7	
珠 海 市	**2004**	**411528**	**41015**	**2152309**	**1795904**	**261661**	**46300**	
香 洲 区	50	35364	3308	337604	310862	4900		
金 湾 区	613	88085	9422	284903	225651	20350	12300	
斗 门 区	1341	288079	28285	1529802	1259391	236411	34000	
汕 头 市	**2559**	**462995**	**27864**	**8433426**	**3548439**	**2058821**	**2015728**	
金 平 区	200	30807	1180	300055	81783	154787	63485	
龙 湖 区	170	58766	1250	1950313	310400	290750	639180	
澄 海 区	414	98603	10387	4280213	2015932	1007170	1158558	
濠 江 区	81	10287	230	160890	129511	23513	5964	
潮 阳 区	600	144615	5094	1172173	680016	390537	101620	
潮 南 区	244	99457	8303	460709	238297	176604	45808	
南 澳 县	850	20460	1420	109073	92500	15460	1113	
佛 山 市	**2829**	**999190**	**125592**	**19156840**	**12184963**	**4681132**	**1609685**	**1343**
禅 城 区		13762	753	11986	11986			
南 海 区	170	196274	11109	2584275	1034548	746070	297395	
顺 德 区		142109	19722	3007922	2714344	95845	22935	
高 明 区	91	293290	32441	4384232	3731673	316004	336555	136
三 水 区	2568	353755	61567	9168425	4692412	3523213	952800	1207
韶 关 市	**28313**	**1069803**	**115915**	**6622440**	**4776790**	**1396179**	**121886**	**30404**
浈 江 区	4522	48192	5216	484479	369554	104465	2455	
武 江 区	1246	55297	6427	237724	193186	37339	4001	
曲 江 区	3148	174742	13532	1151515	989208	75382	1034	1643
南 雄 市	2794	231074	31035	1062804	775642	249584	6392	
始 兴 县	1176	66428	7248	451582	336726	78152	3794	
翁 源 县	4290	81251	8080	995408	681700	285013	6339	7669
仁 化 县	4194	108036	10965	884241	558998	232864	13786	1855
新 丰 县	2667	65297	6673	602689	331161	174027	84085	17021
乳源自治县	1766	80007	8767	244386	183313	58248		
乐 昌 市	2510	159479	17972	507612	357302	101105		2216
河 源 市	**6498**	**799026**	**90579**	**10831340**	**9599049**	**952240**	**99575**	**88128**
源 城 区		73353	15889	1138472	1114792			
东 源 县	964	88924	11906	1894159	1673957	210373	9829	13961
和 平 县	1713	56112	7735	1643799	1438244	110160	14070	5817
龙 川 县	2878	248265	35671	2828149	2435637	356912	35600	52766
紫 金 县		124417	12603	2022382	1733837	193527	27579	6780
连 平 县	943	207955	6775	1304379	1202582	81268	12497	8804
梅 州 市	**54641**	**1668444**	**155920**	**17509736**	**14249125**	**2820268**	**437768**	**448142**
梅 江 区	1203	65714	8320	628967	561277	62081	5409	6186

10-14 续表 4　　　　单位：头、只

县（市）区别	山羊年末存栏只数	猪年末存栏头数	能繁殖母畜	家禽年末存栏只数	鸡	鸭	鹅	兔年末存栏只数
梅县区	11414	221500	13353	2335332	1900993	397605	36521	166185
蕉岭县	6215	114304	15731	595965	364056	227624	3925	
大埔县	4423	130683	6288	1074012	725976	322764	24910	37220
丰顺县	5926	192855	18525	4241832	3405534	757945	77641	
五华县	12158	479062	44187	3278122	2507595	508050	262254	174064
兴宁市	7916	355878	36545	4616945	4232735	373745	10256	20519
平远县	5386	108448	12971	738561	550959	170454	16852	43968
惠州市	**4964**	**1139802**	**136063**	**11878470**	**7974320**	**2876451**	**628864**	**55**
惠城区	358	208126	24894	3411753	1423058	1566058	182855	
惠东县	2367	301374	35675	1995275	1570798	406380	18097	
惠阳区	744	44351	6198	1088269	870114	175819	42329	
博罗县	1153	513225	62648	4614386	3519702	563638	372000	
龙门县	342	72726	6648	768787	590648	164556	13583	55
汕尾市	**19903**	**432191**	**25315**	**7338177**	**5468837**	**1455121**	**185899**	**1450**
汕尾城区	680	40819	1054	196736	136810	54213	5713	
红海湾区		2085	350	14821	8507	3957	2357	
海丰县	665	84238	8010	1639688	846474	742775	50439	
陆河县	3097	82886	7269	482192	273872			
陆丰市	15461	222163	8632	5004740	4203174	654176	127390	1450
东莞市	**30**	**65977**	**472**	**1271897**	**961096**	**226972**	**83829**	
中山市	**919**	**206488**	**21553**	**2480239**	**1180181**	**1247159**	**52899**	**371**
江门市	**15329**	**1631595**	**247216**	**25055601**	**16490792**	**5980663**	**2457635**	**52897**
蓬江区		314933	40690	975410	820610	23300	5500	551
江海区		44778	8020	78390	18274	57855	1750	
新会区	735	289488	39606	5667400	2032378	2843552	791470	5825
台山市	5552	190780	33447	4137442	2687799	1027375	422268	14675
开平市	5538	241199	35035	9289190	7477408	1046508	765274	19651
恩平市	2769	163331	26666	1593937	817434	594956	181547	
鹤山市	735	387086	63752	3313832	2636889	387117	289826	12195
阳江市	**14088**	**1364968**	**236144**	**6322562**	**3779134**	**929014**	**1557689**	**4143**
江城区	556	90840	19058	602896	223322	51950	327624	
阳东县	10618	346814	48451	1685466	786041	281725	615988	
阳西县	659	182300	28700	1236124	452939	382218	400967	894
阳春市	1835	738044	139057	2666024	2195844	213121	213110	3249
海陵区	420	6970	878	132052	120988			
湛江市	**94073**	**1990961**	**216123**	**24378376**	**17706710**	**5892500**	**485836**	**17603**
赤坎区	191	30475	2450	91347	91124			
霞山区		24951	1107	216567	158118	51731	5713	
坡头区		83005	8419	1007109	669337	313914	9643	
麻章区	1741	78692	9567	632941	411339	207571	10292	90
东海区	5100	36593	2703	688299	326299	344428	15785	
吴川市	1562	186648	23528	5122659	3702182	1141205	214725	5058
徐闻县	49683	131099	11462	1600371	1319491	194506	14938	201
雷州市	24890	261424	19161	3723042	2687359	866820	123301	2484
遂溪县	7422	428675	44081	6364605	4896109	1339577	41480	3619
廉江市	3484	729399	93645	4931436	3445352	1432748	49959	6151
茂名市	**14032**	**3210834**	**369766**	**49518618**	**38082963**	**10105285**	**439586**	**297682**

10-14 续表 5 单位：头、只

县（市）区别	山羊年末存栏只数	猪年末存栏头数	能繁殖母畜	家禽年末存栏只数	鸡	鸭	鹅	兔年末存栏只数
茂南区	565	305119	50360	4522501	2910688	1200061	10873	320
茂港区	487	177921	27766	1601292	1095951	478754	18787	7643
信宜市	9985	505071	31700	22791489	19770222	2634134	224104	176244
高州市	368	770089	70627	9360468	7150643	1864290	28769	64271
电白县	2006	662206	68428	5810947	3544636	2240030	25271	23608
化州市	621	790428	120885	5431921	3610823	1688016	131782	25596
肇庆市	**39032**	**2428616**	**213320**	**20281502**	**12006324**	**5468883**	**2059488**	**145720**
端州区		7100	500	79000	46000	32000	1000	
鼎湖区	2323	327878	16610	1086123	580350	275218	114053	
高要市	2201	335034	47014	4837980	2193986	1204427	1128967	19508
广宁县	3286	204281	19389	2146892	1640041	316022	172180	9231
四会市	3945	783180	84634	3442449	1623887	1280907	534482	7660
德庆县		111602	4992	2634838	1772839	607506	95369	
封开县	16817	189167	10169	2779070	2012770	620160	7381	29992
怀集县	10460	470374	30012	3275150	2136451	1132643	6056	79329
清远市	**51816**	**1489554**	**156456**	**17292530**	**11126103**	**3202635**	**2743520**	**43119**
清城区	3339	118193	12379	6874195	4071321	982040	1707573	33432
英德市	4091	329967	45702	2058793	1580719	338303	80460	2692
佛冈县	676	79299	17449	586386	479235	56219	28409	732
连山自治县	5133	27002	2797	230819	110653	113490	4052	765
连南自治县	2168	22661	2028	291041	188895	93421	6835	961
连州市	11666	355459	28011	1132640	654574	453236	4167	2540
阳山县	17789	330855	23174	2321338	2071351	240580	9407	1997
清新区	6954	226118	24916	3797318	1969355	925346	902617	
潮州市	**2407**	**403396**	**35999**	**5676062**	**2765656**	**1680411**	**1229995**	**6843**
湘桥区		16440	1207	96322	40867	23540	31915	
饶平县	1548	259064	29442	3603834	1859813	1229599	514422	4335
潮安区	859	127892	5350	1975906	864976	427272	683658	2508
揭阳市	**14126**	**997334**	**103165**	**8764096**	**4642157**	**3475214**	**439249**	**8610**
榕城区	1688	70407	5710	720841	397081	211960	111800	
揭东区	3952	94549	14593	1426278	742077	442561	241640	3400
惠来县	5771	275094	13801	2987610	1312047	1545807	20621	160
普宁市	793	296844	31477	1944701	965549	954249	24903	50
揭西县	1922	260440	37584	1684666	1225403	320637	40285	5000
云浮市	**20551**	**882048**	**94206**	**50261297**	**42971997**	**3464693**	**475876**	**228950**
云城区	618	164336	18452	1893931	1507792	290180	4100	34630
新兴县	8205	413247	52069	35636628	31878044	965423	450065	4803
郁南县	1588	73647	4880	4362236	3735390	490156	578	4115
罗定市	9119	143176	12617	6683566	4527729	1579079	20983	175852
云安县	1021	87642	6188	1684936	1323042	139855	150	9550

10-15 各市畜牧业主要产品产量

2012 年　　单位：万头、万只、吨

市别	当年出栏肉猪头数	当年出售和自宰的肉用牛	当年出售和自宰的肉用羊	当年出售和自宰的肉用狗	当年出售和自宰的家禽
全　　省	3744.79	58.36	49.91	254.99	104078.77
广 州 市	232.01	0.89	0.69	5.55	10569.41
深 圳 市	12.18				184.47
珠 海 市	51.65	0.08	0.14	1.80	636.95
汕 头 市	87.12	0.40	0.35		2739.95
佛 山 市	172.30	0.07	0.32	1.96	7558.54
韶 关 市	161.09	1.91	2.64	7.51	1921.68
河 源 市	96.01	3.51	0.62	15.82	2859.60
梅 州 市	257.61	4.30	7.03	42.14	5524.31
惠 州 市	189.70	2.04	0.87	6.64	3479.85
汕 尾 市	80.02	5.62	3.34	6.51	2684.48
东 莞 市	23.25	0.02	0.03		462.60
中 山 市	38.76	0.04	0.13	1.17	848.35
江 门 市	265.22	1.06	1.81	8.53	7791.97
阳 江 市	190.41	4.63	1.69	8.12	1960.83
湛 江 市	332.28	15.27	9.71	19.84	7825.71
茂 名 市	574.54	4.36	2.27	39.28	15193.70
肇 庆 市	413.51	4.19	8.30	42.91	7714.83
清 远 市	212.67	3.65	5.00	15.63	4584.51
潮 州 市	58.81	0.67	0.26	0.15	1450.65
揭 阳 市	151.46	2.94	1.31	8.89	3554.22
云 浮 市	144.19	2.70	3.38	22.54	14532.16

市别	1. 鸡	2. 鸭	3. 鹅	4. 鸽	5. 其他家禽	当年出售和自宰的兔
全　　省	72274.92	20061.90	5233.65	5528.01	980.29	298.01
广 州 市	5362.42	2613.27	550.06	2034.92	8.74	6.49
深 圳 市	123.27	0.53	0.04	60.63		
珠 海 市	404.07	135.67	18.94	45.02	33.24	3.70
汕 头 市	1245.81	805.52	586.53	14.18	87.91	
佛 山 市	5095.82	1836.78	483.41	123.52	19.01	0.36
韶 关 市	1434.72	438.79	14.99	29.99	3.19	4.07
河 源 市	2517.09	319.76	19.44	1.69	1.63	9.22
梅 州 市	4830.20	523.49	49.10	53.45	68.08	81.66
惠 州 市	2495.35	682.34	208.09	89.86	4.21	
汕 尾 市	2073.78	507.95	91.27	8.68	2.81	1.79
东 莞 市	274.18	112.21	61.99	14.23		
中 山 市	433.61	345.87	18.65	46.96	3.26	0.25
江 门 市	4749.72	1012.01	543.58	1240.48	246.19	13.55
阳 江 市	1202.28	315.58	421.37	15.44	6.16	1.49
湛 江 市	5724.40	1897.56	101.15	67.22	35.39	3.34
茂 名 市	10774.98	2948.43	125.10	1302.49	42.70	50.96
肇 庆 市	4585.41	2245.15	711.85	97.05	75.36	56.95
清 远 市	3175.35	667.52	701.89	32.46	7.29	3.29
潮 州 市	404.92	655.13	381.48	9.05	0.07	0.44
揭 阳 市	1864.91	1239.94	114.61	180.37	154.38	4.08
云 浮 市	13502.62	758.42	30.12	60.33	180.67	56.38

10-15 续表　　　　　　　　　　　　　　　　　　　　　　单位：万头、万只、吨

市　　别	肉类产量合　计	猪肉产量	牛肉产量	羊肉产量	家禽肉产量	兔肉产量	其他肉产量
全　　省	4352157	2777720	69707	8765	1430200	8310	57455
广 州 市	313235	173802	1181	121	137419	163	549
深 圳 市	11149	8609			2540		
珠 海 市	47461	38620	107	27	8166	93	448
汕 头 市	117592	64623	504	71	52394		
佛 山 市	247615	125603	78	56	121642	5	231
韶 关 市	150649	119137	2258	456	27278	129	1391
河 源 市	117830	72580	4072	113	38219	234	2612
梅 州 市	278834	191008	5261	1278	71151	2235	7901
惠 州 市	191228	142164	2149	156	45586		1173
汕 尾 市	104793	59376	6415	544	37053	89	1316
东 莞 市	22829	16965	20	5	5839		
中 山 市	37676	27410	68	23	10020	8	147
江 门 市	292886	196228	1205	298	93863	250	1042
阳 江 市	181449	142268	4868	288	32412	36	1577
湛 江 市	385471	247466	19233	1656	113369	92	3655
茂 名 市	633834	430552	4893	388	190279	1261	6461
肇 庆 市	435663	308104	5359	1410	108223	2359	10208
清 远 市	232548	151985	4284	874	72486	84	2835
潮 州 市	75078	43729	848	60	29702	14	725
揭 阳 市	180125	113049	4089	294	51861	163	10669
云 浮 市	294212	104442	2815	647	180698	1676	3934

市　　别	奶类产量	蜂蜜产量	蜂蜡产量	禽蛋产量	蚕茧产量
全　　省	140608	17655	4357	323100	102048
广 州 市	59137	939	163	22547	
深 圳 市	13759			304	
珠 海 市	8016			9083	
汕 头 市	3384	313		8622	
佛 山 市	5047			7461	
韶 关 市	465	1331	568	9705	8070
河 源 市	2	2413	322	6214	386
梅 州 市	1384	3494	440	25190	110
惠 州 市	8010	1304	512	8933	
汕 尾 市		473	135	15760	
东 莞 市		61		1057	
中 山 市	11	64	4	6770	
江 门 市	1383	137	5	31867	
阳 江 市	3220	228	39	7525	21317
湛 江 市	1275	567	185	29537	14110
茂 名 市	534	531	99	49430	20526
肇 庆 市	9328	2523	1118	25469	877
清 远 市	19974	340	51	10405	19584
潮 州 市	64	507	27	4116	
揭 阳 市	5593	835	142	29439	
云 浮 市	22	1595	547	13666	17068

10-16 各县（区）畜牧业主要产品产量

2013 年　　单位：头、只、吨

县（市）区别	当年出栏肉猪头数	当年出售和自宰的肉用牛	当年出售和自宰的肉用羊	当年出售和自宰的肉用狗	当年出售和自宰的家禽		
						1.鸡	2.鸭
广州市	**2320137**	**8929**	**6865**	**55547**	**105694075**	**53624209**	**26132674**
天河区	2367	1049	17				
白云区	241608	134		400	28562865	20420373	2753144
黄埔区					1038675	937155	5520
罗岗区	233732	903	1941	30	4077886	2474813	48687
花都区	369381	225	351	11810	25376402	12308085	9220931
从化市	426178	949	1556	20177	7407156	4961857	1414138
增城市	719545	5493	2932	20661	21694757	8550211	1340342
番禺区	152017	93		36	8269966	2049498	4393524
南沙区	175309	83	68	2433	9266368	1922217	6956388
深圳市	**121794**				**1844670**	**1232678**	**5292**
宝安区	78358				1138366	1138366	
龙岗区	43436				706304	94312	5292
珠海市	516468	849	1435	18000	6369455	4040738	1356670
香洲区	121090	30	403		1956124	1866124	90000
金湾区	92114	178	122		257866	138437	61586
斗门区	303264	641	910	18000	4155465	2036177	1205084
汕头市	**871171**	**4029**	**3452**		**27399493**	**12458064**	**8055188**
金平区	66332		800		1369985	469426	690216
龙湖区	101420		180		3849587	1197930	798452
澄海区	220517	303			14575852	6553316	3676263
濠江区	34248	171	142		515182	403590	84552
潮阳区	201307	944	600		4755617	2566857	1897600
潮南区	203002	918	130		2100311	1104998	845313
南澳县	44345	1693	1600		232959	161947	62792
佛山市	**1722998**	**711**	**3174**	**19575**	**75585405**	**50958208**	**18367812**
禅城区	30517				58076	58076	
南海区	193611	65			10589784	8367714	1721180
顺德区	396970				11214533	10483140	406765
高明区	414583	280	120	5313	18034012	15127578	1153667
三水区	687317	366	3054	14262	35689000	16921700	15086200
韶关市	**1610917**	**19062**	**26430**	**75059**	**19216771**	**14347204**	**4387881**
浈江区	92087	439	3964	3303	1099703	852294	222299
武江区	85694	1151	924	1145	731322	647526	64139
曲江区	240971	1202	3520	5056	2085171	1804593	262241
南雄市	364072	4907	1943	9774	5123184	3582927	1504769
始兴县	126643	2716	1050		2047669	1324740	687344
翁源县	111308	2961	2520	27652	2369353	1918202	407138
仁化县	165948	2268	7100	8825	2499618	1821066	643922
新丰县	81563	1320	1334	8705	1242845	857570	305367
乳源自治县	72186	1045	730	4796	303732	227373	76359
乐昌市	270445	1053	3345	5803	1714174	1310913	214303
河源市	**960080**	**35137**	**6206**	**158158**	**28596032**	**25170856**	**3197620**
源城区	68207	597		470	3204733	3187733	13000
东源县	152516	8216	1517	29869	4975061	4342092	610347
和平县	149683	4479	1595	19300	5647402	4942297	650832
龙川县	261551	7234	1857	71533	4194687	3745513	389034

10-16 续表 1 单位：头、只、吨

县（市）区别	当年出栏肉猪头数	当年出售和自宰的肉用牛	当年出售和自宰的肉用羊	当年出售和自宰的肉用狗	当年出售和自宰的家禽		
						1.鸡	2.鸭
紫金县	184784	9593		32414	7128830	5568107	1481095
连平县	143339	5018	1237	4572	3445319	3385114	53312
梅州市	**2576134**	**43031**	**70328**	**421434**	**55243091**	**48301970**	**5234900**
梅江区	186243	1239	1231	4109	3129968	2985515	136777
梅县区	393880	3919	15610	74152	7238107	6316187	867979
蕉岭县	235551	5682	13765		1967073	1304799	597514
大埔县	215767	2434	3512	21986	3194057	1998886	1057662
丰顺县	265536	6198	3798	24911	19764139	18793147	894317
五华县	562468	15133	12857	221673	5667364	4099172	779127
兴宁市	571996	4669	11453	29336	12911733	11801513	584275
平远县	144693	3757	8102	45267	1370650	1002751	317249
惠州市	**1896960**	**20398**	**8687**	**66419**	**34798548**	**24953533**	**6823418**
惠城区	449160	2877	525	11494	5959481	3235753	2107270
惠东县	405814	4073	2078	5328	5632077	4280264	1252045
惠阳区	87466	1333	724	5128	4134604	3390712	512895
博罗县	866742	10272	5098	39109	16684116	12433741	2221877
龙门县	87778	1843	262	5360	2388270	1613063	729331
汕尾市	**800191**	**56204**	**33391**	**65066**	**26844789**	**20737758**	**5079464**
汕尾城区	77405	879	515	2002	2278034	1700909	536992
红海湾区	4880	810			168989	120746	39806
海丰县	149609	12632	3072	32194	6822302	4642479	1985365
陆河县	148404	13120	3500	11648	2342023	1395685	561904
陆丰市	419893	28763	26304	19222	15233441	12877939	1955397
东莞市	**232499**	**210**	**329**		**4626047**	**2741833**	**1122057**
中山市	**387645**	**407**	**1267**	**11749**	**8483481**	**4336052**	**3458691**
江门市	**2652204**	**10565**	**18125**	**85337**	**77919736**	**47497163**	**10120062**
蓬江区	512053	139		3040	10634542	2835330	47400
江海区	119360	55			520168	424863	90355
新会区	352828		577	2499	18039825	9126583	4084510
台山市	328491	4295	5700		9688473	6695351	1633636
开平市	488757	979	6805	60503	26914223	20009049	2243863
恩平市	222375	3003	3184	8700	5188545	3146934	1596116
鹤山市	628340	2094	1859	10595	6933960	5259053	424182
阳江市	**1904054**	**46296**	**16933**	**81222**	**19608337**	**12022836**	**3155838**
江城区	156409	3881	398	1036	1575211	881878	180950
阳东县	366760	5183	7374	26147	4677689	2103333	716240
阳西县	275359	20812	1143	2588	4952985	2519170	1235678
阳春市	1081681	15380	7082	51451	7521584	5866835	844980
海陵区	23845	1040	936		880868	651620	177990
湛江市	**3322836**	**152735**	**97146**	**198408**	**78257070**	**57243962**	**18975574**
赤坎区	43349	445	658		456356	408195	45599
霞山区	29711	936			750565	567227	167893
坡头区	212426	2596			3664639	2375212	1099362
麻章区	117084	2257	1679	5110	2613489	1911675	695878
东海区	51978	2208	3997	109	1623668	781549	710587

单位：头、只、吨

县（市）区别	当年出栏肉猪头数	当年出售和自宰的肉用牛	当年出售和自宰的肉用羊	当年出售和自宰的肉用狗	当年出售和自宰的家禽	1.鸡	2.鸭
吴川市	269027	7562	919	5903	17655823	12942492	4458486
徐闻县	181685	8517	49266	8294	2342906	1902041	376224
雷州市	327160	53729	22975	77680	10797507	7249926	3147322
遂溪县	809056	17172	9922	31736	24854308	20605275	3843267
廉江市	1281360	57313	7730	69576	13497809	8500370	4430956
茂名市	**5745392**	**43609**	**22688**	**392760**	**151937033**	**107749845**	**29484310**
茂南区	474598	2129	377	39506	19417981	9464122	5949182
茂港区	315994	1945	316	11033	4798479	2966287	1020619
信宜市	923228	11106	15874	90490	58855606	52972643	5266855
高州市	1455417	8958	720	128290	34146072	20930124	7030131
电白县	1128735	8096	3859	91010	17125950	9473021	5386312
化州市	1447420	11375	1542	32431	17592945	11943648	4831211
肇庆市	**4135058**	**41871**	**82983**	**429101**	**77148303**	**45854149**	**22451452**
端州区	17900				179600	96500	80600
鼎湖区	538313	613	1364	3883	5796609	2468566	1369763
高要市	780388	2101	4689	33898	17115044	9264338	4247960
广宁县	207565	1820	5160	33053	7720285	5952342	1202048
四会市	1264581	3708	3136	25807	15725463	7688365	5777367
德庆县	135011	1645			6139635	4462017	1400510
封开县	205838	13137	12479	84115	8862777	7057476	1785714
怀集县	985462	18847	56155	248345	15608890	8864545	6587490
清远市	**2126699**	**36534**	**50028**	**156320**	**45845107**	**31753509**	**6675216**
清城区	177568	612	2441	15640	18756688	12043680	1766891
英德市	341193	8581	4471	29475	5235909	4511339	617859
佛冈县	71988	1134	456	8831	1290186	895934	235125
连山自治县	56830	2983	3457	22119	829694	436382	376165
连南自治县	34553	1603	741	13950	709372	497848	200000
连州市	604297	5955	11197	9834	2837964	1847321	971609
阳山县	465126	11504	14014	34651	5439409	5128163	303824
清新区	375144	4162	13251	21820	10745885	6392842	2203743
潮州市	588135	6650	2642	1495	14506499	4049224	6551294
湘桥区	22980	14			285420	70000	123063
饶平县	408157	5032	2080	960	9124135	3077264	4189959
潮安区	156998	1604	562	535	5096944	901960	2238272
揭阳市	**1514616**	**29402**	**13144**	**88872**	**35542166**	**18649129**	**12399367**
榕城区	133380	581	136	8215	3596188	1637407	946742
揭东区	199504	1489	423	9560	7475636	2995332	1424832
惠来县	311624	9780	6517	24097	9631954	4591962	4931114
普宁市	443776	6550	320	4500	5773350	2533204	3181594
揭西县	426332	11002	5748	42500	9065038	6891224	1915085
云浮市	**1441912**	**26962**	**33847**	**225378**	**145321592**	**135026248**	**7584230**
云城区	214640	870	102	18957	7200498	6017523	1113207
新兴县	771013	6512	15366	65263	100181972	97296777	1657230
郁南县	92216	880	4172	3675	16238734	14955260	1275078
罗定市	253158	10836	11039	112794	16210812	12223417	2768137
云安县	110885	7864	3168	24689	5489576	4533271	770578

 单位：头、只、吨

县（市）区别	3.鹅	4.鸽	5.其他家禽	当年出售和自宰的兔	肉类产量合计	猪肉产量	牛肉产量
广州市	**5500590**	**20349234**	**87368**	**64905**	**313235**	**173802**	**1181**
天河区					316	177	139
白云区	1447322	3910575	31451	10	53044	18099	18
黄埔区		96000			1119		
罗岗区	71240	1480646	2500		21332	17509	119
花都区	989967	2857419		10792	64132	27670	30
从化市	144197	879864	7100	50000	41623	31925	126
增城市	936721	10856434	11049	3833	74078	53901	726
番禺区	1596401	212887	17656	270	27669	11388	12
南沙区	314742	55409	17612		29922	13133	11
深圳市	**400**	**606300**			**11149**	**8609**	
宝安区					7529	5305	
龙岗区	400	606300			3620	3304	
珠海市	**189379**	**450229**	**332439**	**37000**	**47461**	**38620**	**107**
香洲区					9832	7450	3
金湾区	23160	34683			7497	7099	21
斗门区	166219	415546	332439	37000	30132	24071	83
汕头市	**5865303**	**141800**	**879138**		**117592**	**64623**	**504**
金平区	210343				7626	4956	
龙湖区	974067		879138		15172	7798	
澄海区	4204473	141800			45850	15595	55
濠江区	27040				3359	2598	23
潮阳区	291160				22979	15098	91
潮南区	150000				18714	15204	139
南澳县	8220				3892	3374	196
佛山市	**4834058**	**1235227**	**190100**	**3620**	**247615**	**125603**	**78**
禅城区					2197	2136	
南海区	445890	20000	35000		34358	14496	8
顺德区	38028	176100	110500		41576	28988	
高明区	892140	860627		460	51384	31092	28
三水区	3458000	178500	44600	3160	118100	48891	42
韶关市	**149937**	**299851**	**31898**	**40732**	**150649**	**119137**	**2258**
浈江区	2179	22931			8504	6810	47
武江区	1103	18554			7464	6367	136
曲江区	5068	13269		6100	20993	17832	143
南雄市	35488				35353	26924	584
始兴县	23573	5954	6058		12839	9316	322
翁源县	36892	5688	1433	9292	12449	8232	351
仁化县	21860	12770		2321	16573	12283	271
新丰县	23774	56134		17012	8158	6032	156
乳源自治县					5978	5338	124
乐昌市		164551	24407	6007	22338	20003	124
河源市	**194443**	**16862**	**16251**	**92228**	**117830**	**72580**	**4072**
源城区	4000				9043	5115	61
东源县	22622			14527	20717	12048	902
和平县	31522	6500	16251	12529	19692	11754	551

10-16 续表 4 单位：头、只、吨

县（市）区别	3. 鹅	4. 鸽	5. 其他家禽	当年出售和自宰的兔	肉类产量合计	猪肉产量	牛肉产量
龙川县	60140			46396	28861	20923	904
紫金县	71768	7860		7830	25423	13485	1098
连平县	4391	2502		10946	14094	9255	556
梅州市	**491000**	**534455**	**680766**	**816593**	**278834**	**191008**	**5261**
梅江区	6323	1071	282	6136	21396	15237	148
梅县区	37237	7898	8806	281846	42330	28291	480
蕉岭县	20637	30085	14038		21783	17855	682
大埔县	73476	46355	17678	52636	21214	15350	298
丰顺县	58351	15020	3304	100000	45262	18510	769
五华县	186400	208997	393668	261050	56146	41868	1844
兴宁市	80882	217695	227368	33558	56542	42584	573
平远县	27694	7334	15622	81367	14161	11313	467
惠州市	**2080924**	**898561**	**42112**		**191228**	**142164**	**2149**
惠城区	387145	229313			43250	34442	339
惠东县	93181	6587			38696	30385	440
惠阳区	230997				12043	6410	163
博罗县	1324090	662296	42112		87098	64223	982
龙门县	45511	365			10141	6704	225
汕尾市	**912705**	**86812**	**28050**	**17870**	**104793**	**59376**	**6415**
汕尾城区	40133				8762	5691	109
红海湾区	8437				683	364	88
海丰县	194458				23055	11072	1400
陆河县	320714	46200	17520	16600	17782	11520	1611
陆丰市	348963	40612	10530	1270	54511	30729	3207
东莞市	**619855**	**142302**			**22829**	**16965**	**20**
中山市	**186488**	**469629**	**32621**	**2530**	**37676**	**27410**	**68**
江门市	**5435806**	**12404763**	**2461942**	**135470**	**292886**	**196228**	**1205**
蓬江区	25812	6457600	1268400	589	46544	40625	18
江海区		4950			9249	9068	7
新会区	986945	2811090	1030697	4293	50157	26194	
台山市	1288639	70847		29919	36166	22026	528
开平市	2431148	2138633	91530	75050	73522	37544	98
恩平市	383636		61859		25449	17704	313
鹤山市	319626	921643	9456	25619	51799	43067	241
阳江市	**4213682**	**154423**	**61558**	**14919**	**181449**	**142268**	**4868**
江城区	512383				13995	11038	296
阳东县	1810755	41035	6326		37200	27550	577
阳西县	1065534	77371	55232	1697	30901	20750	2072
阳春市	773752	36017		13222	96165	81258	1811
海陵区	51258				3188	1672	112
湛江市	**1011460**	**672178**	**353896**	**33417**	**385471**	**247466**	**19233**
赤坎区	997	1565			3755	3053	52
霞山区	15445				3141	2012	110
坡头区	98982	91083			21572	15805	323
麻章区	5936			300	12646	8434	290
东海区	131532				7105	3904	276
吴川市	201415	32145	21285	4159	47089	19615	984

县（市）区别	3.鹅	4.鸽	5.其他家禽	当年出售和自宰的兔	肉类产量合计	猪肉产量	牛肉产量
徐闻县	54531	5678	4432	360	18234	12978	1039
雷州市	175229	128049	96981	3684	47991	24318	6688
遂溪县	101133	174931	129702	7034	97609	60657	2171
廉江市	226260	238727	101496	17880	126329	96690	7300
茂名市	**1250979**	**13024908**	**426991**	**509577**	**633834**	**430552**	**4893**
茂南区	80895	3913768	10014		61832	36064	265
茂港区	42058	764232	5283	26490	29989	23650	222
信宜市	477768	125320	13020	258931	145896	69259	1243
高州市	154609	5908361	122847	172319	152616	109202	965
电白县	94855	1944471	227291	19753	110273	84508	947
化州市	400794	368756	48536	32084	133228	107869	1251
肇庆市	**7118513**	**970548**	**753641**	**569506**	**435663**	**308104**	**5359**
端州区	2500				1336	1159	
鼎湖区	1216719	462236	279325		48661	41523	75
高要市	3080462	214482	307802	58754	86033	60124	264
广宁县	416895	21616	127384	16332	26558	14876	219
四会市	2015535	239083	5113	20780	121912	97940	431
德庆县	239879	6301	30928		17657	8831	212
封开县	9668	6830	3089	49987	31840	15313	1701
怀集县	136855	20000		423653	101666	68338	2457
清远市	**7018874**	**324578**	**72930**	**32858**	**232548**	**151985**	**4284**
清城区	4663484	214761	67872	17495	45570	13270	70
英德市	56976	49735		2800	33009	25508	992
佛冈县	124127	35000		2116	7821	5456	128
连山自治县	8022	9125		652	6970	5013	313
连南自治县	9581	1943		744	4866	2609	181
连州市	13257	719	5058	5591	43749	39466	656
阳山县	7422			3460	41659	32420	1465
清新区	2136005	13295			48904	28243	479
潮州市	**3814803**	**90458**	**720**	**4355**	**75078**	**43729**	**848**
湘桥区	92357				2527	1718	2
饶平县	1771912	85000		4355	49737	29851	631
潮安区	1950534	5458	720		22814	12160	215
揭阳市	**1146140**	**1803690**	**1543840**	**40751**	**180125**	**113049**	**4089**
榕城区	317039	393000	302000	6200	14839	9698	104
揭东区	599044	1339984	1116444	15445	29764	15014	278
惠来县	96812	12066			39262	22986	1376
普宁市	58552			210	44988	34465	913
揭西县	74693	58640	125396	18896	51272	30886	1418
云浮市	**301156**	**603280**	**1806678**	**563753**	**294212**	**104442**	**2815**
云城区	5900	27424	36444	40802	26612	15383	122
新兴县	262759	234563	730643	39785	182892	58102	697
郁南县	1301	6516	579	11615	27013	7150	112
罗定市	29896	249277	940085	360901	40158	15987	1164
云安县	1300	85500	98927	110650	17537	7820	720

县（市）区别	羊肉产量	家禽肉产量	奶类产量	蜂蜜产量	蜂腊产量	禽蛋产量
广州市	**121**	**137419**	**59137**	**939**	**163**	**22547**
天河区			16223			
白云区		34923	3921			1239
黄埔区		1119				
罗岗区	34	3670	2207	2		2071
花都区	6	36275	10304	4		2884
从化市	28	9217	3536	245	13	2277
增城市	52	19176	10704	665	150	9192
番禺区		16267	3664	23		4191
南沙区	1	16772	8578			693
深圳市		**2540**	**13759**			**304**
宝安区		2224	13689			303
龙岗区		316	70			1
珠海市	**27**	**8166**	**8016**			**9083**
香洲区	7	2372				3564
金湾区	3	374	6			1117
斗门区	17	5420	8010			4402
汕头市	**71**	**52394**	**3384**	**313**		**8622**
金平区	20	2650				200
龙湖区	3	7371	145			1697
澄海区		30200	131			3100
濠江区	4	734	3108			400
潮阳区	11	7779				1520
潮南区	3	3368		280		1405
南澳县	30	292		33		300
佛山市	**56**	**121642**	**5047**			**7461**
禅城区		61				
南海区		19854	583			102
顺德区		12588	798			437
高明区	2	20172				950
三水区	54	68967	3666			5972
韶关市	**456**	**27278**	**465**	**1331**	**568**	**9705**
浈江区	68	1500	363	205	41	218
武江区	16	917		3		763
曲江区	62	2866		66	12	1054
南雄市	33	7621		10		2663
始兴县	18	3183		250	36	783
翁源县	43	3273	98	102	102	768
仁化县	122	3707		42	10	1275
新丰县	23	1738	4	590	275	571
乳源自治县	13	407		35		407
乐昌市	58	2066		28	92	1203
河源市	**113**	**38219**	**2**	**2413**	**322**	**6214**
源城区		3861				49
东源县	23	7285		1223	125	2208
和平县	27	7005		40	12	654

县（市）区别	羊肉产量	家禽肉产量	奶类产量	蜂蜜产量	蜂腊产量	禽蛋产量
龙川县	42	5462		81		1378
紫金县		10505		1025	185	1564
连平县	21	4101	2	44		361
梅州市	**1278**	**71151**	**1384**	**3494**	**440**	**25190**
梅江区	35	5893	42	82		446
梅县区	302	10713	251	1181	5	2305
蕉岭县	231	3015	65	1012	325	339
大埔县	69	4862	95	330	58	1201
丰顺县	61	25244	174	490	2	2381
五华县	225	7293	140	71	3	9146
兴宁市	201	12524	601	143	26	8476
平远县	154	1607	16	185	21	896
惠州市	**156**	**45586**	**8010**	**1304**	**512**	**8933**
惠城区	10	8188	257	295	14	4708
惠东县	30	7716		160	34	1300
惠阳区	15	5375		24	7	257
博罗县	96	21215	7257	618	434	2304
龙门县	5	3092	496	207	23	364
汕尾市	**544**	**37053**		**473**	**135**	**15760**
汕尾城区	8	2924		6	3	1900
红海湾区		231				192
海丰县	59	9865		230	48	8044
陆河县	69	4208		125	80	832
陆丰市	408	19825		112	4	4792
东莞市	**5**	**5839**		**61**		**1057**
中山市	**23**	**10020**	**11**	**64**	**4**	**6770**
江门市	**298**	**93863**	**1383**	**137**	**5**	**31867**
蓬江区		5874		10		53
江海区		174				517
新会区	11	23925		34		1031
台山市	83	13499				6903
开平市	105	34898	1329	45		12012
恩平市	55	7212				9400
鹤山市	44	8281	54	48	5	1951
阳江市	**288**	**32412**	**3220**	**228**	**39**	**7525**
江城区	7	2633				1138
阳东县	106	8468	3220	31		1635
阳西县	14	8034		21		1974
阳春市	144	11890		176	39	2759
海陵区	17	1387				19
湛江市	**1656**	**113369**	**1275**	**567**	**185**	**29537**
赤坎区	12	638				61
霞山区		1019				1028
坡头区		5444				3284
麻章区	29	3775	299			788
东海区	73	2850				150
吴川市	17	26316	115	6	3	5317

10-16 续表 8 单位：头、只、吨

县（市）区别	羊肉产量	家禽肉产量	奶类产量	蜂蜜产量	蜂腊产量	禽蛋产量
徐闻县	839	3208		9	4	420
雷州市	393	15071		11	5	6309
遂溪县	169	34039	861	109	22	5813
廉江市	124	21009		432	151	6367
茂名市	**388**	**190279**	**534**	**531**	**99**	**49430**
茂南区	7	24886	209			2680
茂港区	5	5875		46	23	3490
信宜市	268	72577	302	65	7	6400
高州市	14	40666	8	190	20	16508
电白县	67	22845		101	30	16035
化州市	27	23430	15	129	19	4317
肇庆市	**1410**	**108223**	**9328**	**2523**	**1118**	**25469**
端州区		177				29
鼎湖区	23	6943	9328	125		578
高要市	84	24748		1103	730	9360
广宁县	94	10863		726	256	937
四会市	59	22747		62	24	8003
德庆县		8614		112	29	1679
封开县	228	12245		265	43	1420
怀集县	922	21886		130	36	3463
清远市	**874**	**72486**	**19974**	**340**	**51**	**10405**
清城区	39	31864	7115	4		3632
英德市	78	5902	12859	122	14	853
佛冈县	6	1960		46	17	3319
连山自治县	74	1260		34	4	74
连南自治县	18	1747				196
连州市	187	3272		8	16	584
阳山县	233	6921		106		850
清新区	239	19560		20		897
潮州市	**60**	**29702**	**64**	**507**	**27**	**4116**
湘桥区		807		85	9	54
饶平县	50	18476	64	351	9	2693
潮安区	10	10419		71	9	1369
揭阳市	**294**	**51861**	**5593**	**835**	**142**	**29439**
榕城区	2	4293	1032	72		1766
揭东区	7	8811	1707	102		3196
惠来县	158	14424		292	74	13126
普宁市	9	9050	2210	8	1	2604
揭西县	118	15283	644	361	67	8747
云浮市	**647**	**180698**	**22**	**1595**	**547**	**13666**
云城区	2	10787	22	11	10	1434
新兴县	316	121806		54		857
郁南县	75	19562		646	230	3870
罗定市	209	20208		856	284	7209
云安县	45	8335		28	23	296

10-17 全省饲料加工企业主要年份饲料生产情况

项　　目	单位	2005	2008	2010	2012	2013	2013 比 2012 增减（%）
生产能力	吨/小时	3698		14126.35	15828	15828	
全年实际产量	吨	12420678	16456364	18807084	23315012	22505545	-3.47
配合饲料	吨	11967447	15785000	17997638	22433348	21579625	-3.81
配合饲料家禽料	吨	6772565	8354736	8422722	9329797	7864209	-15.7
蛋禽料	吨	983978	1420031	1502723	1491562	1220324	-18.18
肉禽料	吨	5788588	6934706	7009366	7838236	6643885	-14.24
配合饲料猪料	吨	2855709	3876237	6339038	8803096	9706576	10.26
配合饲料水产料	吨	2264139	2770699	3145836	4153006	3844199	-7.44
配合饲料其他	吨	71805	783328	81315	128026	144563	12.92
浓缩饲料	吨	186615	278170	289878	362184	355049	-1.97
浓缩饲料猪料	吨	128704	218780	232234	318081	324565	2.04
添加剂预混料	吨	266616	393194	519567	519479	570870	9.89
预混料猪料	吨	187067	297515	391820	375336	402138	7.14
预混料禽料	吨	42122	44989	48237	50077	66405	32.6
全年营业收入	亿元	291	460	582	757	723	-4.52
工业总产值	亿元	300	472	593	728	703	-3.42

10-18 各市主要年份饲料生产总量

单位：吨

市别	1990	1995	2000	2005	2010	2012	2013
合　计	2853406	6223168	8507764	12420679	18807084	23315012	22505545
广　州	436899	829278	1392240	2276190	2940760	3413493	3060716
深　圳	557379	1103488	1023976	718856	688406	285301	385313
珠　海	132235	227831	183353	507512	626343	765446	768895
汕　头	155620	351445	357863	341779	428775	474610	418865
佛　山	720649	1509331	2485870	3978825	4653046	4792455	4213258
韶　关	20815	69369	24535	163492	385013	508760	525363
河　源	1137		5589	94934	147001	159630	178404
梅　州	9462	31600	14867	63120	139830	318853	302213
惠　州	105833	98580	116222	126459	399958	713444	871728
汕　尾	4246			910	1215	6386	7012
东　莞	50720	199210	303211	379736	594626	988989	964316
中　山	120106	116736	220899	237299	452231	465592	392180
江　门	301190	711549	626794	800724	2136088	3006373	3111193
阳　江	7036	8632	22835	23283	22310	433759	472671
湛　江	103417	411309	658061	1065288	1340679	1674620	1717559
茂　名	62181	156335	211229	337855	1282489	2059249	2019731
肇　庆	42698	91647	56603	200247	515213	734076	752390
清　远	18131	8022	8602	190184	491797	569277	564760
潮　州	3652	29985	16506	52620	53352	46436	51527
揭　阳		46303	81400	75088	261647	430957	482419
云　浮		221894	697109	786279	1246297	1467307	1245065

十一、水产业

启动建设全省大型渔港，民生工程扎实开展。

加快“深蓝渔业”发展，扶持建造大型钢质海洋渔船

邓海光副省长在省海洋与水产高科技园考察省海洋与水产高科技园

邓海光副省长在省海洋与渔业局文斌局长陪同下参观海洋环境专题预报室

现代渔业海湾连片养殖示范基地建设

珠海市斗门区白蕉海鲈高产优质养殖基地

全省渔业安全生产监管工作会议召开，平安渔业得到加强

强化海洋管控能力建设，加强海洋执法监察

渔 业

2013年是贯彻“十二五”规划的重要之年，在省委、省政府的正确领导下，在农业部渔业局的支持和指导下，全省各级渔业主管部门深入贯彻落实科学发展观，全面部署加快渔业发展的各项任务，努力推动渔业转型升级，渔业生产保持稳定发展态势，水产品市场供应能得到有效保障，渔业经济快速发展。

一、渔业经济主要指标变化情况

（一）渔业产量情况

渔业总产量816.13万吨，比上年增长3.4%。其中：海洋捕捞155.40万吨（包括外海），比上年下降0.8%；海水养殖287.00万吨，增长4.1%；淡水捕捞12.98万吨，下降0.6%；淡水养殖360.74万吨，增长4.8%。

（二）渔业产值情况

渔业经济总产值2124.85亿元，增长7.1%。其中:水产品（不包括苗种）产值975.28亿元，占渔业经济总产值45.9%。水产品产值增加61.24亿元，增长6.7%。第二、第三产业产值1119.96亿元，占52.7%。第二、三产业产值增加77.64亿元，增长7.4%。

（三）分作业生产情况

1、海洋渔业渔船合计5.65万艘，其中机动渔船5.39万艘，88.87万吨位，232.09万千瓦；机动渔船中生产渔船4.88万艘，79.69万吨位，208.19万千瓦；生产渔船中捕捞渔船4.37万艘，77.14万吨位，201.76万千瓦；养殖渔船5038艘，2.55万吨位，6.43万千瓦；辅助渔船5129艘，9.18万吨位，23.90万千瓦；非机动渔船合计2640艘，6067吨位。

海洋捕捞品种构成分别是:鱼类 115.94 万吨，增长4.2%；虾类14.65万吨，增长5.2%；蟹类7.89万吨，增长1.4%；贝类5.32万吨，下降13.8%；藻类0.69万吨，增长43.8%。

按作业类分:拖网作业产量81.10万吨，增长8.6%；围网作业产量15.05万吨，下降2.3%；流刺网作业产量43.02万吨，下降3.8%；钓具作业产量10.19万吨，下降0.88%；张网作业产量0.84万吨，下降49.4%；其他渔具作业产量5.20万吨，增长2.0%。

2、海水养殖面积19.72万公顷，减少0.46万公顷。产量287.00万吨，增长4.1%。海水普通网箱养鱼面积486.78万平方米,产量10.48万吨。

海水养殖产量品种构成:鱼类43.33万吨，增长8.5%；虾类38.25万吨，增长5.8%；蟹类5.52万吨，增长8.0%；贝类191.64万吨，增长2.1%。

3、淡水捕捞产量12.98万吨，下降0.6%。产量构成中:鱼类7.99万吨，增长11.1%；虾类0.88万吨，持平；蟹类0.30万吨，增长36.4%；贝类3.62万吨，下降21.6%。

4、淡水养殖面积37.29万公顷，减少0.05万公顷。产量360.74万吨，增长4.8%。池塘养殖面积27.79万公顷，减少0.12万公顷，占淡水养殖面积74.5%。淡水网箱养鱼面积29.83万平方米，减少5.55万平方米，产量4604吨，下降38.6%。

（四）水产养殖苗种

海水鱼苗产量23.13亿尾。淡水鱼苗产量7591亿尾，淡水鱼种29.23万吨。

（五）水产加工

水产加工产量143.34万吨，下降1.6%。

（六）渔民收入

渔民人均纯收入12251元，增长10%。

（七）进出口情况

全省水产品进出口总量98.53万吨，增长0.08%，进出口总额45.85亿美元，增长19.93%，贸易顺差为20.75亿美元。

二、渔业经济运行情况

（一）渔业经济保持平稳较快增长。

全省渔业经济总产值2124.85亿元，增长7.1%。渔业经济保持较快增长的原因：一是水产品价格大幅上涨，水产品价格总水平比上年上涨2.9%左右，水产品产值增长较多；二是全省继续推进现代渔业建设，不断完善渔业基础设施。特别是通过低产鱼塘改造工程及现代渔业示范基地建设等惠农惠渔政策实施，以及坚决执行伏季休渔期制度，大大地改善了渔业生产条件；三是全省渔业产业结构进一步优化，渔业二、三产业成为渔业经济的主要增长点，水产品精深加工业以及休闲垂钓、渔业观光和渔家乐等休闲渔业加速发展。

（二）水产品养殖面积和产量稳步增长

水产养殖保持稳定增长主要得益于以下几个方面：一是全年台风、洪涝等自然灾害较少，受灾损失水产品比上年同期大幅减少；二是由于水产品市场价格增幅较大，广大养殖者对发展水产生产的积极性和信心指数提高，渔民增加投入资金，扩大养殖面积；三是各地方政府安排专款对低产鱼塘进行改造和现代渔业示范基地建设，增加了养殖面积；四是各地积极开展池塘改造，着力改善养殖环境，增加养殖水体，养殖科技水平有较大提高，单产上升。

（三）捕捞作业总水平与去年持平

全省水产品捕捞产量168.38万吨，减少了1.29万吨。

其中，海洋捕捞155.40万吨，下降0.8%，淡水捕捞12.98万吨，下降0.6%。海洋捕捞产量低速增长的原因：一是渔业主管部门重视渔业产业结构调整，积极发展深外海捕捞，捕捞产量增加。近海捕捞强度得到有效控制，海洋捕捞机动渔船出现一定程度减少；二是全年传统的捕捞品种鲐鱼（花池）、青鳞鱼、丽叶鲹、斑鰶、小公鱼等基本上未出现过旺汛，上年出现的前棱骨鲻（白犬）旺汛并未出现，导致海洋捕捞产量有所降低；三是由于渔汛不理想，而且生产成本逐年提高，部分地区的拖网作业渔船春节后出现连续亏本，部分渔船清明前即停产，提前进入了休渔状态；四是渔业资源逐年减少，对海洋捕捞产量产生负面影响。淡水捕捞产量微增的原因：一是淡水捕捞的渔船有一定程度增加；二是今年是继续实施珠江禁渔政策，禁渔期后渔业资源增加，鱼个头平均都比去年大，使得捕捞产量增长；三是各地积极推动增殖放流活动，带来渔业资源增长；四是今年的洪涝灾害比往年少。

（四）渔民收入持续较快增长

全省渔民人均纯收入12251元，增加1114元，增长10%。渔民增收主要得益于以下几个方面：一是结构调整继续稳步推进，放养优质鱼品种的比例增长了5个百分点，优质鱼的产值可比普通鱼高10%以上，渔民由此获得了丰厚的回报；二是外出打工成为渔民增加收入的一个重要渠道，在增加的纯收入超过20%来自外出打工；三是流通与加工能力的增强，渔业二、三产业的加速发展，对渔民收入的增长产生了积极影响；四是持续上涨的水产品价格有利于渔民收入增长；五是全年台风、洪涝等自然灾害相对往年少，全省渔业发展趋势总体良好，为渔民增产增收打下良好基础。

（五）水产品价格上涨明显

全省水产品价格总体上涨2.9%，其中：海水产品受海洋资源枯竭、捕捞成本增加、台风等影响，前五个月涨幅基本都在三成以上，六月份以后涨幅震荡下调，到12月份涨幅已在10%以内；淡水产品方面，全年广东淡水产品价格呈振荡走低态势。一季度涨幅较大，2月份涨幅达最高点；二季度涨幅逐步下降，到6月份价格已出现下跌，三季度9月份跌幅达到最低点，四季度10月份后随着气温逐步下降，价格也跟着拉升。全省淡水养殖情况相对较好，自然灾害、病害较少，成活率高，加上华中地区输粤的淡水鱼增加，市场供大于求，鱼价走低，其中较为明显的是大宗淡水产品、罗非鱼、鲈鱼等。由于2011年华中地区历史罕见的旱灾造成大宗淡水产品价格明显偏高，因此2012年三季度的淡水鱼同比价格有较大回调也属正常范围。

（六）水产品外贸形势审慎乐观

水产品进出口量继续下降，进出口额小幅增长，进出口总量98.53万吨，增长0.08%，进出口总额45.85亿美元，增长19.93%。其中：出口量50.41万吨，出口额33.30亿美元，分别增长14.78%和21.71%；进口量48.12万吨，下降11.76%，进口额12.55亿美元，增长15.44%。贸易顺差20.75亿美元。进出口量出现下降的原因：一是渔业生产成本增加以及人民币升值，导致水产品出口价格提高；二是上半年部分鱼类货源紧缺，且价格高企，不少加工厂出现无鱼可收状况；三是随着东南亚、南美很多发展中国家水产品产量增长，广东水产品出口面临越来越激烈的国际竞争；四是金融危机带来的冲击仍然存在，很多发达国家的水产品需求量下降。

三、现代渔业发展主要成绩

“深蓝渔业”加快发展。扶持建造大型钢质海洋渔船45艘。组织多批渔船赴南沙生产，年产值超亿元。引导企业赴北太平洋和东南太平洋公海生产，开辟了海洋捕捞转型升级的新路径。

渔业产业园区建设有力推进。首次通过竞争性资金安排，启动建设节地节水高质高效渔业示范园区10个。新建省级水产良种场6个、健康养殖示范场37个、标准池塘14万亩。建成深水网箱1300多个，年产优质海水鱼8806吨。

重大民生工程扎实开展。启动建设渔港7个，总投资1.14亿元。建成渔民安居房1200多套。发放柴油补助32.30亿元。认真办理省政协“加强鲜活水产品质量安全监管的建议”重点提案，得到时任省政协主席黄龙云的高度肯定。

平安渔业得到加强。深入开展水产品质量安全“三打两建”，查处案件118宗，水产品抽检合格率达96.2%。成功举办2012年增殖放流暨第五届广东休渔放生节活动，广州、佛山、肇庆、清远等市联合举办“爱我珠江亲水节”渔业增殖放流活动，全省共投放水生动物4.6亿尾（粒）。参与海上搜救72次，救回遇险人员282人，全省渔业船舶生产较大事故、死亡失踪人数分别下降80%和48.8%。综合执法不断加强。开展水下文物保护联合执法。加大“海盾”、“碧海”专项执法行动力度，查处案件50宗。积极开展海岛保护、海砂开采执法，巡查海岛1308个，办结违法采砂案件43宗。打击电鱼、“三无”渔船，清理取缔“三无”船舶324艘。

11-1 主要年份水产品产量及养殖面积

年份	水产品产量（万吨）	海水产品			淡水产品			养殖面积（千公顷）		
		海水产品	捕捞	养殖	淡水产品	捕捞	养殖		海水养殖	淡水养殖
1957	49.89	34.44	32.79	1.65	15.45	1.06	14.39	142.26	25.64	116.62
1962	34.45	24.46	23.16	1.30	9.99	0.90	9.09	167.02	21.20	145.82
1965	49.49	34.85	33.23	1.62	14.64	1.76	12.88	180.95	28.94	152.01
1970	57.32	41.71	40.41	1.30	15.61	1.12	14.49			
1975	71.84	53.83	52.81	1.02	18.01	1.14	16.87	193.08	17.41	175.67
1978	65.50	46.47	45.67	0.80	19.03	0.98	18.05	187.23	16.05	171.18
1980	63.34	41.54	40.78	0.76	21.80	0.85	20.95	200.29	21.54	178.75
1985	109.44	58.74	56.26	2.48	50.70	1.93	48.77	290.16	56.13	234.03
1990	207.66	124.53	110.74	13.79	83.13	4.19	78.94	43.67	92.33	251.34
1995	449.86	189.41	178.71	10.70	164.23	14.45	149.78	445.82	116.15	329.67
2000	593.19	360.46	191.46	168.98	323.73	13.52	219.21	564.51	194.89	369.62
2005	695.23	397.75	172.05	225.70	297.29	13.03	284.26	604.65	224.40	380.25
2006	658.84	373.59	153.40	220.19	285.25	12.00	273.25	489.93	160.02	329.91
2007	664.34	373.12	150.16	222.96	291.22	11.83	279.39	489.06	159.30	329.76
2008	680.41	376.81	153.83	222.98	303.60	12.49	291.11	544.25	189.72	354.53
2009	702.81	387.15	152.53	234.62	315.44	12.65	302.79	562.16	194.77	367.39
2010	729.03	401.50	152.43	249.07	327.53	12.86	314.67	563.41	199.26	364.16
2011	762.53	418.22	152.65	265.57	344.31	12.84	331.47	573.91	203.41	370.50
2012	789.50	432.34	156.61	275.74	357.16	13.06	344.09	575.21	201.83	373.38
2013	816.13	436.08	155.40	287.00	373.72	12.98	360.74	570.14	197.20	372.94

注：2000年以后的水产品产量数据按照新的标准统计，2006年以后年份的数据按农普调整的数据。

11-2 水产生产概况

项　　目	计量单位	2013	2012	2013 比 2012 增长%
水产品总产量	万吨	816.13	789.50	3.37
海洋捕捞（包括外海）	万吨	155.40	156.61	-0.77
海水养殖	万吨	287.00	275.74	4.08
淡水捕捞	万吨	12.98	13.06	-0.61
淡水养殖	万吨	360.74	344.09	4.84
渔业总产值（按现价计算）	亿元	2124.85	1983.64	7.12
水产品产值（不包括种苗）	亿元	975.28	914.04	6.70
海洋捕捞	亿元	125.24	121.25	3.29
海水养殖	亿元	349.17	324.53	7.59
淡水捕捞	亿元	16.15	16.39	-1.46
淡水养殖	亿元	484.72	451.87	7.27
水产种苗	亿元	29.61	27.29	8.50
第二产业产值	亿元	389.88	354.04	10.12
其中：水产品加工	亿元	240.16	217.78	10.28
渔机修造	亿元	3.19	2.96	7.77
绳网制造	亿元	3.70	3.53	4.82
建筑业	亿元	5.29	5.37	-1.49
第三产业产值	亿元	730.07	688.28	6.07
出口水产品数量	万吨	50.41	43.83	15.01
创汇	亿美元	33.30	28.00	18.93
渔民人均纯收入	元/人	12251.00	11137.00	10.00
人均水产品占有量	千克/人	76.68	74.84	2.46
海洋捕捞产量	万吨	155.40	156.61	-0.77
其中：鱼类	万吨	115.94	111.29	4.18
虾类	万吨	14.65	13.92	5.24
蟹类	万吨	7.89	7.78	1.41
贝类	万吨	5.32	6.17	-13.78
藻类	万吨	0.69	0.48	43.75
头足类	万吨	7.46	7.55	-1.19
海水养殖总面积	千公顷	197.20	201.83	-2.29
产量	万吨	287.00	275.74	4.08
单产	千克/公顷	14553.75	13661.99	6.53
其中：鱼类面积	千公顷	27.81	28.21	-1.42
产量	万吨	43.33	39.94	8.49
单产	千克/公顷	15580.73	14158.10	10.05
虾类面积	千公顷	61.54	59.57	3.31
产量	万吨	38.25	36.16	5.78
单产	千克/公顷	6215.47	6070.17	2.39
蟹类面积	千公顷	10.06	10.92	-7.88
产量	万吨	5.50	5.11	7.63
单产	千克/公顷	5467.20	4679.49	16.83
贝类面积	千公顷	88.88	94.09	-5.54
产量	万吨	191.64	186.31	2.86
单产	千克/公顷	21561.66	19801.25	8.89
藻类面积	千公顷	3.16	3.33	-5.11
产量	万吨	7.58	7.39	2.57
单产	千克/公顷	23987.34	22192.19	8.09

11-2 续表

项　　目	计量单位	2013	2012	2013 比 2012 增长%
淡水养殖总面积	千公顷	372.94	373.38	-0.12
产量	万吨	360.74	344.09	4.84
单产	千克/公顷	9672.87	9215.54	4.96
其中：池塘养殖面积	千公顷	277.87	279.15	-0.46
产量	万吨	329.28	314.13	4.82
单产	千克/公顷	11850.85	11253.09	5.31
其中：鱼类产量	万吨	326.90	307.95	6.15
虾类产量	万吨	27.92	29.03	-3.82
蟹类产量	万吨	0.46	0.49	-6.12
淡水捕捞产量	万吨	12.98	13.06	-0.61
其中：鱼类	万吨	7.99	7.19	11.13
虾类	万吨	0.88	0.88	0.00
蟹类	万吨	0.30	0.22	36.36
贝类	万吨	3.62	4.62	-21.65
水产冷库数量	个	540.00	539.00	0.19
制冰能力	万吨/日	1.50	1.52	-1.32
冻结能力	万吨/日	2.73	2.03	34.48
冷藏能力	万吨/次	28.32	28.60	-0.98
水产加工品数量	万吨	143.34	145.70	-1.62
其中：冷冻品	万吨	36.30	37.88	-4.17
渔业乡（镇）	个	84.00	79.00	6.33
渔业村	个	965.00	923.00	4.55
渔业人口	万人	240.35	240.15	0.08
渔业从业人员	万人	131.90	133.79	-1.41
其中：专业从业人员	万人	86.59	87.17	-0.67
兼业从业人员	万人	38.56	40.15	-3.96
机动渔船合计艘数	艘	65897.00	66615.00	-1.08
吨位	总吨	930544.00	883435.00	5.33
功率	千瓦	2445109.00	2443419.00	0.07
其中：生产渔船艘数	艘	60296.00	60936.00	-1.05
吨位	总吨	838489.00	806079.00	4.02
功率	千瓦	2187086.00	2173045.00	0.65
机动渔船中：海洋捕捞艘数	艘	43712.00	44114.00	-0.91
吨位	总吨	771426.00	764835.00	0.86
功率	千瓦	2017639.00	1995769.00	1.10
海水养殖艘数	艘	5038.00	4945.00	1.88
吨位	总吨	25451.00	17537.00	45.13
功率	千瓦	64288.00	63838.00	0.70

11-3 各市渔业生产基本情况

2013年

市别	水产品总产量（吨）					渔业经济总产值和增加值（万元）		水产品	
	合计	海洋捕捞（包括外海）	海水养殖	淡水捕捞	淡水养殖	产值	增加值	产值	增加值
全省	8161268	1554002	2870020	129844	3607402	21248502	6921606	10048944	3657427
广州	476825	27521	58313	49272	341719	2256879	761152	708576	371236
深圳	42183	38540	2826		817	86034	45166	58681	23968
珠海	274635	11045	31782	1864	229944	773971	244507	624093	191855
汕头	427026	160814	187898	3814	74500	933303	313831	444127	138659
佛山	595375			7173	588202	1822317	227458	1045877	164184
韶关	77352			2658	74694	79734	34573	77779	33828
河源	42110			1796	40314	40458	14103	39305	13547
梅州	102994			9582	93412	163110	67937	99196	40728
惠州	156728	23492	55961	1184	76091	245503	73269	208043	61819
汕尾	598078	259355	287323	3321	48079	803512	111568	505716	60498
东莞	74525	10783	3889	1493	58360	295373	60122	78964	7425
中山	354246	2366	19557	1566	330757	911410	233105	519481	159069
江门	727549	108111	227083	12247	380108	1582176	493361	1106122	365464
阳江	1145241	376350	656036	8018	104837	1656471	853112	1199447	717567
湛江	1200153	288199	750448	5820	155686	4336683	1697546	1547613	956487
茂名	867523	161796	454233	4360	247134	1303537	600582	640575	332000
肇庆	380690			5804	374886	439574	182081	381811	139872
清远	114013			1795	112218	138973	14029	138973	14029
潮州	188306	27774	108527	2385	49620	237808	104716	203008	96295
揭阳	154232	57071	21197	4134	71830	237625	94261	180387	69770
云浮	105302			1430	103872	223016	39312	118161	20421
其他（省直属）	56182	785	4947	128	50322				

11-3 续表

市别	水产养殖面积合计（公顷）			渔业船舶合计		
		海水养殖	淡水养殖	艘	总吨	千瓦
全省	570137	197198	372939	70530	938581	2445109
广州	28357	3413	24944	2490	22859	99368
深圳	1140	1001	139	1238	22998	75944
珠海	29789	14507	15282	2562	28573	84681
汕头	15815	11544	4271	3433	77743	186658
佛山	37613		37613	1964	3546	18472
韶关	20396		20396	793	945	9651
河源	7115		7115	780	811	6953
梅州	14422		14422	467	858	5208
惠州	20879	4008	16871	2391	16501	58998
汕尾	27023	19886	7137	7607	123200	368722
东莞	9600	627	8973	601	21330	58556
中山	24341	1720	22621	1229	7832	17948
江门	66778	24570	42208	4926	100225	183006
阳江	40211	24681	15530	6659	192678	439419
湛江	95566	63125	32441	20222	161105	409894
茂名	37357	15352	22005	5014	85005	219466
肇庆	33748		33748	1567	2402	10998
清远	17257		17257	1350	1642	14266
潮州	13486	7400	6086	2388	17311	66414
揭阳	11239	2364	8875	2223	26363	104149
云浮	9199		9199	626	1498	6338
其他	8806	3000	5806			

11-4 各市海洋捕捞产量

2013 年　　单位：吨

市　别	合　计	鱼类	甲壳类			贝类	藻类	头足类	其它
				虾	蟹				
全　省	1554002	1159366	225474	146548	78926	53197	6894	74582	33792
广　州	27521	19851	1671	777	894	5980		17	2
深　圳	38540	37783	403	346	57	196	6	52	100
珠　海	11045	8311	1679	1081	598	545	145	302	63
汕　头	160814	122693	21656	10542	11114	4021	767	11231	446
惠　州	23492	16972	3271	2094	1177	1432	21	1457	339
汕　尾	259355	170180	44323	24142	20181	13996	1079	25727	4050
东　莞	10783	8735	1601	1159	442	193		242	12
中　山	2366	1636	403	235	168	327			
江　门	108111	86359	16609	10319	6290	1678		1155	2310
阳　江	376350	291278	64293	46774	17519	5596	2280	7875	5028
湛　江	288199	205782	43828	28805	15023	16735	789	9392	11673
茂　名	161796	128753	15727	13478	2249	1198	1713	9587	4818
潮　州	27774	21713	1996	1321	675	814	2	528	2721
揭　阳	57071	39232	8014	5475	2539	486	92	7017	2230
其　他	785	88							

市　别	合计	按　捕　捞　渔　具　分					
		拖网	围网	刺网	张网	钓业	其他
全　省	1554002	811000	150512	430162	8409	101934	51985
广　州	27521	14993	1554	9489	170	502	813
深　圳	38540	31589	1206	365	200	5014	166
珠　海	11045	5995	379	2997	300	772	602
汕　头	160814	94434	18549	31901	2160	8188	5582
惠　州	23492	3165	5323	13997		1007	
汕　尾	259355	180375	10324	43403	520	15546	9187
东　莞	10783	9318	330	1025			110
中　山	2366	733	93	1490		9	41
江　门	108111	44385	19895	38286		3074	2471
阳　江	376350	136692	77235	132188		25132	5103
湛　江	288199	135341	4825	94777	2877	26392	23987
茂　名	161796	111013	3922	33528		12699	634
潮　州	27774	9155	6782	7735	537	1075	2490
揭　阳	57071	33724	95	18981	1645	1827	799
其　他	785	88				697	

11-5 各市海水养殖产量

2013 年 单位：吨

市别	合计	鱼类	甲壳类			贝类	藻类	其他
				虾	蟹			
全省	2870020	433333	437719	382486	55233	1916388	75846	6734
广州	58313	55686	2612	1672	940	9		6
深圳	2826	752	424	352	72	1487	40	123
珠海	31782	15308	3323	1221	2102	12971	57	123
汕头	187898	27376	29226	18683	10543	75708	53584	2004
惠州	55961	9851	10917	10205	712	33368	338	1487
汕尾	287323	43991	43991	33726	10265	192058	6400	883
东莞	3889	2468	618	299	319	58	745	
中山	19557	8960	3631	2023	1608	6966		
江门	227083	21556	32466	26854	5612	172787	20	254
阳江	656036	83133	87146	75172	11974	485722		35
湛江	750448	73022	164252	159140	5112	511082	617	1475
茂名	454233	30513	33975	32544	1431	383103	6642	
潮州	108527	58567	15125	13915	1210	34361	130	344
揭阳	21197	2150	10013	6680	3333	1761	7273	
其他	4947					4947		

市别	按养殖水域分			其中：养殖方式分						
	海上	滩涂	其他	深水网箱	普通网箱	工厂化	池塘	筏式	吊笼	底播
全省	120124	116603	502739	16617	104768	3783	558642	322214	123589	639467
广州			58313				58313			
深圳	1535	379	912	336	888	828	307	160		12
珠海	13417	9993	8372	6437	3392		8538	6807	1649	2739
汕头	71176	75304	41418	100	5630	20	42526	85769	3200	23274
惠州	28549	15986	11426		5995	431	13512	17188	2789	5781
汕尾	121635	119477	46211	547	8014	1667	23110	1557	13485	5663
东莞		3864	25				1059			
中山	3400	16157								
江门	33619	146145	47319		1669		34385	46920		132904
阳江	409184	154527	92325	40	29489		75692	142230	10028	44178
湛江	247669	364036	118743	7927	31419	11	194283	11621	91778	268166
茂名	186882	223165	44186		9408		43857			111648
潮州	58567	33124	16836	1230	8864		43587	9753	660	44433
揭阳	669	3875	16653			826	19473	209		669
其他	24947									

11-6 各市海水养殖面积

2013 年　　单位：公顷

市别	合计	鱼类	甲壳类	虾	蟹	贝类	藻类	其他
全省	197198	27809	71592	61536	10056	88881	3157	5759
广州	3413	2504	909	807	102			
深圳	1001	307	207	187	20	279	102	106
珠海	14507	1109	3352	1300	2052	7996	50	2000
汕头	11544	1658	3601	2580	1021	4188	2036	61
惠州	4008	698	693	600	93	2137	34	446
汕尾	19886	3073	7361	5473	1888	8644	567	241
东莞	627	501	72	54	18	5	49	
中山	1720	605	648	454	194	467		
江门	24570	2625	9137	7767	1370	12726	7	75
阳江	24681	2609	9545	8165	1380	12447		80
湛江	63125	9074	29796	28978	818	21495	33	2727
茂名	15352	806	2733	2555	178	11760	53	
潮州	7400	2041	1602	1175	427	3584	150	23
揭阳	2364	199	1936	1441	495	153	76	
其他	3000					3000		

市别	按养殖水域分			其中：养殖方式分						
	海上	滩涂	其他	深水网箱立方水体	普通网箱平方米	工厂化立方水体	池塘	筏式	吊笼	底播
全省	60627	85638	50933	585475	4867844	427125	71758	12540	9371	38513
广州			3413				3413			
深圳	621	277	103	45000	58000	8840	12	28		4
珠海	5740	6005	2762	138970	112240		4286	1698	321	7292
汕头	3900	4180	3464	600	1061600	3	3941	2728	333	1669
惠州	2749	698	561		165250	103500	1024	579	375	2450
汕尾	6967	7364	5555	9000	97863	71780	3062		2148	1711
东莞		596	31				31			
中山	45	1675								
江门	6806	7865	9899		26960		10912	3815		9110
阳江	7726	13278	3677	50000	386624		7253	3158	507	2152
湛江	15494	34392	13239	133969	604192	2	29512	150	5181	9991
茂名	7054	3758	4540		159575		4020			1928
潮州	3495	2304	1601	207936	2195540		2077	373	506	2176
揭阳	30	246	2088			243000	2215	11		30
其他		3000								

11-7 各市淡水捕捞产量

2013年　　单位：吨

市别	合　计	鱼类	甲壳类	虾	蟹	贝类	其他
全　省	129844	79871	11853	8843	3010	36232	1862
广　州	49272	26336	3138	2561	577	19235	563
深　圳							
珠　海	1864	1782	67	43	24	15	
汕　头	3814	2244	1295	617	678	275	
佛　山	7173	1858	935	874	61	4348	6
韶　关	2658	1871	289	207	82	481	17
河　源	1796	1491	229	225	4	73	3
梅　州	9582	7863	847	735	112	782	90
惠　州	1184	848	60	60		276	
汕　尾	3321	2828	447	313	134	14	32
东　莞	1493	1120	283	250	33	90	
中　山	1566	1115	201	143	58	214	36
江　门	12247	5024	491	444	47	6046	686
阳　江	8018	5105	1902	1065	837	914	97
湛　江	5820	5160	180	90	90	480	
茂　名	4360	2407	318	251	67	1488	147
肇　庆	5804	4567	311	272	39	898	28
清　远	1795	1487	178	166	12	120	10
潮　州	2385	2006	293	212	81	11	75
揭　阳	4134	3434	249	186	63	379	72
云　浮	1430	1197	140	129	11	93	
其　他	128	128					

11-8 各市淡水养殖产量

2013 年

单位：吨

市 别	合 计	鱼 类	甲壳类		贝 类	藻 类	其 他
			虾	蟹			
全 省	3607402	3268974	283780	279160	4620	14303	20	40325
广 州	341719	312237	13002	11829	1173	10639		5841
深 圳	817	692						125
珠 海	229944	176109	53835	53835				0
汕 头	74500	58562	13834	11583	2251			2104
佛 山	588202	583602	636	635	1	5		3959
韶 关	74694	74485	130	126	4	23		56
河 源	40314	39175	434	402	32	49		656
梅 州	93412	91611	331	277	54	395	20	1055
惠 州	76091	73302	16	16				2773
汕 尾	48079	46858	1056	828	228	18		147
东 莞	58360	55173	2156	2108	48	20		1011
中 山	330757	237873	86419	86419				6465
江 门	380108	289422	81117	81047	70	80		9489
阳 江	104837	101857	2578	2578		2		400
湛 江	155686	154020	1192	1157	35	320		154
茂 名	247134	240379	4972	4968	4	1719		64
肇 庆	374886	356099	16995	16828	167	447		1345
清 远	112218	110953	175	168	7	129		961
潮 州	49620	46395	2448	1982	466			777
揭 阳	71830	67198	2195	2135	60			2437
云 浮	103872	102650	259	239	20	457		506
其 他	50322	50322						

市 别	合 计	按水域分					其中养殖方式		
		池 塘	湖 泊	水 库	河 沟	稻 田	围 栏	网 箱	工厂化
全 省	3607402	3292794	8274	235049	15735	2639	949	4604	657
广 州	341719	322202	125	15862	370			150	
深 圳	817	719		98					
珠 海	229944	229772		172					
汕 头	74500	69386	68	2430	1780				
佛 山	588202	583316		3982	521				
韶 关	74694	51705		22362		371		226	110
河 源	40314	33220		7094					
梅 州	93412	63645	1172	25015	8	86		1505	120
惠 州	76091	71054		4409	45				
汕 尾	48079	35434	1619	5151	3370	110	269		
东 莞	58360	56787	220		826				400
中 山	330757	330757							
江 门	380108	359436		3148	161				
阳 江	104837	86341	2879	13220	928		4		
湛 江	155686	127814	742	24858	1732	4	676	100	
茂 名	247134	203201		42338		406			
肇 庆	374886	326830	180	31600	3183	850		1132	27
清 远	112218	99724	1269	9031	293	501		81	
潮 州	49620	44003		2448	831			60	
揭 阳	71830	61126		8735	1087				
云 浮	103872	86000		13096	600	311		1350	
其 他	50322	50322							

11-9 各市淡水养殖面积

2013 年　　单位：公顷

地区或单位	合计	按水域分						集约化养殖方式		
		池塘	湖泊	水库	河沟	其它	稻田	围栏（平方米）	网箱（平方米）	工厂化（立方水体）
全省	372939	277871	5205	79271	1976	8616	2398	405273	298265	8622
广州	24944	22344	25	2148	78	349			2080	
深圳	139	121		18						
珠海	15282	15244		38						
汕头	4271	3518		520	86	139				
佛山	37613	36872		629	112					
韶关	20396	8357		11975		64	38		43000	3667
河源	7115	5507		1606		2				
梅州	14422	8035	143	5714	2	528	563		41035	
惠州	16871	10537	2137	3779	98	320				
汕尾	7137	4406	286	1588	283	574	85	20		
东莞	8973	7278	23	1639		33				3024
中山	22621	22621								
江门	42208	33021	643	5974	283	2287				
阳江	15530	10353	366	4375	286	150		1500		
湛江	32441	13835	627	17532	157	290	2	403353	45951	
茂名	22005	15182		6689		134				
肇庆	33748	25420	477	5461	179	2211	57	400	16407	1931
清远	17257	12175	470	3838	113	661	1361		101392	
潮州	6086	4311		1156	89	530			640	
揭阳	8875	6247		2359	130	139				
云浮	9199	6681		2233	80	205	292		47760	
其他	5806	5806								

11-10 各市海淡水养殖苗

2013 年

单　　位	海水鱼苗(万尾)	虾类苗种量(亿尾)	贝类苗种量(万粒)	淡水鱼苗产量（万尾）	淡水鱼种产量（吨）	投放鱼种数量（吨）
全　　省	231346	255	581938	75910000	292334	162489
广　　州	20756	254		238754	21566	29394
深　　圳	915	50			29	16
珠　　海	1000	182	1004	490891	3170	3170
汕　　头	206	15	13653	24403	58	77
佛　　山				25128300	17472	10232
韶　　关				145374	7542	7199
河　　源				14999	4251	3869
梅　　州				378800	6032	5375
惠　　州	100236	10	2301	490538	5915	6554
汕　　尾	52859	13860	39350	11275	5	5
东　　莞	72	3		860398	528	1368
中　　山		4532		6761	1872	3516
江　　门	437	1150		6520276	14675	8716
阳　　江	4620	71	21020	29010109	1378	1561
湛　　江	482725	1218	467275	379086	1325	279
茂　　名	1595632	262	6835	2735552	18654	19624
肇　　庆		91172		7927435	167599	49575
清　　远				352750	9984	8001
潮　　州	54000	9980	16000	10665	483	475
揭　　阳		132000	14500	236460	488	654
云　　浮				1214952	10293	3674

11-11 各市水产加工

2013 年

地区或单位	一、水产加工企业数量（个）	加工能力（吨/年）	二、水产冷库座数	冻结能力（吨/日）	冻藏能力（吨/次）	制冰能力（吨/日）
全　省	1077	2593668	540	27292	283196	14970
广　州	3	50052	3	265	9220	40
深　圳	8	3912	4	300	5001	201
珠　海	10	73048	23	256	9866	647
汕　头	63	205259	79	1637	43344	3604
佛　山	10	141444	30	1702	9420	117
韶　关			3	44	85	24
河　源						
梅　州	2	20				
惠　州	5	18650	5	335	1323	485
汕　尾	72	237847	74	1148	9919	1144
东　莞	52	2230	4	8	12	5
中　山	32	180000	28	850	6400	265
江　门	94	111682	50	937	36108	1365
阳　江	41	293227	62	1690	17380	1559
湛　江	195	477541	91	8255	69033	2464
茂　名	180	583029	21	8975	43089	1780
肇　庆	10	93649	10	285	10925	35
清　远						
潮　州	15	35020	15	212	7400	635
揭　阳	283	27058	30	93	2671	560
云　浮	2	60000	8	300	2000	40

地区或单位	三、水产加工品总量（吨）	淡水加工产品	（一）水产品冷冻（吨）	冷冻加工品	（二）鱼糜制品及干腌制品(吨)	鱼糜制品	干腌品
全　省	1433441	364425	914927	551905	219318	117037	102281
广　州	10127	10052	10075		2942	2850	92
深　圳	3265		758	258	772	672	100
珠　海	30503	13355	24748	8474	409	3	406
汕　头	158693	11852	117414	84434	10123	9828	295
佛　山	38117	38117	11939	7500	4600		4600
韶　关							
河　源							
梅　州	2350	2350			1890	1660	230
惠　州	15019	4045	6492	930	2847	278	2569
汕　尾	226898	34547	128413	42857	74960	36231	38729
东　莞	1630	760	360	360	1161	396	765
中　山	88929	67172	51286	25854	7639	7517	122
江　门	54208	19840	30398	5263	4219	2149	2070
阳　江	181482	16815	111550	50540	31562	26046	5516
湛　江	264047	32496	183535	154123	37178	1935	35243
茂　名	239975	48810	143722	120661	23631	20553	3078
肇　庆	54645	54645	47540	17255	3672		3672
清　远							
潮　州	35119	569	27559	20479	4200	3010	1190
揭　阳	19434	0	9138	4917	7513	3909	3604
云　浮	9000	9000	10000	8000			

11-11 续表

地区或单位	藻类加工（吨）	（三）罐制品（吨）	（四）水产饲料（吨）	（五）鱼油制品（吨）	（六）其它水产加工品（吨）		
						助剂和添加剂（吨）	珍 珠（公斤）
全 省	3171	54574	85771	239	155441		5416
广 州			3600				310
深 圳	3						
珠 海	12						
汕 头	2060	429	3936	19	8592		900
佛 山		21486			60		
韶 关							
河 源							
梅 州	10						
惠 州	1				25		
汕 尾	1000	8000	3860	52	12066		
东 莞					109		
中 山	23	17123	2857		10123		
江 门	50	4614			18520		
阳 江		1402	15104	110	2504		
湛 江		20	21019	58	5461		4206
茂 名	12		35395		37147		
肇 庆							
清 远							
潮 州					220		
揭 阳		1500			1283		
云 浮							

地区或单位	四、用于加工的水产品量（吨）	淡水产品
全 省	1953911	630898
广 州	40073	40073
深 圳	5303	
珠 海	35394	5258
汕 头	224900	29900
佛 山	56137	56137
韶 关		
河 源		
梅 州	3395	3395
惠 州	15379	4112
汕 尾	210854	34420
东 莞	2366	1466
中 山	124953	87334
江 门	95085	46802
阳 江	251236	33190
湛 江	328568	76560
茂 名	371972	100521
肇 庆	86888	86888
清 远		
潮 州	47715	1194
揭 阳	30045	
云 浮	24198	24198

11-12 各市渔业船舶拥有量

市别	总计			机动渔船								
							生产渔船					
										捕捞渔船		
	艘	总吨	千瓦	艘	总吨	千瓦	艘	总吨	千瓦	艘	总吨	千瓦
全省	70530	938581	2445109	65897	930544	2445109	60296	838489	2187086	55045	812834	2119703
广州	2490	22859	99368	2419	22797	99368	2223	19828	80849	2223	19828	80849
深圳	1238	22998	75944	1238	22998	75944	973	22026	65775	842	21675	62722
珠海	2562	28573	84681	2553	26329	84681	2054	15603	59847	1834	14107	51528
汕头	3433	77743	186658	3020	77624	186658	2597	68532	158622	2399	67434	155049
佛山	1964	3546	18472	1838	3087	18472	1774	2452	15040	1774	2452	15040
韶关	793	945	9651	782	937	9651	773	779	9169	773	779	9169
河源	780	811	6953	760	800	6953	759	797	6909	759	797	6909
梅州	467	858	5208	467	858	5208	461	813	4793	461	813	4793
惠州	2391	16501	58998	2327	15422	58998	2053	9705	40807	1927	9476	36593
汕尾	7607	123200	368722	6517	122328	368722	6197	116735	338714	5866	116312	336130
东莞	601	21330	58556	601	21330	58556	585	21014	56226	585	21014	56226
中山	1229	7832	17948	1229	7832	17948	1191	7529	15414	1191	7529	15414
江门	4926	100225	183006	4745	100067	183006	4139	74940	168412	3937	66818	166610
阳江	6659	192678	439419	6566	192542	439419	4979	175466	386024	4490	173628	376697
湛江	20222	161105	409894	18679	159296	409894	17863	151461	380709	15400	144474	360601
茂名	5014	85005	219466	4815	84806	219466	4602	80991	205625	4420	80466	204179
肇庆	1567	2402	10998	1434	2284	10998	1404	2179	10359	1404	2179	8095
清远	1350	1642	14266	1343	1637	14266	1340	1592	14126	1267	1592	14126
潮州	2388	17311	66414	1919	16666	66414	1840	15945	63789	1008	11362	53108
揭阳	2223	26363	104149	2019	26250	104149	1895	25560	100515	1891	25557	100503
云浮	626	1498	6338	626	1498	6338	594	1386	5362	594	1386	5362

市别	机动渔船								
	生产渔船			辅助渔船					
	养殖渔船						捕捞辅助船		
	艘	总吨	千瓦	艘	总吨	千瓦	艘	总吨	千瓦
全省	5251	25655	67383	5601	92055	258023	5255	83628	185032
广州				196	2969	18519	168	2257	8767
深圳	131	351	3053	265	972	10169	254	868	6946
珠海	220	1496	8319	499	10726	24834	388	7692	17566
汕头	198	1098	3573	423	9092	28036	409	8093	18626
佛山				64	635	3432	56	444	1981
韶关				9	158	482			
河源				1	3	44			
梅州				6	45	415	2		
惠州	126	229	4214	274	5717	18191	259	5462	13812
汕尾	331	423	2584	320	5593	30008	306	5315	24873
东莞				16	316	2330	8	161	576
中山				38	303	2534	29	223	897
江门	202	8122	1802	606	25127	14594	591	24798	8970
阳江	489	1838	9327	1587	17076	53395	1576	16588	47764
湛江	2463	6987	20108	816	7835	29185	786	6882	17752
茂名	182	525	1446	213	3815	13841	208	3721	12508
肇庆			2264	30	105	639	26	48	340
清远	73			3	45	140			
潮州	832	4583	10681	79	721	2625	43	427	1451
揭阳	4	3	12	124	690	3634	119	595	1867
云浮				32	112	976	27	54	336

11-12 续表 1

市别	机动渔船					
	辅助渔船					
	渔业执法船			其它		
	艘	总吨	千瓦	艘	总吨	千瓦
全省	203	5162	65659	143	3265	7332
广州	28	712	9752			
深圳	11	104	3223			
珠海	6	68	1170	105	2966	6098
汕头	14	999	9410			
佛山	8	191	1451			
韶关	9	158	482			
河源	1	3	44			
梅州	4	45	415			
惠州	15	255	4379			
汕尾	14	278	5135			
东莞	8	155	1754			
中山	9	80	1637			
江门	15	329	5624			
阳江	11	488	5631			
湛江	28	948	11373	2	5	60
茂名	5	94	1333			
肇庆	4	57	299			
清远	3	45	140			
潮州				36	294	1174
揭阳	5	95	1767			
云浮	5	58	640			

市别	机动渔船按船长分								
	24 米以上			12-24 米			12 米以下		
	艘	总吨	千瓦	艘	总吨	千瓦	艘	总吨	千瓦
全省	2795	331288	727290	11417	404843	1065987	51685	194413	651832
广州	18	3429	11353	793	13935	58231	1608	5433	29784
深圳	111	19340	47457	62	2153	4788	1065	1505	23699
珠海	65	11434	25489	159	6537	16862	2329	8358	42330
汕头	226	20440	51887	1374	45101	99816	1420	12083	34955
佛山	2	60	304	155	1355	4411	1681	1672	13757
韶关							782	937	9651
河源							760	800	6953
梅州			206	1	38	35	466	820	4967
惠州	18	2604	3935	134	6337	14294	2175	6481	40769
汕尾	843	57655	187621	926	44099	112404	4748	20574	68697
东莞	34	5081	15541	239	14465	36925	328	1784	6090
中山	2	60	1637	230	540	3947	997	7232	12364
江门	164	34349	56102	1057	46021	89262	3524	19697	37642
阳江	624	101875	184431	1347	75426	202908	4595	15241	52080
湛江	302	23295	55799	2438	69736	178252	15939	66265	175843
茂名	93	18313	51819	548	50960	123770	4174	15533	43877
肇庆	1	50	173	64	80	439	1369	2154	10386
清远	25	121	1245	288	201	1963	1030	1315	11058
潮州	219	8501	26015	708	4939	27385	992	3226	13014
揭阳	48	1525	6276	877	22710	89650	1094	2015	8223
云浮				17	210	645	609	1288	5693

11-12 续表 2

市别	捕捞渔船按功率分					
	441 千瓦以上（600 马力以上）			45-440 千瓦 （61-559 马力）		
	艘	总吨	千瓦	艘	总吨	千瓦
全省	407	90999	213332	9303	544470	1373097
广州	10	1939	5848	564	11676	48963
深圳	38	11436	28568	92	9159	20756
珠海	25	5307	11643	134	5557	18321
汕头	15	886	3047	1050	57215	133278
佛山						
韶关						
河源						
梅州						
惠州				130	5949	13450
汕尾	31	4246	19005	1549	92921	263474
东莞	22	3765	13546	242	16789	40555
中山				41	859	3309
江门	53	9326	29644	611	44556	94746
阳江	64	10909	41125	1550	150539	308131
湛江	15	3425	7171	1373	70586	178366
茂名	93	16344	51819	520	49620	110769
肇庆						
清远	40	100	1475	130	157	1724
潮州	1	160	441	432	5446	43263
揭阳				885	23441	93159
云浮						833

市别	捕捞渔船按功率分			非机动渔船合计	
	44 千瓦以下 （60 马车以下）				
	艘	总吨	千瓦	艘	总吨
全省	45335	177365	533274	4633	8037
广州	1649	6213	26038	71	62
深圳	712	1080	13398		
珠海	1675	3243	21564	9	2244
汕头	1334	9333	18724	413	119
佛山	1774	2452	15040	126	459
韶关	773	779	9169	11	8
河源	759	797	6909	20	11
梅州	461	813	4793		
惠州	1797	3527	23143	64	1079
汕尾	4286	19145	53651	1090	872
东莞	321	460	2125		
中山	1150	6670	12105		
江门	3273	12936	42220	181	158
阳江	2876	12180	27441	93	136
湛江	14012	70463	175064	1543	1809
茂名	3807	14502	41591	199	199
肇庆	1404	2179	8095	133	118
清远	1097	1335	10927	7	5
潮州	575	5756	9404	469	645
揭阳	1006	2116	7344	204	113
云浮	594	1386	4529		

11-12 续表 3

市别	海洋渔业机动渔船								
				生产渔船					
							捕捞渔船		
	艘	总吨	千瓦	艘	总吨	千瓦	船	总吨	千瓦
全 省	53879	888671	2320947	48750	796877	2081927	43712	771426	2017639
广 州	1567	20970	88249	1406	18317	70954	1406	18317	70954
深 圳	1238	22998	75944	973	22026	65775	842	21675	62722
珠 海	2321	26747	84029	1839	16050	59313	1627	14563	51097
汕 头	2786	76924	183651	2490	68337	157659	2338	67302	154504
佛 山	8	82	211	8	82	211	8	82	211
韶 关									
河 源									
梅 州									
惠 州	1906	14912	54793	1637	9238	37244	1511	9009	33030
汕 尾	6469	125158	368564	6149	116689	338556	5866	116312	336130
东 莞	459	21174	58156	443	20858	55826	443	20858	55826
中 山	719	6488	14275	681	6185	11741	681	6185	11741
江 门	3687	97237	172392	3100	72355	158111	2898	64233	156309
阳 江	6543	192517	439251	4956	175551	385855	4467	173713	376529
湛 江	18206	157098	398422	17431	150012	377151	14986	143047	357072
茂 名	4617	84162	218380	4404	80347	204539	4240	79884	203210
肇 庆									
清 远									
潮 州	1649	16435	62981	1570	15714	60356	738	11131	49675
揭 阳	1704	25769	101649	1663	25116	98636	1661	25115	98629
云 浮									

市别	海洋渔业机动渔船								
	生产渔船			辅助渔船					
	养殖渔船						捕捞辅助船		
	艘	总吨	千瓦	艘	总吨	千瓦	艘	总吨	千瓦
全 省	5038	25451	64288	5129	91794	239020	4852	82917	179615
广 州				161	2653	17295	145	2170	8274
深 圳	131	351	3053	265	972	10169	254	868	6946
珠 海	212	1487	8216	482	10697	24716	371	7663	17448
汕 头	152	1035	3155	296	8587	25992	284	7588	17406
佛 山									
韶 关									
河 源									
梅 州									
惠 州	126	229	4214	269	5674	17549	259	5462	13812
汕 尾	283	377	2426	320	8469	30008	306	5315	24873
东 莞				16	316	2330	8	161	576
中 山				38	303	2534	29	223	897
江 门	202	8122	1802	587	24882	14281	574	24555	8753
阳 江	489	1838	9326	1587	16966	53396	1576	16478	47765
湛 江	2445	6965	20079	775	7086	21271	757	6791	17357
茂 名	164	463	1329	213	3815	13841	208	3721	12508
肇 庆									
清 远									
潮 州	832	4583	10681	79	721	2625	43	427	1451
揭 阳	2	1	7	41	653	3013	38	595	1549
云 浮									

11-12 续表 4

市别	海洋渔业机动渔船					
	辅助渔船					
	渔业执法船			其它		
	艘	总吨	千瓦	艘	总吨	千瓦
全　省	134	5162	52073	143	3265	7332
广　州	16	483	9021			
深　圳	11	104	3223			
珠　海	6	68	1170	105	2966	6098
汕　头	12	999	8586			
佛　山						
韶　关						
河　源						
梅　州						
惠　州	10	212	3737			
汕　尾	14	3154	5135			
东　莞	8	155	1754			
中　山	9	80	1637			
江　门	13	327	5528			
阳　江	11	488	5631			
湛　江	16	290	3854	2	5	60
茂　名	5	94	1333			
肇　庆						
清　远						
潮　州				36	294	1174
揭　阳	3	58	1464			
云　浮						

市别	海洋渔业捕捞渔船按作业类型分								
	拖网			围网			刺网		
	艘	总吨	千瓦	艘	总吨	千瓦	艘	总吨	千瓦
全　省	5201	325192	886194	1439	80770	170698	30257	270985	734372
广　州	18	1828	6599	3	301	838	1276	13322	55957
深　圳	35	2505	6334	7	855	2290	722	1918	16998
珠　海	62	8526	20957	7	303	845	1328	5093	22318
汕　头	565	35744	78789	28	3850	7898	1443	24887	59336
佛　山									
韶　关									
河　源									
梅　州									
惠　州	18	1631	3619	69	3123	6786	1416	4223	22335
汕　尾	1609	81957	231979	294	2882	12151	3242	20521	52943
东　莞	160	16210	44463	22	1222	2810	244	3367	8365
中　山	3	103	349				678	6082	11392
江　门	240	20968	55232	125	18166	29368	2451	24503	70273
阳　江	292	40706	100024	370	40634	89360	3581	82719	179227
湛　江	784	38788	107485	374	4688	10345	10937	59091	152150
茂　名	423	51464	124826	117	2033	4786	2399	19922	56991
肇　庆									
清　远									
潮　州	306	6564	30113	20	2553	2569	295	931	11491
揭　阳	686	18198	75425	3	160	652	245	4406	14596
云　浮									

11-12 续表5

市别	海洋渔业捕捞渔船按作业类型分								
	张网			钓业			其它		
	艘	总吨	千瓦	艘	总吨	千瓦	艘	总吨	千瓦
全省	623	2069	7911	2480	58116	138094	3712	34294	80370
广州				10	2053	4368	99	813	3192
深圳				52	15672	36000	26	725	1100
珠海	6	5	280	55	85	3610	169	551	3087
汕头	177	352	1535	79	2434	6723	46	35	223
佛山							8	82	211
韶关									
河源									
梅州									
惠州				8	32	290			
汕尾	55	122	544	425	9998	33668	241	832	4845
东莞							17	59	188
中山									
江门				2	110	269	80	486	1167
阳江				211	9629	7691	13	25	227
湛江	59	887	2520	295	9748	21832	2537	29845	62740
茂名				1190	6224	15678	111	241	929
肇庆									
清远									
潮州				81	789	4328	36	294	1174
揭阳	326	703	3032	72	1342	3637	329	306	1287
云浮									

市别	海洋渔业机动渔船按船长分			24米以上			12-24米		
	艘	总吨	千瓦	艘	总吨	千瓦	艘	总吨	千瓦
全省	53879	888671	2320947	2767	308132	723008	10763	402493	1046962
广州	1567	20970	88249	19	3429	11353	772	13578	54524
深圳	1238	22998	75944	111	19340	47457	62	2153	4788
珠海	2321	26747	84029	65	11434	25489	159	6537	16203
汕头	2786	76924	183651	226	20440	51887	1373	45101	98992
佛山	8	82	211				2	27	56
韶关									
河源									
梅州									
惠州	1906	14912	54793	18	2604	3935	133	6298	13884
汕尾	6469	125158	368564	843	58655	187621	926	44931	112127
东莞	459	21174	58156	34	5081	15541	239	14465	36934
中山	719	6488	14275	2	60	1637	215	512	3150
江门	3687	97237	172392	164	34349	56102	971	45197	87634
阳江	6543	192517	439251	624	101795	184431	1347	75506	202908
湛江	18206	157098	398422	301	22606	53445	2431	69591	175340
茂名	4617	84162	218380	93	18313	51819	548	50960	123770
肇庆									
清远									
潮州	1649	16435	62981	219	8501	26015	708	4939	27384
揭阳	1704	25769	101649	48	1525	6276	877	22698	89268
云浮									

11-12 续表 6

市别	海洋渔业机动渔船按船长分 12 米以下			海洋渔业捕捞渔船按功率分			441 千瓦以上（600 马力以上）		
	艘	总吨	千瓦	艘	总吨	千瓦	艘	总吨	千瓦
全省	40349	178046	550977	43712	771426	2017639	369	67843	211782
广州	776	3963	22372	1406	18317	70954	10	1939	5868
深圳	1065	1505	23699	842	21675	62722	40	11662	28473
珠海	2097	8776	42337	1627	14563	51097	25	5307	11643
汕头	1187	11383	32772	2338	67302	154504	15	886	3047
佛山	6	55	155	8	82	211			
韶关									
河源									
梅州									
惠州	1755	6010	36974	1511	9009	33030			
汕尾	4700	21572	68816	5866	116312	336130	31	4246	19005
东莞	186	1628	5681	443	20858	55826	22	3765	13546
中山	502	5916	9488	681	6185	11741			
江门	2552	17691	28656	2898	64233	156309	53	9200	29644
阳江	4572	15216	51912	4467	173713	376529	64	10909	41125
湛江	15474	64901	169637	14986	143047	357072	15	3425	7171
茂名	3976	14889	42791	4240	79884	203210	93	16344	51819
肇庆									
清远									
潮州	722	2995	9582	738	11131	49675	1	160	441
揭阳	779	1546	6105	1661	25115	98629			
云浮									

市别	海洋渔业捕捞渔船按功率分 45-440 千瓦 （61-559 马力）			44 千瓦以下 （60 马车以下）			非机动渔船合计	
	艘	总吨	千瓦	艘	总吨	千瓦	艘	总吨
全省	9160	544303	1367767	34183	159280	438090	2640	6067
广州	553	11656	45893	843	4722	19193		
深圳	90	8933	21053	712	1080	13196		
珠海	134	5557	18321	1468	3699	21133	9	2244
汕头	1050	57215	133278	1273	9201	18179	337	194
佛山				8	82	211		
韶关								
河源								
梅州								
惠州	130	5949	13450	1381	3060	19580	2	930
汕尾	1549	92921	263474	4286	19145	53651	562	594
东莞	242	16789	40555	179	304	1725		
中山	41	859	3309	640	5326	8432		
江门	611	44556	94746	2234	10351	31919	137	130
阳江	1550	150775	308131	2853	12155	27273		
湛江	1373	70586	178366	13598	69036	171535	824	1090
茂名	520	49620	110769	3627	13920	40622	181	181
肇庆								
清远								
潮州	432	5446	43263	305	5525	5971	469	645
揭阳	885	23441	93159	776	1674	5470	119	59
云浮								

11-13 各市渔业人口与从业人员

2013 年

地区或单位	渔业乡（个）	海洋渔业	渔业村（个）	海洋渔业	渔业户（个）	海洋渔业	渔业人口（人）	海洋渔业	传统渔民	海洋渔业
全 省	84	65	965	627	519489	224030	2403481	1066055	1080454	710003
广 州	1	1	22	10	12612	3381	52877	9717	11136	7809
深 圳			7	1	449	362	706	180	158	120
珠 海	5	5	26	18	22903	2785	103286	10039	25907	8302
汕 头	5	4	41	28	26833	18544	144733	92159	67377	57237
佛 山			39		45980		179300		100721	
韶 关			1		19041		91309		34293	
河 源			19		5733		25564		5829	
梅 州			38		41340		108936		34912	
惠 州	3	3	30	21	10114	6235	66783	34052	31985	20643
汕 尾	29	16	176	83	41956	35648	198347	172024	151165	143095
东 莞			3	2	6031	3449	19648	11955	7149	7018
中 山							60074		30332	
江 门			54	34	30673	9527	125796	40575	63797	35764
阳 江	5	5	93	89	33086	22314	165713	111682	81920	78947
湛 江	14	14	240	222	99088	77751	462705	354893	228664	209233
茂 名	9	9	62	59	38602	13006	196965	84162	64817	48097
肇 庆	5		10		14858		58862		15264	
清 远			17		4076		13948		4111	
潮 州	6	6	26	26	12515	12515	51297	51297	22689	22689
揭 阳	2	2	36	34	45621	18513	213334	93320	93190	71049
云 浮			5		7978		36019		5038	

地区或单位	渔业人口与从业人员									
	渔业从业人员							专业从业人员中		
		专业从业人员	女性	兼业从业人员	女性	临时从业人员	女性	捕捞	养殖	其它
全 省	1319024	865902	169921	385572	79377	67550	20206	269457	531618	64827
广 州	32267	24755	5393	6481	3611	1031	238	5200	19324	231
深 圳	2571	2181	739	310	35	80	23	1637	127	417
珠 海	66092	55739	21407	6900	1678	3453	443	4530	49895	1314
汕 头	63535	45970	13038	13848	3093	3717	1110	22817	18404	4749
佛 山	107128	84060	14749	22099	12389	969	301	3529	79463	1068
韶 关	50130	23607	4090	23831	4519	2692	541	1716	21721	170
河 源	15156	12189	616	2749	555	218	207	1390	7583	3216
梅 州	48999	29703	7784	15756	2181	3540	979	1441	27425	837
惠 州	45976	22869	5033	18186	4431	4921	883	6975	14226	1668
汕 尾	67078	54598	5155	9707	1983	2773	608	35847	15088	3663
东 莞	7824	5272	1455	1965	493	587	226	1671	3369	232
中 山	41210	33931		6625		654		290	33427	214
江 门	85712	49144	9102	33065	9144	3503	930	15408	25794	7942
阳 江	99023	70732	35392	23392	6820	4899	4561	35372	27953	7407
湛 江	266988	162808	25512	82930	14306	21250	7102	74316	79075	9417
茂 名	125564	74504	4653	45252	1276	5808	497	21524	45216	7764
肇 庆	32791	26612	5541	5436	3609	743	692	2889	22982	741
清 远	7848	5206	545	2501	188	141	5	1288	3882	36
潮 州	39846	30325	1320	8911	1323	610	140	17930	10800	1595
揭 阳	93244	38386	5658	51309	6955	3549	270	12566	13742	12078
云 浮	20042	13311	2739	4319	788	2412	450	1121	12122	68

11-13 续表

地区或单位	海洋渔业人口与从业人员									
	海洋渔业从业人员	专业从业人员	女性	兼业从业人员	女性	临时从业人员	女性	专业从业人员中：捕捞	养殖	其它
全省	547474	413139	93383	107047	30411	27288	13497	243726	129310	40103
广州	6156	5121	2063	831	463	204	94	3287	1704	130
深圳	644	644	16					637	7	
珠海	10901	8559	1795	1893	1140	449	378	3396	4359	804
汕头	38828	31864	11078	6209	1648	755	719	21994	5678	4192
佛山										
韶关										
河源										
梅州	7130	4830		1900		400		222	4608	
惠州	20757	12454	3006	4247	1334	4056	781	6215	5923	316
汕尾	53607	46232	4536	5083	856	2292	411	35118	8570	2544
东莞	1909	1634	742	230	223	45	64	1634		
中山										
江门	27694	21141	1319	5960	1435	593	325	12456	5963	2722
阳江	65443	51301	28477	10784	4416	3358	3100	27682	17948	5671
湛江	183981	142254	33587	31800	12885	9927	7090	84065	51725	6464
茂名	46451	33753	1538	7589	738	5109	455	20079	9080	4594
肇庆										
清远										
潮州	28125	24165	1010	3860	709	100	80	15960	7600	605
揭阳	52715	26054	4216	26661	4564			10981	3012	12061
云浮	3133	3133							3133	

11-14 渔业灾情

2013 年

地区或单位	受灾养殖面积（公顷）	台风、洪涝	病害	干旱	污染	其它
全　省	97112	67627	14574	331	1094	13486
广　州	1391	1310	75		6	
深　圳	50	50				
珠　海	1642	1320	320		2	
汕　头	13976	13766	130		50	30
佛　山						
韶　关	2813	2728	45	8	10	22
河　源	640	595	27		6	12
梅　州	3407	1921	1367	22	76	21
惠　州	3974	3733	241			
汕　尾	18218	7949	8		409	9852
东　莞	1362	1332	29			1
中　山						
江　门	6560	1848	4390		172	150
阳　江	5850	5288	312	5	5	240
湛　江	17110	11277	4402	146	321	964
茂　名	5556	4241	1315			
肇　庆	4069	1359	634		17	2059
清　远	4012	3932	40			40
潮　州	3748	2935	548	150	20	95
揭　阳	1775	1775				
云　浮	959	268	691			

地区或单位	水产品损失（吨）	台风、洪涝	病害	干旱	污染	其它
全　省	389377	332108	38225	490	3849	14705
广　州	5686	5590	87		9	
深　圳	130	80			50	
珠　海	2436	425	700		1311	
汕　头	71569	70869	433		167	100
佛　山						
韶　关	6380	6248	43	2	12	75
河　源	2169	2099	56		9	5
梅　州	8009	4610	3188	21	128	62
惠　州	17015	16785	230			
汕　尾	50919	49530	320		903	166
东　莞	1560	1533	25			2
中　山						
江　门	35877	27734	7484		574	85
阳　江	6492	5903	210	33	136	210
湛　江	47443	25331	20364	284	280	1184
茂　名	13475	12539	936			
肇　庆	18561	7843	342		70	10306
清　远	19107	18984	33			90
潮　州	67854	61906	3178	150	200	2420
揭　阳	13086	13086				
云　浮	1609	1013	596			

11-14 续表 1

地区或单位	损毁渔业设施（台风、洪涝）					
	池塘(公顷)	网箱(箱)	围栏(千米)	沉船(艘)	船损(艘)	堤坝(米)
全　省	22384	32417	3211	164	2034	46281
广　州	32					
深　圳		70				
珠　海		215		16	28	
汕　头	7440	2500		20	418	
佛　山						
韶　关	1020	95				10788
河　源	230					21
梅　州	673	300	2500		7	2702
惠　州	543	1631		8	171	130
汕　尾	1673	14452	700	109	921	10313
东　莞	2					15
中　山						
江　门	3000	4072		3		900
阳　江	1322	519	6		53	1880
湛　江	2913	817	5	8	154	9761
茂　名						
肇　庆	143	619				
清　远	5					650
潮　州	3022	7127			182	8100
揭　阳	285				100	1000
云　浮	81					21

地区或单位	损毁渔业设施（台风、洪涝）						
	泵站(座)	涵闸(座)	码头(米)	护岸(米)	防波堤(米)	工厂化养殖(座)	苗种繁育场(个)
全　省	82	1368	1125	5091	23212	389	79
广　州							
深　圳							
珠　海							
汕　头	20		177	261	5323	310	
佛　山							
韶　关		2					1
河　源		3					
梅　州		5					2
惠　州				100	700		1
汕　尾		6	120	500	581	19	4
东　莞							
中　山							
江　门							
阳　江			55	3100	5670		1
湛　江	12	67	115	230	488		42
茂　名							
肇　庆							
清　远			600		1500		
潮　州	50	1285		250	7800		23
揭　阳			58	650	1150	60	3
云　浮							2

11-14 续表2

地区或单位	人员损失（台风、洪涝）（人）	失踪	死亡	重伤	直接经济损失合计（万元）
全省	71	49	22		682200.07
广州					7008.06
深圳					
珠海					6712.00
汕头					123468.40
佛山					
韶关					13619.52
河源					2189.00
梅州					7375.20
惠州					17531.80
汕尾	4		4		222284.94
东莞					1675.79
中山					
江门	62	48	14		24926.00
阳江					22252.60
湛江					105831.43
茂名					14101.00
肇庆					16017.83
清远					18243.60
潮州					58316.00
揭阳	5	1	4		18942.90
云浮					1704.00

地区或单位	水产品损失（万元）	台风、洪涝	病害	干旱	污染	其它
全省	478346.14	403427.89	55201.63	506.1	5486.72	13723.8
广州	6918.06	6828.25	81.59		8.22	
深圳						
珠海	6562	2952	2100		1510	
汕头	73325	72605	450		170	100
佛山						
韶关	6293.48	6160.98	42	1	12.5	77
河源	2180	2083	80		6	11
梅州	6339.2	4214.2	1936	22	108	59
惠州	16255.3	15865	352		0	38.3
汕尾	154144	151740	1226		846	332
东莞	1502.54	1493.04	8			1.5
中山						
江门	22907	13996	7741		1131	39
阳江	4660.6	3961.49	251.11	42	280	126
湛江	80146.73	43490.7	33750.93	301.1	905	1699
茂名	14101	13419	682			
肇庆	15812.03	5000.03	288		400	10124
清远	17053.3	16940.3	33			80
潮州	36349	29506	5556	140	110	1037
揭阳	12207.9	12207.9				
云浮	1589	965	624			

11-14 续表 3

地区或单位	损毁渔业设施（台风、洪涝）（万元）						
		池塘	网箱	围栏	沉船	船损	堤坝
全　省	203853.93	73369.78	42022.44	305.00	3858.80	22670.20	10420.56
广　州	90.00	90.00					
深　圳							
珠　海	150.00		130.00			20.00	
汕　头	50143.40	25765.00	1500.00		450.00	4081.40	
佛　山							
韶　关	7326.04	1613.48	4.50				195.06
河　源	9.00				4.00		
梅　州	1036.00	791.00	110.00	50.00		21.00	42.00
惠　州	1276.50	971.00	40.00		26.00	117.00	2.00
汕　尾	68140.94	14147.00	23423.94	38.00	1470.00	15901.00	3010.00
东　莞	173.25						
中　山							
江　门	2019.00		119.00		1900.00		
阳　江	17592.00	5124.90	10201.00	47.00		367.80	210.00
湛　江	25684.70	17209.30	1499.00	170.00	8.80	412.00	4980.50
茂　名							
肇　庆	205.80	194.80	6.00				
清　远	1190.30	227.30					70.00
潮　州	21967.00	7029.00	4989.00			910.00	1057.00
揭　阳	6735.00	105.00				840.00	850.00
云　浮	115.00	102.00					4.00

地区或单位	损毁渔业设施（台风、洪涝）（万元）							
	泵站	涵闸	码头	护岸	防波堤	工厂化养殖	苗种繁育场	其它
全　省	531	1294	1329	3442	14826	4700	7309.8	17775.35
广　州								
深　圳								
珠　海								
汕　头	400		350	430	6840			10327
佛　山								
韶　关		3					20	5490
河　源		3					2	
梅　州		1					20	1
惠　州					30		3.5	87
汕　尾		6	715	950	2430	3500	1120	1430
东　莞								173.25
中　山								
江　门								
阳　江			41	698	600		302.3	
湛　江	71	376	133	204	186		296	139.1
茂　名								
肇　庆								5
清　远			40		800			53
潮　州	60	905		320	1330		5297	70
揭　阳			50	840	2610	1200	240	
云　浮							9	

11-15 渔业经济总产值和增加值

2013 年　　单位：万元

地区或单位	合计		一、渔业（水产品）		海洋捕捞		海水养殖	
	产值	增加值	产值	增加值	产值	增加值	产值	增加值
全　省	21248502.12	6921605.70	10048944.16	3657426.87	1252443.85	450366.00	3491656.15	1325500.00
广　州	2256879.19	761151.65	708575.73	371236.32	54190.06	25499.78	93821.94	51602.07
深　圳	86034.37	45166.20	58680.52	23967.85	51001.63	21365.84	3420.50	815.81
珠　海	773970.84	244506.65	624092.84	191854.65	13936.76	6265.70	60936.20	24997.25
汕　头	933302.53	313830.72	444127.16	138659.07	168691.09	47257.62	189266.24	64191.34
佛　山	1822316.69	227458.44	1045876.69	164183.79				
韶　关	79733.78	34573.07	77779.14	33827.87				
河　源	40457.66	14103.13	39305.39	13546.79				
梅　州	163110.42	67937.48	99195.57	40728.21				
惠　州	245503.00	73268.89	208043.00	61818.64	34374.00	7155.00	85968.00	21139.00
汕　尾	803511.50	111568.10	505716.30	60498.38	177059.00	13002.00	281205.00	41467.00
东　莞	295373.35	60122.00	78964.35	7425.00	10512.00	497.00	4749.35	1480.00
中　山	911410.27	233104.80	519481.41	159068.80	3824.30	764.80	11296.80	3388.00
江　门	1582175.80	493361.00	1106121.80	365464.45	133055.00	35365.80	158740.00	60295.40
阳　江	1656470.87	853111.58	1199446.71	717566.51	438880.47	253264.22	623902.57	385512.09
湛　江	4336683.05	1697545.76	1547613.03	956487.39	408956.51	253617.94	951007.60	581562.53
茂　名	1303536.63	600581.57	640574.63	331999.57	165993.00	90552.00	233879.00	137628.00
肇　庆	439574.09	182080.63	381811.31	139871.59				
清　远	138973.00	14028.86	138973.00	14028.86				
潮　州	237808.00	104715.50	203008.00	96295.00	31250.00	15450.00	106800.00	53400.00
揭　阳	237624.71	94261.08	180386.71	69770.48	49149.35	18200.03	36091.49	12563.03
云　浮	223015.70	39312.13	118161.20	20421.00				

11-15 续表1 单位：万元

地区或单位	一、渔业（水产品）					
	淡水捕捞		淡水养殖		水产苗种	
	产值	增加值	产值	增加值	产值	增加值
全省	161511.46	575000.00	4847188.55	1697028.00	296144.15	127032.87
广州	29640.17	13338.08	502280.79	266208.86	28642.77	14587.53
深圳	120.00		2705.71	586.10	1432.68	1200.10
珠海	2345.00	938.00	526459.88	152508.70	20415.00	7145.00
汕头	4230.00	1460.00	80894.09	25458.11	1045.74	292.00
佛山	10247.00	307.20	995531.10	153492.26	40098.59	10384.33
韶关	3368.27	1650.87	70591.95	30066.30	3818.92	2110.70
河源	2077.75	990.25	34385.14	11189.44	2842.50	1367.10
梅州	7184.82	3206.88	81038.08	30572.32	10972.67	6949.01
惠州	805.00	377.80	73142.00	27829.41	13754.00	5317.43
汕尾	2513.69	167.15	44062.61	5662.23	876.00	200.00
东莞	930.00	48.00	58573.00	4580.00	4200.00	820.00
中山	13685.88	4105.00	478641.38	143592.00	12033.05	7219.00
江门	10560.80	3704.33	803766.00	266098.92		
阳江	8623.49	5295.80	117616.03	65658.22	10424.15	7836.18
湛江	2907.76	1878.70	124522.73	80559.50	60218.43	38868.69
茂名	2923.12	1531.87	213052.19	90973.91	24727.32	11313.79
肇庆	5983.42	2213.39	363474.53	132986.37	12353.36	4671.83
清远	3105.00	497.00	122287.00	12003.06	13581.00	1528.80
潮州	4360.00	1890.00	43858.00	17335.00	16740.00	8220.00
揭阳	4517.33	2184.46	82168.84	33524.26	8459.70	3298.70
云浮	2089.00	1112.00	104085.20	16403.00		2906.00

11-15 续表2 单位：万元

地区或单位	二、渔业工业和建筑业					
	产值	增加值	水产品加工		渔业机具制造	
			产值	增加值	产值	增加值
全　省	3898808.49	1479255.19	2401621.39	1035744.61	78244.03	34813.77
广　州	316095.46	99116.33	25500.00	5820.00		
深　圳	9052.00	3148.35	9052.00	3148.35		
珠　海	55910.00	19204.00	31735.00	11063.00	375.00	141.00
汕　头	284707.00	113991.00	279914.00	112584.00	3578.00	991.00
佛　山	100145.00	23001.65	85450.00	20912.70		
韶　关						
河　源	67.13	41.54			67.13	41.54
梅　州	11850.54	7216.07	1623.00	1129.45	100.00	41.79
惠　州	12657.00	3705.00	6531.00	1890.00	626.00	265.00
汕　尾	150285.20	27069.06	134344.20	25076.06	10509.00	1435.00
东　莞	5405.00	555.00	2183.00	262.00	559.00	41.00
中　山	125634.44	28531.00	78440.27	18041.00		
江　门	375827.00	101015.75	106686.00	33175.10	6805.00	2282.55
阳　江	387309.42	112806.88	367725.42	107308.48	6239.00	1865.90
湛　江	1556773.52	713243.68	849689.72	505131.69	26149.90	16684.99
茂　名	350015.00	170863.00	311545.00	153529.00	15429.00	8025.00
肇　庆	48040.78	38007.64	46723.78	37040.64	218.00	159.00
清　远						
潮　州	20010.00	1000.50	20010.00	1000.50		
揭　阳	38051.00	16474.00	13001.00	8117.00	7089.00	2640.00
云　浮	32996.00	3187.00	31468.00	2831.00	500.00	200.00

地区或单位	二、渔业工业和建筑业			
	渔船渔机修造（产值）	渔船渔机修造（增加值）	渔用绳网制造（产值）	渔用绳网制造（增加值）
全　省	31865.03	11715.30	36971.00	20357.28
广　州				
深　圳				
珠　海	265.00	97.00	110.00	44.00
汕　头	1444.00	342.00	1134.00	304.00
佛　山				
韶　关				
河　源	67.13	41.54		
梅　州	72.00	27.79	28.00	14.00
惠　州	539.00	232.00	87.00	33.00
汕　尾	5150.00	700.00	2513.00	542.00
东　莞	544.00	40.00	15.00	1.00
中　山				
江　门	2871.00	930.80	850.00	292.15
阳　江	4190.00	1239.00	1303.00	390.00
湛　江	2061.90	1122.17	23830.00	15396.13
茂　名	10333.00	5300.00	3662.00	1990.00
肇　庆	32.00	22.00	186.00	132.00
清　远				
潮　州				
揭　阳	3836.00	1421.00	3253.00	1219.00
云　浮	460.00	200.00		

11-15 续表 4 单位：万元

地区或单位	二、渔业工业和建筑业							
	渔用饲料		渔用药物		建筑		其它	
	产值	增加值	产值	增加值	产值	增加值	产值	增加值
全省	1340935.28	380160.76	5348.82	2402.37	52895.52	19584.14	19763.45	6549.54
广州	290595.46	93296.33						
深圳								
珠海	21800.00	7630.00	50.00	18.00	1890.00	340.00	60.00	12.00
汕头	795.00	278.00					420.00	138.00
佛山	14220.00	1993.21	475.00	95.74				
韶关								
河源								
梅州	7860.41	4786.95	1420.16	926.41	240.52	111.34	606.45	220.13
惠州					5500.00	1550.00		
汕尾	86.00	11.00	248.00	49.00	2592.00	95.00	2506.00	403.00
东莞	2520.00	252.00					143.00	
中山	46654.97	10264.00	539.20	226.00				
江门	259867.00	64854.60	989.00	186.00	1480.00	517.50		
阳江	5171.00	1547.00			3006.00	535.50	3145.00	943.10
湛江	678511.44	189862.67	1277.46	825.22	382.00	246.80	763.00	492.31
茂名	10191.00	4533.00			10865.00	4043.00	1985.00	733.00
肇庆	765.00	557.00			251.00	187.00	83.00	64.00
清远								
潮州								
揭阳	1898.00	295.00	350.00	76.00	5711.00	1827.00	10002.00	3519.00
云浮					978.00	131.00	50.00	25.00

单位：万元

地区或单位	三、渔业流通和服务业		水产流通		水产（仓储）运输		休闲渔业		其它	
	产值	增加值	产值	增加值	产值	增加值	产值	增加值	产值	增加值
全　省	7300749.47	1784923.64	6971020.31	1646992.01	61557.59	32486.89	229478.97	88734.94	38692.60	16709.80
广　州	1232208.00	290799.00	1232008.00	290699.00	200.00			100.00		
深　圳	18301.85	18050.00	200.00	30.00	18100.00	18020.00	1.85			
珠　海	93968.00	33448.00	92591.00	32663.00			727.00	225.00	650.00	560.00
汕　头	204468.37	61180.65	203024.37	60672.65	1214.00	408.00	40.00	40.00	190.00	60.00
佛　山	676295.00	40273.00	674060.00	39778.70	913.00	185.30	1322.00	309.00		
韶　关	1954.64	745.20	1741.04	662.70			213.60	82.50		
河　源	1085.14	514.80	1085.14	514.80						
梅　州	52064.31	19993.20	49013.25	18893.75	307.46	80.46	1377.00	751.55	1366.60	267.44
惠　州	24803.00	7745.25	18886.00	4833.97	1165.00	713.61	3026.00	1712.00	1726.00	485.67
汕　尾	147510.00	24000.66	99514.00	16865.46	16226.00	4419.20	9366.00	1218.00	22404.00	1498.00
东　莞	211004.00	52142.00	204200.00	51280.00		42.00	4802.00	820.00	2002.00	
中　山	266294.42	45505.00	263346.29	44768.00	1678.13	302.00	353.00	160.00	917.00	275.00
江　门	100227.00	26880.80	74133.00	16558.25	9016.00	2206.75	549.00	92.15	16529.00	8023.65
阳　江	69714.74	22738.19	63444.74	20229.59	2128.00	850.80	2133.00	854.20	2009.00	803.60
湛　江	1232296.50	27846.34	1226459.50	25141.59	3589.00	1446.77	1162.00	556.54	1086.00	701.44
茂　名	312947.00	97719.00	307129.00	94750.00	3572.00	2040.00	2204.00	906.00	42.00	23.00
肇　庆	9722.00	4201.40	8024.48	3013.40	978.00	707.00	332.52	206.00	387.00	275.00
清　远			50.00							
潮　州	14790.00	7420.00	14790.00	7420.00						
揭　阳	19187.00	8016.60	5758.00	2775.60	2395.00	1003.00	1695.00	542.00	9339.00	3696.00
云　浮	71858.50	15704.13	71562.50	15441.13	76.00	62.00	175.00	160.00	45.00	41.00

11-16 渔民家庭收支情况调查

单位：万元

地区或单位	一、全年总收入	(一)家庭经营收入	1.出售水产品	2.其他家庭经营	(二)工资性收入	1.渔业	2.其他行业
全　省	40677.58	34931.6	30247.14	4684.46	2460.44	1745.85	714.59
广　州	9065.22	8332.57	6096.88	2235.69	409.59	306.97	102.62
深　圳	881.50	695.50	655.00	40.50	25.60	19.50	6.10
珠　海	2662.13	1737.46	1663.87	73.59	515.89	376.00	139.89
汕　头	432.39	369.45	356.25	13.20	28.10	22.74	5.36
佛　山	1551.70	1322.33	1312.03	10.30	199.10	139.50	59.60
韶　关	242.13	219.90	176.84	43.06	13.53	6.70	6.83
河　源	1964.10	1542.07	1419.70	122.37	121.51	88.72	32.79
梅　州	1325.24	1064.99	866.61	198.38	80.40	63.25	17.15
惠　州	3379.40	3005.69	2262.01	743.68	218.60	127.30	91.30
汕　尾	2924.12	2290.42	2216.92	73.50	360.90	322.30	38.60
东　莞	2972.00	2804.00	2420.00	384.00			
中　山	1038.23	965.63	938.67	26.96	33.90		33.90
江　门	626.93	609.05	609.05		1.03		1.03
阳　江	1578.95	1271.40	1237.93	33.47	43.60	33.04	10.56
湛　江	2162.27	1893.23	1788.48	104.75	36.18	10.20	25.98
茂　名	4369.22	3674.30	3522.30	152.00	227.92	158.92	69.00
肇　庆	937.61	844.55	616.90	227.65	64.20	42.11	22.09
清　远	862.13	732.46	690.61	41.85	27.00	15.00	12.00
潮　州	723.40	669.10	665.60	3.50	21.10	12.80	8.30
揭　阳	470.17	441.77	387.26	54.51	13.37	0.80	12.57
云　浮	508.74	445.73	344.23	101.50	18.92		18.92

地区或单位	一、全年总收入					
	(三)财产性收入	1.利息\股息\红利	2.租金收入	3.土地或水面转包收入	4.土地征用补偿	5.其他财产性收入
全　省	712.43	107.01	143.58	44.41	152.01	265.42
广　州	152.73	22.94	32.86	12.81	31.21	52.91
深　圳	57.00	9.69	1.56			45.75
珠　海	118.92	14.37	50.62		53.93	
汕　头	0.20	0.20				
佛　山	19.24	12.58	3.96		0.40	2.30
韶　关	1.43	0.50	0.73	0.20		
河　源	66.00		12.87	7.63	28.00	17.50
梅　州	35.84	6.53	3.95	3.60	2.08	19.68
惠　州	89.30	14.30	25.60	6.80	22.00	20.60
汕　尾	9.00		5.00			4.00
东　莞	48.00					48.00
中　山	18.00	10.70	3.20			4.10
江　门	6.70	2.50	1.50	2.70		
阳　江						
湛　江	6.75	1.20		0.17		5.38
茂　名	23.00	5.00				18.00
肇　庆	12.12	0.60	1.73		8.39	1.40
清　远	19.40	4.40				15.00
潮　州	9.20					9.20
揭　阳						
云　浮	19.60	1.50		10.50	6.00	1.60

11-16 续表 1

单位：万元

地区或单位	一、全年总收入						
	(四)转移性收入	1.家庭非常住人口寄回或带回	2.亲友赠送	3.救济金\救灾款\抚恤金	4.生产补贴	5.其他转移性收入	(五)其他收入
全　省	1861.76	258.37	16.53	44.50	1460.00	82.36	711.35
广　州	106.19	0.30	0.30	2.23	98.36	5.00	64.14
深　圳	2.40				2.40		101.00
珠　海	200.86	2.95	6.06		174.85	17.00	89.00
汕　头	12.78	1.58			11.20		21.86
佛　山	3.14			1.40	1.74		7.89
韶　关	4.38	3.70			0.52	0.16	2.89
河　源	199.54	137.14		26.03	25.06	11.31	34.98
梅　州	23.40	14.65	1.07	0.51	3.23	3.94	120.61
惠　州	59.53			11.50	7.03	41.00	6.28
汕　尾	243.70	25.50		1.00	217.20		20.10
东　莞					0.00		120.00
中　山	20.70				20.70		
江　门	10.15	2.85			7.30		
阳　江	263.95				263.95		
湛　江	186.97	7.70	4.00		175.27		39.14
茂　名	421.00	9.00	2.00		407.00	3.00	23.00
肇　庆	5.80	5.20		0.50	0.10		10.94
清　远	61.00	28.00	3.00		30.00		22.27
潮　州	6.00				6.00		18.00
揭　阳	6.98	3.50	0.10	0.33	2.10	0.95	8.05
云　浮	23.29	16.30		1.00	5.99		1.20

11-16 续表 2 单位：万元

市别	二、全年总支出	(一)生产费用支出	1.家庭经营费用支出	(1)渔业生产支出	燃料及冰费用	雇工费用	饲料及苗种费用	其他生产支出
全省	32608.93	27371.84	25600.17	21078.77	5532.5	2301.47	10925.49	2319.31
广州	8182.49	7148.52	6867.72	4792.83	492.49	501.31	3312.89	486.14
深圳	640.70	471.40	409.30	294.70	79.00	86.00	118.00	11.70
珠海	1755.65	1434.77	1352.37	1286.44	508.98	199.18	381.20	197.08
汕头	376.95	315.09	310.83	294.03	191.90	59.12	29.13	13.88
佛山	1202.40	1081.93	1070.11	1056.30	97.04	25.50	809.91	123.85
韶关	191.98	123.74	118.94	103.86	3.54	11.98	82.90	5.44
河源	1691.31	1246.01	1190.52	902.02	38.80	50.88	710.39	101.95
梅州	864.57	598.39	559.71	417.31	7.15	12.34	359.72	38.1
惠州	2864.93	2389.93	2243.63	1638.50	251.30	231.20	947.00	209.00
汕尾	2011.34	1598.89	1498.37	1342.89	571.91	364.70	230.38	175.90
东莞	1692.00	1552.00	1552.00	1494.00	0.00	55.00	878.00	561.00
中山	935.35	793.35	733.35	698.63	26.20	102.67	484.01	85.75
江门	479.98	419.14	411.57	382.05	171.54	30.56	139.54	40.41
阳江	1359.08	1217.26	1173.99	1037.31	750.82	111.23	141.32	33.94
湛江	1476.38	1296.20	1224.45	1143.00	173.94	153.31	764.44	51.31
茂名	3939.80	3498.00	2789.00	2471.00	1957.00	198.00	259.00	57.00
肇庆	877.70	684.33	661.27	518.94	13.23	21.24	443.76	40.71
清远	667.62	507.25	488.25	449.40	126.48	9.00	283.70	30.22
潮州	551.10	410.70	377.20	310.80	37.50	38.90	222.60	11.80
揭阳	415.49	272.81	265.76	239.64	22.18	28.35	160.68	28.43
云浮	432.11	312.13	301.83	205.12	11.50	11.00	166.92	15.70

11-16 续表 3

单位：万元

市别	二、全年总支出						
	(一)生产费用支出				(二)税费支出		(三)财产性支出
	1.家庭经营费用支出			2.购置生产性固定资产支出		渔业税费支出	
	(2)固定资产折旧支出	渔业固定资产折旧	(3)其他家庭经营费用支出				
全 省	1226.5	1008.79	3294.9	1771.67	175.95	134.59	209.69
广 州	142.44	110.80	1932.45	280.80	11.01	10.65	1.63
深 圳	39.30	39.00	75.30	62.10	12.00	11.50	20.50
珠 海	32.17	28.17	33.76	82.40	12.88	11.88	0.13
汕 头	3.71	3.71	13.09	4.26	3.50	3.50	
佛 山	4.15	4.15	9.66	11.82			1.50
韶 关	3.93	2.93	11.15	4.80	0.56	0.10	5.01
河 源	165.50	158.18	123.00	55.49	3.20	2.50	5.96
梅 州	47.84	44.41	94.56	38.68			15.87
惠 州	118.13	103.63	487.00	146.30	25.70	13.30	22.00
汕 尾	91.80	81.30	63.68	100.52	20.97	17.47	18.60
东 莞	58.00	43.00					
中 山	14.26	12.67	20.46	60.00			
江 门	29.52	25.41		7.57	2.00	2.00	
阳 江	109.48	19.95	27.20	43.27			
湛 江	59.28	50.68	22.17	71.75	9.08	9.08	1.48
茂 名	198.00	184.00	120.00	709.00	56.00	39.00	18.00
肇 庆	14.41	9.27	127.92	23.06	6.96	1.75	44.01
清 远	16.15	14.15	22.70	19.00			20.00
潮 州	56.40	54.40	10.00	33.50	7.00	7.00	33.00
揭 阳	8.13	7.18	17.99	7.05	3.94	3.71	
云 浮	13.90	11.80	82.81	10.30	1.15	1.15	2.00

市别	二、全年总支出				三、全年纯收入	
	(四)转移性支出	(五)生活支出	食物支出	(六)其他支出		渔业纯收入
全省	268.88	3979.6	2446.92	603.67	14901.46	9770.84
广州	29.00	789.44	392.94	202.89	2186.49	1489.57
深圳	6.10	98.90	67.50	31.80	460.20	329.30
珠海	13.03	278.03	191.88	16.81	1296.88	713.38
汕头		54.60	45.94	3.76	118.06	77.75
佛山		118.97	86.66		481.59	391.08
韶关	1.20	53.36	42.22	8.11	122.63	76.65
河源	59.74	347.13	188.39	29.27	770.38	445.72
梅州	2.36	233.14	134.74	14.81	765.53	468.14
惠州	32.00	344.30	286.40	51.00	1110.07	633.88
汕尾	82.30	245.72	165.00	44.86	1404.78	1097.56
东莞		140.00	46.00		1420.00	883.00
中山		136.00	41.03	6.00	304.88	227.37
江门		58.84	26.60		213.36	199.59
阳江		119.54	59.21	22.28	404.96	213.71
湛江	1.29	130.06	50.53	38.27	928.74	595.92
茂名	8.00	322.80	267.00	37.00	1524.22	987.22
肇庆	4.26	119.38	74.90	18.76	269.38	129.05
清远	8.60	105.17	78.06	26.60	373.88	242.06
潮州	21.00	58.70	50.50	21.40	339.20	306.20
揭阳		123.69	82.06	15.05	200.47	137.53
云浮		101.83	69.36	15.00	205.76	126.16

市别	四、调查户数	养殖户	五、调查户家庭总人数	六、调查户家庭专业从业人员
全省	2201	1517	9970	4967
广州	210	146	898	385
深圳	105	69	186	206
珠海	232	177	909	460
汕头	30	12	162	56
佛山	57	40	207	121
韶关	34	32	166	85
河源	180	162	905	344
梅州	175	153	905	530
惠州	154	87	735	337
汕尾	192	45	957	291
东莞	190	174	724	558
中山	81	76	283	186
江门	30	16	167	93
阳江	53	29	293	163
湛江	42	26	244	97
茂名	122	65	680	292
肇庆	71	43	320	235
清远	90	60	490	190
潮州	48	33	246	104
揭阳	52	40	268	124
云浮	53	32	225	110

11-17 渔民收入调查数核定

2013 年

地区或单位	渔业人口（人）	渔业专业从业人员（人）	纯收入（万元）		人均纯收入（元/人）
				渔业纯收入	
全　省	2403481	865902	3,317,612.24	2,034,097.80	12,251
广　州	52877	24755	127,063.43	59,486.26	24,030
深　圳	706	2181	3,422.21	1,095.21	48,473
珠　海	103286	55739	185,025.87	101,779.25	17,914
汕　头	144733	45970	115,333.00	83,985.00	7,969
佛　山	179300	84060	210,682.34	117,116.90	11,750
韶　关	91309	23607	67,976.09	18,593.68	7,445
河　源	25564	12189	20,205.07	14,051.92	7,904
梅　州	108936	29703	60,076.22	28,218.33	5,515
惠　州	66783	22869	55,881.00	28,162.49	8,368
汕　尾	198347	54598	141,937.00	108,604.00	7,156
东　莞	19648	5272	26,800.00	16,800.00	13,640
中　山	60074	33931	116,976.00	81,832.00	19,472
江　门	251592	98288	286,185.90	219,234.00	11,375
阳　江	165713	71282	237,798.11	145,981.93	14,350
湛　江	462705	162808	1,220,008.00	761,984.00	26,367
茂　名	196965	74504	218,920.00	106,621.00	11,115
肇　庆	58862	26612	58,989.92	28,726.04	10,022
清　远	13948	5206	11,439.18	9,699.76	8,201
潮　州	51297	30325	45,654.00	43,731.00	8,900
揭　阳	213334	38386	74,300.90	38,200.03	3,483
云　浮	36019	13311	32,938.00	20,195.00	9,145

十二、农　垦

王守聪在广东垦区调研时提出：农垦要建成“五位一体”发展新格局

1月5至7日，农业部农垦局局长王守聪到广东垦区调研时强调，要进一步深入思考研究，逐步建立健全“五位一体”的发展格局，努力建设适应世界经济发展潮流和方向的新型农垦。**一要**在种子种苗、技术装备、生产规模、经营方式、农产品质量等方面始终成为我国农业领域的示范和标兵，建设“前沿农垦”；**二要**以生产为根本、以产业为纽带，抓两头、促中间，联合起来走集团化道路，建设“产业农垦”；**三要**推动信息化和农业现代化深度融合，加快信息技术对农垦产业的改造，将信息化成果运用到垦区各个领域，建设“智慧农垦”；**四要**抓好职业技术教育和科技培训，培养一支高素质、现代化的新型职业农民，切实解决好农垦“谁来种地”、“如何种好地”的战略问题，建设“职业农垦”；**五要**始终坚持绿色、循环、低碳和生态理念，实现一二三产业融合推进，以及生产、生活、生态的协调持续发展，建设“美丽农垦”。

王守聪（左三）与广东省农垦总局班子成员合影

到基层生产队调研职工居住和生活情况

雷勇健向王守聪介绍国家现代农业示范区建设规划的情况

广东农垦：加快“走出去”发展步伐

广垦橡胶集团公司紧紧围绕广东农垦打造国家重要战略资源和优质农产品的生产保障基地的战略定位，在海外按照“先主要产胶国，后次要产胶国，先投入加工业，后发展种植业”的思路，加快实施“走出去”发展步伐。近两年，公司在泰国新拓展5个加工项目，形成在泰国拥有7家加工厂，年产干胶30万吨的规模；在柬埔寨新拓展土地200余万亩，在马来西亚新开发土地60余万亩，配套建设三个大型种苗基地。到目前为止，公司海外项目共有19个，总投资规模80亿元，橡胶种植面积300万亩，规划年产干胶达50万吨，成为中国在境外投资天然橡胶产业中规模最大、产业链条最完整的天然橡胶企业。

近期，为进一步掌握海外橡胶产业的发展形势，省农垦集团公司主要领导前往海外橡胶基地调研指导。

●省农垦集团公司党组书记、董事长雷勇健（右三）、省农垦集团公司党组成员、副总经理、广垦橡胶集团公司董事长吕林汉（左二）与广垦橡胶泰南工厂项目筹建小组讨论工厂设计方案。

●雷勇健、吕林汉在印尼广垦橡胶坤甸公司调研工厂技改建设情况。

●雷勇健在砂捞越种植基地和工人一起种胶。

●省农垦集团公司党组副书记、总经理陈少平（左一）在柬埔寨春丰橡胶公司种植基地考察橡胶苗圃建设情况。

●陈少平考察春丰橡胶有限公司种植基地中小苗生长状况。

01 现代化的茂名橡胶分公司加工厂

02/03 橡胶产品

04 广垦橡胶原料配送中心

糖 业

广垦糖业集团拥有国家级农业产业化重点龙头企业的丰收糖业公司等12家制糖企业，形成集生产、加工、销售一体化，日榨蔗规模达10万吨，年蔗糖生产能力80万吨。通过推进全国甘蔗机械化试验、甘蔗精准灌溉技术，带动垦区45万亩高产稳产甘蔗基地，辐射周边农村100万亩甘蔗基地。

01

天然橡胶

垦区是国家重要的天然橡胶生产基地。广垦橡胶集团在国内已拥有80万亩天然橡胶基地、2家科研机构。在泰国、马来西亚、印尼等东南亚国家建设了7个橡胶生产加工基地，形成了年产天然橡胶30万吨的生产能力。

01 ¦ 现代胶园
02 ¦ 胶工采胶
03/04 ¦ 橡胶籽苗芽接技术

乳制品

国家级农业产业化重点龙头企业的广东燕塘乳业股份有限公司，拥有3家乳品生产企业，饲养奶牛2万多头，是首批国家学生奶定点生产企业、省食品放心工程示范基地，已形成日加工能力400吨乳品的规模，成为华南地区最具实力的乳品品牌企业。

燕塘乳业倡导的“真的·爱你”和“用心传递新鲜”的经营理念

农　垦

2013年，是广东农垦全面贯彻落实党的十八大和习近平总书记视察广东重要讲话精神的开局之年，是垦区有效应对多次重大自然灾害和错综复杂的市场环境、改革开放和现代化建设取得新进展新成绩的重要一年。广东农垦总局党组在农业部、广东省委省政府的正确领导下，带领垦区广大干部职工凝心聚力，攻坚克难，围绕“率先实现农业现代化、全面建成小康垦区”的总目标，加快发展现代农业，加快壮大优势产业，加快提高职工生活水平，确保了经济较快增长，垦区保持和谐稳定，较好地完成了“十二五”规划确定的阶段性发展目标。

一、综合

2013年，广东农垦实现生产总值129.13亿元，比上年增长15.2%，其中：第一产业增加值42.10亿元，增长27.1%，对GDP增长的贡献率为52.6%；第二产业增加值57.33亿元，增长6.8%，对GDP增长的贡献率为21.4%；第三产业增加值29.70亿元，增长17.6%，对GDP增长的贡献率为26.0%；三次产业结构由上年的29.56：47.91：22.53变为32.60：44.39：23.01。人均农垦生产总值达34260元，增长14.4%。国有在岗职工年均纯收入37976元，增长16.6%，垦区居民人均纯收入18086元，增长14.9%。全年国有企业主营业收入达176.1亿元，增长19.7%，受自然灾害和橡胶、白糖等主产品价格下跌影响，实现利润3.2亿元，负增长8.6%。

图1　2005-2013年农垦生产总值 单位:万元

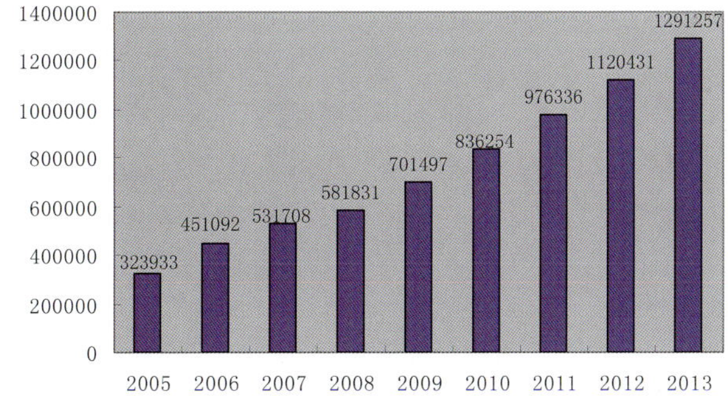

垦区经济和社会发展存在的主要困难和问题是：垦区经济社会发展中不平衡、不协调、不可持续的矛盾仍然突出；产业结构不合理，自主创新能力、抗风险能力不强；主产品市场价格持续低迷，经济增长内生动力不足；产业集团规范管理和运作有待完善；随着垦区经济的较快发展，中高端人才明显不足，队伍整体素质亟待提升；职工收入总体不高，贫困农场的面貌有待改善，保障和改善民生任务艰巨。

二、农业

2013年，广东农垦实现第一产业增加值42.10亿元，增长27.1%，占生产总值的32.6%。农业总产值按现行价计算达75.56亿元，增长24.6%，农业商品产值为71.16亿元，农业商品率为94.2%。

2013年，实现农作物总播种面积4.81万公顷，同上年基本持平，其中粮食播种面积0.86万公顷；糖蔗种植面积2.92万公顷，负增长0.7%；油料播种面积0.29万公顷，同上年基本持平；蔬菜播种面积0.56万公顷，增长3.7%。

垦区国内基地橡胶年末实有面积4.55万公顷，增长1.8%，其中当年新定植、更新定植26628亩；油茶年末实有3251公顷，其中当年新种23120亩；水果年末实有面积2.52万公顷，增长2.0%；剑麻0.30万公顷，负增长23.1%；茶叶691公顷，负增长0.1%。

全年生猪饲养量163.66万头，增长21.3%，其中年末存栏65.23万头，增长17.1%；牛年末存栏2.65万头，其中奶牛0.90万头；家禽饲养量1680.37万只，增长7.4%；全年水产养殖面积0.40万公顷。

全年粮食产量5.94万吨，增长2.0%；糖蔗产量226.52万吨，增长0.2%；油料产量0.87万吨，增长6.4%；蔬菜产量14.29万吨，增长10.2%；干胶产量17.83万吨（包含海外、海南和云南），增长18.2%；水果产量65.13万吨，增长28.2%；剑麻直纤维产量8351吨，负增长8.3%；茶叶产量1021吨，增长3.7%。

全年肉类总产量10.76万吨，增长25.8%，其中猪肉产量8.55万吨，增长28.8%；禽肉产量2.11万吨，增长15.9%，禽蛋产量4403吨，增长0.6%。全年水产品产量3.53万吨，增长2.2%，其中海水养殖1.09万吨，淡水养殖2.44万吨。鲜牛奶产量3.82万吨。

全年农业固定资产投入6.31亿元，增长20.7%。年末农业机械总动力为35.01万千瓦，增长6.6%。全年农用化肥施用量（折纯）5.99万吨；农用塑料薄膜用量878吨；农药施用量5933吨；农场用电量41432万千瓦时；有效灌溉面积达17895公顷。

三、工业和建筑业

2013年，实现第二产业增加值57.33亿元，增长6.8%，占生产总值的43.39%。

2013年，垦区各类工业企业556家，其中：国有及非国有规模以上工业企业 112 家，全年实现工业增加值 50.7 亿元，增长 4.4%， 其中：国有及非国有规模以上工业增加值 45.35 亿元，占 89.4%。全年实现工业总产值按现行价计算（下同）为 162.47 亿元，增长 4.3%，其中：轻工业产值 150.49 亿元，占工业总产值的 92.6%；重工业产值 11.98 亿元，占工业总产值的 7.4%：国有及非国有规模以上工业总产值 146.14 亿元，占工业总产值的 89.9%。工业产品销售率为 95.4%。全年实现工业利润是 12.54 亿元，应交税金 6.03 亿元。

2013 年垦区二十二大类工业产品中，产值排前十位的行业是：其它制造业 47.12 亿元，占 29%；食品制造业产值 41.62 亿元，占 25.6%；食品加工业产值 33.96 亿元，占比重为 20.9%；金属制品业 6.59 亿元，占 4.1%；塑料制品业 6.30 亿元，占 3.9%；家具制造业 4.31 亿元，占 2.7%；建筑材料业产值 3.64 亿元，占 2.2%；服装及其他纤维制品制造业 2.24 亿元，占 2.0%；饮料制造业产值 2.56 亿元，占 1.6%；木材加工及竹藤、棕草制造业 2.25 亿元，占 1.4%。这十大产业创产值 151.59 亿元，占工业总产值的 93.3%。

2013 年垦区工业主要产品产量及其增减情况：

产品名称	产量	比上年增减%
机制糖	504538 吨	-7.0
罐头	2823 吨	-45.1
酒精	61093 吨	35.0
乳制品	109617 吨	11.1
有机复混肥	83847 吨	-4.6
砖	43720 万块	5.3
家具	348.95 万件	15.5
发电量	18596 万千瓦时	18.1

图2　2005-2013年工业总产值 单位：万元

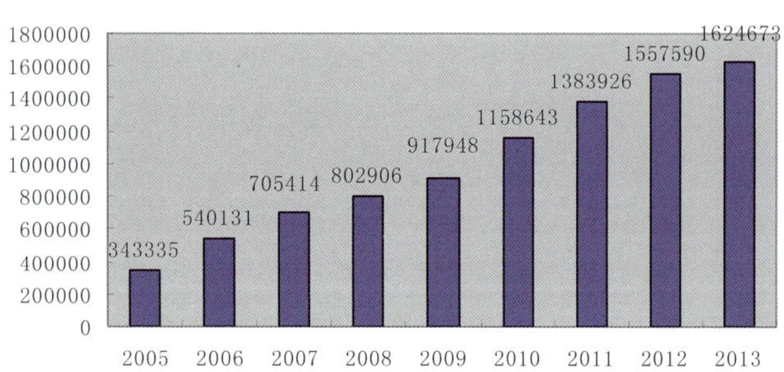

2013 年，全年完成建筑业产值 17.03 亿元，增长 17.9%，房屋施工面积 115.73 万平方米，房屋竣工面积 94.8 万平方米。建筑业增加值达 6.62 亿元，增长 29.8%，实现利润总额 13514 万元，应交税金 6060 万元。

四、固定资产投资

2013 年，全年全社会固定资产投资总额 23.57 亿元，增长 6.8%，其中国有固定资产投资完成 14.27 亿元，增长 5.9%，非国有投资完成 9.3 亿元。在国有固定资产投资额中，基本建设投资 12.29 亿元，占 86.1%，更改措施投资 1.98 亿元，占 13.9%。

分三次产业看，第一产业投资 6.31 亿元，增长 20.7%。第二产业投资 4.93 亿元，增长 19.1%。第三产业投资 12.33 亿元，负增长 2.9%。主要投向两大主产业、六大支柱产业和公益民生工程。

图32005-2013年固定资产投资　单位：万元

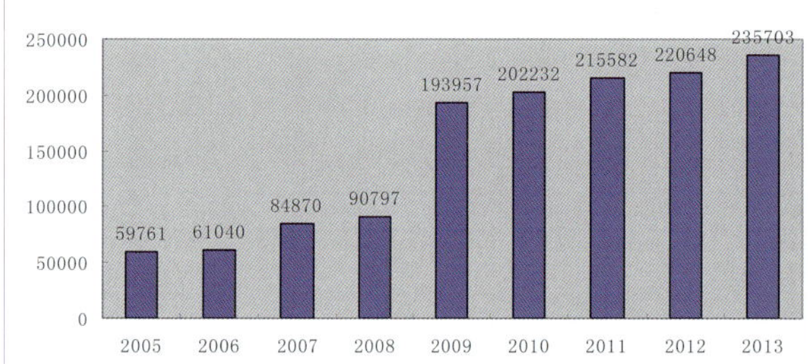

五、交通运输业、批零贸易业、餐饮业、服务业、房地产业及出口商品

2013 年，全年完成交通运输业总产值 6.21 亿元，比上年增长 18.1%，全年盈利 6302 万元，应邀税金 2959 万元。全年完成交通运输业增加值 3.47 亿元，比上年增长 20.9%。现有载货汽车 1796 辆，载客汽车 928 辆；全年货运量 538.73 万吨，货运周转量 25389 万吨公里；客运量 811.27 万人，旅客周转量 92562 万人公里。

2013 年，全年实现社会消费品零售额 13.59 亿元，增长 9.7%。年末批零贸易业、餐饮业、居民服务业营业单位总数达 3963 个，从业人员 16959 人，年末固定资产原值 17.42 亿元，营业用房 59.99 万平方米，销售和营业总额 151.30 亿元，增长 32.3%；利润总额 42971 万元，应交税金 18242 万元。

2013 年，垦区房地产开发企业 2 个，从业人员 56 人，年内销售商品房 3499 平方米，利润总额 1481 万元，缴纳税金 2002 万元。

2013 年，年末共有物业管理公司 12 个，物业管理人员达 762 人，年末实有可出租房屋面积 67.60 万平方米，已出租房屋面积 65.69 万平方米，出租率达 97.2%，物业管理公司营业或服务收入达 12979 万元，其中物业管理费收入 3944 万元，占总收入的 30.4%；出租写字楼及宿舍收入达 2351 万元，占总收入的 18.1%；出租厂房收入 4035 万元，占总收入的 31.1%。

2013年，出口商品总金额达到57.59亿元，增长7.8%。出口创汇金额93532万美元，增长8.6%。其中：工业品出口达53.85亿元，占出口总额的93.5%。

图4 2005-2013年 出口商品总金额 单位：万元

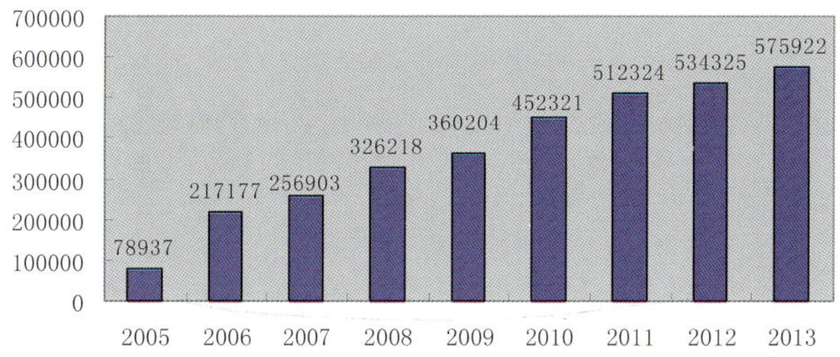

六、科技生产、土地

2013年，垦区共有科研单位50家，其中省地级5家，共有科研从业人员288人。2013年末垦区农技推广站45个。全年农业科技贡献率达到64%。

科技推广与试验。一是生物有机肥的推广应用，全年专用配方肥产量超过8万吨。同时大力推广胶园葛藤覆盖种植，垦区一、二龄中小苗胶园葛滕绿肥覆盖率达80%以上，生态胶园建设水平有了明显提高。二是甘蔗节水灌溉技术的推广，采用膜上膜下两种方式进行滴灌或喷灌，全年共推广节水灌溉达到9.14万亩。三是土壤改良技术的应用，采用增施生物有机肥、蔗叶粉碎回田和增施石灰等技术措施，全年共推广土壤改良技术7.2万亩，其中石灰改良4.17万亩，有机质提升（蔗叶粉碎回田或生物有机肥）3.03万亩。四是甘蔗全程机械化技术的推广，采用从甘蔗种植、施肥、防病、收获等全程生产环节采用机械化，有效节约了生产成本，缓解了垦区劳动力紧张的问题。全年共推广甘蔗全程机械化5.15万亩，农业机械化率达到68%，比上一年提高1个百分点。五是科技试验。开展了一系列科研课题研究，如橡胶专用肥配方试验、油茶根外施肥试验、橡胶树不同浓度气刺微割试验、“七天一刀”高效低频割胶试验、橡胶树防雨帽应用推广等。在广前公司进行200多亩花生机械化种植试验示范，引进粤油7、45、10、11号，航花2号、仲恺9号、湛油75号等花生良种。组织了阳江农垦科研所和红十月奶牛场开展牧草引种试验。

标准化方面。2013年垦区无公害农产品、有机食品、荣获部省名牌产品称号等均通过有效期复审。

安全生产方面。2013年，进一步落实以安全生产“一岗双责”为核心的安全生产责任制，全年垦区各级签订的安全生产责任书达4000多份。继续健全安全生产规章制度，制定印发了《广东农垦应急管理暂行办法》。继续开展安全生产标准化和农场安全社区建设工作，广垦橡胶集团湛江加工厂等5家企业取得了安全生产标准化三级证书。全年共发生各种生产安全事故30起，比上年下降10%；直接经济损失50万元，比上年下降11%；受伤人数12人，比上年同期下降8%。杜绝了重伤以上安全生产事故的发生，为实现“两个率先”、建设幸福垦区提供了安全保障。

2013年，垦区年末土地总面积226878公顷，其中已开垦利用地213239公顷，占94.0%，内耕地37820公顷。全年新增土地确权发证32037.2亩、林权证10225.34亩，累计确权发证总面积是305.92万亩，占应发证面积的95.6%(含林权证，同口径)；清理收回历史被占土地3053.9亩，收回当年被侵占土地807.94亩。总局批复同意政府收回农场土地7宗共1948.98亩，协议补偿金额10821.05万元；批复对外承包土地6宗共2414.26亩，协议补偿金额7803万元；截止2013年底，垦区收到土地收益3394万元。

七、教育和卫生

教育事业，2013年，投入3105万元推进义务教育学校基础设施建设，新建校舍1.33万平方米，维修校舍0.95万平方米。农工商学院积极开展垦区校企合作，“广东南亚热带农业职教集团”、“燕岭旅游酒店管理学院”相继挂牌运作，办学质量稳步提升，毕业生就业率达98.63%，居广东省高职院校前列。

2013年，垦区有各类学校148所，教职工5260人，在校学生89805人，当年毕业生21956人。其中：普通高等学校1所，在校学生21698人，当年新招生人数7761人，当年毕业生5756人；中专1所，在校学生5953人，当年毕业生1927人。技工学校2所，在校学生4026人，当年毕业生989人。普通中学44所，在校学生22102人，当年毕业生6936人，小学100所，在校学生36026人，当年毕业生6348人；幼儿园46所，入园儿童8245人。

卫生事业，2013年，垦区医疗卫生事业快速发展，全年收入近10亿元，其中：省农垦中心医院完成营业收入3.76亿元，比上年增长13.21%；广东燕岭医院营业收入1.23亿元，比上年增长19.42%。全年争取中央财政支持，投入2500万元，改造了12个农场医院，建成农场医院综合楼8100平方米，并配套购置一批医疗设备。农场医院基本被列入地方医保定点医院。

目前垦区现有医疗单位62个，其中：省地级医院4个，场级医院55个，病床5596张，增加了425张，卫生技术人员3737人，其中：医生1508人。平均每个医生承担服务人口量为 250 人。

八、公路、小城镇和安居工程建设

2013 年，完成农场公路硬底化改造 164.1 公里。

2013 年加快推进安居工程和基础设施项目建设，投入 1.22 亿元资金启动垦区安全饮水工程，惠及垦区 27.2 万人口。落实 1.24 亿元资金用于移民农场安居工程、文化信息和基础设施、生产项目建设，全年 2200 户的水库移民建房计划已竣工 975 户，并启动了 351 户小型水库移民安居工程，开工建成 100 个水库移民文化信息站和 20 个文化室。落实一事一议项目总投资 5359 万元，完成了 536 个项目。

九、人口、职工与垦区居民生活

2013 年全垦区年末总人口 37.72 万人，全年出生人口 3000 人，年内死亡人口 1855 人。

2013 年末垦区国有职工总数 5.12 万人，其中：国有在岗职工为 4.96 万人，内：长期职工为 4.39 万人。全年国有在岗职工纯收入合计 188956 万元，国有在岗职工年均纯收入 37976 元，增长 16.6%。

2013 年末从业人员 119140 人，其中：从事第一产业 55267 人，占从业人员总数的 46.4%；从事第二产业 30182 人，占从业人员总数的 25.3%；从事第三产业 33691 人，占从业人员总数的 28.3%。从业人员年平均收入 31863 元，增长 14.4%。

2013 年垦区居民人均纯收入 18086 元，增长 14.9%。

十、农业产业化重点龙头企业和境外企业基本情况

2013 年，完成龙头企业的年审工作，至 2013 年末，垦区共有 10 家省级以上龙头企业，其中 4 家为国家级龙头企业。

2013 年末，垦区境外企业达 19 家，并表单位境外企业从业人员 1179 人，境外企业全年总收入 31.20 亿元。

图5 2005-2013年国有在岗职工年均纯收入 单位 ：元/年.人

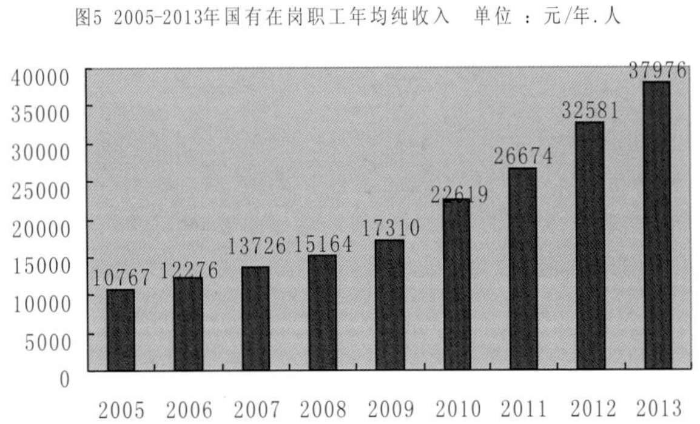

十一、营业收入、利润

2013 年实现营业收入 176.1 亿元，比上年增加 29 亿元，增幅达 19.7%。增长的主要原因一是不断壮大支柱产业，整合优势资源，完善产业集团运营机制，推动支柱产业化向更高层次发展；二是商品流通企业贸易额进一步扩大。

广东垦区 2013 年全年盈利 3.2 亿元，与上年同期（同口径）相比，减盈 3029 万元。利润下滑的主要原因是：全球经济低迷和国内原材料、劳动力价格上涨及自然灾害等不利因素的影响，垦区主营业务毛利率同比有所下降。

图6 2005-2013年利润总额 单位：万元

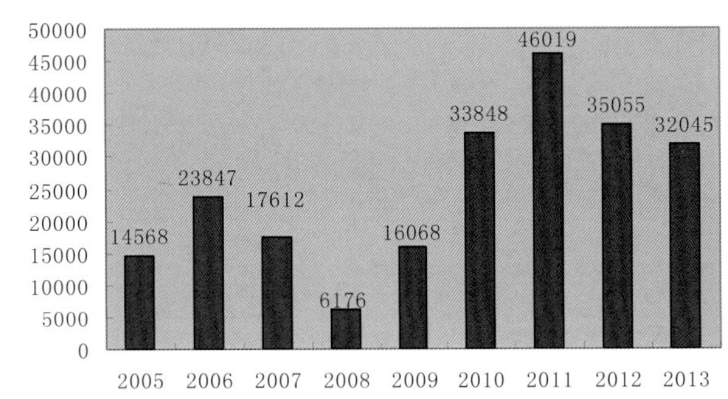

十二、非国有经济

2013 年，垦区实现非国有经济生产总值 63.81 亿元，增长 13.9%，占垦区经济总量的 49.4%。其中第一产业增加值 9.53 亿元，第二产业增加值 40.24 亿元，第三产业增加值 14.04 亿元，各产业占非国有经济总量的比重分别为 14.9%、63.1%、22.0%。非国有经营单位个数 5387 个，从业人员达 5.21 万人，其中第一产业 1.49 万人，第二产业 1.96 万人，第三产业 1.76 万人。从业人员总收入 20.23 亿元，人均收入 38849 元，增长 20.3%。全年共实现利税 23.99 亿元，其中利润 18.73 亿元。

12-1 广东农垦主要年份统计指标

项　　目	计量单位	1952	1957	1962	1965	1970	1975	1978	1980
土地总面积	公顷	121834	175813	233727	242948	255896	250964	251129	252294
农垦总人口	人	58729	29528	117527	158740	248600	295340	318060	318059
国有在岗职工人数	人	56662	21181	61066	77856	130255	151145	167555	168687
国有职工工资总额	万元	727	1094	2305	2671	4358	6441	8110	9926
工农业总产值(可比价)	万元	3540	5202	8754	19716	26258	42980	54586	59726
农业总产值(可比价)	万元	3540	4418	6530	13071	19233	30746	39387	44409
工业总产值(可比价)	万元		784	2224	6645	7025	12234	15199	15317
农垦社会总产值(现价)	万元							41176	45485
农垦生产总值(现价)	万元							20176	22424
利润总额	万元			74.8	1520.1	1734.1	3367.4	4684.0	3425.0
交纳税金	万元		18.7	120.7	827.9	1229.6	866.7	481.0	1002.0
国有固定资产原值	万元								66421
国有固定资产净值	万元								53340
出口商品总金额	万元		118	125	446	32	349	219	168
出口创汇金额	万美元								111
农产品销售金额	万元	58	174	357	810	738	12374	19694	11666
干胶总产量(国内基地)	吨			1388	3426	7232	12361	16288	18501
剑麻纤维产量	吨		64	740	1337	3016	5695	7271	8900
干毛茶产量	吨			1	2	1	8	35	87
水果总产量	吨		785	677	1723	2426	791	1726	3450
年末林地面积	公顷	980	33099	30223	36297	39716	39972	39960	34136
鲜牛奶产量	吨		106	250	604	656	1469	1912	2355
肉类产量	吨		808	1561	1314	3239	2834	4012	7967
水产品产量	吨		9	96	134	85	135	227	227
机制糖产量	吨		174	139	1729	13315	12252	15457	12603
水泥产量	吨						21023	39353	42602
固定资产投资额	万元	274	944	1666	2452	2467	4454	5882	5342

12-1 续表

项　　目	计量单位	1985	1990	1995	2000	2005	2009	2010	2011	2012	2013
土地总面积	公顷	238980	220026	219038	217705	221793	224160	226031	227053	22299	226878
农垦总人口	人	317136	347144	338837	352608	350249	376693	375095	382056	371718	377214
国有在岗职工人数	人	169606	167169	123892	94996	59590	60070	57211	57510	50806	49608
国有职工工资总额	万元	16199	37206	75000	65145	64852	97722	101106	115318	126661	151177
工农业总产值(可比价)	万元	88141	152786	232930	322265						
农业总产值(可比价)	万元	57194	82628	99311	136071						
工业总产值(可比价)	万元	30947	70158	133619	186194						
农垦社会总产值(现价)	万元	63405	162320	432018	522935	750248	1590592	1938973	2317956	2621921	2945647
农垦生产总值(现价)	万元	31233	66348	176407	170647	323933	701497	836254	976335	1120431	1291257
利润总额	万元	3582	3825	23521	-20713	14568	16068	33848	46019	35055	32045
交纳税金	万元	2109	7449	15951	14279	15361	22268	26613	31688	40933	32352
国有固定资产原值	万元	95570	125191	213315	469584	682053	710304	772743	1323608	1383863	1426796
国有固定资产净值	万元	70312	89256	168452	336609	546608	533054	580666	1115246	1151826	1182017
出口商品总金额	万元	2172	10134	31833	28123	78937	360204	452321	512324	534325	575922
出口创汇金额	万美元	757	2073	3825	3386	9915	54412	69400	74371	86109	93532
农产品销售金额	万元	26165	59015	121698	132871	210751	303536	367085	438004	518616	643816
干胶总产量(国内基地)	吨	24408	30241	27158	20034	21307	13548	13383	13766	15382	16012
剑麻纤维产量	吨	10893	10538	16889	17873	14410	12829	13610	13125	9103	8351
干毛茶产量	吨	1431	3135	2613	2320	1737	1600	1092	1155	985	1021
水果总产量	吨	16783	62134	74575	143415	236156	361135	401505	442195	508151	651313
年末林地面积	公顷	32385	38077	33680	24755	24635	22664	23225	22737	23847	24788
鲜牛奶产量	吨	3162	3423	5062	3158	19711	25419	26303	28641	40986	38234
肉类产量	吨	13033	15306	21736	37905	42117	60824	64140	73482	85594	107649
水产品产量	吨	791	2834	8129	15391	21755	29475	30386	31306	34512	35262
机制糖产量	吨	39111	79506	113893	183434	352576	557015	518025	437270	542663	504538
水泥产量	吨	120598	171189	594066	432540	483468	503638	520730	617356	516692	372192
固定资产投资额	万元	9596	8580	74160	30250	59761	193957	202232	215582	220648	235703

12-2 广东农垦主要指标完成情况

2013 年

指标名称	单位	总局合计		湛江局	茂名局	阳江局	揭阳局	汕尾局	广州总直单位
		完成数	增长%						
一、企业个数	个	**231**		**71**	**22**	**18**	**9**	**5**	**106**
其中:第一产业	个	126		31	18	11	9	5	52
第二产业	个	36		18	2	4			12
第三产业	个	69		22	2	3			42
二、农垦总人口	人	**377214**	**1.5**	**157163**	**97001**	**17544**	**46790**	**35627**	**23089**
其中:从业人数	人	119140	4.3	39197	27054	4526	13842	13466	21055
内:国有在岗职工	人	49608	-2.4	27873	9334	3275	1396	2109	5621
离退休人员	人	83427	1.2	45925	25570	5981	2262	2094	1595
三、土地总面积	公顷	**226878.1**	**-0.2**	**115253.5**	**54533.7**	**35497.1**	**11959.7**	**9478**	**156.1**
其中:已开垦利用	公顷	213238.9	0.4	107179.6	51180.9	35229	11663.3	7830	156.1
内:耕地	公顷	37835.9	-0.04	32998.5	631.5	1629.8	1087.3	1460.4	12.7
四、农业生产									
1、橡胶年末面积	公顷	44659.6	1.8	8951.5	25116.7	8669	1667.2	1053	
橡胶年末株数	万株	1641.0	2.2	316.3	891.9	308.4	79.6	44.78	
开割到达株数	万株	24730.7	-0.3	5322.3	13676.7	5731.7			
全年干胶总产	吨	178326.5	18.3	4207.4	9325.5	2478.7			162314.9
其中:国内基地干胶总产	吨	16011.6	4.1	4207.4	9325.5	2478.7			
单株年产干胶	公斤	2.6	13.0	3.5	2.5	1.9			
公顷年产干胶	公斤	677	3.2	803	716	462			
2、剑麻年末面积	公顷	2994.7	-23.1	2480.7			514		
纤维总产	吨	8351.3	-8.3	8050.4			300.9		
3、茶叶年末面积	公顷	690.8	-1.0	324.7	162.6	5.4	175	23.1	
茶叶总产	吨	1020.7	3.7	553	84	14.7	343	26	
4、水果年末面积	公顷	25170.5	2.0	14120.7	4917.5	1033.6	3842.7	1252	
其中：柑桔橙	公顷	418.7	15.3	254.2	5.8	107.7	51		
内：红江橙	公顷	253.5	26.0	253.5					
菠萝	公顷	5883.8	18.8	5656.8	47		90	90	
荔枝	公顷	6472.3	-2.6	1664.6	2299.2	381	1249.7	877.8	
龙眼	公顷	3533.8	1.5	959	1422.8	400.3	605.7	146	
香（大）蕉	公顷	5910.1	-2.1	5241.3	486.1	24.5	110	48.2	
水果总产量	吨	651313.1	28.2	582286.9	42293.2	2560	15358	8810	
其中：柑桔橙	吨	4854.1	17.2	2039	187.1	1633	995		
内：红江橙	吨	2039	35.1	2039					
菠萝	吨	293099.1	57.8	290897.4	52.7		237	1912	
荔枝	吨	39275.7	30.4	7406	18317.7	157	8534	4861	
龙眼	吨	11636.1	-13.1	2270.5	6971.6	342	1001	1051	
香（大）蕉	吨	284316.9	12.7	269639.9	13331	121	635	590	
5、年末林地面积	公顷	24788.4	3.9	8437.1	6938.5	5089	2645.7	1678.1	
木材总产	m^3	105586.0	21.5	63874	28690	8238	15	4769	
6、粮食播种面积	公顷	8611.2	0.2	2613.0	1181.4	641	1877	2298.8	

12-2 续表1

指标名称	单位	总局合计		湛江局	茂名局	阳江局	揭阳局	汕尾局	广州总直单位
		完成数	增长%						
粮食总产量	吨	59373.3	2.0	18363.2	11279.5	3890.6	10593	15247	
其中:水稻播种面积	公顷	5362.2	-12.2	1690.1	588.8	224.9	973.6	1884.8	
水稻总产量	吨	38287.1	-10.6	12021.6	6550.4	1522.1	5446	12747	
7、糖蔗播种面积	公顷	29244.8	-2.4	28744.7	27.1	470	3		
糖蔗总产量	吨	2265199	0.2	2233802	2004	29008	385		
8、油料播种面积	公顷	2905.7	1.8	1345.3	881.3	408.8	186.3	84	
油料总产量	吨	8683.7	6.4	3564.8	3197.2	1235.7	377	309	
9、蔬菜种植面积	公顷	5561.7	3.6	2539.7	1307.4	223.6	762.7	728.3	
蔬菜产量(含菜用瓜)	吨	142880.3	10.2	72835.3	25711.2	3748.8	21098	19487	
10、猪全年饲养量	头	1636651	21.3	737572	591657	186990	62305	58127	
年末存栏量	头	652312	17.1	271573	247317	87765	22177	23480	
11、牛年末存栏量	头	26460.0	-2.9	10980	1536	915	2748	1472	8809
其中:奶牛	头	9010.0	-2.7	201					8809
12、肉类总产量	吨	107648.5	25.8	52617.1	33066.3	9273.6	5394.5	7297	
其中:猪肉	吨	85530.5	28.8	41924.4	28285.5	8655.1	3896.5	2769	
13、水产养殖面积	公顷	4011.1	-1.1	842.4	455.2	1675.2	145.3	893	
水产品产量	吨	35261.7	2.2	5125.3	7719.4	16889	1055	4473	
14、农业机械总动力	千瓦	350091.4	6.6	159198.1	60379.7	64599	9938	23320.6	32656
五、工业生产									
1、工业企业个数*	个	556	6.5	179	158	16	48	79	76
2、工业产品产量									
其中:水泥	万吨	372192	-28.0	29630		342562			
机制糖	万吨	504538	-7.0	504538					
罐头	吨	2823	-45.1	2823					
碎粒板	m^3	13450	63.0	13450					
木片(绝干吨)	吨	30332	20.2	27602	2575			155	
配合饲料	吨	3478	-34.6		2465			1013	
酒精	吨	61093	35.0	58979					2114
成品茶	吨	845	-16.8	549	32	12	226	26	
乳制品	吨	109617	11.1	720					108897

12-2 续表 2

指标名称	单位	总局合计 完成数	总局合计 增长%	湛江局	茂名局	阳江局	揭阳局	汕尾局	广州总直单位
模压复合家具	万件	308.2	13.4	306.9	1.3				
凉果	吨	6520	-5.0				4980		1540
复混肥	吨	83847.1	-4.6	40913	33103	9831.1			
砖	万块	43720	5.3	18395	13930	2107	8350	938	
六、全部固定资产投资	**万元**	**235702.9**	**6.8**	**95537.6**	**56480.6**	**18155.8**	**10220**	**15363.5**	**39945.5**
1、第一产业	万元	63090.9	20.7	22519.7	17613.2	6672.3	3967	1891.5	10427
2、第二产业	万元	49348.2	19.3	14200.0	5232.4	1723.2	2089	8931	17172.6
3、第三产业	万元	123263.9	-3.0	58817.7	33635.0	9760.3	4164	4541	12345.9
其中:国有固定资产投资	万元	142708.9	5.9	61706.9	33479.9	8135.7	4053.5	4310.5	31022.5
七、农垦社会总产值	**万元**	**2945647**	**12.3**	**1100570**	**341522.3**	**130851.8**	**74901**	**88584.9**	**1209216**
1、第一产业	万元	755615.5	24.6	435623.5	146595.1	78769.4	37594.14	32999.9	24033.5
2、第二产业	万元	1795004	5.5	572114.5	100454.9	31037.5	27411	34429	1029557
工业	万元	1624673	4.3	482969.9	54434.3	18405.2	15968	23339	1029557
3、第三产业	万元	395027.3	26.0	92832.37	94472.3	21044.9	9895.86	21156	155625.9
八、农垦生产总值	**万元**	**1291257**	**15.2**	**463322.6**	**196888**	**72528.3**	**37815**	**37805.4**	**482897.8**
1、第一产业增加值	万元	421033.8	27.1	227970.5	94200.3	47948.6	19961	17461.4	13492
2、第二产业增加值	万元	573304.1	6.8	151155.3	39216.6	10565.2	9329	10589	352449
工业	万元	507032.6	4.4	119054.2	19152.5	5564.9	5552	5260	352449
3、第三产业增加值	万元	296919.2	17.6	84196.8	63471.1	14014.5	8525	9755	116956.8
九、出口商品总金额	**万元**	**575921.6**	**7.8**	**14588.6**		**24500**		**2580**	**534253**
其中:工业品金额	万元	538520.6	10.0	4267.6					534253
十、创汇金额	**万美元**	93532.4	8.6	2536.1		4016.3		426	86554
十一、全年利税总额	**万元**	**64397**	**-15.2**						
其中:利润	万元	32045	-8.6						
十二、按农垦人口计算									
1、人均农垦生产总值	元	34260	14.4	29479	20240	41414	8136	10694	208929
2、国有在岗职工年均纯收入	元	37976	16.6	34483	28945	28446	27062	29252	82563
3、农垦居民人均纯收入	元	18086	14.9	16961	15646	18952	11026	14493	55033
4、从业人员年平均纯收入	元	31863	14.4	31509	23865	28165	17595	24556	56909

12-3 广东农垦人口构成及自然增长

2013 年　　　　单位:人

指 标 名 称	农垦总局	湛江局	茂名局	阳江局	揭阳局	汕尾局	广州直属单位
农垦总人口年平均人数	376897	157168	97275	17513	46476	35352	23113
农垦总人口年末人数	377214	157163	97001	17544	46790	35627	23089
其中:国有职工总数	51205	29431	9334	3298	1396	2109	5637
国有离退休人员	83427	45925	25570	5981	2262	2094	1595
非国有经济劳动者	44440	5863	14267	1322	7661	3604	11723
外出谋业人员	60514	18714	18579	3555	12438	5707	1521
无业人员	7349	4019	3330				
家属小孩人数	111223	47160	25687	3274	18394	16198	510
国有单位其他从业人员	19056	6051	234	114	4639	5915	2103
全年出生人数	3000	1394	569	63	559	395	20
全年死亡人数	1855	957	414	112	226	129	17
在农垦总人口中:农场总人口	339696	141199	95163	16691	46690	35566	4387
少数民族人口	7854	4911	1975	726			242
水库移民人口	102582	57262	38650	1262	1479	3929	

12-4 广东农垦土地资源与利用情况

2013 年 单位:公顷

指 标 名 称	农垦总局	湛江局	茂名局	阳江局	揭阳局	汕尾局	广州直属单位
年末土地总面积	226878.1	115253.5	54533.7	35497.1	11959.7	9478	156.1
一、已开垦利用土地	**213238.9**	**107179.6**	**51180.9**	**35229**	**11663.3**	**7830**	**156.1**
（一）园地面积小计	79261.4	29157.1	31625.3	9764.7	6308.1	2395.7	10.5
1.橡胶地	45457.4	8951.5	25116.7	8669	1667.2	1053	
2.热作地	3069.6	2501.6	54		514		
内：剑麻地	2976.7	2462.7			514		
3.茶园	690.8	324.7	162.6	5.4	175	23.1	
4.果园	24035.0	13212.7	4756.4	1033.6	3782.7	1249.6	
5.桑园	375.4	337.1	31.3	7			
6.南药地	26.2	26.2					
7.苗圃地	409.1	190	200.3	18.8			
8.其他园地	5197.9	3613.3	1304.0	30.9	169.2	70	10.5
（二）耕地小计	37820.2	32998.5	631.5	1629.8	1087.3	1460.4	12.7
1.水田	3114.6	992.8	303	42.7	680.3	1095.8	
2.旱地	34705.6	32005.7	328.5	1587.1	407	364.6	12.7
内：水浇地	14780.1	14408.6	36.2		309	13.6	12.7
（三）林地小计	24775.5	8424.2	6938.5	5089	2645.7	1678.1	
（四）牧地小计	180.5	132.5	48				
（五）水域小计	6398.9	1753.4	495	2151.9	613	1385	0.6
其中:山塘、水库	1323.1	846.1	52.3	15.4	269.3	140	
鱼 塘	3817.2	752.9	442.4	1636.9	94.4	890	0.6
（六）工厂用地	2019.2	982.2	632.2	279.5	40.7	38	46.6
（七）居民点用地	12280.3	6239.3	4281.4	948.7	402.1	337.8	71
（八）交通用地	13657.6	10760.1	1829	641.3	257.7	162.6	6.9
（九）外单位占用地	15133.1	12294.2	1973.6	524.3	5	336	
（十）长期作物淘汰地	5048.3	1819.5	1255.9	1754.8	181.7	36.4	
其中：橡胶地	2260.4	66.4	690.6	1489.4		14	
（十一）其他已开垦利用地	16663.9	2618.5	1470.6	12445	122		7.8
二、已开垦未利用地	**2770.3**	**1532.8**	**824.7**	**156.5**	**154.2**	**102.1**	
三、未利用土地	**10868.9**	**6541.1**	**2528.1**	**111.6**	**142.2**	**1545.9**	
其中：1.荒山、荒地	3517.2	1621	527.1	35	52	1282.1	
内：可垦荒地	521.7	462.3	59.4				
其中：宜林地	143.7	143.7					
宜果地	71.3	71.3					
2.外单位占用地	3699.6	3126.2	573.4				
另：本单位已利用界外地	161.5	20	141.5				

12-5 广东农垦耕地变动情况

2013 年　　　　单位:公顷

指 标 名 称	农垦总局	湛江局	茂名局	阳江局	揭阳局	汕尾局	广州直属单位
一、年初实有耕地面积	**37835.9**	**33033.1**	**631.5**	**1629.8**	**1092.1**	**1436.7**	**12.7**
二、当年增加耕地面积	**654.7**	**631.0**				**23.7**	
1. 新开荒							
2. 收复弃耕地	23.7					23.7	
3. 还耕	631.0	631.0					
4. 其他							
三、当年减少耕地面积	**670.4**	**665.6**			**4.8**		
1. 国家基建占用	290.6	290.6					
2. 本单位基建占用							
3. 农业结构调整占地	353.1	348.3			4.8		
其中:退耕还园	353.1	348.3			4.8		
退耕还林							
4. 灾害毁地							
5. 个人建房占用							
6. 其他减少	26.7	26.7					
四、年末实有耕地面积	**37820.2**	**32998.5**	**631.5**	**1629.8**	**1087.3**	**1460.4**	**12.7**
五、当年粮食实际占用耕地	**3776.7**	**1344.3**	**351.9**	**461.1**	**732.0**	**887.4**	

12-6 广东农垦橡胶生产情况

2013 年

指 标 名 称	计量单位	农垦总局	湛江局	茂名局	阳江局	揭阳局	汕尾局	广州直属单位
1. 当年调整减少面积	公顷	968.28	81.86	758.02	128.4			
其中：老残、低产树	公顷	773.36	81.86	685.2	6.3			
2. 累计更新定植面积	公顷	11869.3	990	7352.3	3527			
当年新定植、更新面积	公顷	1775.21	485.43	1108.48	148.3			
其中：当年更新定植	公顷	16.1			16.1			
3. 年末林段实有面积	公顷	45457.37	8951.46	25116.71	8669	1667.2	1053	
实有株数	万株	1640.97	316.33	891.86	308.43	79.57	44.78	
其中：当年新定植面积	公顷	1759.11	485.43	1108.48	132.2	33		
当年新定植株数	万株	85.16	25.38	50.76	7.37	1.65		
已开割面积	公顷	25918	5595.1	14571.2	5751.7			
已开割株数	万株	738.18	142.71	426.46	169.01			
4. 未开割树本年平均增粗	cm	6.6	5.8	7.4	5.7	6.3	6.0	
5. 年末苗圃存苗株数	万株	35.25		14.95	20.3	35.25		
其中：芽接苗	万株	13.71		10.45	3.26	13.71		
6. 当年实际开割到达面积	公顷	24730.7	5322.3	13676.7	5731.7			
其中：当年新开割面积	公顷	528.47	13.17	374.4	140.9			
7. 当年平均开割面积	公顷	23634.4	5238.5	13029.1	5366.8			
8. 当年开割到达株数	万株	671.55	125.42	384.71	161.42			
其中：当年新开割株数	万株	21.72	0.46	15.24	6.02			
乙稀利刺激株数	万株	500.13	108.32	331.83	59.98			
9. 当年平均开割株数	万株	616.36	119.69	366.29	130.38			
10. 年内因灾实际停割株数	万株	64.94	17.55	9.71	37.68			
11. 当年割胶株次数	万株/次	33075.49	6545.49	21151.5	5378.5			
12. 年平均割胶刀数	刀	53.7	54.7	57.7	41.3			
13. 鲜胶水总产量	吨	55922.25	14467.09	33115.56	8339.6			
14. 年平均干胶含量	%	26.6	27.4	26.1	27.0			
15. 理论干胶产量	吨	14879.98	3969.06	8656.94	2253.98			
16. 当年回收胶线（块）、胶泥	吨	1897.01	548.09	1009.84	339.08			
17. 全年干胶总产量	吨	16011.6	4207.4	9325.5	2478.7			
(1)烟胶片	吨							
(2)标准胶	吨	1524.6	416.5	857.6	250.5			
(3)浓缩胶乳(实物量)	吨	20640.3	5512.8	11879.0	3248.5			
按 60%折干胶	吨	12798.0	3321.0	7523.1	1953.8			
(4)白绉片	吨							
(5)胶清片	吨	1688.97	469.9	944.73	274.34			
(6)褐绉片	吨							
18. 公顷年产干胶	公斤	2.6	3.5	2.5	1.9			
19. 单株年产干胶	公斤	677	803	716	462			
20. 橡胶倒树原木产量	立方米	74486.5	1522	58960	14004.5			

12-7 广东农垦热带作物南药和蚕桑生产情况

2013 年

指 标 名 称	计量单位	农垦总局	湛江局	茂名局	阳江局	揭阳局	汕尾局	广州直属单位
一、热带作物合计								
年末实有面积合计	公顷	3102.2	2520.9	67.3		514		
当年新种	公顷	193.2	193.2					
收获面积合计	公顷	3292.4	3093.1	65.3		134		
1、剑麻								
年末实有面积合计	公顷	2994.7	2480.7			514		
当年新种	公顷	193.2	193.2					
收获面积合计	公顷	3198.3	3064.3			134		
产品产量合计	吨	8351.3	8050.4			300.9		
公顷产量	公斤	2611	2627			2246		
叶片产量合计	吨	186135.8	185880.8			255		
公顷产量	公斤	58199	60660			1903		
2、胡椒								
年末实有面积合计	公顷	94.2	40.2	54.0				
当年新种	公顷							
收获面积合计	公顷	80.8	28.8	52				
产品产量合计	吨	135.4	66.4	69				
公顷产量	公斤	1676	2306	1327				
二、南药合计（面积）								
年末实有面积合计	公顷	26.2	26.2					
当年新种	公顷	14.9	14.9					
收获面积合计	公顷	12.3	12.3					
产品产量合计	吨	645.8	645.8					
公顷产量	公斤	52504	52504					
三、桑园								
年末实有面积合计	公顷	395.4	357.1	31.3	7			
当年新种	公顷	93.7	93.7					
收获面积合计	公顷	404.6	366.3	31.3	7			
产品产量合计	吨	11832.5	10797.5	910	125			
公顷产量	公斤	29245	29477	29073	17857			
附：1.另乱纤维回收量	吨	951.2	951.2					
2.蚕茧产量	吨	965.9	921.3	43	1.6			

12-8 广东农垦茶叶、水果生产情况

2013 年

指 标 名 称	计量单位	农垦总局	湛江局	茂名局	阳江局	揭阳局	汕尾局	广州直属单位
一、茶叶(干毛茶)								
年末实有面积合计	公顷	691	325	163	5	175	23	
当年新种	公顷							
收获面积合计	公顷	645	325	117	5	175	23	
产品产量合计	吨	1020.7	553	84	14.7	343	26	
公顷产量	公斤	1583	1703	720	2722	1960	1126	
二、水果合计								
年末实有面积合计	公顷	25171	14121	4918	1034	3843	1252	4
当年新种	公顷	3634	3626	3			4	1
收获面积合计	公顷	20937	11167	4818	486	3231	1232	3
产品产量合计	吨	651313.1	582286.9	42293.2	2560	15358	8810	5
公顷产量	公斤	31108	52143	8779	5263	4754	7151	1515
1、柑桔橙								
年末实有面积合计	公顷	419	254	6	108	51		
当年新种	公顷	60	60					
收获面积合计	公顷	317	174	6	105	33		
产品产量合计	吨	4854.1	2039	187.1	1633	995		
公顷产量	公斤	15298	11752	32259	15552	30152		
2、红江橙								
年末实有面积合计	公顷	254	254					
当年新种	公顷	60	60					
收获面积合计	公顷	174	174					
产品产量合计	吨	2039	2039					
公顷产量	公斤	11752	11752					
3、菠萝								
年末实有面积合计	公顷	5884	5657	47		90	90	
当年新种	公顷	2027	2025				2	
收获面积合计	公顷	3949	3750	44		70	85	
产品产量合计	吨	293099.1	290897.4	52.7		237	1912	
公顷产量	公斤	74221	77579	1190		3386	22494	
4、荔枝								
年末实有面积合计	公顷	6472	1665	2299	381	1250	878	
当年新种	公顷	23	20	3				
收获面积合计	公顷	5677	1361	2279	128	1044	865	
产品产量合计	吨	39275.7	7406	18317.7	157	8534	4861	
公顷产量	公斤	6919	5441	8038	1227	8177	5621	
5、龙眼								
年末实有面积合计	公顷	3534	959	1423	400	606	146	
当年新种	公顷							
收获面积合计	公顷	3053	834	1407	171	495	146	
产品产量合计	吨	11636.1	2270.5	6971.6	342	1001	1051	
公顷产量	公斤	3812	2723	4955	2000	2022	7199	
6、芒果								
年末实有面积合计	公顷	114.9	20	27.9		67		

12-8 续表

指 标 名 称	计量单位	农垦总局	湛江局	茂名局	阳江局	揭阳局	汕尾局	广州直属单位
当年新种	公顷							
收获面积合计	公顷	115	20	28		67		
产品产量合计	吨	626	380	64		182		
公顷产量	公斤	5448	19000	2294		2716		
7、香（大）蕉								
年末实有面积合计	公顷	5910	5241	486	25	110	48	
当年新种	公顷	1514	1512	0			2	
收获面积合计	公顷	5381	4740	462	21	110	48	
产品产量合计	吨	284316.9	269639.9	13331	121	635	590	
公顷产量	公斤	52835	56886	28855	5762	5773	12241	
8、青梅								
年末实有面积合计	公顷	843				843		
当年新种	公顷							
收获面积合计	公顷	763				763		
产品产量合计	吨	1083				1083		
公顷产量	公斤	1419				1419		
9、青橄榄								
年末实有面积合计	公顷	455		2		453		
当年新种	公顷							
收获面积合计	公顷	283		2		281		
产品产量合计	吨	864		21		843		
公顷产量	公斤	3051		9545		3000		
10、红杨桃								
年末实有面积合计	公顷	405	8	397				
当年新种	公顷							
收获面积合计	公顷	394	8	386				
产品产量合计	吨	2621	234	2387				
公顷产量	公斤	6656	29250	6187				
11、火龙果								
年末实有面积合计	公顷	69	57	8				3
当年新种	公顷	7	6					1
收获面积合计	公顷	58	50	5				3
产品产量合计	吨	1633	1593	35				5
公顷产量	公斤	28351	32052	7609				1515
12、番石榴								
年末实有面积合计	公顷	207	108	99				
当年新种	公顷							
收获面积合计	公顷	200	103	97				
产品产量合计	吨	3595	3230	365				
公顷产量	公斤	17939	31238	3763				
13、其他								
年末实有面积合计	公顷	858	151	123	120	373	90	1
当年新种	公顷	3	2					1
收获面积合计	公顷	748	128	102	61	368	88	
产品产量合计	吨	7709.2	4597.1	561.1	307	1848	396	
公顷产量	公斤	10311	35915	5485	5000	5022	4500	

12-9 广东农垦林业生产情况

2013 年

指 标 名 称	计量单位	农垦总局	湛江局	茂名局	阳江局	揭阳局	汕尾局	广州直属单位
一、林地合计	**公顷**	24788.4	8437.1	6938.5	5089	2645.7	1678.1	
1. 防护林	公顷	6855.7	3140.4	1091.9	1402.6	929.5	291.3	
其中：桉树	公顷	3899.6	2974.7	2	446.4	476.5		
2. 用材林	公顷	8669.1	4961.4	613.9	1802	710.7	581.1	
其中：桉　树	公顷	6308.0	4949.9	24.5	650.6	169.9	513.1	
杉　木	公顷	466.8		144.2	207.6	115		
湿地松	公顷	1216	11.5	376.6	800.9	27		
竹　子	公顷	366		48.5	26.5	223	68	
3. 经济林	公顷	7087.4		4412.1	1884.4		790.9	
其中：湿地松	公顷	1383.9		31	1352.9			
4. 薪炭林	公顷	375		109.1		265.9		
5. 其他林	公顷	1801.1	335.2	711.5		739.6	14.8	
林地合计中：桉树总面积	公顷	11360.8	7924.7	820.8	1455.8	646.4	513.1	
其中：速生丰产面积	公顷	6309.4	4962.9	793.3	553.2			
当年造林育苗面积	公顷							
株数（万株）	万株							
年末实有造林育苗面积	公顷							
株数（万株）	万株							
二、木材产量合计	**立方米**	**105585.5**	**63873.5**	**28690**	**8238**	**15**	**4769**	
1. 原　木	立方米	68969.5	30998.5	27872	8238		1861	
2. 小规格材	立方米	33103	32875			15	213	
3. 薪　材	立方米	3513		818			2695	
合计中：杉木	立方米							
三、竹子产量	**万条**	**294.4**	**1**	**198.8**	**20.5**	**29.1**	**45**	
四、松脂产量	**吨**	**7.8**		**0.8**	**7**			

12-10 广东农垦农作物播种面积和产量

2013 年

指 标 名 称	计量单位	农垦总局	湛江局	茂名局	阳江局	揭阳局	汕尾局	广州直属单位
农作物总播种面积	**公顷**	**48106**	**35845**	**3693**	**1974**	**2955**	**3639**	
一、粮食作物合计								
播种面积	公顷	8611	2613	1181	641	1877	2299	
总产量	吨	59373	18363	11280	3891	10593	15247	
公顷产量	公斤	6895	7028	9548	6070	5644	6633	
其中：夏收粮食								
播种面积	公顷	3323	877	322	214	787	1122	
总产量	吨	20028	5777	2293	1542	3755	6661	
公顷产量	公斤	6027	6587	7114	7200	4771	5935	
（一）谷物小计								
播种面积	公顷	6115	2041	684	236	990	2163	
总产量	吨	44252	15833	7170	1565	5499	14185	
公顷产量	公斤	7237	7756	10482	6621	5553	6559	
1. 稻谷								
播种面积	公顷	5362	1690	589	225	974	1885	
总产量	吨	38287	12022	6550	1522	5446	12747	
公顷产量	公斤	7140	7113	11125	6768	5594	6763	
其中：早稻								
播种面积	公顷	2539	812	225	93	465	943	
总产量	吨	16190	5926	1356	633	2303	5972	
公顷产量	公斤	6378	7299	6019	6794	4949	6334	
2. 玉米								
播种面积	公顷	684	351	33	12	10	278	
总产量	吨	5646	3811	318	43	36	1438	
公顷产量	公斤	8255	10848	9590	3739		5173	
3. 其他谷物								
播种面积	公顷	69		62		7		
总产量	吨	318		301		17		
公顷产量	公斤	4629		4855		2537		
(二)豆类合计								
播种面积	公顷	221	36	50	43	92		
总产量	吨	633	115	338	30	150		
公顷产量	公斤	2862	3186	6747	689	1630		
其中：1. 大豆								
播种面积	公顷	161	20	23	35	83		
总产量	吨	460	60	255	15	130		
公顷产量	公斤	2856	3000	11118	429	1566		
2. 杂豆								
播种面积	公顷	60	16	27	8	9		
总产量	吨	173	55	83	15	20		
公顷产量	公斤	2877		3066	1859	2222		
(三)薯类(5：1 折)								
播种面积	公顷	2275	535	447	362	795	136	
总产量	吨	14489	2416	3772	2296	4944	1062	
公顷产量	公斤	6368	4512	8432	6346	6221	7809	
其中：番薯								
播种面积	公顷	2061	352	419	362	793	136	
总产量	吨	13270	1354	3630	2296	4928	1062	
公顷产量	公斤	6437	3848	8661	6346	6217	7809	
二、油料合计								
播种面积	公顷	2906	1345	881	409	186	84	
总产量	吨	8684	3565	3197	1236	377	309	
公顷产量	公斤	2988	2650	3628	3023	2024	3679	

12-10 续表

指 标 名 称	计量单位	农垦总局	湛江局	茂名局	阳江局	揭阳局	汕尾局	广州直属单位
其中：1.花生								
播种面积	公顷	2861	1335	877	409	156	84	
总产量	吨	8626	3557	3190	1236	334	309	
公顷产量	公斤	3015	2664	3638	3023	2137	3679	
2.芝麻								
播种面积	公顷	5	4	1				
总产量	吨	10	8	2				
公顷产量	公斤	1943	2000					
三、麻类合计								
播种面积	公顷							
总产量	吨							
公顷产量	公斤							
四、糖料合计								
播种面积	公顷	29245	28745	27	470	3		
总产量	吨	2265199	2233802	2004	29008	385		
公顷产量	公斤	77456	77712	73948	61719	128333		
其中：1.糖蔗								
播种面积	公顷	29232	28745	24	460	3		
总产量	吨	2265066	2233802	1899	28980	385		
公顷产量	公斤	77487	77712	79104	63000	128333		
2.果蔗								
播种面积	公顷	13		3	10			
总产量	吨	134		106	28			
公顷产量	公斤	10191		34032				
五、蔬菜、瓜类								
播种面积	公顷	5562	2540	1307	224	763	728	
总产量	吨	142880	72835	25711	3749	21098	19487	
公顷产量	公斤	25690	28679	19666	16766	27662	26757	
其中：1.蔬菜(含菜用瓜)								
播种面积	公顷	5251	2312	1232	215	763	728	
总产量	吨	131553	62972	24462	3533	21098	19487	
公顷产量	公斤	25054	27232	19851	16426	27662	26757	
2.果用瓜								
播种面积	公顷	311	227	75	9			
总产量	吨	11328	9863	1249	216			
公顷产量	公斤	36436	43392	16634	25365	#DIV/0!		
六、其他农作物	**公顷**	**1712**	**532**	**296**	**231**	**126**	**528**	
其中：1.青饲料								
播种面积	公顷	441	341	63	2	35		
总产量	吨	4614	2306	1252	53	1003		
公顷产量	公斤	10463	6762	19873	26500	28657		
2.木薯								
播种面积	公顷	472	191	76	101	91	13	
总产量	吨	10679	4315	2500	2587	977	300	
公顷产量	公斤	22643	22603	32931	25665	10736	23077	
3.绿肥								
播种面积	公顷	743		100	128		515	
总产量	吨	3067		1087	180		1800	
公顷产量	公斤	4128		10870	1406			

12-11 广东农垦畜牧业生产情况

2013 年

指 标 名 称	计量单位	农垦总局	湛江局	茂名局	阳江局	揭阳局	汕尾局	广州直属单位
一、猪饲养头数	**头**	**1636651**	**737572**	**591657**	**186990**	**62305**	**58127**	
1.年末存栏	头	652312	271573	247317	87765	22177	23480	
内：能繁殖母猪	头	102349	41043	36602	19360	3396	1948	
仔 猪	头	331124	111581	160275	43151	8826	7291	
2.出栏肉猪	头	984339	465999	344340	99225	40128	34647	
猪肉产量	吨	85530.5	41924.4	28285.5	8655.1	3896.5	2769	
全年繁殖仔猪	头	1483017	661076	464080	302161	35441	20259	
内：成 活	头	1361939	618486	428310	262637	34129	18377	
二、牛年末存栏	**头**	**26460**	**10980**	**1536**	**915**	**2748**	**1472**	**8809**
1.黄 牛	头	12688	7943	679	495	2205	1366	
内：役 牛	头	8938	6303	158	277	1176	1024	
能繁殖母牛	头	2933	1672	178	252	593	238	
仔 牛	头	1820	1077	320	117	286	20	
2.水 牛	头	4762	2836	857	420	543	106	
内：役 牛	头	3411	2293	364	322	352	80	
能繁殖母牛	头	1334	637	323	246	103	25	
仔 牛	头	671	307	205	79	59	21	
3.奶 牛	头	9010	201					8809
内：能繁殖母牛	头	8532	112					8420
仔 牛	头	405	16					389
全年出售和自宰肉牛	头	2425	1156	48	271	727	185	38
牛肉产量	吨	407.2	188.2	25	37	129	28	
全年鲜牛奶产量	吨	38234	336					37898
牛全年繁殖仔牛	头	1542	836		65	69	75	497
三、羊年末存栏	**只**	**1626**	**1215**		**411**			
出售宰杀只数	只	1506	1104		402			
羊肉产量	吨	48.9	38.8		10.1			
四、兔年末存栏只数	**只**	**16577**	**1524**	**15053**				
出售宰杀只数	只	32175	2060	30115				
兔肉产量	吨	112.6	9.6	103				
五、家禽饲养量	**万只**	**1680.37**	**739.04**	**402.16**	**40.45**	**98.62**	**400.1**	
1.家禽年末存栏	万只	468.82	177.26	154.95	11.68	19.03	105.9	
其中：鸡	万只	374.52	150.06	118.88	9.25	5.63	90.7	
鸭	万只	84.7	25.8	29.01	1.52	13.17	15.2	
鹅	万只	6.60	1.4	4.06	0.91	0.23		
2.家禽出栏只数	万只	1211.55	561.78	247.21	28.77	79.59	294.2	
其中：鸡	万只	991.42	488.46	197.13	22.62	23.91	259.3	
鸭	万只	205.17	66.75	44.71	3.34	55.47	34.9	
鹅	万只	10.35	1.96	5.37	2.81	0.21		
禽肉产量	吨	21139	10405	4332	550	1353	4500	
其中：鸡	吨	14970	7223	3278	351	304	3813	
鸭	吨	4272	1539	930	86	1030	687	
鹅	吨	262	19	123	113	8		
禽蛋产量	吨	4403	1244	2060	57	482	560	
六、肉类总产量	**吨**	**107648**	**52617**	**33066**	**9274**	**5395**	**7297**	
内：其他肉产量	吨	410	52	321	22	16		
七、蜜蜂年末饲养	**箱**	**4115**	**1270**	**2150**	**180**	**515**		
蜂蜜产量	公斤	49125	4906	16214	3000	25005		

12-12 广东农垦水产业生产情况

2013年

指 标 名 称	计量单位	农垦总局	湛江局	茂名局	阳江局	揭阳局	汕尾局	广州直属单位
养殖合计	公顷	4011.1	842.4	455.2	1675.2	145.3	893	
	吨	35261.7	5125.3	7719.4	16889	1055	4473	
一、海水养殖	**公顷**	**1675.4**	**6**		**870.4**		**799**	
	吨	10929	35		7571		3323	
1.鱼　类	公顷	202			54		148	
	吨	1673			786		887	
2.虾蟹类	公顷	1473.4	6		816.4		651	
	吨	9256	35		6785		2436	
其中：对虾	公顷	783.5	6		541.5		236	
	吨	7328	35		5987		1306	
3.贝　类	公顷							
	吨							
4.其它	公顷							
	吨							
二、淡水养殖	**公顷**	**2335.7**	**836.4**	**455.2**	**804.8**	**145.3**	**94**	
	吨	24135.7	5025.3	7587.4	9318	1055	1150	
1.鱼　类	公顷	1940.7	836.4	453.2	411.8	145.3	94	
	吨	20185.7	5025.3	7586.4	5369	1055	1150	
2.虾蟹类	公顷	393			393			
	吨	3949			3949			
其中：对虾	公顷	393			393			
	吨	3949			3949			
3.贝　类	公顷							
	吨							
4.其它	公顷	2		2				
	吨	1		1				
三、海洋捕捞	**公顷**							
	吨							
四、淡水捕捞	**公顷**							
	吨	197	65	132				

12-13 广东农垦年末机械设备拥有量

2013 年

指 标 名 称	计量单位	农垦总局	湛江局	茂名局	阳江局	揭阳局	汕尾局	广州直属单位
一、农业机械总动力	**千瓦**	**350091**	**159198**	**60380**	**64599**	**9938**	**23321**	**32656**
1.柴油发动机动力	千瓦	227105	134296	29289	38578	5987	17052	1902
2.汽油发动机动力	千瓦	42548	9225	19567	6167	3068	4523	
3.电动机动力	千瓦	71949	14717	6626	18322	620	911	30754
4.其他机械动力	千瓦	8489	960	4898	1532	264	835	
（一）耕作机械	千瓦	76156	67076	3386	679	2486	2519	10
其中:大中型拖拉机	混合台	550	498	18		14	20	
	标准台	2508	2284	75		85	64	
大中型拖拉机	千瓦	27500	24776	831		939	954	
	台	3963	3488	160	33	124	156	2
小型及手扶机	千瓦	43225	37378	2475	325	1472	1565	10
大中型机引农具	部	1061	1059	2				
(二)排灌机械	台	11062	2166	2023	5855	378	623	17
排灌机械	千瓦	85665	16342	9228	53585	1164	5226	120
其中：农用排灌柴油机	台	5668	961	706	3431	101	466	3
	千瓦	39275	7128	4361	22495	614	4668	9
农用排灌汽油机	台	3438	194	756	2366	71	51	
	千瓦	34478	1425	1523	30925	423	183	
农用排灌电动机	台	1630	1011	478	33	8	88	12
	千瓦	11095	7789	2783	68	56	375	24
另：喷灌机械	套	321	87	227		7		
农用水泵	台	3843	1774	695	1023	131	220	
(三)收获机械	千瓦	4510	2143	33	15	55	2264	
其中：联合收割机	台	38	11			1	26	
	千瓦	2899	2143			55	701	
机动收割机	台	6					6	
	千瓦	120					120	

12-13 续表 1

指 标 名 称	计量单位	农垦总局	湛江局	茂名局	阳江局	揭阳局	汕尾局	广州直属单位
机动脱粒机	台	472		22	10		440	
	千瓦	1491		33	15		1443	
(四)农产品加工机械	千瓦	40075	6161	3307	611	613	790	28593
其中：橡胶初加工机械	部	970	109	214	38	4		605
	千瓦	32473	1787	1608	405	80		28593
剑麻纤维加工机械	部	277	240		37			
	千瓦	3059	2912		147			
碾米机	部	135	30	54	4	33	14	
	千瓦	2041	456	454	37	385	709	
磨面(粉)机	部	52	12	12		14	14	
	千瓦	472	129	128		134	81	
榨油机	部	53	14	36	2	1		
	千瓦	1300	147	1117	22	14		
(五)农用运输机械	千瓦	74452	49665	14960	4093	2180	1672	1883
其中：载重汽车	辆	878	564	159	49	53	38	15
	千瓦	71206	48829	13529	3723	2071	1304	1750
	吨	7445	5647	873	316	169	404	36
机动运输船	艘	35		15			20	
	千瓦	1763		1395			368	
	吨	120		74			46	
(六)植保机械	部	11896	3283	3728	1789	1180	1916	
	千瓦	25065	6948	10463	2593	2326	2736	
其中：喷雾(粉)机	部	5211	2168	1395	471	1097	80	
	千瓦	11084	3544	4044	1234	2171	91	
(七)畜牧业机械	台	2693	298	813	1	46	856	679
	千瓦	16634	2839	3725	100	855	7065	2050
(八)林业机械	台	1189	10	1123	6		50	
	千瓦	1876	59	1765	12		40	
(九)渔业机动船	艘	6		1			5	
	千瓦	35		7			28	

12-13　续表 2

指　标　名　称	计量单位	农垦总局	湛江局	茂名局	阳江局	揭阳局	汕尾局	广州直属单位
(十)其他农业动力机械	台	3429	193	2537	640	9	50	
	千瓦	25624	7964	13506	2912	260	981	
其中：推土机	台	129	77	39	3		10	
	千瓦	7167	4664	2039	180		284	
二、固定动力设备	*							
1. 柴油发电机组	台	1901	185	72	1306	5	272	61
	千瓦	86321	34710	3878	26600	312	1498	19323
2. 汽油发电机组	台	346	14	25	8		297	2
	千瓦	12542	10645	75	800		946	76
3. 汽轮发电机组	台	27	27					
	千瓦	105750	105750					
三、非农用汽车及拖拉机	*							
1. 全部非农用汽车	辆	5281	1279	2009	177	103	486	1227
	千瓦	318752	80374	113251	11076	5158	23880	85013
其中：载重汽车	辆	1405	91	1066	61	48	74	65
	吨	11383	378	9359	343	227	712	364
	千瓦	93963	7299	70586	4175	1054	4949	5900
2. 大中型拖拉机	混合台	23	8				10	5
	标准台	83	27				28	28
	千瓦	1167	300				558	309
3. 小型及手扶机	台	363	177	92	13	31	48	2
	千瓦	4286	1448	1171	121	361	1175	10
全部非农用汽车中	*							
工具车	辆	513	157	163	21	4	28	140
	吨	1202	279	254	25	6	391	247
交通车	辆	882	56	77	2	23	41	683
	座位	8126	1105	1295	54	607	763	4302
旅行车	辆	269	171	34	3	1		60
卧（轿）车	辆	1988	687	631	80	16	330	244
吉普车	辆	143	65	21	6	10	11	30
特殊用途车	辆	81	52	17	4	1	2	5

12-14 广东农垦农业机械、用电、水利、化肥情况

2013 年

指 标 名 称	计量单位	农垦总局	湛江局	茂名局	阳江局	揭阳局	汕尾局	广州直属单位
一、农业机耕情况	*							
1.当年实际机耕面积	公顷	42614	39921	1310	68	475	823	17
其中：耕　　地	公顷	33952	32185	531		396	823	17
胶　　园	公顷	6549	5766	636	68	79		
2.当年机械播种面积	公顷	2478	2463	15				
其中：机械插秧	公顷							
3.当年机械收割面积	公顷	3638	2521			123	994	
4.当年机械脱粒面积	公顷	2289	752		30	40	1467	
5.当年农作物中耕除草	公顷	12490	12445			35		10
二、电气化情况	*							
1.水电站座数	座	10	4			5	1	
发电能力	千瓦	3413	2295			910	208	
2.高压输电线路	公里	579	491	24		5	49	10
3.全年用电量	万千瓦时	64874	40768	4009	2828	1016	743	15509
其中：农场单位用电量	万千瓦时	41432	30492	3481	770	1000	724	4965
三、农田水利情况	*							
1.有效灌溉面积	公顷	17895	15401	339	43	989	1109	13
其中：本年新增	公顷	1956	1956					
(1)机灌面积	公顷	4746	4337	109		300		
内：喷灌	公顷	1951	1831	26		95		
(2)电灌面积	公顷	9135	9122					13
内：喷灌	公顷	2480	2480					
(3)自流灌溉面积	公顷	4015	1943	230	43	689	1109	
2.旱涝保收农田面积	公顷	5262	4747	26		165	312	13
3.机电井数量	眼	2455	1685	320			446	4
内：已配套	眼	2452	1682	320			446	4
4.现有山塘水库	宗	199	149		13	32	5	
有效库容	万m^3	2071	1397		11	521	142	
5.现有排灌站	座	47	32				15	
排灌能力	m^3/秒	14	4				10	
四、农用塑料簿膜使用量	**吨**	878	719	53	5	25	65	10
其中：地膜使用量	吨	808	656	53	4	24	63	8
地膜覆盖面积	公顷	19222	18861	83	48	40	189	1
五、化学除草面积	**公顷**	44439	23256	8832	6913	2768	2669	
六、橡胶白粉病防治面积	**公顷**	36649	7703	21941	5844	284	878	
七、农药施用量	**吨**	5933	2588	2243	375	352	374	
其中：硫磺粉	吨	1470	216	955	260	23	16	
化学除草剂	吨	1523	881	222	77	130	213	
八、沼气池	**个**	356	262	24	70			
	m^3	6877	4122	1975	780			
其中：当年新建	个	4	1	3				
	m^3	300	50	250				
九、农用化肥施用量(实物)	**吨**	228917	171810	28237	3534	12536	12078	722
1.氮肥	吨	46829	28493	8381	855	3826	5267	8
2.磷肥	吨	107067	90725	9096	1145	3599	2463	39
3.钾肥	吨	31355	22474	5195	415	1832	1415	24
4.复合肥	吨	43666	30118	5566	1119	3279	2934	651
农用化肥施用量(折纯)	吨	59882	39748	9427	935	4140	5349	283
1.氮肥	吨	19744	10882	3762	391	1603	3102	4
2.磷肥	吨	13186	10924	1301	159	397	398	7
3.钾肥	吨	13827	9900	2166	218	933	604	7
4.复合肥	吨	13125	8042	2198	167	1208	1245	265
其中用于农作物(折纯)	吨	40014	33520	2791	53	2717	651	283
另：有机肥	吨	228036	161691	25334	8383	12276	20353	

12-15 广东农垦农业总价值（现行价）

2013 年　　　　单位:万元

指 标 名 称	农垦总局	湛江局	茂名局	阳江局	揭阳局	汕尾局	广州直属单位
农业总产值	755615.5	435623	146595	78769.4	37594.1	33000	24034
(一)按部门分组							
1.农业产值	400449	319185	37880.3	6722.6	22446.6	11758	2456.5
其中：稻　谷	11834.7	3696	1570.2	530.3	2673.2	3365	
糖　蔗	97366.6	95568.3	224.9	1457.4	116		
茶　叶	2780.6	637.2	245	31.4	1737	130	
水　果	186320.8	150472	24090.9	1318.5	6997.5	3442	
剑　麻	15219.5	14930.7			288.8		
2.林业产值	56927.4	13680.1	29957.3	7450.6	3701.4	780	1358
其中：橡胶综合产值	38489.1	8703.6	21602	5111.5	1504	210	1358
3.牧业产值	226445.7	98117.4	66976.2	20866	10296.3	9971	20219
其中：猪	148492.9	67557.5	53765.5	14628.6	8216.4	4325	
牛	25004.9	3773.5	130.3	334.5	376.6	171	20219
4.渔业产值	71793.4	4641	11781.3	43730.2	1149.8	10491	

12-16 广东农垦农业商品产值（现行价）

2013 年　　　　单位:万元

指 标 名 称	农垦总局	湛江局	茂名局	阳江局	揭阳局	汕尾局	广州直属单位
农业总产值	711634.2	420936	137774	73407.1	28405	27078	24034
(一)按部门分组							
1、农业产值	375257.1	308820	34185.9	4584.5	15802.4	9408	2456.5
其中：稻 谷	7878.6	2908.1	1287.8	321.7	1897	1464	
糖 蔗	92778.8	91154.4	150.4	1398	76		
茶 叶	2442.5	637.2	242	31.3	1402	130	
水 果	175282.5	142786	22825	1201.2	5567	2903	
剑 麻	15213.0	14924.3			288.8		
2、林业产值	52674.7	13451.5	28624.2	5930	2557	754	1358
其中：橡胶综合产值	36529.7	8646.5	20482.7	4501.5	1331	210	1358
3、牧业产值	214805.4	94087.8	63745.9	19259.5	9069.4	8424	20219
其中：猪	143857.8	66449.3	53145.8	13875.8	6217	4170	
牛	22371.2	1463.5	95.3	199.4	226	168	20219
4、渔业产值	68897.0	4577.4	11218.3	43633.1	976.2	8492	

12-17 广东农垦农业商品产量

2013年

指 标 名 称	计量单位	农垦总局	湛江局	茂名局	阳江局	揭阳局	汕尾局	广州直属单位
当年农产品销售收入总额	万元	643816.6	366530.6	136138	71766.5	25077	20271	24034
销售量：干　胶	吨	15772.4	3855.3	9147.9	2457.2			312
内：浓缩胶乳(实物)	吨	19829.4	5183.4	11305.4	3340.6			
剑麻纤维	吨	8772.5	8687			85.5		
粮食(不含大豆)	吨	43364.2	11537.2	7319.4	2106.6	7957	14444	
大　豆	吨	428	60	250	15	103		
油　料	吨	6159.8	2923.8	1467.3	1201.7	272	295	
糖　蔗	吨	1896207	1864943	1898.5	28980	385		
水　果	吨	607467.1	539060.4	41891.7	2548	15159	8808	
肉　类	吨	103072.9	50545.3	33036.3	7556.8	5093.5	6841	
其中：猪　肉	吨	78647	40753.4	24667.5	7017.6	3895.5	2313	
水产品	吨	35034.8	5019.3	7713.5	16884	945	4473	
其中：对虾	吨	11275	33		9936		1306	
鲜牛奶	吨	38234	336					37898

12-18 广东农垦工业企业基本情况(合计)

2013 年

指 标 名 称	计量单位	农垦总局	湛江局	茂名局	阳江局	揭阳局	汕尾局	广州直属单位
一、企业单位个数	**个**	**556**	**179**	**158**	**16**	**48**	**79**	**76**
其中：亏损企业	个	25	14		1		1	9
停产企业	个							
二、从业人员总数	**人**	**23923**	**6282**	**2653**	**375**	**1013**	**1356**	**12244**
其中：国有在岗职工	人	7478	5119	399	48		145	1767
国有在岗工程技术人员	人	583	392	32			14	145
三、全部从业人员平均人数	**人**	**23325**	**6185**	**2116**	**336**	**991**	**1314**	**12383**
其中：国有在岗职工	人	7516	5124	406	76		145	1765
国有在岗工程技术人员	人	591	401	32			14	144
四、产品销售收入	**万元**	**1655118.2**	**447372.1**	**52023.7**	**18044.4**	**15605**	**18601**	**1103472**
1、产品销售成本	万元	1240149.5	428530.5	36571.1	14815.9	11756	14386	734090
2、产品销售费用	万元	110207.6	7982.1	3449.5	376.0	1850	1720	94830
3、产品销售税金及附加	万元	34523.1	4706.5	2806.9	141.7	443	602	25823
4、产品销售利润	万元	270238.1	6153.0	9196.2	2710.9	1556	1893	248729
五、管理费用	**万元**	**199141.3**	**19905.7**	**3217.9**	**1961.7**	**187**	**553**	**173316**
六、财务费用	**万元**	**22319.6**	**9475.4**	**1026.5**	**230.3**	**93.5**	**197**	**11297**
其中：利息支出	万元	19260.8	9538.2	555.0	201.8	78.8	192	8695
七、利润总额	**万元**	**125435.3**	**−2100.2**	**5295.7**	**976.3**	**915.5**	**748**	**119600**
其中：盈利企业盈利额	万元	142239.8	9962.2	5295.7	997.4	915.5	748	124321
亏损企业亏损额	万元	16804.5	12062.4		21.1			4721
八、全年纳税额	**万元**	**60345.7**	**16215.9**	**3316.3**	**981.5**	**494**	**593**	**38745**
九、固定资产原值	**万元**	**505453.1**	**312367.2**	**27845.7**	**8476.2**	**4397**	**5407**	**146960**
其中：生产经营用	万元	458269.0	299999.7	24158.9	6537.4	3739	3948	119886
十、固定资产净值	**万元**	**301673.7**	**195110.8**	**13026.3**	**5144.6**	**3243**	**5859**	**79290**
十一、固定资产本年折旧	**万元**	**45272.8**	**24668.5**	**2607.1**	**523.2**	**483**	**301**	**16690**
十二、流动资金平均余额	**万元**	**580915.5**	**101448.3**	**15877.9**	**5944.3**	**1181**	**2772**	**453692**
十三、平均资产总额	**万元**	**1089046.6**	**447860.0**	**24032.3**	**32237.3**	**4054**	**9268**	**571595**
十四、工业总产值(现行价)	**万元**	**1624673.4**	**482969.9**	**54434.3**	**18405.2**	**15968**	**23339**	**1029557**
十五、工业销售产值(现行价)	**万元**	**1549910.3**	**425688.3**	**51807.9**	**16176.1**	**15131**	**21748**	**1019359**
其中：出口交货值	万元	493319.5	5491.5					487828
十六、工业增加值(现行价)	**万元**	**507032.6**	**119054.2**	**19152.5**	**5564.9**	**5552**	**5260**	**352449**
十七、工业中间投入(现行价)	**万元**	**1152921.7**	**397894.5**	**35961.7**	**13153.5**	**10524**	**18280**	**677108**
十八、工业从业人员劳动报酬总额	**万元**	**102682.1**	**24383.8**	**7332.1**	**914.2**	**3159**	**3665**	**63228**
其中:国有在岗职工劳动报酬	万元	29248.4	14510.3	1158.4	190.7		380	13009

12-19 广东农垦工业总产值（现行价）

2013 年　　　　单位:万元

指　标　名　称	农垦总局	湛江局	茂名局	阳江局	揭阳局	汕尾局	广州直属单位
总　计	**1624673.4**	**482969.9**	**54434.3**	**18405.2**	**15968**	**23339**	**1029557**
其中：轻工业	1504899.0	430644.7	24210.6	2596.7	11165	10564	1025718
重工业	119774.5	52325.3	30223.7	15808.5	4803	12775	3839
一、按轻重工业划分							
1、轻工业	1504899.0	430644.7	24210.6	2596.7	11165	10564	1025718
⑴以农产品为原料	909151.3	385606.2	16985.4	2186.7	10853	7563	485957
⑵以非农产品为原料	595747.7	45038.5	7225.2	410	312	3001	539761
2、重工业	119774.5	52325.3	30223.7	15808.5	4803	12775	3839
⑴采掘业	12882.1	10197.1	2475	210			
⑵原料工业	42407.7	20090.1	4618.6	13362	4021	316	
⑶加工制造业	64484.7	22038.1	23130.1	2236.5	782	12459	3839
二、按工业行业划分							
(一)、建筑材料及非金属矿采选业	12882.1	10197.1	2475	210			
其中：采石业	11815.1	10197.1	1618				
(二)、采盐业(海盐)	14.4	14.4					
(三)、食品加工业	339585	318667.2	4635.8	120	7341	5524	3297
1、粮食及饲料加工业	7609.1	215	1545.1		325	5524	
其中：饲料加工业	1346.1		983.1		325	38	
2、食用植物油加工业	3628.9	907.2	2601.7	120			
3、制糖业	317469.6	317469.6					
4、其他食品加工业	10877.4	75.4	489		7016		3297
(四)、食品制造业	416201.0	5309.0	739		713		409440
1、糕点、糖果制造业	1288				85		1203
2、乳制品制造业	104114	324					103790
3、罐头食品制造业	4985.0	4985.0					
4、蜜饯制造业							
5、其他食品制造业	305814		739		628		304447
(五)、饮料制造业	25612.7	1630.2	2116.5	40	2572	2013	17241
1、白酒制造业	3605.5		1774.5			1831	
2、汽水制造业							
3、果菜汁饮料制造业							
4、固体饮料制造业	17241						17241
5、其他软饮料制造业	171		171				
6、制茶业	4595.2	1630.2	171	40	2572	182	

12-19 续表1 单位:万元

指 标 名 称	农垦总局	湛江局	茂名局	阳江局	揭阳局	汕尾局	广州直属单位
(六)、纺织业	19547.8	14226.8	111	110		11	5089
1、棉织业	56	56					
2、棉针织业	830						830
3、其他麻纺织业	18661.8	14170.8	111	110		11	4259
(七)、服装及其他纤维制品制造业	32398.4	20076.4	72				12250
1、服装制造业	32398.4	20076.4	72				12250
2、制鞋业(纺织品为料)							
(八)、皮革、毛皮及其制品业	9409.6	2882	5667.6				860
其中:皮革制造业	9409.6	2882	5667.6				860
(九)、木材加工及竹藤、棕草制造业	22479.7	14437.4	4691.6	314.7	2756	280	
1、锯材加工业	7155.7	2339.1	4505.6		46	265	
2、胶合板制造业	3041.1	331.1			2710		
3、其他人造板制造业	7003.4	6890.4	113				
4、生产用木制品业	4279.8	4247.8	32				
5、日用木制品业	984.7	629	41	314.7			
6、竹藤棕草制品业	15					15	
(十)、家具制造业	43148.5	980	3239.5	1602	227		37100
1、木制家具制造业	43148.5	980	3239.5	1602	227		37100
2、竹藤家具制造业							
(十一)、造纸及纸制品业	17288.7	16957.7	331				
1、机制纸及纸制造业	10417.6	10401.6	16				
2、纸制品业	6871.1	6556.1	315				
(十二)、印刷业、记录媒介的复制	680						680
(十三)、电力生产业	10857.5	9541.5			1265	51	
1、火力发电业	9300.6	9135.6			165		
2、水力发电业	1556.9	405.9			1100	51	
(十四)、化学工业	10152.5	3273	5454	1425.5			
1、涂料及颜料制造业	799		799				
2、复混肥制造业	9353.5	3273	4655	1425.5			
(十五)、医药制造业							
1、化学药品原药制造业							
2、中药材及中成药加工业							
(十六)、橡胶制品业	13475.9	2880.9	7429	357			2809
1、橡胶板、管带制品业	1949						1949

12-19 续表2 单位:万元

指 标 名 称	农垦总局	湛江局	茂名局	阳江局	揭阳局	汕尾局	广州直属单位
2、橡胶靴鞋制造业	117			117			
3、日用橡胶制品业	6110.6	2016.6	2994	240			860
4、其他橡胶制品业	5299.3	864.3	4435				
(十七)、塑料制品业	62962.3	2949.3					60013
1、塑料薄膜制造业							
2、塑料丝、绳及编织品业	2939.3	2939.3					
3、日用塑料杂品制品业	60023	10					60013
(十八)、建筑材料及其他非金属矿物制品业	36421.7	10653.7	10214	14173	661		720
1、水泥制造业	14350	988		13362			
2、水泥预制构件制造业	720						720
3、砖瓦制造业	19458.1	8934.7	9722	647.4	154		
4、石灰制造业	92				92		
5、建筑用石加工业	1146	731			415		
6、建筑、卫生陶瓷制造业							
7、建筑用玻璃制品业	655.6		492	163.6			
8、日用陶瓷制造业							
(十九)、金属制品业	65944	2703	655		189	3001	59396
其中:铝型材制造业	65598	2703	309		189	3001	59396
不锈钢制造业	346		346				
(廿)、机械工业	8567	8189	145		121	112	
1、农、林、牧、渔业机械制造业	8189	8189					
2、农、林、牧、渔业机械修理业	378		145		121	112	
(廿一)、交通运输设备修理业	5853.1		2040.1			3700	113
其中:汽车修理业	5853.1		2040.1			3700	113
(廿二)、其他制造业	471191.5	37401.3	4418.2	53	123	8647	420549
1、工艺美术品制造业	1297	265	909		123		
2、日用杂品制造业	421451.3	1107.2	1721.1	53			418570
3、生产用其他产品工业	11391.1	46.1	1641			8647	1057
4、生活用其他产品工业	37052.1	35983	147.1				922

12-20 广东农垦工业产品产量

2013 年

指　标　名　称	计量单位	农垦总局	湛江局	茂名局	阳江局	揭阳局	汕尾局	广州直属单位
碎石	立方米	1227557	1025250	202307				
花岗岩板材	平方米	110000	110000					
原盐	吨	120	120					
碾米	吨	19723		317		5811	13595	
花生油	吨	2550	459	2091				
凉果	吨	6520				4980		1540
萝卜干	吨	763				735	28	
食糖	吨	504538	504538					
酒精	吨	61093	58979					2114
乳制品	吨	109617	720					108897
酸牛奶	吨	6410	720					5690
消毒液体奶	吨	103207						103207
水果罐头	吨	2823	2823					
内：菠萝罐头	吨	2823	2823					
雪糕	吨	3842						3842
饮料酒	吨	2760		965			1795	
其中：白酒	吨	2330		535			1795	
浓缩果汁	吨							
内：菠萝汁	吨							
成品茶	吨	845	549	32	12	226	26	
其中：精制茶	吨	93	49	32	12			
配合饲料	吨	3478		2465			1013	
服装加工	万件	1562	445					1117
毛衣加工	万打							
剑麻纱条	吨	1336	1336					
白棕绳	吨	2194	2194					
剑麻抛光布	吨	3357	3357					
剑麻抛光轮	吨	100			100			
剑麻地毯	万平方米	11	11					

12-20　续表 1

指　标　名　称	计量单位	农垦总局	湛江局	茂名局	阳江局	揭阳局	汕尾局	广州直属单位
水草地毯	万平方米	13	13					
剑麻絮垫	万平方米							
钢丝绳芯	吨							
皮鞋	万双	28	26		2			
锯材	立方米	47283	16650	14919		15000	714	
板方材	立方米	16737	7243	9494				
胶合板	立方米	28761	3928			24833		
纤维板	立方米	1260		1260				
碎粒板	立方米	13450	13450					
木地板	立方米	2251		2251				
草垫	万个							
木片(绝干吨)	吨	30332	27602	2575			155	
模压复合家具	万件	308	307	1				
模压复合家具	立方米	11220	11220					
模压复合家具	万元	4987	4987					
建筑元件	万平方米	4	4					
建筑元件	立方米	610	610					
运输货盘	万个	5	5					
模压复合板家具	万件	2	2					
模压复合板家具	万元	1268	1268					
木制家具	万件	38	9	15	14			
木制家具	万元	6241	980	3659	1602			
藤制家具	万件							
藤制家具	万元							
浸渍纸	万平方米	428	428					
机制纸	吨	8881	8857	24				
纸板	万平方米	131	131					
纸板	吨	5849	5849					
纸箱	万平方米	2203	2144	59				
发电量	万 kw. h	18596	18099	1		460	36	1
其中：火电	万 kw. h	17414	17216	1		197		1
水电	万 kw. h	1181	882			263	36	
松香	吨							
松香水	吨							

12-20　续表 2

指　标　名　称	计量单位	农垦总局	湛江局	茂名局	阳江局	揭阳局	汕尾局	广州直属单位
翻新轮胎	条	41023		41023				
橡胶胶管	万标准米	7						7
异形胶管	吨	281						281
皮手套	万双	472		456	16			
尿醛胶	吨	25	25					
胶圈	吨							
胶丝	吨	1056	1056					
其他胶制品	吨	371	92	279				
塑料编织袋	吨	727	727					
塑料制品	吨	2307	2307					
水泥	吨	372192	29630		342562			
砖	万块	43720	18395	13930	2107	8350	938	
玻璃马赛克	万平方米	250		250				
铸钢水	吨	2011	2011					
铝型(板)材	吨	2068	1600					468
橡胶初加工机械	台(套)	277	277					
剑麻纤维加工机械	套	64	64					
汽车大、中修	辆	8194		1076			6734	384
拖拉机大修	台	99		87			12	
亨氏米粉	吨	8366						8366
有机复混肥	吨	83847	40913	33103	9831			

12-21 广东农垦建筑业基本情况

2013 年

指 标 名 称	计量单位	农垦总局	湛江局	茂名局	阳江局	揭阳局	汕尾局	广州直属单位
一、年末建筑业单位个数	**个**	**230**	**123**	**46**	**16**	**29**	**16**	**230**
二、年末从业人员	**人**	**6259**	**1286**	**2887**	**201**	**990**	**895**	**6259**
其中：国有在岗职工人数	人	265	162		21		82	265
三、从业人员年平均人数	**人**	**6129**	**1324**	**2851**	**169**	**965**	**820**	**6129**
其中：国有在岗职工人数	人	261	162		21		78	261
四、从业人员劳动报酬	**万元**	**27866.2**	**11585.9**	**9986.8**	**1252.5**	**2636**	**2405**	**27866.2**
其中：国有在岗职工劳动报酬	万元	823.9	489.9		117		217	823.9
五、固定资产原值	**万元**	**22449.5**	**10809.3**	**7059**	**2852.2**	**856**	**873**	**22449.5**
其中：生产经营用	万元	19128.7	10329.7	5833	1687	561	718	19128.7
六、自有机械设备总台数	**台**	**495**	**203**	**264**	**10**		**18**	**495**
机械设备总功率	千瓦	12660	7628	4300.5	101.5		630	12660
其中：1. 挖掘机	立方米	44.4	3	26.4	15			44.4
	台	39	3	33	3			39
2. 推土机	千瓦	1960	460	1424	76			1960
	台	49	5	43	1			49
3. 铲运机	立方米	105.2	33	72.2				105.2
	台	58	9	49				58
4. 混凝土搅拌机	立方米	228.7	180.1	44.6	4			228.7
	台	201	158	41	2			201
5. 载重汽车	吨	784	95	649	40			784
	台	105	18	83	4			105
七、全年承包单项工程个数	**个**	**3369**	**1865**	**972**	**62**	**193**	**277**	**3369**
其中：本年新开工	个	3158	1799	911	37	139	272	3158
八、全年完成单项工程个数	**个**	**2943**	**1625**	**876**	**50**	**173**	**219**	**2943**
九、建筑业总产值(现行价)	**万元**	**170330.5**	**89144.6**	**46020.6**	**12632.3**	**11443**	**11090**	**170330.5**
1. 建筑工程产值	万元	142191.0	81152.7	35551.6	9813.7	7429	8244	142191.0
2. 安装工程产值	万元	19452.3	6817.8	6036.9	2018.6	2958	1621	19452.3
3. 房屋构筑物修理产值	万元	7818.3	1061.2	3676.1	800	1056	1225	7818.3
4. 非标准设备制造产值	万元	869	113	756				869
十、全年施工房屋面积	**平方米**	**1157328**	**483561**	**474745**	**39763**	**59779**	**99480**	**1157328**
全年竣工房屋面积	平方米	948020	410034	387087	36373	41177	73349	948020
全年完成土石方	立方米	346261	218287	115124	12850			346261
十一、全年纳税额	**万元**	**6059.8**	**2366.8**	**2225.6**	**486.4**	**220**	**761**	**6059.8**
十二、全年盈亏总额	**万元**	**13514.4**	**5237.8**	**4438.2**	**2108.4**	**557**	**1173**	**13514.4**

12-22 广东农垦交通运输业基本情况

2013 年

指 标 名 称	计量单位	农垦总局	湛江局	茂名局	阳江局	揭阳局	汕尾局	广州直属单位
一、年末运输单位	**个**	**842**	**146**	**568**	**31**	**22**	**74**	**1**
二、年末从业人员	**人**	**4321**	**505**	**2066**	**63**	**270**	**523**	**894**
其中：国有在岗职工人数	人	986	75	17				894
三、从业人员年平均人数	**人**	**4200**	**481**	**2035**	**63**	**256**	**495**	**870**
其中：国有在岗职工人数	人	961	74	17				870
四、从业人员劳动报酬	**万元**	**19849.6**	**2135.1**	**7526.8**	**320.9**	**717.8**	**1599**	**7550**
其中：国有在岗职工劳动报酬	万元	2295.8	355.8	70				1870
五、固定资产原值	**万元**	**23743.7**	**4215.6**	**11320.1**	**418**	**1060**	**1830**	**4900**
六、公路运输营运汽车总计	**辆**	**2724**	**964**	**986**	**66**	**91**	**118**	**499**
1. 载客汽车	辆	928	152	222		23	32	499
载客量	客位	8489	1277	3471		607	639	2495
2. 载货汽车	辆	1796	812	764	66	68	86	
载货量	吨位	12454.5	6839	3818.5	350	133	1314	
载货挂车	吨	20	20					
	辆							
七、机动运输船	**艘**	**20**	**4**	**3**			**13**	
载客量	客位	345	40	45			260	
净载重量	吨位	51	4	9			38	
总功率	千瓦	158.5	58.5	38			62	
八、客运量	**人**	**8112731**	**2665626**	**1531031**		**128568**	**219706**	**3567800**
旅客周转量	万人公里	92562.2	18349.5	12461.2		119	1202.5	60430
货运量	吨	5387259	3166411	634521	173028	487982	925317	
货物周转量	万吨公里	25389.4	5047.1	8579	1510	177.3	10076	
九、运输业总产值(现行价)	**万元**	**62123.2**	**15747**	**27492.2**	**1918**	**1381**	**4436**	**11149**
1. 货运收入	万元	34600.3	9435.2	19446.1	1918	652	3149	
2. 客运收入	万元	24611.1	6292.8	5826.3		389	954	11149
3. 货物装卸收入	万元	800.1	8	314.1		298	180	
4. 其他杂项收入	万元	2111.7	11	1905.7		42	153	
十、全年纳税额	**万元**	**2959.4**	**505.4**	**1934.3**	**37.3**	**116.4**	**213**	**153**
十一、全年盈亏总额	**万元**	**6302**	**1544.4**	**3285.3**	**448.7**	**282.6**	**410**	**331**

12-23 广东农垦批发零售贸易业基本情况

2013 年

指 标 名 称	计量单位	农垦总局	湛江局	茂名局	阳江局	揭阳局	汕尾局	广州直属单位
一、年末机构个数	**个**	**2192**	**858**	**315**	**204**	**162**	**226**	**427**
其中：营业单位及网点	个	2042	836	239	183	134	226	424
二、年末固定资产原值	**万元**	**81808.9**	**61970.35**	**5223.8**	**2362.7**	**1040**	**983**	**10229**
三、年末营业用房	**平方米**	**176223.2**	**67913.8**	**28468**	**16541**	**6017**	**16414**	**40869.4**
四、年末从业人员	**人**	**6765**	**1298**	**1761**	**243**	**500**	**1160**	**1803**
其中：国有在岗职工人数	人	357	93		3		137	124
五、从业人员年平均人数	**人**	**6558**	**1267**	**1745**	**241**	**419**	**1099**	**1787**
其中：国有在岗职工人数	人	339	76		3		137	123
六、从业人员劳动报酬	**万元**	**25639.9**	**5024.85**	**5932.3**	**707.6**	**2028.2**	**2555**	**9391.9**
其中：国有在岗职工劳动报酬	万元	2212.2	670.33		16		296	1229.9
七、商品购进总额	**万元**	**913834.8**	**157627.29**	**41415.7**	**14938.8**	**7870**	**22266**	**669717**
八、商品销售总额或营业收入	**万元**	**1345367.4**	**565282.55**	**43025.5**	**20905.3**	**10311**	**21486**	**684357**
九、年末库存商品金额	**万元**	**75269.4**	**18791.63**	**7636.5**	**2286.3**	**883**	**2372**	**43300**
十、总产值(现行价)	**万元**	**123265.4**	**45871.81**	**17334**	**6833.8**	**3500.8**	**10759**	**38966**
十一、全年纳税额	**万元**	**8540.8**	**2141.38**	**1607.5**	**458.9**	**159**	**238**	**3936**
十二、全年盈亏总额	**万元**	**18631.1**	**5694.27**	**2901.4**	**1277.4**	**418**	**447**	**7893**
另：社会消费品零售额	万元	135916	45770	28493	4118	3328	13105	41102

12-24 广东农垦住宿和餐饮业基本情况

2013 年

指 标 名 称	计量单位	农垦总局	湛江局	茂名局	阳江局	揭阳局	汕尾局	广州直属单位
一、年末机构个数	**个**	**433**	**129**	**121**	**29**	**32**	**33**	**89**
其中：营业单位及网点	个	417	128	121	25	22	33	88
二、年末固定资产原值	**万元**	**32133.6**	**7218.7**	**4331.1**	**353**	**1341**	**541**	**18348.8**
三、年末营业用房	**平方米**	**140956.7**	**37003.7**	**22689**	**6688**	**3947**	**4752**	**65877**
四、年末从业人员	**人**	**3377**	**386**	**1272**	**53**	**183**	**182**	**1301**
其中：国有在岗职工人数	人	552	54	5	2			491
五、从业人员年平均人数	**人**	**3351**	**376**	**1310**	**53**	**184**	**173**	**1255**
其中：国有在岗职工人数	人	519	51	5	2			461
六、从业人员劳动报酬	**万元**	**12047.6**	**1575.6**	**2989.5**	**237**	**613.4**	**382**	**6250.1**
其中：国有在岗职工劳动报酬	万元	3057.9	166.8	7	5			2879.1
七、商品购进总额	**万元**	**30109.5**	**4780.2**	**8753.3**	**2721**	**640**	**567**	**12648**
八、商品销售总额或营业收入	**万元**	**61510.7**	**10095.3**	**10454.6**	**4783.8**	**1485**	**748**	**33944**
九、年末库存商品金额	**万元**	**2842.2**	**399.5**	**1323.6**	**48.1**	**65**	**32**	**974**
十、总产值(现行价)	**万元**	**61510.7**	**10095.3**	**10454.6**	**4783.8**	**1485**	**748**	**33944**
十一、全年纳税额	**万元**	**3503.8**	**328**	**1076.2**	**75**	**92.9**	**88**	**1843.7**
十二、全年盈亏总额	**万元**	**6594.2**	**1735.9**	**2141.8**	**619**	**312.4**	**194**	**1591.1**
另：餐厅座位数	座	17300	5602	3315	1001	645	374	6363

12-25 广东农垦居民服务业和其他服务业基本情况

2013 年

指 标 名 称	计量单位	农垦总局	湛江局	茂名局	阳江局	揭阳局	汕尾局	广州直属单位
一、年末机构个数	**个**	**1340**	**412**	**581**	**70**	**68**	**70**	**139**
其中：营业单位及网点	个	1119	386	392	70	62	70	139
二、年末固定资产原值	**万元**	**60262.5**	**20865.4**	**4546.2**	**1109.4**	**333.2**	**297**	**33111.3**
三、年末营业用房	**平方米**	**282733**	**18054**	**17292**	**15260**	**1330**	**4788**	**226009**
四、年末从业人员	**人**	**6817**	**935**	**1934**	**106**	**207**	**1044**	**2591**
其中：国有在岗职工人数	人	1329	219					1110
五、从业人员年平均人数	**人**	**6549**	**815**	**1890**	**108**	**199**	**973**	**2564**
其中：国有在岗职工人数	人	1280	213					1067
六、从业人员劳动报酬	**万元**	**27212.9**	**4046.4**	**5527**	**331.6**	**457.9**	**2213**	**14637**
其中:国有在岗职工劳动报酬	万元	7799.3	911.6					6887.7
七、商品销售总额或营业收入	**万元**	**106145.3**	**21118.3**	**16798.6**	**3385.5**	**862**	**3045**	**60935.9**
八、全年纳税额	**万元**	**6197.1**	**351.6**	**1414.5**	**205.9**	**22.2**	**54**	**4148.9**
九、全年盈亏总额	**万元**	**17746.2**	**4793.3**	**2209.8**	**436**	**62**	**403**	**9842.1**

12-26 广东农垦外贸出口商品数量情况

2013 年

指 标 名 称	计量单位	农垦总局	湛江局	茂名局	阳江局	揭阳局	汕尾局	广州直属单位
1. 剑麻纱条	吨	54.5	54.5					
2. 白棕绳	吨	205.1	205.1					
3. 剑麻地毯	万m²	1.1	1.1					
4. 水草地毯	万m²	2.7	2.7					
5. 抛光轮	吨							
6. 抛光轮布	万m²	37	37					
抛光轮布	吨	40.7	40.7					
7. 剑麻制品	万件							
剑麻制品	吨	402						402
8. 皂素	吨							
9. 茶叶	吨							
10. 罐头	吨	474	474					
其中：菠萝罐头	吨	474	474					
11. 菠萝浓缩汁	吨							
12. 米酒	吨							
13. 凉果	吨	967						967
14. 牛奶	吨							
15. 胶布鞋	万双							
16. 服装	万件	512						512
17. 毛衣	万打							
18. 草垫	万个							
19. 工艺品	万件							
20. 模压复合家具	万件	16.4	16.4					
21. 建筑元件	m²							
22. 运输货盘	万个	0.4	0.4					
23. 橡胶木地板	立方米							
24. 木片	绝干吨							
25. 剑麻纤维	吨	85	85					
26. 磨茹	吨							
27. 水果	吨							
28. 瘦肉型猪	头	63550	63550					
肉重	吨	6260	6260					
29. 对虾	吨	9252			8607		645	
30. 鳗鱼	吨	771			771			

12-27 广东农垦外贸出口商品金额情况

2013 年

指 标 名 称	计量单位	农垦总局	湛江局	茂名局	阳江局	揭阳局	汕尾局	广州直属单位
一、出口商品总金额	**人民币（万元）**	**575921.6**	**14588.6**		**24500**		**2580**	**534253**
其中：国有	人民币（万元）	88505.6	14202.6		24500		2580	47223
工业品金额	人民币（万元）	538520.6	4267.6					534253
二、出口创汇金额	**万美元**	**93532.4**	**2536.1**		**4016.3**		**426**	**86554**
其中：国有	万美元	14607.1	2471.8		4016.3		426	7693
本单位收汇金额	万美元	88927.6	2077.6				426	86424
三、出口商品	*							
1. 剑麻纱条	万元	69.2	69.2					
2. 白棕绳	万元	203.5	203.5					
3. 剑麻地毯	万元	74.1	74.1					
4. 水草地毯	万元	154.2	154.2					
5. 抛光轮	万元							
6. 抛光轮布	万元	39.4	39.4					
抛光轮布	万元							
7. 剑麻制品	万元							
剑麻制品	万元	979						979
8. 皂素	万元							
9. 茶叶	万元							
10. 罐头	万元	372	372					
其中：菠萝罐头	万元	372	372					
11. 菠萝浓缩汁	万元							
12. 米酒	万元							
13. 凉果	万元	798						798
14. 牛奶	万元							
15. 胶布鞋	万元							
16. 服装	万元	5189						5189
17. 毛衣	万元							
18. 草垫	万元							
19. 工艺品	万元							
20. 模压复合家具	万元	875	875					
21. 建筑元件	万元							
22. 运输货盘	万元	19.2	19.2					
23. 橡胶木地板	万元							
24. 木片	万元							
25. 剑麻纤维	万元	85	85					
26. 磨茹	万元							
27. 水果	万元							
28. 瘦肉型猪	万元	9850	9850					
肉重	万元							
29. 对虾	万元	20655			18075		2580	
30. 鳗鱼	万元	6425			6425			

12-28 广东农垦固定资产投资完成情况

2013年　　　　单位：万元

指　标　名　称	农垦总局	湛江局	茂名局	阳江局	揭阳局	汕尾局	广州直属单位
一、本年实际完成投资总额	**235702.9**	**95537.6**	**56480.6**	**18155.8**	**10220**	**15363.5**	**39945.5**
（一）构成：1.建安工程	152171.9	68687.5	40453.2	12773.5	7369	10766.6	12122.1
2.设备工器具购置	35804.2	18684.0	3329.2	2197.1	463	3015.1	8115.8
3.商品房购置	2561		578	1848			135
4.其他费用	45165.9	8166.1	12120.2	1337.2	2388	1581.76	19572.6
（二）按工程用途和行业分							
1.第一产业(农业)	63090.9	22519.9	17613.2	6672.3	3967	1891.5	10427
其中：橡胶	19045.4	2391.2	7529.4	1636.8	1144	711	5633
2.第二产业	49348.2	14200.0	5232.4	1723.2	2089	8931	17172.6
内：工业	37587.6	8595.8	666.5	640.7	1731	8781	17172.6
3.第三产业	123263.9	58817.7	33635.0	9760.3	4164	4541	12345.9
其中：交通运输业	4304.3	618.0	1657.1	258.2	915	189	667
批发零售贸易餐饮业	2340.8	937.1	110.1	230.6	264	97	702
社会服务业	5993.8	3770.0	1424.5		95	15	689.3
卫生福利业	10854.7	5590.0	1978.9	2785.8			500
文教广播电视业	13267.3	2214.3	915.0	475.2	353		9309.8
科研事业	719.8	481.2	185.6	43	10		
住宅	61063.0	36964.5	20646.5		1767	1685	
其他	24720.3	8242.6	6717.4	5967.5	760	2555	477.8
(三)按资金来源分：	7579.1	7579.1					
1.预算内基建拨款	43526.9	20920.0	17335.0	4168.9	239	269	595
2.国内银行贷款	4518	3351	1167				
3.利用外资							
4.部门自筹	5980.0	4339.0	1500	1	140		
5.企事业单位自筹	94652.3	27649.6	14057.4	8619.1	2259.5	2716.5	39350.2
6.其他资金	87025.9	39278.1	22421.2	5366.8	7581.5	12378	0.3
二、当年新增固定资产	**179056.4**	**82608.5**	**32713.9**	**12172.9**	**4698.2**	**13363.5**	**33499.5**

12-29 广东农垦国有固定资产投资完成情况

2013 年　　　　单位：万元

指　标　名　称	农垦总局	湛江局	茂名局	阳江局	揭阳局	汕尾局	广州直属单位
一、本年实际完成投资总额	**142708.9**	**61706.9**	**33479.9**	**8135.7**	**4053.5**	**4310.5**	**31022.5**
（一）构成：1. 建安工程	86961.2	38744.9	24161.7	7250.4	2403.5	2725.6	11675.1
2. 设备工器具购置	25427.6	14862.3	2064.3	559.1	204	3.09	7734.8
3. 商品房购置	713		578				135
4. 其他费用	29607.2	8099.7	6676.0	326.2	1446.0	1581.8	11477.6
（二）按工程用途和行业分							
1. 第一产业(农业)	52680.5	18638.2	16714.5	2518.3	2549	1833.48	10427
其中：橡胶	19045.4	2391.2	7529.4	1636.8	1144	711	5633
2. 第二产业	24917.7	11907.1	3159.8	704.2	191		8955.6
内：工业	16925.4	7533.3	45.8	390.7			8955.6
3. 第三产业	65110.8	31161.6	13605.6	4913.2	1313.5	2477	11639.9
其中：交通运输业	2737.8	385	741.1	258.2	632.5	54	667
批发零售贸易餐饮业	1055.6	436.6			20		599
社会服务业	4920.6	3389.8	1424.5		20		86.3
卫生福利业	9211.6	5590.0	1978.9	1142.7			500
文教广播电视业	13257.3	2214.3	915	475.2	343		9309.8
科研事业	709.8	481.2	185.6	43			
住宅	14255.3	10785.1	3420.2		50		
其他	18962.9	7879.6	4940.4	2994.1	248	2423	477.8
(三)按资金来源分：	6794.1	6794.1					
1. 预算内基建拨款	43526.9	20920.0	17335.0	4168.9	239	269	595
2. 国内银行贷款	4478	3311	1167				
3. 利用外资							
4. 部门自筹	5561.6	4339.0	1134	1	87.6		
5. 企事业单位自筹	79279.5	27214.6	13102.4	3917.4	1901.4	2716.5	30427.2
6. 其他资金	9863.1	5922.4	741.5	48.4	1825.5	1325	0.3
二、当年新增固定资产	**121384.6**	**49609.5**	**26175.3**	**5011.6**	**3351.2**	**4660.5**	**32576.5**

12-30 广东农垦国有资产投资基本建设完成情况

2013 年　　　　单位：万元

指标名称	农垦总局	湛江局	茂名局	阳江局	揭阳局	汕尾局	广州直属单位
一、本年实际完成投资总额	**122897.9**	**52804.7**	**30405.0**	**8134.7**	**3914.5**	**2434.5**	**25204.4**
(一) 构成：1. 建安工程	78080.2	34302.3	22419.2	7249.4	2353.5	849.6	10906.2
2. 设备工器具购置	16752.0	11182.0	952.9	559.1	204	3.1	3850.9
3. 商品房购置	713		578				135
4. 其他费用	27352.7	7320.5	6455.0	326.2	1357	1581.8	10312.3
(二) 按工程用途和行业分							
1. 第一产业(农业)	50494.3	17194.2	16061.3	2518.3	2460	1833.5	10427
其中：橡胶	18620.4	2116.2	7379.4	1636.8	1144	711	5633
2. 第二产业	16909.9	8553.4	3159.8	703.2	191		4302.5
内：工业	11354.9	6615.9	45.8	390.7			4302.5
3. 第三产业	55493.7	27057.2	11183.9	4913.2	1263.5	601	10474.9
其中：交通运输业	2070.8	385	741.1	258.2	632.5	54	
批发零售贸易餐饮业	929.6	320.6			20		589
社会服务业	4725.6	3252.8	1424.5		20		28.3
卫生福利业	7052.3	5120.1	719.5	1142.7			70
文教广播电视业	12932.4	2016.3	838.1	475.2	293		9309.8
科研事业	584.8	356.2	185.6	43			
住宅	12094.9	8936.7	3108.2		50		
其他	15103.4	6669.5	4167	2994.1	248	547	477.8
(三) 按资金来源分：	5360.1	5360.1					
1. 预算内基建拨款	40728.7	18486.7	17098.13	4168.9	239	269	467
2. 国内银行贷款	3492	2325	1167				
3. 利用外资							
4. 部门自筹	5108.6	3887.0	1134		87.6		
5. 企事业单位自筹	64008.5	22417.8	10333.3	3917.4	1762.4	840.5	24737.1
6. 其他资金	9560.1	5688.3	672.6	48.4	1825.5	1325	0.3
二、当年新增固定资产	**104829.3**	**43639.0**	**23579.5**	**5010.6**	**3172.2**	**2669.5**	**26758.4**

12-31 广东农垦国有更改措施投资完成情况

2013 年　　单位：万元

指标名称	农垦总局	湛江局	茂名局	阳江局	揭阳局	汕尾局	广州直属单位
一、本年实际完成投资总额	**19811.1**	**8902.1**	**3074.9**	**1**	**139**	**1876**	**5818.1**
(一) 构成：1. 建安工程	8881.0	4442.6	1742.5	1	50	1876	768.9
2. 设备工器具购置	8675.6	3680.3	1111.4				3883.9
3. 商品房购置							
4. 其他费用	2254.5	779.2	221		89		1165.3
(二) 按工程用途和行业分							
1. 第一产业(农业)	2186.2	1444	653.2		89		
其中：橡胶	425	275	150				
2. 第二产业	8007.8	3353.7		1			4653.1
内：工业	5570.5	917.4					4653.1
3. 第三产业	9617.1	4104.4	2421.7		50	1876	1165
其中：交通运输业	667						667
批发零售贸易餐饮业	126	116					10
社会服务业	195	137					58
卫生福利业	2159.3	469.9	1259.4				430
文教广播电视业	324.9	198	76.9		50		
科研事业	125	125					
住宅	2160.4	1848.4	312				
其他	3859.5	1210.1	773.4			1876	
(三) 按资金来源分：	1434	1434					
1. 预算内基建拨款	2798.1	2433.2	236.9				128
2. 国内银行贷款	986	986					
3. 利用外资							
4. 部门自筹	453	452		1			
5. 企事业单位自筹	15271	4796.77	2769.13		139	1876	5690.1
6. 其他资金	303.0	234.1	68.9				
二、当年新增固定资产	**16555.3**	**5970.4**	**2595.8**	**1**	**179**	**1991**	**5818.1**

12-32 广东农垦年末实有及当年建设房屋情况

2013 年　　　　　　　　　　　　　　　　　　　　单位：平方米

指　标　名　称	农垦总局	湛江局	茂名局	阳江局	揭阳局	汕尾局	广州直属单位
总 计	**17223727**	**9581632**	**3993447**	**781230**	**578177**	**839162**	**1450079**
1. 厂房	1808552	1196647	149769	85021	38054	39098	299964
其中：胶厂	98865	13672	7650	20221		541	56781
2. 仓库	728749	502311	87920	39563	13316	23548	62091
3. 商饮服务业用房	438341	145440	51842	37758	8648	26659	167994
其中：营业用房	248278	116965	32872	12455	2648	10884	72454
4. 运输邮电及其他业务部门用房	22162	14388	5075		710	1799	190
5. 办公室	376200	224634	66556	22213	11230	13400	38167
6. 住宅	10271046	5342573	3018182	432506	417631	644553	415602
7. 文化教育用房	950707	354998	180930	46319	46326	36345	285789
其中：教学用房	555560	222831	109598	29919	40628	31730	120854
8. 科学研究用房	87548	25024	5463	1826	1400	510	53325
9. 医疗用房	322232	166086	60066	16766	2395	3174	73745
10. 畜禽舍	1333365	962284	234987	37552	30300	49708.2	18534
11. 其他	884825	647249	132658	61705	8167	368	34678

12-33 广东农垦从业人员与收入

2013年

指 标 名 称	计量单位	农垦总局	湛江局	茂名局	阳江局	揭阳局	汕尾局	广州直属单位
一、从业人员年末数	**人**	**119140**	**39197**	**27054**	**4526**	**13842**	**13466**	**21055**
其中:女性	人	51930	16702	11444	1750	4432	5248	12354
1.国有在岗职工人数小计	人	49608	27873	9334	3275	1396	2109	5621
小计中：女性	人	20563	11798	4208	1266	560	643	2088
长期职工	人	43913	23406	9000	3238	1396	1733	5140
2.其他从业人员	人	69532	11324	17720	1251	12446	11357	15434
其中：国有单位其他从业人员	人	19980	6975	234	114	4639	5915	2103
二、从业人员年平均人数	**人**	**117287**	**39686**	**26843**	**4653**	**13242**	**11999**	**20864**
其中：国有在岗职工人数	人	49756	28002	9315	3376	1396	2110	5557
三、国有不在岗职工年末人数	**人**	**1597**	**1558**		**23**			**16**
其中：下岗职工	人	347	346					1
内部退养职工	人	636	628					8
停薪留职人员	人	279	272					7
四、农垦人口纯收入合计	**万元**	**681645.2**	**266575.4**	**152198.8**	**33190.2**	**51245.7**	**51236.2**	**127198.9**
1.国有在岗职工纯收入	万元	188955.7	96560	26962.3	9603.3	3777.8	6172.2	45880.1
其中：工资性收入	万元	151177.6	76492.9	21321.7	7316.1	3276.6	4181.2	38589.2
非工资性收入	万元	37778.1	20067.1	5640.6	2287.2	501.2	1991	7290.9
2.其他从业人员纯收入	万元	184754.6	28485.3	37098.3	3501.9	19521.1	23293	72855
3.国有不在岗职工全部收入	万元	3186.6	2497.4	603	46			40.2
4.国有离退休人员全部收入	万元	146981.5	83967.8	37111.2	10681.2	3487.7	3340	8393.6
5.外地做工经营纯收入	万元	155273.4	54838.5	49559	9357.8	23087.1	18431	
6.其它收入	万元	2493.5	226.5	865		1372		30
五、农垦人口年人均纯收入	**元**	**18086**	**16961**	**15646**	**18952**	**11026**	**14493**	**55033**
六、从业人员年平均收入	**元**	**31863**	**31509**	**23865**	**28165**	**17595**	**24556**	**56909**
七、国有在岗职工年平均收入	**元**	**37976**	**34483**	**28945**	**28446**	**27062**	**29252**	**82563**

12-34 广东农垦国有在岗职工按劳动岗位分类

2013年　　单位：人

指标名称	农垦总局	湛江局	茂名局	阳江局	揭阳局	汕尾局	广州直属单位
国有在岗职工总计	49608	27873	9334	3275	1396	2109	5621
一、工人和学徒	**29816**	**17958**	**5270**	**2076**	**777**	**1489**	**2246**
1. 橡胶工人	8282	2098	3892	1481	120	135	556
内：割胶工人	5241	1700	2458	1048			35
制胶工人	575	8	20	26			521
2. 热作工人	1361	1258			103		
内：剑麻初加工工人	565	520			45		
3. 茶叶工人	653	565	29		43	16	
4. 水果工人	1576	653	510	57	207	149	
5. 农业工人	9189	8324	4	11	214	632	4
内：水稻工人	738	112			63	563	
甘蔗工人	6443	6439	4				
6. 畜牧工人	615	292	154	26	19	94	30
7. 林业工人	288	12	232		23	21	
8. 副业工人	28				14	14	
9. 渔业工人	471	5		347	12	107	
10. 水利、水电工人	113	80	17	2	7	5	2
11. 工业工人	4706	3702	283	45	5	133	538
其中：胶制品工人	111	35		23			53
茶叶加工工人	159	117	35	2	5		
剑麻加工工人	416	412		4			
制糖工人	2257	2257					
农机修造工人	39	32				7	
建材工人	140	53	79			8	
木材加工制造工人	253	253					
12. 建筑工人	119	99		8		12	
13. 交通运输工人	1288	176	38	25	8	6	1035
其中：司机、助手	1161	123	36	5	8	4	985
14. 机务及动力工人	278	261	8		2	7	
15. 其他工人	849	433	103	74		158	81
16. 学徒							
二、工程(农牧)技术人员	**1265**	**1006**	**58**	**27**	**36**	**16**	**122**
三、管理人员	**6529**	**3026**	**1707**	**509**	**226**	**160**	**901**
四、服务人员	**11643**	**5851**	**2095**	**581**	**357**	**412**	**2347**
1. 炊事人员	599	179	93	40	12	8	267
2. 幼师、保育人员	336	226	79	16	9	6	
3. 医院外的卫生人员	26	24	1		1		
4. 电视、电影、广播人员	165	159	2		2	2	
5. 社会性服务人员	9488	4806	1700	417	329	386	1850
内：大中专教师	605	204	26				375
中小学教师	2985	1528	618	207	287	288	57
医院医务人员	3639	2279	797	189	22	64	288
银行邮电人员	17	17					
商饮服务人员	533	20				13	500
政法公安保安人员	1058	725	215	21	15	11	71
6. 其他服务人员	1029	457	220	108	4	10	230
五、其他人员	**355**	**32**	**204**	**82**		**32**	**5**

12-35 广东农垦科研基本情况

2013 年

项　　目	计量单位	合计	农业技术推广站	1. 省地科研单位	农业技术推广站	1. 农场科研单位	农业技术推广站
一、科研单位个数	**个**	**50**	**45**	**5**	**1**	**45**	**44**
二、年未从业人员	**人**	**465**	**259**	**121**	**13**	**344**	**246**
1. 科技人员	人	288	126	90	5	198	121
内：中级	人	60	13	37	2	23	11
高级	人	20	8	8	1	12	7
2. 其他人员	人	162	118	31	8	131	110
三、科技经费	**万元**	**4752.3**	**1711.6**	**2456.9**	**351**	**2295.4**	**1360.6**
1. 国家拨款	万元	3398.3	1127.6	2396.9	351	1001.4	776.6
2. 主管部门自筹	万元	80	20	60		20	20
3. 单位自筹	万元	1274.0	564.0			1274.0	564.0
四、实验地面积	**平方米**	**2686.4**	**1671.4**	**274**	**12**	**2412.4**	**1659.4**

12-36 广东农垦卫生事业基本情况

2013 年

项　　目	医疗单位（个）	病床(张)	年未从业人员（人）	卫生技术人员	内：医生
合　计	62	5596	4769	3737	1508
1. 省、地局属	4	2326	2369	1800	592
其中：医院	4	2326	2369	1800	592
疗养院					
2. 场(厂)级属	55	3270	2379	1921	906
其中：医院	50	3270	2362	1904	899
3. 分场(区)属	3	*	13	12	6
4. 生产队属	*	*	8	4	4

12-37 广东农垦各类学校基本情况

2013 年

指　标　名　称	个数	年未从业人员	专任教师	在校学生	当年新招生	当年毕业生（人）
合　计	148	5260	3844	89805	24576	21956
一、管理学院	**1**	**1036**	**375**	**21698**	**7761**	**5756**
二、中等专业学校	**1**	**180**	**152**	**5953**	**2004**	**1927**
其中：师范学校						
中专学校	1	180	152	5953	2004	1927
三、技工学校	**2**	**144**	**96**	**4026**	**1428**	**989**
四、普通中学	**44**	**1625**	**1244**	**22102**	**7120**	**6936**
其中：高中	2	212	154	3201	1171	1179
五、职业学校						
六、小学	**100**	**2275**	**1977**	**36026**	**6263**	**6348**
另：幼儿园	46	463	320	8245	3383	2872

12-38 广东农垦生产总值完成情况表

2013 年　　　　单位：万元

项　　目	增加值合计（按当年价格算）	劳动者报酬	固定资产折旧	生产税净额	另：政府补贴	营业盈余	年末从业人员（人）	年末固定资产原值
合　计	1291257.0	480815.1	118182.9	89608.5		602650.4	119140	1430365.3
第一产业(农业)	421033.8	197273.4	44265.0			179495.4	55267	527799.6
第二产业	573304.1	130548.3	52651.6	66405.5		323698.7	30182	527902.6
1. 工业	507032.6	102682.1	45727.5	60345.7		298277.3	23923	505453.1
2. 建筑业	66271.5	27866.2	6924.1	6059.8		25421.4	6259	22449.5
第三产业	296919.2	152993.4	21266.4	23203.0		99456.3	33691	374663.1
1. 交通运输、仓储业、邮电通讯业	34677.2	19849.6	3733.4	2959.4		8134.8	4321	23743.7
2. 批发、零售贸易	64235.4	25639.9	3599.3	8540.8		26455.5	6765	81808.9
3. 住宿及餐饮业	29408.0	12047.6	3702.6	3503.8		10153.9	3377	32133.6
4. 房地产业	6475.0	1109.0	19.0	2002.0		3345.0	56	227.0
5. 居民服务业及其他社会服务业	59691.2	27212.9	5288.1	6197.1		20993.1	6817	60262.5
6. 卫生、社会保障和福利事业	1183.9	996.8	62.0			125.1	355	3231.1
7. 教育	33592.3	31505.2	1655.5			431.6	5080	95867.4
8. 科研研究和综合技术服务业	33347.3	25574.2	2124.3			5648.8	4905	50573.9
9. 公共管理和社会组织	27351.3	8435.8	229.1			18686.4	736	26781.1
10. 其他	6957.7	622.5	853.1			5482.1	1279.0	34.0

12-39 广东农垦各管理局生产总值按产业分类

2013 年　　　　单位：万元

指　标　名　称	农垦总局	湛江局	茂名局	阳江局	揭阳局	汕尾局	广州直属单位
合　计							
增加值合计（按当年价格计算）	1291257	463323	196888	72528	37815	37805	482898
其中：劳动者报酬	480815	183949	94209	16316	28761	29587	127994
固定资产折旧	118183	54037	27011	4959	3574	2000	26602
生产税净额	89609	21909	11574	2245	1105	1947	50829
另：政府补贴							
营业盈余	602650	203427	64094	49009	4376	4271	277474
年末从业人员（人）	119140	39197	27054	4526	13842	13466	21055
年末固定资产原值	1430365	855248	162646	61699	17905	14410	318458
第一产业（农业）							
增加值合计（按当年价格计算）	421034	227971	94200	47949	19961	17461	13492
其中：劳动者报酬	197273	104542	46801	10249	16870	15611	3200
固定资产折旧	44265	22723	15055	3123	2011	299	1054
生产税净额							
另：政府补贴							
营业盈余	179495	100706	32344	34577	1080	1551	9238
年末从业人员（人）	55267	22790	12125	2914	8884	7847	707
年末固定资产原值	527800	382625	85312	36234	6368	3525	13737

12-39 续表 单位：万元

指标名称	农垦总局	湛江局	茂名局	阳江局	揭阳局	汕尾局	广州直属单位
第二产业							
增加值合计（按当年价格计算）	573304	151155	39217	10565	9329	10589	352449
其中：劳动者报酬	130548	35970	17319	2167	5795	6070	63228
固定资产折旧	52652	28498	4704	714	825	1221	16690
生产税净额	66406	18583	5542	1468	714	1354	38745
另：政府补贴							
营业盈余	323699	68104	11652	6217	1995	1944	233786
年末从业人员（人）	30182	7568	5540	576	2003	2251	12244
年末固定资产原值	527903	323177	34905	11328	5253	6280	146960
第三产业							
增加值合计（按当年价格计算）	296919	84197	63471	14015	8525	9755	116957
其中：劳动者报酬	152993	43437	30089	3900	6096	7906	61566
固定资产折旧	21266	2816	7252	1123	738	480	8858
生产税净额	23203	3326	6033	777	391	593	12084
另：政府补贴							
营业盈余	99456	34617	20098	8215	1301	776	34450
年末从业人员（人）	33691	8839	9389	1036	2955	3368	8104
年末固定资产原值	374663	149447	42429	14136	6284	4605	157762

12-40 广东农垦主要物资消费

2013 年

项　　目	计量单位	全年消费量
1. 钢材	吨	75177
2. 木材	立方米	77014
3. 水泥	吨	289066
4. 煤炭	吨	157799
5. 成品油	吨	66762
内：汽油	吨	26359
柴油	吨	39585
重油	吨	630
6. 化肥	吨	262930
7. 电力	万千瓦时	62017
8. 纯碱	吨	120
9. 烧碱	吨	253
10. 聚乙、丙烯	吨	387
11. 铜材	吨	201
12. 铝材	吨	790
13. 硫酸	吨	1028
14. 轮胎外胎	条	11104
15. 冰醋酸	吨	9
16. 电石	吨	

12-41 广东农垦房地产开发投资完成情况

2013 年

指 标 名 称	计量单位	合计	商品住宅	内：配套设施
一、房地产开发投资完成额	**万元**	**3846.7**	**3846.7**	
其中：土地开发投资额	万元			
资金来源小计	万元	3846.7	3846.7	
1.国家预算内资金	万元			
2.国内银行贷款	万元			
3.股票	万元			
4.债券	万元			
5.利用外资	万元			
6.自筹资金	万元			
7.其他资金	万元	3846.7	3846.7	
二、商品房屋建筑面积	*	*	*	
1.施工面积	平方米	31480	31480	
内：本年新开工	平方米			
2.竣工面积	平方米			
三、土地开发面积	**平方米**			
四、商品房屋销售建筑面积	**平方米**	**3499**	**3499**	
五、商品房屋销售额	**万元**	**8251**	**8251**	
六、房地产开发企业个数	**个**	**2**		
七、从业人员年末人数	**人**	**56**		
其中：国有在岗职工人数	人	56		
八、从业人员年平均人数	**人**	**63**		
其中：国有在岗职工人数	人	63		
九、全年从业人员劳动报酬	**万元**	**1109**		
其中：国有在岗职工劳动报酬	万元	1109		
十、企业利润总额	**万元**	**1481**		
十一、全年缴纳税金	**万元**	**2002**		

12-42 广东农垦非国有经济基本情况表

2013 年

指　标　名　称	计量单位	合计	第一产业	第二产业		第三产业
					工业	
一、经营单位个数	**个**	**5387**	**58**	**660**	**450**	**4669**
1. 集体经济	个	10		10	10	
#股份合作制经济	个					
2. 个体经济	个	281	2	69	56	210
3. 私营经济	个	5046	55	566	371	4425
4. 港澳台及外商经济	人	50	1	15	13	34
二、从业人员	**人**	**52067**	**14950**	**19574**	**15363**	**17543**
1. 集体经济	人					
#股份合作制经济	人					
2. 个体经济	人	8447	2949	2713	1967	2785
3. 私营经济	人	36789	12001	10030	6565	14758
4. 港澳台及外商经济	人	6831		6831	6831	
三、从业人员劳动报酬	**万元**	**202277**	**54148**	**87494**	**67458**	**60634**
1. 集体经济	万元					
#股份合作制经济	万元					
2. 个体经济	万元	11894	4052	2928	2330	4914
3. 私营经济	万元	150812	50096	44995	25557	55720
4. 港澳台及外商经济	万元	39571		39571	39571	
四、农垦生产总值	**万元**	**638139**	**95312**	**402387**	**356200**	**140439**
1. 集体经济	万元	1678	1678			
#股份合作制经济	万元					
2. 个体经济	万元	12541	3203	3757	2563	5581
3. 私营经济	万元	360950	90431	135660	90667	134858
4. 港澳台及外商经济	万元	262970		262970	262970	
五、当年固定资产投资额	**万元**	**92994**	**10410**	**24431**	**20662**	**58153**
1. 集体经济	万元					
#股份合作制经济	万元					
2. 个体经济	万元	12523	126	9160	9006	3237
3. 私营经济	万元	73976	10284	8776	5161	54916
4. 港澳台及外商经济	万元	6495		6495	6495	
六、资产总额	**万元**	**275038**	**14089**	**150388**	**132848**	**110561**
1. 集体经济	万元					
#股份合作制经济	万元					
2. 个体经济	万元	12362	210	8443	3809	3709
3. 私营经济	万元	172648	13879	51917	39011	106852
4. 港澳台及外商经济	万元	90028		90028	90028	
七、固定资产原值	**万元**	**198054**	**35679**	**93503**	**81102**	**68872**
1. 集体经济	万元	146	94			52
#股份合作制经济	万元					
2. 个体经济	万元	18400	5404	7309	6674	5687
3. 私营经济	万元	142548	30181	49234	37468	63133
4. 港澳台及外商经济	万元	36960		36960	36960	
八、税金	**万元**	**52650**	**57**	**37661**	**33272**	**14931**
#1. 集体经济	万元					
2. 港澳台及外商经济	万元	24827		24827	24827	
九、利润总额	**万元**	**187307**	**14829**	**137101**	**124548**	**35377**
#1. 集体经济	万元					
2. 港澳台及外商经济	万元	72050		72050	72050	

十三、乡镇企业

13-1 全省乡镇企业主要经济指标表

项　　目	单位	2013	2012	2013年比2012年增长（%）
一、企业指标				
企业个数	万个	40.78	39.32	3.71
企业人数	万人	1141.58	1094.86	4.27
总产值	亿元	35833.96	31577.97	13.48
其中：工业	亿元	30596.56	27902.42	9.66
营业收入	亿元	35206.38	30630.96	14.94
利润总额	亿元	2310.59	1900.06	21.61
上交税金	亿元	1065.46	916.83	16.21
劳动者报酬	亿元	2983.78	2302.28	29.60
二、其他指标				
1、出口企业	个	27110	20658	31.23
2、出口总值	亿元	6579.47	5894.12	11.63
3、本年止境外办企业	个	162	37	337.84

13-2 全省乡镇企业主要经济指标附表

2013 年

项　　目	企业个数（个）	从业人员年末数（人）	总产值（万元）
总　计	**407782**	**11415789**	**358339635**
一、按登记注册类型分组			
1. 内资企业小计	384515	7777212	238682645
其中：(1)集体企业	17171	552381	13912233
(2)私营企业	332429	6510066	192985256
2. 港、澳、台商投资企业	17370	2685457	80080367
3. 外商投资企业	5897	953120	39576623
二、按国民经济行业分组			
1. 农业	7213	119839	3109927
2. 工业	191344	9112630	305965621
3. 建筑业	10676	323222	7578027
其中：资质等级企业	813	71769	2220124
4. 交通运输仓储业	16315	165631	3374476
5. 批发零售业	102012	665074	20220273
6. 住宿及餐饮业	34879	477146	7248106
其中：餐饮业	17699	241977	3191181
7. 居民服务、修理和其他服务业	25411	324257	5798424
8. 其他	19932	227990	5044781

项　　目	营业收入（万元）	利润总额（万元）	上交税金（万元）	劳动者报酬（万元）
总　计	**352063761**	**23105943**	**10654646**	**29837792**
一、按登记注册类型分组				
1. 内资企业小计	236349693	16331976	6838602	18915847
其中：(1)集体企业	16196531	1210167	472682	1712640
(2)私营企业	189265988	13215328	5529920	15094707
2. 港、澳、台商投资企业	78915938	4757094	2611642	7730131
3. 外商投资企业	36798130	2016873	1204402	3191814
二、按国民经济行业分组				
1. 农业	2785983	210830	55260	217101
2. 工业	293877609	18318092	8612907	24207802
3. 建筑业	7550106	624288	339781	1040210
其中：资质等级企业	2182528	154142	77415	190807
4. 交通运输仓储业	3268157	415761	139073	428929
5. 批发零售业	26795315	1431199	642536	1829645
6. 住宿及餐饮业	6912329	1111063	394366	967890
其中：餐饮业	3071430	343498	157894	498891
7. 居民服务、其他服务业和娱乐业	6076594	550037	215693	687289
8. 其他	4797668	444673	255030	458926

项目	计算单位	指标值
1. 个体工商户户数	个	1495494
2. 个体工商户从业人员年末数	人	5808510
3. 个体工商户注册资金	万元	5779062
4. 个体工商户营业收入	万元	39038262
5. 个体工商户上交税金	万元	1333729
6. 全部出口企业单位数	个	27110
#年出口交货值 500 万元（含）以上企业单位数	个	8405
7. 全部出口企业出口交货值	万元	65794724
#年出口 500 万元（含）以上企业出口交货值	万元	52093956
8. 本年止境外办企业单位数	个	162
9. 本年止境外办企业累计投资额（人民币）	万元	548033
10. 全部企业中本年末大专及以上文化程度的人数	人	1177168
11. 全部企业中本年末具有中级及以上技术职称的人数	人	645396
12. 乡镇企业职工培训人数	人	317664
13. 乡镇企业职工培训取证人数	人	144209
14. 本年末已建立的技术创新中心和研发机构数	个	1343
15. 本年外商对乡镇企业实际投资额	万美元	254247
16. 本年港澳台商对乡镇企业实际投资额	万美元	159889
17. 本年金融机构贷款总额	万元	8869335
18. 本年末金融机构贷款余额	万元	11976565
19. 本年支农建农及补助社会性支出总额	万元	108816
20. 返乡农民工创业园数	个	
返乡农民工创业人数	人	
返乡农民工创办企业数	个	
21. 乡镇企业各类园区数	个	452
园区内年末实有企业数	个	12131
园区内年末从业人员数	人	1209674
园区内企业总产值	万元	38217920

13-3 乡镇规模工业企业生产销售情况表

项　　目	企业个数(个)	年平均人数(人)	现　价总产值(万元)	现价销售产值(万元)	营业收入(万元)	利润总额(万元)	上交税金(万元)	劳动者报酬(万元)
总　　计	23474	5224067	243992741	240349520	236124254	14122141	6288062	17812716
煤炭开采和洗选业	2	91	14466	14466	14462	442	170	295
石油和天然气开采业								
黑色金属矿采选业	36	3452	210454	181771	178142	24012	15604	12568
有色金属矿采选业	12	1308	131051	129109	127922	5862	1992	3912
非金属矿采选业	135	24838	1640151	1605580	1505003	91354	48086	73159
开采辅助活动	5	3051	16638	29121	25808	2377	956	5160
其他采矿业	37	4207	243587	257587	397634	13188	4929	11378
农副食品加工业	723	110623	11925730	12293874	12087105	515114	155519	305238
谷物磨制	105	8566	803740	855455	870291	20832	9937	20416
饲料加工	138	22144	4999455	5495060	5265989	217556	35013	108325
植物油加工	33	4483	2361266	2237183	2494392	71298	8947	32598
制糖	32	15216	1092351	1029819	1009051	31007	28885	30950
屠宰及肉类加工	76	12600	863350	869800	702151	52142	19431	30177
水产品加工	249	37721	1034956	1010334	972008	57255	26512	54252
蔬菜、水果和坚果加工	44	6161	387888	421370	398421	29275	8700	15300
其他农副食品加工	46	3732	382724	374853	374802	35749	18094	13220
食品制造业	381	77719	5610819	5443737	5422691	357230	146945	266978
焙烤食品制造	61	14608	1153306	1146109	1013880	61426	23255	56295
糖果、巧克力及蜜饯制造	86	11748	846883	679905	816368	26011	10601	37082
方便食品制造	18	3433	188180	184164	182988	11319	6677	11332
乳制品制造	7	4514	975938	1018981	1018984	75655	24992	12896
罐头食品制造	30	7410	421592	399138	422174	19074	7650	18052
调味品、发酵制品制造	58	14604	929621	974017	945107	97260	42393	60348
其他食品制造	121	21402	1095299	1041423	1023191	66485	31377	70973
酒、饮料和精制茶制造业	92	25774	3305448	3245987	3089058	483114	253867	141041
酒的制造	29	4358	371945	323496	426629	21977	12612	12912
饮料制造	49	18219	2792816	2799287	2531674	454536	238167	122876
精制茶加工	14	3197	140687	123204	130755	6601	3088	5253
纺织业	836	240492	9225918	9283005	9858272	692082	176950	691138
纺织服装、服饰业	2044	683869	20730692	20581749	20234665	1850995	506422	1951239
皮革、毛皮、羽毛及其制品和制鞋业	867	344185	8371910	8756294	8447663	457737	210926	1181450
木材加工和木、竹、藤、棕、草制品业	319	68251	3088505	3118819	3019686	263496	128260	140956
家具制造业	479	139006	4355801	4369200	4222741	188894	113190	362213
木质家具制造	273	81936	2659810	2635124	2644464	118462	69656	223276
竹、藤家具制造	14	3482	93226	167845	120189	3494	2560	4062
造纸和纸制品业	554	146121	8784046	8495806	8673367	317556	213883	679379
印刷和记录媒介复制业	376	112309	4879049	4722016	4139619	225020	94781	339997
文教、工美、体育和娱乐用品制造业	528	227158	6115005	5526214	5709412	258501	131516	682008
石油加工、炼焦和核燃料加工业	58	7850	2190479	2367698	2149770	70315	17424	38794
化学原料和化学制品制造业	618	92137	9401263	9554123	9441878	474865	248491	428395

13-3 续表

项　　目	企业个数(个)	年平均人数(人)	现价总产值(万元)	现价销售产值(万元)	营业收入(万元)	利润总额(万元)	上交税金(万元)	劳动者报酬(万元)
医药制造业	127	35090	3618925	3394271	3242899	408236	168052	128844
中药饮片加工	34	9110	1529280	1477569	1477373	211659	81146	35638
中成药生产	24	6204	412649	327620	406977	20269	7814	18548
生物药品制造	18	2723	218135	252635	247217	20390	5874	7819
化学纤维制造业	62	16942	1561305	1542125	1476839	60380	29641	73744
橡胶和塑料制品业	1278	311449	13198683	13086140	12619485	618395	295631	1001698
非金属矿物制品业	934	226107	11453867	11877787	11274658	641018	287530	788252
黑色金属冶炼和压延加工业	168	48245	4599644	4474306	4400294	149529	80071	558338
有色金属冶炼和压延加工业	192	57528	3749703	3485147	3573817	200174	74886	180310
金属制品业	5389	382685	22772538	22533453	22115599	943050	563972	1243849
通用设备制造业	2491	110804	5803661	4481007	5882086	431111	225759	426989
专用设备制造业	669	62345	2221532	2231725	2115719	226761	66611	205079
汽车制造业	61	20396	1175855	1193799	1160698	112728	28568	53679
铁路、船舶、航空航天和其他运输设备制造业	112	40631	3524566	3506184	3507475	128773	197375	309557
电气机械和器材制造业	1177	410101	18579754	17989810	17781889	1248433	608438	1526628
计算机、通信和其他电子设备制造业	1070	688261	27177987	26375353	25766663	1134521	476668	2317413
仪器仪表制造业	226	133138	4009425	4772833	3689712	211800	169082	613634
其他制造业	1002	259963	11267264	10785116	10177745	716819	255760	754271
废弃资源综合利用业	179	73844	3146523	2937105	2936124	123098	61955	173961
金属制品、机械和设备修理业	7	1716	201540	185296	183036	15000	3516	7116
电力、热力生产和供应业	98	13556	3035854	2846608	2875288	319561	156486	63254
燃气生产和供应业	35	6026	1970452	1949309	1916404	74954	32970	23460
水的生产和供应业	95	12799	682651	725990	682928	65646	35180	47342

13-4 乡镇企业固定资产投资情况表

2013 年　　单位:万元

项目	本年施工项目个数(个)	本年新开工项目目数(个)	本年投产项目个数(个)	本年完成固定资产投资		本年新增固定资产
				合计	其中:设备购置	
总计	9120	6963	6290	35098935	8937493	22578912
其中:预算投资额1亿元以上(含)项目	712	448	383	6529238	1210830	3042217
在总计中:						
新建	4718	3917	3177	21324566	4546260	12598577
改建	1072	809	811	2618747	781408	1875536
扩建	2208	1578	1563	7835315	2497135	5827910
其他	1122	659	739	3320307	1112690	2276889

项目	本年完成投资资金来源					
	国家及有关部门扶持资金	银行贷款	引进资金		自有资金	其他资金
			小计	其中:引进外资		
总计	553821	3588027	3994296	2024154	24409670	2553121
其中:预算投资额1亿元以上(含)项目	65858	786030	733922	446440	4757953	185475
在总计中:						
新建	310086	2357302	2517106	1196038	14737196	1402876
改建	35763	299910	261533	137941	1742062	279479
扩建	121158	657024	910103	499580	5580657	566373
其他	86814	273791	305554	190595	2349755	304393

13-5 各市乡镇企业主要经济指标

2013 年

市别	企业个数（个）	企业从业人数（人）	总产值（万元）	营业收入（万元）
广州	30230	837539	27591292	32481456
深圳				
珠海	9067	329463	21331324	21430610
汕头	18861	639336	24626116	23708224
佛山				
韶关	6818	46971	302455	325832
河源	6346	177674	3662889	3414552
梅州	7852	271159	5102408	5135826
惠州	16274	754419	15237878	14816684
汕尾	3710	299163	7224971	7049750
东莞	78104	3223571	71693655	72002681
中山	38298	1189405	46475109	44139036
江门	37068	746043	27975819	25662757
阳江	26391	254041	7672828	6434216
湛江	10900	297703	10626742	9946917
茂名	25327	551537	11512824	11127757
肇庆	14353	393380	18732204	17797168
清远	29381	316851	7299880	7091904
潮州	16207	353946	11253832	11218872
揭阳	11962	542038	35807131	34553710
云浮	20633	191550	4210278	3725809

市别	利润总额（万元）	上交税金（万元）	劳动者报酬（万元）
广州	1517619	1106831	2396535
深圳			
珠海	715831	353268	970323
汕头	1297309	550849	1742923
佛山			
韶关	42295	13201	59869
河源	344253	146486	358467
梅州	324751	282800	493823
惠州	1036442	343241	1506128
汕尾	236407	97769	762065
东莞	4591866	2422650	8452918
中山	2606920	1992992	5114612
江门	1324354	1082475	1789109
阳江	3390272	266320	695936
湛江	632154	263008	451937
茂名	973123	235131	977054
肇庆	1015594	426860	878473
清远	839330	194114	771155
潮州	639327	341258	692956
揭阳	1219814	433917	1407002
云浮	358282	101476	316507

13-6 各市乡镇规模工业企业生产销售情况表

2013 年

市　　别	企业个数（个）	从业人员年平均数（人）	现价总产值（万元）	现价销售产值(万元)	营业收入（万元）	利润总额（万元）	上交税金（万元）	劳动者报酬（万元）
广　州　市	1175	362043	18390739	16657911	18126218	887152	622399	1502027
深　圳　市								
珠　海　市	6689	309764	19135725	18727385	17941059	580867	269055	796759
汕　头　市	1457	300647	17086513	16453208	16253242	1828477	362651	1061664
佛　山　市								
韶　关　市	4	447	16738	16975	16975	2225	663	640
河　源　市	207	56749	1943093	1841541	1748482	194721	69965	450931
梅　州　市	222	59232	2518864	2463278	2486582	161017	133536	173193
惠　州　市	729	210335	8142428	8033347	8060265	549217	200974	436499
汕　尾　市	75	56322	1777017	1762896	1762896	30203	21357	234352
东　莞　市	3502	1680223	54755870	54706035	52681241	3305493	1289567	5875723
中　山　市	2451	754173	35611158	34035002	32406231	1502641	1310731	3119525
江　门　市	1527	353625	20411956	19670166	18303903	1117214	721743	1123207
阳　江　市	924	100348	847591	2183495	2210407	131410	69060	99819
湛　江　市	539	101382	7228986	7026677	6734474	407934	136976	233722
茂　名　市	651	99290	6029457	5915863	5587297	614288	146948	332391
肇　庆　市	523	160562	9892480	10019981	9916189	502160	196293	527117
清　远　市	209	123882	4245422	4514173	4357888	526762	84317	376442
潮　州　市	719	130748	7221917	7120576	7117421	395247	200817	290750
揭　阳　市	1614	315582	26322025	26920890	28331169	1154243	386120	1041066
云　浮　市	257	48713	2414762	2280121	2082314	230870	64890	136889

13-7 各县（市、区）乡镇企业基本情况

2013 年

县（市、区）	企业个数（个）	企业从业人数（人）	总产值（万元）	营业收入（万元）
广州市	**30230**	**837539**	**27591292**	**32481456**
白云区	1531	37667	399097	555319
番禺区	12280	473771	16717388	21951612
花都区	8907	155121	5268501	4972438
增城市	3190	126887	3104023	2950987
从化市	4322	44093	2102283	2051100
深圳市				
珠海市	**9067**	**329463**	**21331324**	**21430610**
香洲区	6283	77931	2366884	3459911
斗门区	1945	109140	7103402	6565217
金湾区	464	95397	4711043	4110965
万山区	239	2602	265782	265677
高新区	7	1588	45422	44676
高栏港区	126	42730	6838463	6982764
横琴新区	3	75	328	1400
汕头市	**18861**	**639336**	**24626116**	**23708224**
金平区	59	1090	44653	38169
龙湖区	3694	110753	5523444	5216643
澄海区	3501	184327	5787010	5525300
濠江区	446	25107	387907	355298
潮阳区	5099	142648	6105569	5901304
潮南区	5917	173194	6749869	6645581
南澳县	145	2217	27664	25929
佛山市				
韶关市	**6818**	**46971**	**302455**	**325832**
武江区				
曲江区	789	9504	97029	104709
乐昌市	1844	14971	74602	74585
南雄市	418	4890	41286	38690
乳源县	515	6115	47060	46416
翁源县	425	1921	7394	7086
仁化县				
始兴县	2827	9570	35084	54346
新丰县				
河源市	**6346**	**177674**	**3662889**	**3414552**
源城区	1740	42352	567710	555146
东源县	1383	35731	717042	647767
龙川县	757	43333	949890	854900
紫金县	1353	30096	841839	822046
和平县	361	6740	58308	58994
连平县	752	19422	528100	475699
梅州市	**7852**	**271159**	**5102408**	**5135826**
梅江区	1114	21470	551603	557493
梅县区	1521	53520	2189748	2243261
蕉岭县	362	6408	214177	205175
大埔县	649	29515	255790	252161
丰顺县	734	30139	858905	841795
五华县	1053	75630	564320	553100
兴宁市	1551	44651	310575	327991
平远县	868	9826	157290	154850

13-7 续表 1

县（市、区）	企业个数（个）	企业从业人数（人）	总产值（万元）	营业收入（万元）
惠州市	**16274**	**754419**	**15237878**	**14816684**
惠城区	4013	207307	2412312	2388605
惠阳区	4013	207307	2412312	2388605
惠东县	3474	173242	4989875	4816788
博罗县	2033	118452	4001418	3802060
龙门县	980	29616	1065291	1071922
大亚湾区	1761	18495	356670	348704
汕尾市	**3710**	**299163**	**7224971**	**7049750**
城区	173	32274	1911813	1918474
陆丰市	1912	138401	2482884	2355909
海丰县	1319	111760	2709381	2666268
陆河县	214	5591	69221	68992
红海湾	92	11137	51672	40107
东莞市	**78104**	**3223571**	**71693655**	**72002681**
中山市	**38298**	**1189405**	**46475109**	**44139036**
江门市	**37068**	**746043**	**27975819**	**25662757**
蓬江区	2787	93111	2856333	2794867
江海区	4457	47654	1086390	1103497
新会区	7382	151934	7611271	7054404
台山市	7252	95936	4273216	3426603
开平市	6919	137105	3762448	3494149
鹤山市	4479	151527	5602030	5199675
恩平市	3792	68776	2784131	2589562
阳江市	**26391**	**254041**	**7672828**	**6434216**
江城区	4285	71550	1392607	1150455
阳春县	10502	46375	2582598	1954152
阳东县	1804	62012	1491063	1236982
阳西市	7299	61894	1360257	1173353
海陵区	2501	12210	846303	919274
湛江市	**10900**	**297703**	**10626742**	**9946917**
赤坎区	421	10320	213586	202400
霞山区	597	9266	91721	88182
坡头区	403	22657	888335	836266
麻章区	683	25348	539080	514428
雷州市	1433	39570	727588	699553
廉江市	1495	82666	3850997	3700594
吴川市	2973	44054	2081401	1919027
徐闻县	1726	26073	380037	353293
遂溪县	1169	37749	1853997	1633174
东海岛				
茂名市	**25327**	**551537**	**11512824**	**11127757**
茂南区	8246	66898	1480007	1452061
茂港区	1145	34695	971847	873717
化州市	4845	125871	2777086	2708355
高州市	5238	162758	2195253	2086372
信宜市	4083	113673	2040736	2014085
电白县	1770	47642	2047895	1993167

13-7 续表 2

县（市、区）	企业个数（个）	企业从业人数（人）	现价总产值（万元）	营业收入（万元）
肇庆市	**14353**	**393380**	**18732204**	**17797168**
高要市	2968	127183	6023757	5405542
四会市	3235	85141	6605161	6135362
广宁县	3318	40643	2726949	2523880
怀集县	2885	46093	240401	223360
德庆县	851	18088	999454	929469
封开县	690	37930	207000	179243
鼎湖区	406	38302	1929482	2400312
清远市	**29381**	**316851**	**7299880**	**7091904**
清城区	13477	119884	3105837	3108304
英德市	3859	35861	931751	932477
佛冈县	119	1407	17473	15097
清新区	5820	126935	2721452	2555451
阳山县	3076	20543	431282	399054
连南县	2625	9518	31647	24596
连山县	405	2703	60438	56925
潮州市	**16207**	**353946**	**11253832**	**11218872**
潮安区	5036	144971	7008293	6995862
湘桥区	4016	33281	1105429	1180607
枫溪区	3462	72781	1556366	1536636
饶平县	3693	102913	1583744	1505767
揭阳市	**11962**	**542038**	**35807131**	**34553710**
榕城区	868	49886	4241197	4161769
揭东区	1028	60194	6791537	6588824
空港经济区	1048	90875	6815724	6474937
蓝城区	1659	39679	870070	861185
普宁市	1783	197135	10415070	9863876
揭西县	3479	43162	2359420	2359420
惠来县	2097	61107	4314113	4243699
云浮市	**20633**	**191550**	**4210278**	**3725809**
云城区	3219	12779	377912	333221
罗定市	2291	66597	1228848	1165762
新兴县	3113	44998	1568858	1265601
郁南县	6819	49522	750566	707151
云安县	5191	17654	284094	254074

县（市、区）	利润总额（万元）	上交税金（万元）	劳动者报酬（万元）
广州市	**1517619**	**1106831**	**2396535**
白云区	18995	18923	48846
番禺区	1076620	666767	1584435
花都区	316891	316272	503172
增城市	73007	32662	157028
从化市	32106	72207	103054
深圳市			
珠海市	**715831**	**353268**	**970323**
香洲区	215893	107189	148907
斗门区	86221	50233	237499
金湾区	221951	180038	349389
万山区	3506	3653	7452
高新区	3344	1741	6214
高栏港区	185144	10318	220330
横琴新区	-228	96	532
汕头市	1297309	550849	1742923
龙湖区	3156	2277	1606
金平区	390909	164978	362272
濠江区	358007	179168	522582
澄海区	14739	12023	39166
潮阳区	239818	69626	318549
潮南区	287345	121980	495246
南澳县	3335	797	3502
佛山市			
韶关市	**42295**	**13201**	**59869**
武江区			
曲江区	12067	3226	8454
乐昌市	9151	2908	16854
南雄市	7213	1637	6199
乳源县	3545	2366	15944
翁源县	1736	94	2288
仁化县			
始兴县	8583	2970	10130
新丰县			
河源市	**344253**	**146486**	**358467**
源城区	43029	28297	102758
东源县	71504	42158	87120
龙川县	66491	25393	75991
紫金县	82350	29638	57416
和平县	4986	1454	6583
连平县	75893	19546	28599
梅州市	**324751**	**282800**	**493823**
梅江区	41493	29312	84971
梅县区	105556	126280	98410
蕉岭县	7527	9627	14508
大埔县	22606	13473	32650
丰顺县	31609	24351	61841
五华县	84630	45630	98620
兴宁市	23440	14477	70873
平远县	7890	19650	31950

13-7 续表 4

县（市、区）	利润总额（万元）	上交税金（万元）	劳动者报酬（万元）
惠州市	**1036442**	**343241**	**1506128**
惠城区	118789	56077	401399
惠阳区	118789	56077	401399
惠东县	463287	121097	345304
博罗县	188948	63230	276290
龙门县	115332	36591	61431
大亚湾区	31297	10169	20305
汕尾市	**236407**	**97769**	**762065**
城区	13171	13264	97779
陆丰市	114298	45072	316700
海丰县	92204	35278	326824
陆河县	10182	3073	13563
红海湾	6552	1082	7199
东莞市	**4591866**	**2422650**	**8452918**
中山市	**2606920**	**1992992**	**5114612**
江门市	**1324354**	**1082475**	**1789109**
蓬江区	212611	142719	261076
江海区	55147	59354	96776
新会区	433733	334161	455323
台山市	101610	81807	148539
开平市	126631	157798	229028
鹤山市	171204	220283	442125
恩平市	223418	86353	156242
阳江市	**3390272**	**266320**	**695936**
江城区	938643	14164	17320
阳春县	280529	95347	233821
阳东县	716400	31390	138578
阳西市	962121	30132	135150
海陵区	492579	95287	171067
湛江市	**632154**	**263008**	**451937**
赤坎区	8233	7293	13540
霞山区	1047	2563	2405
坡头区	23256	17856	41365
麻章区	50907	9737	17133
雷州市	88345	48671	51933
廉江市	182484	67609	158803
吴川市	149396	44810	78086
徐闻县	41737	25882	20845
遂溪县	86749	38587	67827
东海岛			
茂名市	**973123**	**235131**	**977054**
茂南区	77156	20594	91941
茂港区	74522	17938	41400
化州市	192487	56289	240020
高州市	201085	63826	260412
信宜市	171004	36018	216066
电白县	256869	40466	127215

13-7 续表 5

县（市、区）	利润总额（万元）	上交税金（万元）	劳动者报酬（万元）
肇　庆　市	**1015594**	**426860**	**878473**
高　要　市	299418	122060	315429
四　会　市	411816	151831	278767
广　宁　县	242030	88175	79590
怀　集　县	26028	26904	49755
德　庆　县	5763	11579	34946
封　开　县	20619	9835	44128
鼎　湖　区	9920	16476	75858
清　远　市	**839330**	**194114**	**771155**
清　城　区	256221	52483	357322
英　德　市	76853	15732	86440
佛　冈　县	2168	1148	2474
清　新　区	363317	104724	291788
阳　山　县	100357	10664	24186
连　南　县	9588	2315	4642
连　山　县	30826	7048	4303
潮　州　市	**639327**	**341258**	**692956**
潮　安　区	387428	192771	330366
湘　桥　区	46773	28820	61270
枫　溪　区	96764	69542	136887
饶　平　县	108362	50125	164433
揭　阳　市	**1219814**	**433917**	**1407002**
榕　城　区	55219	59568	125267
揭　东　区	331056	99416	162102
空港经济区	129429	32357	276258
蓝　城　区	111870	10732	74454
普　宁　市	508544	202488	589984
揭　西　县	20898	9015	75102
惠　来　县	62798	20341	103835
云　浮　市	**358282**	**101476**	**316507**
云　城　区	23277	10302	24078
罗　定　市	89177	36233	118622
新　兴　县	158855	31990	90858
郁　南　县	38659	12732	63256
云　安　县	48314	10219	19693

十四、农产品进出口贸易

14-1 农副产品出口分类值

单位：万美元

类　　别	1995	2000	2005	2010	2011	2012	2013
活动物	21117	15908	9885	17534	24671	24752	23769
肉及食用杂碎	5517	8104	12798	28007	34535	32389	29987
水产品	54464	25862	53585	102449	101556	108063	141213
乳品、蛋品、天然蜂蜜、其他	2526	3660	3660	4328	6491	7805	6678
其他动物产品	8687	5100	3264	3866	5228	7591	9236
树苗及花草	885	785	2638	2734	3377	3548	5436
蔬菜	25156	11284	19896	29140	33243	29505	23226
水果及坚果	13460	5406	11819	17832	24672	36158	31224
咖啡、茶叶及调味香料	7842	6569	9460	12298	15456	14932	15717
谷物	491	522	9	80	151	51	18
制粉工业产品	1571	3443	4528	10218	11468	13532	14355
植物油籽及果实、种子、药材	24958	9852	11014	13086	21081	20001	12787
虫胶、树胶、树脂	1034	841	1439	2732	2918	3915	4951
编结植物材料、其他植物产品	2400	1608	1895	2301	3566	3391	3461
动、植物油脂及蜡	28350	6515	4372	8684	11597	14800	15634

注：本表资料按海关统计口径整理

14-2 农副产品及其加工品海关进出口情况

单位：万美元

类　别	2012		2013	
	出口	进口	出口	进口
一、活动物、动物产品	**180601**	**199060**	**210884**	**245045**
1. 活动物	24752	636	23769	2564
2. 肉及食用杂碎	32389	95229	29987	100290
3. 水产品	108063	39777	141213	52872
4. 乳品、蛋品、天然蜂蜜、其他	7805	55326	6678	79667
5. 其他动物产品	7591	8092	9236	9653
二、植物产品	**125034**	**657335**	**111174**	**680878**
1. 树苗及花草	3548	2437	5436	3781
2. 蔬菜	29505	7856	23226	7629
3. 水果及坚果	36158	198465	31224	210495
4. 咖啡、茶叶及调味香料	14932	8982	15717	5286
5. 谷物	51	106565	18	105529
6. 制粉工业产品	13532	16235	14355	18130
7. 植物油籽及果实、种子、药材	20001	307569	12787	319749
8. 虫胶、树胶、树脂	3915	3055	4951	3459
9. 编结植物材料、其他植物产品	3391	6170	3461	6819
三、动、植物油脂及蜡	**14800**	**154292**	**15634**	**80808**
动、植物油脂及蜡	14800	154292	15634	80808
四、食品、烟草及制品	**416535**	**264839**	**462836**	**354623**
1. 动物产品制品	159371	2106	184948	2949
2. 糖及糖食	47835	14711	56566	30797
3. 可可及可可制品	10585	10372	12311	11638
4. 粮食及乳制品、糕饼点心	45644	82325	48381	115158
5. 蔬菜、水果等植物制品	26507	10537	30114	12535
6. 杂项制品	37383	27343	41003	31473
7. 饮料、酒及醋	72470	65451	72484	78356
8. 食品的残渣、动物饲料	6600	51716	5848	59703
9. 烟草及烟草制品	10141	279	11180	12014
五、其他	**738107**	**1030516**	**799650**	**1107969**
1. 木及木制品、木炭	128651	225777	129611	273678
2. 软木及软木制品	175	254	142	319
3. 草柳编结品	28129	697	29836	633
4. 木浆及其他纤维素浆、废碎纸板	174	323914	233	331685
5. 纸及纸板、纸浆、纸制品	304253	148271	353202	122563
6. 蚕丝	14514	4087	12673	3716
7. 羊毛、动物毛、毛纱线及制品	20056	19591	22276	20426
8. 棉花	242155	307925	251677	354949

14-3 主要农副产品外贸出口情况

单位：万美元

项　目	单位	1995		2000		2005		2010	
		数 量	金 额	数 量	金 额	数量	金 额	数量	金 额
活猪	万头	62	7526	46	5688	37	5216	67	13178
活家禽	万只	4888	11532	4483	9224	2301	3243	622	2252
鲜冻猪肉	吨	8172	1468	15950	2069	9551	1757	21713	6837
冻鸡	吨	7852	1468	22233	3261	7758	1106	4194	950
水海产品	吨	149585	54464	187489	25850	229840	53451	261658	102343
# 活鱼	吨	61077	17723	66804	6458	48691	9626	53374	14036
冻鱼、冻鱼片	吨	14033	3963	34686	3943	79160	16484	99202	32276
鲜、冻对虾	吨	3838	2823	1108	690	15226	6010	22375	12776
冻虾仁	吨	5271	3282	2938	697	15110	7955	33975	25147
鲜蛋	万只	11253	478	60625	1225	36701	1458	21700	1541
谷物	吨	35131	1229	155932	3544	139410	4049	134932	6571
# 大米	吨	10368	423	4166	173	1629	59	518	56
蔬菜	吨	450274	27674	531889	13258	718676	22104	769456	32929
# 鲜蔬菜	吨	356418	11757	446956	6579	653695	11799	719225	21762
干食用菌	吨	6147	7396	8634	1595	6946	3807	1495	1743
干豆	吨	25212	1159	13373	394	31082	1115		
鲜干果类	吨	121400	13028	178158	3927	351474	10948	298975	17416
# 桔橙	吨	49109	2166	43570	673	79242	2448	108248	6625
核桃仁	吨	1671	525	744	97	342	107		
白果	吨	2220	998	1960	179	849	160		
食用油籽	吨	27011	2046	14770	535	11333	634	2415	230
# 花生、花生仁	吨	17856	1205	13012	389	2489	113	1142	112
食用植物油	吨	171707	13481	92622	5257	43409	3710	15322	2641
烘焙花生	吨	5225	454	2565	239	1496	159	273	135
食糖	吨	205421	8051	23938	826	215575	6576	63451	4237
茶叶	吨	21974	2917	18853	3154	13795	3205	6461	3845
辣椒干	吨	4402	692	24427	701	5324	618	1872	580
肠衣	吨	388	189	20	9	227	73	573	1360
羽毛绒	吨	4703	6399	7490	3987	5267	1922	3459	995
药材	吨	41665	17652	61377	6995	98868	8209	112291	11429
未硝整张毛皮	吨	65	231	37	83	1	2		
# 水貂皮	吨	8	69	3534	552	1493	300		
生丝	吨	1218	2608	1579	3414	1642	3762	1378	5423
兔毛	吨	388	753	444	634	77	234		

14-3 续表 单位：万美元

项 目	单位	2011		2012		2013	
		数 量	金 额	数 量	金 额	数 量	金 额
活猪	万头	66	19883	70	19996	68	18807
活家禽	万只	641	2448	646	2644	632	2511
鲜冻猪肉	吨	18761	7653	15188	6321	14076	5824
冻鸡	吨	4407	1155	2956	918	2789	828
水海产品	吨	228367	101417	412879	244230	477192	303173
# 活鱼	吨	52206	16258	49715	18087	56515	23186
冻鱼、冻鱼片	吨	85340	29464	95097	31414	117018	40037
鲜、冻对虾	吨	13363	8292	7587	5218	8559	6755
冻虾仁	吨	29498	25260	24698	22990	28911	32862
鲜蛋	万只	26900	2314				
谷物	吨	139647	8213	118799	8082	113371	7383
# 大米	吨	163	83	25	1		
蔬菜	吨	829752	37072	821333	32655	701259	27649
# 鲜蔬菜	吨	782848	25723	775771	22917	653082	16588
干食用菌	吨	1693	2575	1131	1350	1255	1922
干豆	吨						
鲜干果类	吨	303402	24235	368348	35728	305484	30686
# 桔橙	吨	96107	8123	126472	12023	80794	8127
核桃仁	吨					34378	2112
白果	吨					45345	3791
食用油籽	吨	2446	219	4120	411	2369	247
# 花生、花生仁	吨	669	56	426	46	497	46
食用植物油	吨	12461	2520	20112	4261	17225	4002
烘焙花生	吨	283	171	280	121	237	92
食糖	吨	44515	3918	39810	3613	36413	3205
茶叶	吨	6803	4781	6316	4966	7169	6481
辣椒干	吨	1297	450	1070	190	1529	386
肠衣	吨	818	1842	1286	2976	1048	2287
羽毛绒	吨	3112	1746	2818	3250	3400	5584
药材	吨	96897	18618	84651	20998	14090	14477
未硝整张毛皮	吨						
# 水貂皮	吨						
生丝	吨	1145	5971	1013	4850	823	4535
兔毛	吨						

14-4 农、林、牧、渔利用外资情况

年份	签订合同数（宗）	合同利用外资（万美元）	实际利用外资（万美元）	年份	签订合同数（宗）	合同利用外资（万美元）	实际利用外资（万美元）
1979	50	1997	514	1995	206	33419	10654
1980	59	5120	3471	1996	149	30464	16365
1981	45	5593	610	1997	116	19766	19358
1982	79	4217	946	1998	121	11212	17243
1983	48	2661	1198	1999	104	20232	20983
1984	250	8806	814	2000	94	10600	14451
1985	168	7901	2464	2001	104	22655	17937
1986	69	8681	6537	2005	166	23113	7720
1987	88	8590	4544	2006	192	28609	11539
1988	131	14668	8318	2007	336	48282	18295
1989	66	5156	6062	2008	211	39901	20832
1990	76	4128	3785	2009	95	28735	23922
1991	97	8372	2290	2010	84	27770	14327
1992	248	30462	4475	2011	118	73110	15871
1993	494	46597	6746	2012	127	66417	15264
1994	257	37439	9889	2013	121	53841	15143

14-5 农、林、牧、渔实际利用外资情况

（按引进方式分）

单位：万美元

项目	1995	2000	2005	2010	2011	2012	2013
合计	10654	14451	7720	14327	15871	15264	15143
1. 外国政府贷款							
2. 国际金融组织贷款	1582						
3. 出口信贷							
4. 外国银行商业贷款							
5. 对外发行债券、股票							
6. 合资经营企业	1583	1917	565	2180	1287	1867	2864
7. 合作经营企业	3944	4703	348	1253	796	473	284
8. 外资（独资）企业	2849	7831	6807	10894	13788	12709	11995
9. 外商投资股份制企业						215	
10. 国际租赁							
11. 补偿贸易	696						
12. 加工装配							

注：1.本表数字有调整，以前年份出版有出入者，以此为准。

2.2004 年“实际利用外资”统计口径调整，与以前年份不可比。

3.2004 年起数据不包括“水利业”。

14-6 各市农、林、牧、渔利用外资情况

市别	2013签订合同数（宗）	2013合同利用外资（万美元）	实际利用外资（万美元）					
			2000	2005	2010	2011	2012	2013
合计	127	66417	14451	7720	14327	15871	15264	15143
广州	5	533	2219	222	373	784	357	601
深圳	1		145	146			150	65
珠海	3	44	545	560	189	166	3	42
汕头			142	–	18	22		
佛山			687	118	60	25	2	6
韶关	24	2547	1142	187	2105	526	2160	1504
河源	29	6413	911	1120	519	1614	1268	1903
梅州	16	8557	1196	334	689	1410	2138	1002
惠州	10	7384	2388	1516	1975	692	2974	445
汕尾	3	15184	94	528	242	140	243	147
东莞		369		314	62	559	318	357
中山	1	932	22	149		115	1	32
江门	4	462	713	334	245	94	214	90
阳江	18	11656	184	230	2933	5537	1150	5945
湛江	2	3278	392	187	26		585	257
茂名			261	220	126	780	103	
肇庆	4	7646	1746	944	3695	1160	2600	2418
清远	5	686	543	344	419	651	284	300
潮州	1	126	289	104	85	751	50	
揭阳	1	636	576	72	511	811	245	29
云浮			–	91	55	34	19	
省直单位				–		256		

十五、农村经济收入分配与效益

15-1 农村集体经济基本情况

2013 年　　　　单位：个、万元

项　　目	数　量	项　　目	数　量
农村集体经济组织和生产要素情况			
1. 汇总镇级经济联合总社数	937	其中：(1) 从事家庭经营	1806
2. 汇总村级经济联合社数	22298	其中：从事第一产业	1145
3. 汇总组级经济合作社数	217688	(2) 外出务工劳动力	1242
4. 汇总农户数(万户)	1413	其中：常年外出务工劳动	986
(1)纯农户	861	①乡外县内	379
(2)农业兼业户	248	②县外省内	535
(3)非农业兼业户	127	③省外	72
(4)非农户	177	7. 村组集体资产总额	39548588
5. 汇总人口数(万人)	5877	(1) 村级集体资产	26777904
6. 汇总劳动力(万个)	3250	(2) 组级集体资产	12770684

15-2 村组集体经济组织资产负债情况

2013 年　　　　单位：万元

项目	金额	项目	金额
一、流动资产合计	**14937614**	**一、流动负债合计**	**10242047**
1、货币资金	8778982	1、短期借款	1401259
2、短期投资	668874	2、应付款项	8518840
3、应收款项	5361980	3、应付工资	109164
4、存货	127778	4.应付福利费	212784
二、农业资产合计	**90603**	**二、长期负债合计**	**1671896**
1.牲畜（禽）资产	15751	1.长期借款及应付款	1643608
2.林木资产	74852	2.一事一议资金	28288
三、长期资产合计	**24520371**	**三、所有者权益合计**	**27634645**
1、长期投资	2273731	1、实收资本金	9112256
2、固定资产合计	19887088	2.公积公益金	17653503
其中:当年新购建的	714643	3、未分配收益	868886
（1）固定资产原值	22419389	**四、负债及所有者权益合计**	**39548588**
（2）减：累计折旧	5734518	**五、附报:**	
（3）固定资产净值	16684871	1.经营性固定资产原值	10421079
（4）固定资产清理	79109	2.负债合计	11913943
(5)在建工程	3123107	其中：(1)经营性负债	3090012
3、其他资产	2359552	(2)兴办公益事业负债	524023
四、资产总计	**39548588**	3.当年新增负债	194474

15-3 村组集体经济组织收益分配情况

2013 年　　　　单位：万元

项目	金额	项目	金额
一、总收入	**6629396**	**六、可分配收益**	**4570393**
1.经营收入	2338697	**七、各项分配**	**3662753**
2.发包及上交收入	2619651	1.提取公积金、公益金	431487
3.投资收益	168712	2.提取应付福利费	717508
4.补助收入	362163	3.外来投资分利	34718
5.其他收入	1140174	4.农户分配	2222863
二、总支出	**2751523**	5.其他分配	256177
1.经营支出	1103604	**八、年末未分配收益**	**907640**
2.管理费用	935815	**九、附报指标**	
其中：①干部报酬	251519	1. 汇入本表村数	18701
②报刊费	11693	2. 当年无收益的村	5209
3.其他支出	712104	3. 有集体经营收益的村	13492
三、本年收益	**3877873**	(1)集体经营收益在 5 万元以下的村	5732
四、年初未分配收益	**593030**	(2)集体经营收益在 5—10 万元的村	2558
五、其他转入	**99490**	(3)集体经营收益在 10 万元以上的村	5202

15-4 村级集体经济组织资产负债情况

2013 年　　　　单位：万元、个

项目	金额	项目	金额
一、流动资产合计	**9032025**	**一、流动负债合计**	**7252826**
1、货币资金	4790962	1、短期借款	1193407
2、短期投资	411608	2、应付款项	5942436
3、应收款项	3718636	3、应付工资	76751
4、存货	110819	4. 应付福利费	40231
二、农业资产合计	**53318**	**二、长期负债合计**	**1452157**
1. 牲畜（禽）资产	8362	1. 长期借款及应付款	1430391
2. 林木资产	44956	2. 一事一议资金	21766
三、长期资产合计	**17692562**	**三、所有者权益合计**	**18072921**
1、长期投资	1722862	1、实收资本金	5535420
2、固定资产合计	14453999	2. 公积公益金	12136754
其中:当年新购建的	257545	3、未分配收益	400747
（1）固定资产原值	15879637	**四、负债及所有者权益合计**	**26777904**
（2）减：累计折旧	3866378	**五、附报:**	
（3）固定资产净值	12013259	1.经营性固定资产原值	6914705
（4）固定资产清理	28083	2.负债合计	8704983
(5)在建工程	2412657	其中：⑴经营性负债	2496668
3、其他资产	1515701	⑵兴办公益事业负债	426844
四、资产总计	**26777904**	3. 当年新增负债	92165

15-5 村级集体经济组织收益分配情况

2013 年　　单位：万元

项目	金额	项目	金额
一、总收入	**3853825**	**六、可分配收益**	**2193610**
1.经营收入	1423921	**七、各项分配**	**1788481**
2.发包及上交收入	1360656	1.提取公积金、公益金	235375
3.投资收益	106466	2.提取应付福利费	473743
4.补助收入	324942	3.外来投资分利	20852
5.其他收入	637841	4.农户分配	847027
二、总支出	**1982076**	5.其他分配	211484
1.经营支出	741538	**八、年末未分配收益**	**405129**
2.管理费用	721363	**九、附报指标**	
其中：①干部报酬	197536	1. 汇入本表村数	18701
②报刊费	9929	2. 当年无收益的村	5209
3.其他支出	519175	3. 有集体经营收益的村	13492
三、本年收益	**1871748**	(1)集体经营收益在 5 万元以下的村	5732
四、年初未分配收益	**240658**	(2)集体经营收益在 5—10 万元的村	2558
五、其他转入	**81203**	(3)集体经营收益在 10 万元以上的村	5202

15-6 组级集体经济组织资产负债情况

2013 年　　单位：万元、个

项目	金额	项目	金额
一、流动资产合计	**5905589**	**一、流动负债合计**	**2989221**
1、货币资金	3988020	1、短期借款	207852
2、短期投资	257266	2、应付款项	2576403
3、应收款项	1643344	3、应付工资	32413
4、存货	16959	4. 应付福利费	172553
二、农业资产合计	**37285**	**二、长期负债合计**	**219738**
1. 牲畜（禽）资产	7389	1. 长期借款及应付款	213216
2. 林木资产	29896	2. 一事一议资金	6522
三、长期资产合计	**6827809**	**三、所有者权益合计**	**9561724**
1、长期投资	550869	1、实收资本金	3576836
2、固定资产合计	5433089	2. 公积公益金	5516748
其中:当年新购建的	457098	3、未分配收益	468140
（1）固定资产原值	6539751	**四、负债及所有者权益合计**	**12770684**
（2）减：累计折旧	1868139	**五、附报:**	
（3）固定资产净值	4671612	1.经营性固定资产原值	3506374
（4）固定资产清理	51027	2.负债合计	3208959
(5)在建工程	710450	其中：⑴经营性负债	593344
3、其他资产	843851	⑵兴办公益事业负债	97179
四、资产总计	**12770684**	3. 当年新增负债	102309

15-7 组级集体经济组织收益分配情况

2013 年　　单位：万元

项　　目	金　额	项　　目	金　额
一、总收入	**2775571**	**三、本年收益**	**2006124**
1.经营收入	914776	**四、年初未分配收益**	**352372**
2.发包及上交收入	1258995	**五、其他转入**	**18287**
3.投资收益	62247	**六、可分配收益**	**2376783**
4.补助收入	37221	**七、各项分配**	**1874272**
5.其他收入	502333	1.提取公积金、公益金	196111
二、总支出	**769447**	2.提取应付福利费	243766
1.经营支出	362066	3.外来投资分利	13865
2.管理费用	214452	4.农户分配	1375837
其中：①干部报酬	53983	5.其他分配	44693
②报刊费	1764	**八、年末未分配收益**	**502512**
3.其他支出	192929		

15-8 各市农村经济基本情况

2013 年　　单位：个、万元

市　别	汇总村级经济联合社数	汇总组级经济合作社数	汇总农户数（万户）	纯农户数（万户）	农业兼业户数（万户）	非农业兼业户数（万户）	非农户数（万户）	汇总人口数（万人）	汇总劳动力（万个）	从事家庭经营
合　计	22298	217684	1413	861	248	127	177	5877	3250	1806
广　州	1050	11186	93	49	10	6	28	297	195	94
珠　海	143	146	6	4	1	0	1	24	15	10
汕　头	1189		80	36	20	10	14	393	202	133
佛　山	669	4023	69	28	10	7	23	209	130	42
韶　关	1232	13421	51	41	6	2	2	215	123	72
河　源	1273	20803	63	31	13	12	7	298	155	76
梅　州	2053	31939	94	54	20	12	8	422	219	115
惠　州	1070	9851	57	42	9	3	3	227	121	62
汕　尾	817	3618	48	31	8	3	7	250	113	63
东　莞	410	2315	26	4	2	4	17	92	87	24
中　山	277	1658	28	9	4	4	12	104	70	32
江　门	1074	12376	73	53	11	4	4	254	161	94
阳　江	706	9296	57	43	6	3	5	212	124	60
湛　江	1545	12400	133	100	19	8	6	609	330	225
茂　名	1772	31267	151	79	39	16	18	611	311	172
肇　庆	1399	19825	85	65	12	4	4	342	199	115
清　远	1112	19419	79	58	11	6	5	340	192	113
潮　州	922	242	48	21	15	7	5	207	103	69
揭　阳	2792		108	75	21	7	6	527	261	161
云　浮	895	13899	60	40	11	5	4	244	137	73

市　别	从事第一产业	外出务工劳动力	常年外出务工劳动力	乡外县内	县外省内	省外	村组集体资产总额（万元）	村级集体资产	组级集体资产
合　计	1145	1242	986	379	535	72	39548588	26777904	12770684
广　州	46	66	41	27	10	3	10166359	6516307	3650052
珠　海	7	5	4	3	1		252888	211684	41204
汕　头	69	63	49	24	20	5	1277422	1264960	12462
佛　山	26	43	27	20	5	1	5720494	2398262	3322232
韶　关	52	46	41	11	27	2	161569	154300	7269
河　源	51	73	64	13	48	3	105255	82646	22609
梅　州	78	96	79	20	54	4	163813	162072	1742
惠　州	44	53	39	24	13	2	887186	478349	408836
汕　尾	50	45	34	10	22	2	83195	83195	
东　莞	8	52	47	38	8	2	13492470	9571826	3920644
中　山	14	29	19	15	3	1	3249511	3003550	245961
江　门	59	57	45	27	14	4	1091311	634999	456312
阳　江	45	54	44	15	27	2	82976	79647	3329
湛　江	146	104	81	24	48	9	277065	156731	120334
茂　名	120	130	104	24	68	12	75274	72590	2684
肇　庆	79	76	66	16	47	4	618335	258617	359718
清　远	80	78	64	19	42	3	203377	101077	102300
潮　州	36	32	25	11	12	3	393708	372164	21544
揭　阳	82	78	58	21	32	5	850094	850094	
云　浮	51	61	56	17	34	5	228246	134437	93809

15-9 各市村级集体经济组织资产负债情况

2013 年　　单位：万元

市别	一、流动资产合计	1.货币资金	2.短期投资	3.应收款项	4.存货	二、农业资产合计
合计	9032025	4790962	411608	3718636	110819	53318
广州	3090291	2038044	151763	872043	28441	1645
珠海	87127	42242	639	43815	433	3
汕头	484157	270466	7497	202598	3596	4182
佛山	1133348	425895	31641	671934	3878	265
韶关	46876	34111	1260	11498	7	730
河源	12082	6199	1462	4239	183	582
梅州	53011	43034	2011	7490	477	1010
惠州	83297	39717	1988	40304	1288	6830
汕尾	15448	5318	3916	6089	125	5857
东莞	2217073	900501	141470	1130223	44879	1494
中山	837430	391083	47393	379700	19255	613
江门	238949	136963	3864	98042	80	523
阳江	36712	26597	80	10017	17	594
湛江	43800	30624	3848	9165	163	1496
茂名	14409	10401	846	2725	437	3051
肇庆	65143	47062	1224	16334	523	12155
清远	31234	17540	59	13515	120	2362
潮州	155352	99465	7662	48138	87	189
揭阳	246281	141563	1466	102390	863	774
云浮	45377	41919	883	2268	307	4038

市别	二、农业资产合计		三、长期资产合计	1.长期投资	2.固定资产合计	
	1.牲畜（禽）资产	2.林木资产				当年新购建的
合计	8362	44956	17692562	1722862	14453999	257545
广州	13	1632	3424371	416211	2891095	56145
珠海		3	124554	11121	112158	661
汕头	121	4061	776621	61560	708615	10246
佛山		265	1264649	89018	947862	12030
韶关	19	711	106693	4703	101639	1001
河源	159	423	69981	18513	48562	559
梅州	143	868	108050	11581	94785	802
惠州	3290	3541	388222	11642	370568	5397
汕尾	1458	4399	61890	2272	52785	2637
东莞		1494	7353259	838444	5843930	37641
中山		613	2165508	184877	1551368	97147
江门	1	523	395527	27440	359044	11952
阳江	140	454	42342	1117	40808	434
湛江	434	1062	111435	6313	103837	1156
茂名	357	2694	55131	6996	45465	1127
肇庆	1663	10492	181319	8174	169087	1269
清远	117	2245	67482	4085	62052	477
潮州	91	98	216623	4828	209673	1169
揭阳	247	527	603039	5420	577638	13131
云浮	28	4010	85022	2763	80912	673

单位：万元

市别	三、长期资产合计						四、资产总计
	2. 固定资产合计					3、其他资产	
	(1)固定资产原值	(2)减：累计折旧	(3)固定资产净值	(4)固定资产清理	(5)在建工程		
合计	15879637	3866378	12013259	28083	2412657	1515701	26777904
广州	2948257	682840	2265418	2490	623188	117065	6516307
珠海	102910	6764	96147	530	15482	1275	211684
汕头	567793	7016	560777	1318	146520	6447	1264960
佛山	1232163	392130	840033	4563	103266	227768	2398262
韶关	100255	2575	97680	417	3542	351	154300
河源	49869	3160	46709	231	1622	2906	82646
梅州	86736	1068	85669	1878	7239	1684	162072
惠州	325729	30415	295314	2813	72441	6013	478349
汕尾	54552	4109	50443	705	1637	6833	83195
东莞	7151386	2198770	4952616	-6056	897370	670885	9571826
中山	1686092	447831	1238262	953	312153	429263	3003550
江门	312247	22722	289525	294	69226	9043	634999
阳江	36615	607	36008	1977	2823	416	79647
湛江	100139	12929	87210	239	16388	1284	156731
茂名	63169	19452	43717	664	1084	2670	72590
肇庆	176669	12898	163772	74	5242	4058	258617
清远	58990	2304	56686	73	5294	1345	101077
潮州	174095	5107	168988	7278	33407	2122	372164
揭阳	497646	8201	489445	4004	84189	19981	850094
云浮	81876	3842	78034	1040	1837	1347	134437

市别	一、流动负债合计	1. 短期借款	2. 应付款项	3. 应付工资	4. 应付福利费
合计	7252826	1193407	5942436	76751	40231
广州	2647284	155923	2504639	9228	-22506
珠海	60974	5169	51372	1878	2555
汕头	347576	34629	307864	7979	-2897
佛山	945202	139388	767075	-75	38813
韶关	33564	687	29919	470	2488
河源	14355	2115	11891	85	264
梅州	34284	796	32048	516	924
惠州	64865	5517	56312	2515	521
汕尾	13611	1994	8117	1624	1876
东莞	1629755	648830	938937	41988	
中山	779836	143490	637044	1642	-2340
江门	211686	30816	170802	1366	8701
阳江	39696	803	37766	973	55
湛江	33958	6521	24390	945	2102
茂名	8942	2206	5743	560	434
肇庆	40085	2251	35811	1043	979
清远	19523	448	17054	855	1166
潮州	113445	1921	106921	2117	2487
揭阳	116215	7253	105433	1044	2486
云浮	38537	879	37195	62	401

15-9 续表 2　　　　单位：万元

市别	二、长期负债合计	1.长期借款及应付款	2.一事一议资金	三、所有者权益合计	1.实收资本金	2.公积公益金	3.未分配收益
合计	1452157	1430391	21766	18072921	5535420	12136754	400747
广州	492120	490747	1373	3376903	674243	2555013	147647
珠海	3495	3470	25	147215	54558	89293	3364
汕头	27631	22437	5194	889753	272689	593754	23310
佛山	50327	49751	576	1402733	508677	787465	106591
韶关	7136	7056	80	113599	50514	52784	10302
河源	16597	16503	94	51694	38483	9385	3827
梅州	16495	13117	3379	111292	58196	36613	16483
惠州	23123	22072	1052	390361	152533	217049	20779
汕尾	9795	9710	85	59788	41808	16364	1616
东莞	407918	407918		7534153	2623581	4910572	
中山	266428	266400	28	1957286	484527	1444772	27987
江门	37219	34631	2588	386094	67685	294921	23488
阳江	2425	2130	295	37626	21917	14653	1056
湛江	11979	11236	743	110794	49203	64722	-3131
茂名	24334	23730	604	39314	22062	14921	2331
肇庆	6671	5849	822	211861	92484	100552	18825
清远	6030	4881	1148	75524	34218	28644	12662
潮州	10510	9457	1053	248209	107299	146597	-5687
揭阳	14897	14138	759	718982	72546	662617	-16181
云浮	7186	5944	1242	88714	68868	15909	3938

市别	四、负债及所有者权益合计	1.经营性固定资产原值	2.负债合计	(1)经营性负债	(2)兴办公益事业负债	3.当年新增负债
合计	26777904	6914705	8704983	2496668	426844	92165
广州	6516307	1035894	3139404	490712	10529	98378
珠海	211684	28154	64469	11618	1295	
汕头	1264960	51530	375207	88572	74338	36745
佛山	2398262	413446	995529	200352	3819	2194
韶关	154300	910	40700	460	2618	379
河源	82646	144	30951	1676	13955	258
梅州	162072	4425	50780	699	9768	788
惠州	478349	42422	87988	22898	10645	5616
汕尾	83195	702	23406	92	513	22
东莞	9571826	4276329	2037673	1212790	202334	-88433
中山	3003550	971421	1046264	391819	24513	23444
江门	634999	23969	248905	29788	2819	10042
阳江	79647	426	42021	476	718	16
湛江	156731	328	45937	3123	9529	809
茂名	72590	4983	33276	6758	10062	44
肇庆	258617	19657	46756	1852	6086	34
清远	101077	4843	25462	2034	906	13
潮州	372164	21867	123955	15793	8420	393
揭阳	850094	3140	131112	14226	24149	2160
云浮	134437	1105	45723	954	1102	21

15-10 各市组级集体经济组织资产负债情况

2013 年　　单位：万元

市别	一、流动资产合计	1. 货币资金	2. 短期投资	3. 应收款项	4. 存货	二、农业资产合计
合计	5905589	3988020	257266	1643344	16959	37285
广州	1976786	1525925	136466	314128	267	1521
珠海	29908	28236	300	1352	20	
汕头	5816	2260	4	2486	1067	15
佛山	1949350	1315000	28967	602796	2587	329
韶关	2553	2216		271	66	38
河源	1574	786	295	493		593
梅州	281	100	15	149	17	37
惠州	94254	54275	2914	35605	1462	7281
汕尾						
东莞	1209245	627674	69466	502110	9996	221
中山	124840	75807	1685	47159	188	
江门	309825	186117	11439	112039	230	1234
阳江	112	91	6	15		182
湛江	18920	11331	460	6249	881	7202
茂名	692	132	351	209		17
肇庆	133219	115308	827	17050	34	8592
清远	31717	29106	19	2568	25	2560
潮州	6350	2095	3360	791	104	
揭阳						
云浮	10490	8720	461	1293	16	8154

市别	二、农业资产合计		三、长期资产合计	1. 长期投资	2. 固定资产合计	
	1. 牲畜（禽）资产	2. 林木资产				当年新购建的
合计	7389	29896	6827809	550869	5433089	457098
广州	37	1484	1671745	232814	1407097	10427
珠海			11295	2728	8373	24
汕头		15	6631	1464	5168	6
佛山		329	1372553	55825	812498	27917
韶关		38	4678	559	4119	4
河源	400	193	20442	99	20343	
梅州		37	1423	28	1396	
惠州	1887	5394	307301	16332	288184	5073
汕尾						
东莞		221	2711177	215358	2233218	395140
中山			121121	4007	99110	6591
江门	85	1149	145253	4957	131348	3485
阳江	36	146	3035	13	2989	64
湛江	2238	4963	94212	2251	90211	2598
茂名		17	1975	1062	913	
肇庆	1343	7249	217907	11558	193812	679
清远	149	2411	68023	892	66980	236
潮州			15194	251	14876	120
揭阳						
云浮	1884	6270	75164	1382	73220	1557

15-10　续表1　　　　单位：万元

市别	三、长期资产合计						四、资产总计
	2. 固定资产合计					3、其他资产	
	(1)固定资产原值	(2)减：累计折旧	(3)固定资产净值	(4)固定资产清理	(5)在建工程		
合计	6539751	1868139	4671612	51027	710450	843851	12770684
广州	1328910	207347	1121563	8042	277492	31834	3650052
珠海	4526	81	4445		3928	195	41204
汕头	5598	825	4774	185	209		12462
佛山	940332	258878	681454	1993	129051	504230	3322232
韶关	4042	34	4008	61	50		7269
河源	3263	480	2783	17123	437		22609
梅州	1418	30	1388	8			1742
惠州	250611	16074	234537	18035	35612	2784	408836
汕尾							
东莞	3321973	1310102	2011871	−847	222195	262601	3920644
中山	116474	23936	92538	11	6561	18005	245961
江门	118846	4192	114654	5640	11054	8948	456312
阳江	3183	232	2951	8	30	33	3329
湛江	102350	16927	85423	1086	3703	1750	120334
茂名	916	3	913				2684
肇庆	206883	29616	177267	26	16518	12538	359718
清远	66799	107	66692		288	150	102300
潮州	15315	598	14717		159	67	21544
揭阳							
云浮	73288	934	72355	255	609	562	93809

市别	一、流动负债合计	1. 短期借款	2. 应付款项	3. 应付工资	4. 应付福利费
合计	2989221	207852	2576403	32413	172553
广州	1076175	32054	990550	9298	44274
珠海	15270	23	13728	1469	50
汕头	4662		4570		91
佛山	1002745	26844	851025	2759	122116
韶关	1535	23	1474	23	15
河源	1193	568	622		3
梅州	61	8	59	−5	
惠州	43028	4080	31379	1483	6086
汕尾					
东莞	551274	122948	416707	11620	
中山	62402	12874	46445	3085	−1
江门	125241	1089	118815	596	4740
阳江	27	8	19		
湛江	14540	4043	9337	758	401
茂名	426	83	343		
肇庆	87655	2052	83976	983	644
清远	3369	102	2573	127	567
潮州	1720		1507		213
揭阳					
云浮	1669	122	1098	147	303

15-10　续表 2　　　　单位：万元

市别	二、长期负债合计	1. 长期借款及应付款	2. 一事一议资金	三、所有者权益合计	1. 实收资本金	2. 公积公益金	3. 未分配收益
合计	219738	213216	6522	9561724	3576836	5516748	468140
广州	68347	68148	199	2505530	578153	1717744	209633
珠海	172	172		25762	2357	12297	11108
汕头	172	172		7629	2985	4336	308
佛山	15151	14857	294	2304337	899691	1279814	124832
韶关	2137	2137		3597	1967	808	823
河源	3955	885	3070	17461	1369	421	15671
梅州	79	79		1601	1431	13	157
惠州	10331	10024	307	355477	130805	192242	32430
汕尾							
东莞	88243	88243		3281127	1660576	1620551	
中山	4664	4664		178895	30850	135346	12700
江门	1980	1383	597	329091	44857	261416	22819
阳江	64	64		3238	3184	19	35
湛江	14274	13648	626	91520	52644	33515	5361
茂名	1019	1019		1239	1214	26	
肇庆	4133	4045	89	267930	87219	158599	22112
清远	1938	628	1309	96994	14161	72737	10096
潮州	139	139		19685	5026	14221	438
揭阳							
云浮	2752	2633	119	89388	78491	7623	3274

市别	四、负债及所有者权益合计	1. 经营性固定资产原值	2. 负债合计	(1)经营性负债	(2)兴办公益事业负债	3. 当年新增负债
合计	12770684	3506374	3208959	593344	97179	102309
广州	3650052	372677	1144522	84152	1907	73327
珠海	41204	526	15442	3088		
汕头	12462	111	4834	1665	379	6
佛山	3322232	267967	1017503	137247	14370	1123
韶关	7269		3672			38
河源	22609		5148	207	1309	90
梅州	1742		141			
惠州	408836	69421	53359	17089	1742	1523
汕尾						
东莞	3920644	2751089	639516	335084	54720	23339
中山	245961	27117	67066	6006	9	582
江门	456312	4039	127221	3446	893	1848
阳江	3329	935	91		11	2
湛江	120334	276	28814	689	17070	230
茂名	2684		1445		1145	
肇庆	359718	17709	91788	2075	743	64
清远	102300	3155	5306	428	45	135
潮州	21544	11943	1859	133		
揭阳						
云浮	93809		4421	77	275	

15-11 各市村级集体经济组织收益分配情况

2013 年　　　　单位：万元

市别	一、总收入	1. 经营收入	2. 发包及上交收入	3. 投资收益	4. 补助收入	5. 其他收入	二、总支出	1. 经营支出
合计	3853825	1423921	1360656	106466	324942	637841	1982076	741538
广州	879068	379576	329481	17413	18897	133702	406053	130862
珠海	35475	7133	21757		3480	3105	14010	2616
汕头	126344	41338	34541	3140	19411	27915	79480	10516
佛山	508168	230673	169400	3231	19286	85578	234812	100724
韶关	47656	11501	8632	3502	6138	17882	33824	8670
河源	41663	4515	969	2794	19841	13544	34249	1898
梅州	47413	2062	4657	1943	18143	20608	39930	1012
惠州	97393	23731	34792	4046	12558	22266	53783	10310
汕尾	15626	932	4097	541	6612	3443	12811	686
东莞	1138560	316406	521603	54869	109121	136561	523603	301426
中山	477589	311323	71183	5427	15495	74162	245776	116142
江门	112045	19037	63405	1106	9652	18845	60984	6689
阳江	10524	1213	2003	95	2689	4523	8482	617
湛江	35710	12699	10797	1001	4385	6827	30925	8191
茂名	10222	2229	2800	520	2139	2535	7127	1468
肇庆	62064	13370	23091	2354	9800	13450	44514	10693
清远	25623	2451	2731	990	8915	10536	20493	1077
潮州	58107	13313	24311	611	9341	10532	34313	8982
揭阳	88847	23219	23510	1103	14947	26069	61517	13638
云浮	18233	4697	3665	191	6034	3647	12901	1978

市别	2. 管理费用	①干部报酬	②报刊费	3. 其他支出	三、本年收益	四、年初未分配收益	五、其他转入	六、可分配收益
合计	721363	197536	9929	519175	1871748	240658	81203	2193610
广州	195910	31379	625	79282	473014	100514	7004	580532
珠海	8568	2780	23	2826	21465	3778	564	25807
汕头	36740	17207	426	32224	46864	-3032	51490	95323
佛山	69976	16891	737	64112	273356	53502	2569	329427
韶关	11763	4218	138	13391	13832	7690	63	21584
河源	9125	1520	92	23226	7415	5260	114	12788
梅州	12806	4068	308	26112	7483	10454	243	18180
惠州	25060	8635	475	18414	43610	33956	1035	78601
汕尾	6986	3598	104	5139	2814	1015	80	3910
东莞	144709	42815	3552	77468	614957			614957
中山	68309	14204	758	61325	231813	16018	942	248773
江门	32043	11801	512	22251	51061	18897	1489	71446
阳江	4164	1727	98	3702	2041	566	6	2613
湛江	10865	1565	118	11869	4785	-4676	907	1016
茂名	3602	1387	253	2057	3095	442	126	3664
肇庆	19773	7620	182	14049	17549	14725	570	32845
清远	8896	3692	69	10520	5130	4058	132	9320
潮州	16549	7978	284	8781	23794	-11491	5996	18300
揭阳	21368	7527	764	26511	27331	-15048	3032	15315
云浮	6298	2416	94	4625	5332	3747	466	9545

15-11 续表 单位：万元

市别	七、各项分配	1.提取公积金、公益金	2.提取应付福利费	3.外来投资分利	4.农户分配	5.其他分配	八、年末未分配收益
合计	1788481	235375	473743	20852	847027	211484	405129
广州	419011	21093	100983	6691	261336	28908	161521
珠海	22542	3365	1507		17657	13	3265
汕头	70948	7906	37524	59	23157	2302	24375
佛山	240876	44345	87784	1553	54382	52811	88550
韶关	4581	352	3441	10	692	86	17003
河源	5612	680	1774		10	3148	7176
梅州	2481	913	724		57	787	15699
惠州	36940	8376	10931	3279	12656	1698	41661
汕尾	1701	858	316	45	415	67	2208
东莞	614957	86182	127396		292258	109121	
中山	212248	21519	51681	8854	127582	2611	36525
江门	51448	7939	17776	150	24363	1220	19998
阳江	1013	507	180		274	52	1601
湛江	7182	1801	410	398	3776	797	-6166
茂名	1653	245	212	82	364	751	2010
肇庆	13227	2666	2483	243	7176	660	19618
清远	3311	620	986	151	451	1103	6009
潮州	31738	4827	13216	60	13304	331	-13438
揭阳	32300	11265	14084		5722	1229	-16985
云浮	4442	1000	511	203	1313	1414	5103

市别	九、附报指标					
	1.汇入本表村数(差1802个)	(1)当年无经营收益的村	(2)当年有经营收益的村(15648)	①5万元以下的村(9247)	②5-10万元的村	③10万元以上的村
合计	18701	5209	13492	5732	2558	5202
广州	1239	382	857	89	69	699
珠海	122	6	116	6	3	107
汕头	851	497	354	52	43	259
佛山	503	73	430	10	18	402
韶关	1207	237	970	585	201	184
河源	1116	218	898	600	212	86
梅州	1945	853	1092	605	303	184
惠州	1058	120	938	258	213	467
汕尾	610	214	396	279	54	63
东莞	556	8	548		1	547
中山	240	11	229	3		226
江门	1030	232	798	216	159	423
阳江	356	182	174	66	67	41
湛江	814	168	646	315	184	147
茂名	1054	139	915	599	170	146
肇庆	1397	404	993	508	172	313
清远	669	257	412	216	81	115
潮州	821	145	676	173	138	365
揭阳	1349	415	934	377	218	339
云浮	871	167	704	444	145	115

15-12 各市组级集体经济组织收益分配情况

2013 年　　单位：万元

市别	一、总收入	1. 经营收入	2. 发包及上交收入	3. 投资收益	4. 补助收入	5. 其他收入	二、总支出	1. 经营支出
合计	2775571	914776	1258995	62247	37221	502333	769447	362066
广州	741499	243664	229755	10840	6961	250280	133822	26363
珠海	6445	925	2084	256	2340	841	1614	245
汕头								
佛山	909685	281149	504022	14778	14141	95595	176448	71386
韶关	251	16	19		137	79	160	2
河源	440	105	279	23		33	173	36
梅州	78	34	28		17		30	
惠州	167052	109236	40267	4394	3248	9908	81312	54073
汕尾	246	98	51	76		21	62	7
东莞	600281	210119	292511	26011		71640	224052	165387
中山	79636	20839	49113	1037	1336	7311	18436	6915
江门	100011	6094	69124	856	1553	22384	37665	4345
阳江	696	208	235	34	134	84	492	82
湛江	22695	9644	6828	700	2543	2980	13973	5736
茂名	408	120	158		68	62	204	50
肇庆	94974	24249	49954	2940	2218	15613	33783	13503
清远	39380	3045	8957	203	1316	25859	23274	1370
潮州	2634	225	2136	9	24	240	635	168
揭阳								
云浮	12329	3050	7349	89	639	1202	5854	782

市别	2. 管理费用	①干部报酬	②报刊费	3. 其他支出	三、本年收益	四、年初未分配收益	五、其他转入	六、可分配收益
合计	214452	53983	1764	192929	2006124	352372	18287	1874272
广州	64390	12233	32	43069	607678	112071	4168	541285
珠海	449	107	28	920	4831	646	1294	9429
汕头								
佛山	56246	12628	340	48815	733237	37969	6246	707052
韶关	96	19	2	62	91			4
河源	100	36	1	37	267	26		248
梅州	30	4			49			
惠州	13216	4089	266	14023	85740	148371	3122	49267
汕尾	4	4		51	184			23
东莞	35891	13668	500	22774	376229			376229
中山	6259	1053	58	5261	61199	9554	55	54100
江门	10025	2721	114	23296	62346	20058	727	52522
阳江	205	61		205	204	82		166
湛江	4009	1576	167	4229	8722	14467	280	6613
茂名	142	95	7	12	204	14		3
肇庆	12899	3498	38	7381	61192	6399	53	60039
清远	2600	836	31	19303	16106	8171	43	12590
潮州	394	186	3	74	1999	433	44	2042
揭阳								
云浮	1809	430	31	3263	6475	2306	250	5231

单位：万元

市　　别	七、各项分配	1.提取公积金、公益金	2.提取应付福利费	3.外来投资分利	4.农户分配	5.其他分配	八、年末未分配收益
合　　计	2376783	196111	243766	13865	1375837	44693	502512
广　　州	723917	36310	42852	3537	439713	18872	182631
珠　　海	6770	82	44		9301	2	-2659
汕　　头							
佛　　山	777452	109237	101232	5353	476672	14558	70401
韶　　关	91	4					87
河　　源	293	9	7		200	32	45
梅　　州	49						49
惠　　州	237234	8372	6805	2222	28886	2982	187966
汕　　尾	184	12	10				161
东　　莞	376229	29021	76177	5	271026		
中　　山	70808	1212	4849	1520	44004	2515	16708
江　　门	83131	3243	5297	694	41687	1600	30609
阳　　江	286	30	21		31	85	120
湛　　江	23468	1555	698	83	3576	702	16855
茂　　名	218	2	2				215
肇　　庆	67643	5330	3828	749	48017	2116	7604
清　　远	24321	974	231		10087	1298	11731
潮　　州	2476	49	544		1449		434
揭　　阳							
云　　浮	9031	1244	426	2	2706	853	3800

15-13 农村经济主要比例关系和效益指标

项　　目	1995	2000	2005	2010	2012	2013
投入产出率(%)						
农林牧渔业	41.2	41.2	41.1	41.2	38.9	38.4
农业	31.6	31.6	30.1	31.6	30.2	30.2
林业	24.7	24.7	25.8	24.7	25.5	25.5
牧业	54.6	54.6	55.1	54.6	54.6	54.6
渔业	41.4	41.4	43.0	41.4	40.2	40.2
农林牧渔服务业			69.9	58.7	58.7	58.7
产出率						
园地（元/亩）	914	914	1258	914	2753	3107
淡水养殖水面(元/亩)	3643	3643	4965	3643	8116	8665
生猪出栏率(%)	146	146	162	146	162	166

注：2000年起“产出率”中“园地”改由按年末实有面积计算。

15-14 农副产品人均拥有量

单位：公斤/人

年份	粮食	稻谷	花生	糖蔗	蔬菜
1978	298.08	262.35	6.94	164.97	
1980	321.73	291.51	9.56	159.68	
1985	283.68	257.14	10.09	323.82	
1990	303.60	270.09	9.28	335.17	156.38
1991	295.09	260.14	8.84	360.12	174.23
1992	280.11	247.91	9.33	351.38	186.22
1993	249.79	218.60	10.12	245.79	207.73
1994	250.53	216.08	9.60	210.53	225.65
1995	267.55	230.55	10.38	218.43	250.98
1996	276.57	237.84	10.68	203.58	270.43
1997	282.77	240.01	10.65	234.25	284.58
1998	266.70	239.01	9.82	228.88	282.63
1999	268.59	226.18	10.17	169.04	289.04
2000	246.30	206.59	10.50	153.76	295.36
2003	193.59	162.68	10.50	123.97	334.59
2004	179.03	144.66	9.85	121.17	327.70
2005	176.58	141.40	9.60	119.75	328.63
2006	154.36	126.22	9.51	127.43	295.77
2007	157.51	128.25	9.40	134.49	288.31
2008	150.41	121.36	9.74	130.55	294.11
2009	157.12	126.48	10.00	133.41	306.86
2010	154.49	124.46	10.22	133.11	319.03
2011	157.57	127.00	10.52	139.52	330.08
2012	161.69	130.45	11.06	148.14	345.39
2013	150.23	119.30	11.40	155.12	358.98

年份	水果	肉类	猪肉	家禽	水产品
1978	5.81				12.93
1980	5.57				12.12
1985	20.56				19.49
1990	52.60				33.25
1991	62.74				35.86
1992	70.19				38.84
1993	61.70				41.66
1994	60.51				47.33
1995	61.43				52.57
1996	55.74	36.54	23.49	12.67	57.74
1997	59.59	39.30	25.18	13.59	74.53
1998	64.14	41.78	26.60	14.61	78.46
1999	86.40	43.28	28.00	14.52	79.91
2000	86.98	43.27	27.59	14.87	80.17
2003	93.49	46.42	30.14	14.51	84.38
2004	101.47	46.81	31.02	14.04	86.47
2005	105.28	48.65	32.44	14.39	88.01
2006	111.01	47.47	31.24	14.72	81.86
2007	116.56	47.29	28.86	16.84	81.45
2008	118.96	49.83	30.72	17.69	82.25
2009	126.93	51.04	31.33	18.23	84.01
2010	132.46	51.76	32.32	17.95	85.55
2011	139.52	50.33	31.37	17.40	88.24
2012	148.11	51.32	32.00	17.77	91.42
2013	156.26	49.69	31.71	16.33	93.17

注：1. 表中2006、2007年数据为第二次全国农业普查后调整数。
2. 表中数据均按户籍人口计算。

15-15 主要农副产品产量与最高年份比较

指　　标		2013	建国以来最高年		
			年　份	产　量	2013 为建国以来最高年份%
粮食总产量	(万吨)	1315.90	1997	1966.75	66.9
#稻谷		1045.00	1998	1688.53	61.9
早稻		521.06	1983	862.25	60.4
晚稻		523.94	1998	866.51	60.5
薯类		165.89	1998	238.28	69.6
经济作物	(万吨)				
甘蔗		1553.23	1992	2376.62	65.4
#糖蔗		1358.77	1992	2271.06	59.8
油料作物		101.01	2012	96.61	104.6
#花生		99.85	2012	95.52	104.5
烟叶		5.70	1992	8.62	66.1
其他作物					
#蔬菜	(万吨)	3144.47	2012	2982.71	105.4
水果	(万吨)	1368.73	2012	1279.09	107.0
水产品	(万吨)	816.13	2012	789.50	103.4
生猪年末存栏量	(万头)	2282.58	2009	2392.28	95.4
生猪出栏头数	(万头)	3744.79	2012	3736.18	100.2
猪肉产量	(万吨)	277.77	2012	276.39	100.5
家禽年末存栏	(亿只)	3.23	2010	3.84	84.1
出售和自宰的家禽	(亿只)	10.41	2010	11.37	91.6
禽肉产量	(万吨)	143.02	2012	153.46	93.2

注：1. 1998 年起水产品产量按新标准计算。
　　2. 1998 年起主要农产品产量采用抽样调查数，其他年份均为全面统计数。
　　3. 2004 年起粮食产量含大豆。

十六、农村居民收入与消费

农村居民收入与消费

[概况] 2013 年，广东经济发展呈现稳中有进的态势，全省农村居民收入、消费继续保持稳定增长，但增速比上年有所放缓。

农村居民收入

农村居民收入实际增长 7.8%。2013 年广东农村居民全年人均纯收入 11669.31 元，增长 10.7%，收入增速比城镇居民可支配收入增速高 1.2 个百分点。扣除价格因素影响，实际增长 7.8%。名义增速和实际增速较上年分别回落 1.8 和 1.5 个百分点。

构成农村居民家庭纯收入的四大类收入中，人均工资性收入、家庭经营纯收入、财产性纯收入和转移性纯收入分别为 7552.92 元、2773.95 元、633.26 元和 709.18 元，分别增长 11.0%、8.1%、13.8%和 15.2%。从收入构成看，工资性收入所占比重最大，占 64.7%；其次为家庭经营纯收入，占 23.8%；财产性纯收入和转移性纯收入分别占 5.4%和 6.1%（详见表 2）。

表 2：2013 年广东农村居民收入情况

指　标	金额（元）	同比增速（%）	构成（%）
一、全年纯收入	11669.31	10.7	100.0
(一)工资性收入	7552.92	11.0	64.7
(二)家庭经营纯收入	2773.95	8.1	23.8
(三)财产性纯收入	633.26	13.8	5.4
(四)转移性纯收入	709.18	15.2	6.1

农村居民收入增长的主要因素：一是随着劳动力成本上升和最低工资标准的逐年调高，以及农民外出务工环境的改善，农民务工工资水平提高较快。2013 年广东农村居民人均工资性收入 7552.92 元，增长 11.0%，对人均纯收入的贡献率达 66.4%，拉动人均纯收入增长 7.1 个百分点。二是国家对小微企业扶持等政策改善了经营环境，农村家庭开展家庭经营形式逐步多样化，进行加工、规模养殖、开展运输服务和经营餐饮的家庭逐渐增多，使得家庭经营性纯收入保持小步增长。2013 年广东农村居民家庭人均经营性纯收入 2773.95 元，增长 8.1%，是四项收入中增速最低的一项，主要受 H7N9 禽流感疫情影响，家禽生产出现较大滑坡。

人均年转移性纯收入增长 15.2%，增速在四项收入中居第一位。政府再次调整基本养老金，以及外出务工人员寄带回现金的增加，使转移性纯收入大幅增长。

人均年财产性纯收入增长 13.8%，增速在四项收入中居第二位。随着农村租赁市场的活跃、房屋租金价格的上涨和土地收益的平稳增长，以及土地征用补偿和拆迁补偿条例的日益完善，集体分红收入和租金收入增长。

农村居民收入水平位居全国第六。2013 年广东农村居民人均年纯收入 11669 元，比全国平均水平的 8896 元高 2773 元。农村居民人均纯收入居全国 31 个省（区、市）第 6 位，落后于上海、北京、天津、浙江、江苏。但从增幅看，2013 年广东农村居民人均纯收入名义增长 10.7%，增幅比全国低 1.7 个百分点，增幅居全国 31 个省（区、市）第 30 位。

农村居民消费

农村居民消费实际增长 9%。2013 年农村居民人均年消费性支出 8343.45 元，增长 11.9%，增速比城镇高 4.1 个百分点；扣除价格因素，实际增长 9.0%，实际增速比城镇高 3.7 个百分点。

生活消费八大类支出大部分较快增长。除衣着和居住支出外，其余六类支出增速均在 10%以上。其中，医疗保健、交通和通信支出增长较快，增速在 15%以上（详见表 4）。

表 4：2013 年广东农村居民生活消费支出及其增长

指　标	金额（元）	同比增速（%）	构成（%）
生活消费支出	8343.45	11.9	100.0
1、食　　品	4088.29	11.7	49.0
2、衣　　着	349.21	9.3	4.2
3、居　　住	1304.95	9.1	15.6
4、家庭设备用品及服务	421.27	11.3	5.0
5、交通和通信	877.16	15.4	10.5
6、文教、娱乐用品及服务	525.39	12.6	6.3
7、医疗保健	520.17	16.5	6.2
8、其它商品和服务	257.01	10.4	3.2

恩格尔系数基本持平。全年农村居民人均食品消费支出 4088.29 元，同比增长 11.7%。恩格尔系数达 49.0%，比上年同期微降 0.1 个百分点。

基本生存型消费比重轻微下降，发展享受型消费比重有所提升。其中，用于食品、衣着和居住等基本生存型消费共 5742.45 元，占生活消费支出的比重为 68.8%，比上年下降 0.6 个百分点；而用于交通通信、教育文娱和医疗保健等发展享受型消费项目的支出则为 1922.72 元，占生活消费支出的比重为 23.0%，比上年上升 0.6 个百分点。

16-1 农民平均每人纯收入及生活消费支出(1978-2013 年)

年份	人均纯收入	增长速度			人均生活消费支出(元)	增长速度(%)			恩格尔系数(%)
		名义增长(上年为100)	实际增长(上年为100)	实际增长(1978年为100)		名义增长(上年为100)	实际增长(上年为100)	实际增长(1978年为100)	
1978	193.25	7.9		100.0	184.89	-2.6		100.0	61.7
1979	222.72	15.2	13.6	113.6	205.18	11.0	10.1	110.1	59.9
1980	274.37	23.2	19.4	135.6	222.22	8.3	3.9	114.4	60.4
1981	325.37	18.6	11.4	151.1	266.05	19.7	12.1	128.2	59.3
1982	381.79	17.3	12.7	170.3	312.44	17.4	16.2	149.0	58.4
1983	395.92	3.7	7.0	182.2	328.76	5.2	6.3	158.4	60.3
1984	425.34	7.4	7.2	195.3	346.19	5.3	5.0	166.3	59.3
1985	495.31	16.5	9.8	214.5	388.00	12.1	5.7	175.8	60.4
1986	546.43	10.3	7.6	230.8	454.06	17.0	11.1	195.3	58.8
1987	662.24	21.2	11.1	256.4	545.25	20.1	9.5	213.9	57.3
1988	808.70	22.1	2.7	263.3	684.67	25.6	3.2	220.7	55.2
1989	955.02	18.1	2.0	268.6	870.59	27.2	7.3	236.8	53.7
1990	1043.03	9.2	1.6	272.9	932.63	7.1	-0.3	236.1	57.7
1991	1143.06	9.6	9.4	298.5	942.40	1.1	1.2	238.9	57.4
1992	1307.65	14.4	10.4	329.6	1060.29	12.5	8.8	259.9	54.0
1993	1674.78	28.1	6.1	349.7	1391.01	31.2	6.8	277.6	52.8
1994	2181.52	30.3	3.8	363.0	1882.00	35.3	3.6	287.6	55.6
1995	2699.24	23.7	6.5	386.6	2255.01	19.8	5.3	302.9	54.5
1996	3183.46	17.9	7.6	415.9	2584.16	14.6	6.9	323.8	51.6
1997	3467.69	8.9	4.2	433.4	2617.65	1.3	0.3	324.7	52.3
1998	3527.14	1.7	3.4	448.2	2683.18	2.5	3.8	337.1	51.1
1999	3628.93	2.9	6.2	475.9	2645.94	-1.4	1.7	342.8	50.7
2000	3654.48	0.7	0.9	480.2	2646.02	…	…	342.9	49.8
2001	3769.79	3.2	3.5	497.0	2703.36	2.2	2.5	351.4	49.9
2002	3911.91	3.8	5.1	522.4	2825.01	4.5	6.0	372.5	47.6
2003	4054.58	3.6	3.4	540.1	2927.35	3.6	3.4	385.2	47.9
2004	4365.87	7.7	4.0	561.8	3240.78	10.7	6.7	411.0	48.8
2005	4690.49	7.4	4.5	587.0	3707.73	14.4	11.4	457.9	48.3
2006	5079.78	8.3	6.4	624.6	3885.97	4.8	3.2	472.6	48.6
2007	5624.04	10.7	6.5	665.5	4202.32	8.1	4.5	493.8	49.7
2008	6399.77	13.8	7.6	715.8	4872.96	15.9	9.6	541.3	49.0
2009	6906.93	7.9	10.7	792.4	5019.81	3.0	5.3	570.0	48.3
2010	7890.25	14.2	10.3	874.0	5515.58	9.9	6.5	607.1	47.7
2011	9371.73	18.8	11.9	978.0	6725.55	21.9	15.5	701.2	49.1
2012	10542.84	12.5	9.3	1069.0	7458.56	10.9	7.8	755.9	49.1
2013	11669.31	10.7	7.8	1152.4	8343.45	11.9	9.0	823.9	49.0

注：农村居民现金纯收入受农村生活消费品价格指数和农村服务项目价格指数以及农业生产资料价格指数的影响(购买生产性固定资产部分)；实物纯收入受自产自用产品价格指数影响。名义增长扣除物价因素影响后为实际增长。

16-2 农村居民家庭基本情况

（1949—2012 年）

年 份	平均每户常住人口（人）	平均每个劳动力负担人口（人）	人均纯收入	人均生活消费支出	农村居民家庭恩格尔系数（%）	农村年末人均生活住房面积（平方米）
1949	4.67		55.62	67.85	73.4	
1950						
1952	4.65		85.32	78.76	67.7	
1957	4.63	1.86	108.19	96.61	68.0	
1962			142.60	114.08		
1965			107.73	99.11		
1970						
1975	6.38	2.27	143.83	151.42	63.3	
1978	5.99	2.11	193.25	184.89	61.7	8.73
1979	6.01	2.12	222.72	205.18	59.9	9.10
1980	6.18	2.17	274.37	222.22	60.4	10.51
1981	6.22	2.06	325.37	266.05	59.3	11.67
1982	6.12	2.06	381.79	312.44	58.4	11.39
1983	6.02	1.86	395.92	328.76	60.3	12.85
1984	5.99	1.83	425.34	346.19	59.3	14.42
1985	5.95	1.77	495.31	388.00	60.4	14.87
1986	5.91	1.74	546.43	454.06	58.8	15.58
1987	5.87	1.74	662.24	545.25	57.3	15.78
1988	5.79	1.73	808.70	684.67	55.2	16.39
1989	5.69	1.72	955.02	870.59	53.7	17.11
1990	5.65	1.74	1043.03	932.63	57.7	17.39
1991	5.51	1.77	1143.06	942.40	57.4	18.03
1992	5.49	1.77	1307.65	1060.29	54.0	18.77
1993	5.39	1.75	1674.78	1391.01	52.8	20.56
1994	5.38	1.73	2181.52	1882.00	55.6	20.51
1995	5.36	1.72	2699.24	2255.01	54.5	20.83
1996	5.25	1.70	3183.43	2584.16	51.6	22.32
1997	5.17	1.67	3467.69	2617.65	52.3	23.78
1998	5.15	1.65	3527.14	2683.18	51.1	24.83
1999	5.08	1.61	3628.93	2645.94	50.7	25.94
2000	5.15	1.65	3654.48	2646.02	49.8	22.42
2001	5.10	1.61	3769.79	2703.36	49.9	23.39
2002	5.08	1.58	3911.91	2825.01	47.6	24.07
2003	5.04	1.54	4054.58	2927.35	47.9	24.79
2004	5.01	1.53	4365.87	3240.78	48.8	25.48
2005	5.00	1.55	4690.49	3707.73	48.3	25.71
2006	4.98	1.53	5079.78	3885.97	48.6	26.60
2007	5.00	1.51	5624.04	4202.32	49.7	27.24
2008	5.00	1.51	6399.77	4872.96	49.0	27.89
2009	4.99	1.48	6906.93	5019.81	48.3	28.70
2010	4.95	1.47	7890.25	5515.58	47.7	30.06
2011	4.84	1.50	9371.73	6725.55	49.1	30.73
2012	4.82	1.48	10542.84	7458.56	49.1	31.67
2013	4.82	1.49	11669.31	8343.45	49.0	33.00

16-3 农村居民家庭平均每百户主要耐用物品年末拥有量

年份	摩托车（辆）	生活用汽车（辆）	固定电话（台）	移动电话（台）	洗衣机（台）	电冰箱（台）	空调机（台）	电视机（台）	家用电脑（台）
1980								1.38	
1981								2.89	
1982								4.73	
1983								5.23	
1984					0.06	0.06		8.00	
1985	0.34				0.17	0.03		9.98	
1986	0.52				0.45	0.24		15.00	
1987	0.97				1.53	0.23		22.78	
1988	1.12				2.46	0.45		31.43	
1989	1.71				3.57	0.83		42.74	
1990	1.84		1.20		4.26	1.17		50.31	
1991	2.11				4.84	1.13		57.19	
1992	4.04				5.54	2.17		66.76	
1993	8.19		3.83		10.56	5.08		76.12	
1994	12.34		6.49		12.58	6.73		81.13	
1995	15.73		9.40		14.88	7.90	0.65	86.20	
1996	22.50		14.34		17.89	9.34	0.51	88.20	
1997	26.56		20.94		18.91	9.92	0.66	92.85	
1998	34.02		26.09		20.27	11.02	1.29	99.38	
1999	40.74		32.03		22.07	11.88	1.48	105.16	
2000	54.18	0.35	40.82	14.49	25.00	15.12	3.05	102.42	1.95
2001	59.02	0.94	49.30	24.88	26.56	16.17	3.28	104.72	4.96
2002	64.49	0.51	59.22	38.79	28.24	18.32	4.73	106.41	6.99
2003	71.41	0.70	70.20	55.82	28.28	18.95	7.07	109.22	5.04
2004	77.07	0.86	78.01	79.30	29.02	20.35	9.30	108.83	6.33
2005	86.88	0.94	82.38	116.41	29.49	24.73	18.13	112.19	9.26
2006	89.73	2.15	85.78	132.58	31.88	27.54	20.27	114.14	10.23
2007	94.34	1.91	83.67	149.53	34.77	31.68	24.49	115.74	12.46
2008	97.81	2.03	85.16	162.81	37.07	34.88	27.77	116.48	14.26
2009	101.56	2.70	82.15	184.38	40.55	41.33	30.98	118.40	16.21
2010	107.11	3.98	82.38	203.83	45.78	49.10	36.17	120.63	19.53
2011	107.90	5.86	68.58	241.97	50.84	60.94	50.58	117.90	29.52
2012	108.16	6.60	69.29	244.48	55.16	66.39	55.29	118.94	31.68
2013	108.42	6.93	63.75	247.05	60.55	72.33	60.43	117.80	40.35

16-4 农村居民家庭生活基本情况

项　　目	单 位	2000 年	2005 年	2010 年	2012 年	2013 年
平均每人全年纯收入	**元**	**3654.48**	**4690.49**	**7890.25**	**10542.84**	**11669.31**
工资性收入	元	1362.16	2562.39	4799.52	6804.43	7552.92
家庭经营纯收入	元	2002.93	1731.97	2203.74	2566.10	2773.95
转移性收入	元	215.71	228.88	485.85	615.84	709.18
财产性收入	元	73.68	167.25	401.15	556.47	633.26
平均每人消费支出	**元**	**2646.02**	**3707.73**	**5515.58**	**7458.56**	**8343.45**
食　　品	元	1317.48	1789.42	2630.05	3658.66	4088.29
衣　　着	元	104.21	143.50	215.51	319.46	349.21
居　　住	元	378.86	530.30	986.7	1196.1	1304.95
家庭设备用品及服务	元	125.65	152.12	235.01	378.53	421.27
医疗保健	元	100.31	203.85	307.43	446.46	520.17
交通和通讯	元	205.52	411.64	637.08	760.07	877.16
文教娱乐用品及服务	元	313.46	360.73	326.53	466.63	525.39
其他商品和服务	元	100.53	116.17	177.27	232.66	257.01
平均每人住房建筑面积	**平方米**	**22.42**	**25.71**	**29.23**	**31.67**	**33.00**
平均每百户主要耐用品拥有量						
摩托车	辆	54.18	86.88	107.11	108.16	108.42
热水器	台	20.94	38.67	57.89	65.94	70.38
电视机	台	102.42	112.19	120.63	118.94	117.80
#彩色电视机	台	73.20	103.91	119.26	118.32	117.53
空调机	台	3.05	18.13	36.17	55.29	60.43
洗衣机	台	25.00	29.49	45.78	55.16	60.55
电冰箱	台	15.12	24.73	49.10	66.39	72.33
电话机	部	40.82	82.38	82.38	69.29	63.75
移动电话	部	14.49	116.41	203.83	244.48	247.05
家用计算机	台	1.95	9.26	19.53	31.68	40.35

16-5 农村居民消费价格分类指数

（上年=100）

项　　目	2005	2008	2009	2010	2011	2012	2013
居民消费价格总指数	**102.7**	**105.8**	**97.8**	**103.2**	**105.6**	**102.9**	**102.7**
非食品价格指数	101.6	102.2	97.5	101.9	102.5	102.1	101.8
服务项目价格指数	102.4	100.5	99.0	101.2	102.1	102.5	103.5
工业品价格指数		103.0	96.8	102.2	102.8	101.7	100.7
扣除食品和能源价格指数		101.3	98.8	100.9	101.9	102.0	102.0
扣除鲜菜鲜果总指数	102.5	105.4	97.4	102.6	105.6	102.6	102.1
消费品价格指数	102.8	107.2	97.5	103.7	106.9	103.0	102.5
食品	**104.6**	**112.4**	**98.3**	**105.7**	**111.5**	**104.4**	**104.3**
粮食	101.1	107.9	102.5	107.7	112.0	103.6	102.5
#大米	100.5	108.7	103.5	109.9	114.1	103.9	101.4
粮食制品	103.4	106.2	101.6	102.1	110.0	102.6	103.4
淀粉及制品	100.1	115.6	102.2	104.2	104.4	102.6	99.8
干豆类及豆制品	103.9	119.9	98.8	112.7	102.7	100.7	103.5
油脂	100.3	120.4	78.5	107.1	109.2	106.5	100.7
肉禽及其制品	106.0	116.3	91.6	101.4	121.1	103.1	101.7
食用畜肉及副产品	103.8	120.8	87.7	101.3	127.9	102.5	102.8
禽	111.2	103.9	99.0	102.8	112.1	103.8	100.4
加工肉禽	106.1	116.1	96.2	99.9	109.8	104.6	99.4
蛋	104.0	105.2	99.6	106.7	107.2	97.3	105.6
水产品	110.7	113.9	101.2	104.8	108.3	105.2	106.8
菜	110.7	115.6	104.3	121.3	100.4	114.5	114.8
鲜菜	112.5	117.0	104.8	122.8	99.4	118.2	116.4
干菜及菜制品	99.0	109.0	102.1	110.6	104.9	100.4	101.7
薯类		111.3	102.3	124.2	104.6	94.6	117.6
调味品	100.4	103.8	103.5	100.7	103.7	104.7	103.1
糖	104.3	104.1	102.4	110.3	115.8	103.6	101.0
#食糖	109.6	97.0	102.4	128.0	126.6	100.0	98.6
糖果	102.5	106.9	101.7	101.7	109.1	108.0	101.6
茶及饮料	100.5	101.2	101.6	100.6	102.8	102.6	101.5
茶叶	101.4	101.1	100.9	100.6	103.0	102.5	100.2
饮料	99.9	101.3	102.0	100.7	102.7	102.6	102.3
干鲜瓜果	97.1	110.1	103.6	109.6	117.7	96.7	106.4
糕点饼干面包	101.6	104.8	101.1	102.4	103.9	102.2	100.6
液体乳及乳制品	99.7	107.6	101.5	102.0	101.1	104.3	103.8
在外用膳食品	102.9	107.2	104.2	102.9	107.6	105.0	102.5
其他食品		110.2	101.3	100.6	102.0	103.8	100.9
烟酒及用品	**102.0**	**102.2**	**104.3**	**102.1**	**102.2**	**103.1**	**100.7**
烟草	101.6	100.9	104.7	102.9	100.5	101.2	101.8
酒	102.8	104.9	104.5	101.1	104.5	105.6	99.3
衣着	**100.4**	**100.0**	**97.9**	**98.1**	**101.3**	**104.2**	**103.1**
服装	100.7	99.3	97.3	98.0	100.8	105.0	103.9
男式服装	99.4	99.0	96.3	97.6	100.4	105.2	104.0
女式服装	101.0	99.3	97.9	97.3	100.1	104.6	103.8
儿童服装	102.4	99.9	97.4	101.0	103.9	105.7	104.2
衣着材料	100.2	108.1	100.8	102.4	109.0	99.0	100.3
鞋袜帽	99.9	100.0	98.7	97.5	101.1	102.8	100.9
衣着加工服务费	100.4	102.4	100.6	98.1	100.8	104.6	103.6

16-5 续表

（上年=100）

项　目	2005	2008	2009	2010	2011	2012	2013
家庭设备用品及维修服务	**100.4**	**103.0**	**99.1**	**100.4**	**101.8**	**102.4**	**101.4**
耐用消费品	100.4	103.4	96.8	98.8	100.4	102.0	101.0
家具	101.6	105.6	96.9	101.0	101.6	102.2	102.4
家庭设备	99.4	101.7	96.6	97.3	99.6	101.9	100.0
室内装饰品	101.6	102.2	100.1	100.7	104.4	100.0	98.8
床上用品	98.8	101.8	99.1	100.7	104.2	99.0	100.8
家庭日用杂品	100.7	103.7	101.0	100.3	101.8	102.5	101.0
家庭服务及加工维修服务	100.4	101.5	101.8	104.6	102.7	106.8	104.8
医疗保健和个人用品	**100.0**	**102.5**	**100.1**	**103.6**	**105.3**	**101.9**	**101.1**
医疗保健	99.9	102.1	99.0	104.6	106.6	101.9	101.3
医疗器具及用品	101.6	97.0	99.1	102.2	97.5	100.7	99.8
中药材及中成药	99.0	108.1	97.5	114.1	123.0	104.5	102.9
西药	99.6	98.9	98.9	102.0	101.2	101.1	99.6
保健器具及用品	99.8	99.3	99.9	101.5	101.9	101.3	101.1
医疗保健服务	100.9	101.0	100.3	100.6	100.4	100.2	101.8
个人用品及服务	100.3	103.2	102.6	101.5	103.1	102.0	100.7
化妆美容用品	99.6	102.2	101.5	99.6	100.1	100.5	100.5
清洁类化妆品	99.3	103.7	100.0	100.4	101.6	102.7	101.2
个人饰品	101.8	105.0	104.2	107.0	107.5	101.5	96.8
个人服务	100.7	102.7	104.5	100.7	103.5	102.8	103.0
交通和通信	**98.6**	**99.7**	**97.9**	**99.9**	**100.4**	**99.6**	**99.5**
交通	100.3	102.8	98.6	102.2	103.9	100.9	100.1
交通工具	95.1	101.6	100.2	98.4	99.9	100.2	99.7
车用燃料及零配件	109.7	113.2	91.5	111.1	110.5	102.2	99.2
#汽油	115.1	115.9	87.8	114.9	113.4	102.7	98.6
柴油	114.0	116.9	87.1	114.5	113.8	103.0	98.7
车辆使用及维修费	100.0	95.9	99.9	100.8	101.2	100.8	100.9
市区公共交通费	103.6	100.3	100.7	105.4	104.5	100.7	100.0
城市间交通费	99.2	103.2	99.2	101.5	106.5	101.0	101.8
通信	96.8	95.8	97.0	97.1	96.4	97.8	98.7
通信工具	87.4	81.3	85.7	87.7	89.9	93.2	93.3
通信服务	100.0	100.0	100.0	99.8	98.0	98.9	99.8
娱乐教育文化用品及服务	**102.2**	**99.8**	**99.3**	**100.1**	**101.2**	**101.7**	**102.4**
文娱用耐用消费品及服务	95.7	96.5	94.8	95.8	97.0	98.9	98.7
教育	104.5	101.0	101.0	101.5	100.5	102.1	103.7
教材及参考书	102.1	102.4	101.6	101.9	98.9	101.1	102.4
教育服务	105.1	100.1	100.6	101.2	101.0	102.5	104.1
文化娱乐类	100.3	102.4	102.3	100.4	101.4	101.0	101.1
文化娱乐用品	99.2	101.2	99.8	100.3	101.7	101.1	100.1
书报杂志	102.0	100.3	104.2	100.9	101.7	100.4	102.1
文娱费	100.1	104.8	103.3	100.1	100.7	101.3	101.5
旅游	102.2	98.7	98.4	102.2	108.9	104.6	104.7
居住	**104.4**	**105.5**	**93.3**	**105.2**	**103.6**	**102.9**	**102.9**
建房及装修材料	101.2	107.6	95.5	102.5	102.8	101.8	100.9
住房租金	100.1	100.1	100.3	101.7	104.2	104.4	108.1
自有住房	102.9	102.0	90.2	101.6	102.5	104.2	105.1
水、电、燃料	108.1	105.8	91.2	109.9	105.3	101.6	100.4

16-6 2013 年各市农村居民人均纯收入和生活消费支出

市　　别	人均纯收入（元/人）	人均生活消费支出（元/人）
广　　州	18887.04	11688.20
珠　　海	14940.21	11415.76
汕　　头	10097.42	7944.50
佛　　山	17502.79	12693.93
韶　　关	9583.53	7325.95
河　　源	8772.57	6946.14
梅　　州	10147.86	7353.32
惠　　州	14028.57	9465.10
汕　　尾	9563.45	7806.82
东　　莞	27213.80	17003.41
中　　山	21726.77	12311.72
江　　门	12684.15	9396.34
阳　　江	10315.33	9171.20
湛　　江	10689.24	7906.60
茂　　名	10703.78	7624.93
肇　　庆	11661.54	7502.95
清　　远	9662.34	7350.70
潮　　州	9938.32	8035.34
揭　　阳	9019.89	6594.58
云　　浮	10282.53	7934.74
按经济区域分		
# 珠　三　角	16662.82	10952.59
东　　翼	9558.46	7389.74
西　　翼	10634.11	7998.22
山　　区	9685.68	7334.59

注：①深圳因完全城市化没有开展农村居民调查，因此无相关数据。

②本表和 16-7 表的数据来源于全省分市、县农村住户调查。

16-7 各县（市、区）农村居民人均纯收入

2013 年　　单位：元/人

县（市、区）别	人均纯收入	县（市、区）别	人均纯收入
广州市		始兴县	9857.40
荔湾区	21596.20	仁化县	10432.80
海珠区	24941.16	翁源县	9723.00
天河区	30821.03	乳源县	8393.00
白云区	18318.16	新丰县	8985.12
黄埔区	23396.16	乐昌市	8979.51
番禺区	20205.83	南雄市	9203.40
花都区	17360.02	**河源市**	
南沙区	21285.02	源城区	13911.00
萝岗区	21986.81	紫金县	8786.00
增城市	15858.41	龙川县	8392.00
从化市	12639.29	连平县	8969.00
珠海市		和平县	8042.00
香州区	16819.23	东源县	9010.00
斗门区	13888.07	**梅州市**	
金湾区	16153.81	梅江区	13169.78
港区	17743.83	梅县区	12718.63
汕头市		大埔县	9248.38
龙湖区	11726.36	丰顺县	9267.76
金平区	12176.84	五华县	9008.74
濠江区	9848.75	平远县	10411.99
潮阳区	9114.98	蕉岭县	11327.16
潮南区	9057.04	兴宁市	11153.41
澄海区	12438.43	**惠州市**	
南澳县	7598.00	惠城区	15463.52
佛山市		惠阳区	16747.11
禅城区	18976.30	博罗县	13863.75
南海区	18515.50	惠东县	13791.13
顺德区	18111.30	龙门县	11219.89
三水区	14798.10	大亚湾区	14635.06
高明区	12003.20	仲恺区	16792.60
韶关市		**汕尾市**	
武江区	11427.63	城区	10201.40
浈江区	11211.33	海丰县	10245.50
曲江区	10592.50	陆河县	9035.60

16-7 续表 1

县（市、区）别	人均纯收入	县（市、区）别	人均纯收入
陆丰市	9283.10	鼎湖区	12961.16
江门市		广宁县	8953.80
蓬江区	17479.40	怀集县	9686.03
江海区	15655.14	封开县	9607.04
新会区	14568.18	德庆县	14324.79
台山市	11225.47	高要市	14610.52
开平市	11379.25	四会市	13846.04
鹤山市	12083.06	大旺区	19999.74
恩平市	8245.29	**清远市**	
阳江市		清城区	11603.41
江城区	10583.00	佛冈县	9798.50
海陵区	10953.00	阳山县	8072.64
阳西县	10043.00	连山县	7680.96
阳东县	11295.00	连南县	6259.93
阳春市	9928.00	清新区	9851.87
湛江市		英德市	10280.90
赤坎区	11529.00	连州市	8621.84
霞山区	11011.78	**潮州市**	
坡头区	10345.19	湘桥区	12113.92
麻章区	10363.41	枫溪区	12087.98
东海岛	9918.18	潮安区	10365.25
遂溪县	11286.03	饶平县	8858.70
徐闻县	10491.42	**揭阳市**	
廉江市	11514.38	榕城区	10683.00
雷州市	9337.00	揭东区	10190.00
吴川市	11225.09	揭西县	7656.00
茂名市		惠来县	7756.00
茂南区	10763.87	普宁市	9062.00
茂港区	10425.14	**云浮市**	
电白县	10779.43	云城区	10446.00
高州市	10826.36	新兴县	11069.00
化州市	10738.08	郁南县	9868.00
信宜市	10369.09	云安县	9925.00
肇庆市		罗定市	10121.00
端州区	19411.45		

十七、农村科技与教育

17-1 农业科研和技术开发机构基本情况

项　目	单位	2000 年	2005 年	2010 年	2011 年	2012 年	2013 年
一、机构与人员							
机构数	个	94	73	74	74	71	77
职工人数	人	6179	4577	4737	4680	4654	5269
从事科技活动人员	人	3149	2731	3040	3026	3101	3541
科学家工程师	人	1532	1369	–	–	–	–
其他科技人员	人	902	–	–	–	–	–
辅助人员	人	–	–	–	–	–	–
高级职称	人	492	564	706	679	750	899
中级职称	人	806	742	829	825	840	1021
初级职称	人	918	689	–	–	–	–
其他	人		736	1505	1522	1511	1621
二、经费收入与支出							
经费收入总额	万元	80061	56023	113262	111675	122042	160079
政府拨款	万元	27640	36105	87151	83770	91091	119740
事业收入	万元	3693	5734	–	–	–	–
贷款	万元	5638	155	–	–	–	–
其他	万元	37091	14029	26111	27905	30951	40339
经费支出总额	万元	75919	52078	106554	104660	127249	151912
劳务费	万元	16301	15999	24313	10192	15621	14755
科研业务费	万元	21007	22399	56449	71917	82288	93845
管理费	万元	3794	–	–	–	–	–
资产购建支出	万元	8523	6002	–	–	–	–
生产性支出	万元	19865	7571	12406	11275	12186	14528
其他支出	万元	6430	107	13386	11276	17154	28784
三、课题活动与产出							
科技活动课题数	个	980	1046	1406	1302	1376	1508
当年开题	个	290	407	–	–	–	–
当年完成	个	492	403	–	–	–	–
课题投入人员	人年	2002	2168	2526	2425	2541	2933
# 科学家工程师	人年	1202	1200	–	–	–	–
课题投入经费	万元	13033	12890	27494	31371	35841	38924
科学论文合计	篇	1043	973	1353	1183	1224	1482
# 国外发表	篇	16	21	70	104	88	229
科技著作合计	种	53	50	29	28	19	36
四、科学仪器设备合计	**万元**	**9500**	**11660**	–	–	–	–
90 年代（2001 年起为 21 世纪）	万元	7432	7000	–	–	–	–
80 年代（2001 年起为 90 世纪）	万元	1354	3899	–	–	–	–
70 年代（2001 年起为 80 世纪）	万元	375	584	–	–	–	–

17-2 各市农村科普活动开展情况

2013 年

分市	2012 年						2013 年					
	农村专业技术协会		农村科普示范基地（个）	科普示范街道（乡镇）（个）	科普示范社区（村）（个）	科普示范（户）（个）	农村专业技术协会		农村科普示范基地（个）	科普示范街道（乡镇）（个）	科普示范社区（村）（个）	科普示范（户）（个）
	个数	会员数（人）					个数	会员数（人）				
全省	1676	126029	690	204	740	20727	1374	118460	742	223	992	21034
广州	42	2973	150	85	50	966	43	3018	150	80	53	966
深圳	3	110	1	1	35	243			1	1	49	123
珠海	1	135		5	12	187	1	135		5	12	187
汕头	38	1967	38	7	63	608	38	2037	40	8	86	628
佛山	16	2150	10	4	40	102	14	1642	10	4	40	102
韶关	58	4856	5	7	12	3207	58	5036	6	7	15	3220
河源	98	14937	38	6	12	366	98	14954	34	11	28	142
梅州	58	2951	41		3	140	58	2973	41			
惠州	32	2323	60		69	975	29	1848	73		76	1075
汕尾	32	760	16	17	41	320	32	765	16	18	42	338
东莞	11	1426			140		12	1491			145	
中山	17	1300					17	1350				
江门	334	17290	26	21	11	5417	335	17587	33	23	19	6018
阳江	29	7579	29	8	67	650	30	8300	29	9	92	780
湛江	431	15733	59	7	42	3182	136	6916	63	16	61	2893
茂名	52	24370	76	13	15	2300	52	24370	87	13	125	2300
肇庆	169	8377	38	8	28	256	169	8688	57	11	40	272
清远	195	12464	72	13	87	1073	198	13790	72	17	94	1455
潮州	11	610	12		6	102	11	644	16		10	102
揭阳	17	520	10	2	5	506	17	520	5		5	306
云浮	32	3198	9		2	127	26	2396	9			127

十八、分区域主要经济指标

18-1 主要农作物播种面积

2013年　　　　　　　　　　　　　　单位：公顷

项　　目	珠江三角洲九市	东翼	西翼	山区五市
农作物总播种面积	1359228	566747	1307136	1464973
一、粮食作物总计	**645037**	**347748**	**682639**	**832196**
按品种分				
稻谷	505115	230005	519148	654526
早稻	245767	114360	236488	308746
晚稻	259348	115645	282660	345780
小麦		87	785	62
旱粮	66796	12120	51033	70977
薯类	64048	99837	101173	69442
大豆	9079	5699	10500	37189
二、经 济 作 物	**161850**	**30262**	**309593**	**225861**
甘蔗	14511	815	145803	11857
糖蔗	4398	261	141796	6399
油 料 作 物	69671	23861	124693	141932
花生	69464	22697	123807	135044
麻类	21	24	86	31
烟叶	1484	3	1477	20582
木薯	19566	2894	21006	38786
药材	3207	947	7433	6358
其他经济作物	53390	1718	9095	6314
三、其 他 作 物	**552341**	**188737**	**314903**	**406916**
蔬菜	501744	176860	298687	329637

18-2 主要农作物总产量

2013 年 单位：吨

项目	珠江三角洲九市	东翼	西翼	山区五市
一、粮食作物总计	**3266752**	**1968903**	**3532670**	**4390675**
按品种分				
稻谷	2641331	1270925	2811751	3725993
早稻	1339466	688719	1391838	1790577
晚稻	1301865	582206	1419913	1935416
小麦		300	2725	175
旱粮	321813	62643	233218	270226
薯类	279384	622740	460244	296532
大豆	24224	12295	24732	97749
二、经济作物				
甘蔗	1450751	62090	13003456	1015985
糖蔗	381009	22364	12679683	504670
油料作物	185452	58655	366400	399587
花生	185188	56920	364945	391431
麻类	43	65	222	64
烟叶	3835	7	4478	48643
木薯	366653	76749	477314	677036
三、其他作物				
蔬菜	11929499	5251583	6645529	7618104

18-3 茶叶、桑叶、水果面积及产量

2013 年　　　　　　　　　　　　　　　　　　　　　　单位：公顷、吨

项　　目	珠江三角洲九市	东翼	西翼	山区五市
一、茶叶年末实有面积	**3008**	**14113**	**2603**	**24516**
茶叶总产量	6168	29117	6983	27485
二、桑地年末实有面积	**769**		**15531**	**18076**
桑叶总产量	20186		610874	420231
三、水果年末实有面积	**251772**	**150552**	**417417**	**300092**
水果总产量	2986693	1152318	5971685	3576598
柑桔橙年末实有面积	97158	7338	27663	127214
柑桔橙总产量	1600608	156002	391650	1625313
香（大）蕉年末实有面积	26916	10082	80863	9981
香（大）蕉总产量	693829	216026	3131831	161244
菠萝年末实有面积	1183	5608	27379	475
菠萝总产量	13189	73961	798261	4058
荔枝年末实有面积	70220	39231	141655	21705
荔枝总产量	192811	188753	663374	74114
龙眼年末实有面积	24029	13978	75271	13710
龙眼总产量	126568	80936	413925	80041

18-4 畜牧头数及肉类产量

2013 年

项　　目	珠江三角洲九市	东翼	西翼	山区五市
一、黄、水牛年末存栏头数（头）	**416854**	**192065**	**1069835**	**645345**
二、奶牛年末存栏头数（头）	**39749**	**5451**	**3420**	**9180**
奶类产量（吨）	104691	9041	5029	21847
三、山羊年末存栏只数（只）	**70393**	**38995**	**122193**	**161819**
四、生猪年末存栏头数（头）	**8054246**	**2295916**	**6566763**	**5908875**
能繁殖母猪	908448	192343	822033	613076
肉猪出栏头数	13985763	3774113	10972282	8715742
五、肉类产量（吨）	**1599742**	**477588**	**1200754**	**1074073**
猪肉	1037505	280777	820286	639152
牛肉	10167	11856	28994	18690
羊肉	2096	969	2332	3368
禽肉	533298	171010	336060	389832
兔肉	2878	266	1389	4358
其他肉	13798	12710	11693	18673
六、禽蛋产量（吨）	**113491**	**57937**	**86492**	**65180**

18-5 珠江三角洲林业主要经济指标

项　　目	计算单位	2011 年	2012 年	2013 年	2013 年比 2012 年增长（%）	2013 年占全省比重（%）
一、森林资源						
林业用地面积	千公顷	2787.4	2784.9	2782.6	-0.08	25.37
有林地面积	千公顷	2540.6	2554.1	2570.7	0.65	26.10
活立木总蓄积量	万立方米	11757.1	12552.6	13304.1	5.99	25.38
森林覆盖率	%	49.74	50.52	51.06	1.07	
二、林业产业总产值（当年价）	**万元**	**26312003**	**36224292**	**43620923**	**20.42**	**77.96**
第一产业产值	万元	1807077	2308934	3233918	40.06	46.91
第二产业产值	万元	24216160	27111226	32460006	19.73	84.04
第三产业产值	万元	288766	6804132	7926999	16.50	75.97
三、营林生产						
造林面积	公顷	45007	26646	19791	-25.73	14.23
迹地更新面积	公顷	12733	26354	26031	-1.23	31.12
低产林改造面积	公顷	3119	7246	12020	65.88	24.28
育苗面积（本年新育）	公顷	158	175	129	-26.29	12.32
成林抚育面积	公顷	32359	52650	91599	73.98	26.25
四、主要林产品产量						
油桐籽	吨	433	479	506	5.64	6.61
油茶籽	吨	3489	3775	3852	2.04	4.61
松脂	吨	78602	83924	87514	4.28	40.50
五、森工主要产品产量						
1、木材	万立方米	251	257.24	282.28	9.73	34.89
原木	万立方米	234.11	234.68	259.03	10.38	36.11
薪材	万立方米	16.84	22.56	23.25	3.06	25.31
2、竹材	万根	4385.61	4416.4	4431.09	0.33	32.80
毛竹	万根	1270.28	1260.05	1365.79	8.39	34.17
篙竹	万根	3115.32	3156.35	3065.30	-2.88	32.22
3、松香类产品	吨	43500	20446	60365		54.71
六、林业系统职工人数	**人**	**9334**	**8591**	**8274**	**-3.69**	**27.23**
林业系统职工工资总额	万元	38845	43840	45098	2.87	34.25
七、自年初累计完成投资	**万元**	**211680**	**266985**	**577924**	**116.46**	**58.75**
其中：生态建设与保护	万元	109381	157766	469207	197.41	67.10
林业支撑与保障	万元	54396	54427	36326	-33.26	49.52
林业产业发展	万元	11475	6128	4447	-27.43	21.31

注：本表各统计数字，其口径为广州市、深圳市、珠海市、佛山市、江门市、东莞市、中山市、惠州市、肇庆市共 9 市之和。

18-6 山区县（市、区）林业主要经济指标

项　　目	计算单位	2011年	2012年	2013年	2013年比2012年增长（%）	2013年占全省比重（%）
一、森林资源						
林业用地面积	千公顷		5784.7	5782.1	-0.04	52.72
有林地面积	千公顷		5014.0	5066.2	1.04	51.44
活立木总蓄积量	万立方米		26467.9	28266.0	6.79	53.92
森林覆盖率	%		71.55	72.59	1.45	
二、林业产业总产值（当年价）	**万元**	**3049332**	**4274860**	**4852799**	**13.52**	**8.67**
第一产业产值	万元	1355551	1648557	2047841	24.22	29.70
第二产业产值	万元	1422023	1734108	1694062	-2.31	4.39
第三产业产值	万元	271758	892195	1110896	24.51	10.65
三、营林生产						
造林面积	公顷	64527	87654	70162	-19.96	50.46
迹地更新面积	公顷	35123	30341	35367	16.57	42.28
低产林改造面积	公顷	20390	23485	28569	21.65	57.71
育苗面积（本年新育）	公顷	322	368	363	-1.36	34.67
成林抚育面积	公顷	36587	96130	171640	78.55	49.19
四、主要林产品产量						
油桐籽	吨	6741	6864	6924	0.87	90.51
油茶籽	吨	54039	58485	76594	30.96	91.68
松脂	吨	79882	86382	93248	7.95	43.15
五、森工主要产品产量						
1、木材	万立方米	308.45	314.76	344.44	9.43	42.57
原木	万立方米	293.13	282.60	301.70	6.76	42.06
薪材	万立方米	15.33	32.16	42.74	32.90	46.53
2、竹材	万根	2181.69	2257.28	2402.63	6.44	17.78
毛竹	万根	1258.38	1467.19	1110.27	-24.33	27.78
篙竹	万根	923.31	790.09	1292.36	63.57	13.59
3、松香类产品	吨	37692	96	45883		41.59
六、林业系统职工人数	**人**	**11323**	**10689**	**10772**	**0.78**	**35.45**
林业系统职工工资总额	万元	33895	36887	40227	9.05	30.55
七、自年初累计完成投资	**万元**	**170420**	**223935**	**235712**	**5.26**	**23.96**
其中：生态建设与保护	万元	78410	146416	143920	-1.70	20.58
林业支撑与保障	万元	35157	17138	18359	7.12	25.03
林业产业发展	万元	26913	12849	9235	-28.13	44.25

注：本表各统计数字，其口径为韶关市、河源市、梅州市、清远市和云浮市共5市之和。

18-7 东西两翼林业主要经济指标

2013 年

项　　目	计算单位	合计	东翼	西翼	东西两翼占全省比重（%）
一、森林资源					
林业用地面积	千公顷	2117.4	821.3	1296.1	19.31
有林地面积	千公顷	1964.1	730.9	1233.2	19.94
活立木总蓄积量	万立方米	9498.0	2159.4	7338.6	18.12
森林覆盖率	%	48.95	52.30	47.20	
二、林业产业总产值（当年价）	**万元**	**7352530**	**2017697**	**5334833**	**13.14**
第一产业产值	万元	1532469	394514	1137955	22.23
第二产业产值	万元	4453887	1002031	3451856	11.53
第三产业产值	万元	1366174	621152	745022	13.09
三、营林生产					
造林面积	公顷	49076	42315	6761	35.29
迹地更新面积	公顷	13665	854	12811	16.34
低产林改造面积	公顷	8338	2385	5953	16.84
育苗面积（本年新育）	公顷	438	196	242	41.83
成林抚育面积	公顷	64348	27425	36923	18.44
四、主要林产品产量					
油桐籽	吨	220	7	213	2.88
油茶籽	吨	3079	606	2473	3.69
松脂	吨	35036	634	34402	16.21
五、森工主要产品产量					
1、木材	万立方米	120.49	26.75	93.74	14.89
原木	万立方米	102.80	22.22	80.58	14.33
薪材	万立方米	17.69	44.53	13.16	19.26
2、竹材	万根	6667.48	445.75	6221.73	49.35
毛竹	万根	1512.61	414.46	1098.15	37.84
篙竹	万根	5154.87	31.29	5123.58	54.19
3、松香类产品	吨	4086		4086	3.70
六、林业系统职工人数	**人**	**6470**	**2724**	**3746**	**21.29**
林业系统职工工资总额	万元	20926	8276	12650	15.89
七、自年初累计完成投资	**万元**	**97721**	**44904**	**52817**	**9.93**
其中：生态建设与保护	万元	66763	35711	31052	9.55
林业支撑与保障	万元	8092	2781	5311	11.03
林业产业发展	万元	3734		3734	17.89

注：本表各统计数字，其口径为：东翼是汕头市、汕尾市、潮州市、揭阳市，西翼是湛江市、茂名市、阳江市。

18-8 珠江三角洲渔业现状概况

项　　目	单位	2013	2012	2013 比 2012 增长 (%)	2013 全省	2013 占全省比重 (%)
渔业乡	个	14	11	27.27%	65	21.54%
渔业村	个	191	188	1.60%	627	30.46%
渔业人口	个	667332	692185	-3.59%	1066055	62.60%
水产品产量	吨	3082756	2970865	3.77%	8105086	38.03%
其中：海洋捕捞	吨	176475	208933	-15.54%	1487733	11.86%
海水养殖	吨	399411	392848	1.67%	2865073	13.94%
淡水捕捞	吨	80603	82328	-2.10%	129716	62.14%
淡水养殖	吨	2380884	2286756	4.12%	3557080	66.93%
水产品产值	亿元	473.16	431.89	9.56%	1856.75	25.48%
其中：海洋捕捞	亿元	30.09	27.61	8.98%	174.09	17.28%
海水养殖	亿元	41.89	35.65	17.50%	284.11	14.74%
淡水捕捞	亿元	7.43	6.68	11.23%	12.22	60.80%
淡水养殖	亿元	380.46	350.49	8.55%	492.31	77.28%
水产养殖总面积	公顷	252245	258171	-2.30%	561331	44.94%
其中：海水养殖	公顷	49846	54491	-8.52%	194198	25.67%
淡水养殖	公顷	202399	203680	-0.63	367133	55.13%

18-9 山区县（市、区）渔业状况表

项　　目	单位	2013	2012	2013 比 2012 增长 (%)	2013 全省	2013 占全省比重 (%)
渔业人口	个	275776	521537	-47.12%	1066055	25.87%
水产品产量	吨	441771	1333652	-66.88%	8105086	5.45%
水产品产值	亿元	64.53	134.52	-52.03%	1856.75	3.48%
淡水养殖面积	公顷	68389	114663	-40.36%	367133	18.63%
产量	吨	424510	832443	-49.00	3557080	11.93%
单产	千克/公顷					
其中：池塘面积	公顷	40755	68536	-40.53%	272065	14.98%
产量	吨	334294	658045	-49.20%	3242472	10.31%
单产	千克/公顷					
山塘面积	公顷		-			
产量	吨		-			
单产	千克/公顷		-			
水库面积	公顷	25366	38981	-34.93%	79271	32.00%
产量	吨	76598	129670	-40.93%	235049	32.59%
单产	千克/公顷					

18-10 东翼地区渔业现状概况

项　　目	单位	2013	2012	2013 比 2012 增长 (%)	2013 全省	2013 占全省比重 (%)
渔业乡	个	42	42		65	64.62%
渔业村	个	279	273	2.20%	627	44.50%
渔业人口	个	607711	616917	-1.49%	1066055	57.01%
水产品产量	吨	1367642	1351312	1.21%	8105086	16.87%
其中：海洋捕捞	吨	505014	509212	-0.82%	1487733	33.95%
海水养殖	吨	604945	593554	1.92%	2865073	21.11%
淡水捕捞	吨	13654	13689	-0.26%	129716	10.53%
淡水养殖	吨	244029	234857	3.91%	3557080	6.86%
水产品产值	亿元	133.32	126.48	5.41%	1856.75	7.18%
其中：海洋捕捞	亿元	42.61	39.63	7.53%	174.09	24.48%
海水养殖	亿元	61.34	57.94	5.87%	284.11	21.59%
淡水捕捞	亿元	1.56	1.61	-2.98%	12.22	12.77%
淡水养殖	亿元	25.10	24.60	2.03%	492.31	5.10%
水产养殖总面积	公顷	67563	67492	0.11%	561331	12.04%
其中：海水养殖	公顷	41194	41226	-0.08%	194198	21.21%
淡水养殖	公顷	26369	26266	0.39%	367133	7.18%

18-11 西翼地区渔业现状概况

项　　目	单位	2013	2012	2013 比 2012 增长 (%)	2013 全省	2013 占全省比重 (%)
渔业乡	个	28	26	7.69%	65	43.08%
渔业村	个	395	385	2.60%	627	63.00%
渔业人口	个	825383	820945	0.54%	1066055	77.42%
水产品产量	吨	3212917	3096158	3.77%	8105086	39.64%
其中：海洋捕捞	吨	806244	839956	-4.01%	1487733	54.19%
海水养殖	吨	1860717	1757860	5.85%	2865073	64.94%
淡水捕捞	吨	18198	17756	2.49%	129716	14.03%
淡水养殖	吨	507657	480586	5.63%	3557080	14.27%
水产品产值	亿元	338.76	315.89	7.24%	1856.75	18.24%
其中：海洋捕捞	亿元	101.38	92.95	9.07%	174.09	58.23%
海水养殖	亿元	180.88	169.87	6.48%	284.11	63.67%
淡水捕捞	亿元	1.45	1.45		12.22	11.87%
淡水养殖	亿元	45.52	40.74	11.73%	492.31	9.25%
水产养殖总面积	公顷	173134	172973	0.09%	561331	30.84%
其中：海水养殖	公顷	103158	103117	0.04%	194198	53.12%
淡水养殖	公顷	69976	69857	0.17%	367133	19.06%